ERASMUS' ANNOTATIONS
ON THE NEW TESTAMENT
GALATIANS TO THE APOCALYPSE

STUDIES IN THE HISTORY
OF
CHRISTIAN THOUGHT

EDITED BY

HEIKO A. OBERMAN, Tucson, Arizona

IN COOPERATION WITH

HENRY CHADWICK, Cambridge
JAROSLAV PELIKAN, New Haven, Connecticut
BRIAN TIERNEY, Ithaka, New York
ARJO VANDERJAGT, Groningen

VOLUME LII

ANNE REEVE AND M. A. SCREECH (EDS.)

ERASMUS' ANNOTATIONS
ON THE NEW TESTAMENT
GALATIANS TO THE APOCALYPSE

ERASMUS' ANNOTATIONS ON THE NEW TESTAMENT

GALATIANS TO THE APOCALYPSE

*Facsimile of the final Latin Text
with all earlier variants*

EDITED BY

ANNE REEVE

INTRODUCTION BY

M. A. SCREECH

Calligraphy by Pamela King

E.J. BRILL
LEIDEN · NEW YORK · KÖLN
1993

The publication of this book has been subsidised by generous grants from the British Academy and the Marc Fitch Fund.

The earlier stages of the preparation were also made possible by the generosity of others. There were grants to Anne Reeve from the Fielden Fund (University College London). She was able to complete her work thanks to an Emeritus Fellowship from the Leverhulme trust.

M.A. Screech's contribution was also made possible by a grant from the Fielden Fund, by a research grant from the British Academy and by the Academic Allowances of All Souls College, Oxford.

The volume reproduced and edited belongs to Dr Williams's Library, London and is reprinted with the freely-granted permission of the Librarian, John Creasey, esq., M.A.

The paper in this book meets the guidelines for permanence and durability of the Committee on Production Guidelines for Book Longevity of the Council on Library Resources.

Library of Congress Cataloging-in-Publication Data

Erasmus, Desiderius, d. 1536.
    [Annotationes in Novum Testamentum. Selections]
    Erasmus' annotations on the New Testament : Galatians to the
Apocalypse / edited by Anne Reeve and M.A. Screech.
        p.   cm. — (Studies in the history of Christian thought, ISSN
0081-8607 ; v. 52)
    Latin text; introd. in English.
    Originally published: Des. Erasmi Roterodami In Novum Testamentum
annotationes. Basileae : Froben, 1535.
    Includes bibliographical references and index.
    ISBN 9004099069
    1. Bible. N.T. Epistles—Commentaries—Early works to 1800.
2. Bible. N.T. Revelation—Commentaries—Early works to 1800.
I. Reeve, Anne.   II. Screech, M.A. (Michael Andrew)   III. Title.
IV. Title: Annotations on the New Testament.   V. Series.
BS2617.8.E7325   1993
225—dc20   93-29006
                                                                              CIP

ISSN   0081-8607
ISBN   90 04 09906 9

PRINTED IN THE NETHERLANDS

In Memory of
MARGARET MANN PHILLIPS
our friend
and
a great Christian scholar

CONTENTS

THE *ANNOTATIONES* OF ERASMUS

Appendix A

Appendix B

Index rerum ac vocabulorum in Annotationes Novi Testamenti, secundum Literarum ordinem compositus

Explanation of the Symbols, Abbreviations and Mss Notes

The text reproduced is that of 1535.

Symbols and mss notes enable the reader to identify the various stages of the text as it appeared in print in 1516, 1519, 1522, 1527, and 1535.

The aim has been clearly and accurately to date all additions, excisions and other changes. This has been done by the use of mss brackets placed within the 1535 printed text, showing when a word, phrase or passage first appeared. Bold dots show where variant readings are given in the margins. Hebrew has been transliterated; Greek ligatures have been resolved; Latin abbreviations have been expanded. Minor changes of spelling have been ignored unless otherwise important.

The Text of 1516.

Where there are no brackets of any kind, the text as given in 1535 is already found in 1516 and in all subsequent editions.
The only exception to this concerns Erasmus's marginal headings. These first appear in 1519 unless otherwise bracketed.

Subsequent additions to the text of 1516.

Each stage of these additions is indicated by a combination of brackets and abbreviated year dates.

{ }   with 19 in the margin means: first added in 1519;

⟨ ⟩   with 22 in the margin means: first added in 1522;

( )   with 27 in the margin means: first added in 1527;

[ ]   with 35 in the margin means: first added in 1535.

Variant readings, including excisions.

Attention is drawn to variants and excisions by bold dots within the text. When these occur, as they often do, where a date bracket is also appropriate, the bold dots are added to the brackets thus:

⦃ ⦗ ⦅ ⦋   or, when there are two such dots,

⦃ ⦗ ⦅ ⦋

Details are then given in the wider - outer - margin. Where no bracket appears, the dot is superimposed on a stroke inserted in the text, thus: ❘.

When it has not been possible to give the variant or to write the note in the margin due to lack of space, an arrow beside the symbol in the margin directs the reader elsewhere, normally to the bottom of the page but occasionally higher up, thus:

{ ↓	or occasionally	{ ↑	
⟨ ↓	or occasionally	⟨ ↑	
C ↓	or occasionally	C ↑	
[↓	or occasionally	[↑	

In the rare cases where there is not enough space anywhere on the page, readers are referred to the appendices by instructions given against the symbol in the margin.

Asterisks draw attention to different readings explained in the margins.
When words have been transposed this is shown by dotted underlinings in the text and tr in the margin.
Dotted underlinings in the text without tr refer to variants given in the margin.

The transliteration of the Hebrew is in accordance with one of the less complex systems currently used for academic purposes and will be readily intelligible to Hebrew scholars. No reference is made to the frequently faulty vocalisation (interchange of patḥaḥ and qamaṣ etc.). Whilst some of the confusion is doubtless due to similarity of sound, and to Erasmus' own inadequate grasp of the intricacies of massoretic Hebrew accidence and morphology, another factor could well have been paucity of adequately differentiated typefount. Apparently the typefount did not contain (or the typesetter entirely ignored) the letter ה he = h, for which ח heth = ḥ regularly appears. This being so, sic has not been inserted in regard to this particular error.

Summary Key

No bracket : text of 1516 or, for the margin headings only, 1519.

{	and 19 :	1519
⟨	and 22 :	1521
C	and 27 :	1527
[	and 35 :	1535

INTRODUCTION

Da nobis potum!
With this third volume we have achieved a cherished aim. It was to
make available to others what we have long enjoyed ourselves: an
edition of Erasmus' *Annotationes in Novum Testamentum* showing the various layers of text, the additions and the excisions. We are grateful to
those who have made it possible for that goal to be achieved.[1]

Erasmus keeps his freshness right to the end. He is as lively and
controversial when commenting on I John as he was when treating
the opening chapters of Matthew. The final books of the New Testament contain much which attracted his critical attention, sometimes
drawing him into controversy of lasting interest.

To name but a few items amongst very many:

- a question fundamental to Churchmanship is raised in the long
  essay on Paul's resisting Peter to the face, pp. 571-574;
- Christ's refusal to grasp at equality with God also produces a
  long and complex note, p. 622 f.;
- Erasmus' concern with Paul's conception of Man as body, mind
  and spirit is succinctly treated, p. 655;
- *in vaniloquium* and *soli deo* both are the occasions for long and
  revealing notes, p. 622 f. and p. 666 f.;
- the explanation of the real sense of the verb of *Hæc meditari* has
  both Hugh of Saint Victor and Thomas Aquinas convicted of
  ignorance and, incidentally, helps readers of the *Praise of Folly* to

---

[1] A special acknowledgement of gratitude is made to John Creasey, esq. M.A.,
the Librarian of Dr Williams's Library in Bloomsbury. It is the copy in his care
which we have reproduced and worked on over the years. Some of our problems he
foresaw before we did and took steps to help us solve them. The work of editing was
done by Anne Reeve largely in the Duke Humfrey's Library of the Bodleian. Over
and over again numerous heavy volumes were fetched out, sometimes for a few
minutes only. We cannot express too warmly our appreciation of the cheerful courtesy and sheer helpfulness of all who work there. A final word of heart-felt thanks is
gratefully addressed to Dr Sally Burch North of the Department of French Language and Literature at University College London; it was she who—in those heady
days when such luxuries still existed—was my research assistant and established the
pilot version of the text which formed the basis on our enterprise and which greatly
assisted Anne Reeve in her exacting task as editor.
The editing of the *Annotationes* has involved closely comparing tens of thousands of
words on many hundreds of pages in several unwieldy heavy tomes. We cannot
hope that no errors have been made: we can hope that they are not too grave or
too numerous and that scholars will find that this edition of the *Annotationes* helps
them with their studies and affords them pleasure.

avoid the misunderstandings which lie in wait for the philologically unwary: p. 675;

– readers of the *Praise of Folly* also find matter for reflexion on pp. 701, 687 and 689 (including in the first two references the case of the English clerical buffoon who took *Devita* to be *De vita*, and thought that *De vita* means, *Kill.*)

– the vital doctrine that Christ was made 'a little' (or is it, 'for a while' ?) 'lower than God' (or is it, 'than the angels' ?) which had Erasmus and Lefèvre d'Étaples locked in controversy is found on p. 706;

– Erasmus' brilliant explanation of the meaning of Hebrews 11:1 is quietly given on p. 727;

– discretion leads to a deletion concerning the papacy on p. 754;

– Thomas Aquinas is mocked yet again on p. 731, but on p. 740 an eirenic note is struck on the subject that faith without works is dead;

– Nicholas of Lyra produces pity for his ignorance on p. 759;

– serious controversy breaks out over the newly contested text concerning the 'three Witnesses in Heaven' in I John 5.

There are in fact riches in abundance, in long note as in short.

When Erasmus was nearing death there were many, including Pope Paul III, who would gladly have heard his mature counsel on how to reform an ailing Church torn by controversy and riven by schism. One of the ways open to us today to recover at least some of that counsel is to note with attention what was added to the *Annotationes*, or modified in the final edition which Erasmus saw through the press in 1535.

There are three volumes to this edition. The first is available from Duckworth of London and was published in 1986. The second is available from Brill and was published in 1990. In all three we set out to give the various texts of the *Annotationes* as such. We do not aim at reproducing the liminary material. (Some of it appears in P.S. and H.M. Allen's *Epistolæ Erasmi* and the *Collected Works* of Toronto.) Nevertheless this third Introduction is largely given over to four liminary texts of particular importance. Three of them remain little known. They were omitted or superseded in 1535 and were never taken up by Johannes Clericus in the Leyden *Opera Omnia*. They appear on leaf Oo1 recto of the 1527 *Annotationes*. (That Oo gathering was printed after the colophon.)

The fourth was taken up by Johannes Clericus in the *Opera Omnia* of 1703-1706, but erratically and very misleadingly.

*

1. In 1527 Erasmus found unexpected support. As he tells us, for some reason or other translators had not usually rendered the original language of the Scriptural quotations in the Greek Fathers but had substituted for it readings taken from the Latin Vulgate. Such a practice played havoc with the commentaries, which no longer correspond to the texts explained. Erasmus noted with gratification that recent editions, which had respected the texts of the original Greek as cited in their texts, often supported the readings of his own *Novum Testamentum*. He hoped too that Cardinal Ximenes' example in giving his patronage to the Complutensian Polyglot Bible would lead people to realise how vital it was to consult the Greek text not only of the New Testament of the Septuagint (or a rendering of it into Latin): the distance between the Vulgate Old Testament and the Septuagint was much greater than that between the Greek and Vulgate New Testaments. He was conscious of having been pilloried for first showing the way:

> Quum hanc quartam æditionem moliremur, nacti sumus aliquot Chrysostomi, & Athanasii græca volumina, in quibus deprehendimus illorum citationes cum nostra æditione plerumque consentire, quamquam qui hactenus græcorum commentaria verterunt, nescio quo consilio vulgatam translationem reddere maluerunt, quam exprimere quod erat in Græcis codicibus. Unde sepe numero fit ut interpretatio non respondeat ad id quod translatum est: id potissimum depræhendere licet in eo, qui Theophylacti commentarios in epistolas Pauli, latine vertit: sed majorem etiam confusionem parit lectori, si legat illorum citationes aut commentarios in veteris testamenti libros in quibus longe major est discrepantia quam in novo testamento. Vehementer igitur ad rem pertinebat vel ob græcorum commentariorum utilitatem, ut utriusque testamenti libri latine veterentur, juxta Græcorum lectionem, quod quidem a me primum tentatum est non sine gravi invidia in novo testamento, sed majori cum fructu, minori invidia perfectum est in utroque cura sumptuque R.D. Francisci Cardinalis Hispaniarum: hoc admonere visum est, quo quidem moderatius oblatrent publicis rei Christinæ commodis.

*

2. Such homage to new editions of the Greek Fathers and exegetes is followed by a longer passage giving what was for Erasmus an exciting and important discovery from his reading of Cyril. Erasmus had found a way to reconcile the account of Peter's triple denial of Christ as given in John 18 with the accounts in Matthew, Mark and

Luke. The account in John seems inconsistent with that of the Synoptics. It clearly mattered deeply to Erasmus that the four Gospel accounts should be reducible to agreement. In the *Elenchi* reproduced in the appendix to this Introduction the question is raised not once but twice. A cancel is introduced into the text of the 1527 *Novum Testamentum* to accommodate a last-minute marginal note on page 223 alluding to his latest discovery. Cyril was his authority. That cancel had evidently been made soon after the printing of the *Novum Testamentum* of 1527 had been completed and just before the accompanying *Annotationes* were given their own colophon. An extra note referring to Cyril is added immediately before that colophon. It is cited below (p. 783) where it finds its place in the variants. It reads:

> In contextu evangelii secundum Iohannem Pagina ccxxiij. versu à fine duodecimo.
> Cyrillus hoc modo legit & interpretatur.
> ἐνιαυτοῦ ἐκείνου. ἀπεστείλαν δὲ αὐτὸν δεδέμενον πρὸς Καϊάφαν τὸν Ἀρχιερέα, ἣ δὲ Καϊάφας ὁ συμβουλεύσας &c.
> Nam quod multo post sequitur ἀπέστειλεν ὁ ἄννας &c. non est novæ narrationis exordium, sed reditus ad explendum quod cœperat de negatione Petri. Hæc lectio redigit Evangelistas in Concordiam.

All that disappears in 1535: the matter is subsumed into the text of the *Annotationes*. And so the sense of excitement at the discovery is lost. Such a loss also hides from us the fact that, by 1527 at all events, Erasmus knew how, after the date shown on their colophon, cancels can be introduced into printed books. Had he fully understood that process earlier such knowledge might have calmed one of his stormier quarrels with Lefèvre d'Étaples.[2]

This section is headed *APPENDICES*—not *APPENDIX*—since there are two passages, both of which are given here in turn. The first reads:

APPENDICES ANNOTATIONUM

> Quoniam mihi videtur propemodum plus justæ operæ impensum huic parti studiorum, quæ quamquam non inutilis est ad majora tendentibus, tamen non tam perplexe tractanda est, ut à magis necessariis remoretur. Itaque visum est si quid postea inciderit annotatione dignum,

---

[2] That question will be developed in a book dealing *inter alia* with the light which material bibliography can throw on to many Renaissance problems. The study will appear in a volume of the *Travaux d'Humanisme et Renaissance* (Droz, Geneva).
In the transcriptions (partly in order to retain the impression of the negligent proofreading of this extra matter) the original punctuation and use of capitals have been maintained. Spelling is respected save for the usual distinguishing between i and j and u and v, and for the resolution of all Latin abbreviations except for the ampersand and of all the Greek ligatures. Indentations and italics have been introduced chiefly to isolate quotations, so making the text easier to construe.

quod nunquam non est futurum, emergentibus quotidie novis veterum Iucubrationibus, separatim ad calcem operis adjicere, quod genus hoc est. Divus Augustinus cumque hoc alii complures in hoc laborant, ut de negatione Petri narrationem Evangelicam redigant in concordiam, Propterea quod Ioan cap. 18. Videatur a cæteris omnibus dissentire, nec ea dissonantia tantum obstrebit in libris latinis, verum etiam in græcis. Quo magis mirandum est, nec Chrysostomum hac discrepantia fuisse offensum. Sic enim refert Johannes Jesum fuisse compræhensum & ligatum, primum ad Annam abductum, eò secutum Petrum, atque ibi primum negasse Jesum, deinde post multa, subjungit Iesum ab Anna ad Caiapham missum, ubi eum bis negavit Petrus: ex qua narratione declaratur primam negationem apud Annam esse factam, reliquas duas apud Caiapham, cæteris Evangelistis magno consensu narrantibus, omnes Petri negationes, in ædibus Caiaphæ factas esse. Sensit hic non nihil scrupuli & Joannes Gerson, qui testatus varios varie hac de re sensisse, addit sibi videri Augustinum in hac fuisse sententia ut omnes negationes crederet esse factas in domo Annæ. Verum ex Cyrilli commentariis videtur hæc tota quæstionis difficultas explicari, qui & legens & interpretans satis declarat, & in Græcis & in nostris codicibus quædam verba fortassis scribarum incuria prætermissa. Nam Græca sic habet:

ἡ οὖν σπεῖρα καὶ ὁ χιλίαρχος, και οἱ ὑπερέται τῶν ἰουδαίων συνέλαβων τὸν ἰησοῦν, καὶ ἔδησαν ἀυτὸν καὶ ἀπήγαγον ἀυτὸν, πρὸς ἄνναν πρῶτον, ἦν γὰρ πενθερὸς τοῦ καϊάφα, ὅς ἦν ἀρχιερεὺς τοῦ ἐνϊαυτοῦ ἐκείνου, ἦν δὲ καϊάφας ὁ συμβουλεύσας τοῖς ἰουδαίοις, καὶ τὰ λοιπὰ:

quæ nostra translatio consentiens habet hunc in modum.

Cohors autem & tribunus & ministri Judæorum comprehenderunt Jesum ligaverunt eum & adduxerunt eum ad Annam primum. Erat autem socer Caiphas qui erat pontifex anni illius: erat autem Caiphas qui consilium dederat Judæis &c.

Cyrillus autem ut habetur latinus legit hunc in modum.

Cohors ergo & tribunus & ministri Judæorum compræhenderunt Jesum, & ligaverunt eum, & adduxerunt eum ad Annam primum, Erat enim socer Caiphæ, qui erat Pontifex anni illius,

Et interjecto commentario subjicit,

miserunt autem eum ad Caipham pontificem, erat autem Caiphas qui consilium dedit Judæis, quia expedit unum hominem mori pro populo, Sequabatur autem Jesum petrus.

Unde liquet inter hæc verba, *qui erat Pontifex anni illius*, & inter hæc, *Erat autem Caiphas qui consilium dederat*, prætermissa fuisse hæc, *& miserunt eum ligatum ad Caipham pontificem*, ut deinde sequatur, *Erat autem Caiphas qui consilium dederat Judæis*: & hoc ordine lectionis omnes negationes intelligentur esse factæ in domo Caiphæ, nulla Annæ. Quid enim senserit Gerson non satis intelligo, quum ex Augustini verbis tale nihil possit colligi, nec in aliis Evangelistis ullus est scrupulus, nisi quod omnes prætermittunt historiæ partem de Jesu ducto ad Annam, Siquidem Matthæus refert eum simul ut captus est fuisse ductum ad ædes

Caiphæ, idem narrant Marcus & Lucas, nisi quod nomen tacent, tantum vocant principem sacerdotum, cætera conveniunt: solus igitur scrupulus remanet in Johanne, qui solus narrat eum primum ductum ad Annam: Quod is ut interpretatur Cyrillus, cum Juda pactus fuerat: huic ubi satisfactum est, sine mora ductus est vinctus ad Caipham, velut autoritate præminentem: quid sit apud Annam actum non legitur, quicquid autem actum narratur, actum est in ædibus Caiphæ. Restat adhere unus scrupulus, qui conveniat ut aliquanto post Joannes, prosequens historiæ narrationem, scribat, & *misit eum Annas ligatum ad Caipham pontificem.* Non enim prosequitur ordinem rerum gestarum, Sed ad gradum revocat narrationem, ut id quod ceperat de negatione Petri perficiat, id quod & Cyrillus subindicat his verbis: *quasi currentem equum, narrandi progressum, evangelista utiliter revocat, & ad priora rursum orationem reducit. Quare sic? quia negationem Petri tertio factam exponere voluit, repetit ergo breviter & missum ab Anna Jesum ad Caipham iterum dicit, Petramque interrogatum exponit.* Astipulatur huic sententiæ & Cyrilli lectio. Non enim legit, *Et misit eum Annas,* sed *misit igitur eum Annas*[.] Solet autem hæc dictio esse revocantis orationem à digressione. Hoc quicquid est volui communicatum esse studiosis, citra cujusquam præjudicium.

*

3. The third of the three passages on leaf Oo1 recto is concerned to defend the Scriptural practice of alluding to Jesus in fully human terms. It is relevant to Erasmus' acceptance of the fundamental kenosis of the Son of God in the Gospels.) It reads:

Io.7. pro eo quod legunt Latini, *Non enim volebat in Judæam ambulare,* annotavimus Chrysostom legere *non enim poterat,* quod ex ipsius etiam interpretatione perspicuum est, Nec aliud legisse videtur Cyrillus qui locum hunc sic explicat. *Ambulabat, id est conversabatur in Galilæa, quod non ultro nec libenter, sed necessario factum, adjecta causa, ostendit, idcirco enim inquit in Galilæa cum alienigenis longo tempore fuit, quia Judæi quærebant ipsum interficere.* Etenim cum ait eum nolentem versatum in Galilæa, significat illi non licuisse versari in Judæa. Cæterum scripturæ mutandæ videtur hæc fuisse occasio, quod duram esset dictu Christum quicquam non potuisse. Verum eadem opera mutari debebat quod legitur Marci.6. *Et non poterat ibi virtutem ullam facere, nisi paucos infirmos impositis manibus curavit, & mirabatur propter incredulitatem eorum.* Neque enim rarum est scripturæ divinæ de Christo verbis humanis loqui.

*

4. The last of the texts reproduced and edited appears—in a most misleading form—within tome six of Clericus' *Opera Omnia* (from signature *5 onwards). It is widely known and widely used. As it is long, and as it will doubtless be consulted apart, for ease of consultation it is printed as an appendix immediately after this Introduction rather than as forming part of it.

Since 1519 Erasmus had printed in one or other tome of his *New Testament* lists which he had compiled and had to some extent kept up to date. In them he—often tartly—drew attention to the superiority of his own text and to the gaffes and inadequacies of others. Those 'others' included Jerome and scholastic authorities such as Thomas Aquinas and Hugh of Saint-Victor. In 1535 Erasmus decided to blunt the critical edge of his pen by omitting those lists of selected solecisms, errors, inaccuracies and liberties which he had found in the works of his predecessors. The last of Erasmus' own editions to give them is that of 1527, where they begin in the gathering Oo, after the texts cited above.

It should not be thought that Erasmus had been overcome by a sudden, tardy access of charity! He had been persuaded, obviously with difficulty, to temper the wind to the lambs he had so justly fleeced. He explains why he reluctantly did so just before the General Index starts on signature Vu1 of the 1535 *Annotationes*, at the place, that is, where they would have appeared, which corresponds to the place where the abandoned lists had last been printed in 1527:

> Superioribus aliquot æditionibus adversos quorundam improbos clamores, adjeceramus elenchos quibus indicabimus vel ab interprete parum commode reddita, vel à librariis depravata, vel ex expositoribus perperam intellecta. Verum illa quidem excetra, quam exasperabat novitatis invidia, tandem conticuit: aut si quid etiam obstrepit, certe mitius sibilat. Sunt alii quidam impendio misericordes supraque modum civiles, quibus crudele & plusquam Scythicum facinus videtur, interpretem per quosdam in arte latina doctos (sic illi loquuntur) indicibus & annotationibus fuisse traductum, perinde quasi constet quis fuerit interpres, aut quasi hunc unum habuerit ecclesia, quum ipsa res doceat tot penè fuisse interpretes quot erant civitates, imo quot scriptores: aut quasi protinus infamis sit, qui ni tractandis scripturis solœcismum admiserit, quum idem reperiatur in scriptis apostolorum. Ut his igitur pothac pacatioribus utamur elenchos illos inciviles præterissimus. Vale.

In this volume it would be unhelpful to reproduce those lists verbatim from the 1527 edition: the page-numbers given there are not of course those of the 1535 edition reprinted here. It was decided to follow instead the lists as printed by Clericus in the *Opera Omnia*: his editing and typography, with a convenient use of italics, make them far easier to consult, as does his replacement of the original chapter-and-page references by chapter and verse.

It was only then that a discovery was made. Clericus does not print the lists from that last and most complete text of 1527. Unaccountably he follows—with careless omissions—the text of 1522! That represents a much earlier stage in Erasmus' scholarship: in fact

the *Elenchi* of 1522 are very little changed from those of 1519. Since
the early eighteenth century, therefore, the many who have relied on
the Leyden *Opera Omnia* have been misled, consulting lists which are
incomplete and which include entries which Erasmus altered, corrected, expanded or dropped in 1527.

To kill two or three birds with one stone it was decided to reproduce Clericus' lists based on the lists of 1522, but to edit them so as
to take account of the changes which Erasmus made between 1519,
when they were first printed, and 1527 when they were altered and
expanded. That will help those who consult the *Opera Omnia* of
Johannes Clericus. And—what is always a joy—it will let us see
Erasmus at work.[3]

The composition, ordering and updating of the *Elenchi* which follow show some negligence on Erasmus' part, but those lists serve as
finger-posts pointing firmly towards items of the *Annotationes* which
seemed most important to Erasmus himself. And the texts they com-
ment upon were for Erasmus no dubious 'theological' stories about
an irrecoverable 'historical Jesus. They give the very truth inspired
by the Saviour who, in the closing words of Saint Matthew's Gospel,
will be with the faithful until the end of time. As he wrote in his *Pa-
raclesis*—which was omitted from the edition of 1535 as too well-
known to need reprinting—if we had Christ's footprints or tunic they
would be venerated, yet would merely tell us about his bodily form:
the New Testament gives us a portrait of his mind. We can see him
speaking, curing the sick, dying and rising again, almost more vividly
that if we had seen him with our own eyes.

> Cur statim malumus ex hominum litteris, Christi sapientiam discere
> quam ex ipso Christo? qui quod pollicitus est se semper nobiscum fore
> usque ad consummationem seculi, in his litteris præcipue præstat, in
> quibus nobis etiamnum vivit, spirat, loquitur, penè dixerim efficacius,
> quàm cum inter homines versaretur.

M.A. Screech
All Souls College, Oxford
The Third Sunday after Easter, 1993

---

[3] For consistency's sake the editorial and typographical practices of Johannes
Clericus have been followed both for his text and for the texts from Erasmus'
originals which are interpolated or cited. Only the usual minimum spelling changes
are made to the new material from Erasmus.

SOLOECISMI PER INTERPRETEM ADMISSI MANIFESTARII ET INEXCUSABILES, E PLURIMIS PAUCI DECERPTI

Matthæi, cap. v. 41. *Quicunque te angariaverit mille passus, vade cum illo & alia duo*: pro eo quod dicendum erat, *milliarium unum, & alia duo*.

Cap. vi. 26. *Magis pluris estis vos.* Cum hujusmodi conduplicationes comparativorum, quas Augustinus in libris, *De locutionibus Veteris Testamenti*, docet ex Hebræi sermonis proprietate, Romanus sermo non recipiat.

Cap. vii. 5. *Videbis ejicere*, pro, *dispicies ut ejicias*, Græcam figuram reliquit: nam Latinis, *videt ejicere*, qui *videt ejicientem*.

Cap. viii. 29. *Quid nobis & tibi*, pro eo quod erat: *Quid tibi nobiscum?* Rursus Græci sermonis proprietatem reliquit. Neque enim dicimus, *quid mihi & longis tibiis*: sed, *quid mihi cum longis tibiis?* τί μοι καὶ μακροῖς αὐλοῖς;

Cap. xi. 1. *Cum consummasset præcipiens*, Græce dixit Interpres, pro eo quod erat, *finem fecisset præcipiendi*.

Eodem cap. vers. 5. *Pauperes euangelizantur*, Græce dixit. Neque enim minus solœcon est, *pauperes euangelizantur*, quam *pauperes annuntiantur*, cum illis quippiam nuntiatur.

Cap. xv. 1. *Tunc accesserunt ad eum ab Hierosolymis Scribæ*, pro, *Scribæ Hierosolymitani*: cum Græce sit, οἱ ἀπὸ Ἱεροσολύμων γραμματεῖς.

Cap. xx. 25. *Principes gentium dominantur eorum:* primum *eorum* dixit, pro, *earum*, Græco genere relicto. Deinde *dominantur eorum*, pro, *dominantur eis*, Græco casu per incuriam relicto.

Ibidem. vers. 28. *Filius hominis non venit ministrari.* Græce dixit, sed male Latine, pro eo quod erat, *Non venit ut sibi ministraretur.* Quanquam hoc ipsum *venit ministrare*, pro, *ad ministrandum*, non est Latinum.

Cap. xxii. 10. *Impletæ sunt nuptiæ discumbentium:* genitivum Græcum reliquit oscitans Interpres, pro, *impletæ sunt discumbentibus*.

Eodem vers. 30. *Neque nubent, neque nubentur.* Quis unquam audivit *nubentur?* [1]

Cap. xxiv. 6. *Opiniones bellorum* dixit, pro, *rumores bellorum*.

---

[1] See below, note 8. This item appeared in another positioned was recast between 1522 and 1527.

Iam in hac conjunctione, *quia*, sive cum, pro *quod* abutitur, sive cum juxta Græci sermonis proprietatem addita, Latinis supervacua est. Velut Johannis, cap. i. 20. *Confessus est, quia non sum ego Christus.* Nam ut donemus *quia* idem pollere cum, *quod.* Quid aliud dictum est, nisi Baptistam fuisse confessum, quod Euangelista non esset Christus? Rursum apud eundem, cap. iv. 17. *Recte dixisti, quia virum non habeo.* Quid aliud expressit, quam Samaritanam dixisse, quod Christus virum non haberet? Item apud Marcum, cap. xii[i] 6. *Dicentes quia ego sum.* Rursum Lucæ i. 61. *Quia nemo est in cognatione tua,* &c. *Quia* plane redundat.[2]

[Marci cap. 2. *Videntes quia manducaret,* pro eo quod dicendum erat, *Quum vidissent eum edentem.*

cap. 13. *Dicentes quia ego sum.* Sermo neque ad Græcam proprietatem respondet, neque ad Romanam.

Act. cap. 15. *Antiochæ & Syriæ, & Ciliciæ.* Neque Græca reddidit, neque latinitatis habuit rationem.

cap. 20. *Beatius est dare quam accipere.* Sermo græcus comparativum non habet, nec latinitatis ratio patitur.]**

Lucæ cap. 1. 72. *Memorare* dixit, pro *meminisse.*

Cap. iv. 23. *Quanta audivimus,* vertit, *quæ,* sive *quæcunque audivimus.* Similiter apud Johannem cap. xii. 37. *Tanta signa* dixit, pro *tot,* sive *tam multa.*

Cap. xix. 23. De pecunia locutus, subjunxit, *exegissem illud,* somnians se Græce loqui: nam ἀργύριον, quod hic vertit *pecuniam,* Græcis neutri generis est.

Item cap. xxiii. 29. *Et ventres quæ non genuerunt:* —*quæ* dixit pro *qui,* putans se Græce loqui, quod κοιλίαι fœminini generis sit.

Johannis cap. i. 14. *Gloriam quasi unigeniti à Patre:* periculoso solœcismo dixit *quasi,* pro *tanquam.* Nam *quasi* simulationem declarat, non veritatem. At Christus erat vere unigenitus Patris.

Cap. iv. 9. *Non coutuntur Judæi Samaritanis.* Ut demus recte dici, *utuntur Samaritanis,* pro, *habent commercium cum illis,* quis unquam dixit *couti,* pro *mutuum inter se habere commercium?*

Cap. vi. 21. *Fuit ad terram,* pro, *appulit ad terram.*

Cap. vii. 14. *Festo mediante* dixit, Græcam vocem imitatus, sed audacter magis quam feliciter, cum paraphrasi licuit uti: *cum dimidium festi peractum esset.*

---

[2] These four items are not in Erasmus' editions of 1519 or 1522. Added in 1527, they are not given by Clericus.

****[Cap. xiv. 12. *Et majora horum faciet,* pro, *majora his,* dixit, oblitus se Latine loqui.]** ³

Cap. xv. 2. *Ut fructum plus adferat,* pro, *plus fructus adferat,* sive *fructum uberiorem adferat.* Nam Græcis est πλείονα καρπόν.

Eodem vers. 6. Cum præcessisset *palmites,* subjuxit: *Et colligent ea,* Græco genere servato, quod κλῆμα neutri generis sit. Nam numerus ideo tolerabiliter mutatus est apud Græcos, quod antea collective dixerit, *omnem palmitem.* Ut dissimulem interim quod paulo superius bis addidit *eum,* ex idiomate sermonis Hebraici: *Omnem palmitem non ferentem fructum, tollet eum: & omnem qui fert fructum, purgabit eum.* Etiamsi idem vitium sermonis est in Græcis.

Actorum cap. ii. 12. *Ad invicem dicentes,* pro, *inter se dicentes.* Quis un-quam Latinus dixit *ad invicem?* non magis profecto quam *ad mutuo.* Et tamen hic sermo apud Interpretem creberrimus est.

Cap. iii. 19. *Pœnitemini igitur,* verbo inaudito dixit, pro, μετανοήσατε, cum Latine dicere potuisset, *resipiscite.*

Cap. v. 4. Cum præmisisset, *agrum,* oblitus se Latine loqui, vertit *venundatum,* quod κτῆμα et χωρίον Græcis neutri generis sit.

Cap. viii. 7. *Multi eorum qui habebant spiritus immundos, clamantes voce magna, exibant.* Quid potuit absurdius dici? cum sensus sit: *Spiritus cum ingenti vociferatione exisse ab iis, qui ab illis tenebantur.*

Cap. x. 16. *Per ter dixit,* pro, *ter,* sive *tribus vicibus.*

[Quidam hunc locum sic defendit à solœcismo, quod interpres red-diderit Græcam formam. Imo hac ratione maxime committuntur solœcismi, Quamquam nec rettulit Græcam formam. Dicendum enim erat, *ad ter.* Et latini dicunt *ad Calendas Ianuar.* pro *circiter.*]⁴

Cap. xvi. 13. *Foras portam,* pro, *è porta.*

Cap. xvii. 15. *Quam celeriter* dixit, pro, *quam celerrime,* cum Græce sit ὡς τάχιστα.

Cap. xx. 24. *Nec facio animam meam pretiosiorem quàm me.* Neque verba Græca reddidit Interpres, neque sensum, cum sit Græcis, οὐδὲ ἔχω τὴν ψυχὴν μου τιμίαν ἐμαυτῷ.

Cap. xx. 32. Cum præcesserit *verbum,* subjicit, *qui potens est,* pro, *quod potens,* quod Græcis λόγος sit masculini generis.

Cap. xxi. 14. *Et cum suadere ei non possemus,* inquit, cum antea nar-rasset illos suasisse. Videlicet hic abusus *suadere,* pro *persuadere,* cum plurimum intersit.

---

³ This item is in Erasmus' editions of 1519 and 1522 but was dropped in 1527.
⁴ The words in square brackets were added in 1527. They are therefore not in Clericus.

Cap. xxvi. 2. 3. *De omnibus, quibus accusor à Judæis, rex Agrippa, æstimo me beatum apud te, cum sim defensurus me hodie, maxime te sciente omnia, quæ apud Judæus sunt consuetudines & quæstiones.* Primum, ut dissimulemus, *quibus accusor* dictum, pro, *de quibus accusor: æstimo,* pro, *existimo,* quod *beatum apud te* dixerit, pro, *qui defensurus me sim apud te,* quam crassus solœcismus est, quod cum præcesserit *omnia,* mox subjicit, *consuetudines & quæstiones,* non animadvertens Græcum genus, quod reliquit *in omnia,* fuisse mutandum. Quis enim audivit unquam *omnia consuetudines?* Eamus nunc, & contendamus nusquam dormitasse Interpretem.

In Epistola Pauli *ad Romanos,* cap. ii. 15. *Testimonium illis reddente conscientia ipsorum, & inter se invicem cogitationum accusantium aut defendentium,* cum genitivum Græcum absolute positum, verterit in ablativum, *reddente conscientia,* quæ supinitas erat alterum genitivum relinquere, iratis grammaticis omnibus?

Cap. x. 16. *Quis credidit auditui nostro?* Quis unquam Latine loquens, *auditum,* dixit sermonem loquentis.

Cap. xii. 9. *Odientes malum,* pro, *odio habentes.*

In Epistola *ad Corinthios* II. cap. viii. 15. *Non minoravit,* dixit pro, *non minus habuit.*

In Epistola *ad Philippenses,* cap. iv. 10. *Refloruistis pro me sentire,* pro eo quod erat, *reviguit vester in me affectus.*

In Epistola *ad Hebræos,* cap. iii. 3. *Quanto ampliorem habet honorem domus, qui fabricavit eam,* cum sensus sit, *quanto majorem honorem habet qui condidit domum, quam ipsa domus.* Et interim negamus referre quomodo loquamur, cum ob hunc solœcismum Thomas & hunc secuti recentiores, fœdissime lapsi sint.

Cap. vi. 16. *Per majorem sui,* dixit pro, *majorem se,* non cogitans se Latinis loqui, non Græcis.

In Epistola Jacobi, cap. i. 13. Cum ait: *Deus intentator est malorum,* nonne de Deo irreligiose locutus est? cum *intentator* dicatur, qui impingit mali quippiam. Sentit autem Deum neque tentare quenquam malis, neque tentari.

In *Apocalypsi,* cap. i. 4. Mirus & insignis est solœcismus in sermone Græco, ἀπὸ τοῦ ὁ ὤν, καὶ ὁ ἦν, καὶ ὁ ἐρχόμενος. Nam quî cohæret, ὁ ὤν cum iis quæ præcedunt ἀπό; Deinde quid sonat ullis ὁ ἦν; Rursus, quî quadrat ὁ ἐρχόμενος cum ἀπὸ τοῦ; Qui putant *Apocalypsim* ab Johanne conscriptam, negent si volent, usquam Apostolos male Græce locutos. Nam id quidam contendunt, videlicet Apostolorum patroni.

Luc. xxi. 38. *Et omnis populus manicabat ad eum,* quod apud Græcos est ὤρθριζε Latina voce est imitatus, sed impudenter. Quis enim ferat *manicare* pro *mane venire?*

LOCA OBSCURA
ET IN QUIBUS LAPSI SINT MAGNI NOMINIS INTERPRETES, EX INNUMERIS PAUCA DECERPTA, UT SIT AD MANUM QUOD OBJICIATUR EIS, QUI DICUNT SUPERFUISSE, QUOD NOSTRIS ANNOTATIONIBUS FORET EXPLICANDUM

Matthæi cap. i. 19. *Traducere* perperam intellectum à Magistro Sententiarum.

Cap. xi. 12. *Regnum cœlorum vim patitur*, plerique interpretantur de vi cohibendis affectibus, cum Christus sentiat gentes & peccatores violentia fidei irrumpere, cum Judæi invitati nollet ingredi.

Lucæ, cap. i. 1. *Rerum quæ in nobis completæ sunt*, quis Latina intellexisset, nisi consultis Græcis, cum Euangelista sentiat, res, quas narraturus sit, certas esse compertæque fidei. Interpres nihil putavit interesse, inter πεπληρωμένων & πεπληροφορημένων.

Eodem vers. 51. *Dispersit superbos mente cordis sui.* Vulgus Interpretum putat esse sensum, quod *Deus cogitatione sui cordis disperserit superbos*, cum sensus sit, *superbos à Deo dissipatos, suis ipsorum consiliis & cogitationibus*: qua de re nulla est apud Græcos tergiversatio, cum illi legant, καρδίας αὐτῶν.

Eodem vers. 73. *Jusjurandum, quod juravit ad Abraham pa. no. daturum se nobis.* Solennis distinctio, qua chorus ecclesiasticus versus hos diducit, ob prolixiorem, ut opinor, sententiam, effecit ut complures non animadvertant verum sensum, ut illic indicavimus. Ac mox, vers. 77, *in remissionem*, cum sit *in remissione*, pro *per remissionem*. Ac mox, vers. 78. *Oriens*, nomen est substantivum, cum vulgus putet esse participium. Sunt & alia in hoc cantico, quod quotidie canitur in templis, & à paucis intelligitur.

Cap. ii. 35. *Tuam ipsius animam pertransibit gladius.* In *tuam ipsius*, lapsus est Hugo Carrensis, & Lyranus. In *pertransibit*, lapsus Augustinus, existimans *pertransire* dictum pro, *præterire*, ut aliquoties invenitur, cum Græce sit διελεύσεται, *per medium ibit*, sive *perfodiet*.

Cap. xix. 42. *Si cognovisses & tu.* Locus obscurus, & hactenus à paucis intellectus.

Cap. xxii. 36. *De emendo gladio*, rejecta Lyrensis & recentium interpretatio, velut à Christi mente alienissima.

Johannis, cap. xii. 35. *Adhuc modicum lumen in vobis.* Vulgus interpretatur, *pauxillum lucis esse in Apostolis*, cum sensus sit, *Christum lucem exiguo tempore apud illos versaturum.*

In Actis, cap. xx. 24. *Nec facio animam meam preciosiorem quam me.* Quis intelligat sensum, cum malle reddiderit Interpres? Sed de hoc dictum est in solœcismis.

In Epistola *ad Romanos*, cap. ii. 7. *Quærentibus vitam*, &c. Sic reddidit Interpres, ut sensus percipi non possit.

Cap. iii. 2. *Credita sunt illis eloquia.* Lyranus interpretatur, quod Judæi fidem habuerint eloquiis, cum sensus sit, *illis esse commissa*, sive *concredita eloquia Dei.*

Cap. v. 16. *Nam judicium quidem ex uno.* Vulgus accipit *ex uno Adam*, cum sensus sit *ex uno peccato.*

Cap. xi. 11. *Ut illos æmulentur.* Thomas quadruplicem sensum induxit, nec tamen attigit verum, cum hæc sit sententia, *ut Deus illos ad æmulandum provocaret.*

Cap. xii. 1. *Rationabile obsequium.* Vulgo interpretantur, moderatam macerationem carnis, cum sensus sit, Deo immolandam victimam non brutam, sed rationis participem, hoc est, ipsum hominem.

Cap. xiv. 5. *Alius judicat diem ad diem, alius judicat omnem diem.* Sic interpretatus est Augustinus, ut videatur procul abesse à sensu Pauli. Etiamsi nonnihil torquet hunc locum Ambrosius. Nam Paulus agit de superstitiosa observatione dierum ad exemplum Judæorum, cum Christianis olim omnes dies æque sacri fuerint.

Eodem, vers. 2. *Qui infirmus est, olus manducet.* Sic vulgo interpretantur, quasi iubeat superstitiosos oleribus vesci. Imo Paulus mallet nullum esse superstitiosum. Sed ostendit, quid faciat firmus, fretus sua fide, quid infirmus obsequens suæ superstitioni.

Eodem vers. 5. *In suo sensu abundet.* Abundare suo sensu, pertinacis est. Paulus sentit, ut in his quæ citra vitium vel fieri, vel non fieri possunt, unicuique sua mens satisfaciat.

[Cap. xv. 18. *Eorum quæ per me non effecit*, locus varie expositus.][5]

In Epistola prima *ad Corinthios*, ii. 2. *Spiritualibus spiritualia comparantes.* Vulgo sic accipiunt, quasi viris sacris sacra conveniant, cum Paulus sentiat genus sermonis adhiberi deberi rebus spiritualibus aptum.

Cap. iii. 12. *Lignum, fœnum, stipulam*, interpretantur de vitiosis actibus, & gradibus peccatorum, cum Paulus sentiat de doctrina quorundam apostolorum insincera, quæ ad exactum judicium improbaretur, periretque opera tum eorum qui didicerunt, tum eorum qui docuerunt dediscenda.

---

[5] This item is not in Erasmus' editions of 1519 or 1522 but was added in 1527.

Cap. x. 22. *An æmulamur Dominum,* pro eo quod est, *ad iram provocamus?*

In Epistola II *ad Corinthios,* cap. i. 11. *Ex multarum personis facierum.* Locus est obscurissimus, et à nobis varie explanatus.

∗∗[Johan. cap. xviii. 24. *Ad Caipham.* Ubi ob locum depravatum tota via aberrat Augustinus.]∗∗⁶

Cap. iv. 7. *Ut sublimitas sit virtutis Dei:* cum sit sensus, *ut sublimitas virtutis per nos editæ, sit Dei, & non ex nobis.*

Cap. v. 17. *Si qua in Christo nova creatura,* sensus est, *si quis est in Christo, is est nova creatura.*

Cap. viii. 19. *Destinatam voluntatem,* Thomas interpretatur, ab æterno prædestinatam, multum aberans à sensu Pauli, cum is dixerit προθυμίαν, id est, *animi promptitudinem,* sive, *propensionem.*

Ibidem vers. 23. *Gloriæ Christi.* Locus est obscurus, sed paucis hic indicari non potest.

Cap. x. 12. *Sed ipsi in nobis.* Locus obscurus & vulgo parum intellectus. Ne is quidem paucis potest annotari.

In Epistola *ad Galatas,* cap. 1. 16. *Non acquievi carni & sanguini.* Thomas ac vulgus recentiorum interpretantur: *Non acquievi vitiis carnalibus,* cum Paulus neget se contulisse Euangelium suum cum Petro & cæteris Apostolis hominibus, quos carnem & sanguinem vocat.

In Epistola *ad Ephesios,* cap. i. 22. Vulgus legit, *Super omnem Ecclesiam,* cum sensus sit, Christum esse summum caput Ecclesiæ suæ, præfectum omnibus, ut cui data sit omnis potestas.

Ibidem cap. ii. 2. *Potestatis aëris.* Locus hactenus à paucis intellectus.

In Epistola *ad Philippenses,* cap. i. 18. *Dum omni modo,* sive *per occasionem.* Quanquam id paucis annotari non potest.

Cap. ii. 7. *Formam servi accipiens,* &c. Secus explanata, quam vulgus explanat.

Ibidem vers. 13. *Et perficere.* Putant esse *consummare,* cum sit ἐνεργεῖν, hoc est, *agere.*

Eodem vers. 17. *Supra sacrificium.* Locus longe secus intelligendus, quam vulgo exponant.

In Epistola *Ad Colossenses,* cap. ii. 2. *Divitias plenitudinis,* cum

---

⁶ There are two entries on this text about Caiphas. The second, slightly less dismissive of Saint Augustine than the other, is placed under *Loca manifeste depravata, sed ex infinitis, ut occurrebant pauca decerpta.* (See below, note 13.) The effect of misplacing this first allusion within a series of texts from II Corinthians is to mislead the reader into assuming that the five entries which follow are from John, not from Paul. It is thus misplaced in Erasmus' editions of 1519, 1522 and 1527 as well as by Clericus.

Græce sit, πληροφορίας, non potest esse alius sensus, quam ut optet illis Paulus certissimam fidem & persuasionem mysterii.

Ibidem mox (vers. 8). *Ne quis vos decipiat,* dixit, pro *deprædetur:* quod certe Interpretis est vitium.

Ibidem vers. 14. *Chirographum decreti.* Locus vulgo paucis intellectus.

Ibidem vers. 15. *Traduxit,* expensa Augustini interpretatio. Quo loco Thomas miserabiliter lapsus est.

Ibidem vers. 18. *Nemo vos seducat,* pro eo quod erat, *nemo vobis præmium intervertat.*

Eodem, *Ambulans in his quæ non vidit.* Locus non à quibusvis intellectus, in quo lapsus videtur & Augustinus.

Ibidem vers. 20. *Quid adhuc decernitis,* ut male vertit Interpres, ita vulgus perperam intelligit. Nam Paulus sentit, eos non amplius debere teneri decretis humanis.

Cap. iii. 15. *Exultat,* vertit, βραβευέτω. Et Interpretem secuti recentiores interpretes tota aberrant via.

In Epistola *ad Hebræos,* cap. ii. 7. *Minuisti eum paulo minus ab Angelis.* Secus expositus locus, quam vulgus accipit.

Ibidem vers. 10. *Decebat enim.* Quod de Patre dictum est, vulgo ad Filium referunt, perperam legentes *consummari,* pro *consummare.*

Ibidem vers. 18. *Et tentatus.* Locus nove & vere expositus, & restituta lectio.

Cap. iii. 3. *Ampliorem honorem domus:* & lectionem palam vitiatam, & sensum hactenus non intellectum ostendimus.

**[Cap. v. 8. *Et quidem cum esset.* Locus vehementur obscurus, sed explanatus.

Ibidem vers. 11. *Interpretabilis ad dicendum.* Thomas anxie torquetur, ob culpam Interpretis, qui debuerat vertere, *difficilis enarratu,* sive *ad interpretandum.]**[7]

Cap. xi. 34. *Castra verterunt.* Quidam interpretantur pro, *everterunt,* cum sentiat *esse versa in fugam.*

Ibidem vers. 37. *In melotis.* Thomas hoc loco insigniter hallucinatus est.

Cap. xiii. 2. *Placuerunt quidam Angelis ho. re.* Ut depravate legimus vulgo, ita perperam intelligimus, cum sit sensus, quosdam, inscientes excepisse Angelos hospitio, quos homines esse putabant.

---

[7] These two entries were in reverse order in 1519 and 1522 (without the specific identification of verse 8).

In Epistola Petri I. cap. ii. 2. *Quasi modo geniti infantes rationabiles, lac,* &c. Ex depravata lectione sequitur sensus depravatus, cum Petrus non vocet pueros *rationabiles,* sed lac animi non corporis *rationale* vocat.

Cap. ii. 23. *Tradebat autem judicanti se injuste.* Ut vulgo depravate legimus, ita perperam exponimus, cum Petrus sentiat Christum non sumpsisse sibi vindictam, sed eam tradidisse Patri, qui juste judicat.

Cap. iii. 6. *Pertimentes ullam perturbationem:* cum sensus sit, *non expavescentes ullo pavore.*

Ibidem vers. 7. *Honorem impartientes:* cum Petrus loquatur de abstinentia coitus, recentiores exponunt de cultu & victu prospiciendo uxori, juxta illius dignitatem. Item quod sequitur de non interrumpendis precibus, interpretatur, non exaudiri preces, nisi concordet vir & mulier.

Ibidem vers. 8. *In fide* legimus, pro, *in fine,* sive *in summa,* & hinc mirus error interpretum.

Ibidem vers. 18. *Mortificatos quidem carne:* ob depravatam lectionem, toto cœlo errant interpretes neoterici.

Cap. iv. 7. *Estote itaque prudentes:* cum Petrus jubeat illic non esse sobrios.

In Epistola Petri II. cap. i. 19. *Et habemus firmiorem.* Locus antehac parum intellectus.

Ibidem cap. ii. 8. *Aspectu enim & auditu.* Locus longe secus enarratus, quam antehac intellectus est.

Ibidem vers. 10. *Sectas non metuunt,* &c. Locus nove expositus.

In Epistola Johannis I. cap. v. 16. *Non pro illo dico ut roget quis,* &c. Locus difficillimus nove explanatus.

Johannis in Euang. cap. v. 2. *Probatica piscina* putant cohærere, cum *probatica* sit nomen loci, in quo erat piscina.

Cap. xi. 9. *Duodecim horæ diei,* secus expositæ quam vulgus accipit.

Act. cap. xxiv. 14. *Patri & Deo,* pro, *patrio deo.* Et hinc mirus interpretum tumultus.

LOCA MANIFESTE DEPRAVATA,
SED EX INFINITIS, UT OCCURREBANT,
PAUCA DECERPTA

Matthæi cap. iii. 2. *Appropinquabit,* pro *appropinquavit:* sed potius *appropinquat,* in quo perpetuo pene peccatum est à scribis.

Cap. iv. 6. *Angelis suis mandavit,* pro, *mandabit:* errorem errore pensante scriba.

Cap. viii. 26. *Imperavit ventis,* pro, *increpavit.* Ad eundem lapidem impegerunt Luc. cap. iv. 39. *Imperavit febri,* pro, *increpavit.*

Cap. xii. 31. *Spiritus autem blasphemiæ,* pro *spiritus blasphemia.* Quo loco mendum lectionis turpiter imponit interpretibus neotericis.

[Cap. xxii. 30. *Nubent & nubentur,* pro, *nubunt & nubunter.*][8]

Cap. xxiii. 25. *Qui mundatis,* &c. *pleni estis,* mendose legimus pro, *plena sunt.*

[Lucæ** cap. viii. 49. *Ad Archisynagogum,* pro, *ab Archisynagogo.*]**[9]

Actorum cap. i. 15. *Erant autem hominum,* pro, *nominum.*

Cap. xiv. 24. *Italiam* pro, *Attaliam.*

Marci cap. viii. 38. *Qui me confessus fuerit. —Confessus,* depravatum est, pro, *confusus.*

[Lucæ** cap. i. 77. *In remissionem,* pro, *in remissione,* hoc est, pro, *remissionem.*]**[10]

Cap. viii. 19. *Et non poterant audire. —Audire,* depravate legimus, pro *adire.*[11]

Ibidem vers. 23. *Compellebantur,* pro, *complebantur.*

Cap. ix. 4. *Et inde ne exeatis,* pro, *& inde exeatis.*

Cap. x. 1. [&] 17. Pro *septuaginta* legimus, *septuagintaduo.*

Eodem vers. 30. *Suspiciens autem Jesus,* pro, *suscipiens,* ὑπολαβών.

Cap. xii. 52. *Et duo in tres dividentur.* Vitiosa distinctione sensum corrupimus.

Cap. xiv. 12. *Neque vicinos, neque divites,* legendum, *neque vicinos divites.* Nam à pauperibus vicinis nihil erat periculi, ne vicissim non vocent ad convivium.

Cap. xv. 8. *Evertit,* pro *everrit,* sive *verrit,* cum Græce sit σαροî. Id mendi & in vetustissimis exemplaribus inolevit.

Ibidem vers. 14. *Consummasset,* scriptum est pro, *consumsisset.*

Ibidem vers. 30. *Devoravit substantiam suam,* pro, *substantiam tuam.*

Cap. xvi. 22. *Et sepultus est in inferno.* Vitiosa distinctio vitiavit sensum. Nam post, *sepultus est,* apud Græcos colon est.

---

[8] This item is in Erasmus' editions of 1519 and 1522 but was omitted from that of 1527, presumably because it appears earlier in another form. See above, note 1.

[9] This item is in Erasmus' editions of 1519 and 1522 but was omitted from that of 1527.

[10] This item is in Erasmus' editions of 1519 and 1522 but was omitted from that of 1527.

[11] In 1519 and in 1522—and hence also in Clericus—*poterat* is read for *poterant.*

[Cap. xxiii. 40. *Qui in eadem damnatione es.* —*Qui,* depravatum est pro, *quia,* sive *quod.*][12]

Johannis cap. 1. 28. *Hæc in Bethania facta sunt. Bethania,* pro, *Bethabara* corrupte scriptum est.

Ibidem vers. 29. *Qui tollit peccata mundi,* cum sit, *peccatum mundi.* [In 1527: *Quia tollit.*]

Cap. v. 2. *Betsaida,* pro, *Bethesda.*

Cap. vii. 2. *Non volebat,* pro, *non valebat,* hoc est, *non poterat.*

Cap. xi. 4. *Ut glorificetur Filius Dei per eum,* cum legendum sit, *per eam,* videlicet infirmitatem.

Cap. xxi. 22. *Sic eum volo manere,* pro, *si eum volo manere.*

Joannis cap. xviii. 24. *Ad Caipham* pro *à Caïapha.* Quo loco lapsus est Augustinus.[13]

Actorum cap. xv. 16. *Dirupta,* pro, *diruta* scriptum est.

Ibidem mox, [?]. *Suffusa,* pro, *suffossa.*

Cap. xvi. 1. *Vidua* scriptum est pro, *Judæa.*

Cap. xix. 11. *Virtutesque non modicas quaslibet.* Duplicem lectionem commiscuit scriba.

**[Cap. xxiv. 14. *Patri & Deo meo,* pro, *patrio Deo meo.* **][14]

Cap. xxvii. 8. *Civitas Thalassa,* pro, *civitas Lassæa.*

Eodem vers. 42. *In locum bithalassum,* pro, *dithalassum,* hoc est, *bimarem.*

Cap. xxviii. 11. *Insigne Castrorum,* pro, *insigne Castorum,* hoc est, Castoris & Pollucis.

[Epistola *ad Romanos* cap. iii. 4. *Est,* pro, *esto.*][15]

Cap. viii. 7. *Sapientia carnis inimica est,* pro, *inimicitia est.*

Cap. ix. 10. *Ex uno concubitu,* pro, *ex uno concubitum habens.* Ubi depravatam lectionem sequitur & sensus depravatus.

Cap. x. 5. *Moses enim scripsit.* Locus depravatus, qui tamen paucis indicari non potest.

Cap. xii. 19. *Mihi vindictam,* pro, *mihi vindicta,* sive, *mea est vindicta.*

---

[12] This item is in Erasmus' editions of 1519 and 1522 but was omitted in 1527.

[13] See note 6 above for the repetition of this item. (The next entry but one is puzzling: neither *ibidem mox* nor anywhere else in the New Testament can I trace a confounding of *suffusa* with *suffossa*.)

[14] This entry was in Erasmus' editions of 1519 and 1522 but was omitted from that of 1527. It figures—more aggressively—as the final item of the previous section

Cap. xiii. 12. *Nox præcessit,* pro, *processit,* hoc est, *progressa est.*

Cap. xiv. 22. *Tu fidem quam habes, in teipso habes,* pro, *tu fidem habes; in teipso habe.*

Cap. xvi. 6. *Asiæ* scriptum est, pro, *Achaiæ.*

✽✽[Ibidem vers. 14. *Asineretum,* pro, *Asyncritum.*]**✽✽** [16]

Epistola *ad Corinthios* I. cap. i. 10. *In eadem scientia,* pro, *in eadem sententia.*

Cap. ii. 8. *Nunquam,* pro, *nequaquam.*

✽✽[Cap. viii. 10. *Idolotica,* pro, *Idolothyta.*]**✽✽**

Cap. xi. 24. *Quod pro vobis tradetur,* pro, *quod pro vobis frangitur.*

Cap. xii. 3. *Dicit anathema Jesu,* pro, *dicit anathema Jesum.*

Eodem vers. 26. *Gloriatur,* pro, *glorificatur,* δοξάζεται.

Cap. xiv. 2. *Spiritus loquitur,* pro, *spiritu loquitur.*

Eodem vers. 16. *Quis supplet locum idiotæ,* pro, *qui supplet,* &c. Una litera addita, & distinctionem & sensum corrupit.

Eodem vers. 23. *Quid insanitis,* pro, *quod insanitis.*

Cap. xv. 26. *Novissime autem inimica,* pro, *novissima autem inimica.*

Ibidem vers. 31. *Propter vestram gloriam,* pro, *per nostram gloriam,* ut sit jurantis. Et hic lectio mendosa totam subvertit sententiam.

Epistola *ad Corinthios* II. cap. i. 13. *Legistis & cognovistis,* pro, *legitis & cognoscitis.*

Cap. v. 13. *Excedimus,* pro, *excidimus,* cum Græce sit ἐξέστημεν.

Cap. viii. 8. *Ingenium,* pro, *ingenuum,* hoc est ingenuitas.

Cap. xii. 16. *Sed esto, ego vos gravavi,* pro, *esto, ego vos non gravavi.*

Ad Galatas cap. ii. 11. *Quoniam reprehensibilis erat,* pro, *reprehensus erat.*

Cap. iv. 18. *Bonum autem æmulamini,* pro, *bonum autem æmulari.*

Ad Ephesios cap. ii. 15. *Decretis evacuans,* pro, *in decretis.* Hic omissa præpositio, totum sensum subvertit.

Cap. vi. 13. *Et in omnibus perfecti stare,* pro, *perfecte stare.*

Ad Thessalonicenses I. cap. ii. 4. *Ut crederetur à nobis: à,* redundat, & sensum vitiat.

---

[15] This item is in Erasmus' editions of 1519 and 1522 but was omitted here from that of 1527.

[16] This item and the third item following are in Erasmus' editions of 1519 and 1522 but were omitted in 1527.
For the fourth item following, see the very last item of these *Elenchi* and note 30.

In secundam cap. 1. 6. *Retribuere retributionem,* pro, *retribuere afflictionem.*

In Epistola *ad Timotheum* I. cap. iv. 6. *Assecutus,* pro, *assectatus.*

In Epist. *ad Thess*. II. cap. iii. 14. *Per epistolam hanc: —hunc* legendum, non *hanc.*

In Epist. *ad Timotheum* I. cap. ii. 15. *Si manserit,* pro, *si manserint.* Ubi depravata lectio & sensum totum corrumpit.

***Ad Timoth*. II.** cap. iv. 21. *Et fratres eius,* pro, *& fratres omnes.*

***Ad Heb*.** cap. ii. 10. *Decebat enim consummari* mendose scriptum est, pro, *consummare.*

Cap. xiii. 2. *Placuerunt angelis hospitio acceptis:* de quo & ante meminimus.

[Epistola Jacobi cap. 2. 13. *Superexaltat* pro *superxultat.*] [17]

Epist. Jacobi cap. iii. 12. *Cæterorum,* pro, *cæterum.*

Cap. v. 6. *Adduxistis,* pro, *addixistis.*

Epist. Petri. I. cap. ii. 5. *Domos spirituales,* pro, *domus spiritualis.*

Cap. iii. 8. *In fine autem,* pro, *in finem,* aut, *in summa.*

Eodem vers. 18. *Mortificatos carne,* pro, *mortificatus carne.*

Cap. v. 13. *In Babylone collecta,* pro, *in Babylone coelecta.*

Epist. Judæ vers. 9. *Imperet tibi Deus,* pro, *increpet te Deus.*

Matthæi i. 18. *Mater Jesu Maria,* pro, *mater eius Maria.*

Rursus vers. 23. *Et vocabiter nomen eius,* pro, *vocabunt nomen eius.*

Cap. v. 24. *Reconciliari fratri tuo,* pro, *reconciliare.*

Cap. xxvi. 75. *Quod dixerat,* pro, *qui dixerat.*

Marci xi. 32. *Timemus populum,* pro, *timebant populum.*

Lucæ i. 9. *Sorte exiit,* pro, *sors exiit.*

AD PLACANDOS EOS, QUI PUTANT IN SACRIS LIBRIS NIHIL NEQUE SUPERESSE, NEQUE DEESSE, QUAEDAM EXCERPSIMUS, QUAE MANIFESTIUS DEPRAVATA SUNT IN HOC GENERE, QUAM UT NEGARI POSSIT

Matthæi cap ii. 18. *Ploratus & ululatus,* cum Græci codices habeant, *lamentatio, ploratus, ac fletus.* Et ita recitet Hieronymus, pariter & juxta Septuaginta, & juxta Hebraicam veritatem.

---

[17] This item is not in Erasmus' editions of 1519 or 1522 and so is not in Clericus, being added in 1527.

Cap. iii. 10. *Iam enim securis:* legendum juxta Græcos: *Iam enim & securis.*

Cap. xii. 18. Indicat Hieronymus omissum quiddam in vaticinio Esaiæ.

Cap. xvi. 13. *Quem dicunt homines esse filium hominis?* cum & in Græcis & in vetustis codicibus habeatur, *quem me dicunt esse,* &c.

Cap. xxvii. 43. *Liberet eum si vult:* legendum, *si vult eum.*

Marci cap. i. 27. *Quia in potestate spiritibus imperat:* legendum, *Et spiritibus imperat.*

Lucæ cap. iv. 21. *Impleta est scriptura:* legendum, *scriptura hæc.*

Cap. vii. 35. *A filiis suis:* legendum, *Ab omnibus filiis suis:* juxta Græcos & Ambrosium, sic etiam interpretantem.

Johannis i. 16. *Et gratiam pro gratia: —et,* redundat.

Cap. iii. 31. *Qui de terra est, de terra loquitur:* legendum: *Qui de terra est, de terra est, & de terra loquitur.*

Cap. vi. 42. *Nonne hic est filius Joseph?* Cum juxta Græcos & Augustinum legendum sit: *Nonne hic est Jesus, filius Joseph?*

Epistola *ad Romanos* cap. xii. 6. *Habentes donationes:* legendum: *Habentes autem donationes.* Omissa conjunctio sensum subvertit.

Epistola *ad Corinthios* I. cap. vii. 35. *Quod honestum est, & facultatem præbeat dominum sine impedimento obsecrandi.*

Cap. ix. 10. *Et qui triturat.* Desunt quædam apud nos.

Epistola *ad Galatas.* cap. iii. 17. *Testamentum confirmatum a Deo,* &c. Juxta Græcos & Ambrosium deest, *in Christum.*

Epistola *ad Thessal.* I. cap. iii. 2. *Ministrum Dei.* Juxta Græcos & Ambrosium deest, *& cooperarium nostrum.*

Epistola *ad Philemonem* vers. 6. *In Christo Jesu,* &c. Ante hæc verba deest, *quod est in nobis:* juxta Græcos codices, Chrysostomum, Ambrosium, & Hieronymum.

Epistola Petri I. cap. iv. Desunt quædam apud nos juxta Græcos?[18]

**[Matt. cap. xxvi. vers. 60. *Et non invenerunt.* In Græcis codicibus bis ponitur.

Marci cap. x. vers. 21. *Et veni sequere me.* Addunt hic Græci codices ἄρας τὸν σταυρὸν, id est, *Sublata cruce.*

---

[18] The question mark is not in Erasmus' 1527 edition but is in those of 1519 and 1522.

Act.cap. ii. vers. 20 *De fructu lumbi ejus.* Græci plus habent quam nostri.]**[19]

QUAE SINT ADDITA IN NOSTRIS EXEMPLARIBUS

Epistola ad Ephesios, cap. ii. 5. *Et convivificavit.* —*Convivificavit,* nec est apud Græcos, nec apud Hieronymum, nec Ambrosium, nec in vetustissimis codicibus.

**[In eadem, cap. iii. 14. *Huius rei gratia flecto genua mea ad Patrem.* Hieronymus testatur, hæc verba, *Domini nostri Jesu Christi* esse addita.

Epistola Johannis I. cap. ii. 16. *Quæ non est ex Patri.* —*Quæ,* redundat.]**[20]

Epist. *ad Timotheum* II. cap. ii. 6. *Cuius testimonium,* &c. —*Cuius,* & *confirmatum est,* non sunt apud Græcos.

Epist. *ad Timotheum* II. cap. ii. 22. *Fidem, spem.* —*Spem,* nec est apud Græcos, nec apud Ambrosium, nec in vetustis exemplaribus.

Cap. iii. 8. *Qui resistunt veritati.* —*Veritati* redundat, juxta Græcos & Ambrosium.

Ibidem vers. 3. *Cæci,* redundat, nec est in Græcis, nec in Latinis antiquis, nec apud Chrysostomum, nec apud Ambrosium.

Epist. *ad Colossenses*, cap. i. 9. *Omnem plenitudinem divinitatis.* —*Divinitatis,* redundat: nec apud Græcos additur, nec apud Ambrosium.

Epist. *ad Hebræos*, cap. iv. 14. *Confessionem spei nostræ.* —*Spei nostræ,* nec est apud Græcos, nec apud Chrysostomum additur, nec in exemplaribus vetustissimis.

Cap. v. 8. *Cum esset Filius Dei:* —*Dei,* redundat juxta Græcos codices. Item juxta Chrysostomum & Vulgarium interpretes.[21]

Epist. *ad Rom*. cap. viii. 38. *Neque futura, neque fortitudo, &c.* —*Fortitudo,* non est apud Græcos.

Cap. xi. 5. *Salvæ factæ sunt,* &c. Duæ dictiones redundant, *Dei,* & *salvæ.*

---

[19] These three items are not in Erasmus' editions of 1519 or 1522. Erasmus added them in 1527. In the last item, for *Acts 2* was printed *Acts 3.*

[20] The first of these two items is not in Erasmus' edition of 1519 but was added in 1522 and retained in 1527. The second is in Erasmus' editions of 1519 and 1522 but was omitted from that of 1527.

[21] It is strange that, here and elsewhere in these lists, Erasmus never corrected *Vulgarium* to *Theophylactum,* continuing a gross misattribution for which he himself was responsible but had eventually put right. He severely criticised others who persisted in that same error.)

Epist. *ad Corinthios* **I**. cap. vi. 20. *Empti enim estis pretio magno.* —*Magno,* redundat juxta Græcos, Chrysostomum, & Ambrosium.

[Matthæi cap. ix. 22. Sine causa ἐικῆ juxta Hieronymum eradendum est, etiamsi sic interpretetur & legat Chrysostomus.] [22]

Lucæ cap. xi. 34. *Lucerna corporis tui.* —*Tui* additum est.

Cap. xiii. 21. *Sata tria,* in Luca sunt addita, ex Matthæo.

Matt. cap. v. 44. *Diligite inimicos vestros*: apud Græcos plus est quam in nostris.

Epist. *ad Romanos*, cap. xi. 36. *Honor & gloria.* —*Honor,* redundat.

Epist. *ad Ephesios,* cap. ii. 22. *In Spiritu Sancto.* —*Sancto,* redundat juxta Græcos codices, Hieronymum, & Ambrosium.

**[Matthæi, cap v. vers. 11. *Quum male dixerint vobis homines* non est in Græcis libris.

Matt. cap. v. vers. 22 *Qui irascitur fratri suo sine causa.* Hieronymus negat hanc particulam *sine causa* esse in veris exemplaribus.

—cap. xxvii. vers. 20. *Principes sacerdotum & seniores populi.* Redundat apud nos, *populi.*

Act. cap. xxii. vers. 24. *Et flagellis cædi & torqueri.* —*Torqueri* addit interpres.

Epist. ad Corinth. I. cap. xv. vers. 33. *Sicut in omnibus ecclesiis sanctorum doceo.* —*Doceo* hoc loco à nostris additum videtur.

Corinth. II. cap. xii. vers. 6. *Hoc autem dico.* —*Dico* additum est ab interprete.

—cap. xii. vers. 30 *Sint inter vos.* Hæc tria verba in Græcis exemplaribus non habentur.

Epistola ad Philemonem vers. 6. *Omnis operis boni.* —*Operis* redundat.]** [23]

Matthæi cap. vi. 13. *Quia tuum est regnum.* Hæc coronis, apud Matthæum, addita est apud Græcos duntaxat.

Epist. ad Rom. cap. xii. 17. *Providentes bona.* Apud Græcos tantum est, *coram omnibus hominibus; non solum coram Deo,* additum est nec addit hæc Origenes, aut Theophylactus.

---

[22] This item is in Erasmus' edition of 1519 but was already omitted from the edition of 1522.

[23] These eight entries were added in 1527. They were not in Erasmus' edition of 1519 (nor that of 1522 and so are not in Clericus). The penultimate reference to II Corinthians 12 has been corrected: the original text of 1527 read 13 for 12.

Epist. *ad Corinth*. **I**. cap. vii. 14. *Per mulierem fidelem,* nonnihil verborum additum est apud nos.

Matthæi cap. vi. 22. *Lucerna corporis tui.* —*Tui,* redundat.

Epistola *ad Corinthios* **I**. cap. iv. 16. Hæc particula, *sicut & ego Christi,* nec apud Græcos adscribitur, nec in exemplari Paulino, nec apud Ambrosium.

Epist. *ad Philip*. cap. ii. 20. *Tam, unanimem.* —*Tam,* redundat apud nos.

Matthæi cap. vi. 25. *Animæ vestræ.* De potu nec apud Chrysostomum additur, nec apud Hilarium, nec apud Græcos, paucis exceptis.

**[Matt.,vii.1. *Nolite condemnare, & non condemnabimini.* Hæc verba in nullis Græcorum exemplaribus repperi.

Eodem. vii.4. *Frater, sine* —*Frater* nec ascriptum est in Græcis nec in Latinis antiquis.

Ibidem. vii.6. *Et canes conversi.* —*Canes* apud Græcos non additur.

eodem. vii.21. *Ipse intrabit in regnum cælorum.* In Græcis codicibus non adduntur nec repetuntur ab Hieronymo.

eodem. viii.18. *Ubi caput suum reclinet.* —*Suum* pronomen in Græcis exemplaribus non additur.

Cap. xiii.23. *Hic est qui verbum dei audit.* —Redundat *dei.*

Cap. xviii.18. *Erunt soluta & in cælo.* Conjunctionem addit de suo.**]**** [24]

Corinth. **I**. cap. iii. 5. *Adhuc enim estis.* —*Enim,* redundat, & officit sensui.

Matthæi ix. 25. *Et dixit, puella surge.* Hæc quatuor verba nec habentur apud Græcos, nec adduntur ab Hieronymo, nec exstant in antiquis exemplaribus.

Ad Corinth. **II**. cap. ii. 3. *Tristitiam super tristitiam.* —*Super tristitiam,* apud nos additum est ex alio quopiam loco, cum nec Ambrosius addat, nec Vulgarius Interpres. [25]

Ibidem vers. 5. *Me,* redundat apud nos.

Matth. cap. x. 13. *Dicentes, pax huic domui.* Hæc verba sunt adjecta apud nos, cum nec apud Græcos sint, nec apud Hieron. interpretem, nec apud Theophylactum.

---

[24] These seven items were not in Erasmus' editions of 1519 nor 1522 but were added in1527. (Two errors have been corrected: in the first item chapter 7 was printed for 6; in the last 19 was printed for 18.)

[25] Again Erasmus retains the error by which he had originally confounded Theophylact with a non-existent Vulgarius.

***Corinth*. II**. cap. ii. 16. *Et ad hæc quis tam idoneus.* —*Tam,* planissime redundat, cum nec Origenes addat.

Matthæi cap. xiv. 20. *Discipuli dederunt turbis.* —*Dederunt,* additum est.

Ad Galatas cap. iii. 1. *Non credere veritati.* Hanc particulam Hieronymus putat adjectitiam, nec addebatur in vetustissimis exemplaribus Latinis.

Ibidem vers. 1. *Et in vobis crucifixus.* —*Et,* additum est, & officit sensui.

Matthæi cap. xv. 8. *Labiis me honorat.* Hic redundat aliquid apud Græcos, aut certe nobis deest.

Ibidem vers. 9 *Doctrinas & præcepta.* —*Et,* redundat, cum sit appositive dictum.

Cap. xvi. 20. *Quia ipse esset Jesus Christus.* —*Jesus,* redundat.

***Corinth*. II**. cap. vi. 13. *Eandem autem retributionem habentes.* —*Habentes,* superest apud nos.

Ad Ephesios cap. v. 18. *Implemini Spiritu sancto.* —*Sancto,* superest.

Ibidem vers. 26. *In verbo vitæ.* —*Vitæ,* superest.

Matthæi xxi. 37. *Verebuntur forte filium meum.* —*Forte,* additum ab Interprete, non sine incommodo sententiæ.

***Corinth*. II**. cap. xi. 3. *Excidant,* additum est apud nos.

Matth. xxvii. 35. *Ut impleretur quod.* Totum testimonium Prophetæ adjectum est.

Ad Galatas cap. v. 7. *Non credere veritati.*

Ibidem vers. 8. *Nemini consenseritis.* Hanc particulam ut adjectitiam præterit Hieronymus.

Ibidem, *Persuasio hæc vestra.* —*Hæc vestra,* supersunt. Tantum est *persuasio.*

Ibidem vers. 13. *In occasionem detis carni.* —*Detis,* adjectum est.

**[Marci. i.10, *Descendentem & manentem.* —*Et manentem* aliunde est additum.

Cap. ii.24. *Ecce quid faciunt discipuli tui sabbatis.* —*Discipuli tui* apud Græcos non additur.

Cap. x.40. *Dare vobis.* —*Vobis* redundat.

Lucæ. xii.31. *Et justitiam ejus.* Hæc verba non adduntur apud hunc Evangelistam.

Cap. xix.32. *Sicut dixerat eis stantem pullum.* —*Stantem pullum* non addunt Græci codices.

Actorum cap. iv.8. *Et seniores Israhel, audite.* —*Audite,* non additur apud Græcos.

Cap. v. 15. *Et liberarentur ab infirmitatibus suis.* Non est in Græcis exemplaribus.

Cap. vii.60. *Obdormivit in domino.* —*In domino* non additur in Græco exemplari.]**²⁶

Marci cap. v. Etiam Euangelista nonnihil adjecit de suo.

Johannis cap. vi. 13. *Duodecim cophinos, & duobus piscibus,* tria verba sunt adjecta, quæ nec in Latinorum vetustis exemplaribus reperiuntur.

Marci cap. viii. 29. *Tu es Christus.* Additum apparet aliunde, *Filius Dei vivi.*

Lucæ cap. iv. 19. *Et diem retributionis.* Hæc verba nec sunt apud Græcos, nec adduntur ab Hieronymo.

Ad Ephesios cap. i. 7. *In remissionem peccatorum. In,* redundat, nec est apud Ambrosium, aut Hieronymum.

Lucæ cap. xi. 34. *Lucerna corporis tui. Tui,* additum est.

Actorum cap. i. 4. *Quam audistis, inquit.* —*Inquit,* additum est per Interpretem.

Lucæ cap. xi. 8. *Si perseveraverit pulsans:* adjectum ex alio Euangelista.

Cap. xvii. 7. *Aut pascentem boves.* Græce non est *boves.*

Johannis cap. vi. 41. *Quia dixisset.*²⁷ Hic additum est, *vivus.*

Cap. vii. 29. *Ego scio eum,* &c. Hic aliquot verba sunt addita ex alio loco.

Ibidem vers. 39. *Nondum erat spiritus datus.* —*Datus,* redundat.

Cap. viii. 59. *Et exivit de templo.* In Græcorum codicibus quædam redundant.

Cap. xii. 19. *Ecce totus mundus abit post eum.* —*Totus,* haud dubie redundat apud nos.

Ad Romanos cap. i. 3. *Qui factus est ei.* —*Ei,* additum est ab Interprete.

Eodem vers. 18. *Veritatem Dei.* —*Dei,* adjectum est.

Eodem vers. 32. *Qui cum justitiam Dei.* Hoc loco hæc verba sunt addita, *Non intellexerunt.*

---

²⁶ These eight entries are not in Erasmus' editions of 1519 or1522 but are in that of 1527. They are therefore not in Clericus.

²⁷ The 1527 edition prints *dixi* for *dixisset.*

[Cap. 4. 18. *Sicut stellæ cœli & harena maris.* Nihili horum verborum habetur in Græcis codicibus, tantum est, *Sicut erit semen tuum.*]**** [28]

Cap. v. 2. *In spe filiorum Dei.* —*Filiorum,* apud nos redundat, & *gloriæ,* deest.

Cap. vi. 3. *An ignoratis.* —*Fratres,* additum.

Cap. viii. 15. *Spiritum adoptionis.* Hic redundat, *Dei.*

Cap. ix. 25. *Et non misericordiam consecutam,* &c. Hieronymus fatetur aliquid superesse.

Cap. x. 21. *Et contradicentem mihi.* —*Mihi,* adjectum est.

QUAE PER INTERPRETEM
COMMISSA

Et his, quæ hactenus annotavimus, quædam incuria librariorum, nonnulla studio semidoctorum commissa sunt, permulta & Interpretis, quisquis is fuit, vel inscitia, vel negligentia. Cæterum quæ sequuntur, non possunt, nisi Interpreti imputari.

Lucæ cap. iii. 13. *Nihil amplius, quam quod constitutum est vobis, faciatis.* Cum Græce sit πράσσετε, non animadvertit vertendum fuisse, *exigatis,* præsertim cum alibi πράκτορες, verterit, *exactores,* & ἔπραξα, *exegissem.*

Lucæ xvi. 26. *In his omnibus,* quod arbitror vertendum fuisse, *super hæc omnia.*

Actorum cap. xviii. 10. *Et nemo apponetur tibi,* pro, *invadet,* sive *injiciet tibi manum.* Cum sit ἐπιθήσεταί σοι.

Cap. xxiv. 14. An non manifeste dormitavit, cum vocem Latinam interpretatur per Græcam, sed idem significantem? *Secundum sectam quam dicunt hæresim.*

Epist. *ad Timoth.* I. cap. iv. 6. Παρηκολούθηκας, pro *assectatus* vertit *assecutus.* Idem fecit in præfatione Euangelii Lucæ.

Epist. *ad Timoth.* I. cap. i. 2. Γνησίῳ, vertit *dilecto,* pro, *germano.*

[Lucæ** cap. iv. 38. *Magnis febribus,* pro *febre magna.*

Act. cap. iii. 7. *Consolitatæ sunt bases* —*Bases* pro *pedibus.*]****** [29]

Epist.ad Corinth.1. cap. ultimo [xvi. 8]. ἕως τῆς πεντηκοστῆς —*usque ad quinquagesimum,* subaudi *diem* —vertit *usque ad pentecostem.*

---

[28] This item is not in Erasmus' editions of 1519 or1522 but was added in 1527.

[29] These two items are not in Erasmus' editions of 1519 or 1522 but were added in 1527.

Ibidem vers. 12. *De Apollo autem fratre*, Interpres addidit de suo, *notum vobis facio*: quo sermo foret explanatior.

UBI INTERPRES AUSUS
SIT ALIQUID IMMUTARE, DE VERBIS
APOSTOLORUM AUT EVANGELISTARUM

Matthæi cap. xvi. 22. Cum Græce sit ἰλέως σοι κύριε, id est, *propitius tibi domine*, Interpres non dubitavit vertere, *absit à te domine*. Quemadmodum illud, μὴ γένοιτο, id est, *ne fiat*, vertit constanter *absit*, sensum exprimens, à verbis recedens.

Luc. cap. i. 48. pro μακαριοῦσι, id est, *beabunt*, non dubitavit vertere, *beatam dicent*, periphrasi rem explicans.

Actorum cap. i. 4. *Quam audistis, inquit:* verbum *inquit*, Interpres addidit de suo.

Ad Rom. cap. viii. 21. *Qui subjecit eam.* —*eam* addidit, explanandæ rei gratia.

Cap. x. 7. Καταγαγεῖν, *deducere*, quod Interpres vertit *revocare*.

Ibidem vers. 8. De suo addidit *scriptura*, quo sermo esset dilucidior.

Ad Corinth. I. cap. x. 4. *Consequente eos petra: eos* Interpres addidit de suo.

Cap. xi. 24. Τὸ κλώμενον, *quod frangitur*, vertit *tradetur*, opinor, quod alterum verbum esset durius futurum auribus: quod de Christo scriptum sit: *Os non comminuetis ex eo.*[30]

---

[30] In 1527 this item was omitted at this point, shortened and transferred to an earlier position: see note 16 above. It was placed after *Idolotica* pro *Idolothyta* and changed to read:

Cap. xi. 24. Quod pro vobis tradetur, pro, *Quod pro vobis frangitur.*

EX CAPITE PRIMO   16: CAPUT PRIMUM

19 {**P**AVLVS apoſtolus.**)** Hieronymus indicat apoſtolum eſſe
uocem Hebræis peculiarem,illis dictam ſilas,id Latine ſonat *Silas, miſſus*
miſſus,aut legatus. Et perinde quaſi dixiſſet miſſus,adiun∕
27 git,non ab hominibus {no} ab hominibus uelut ab autoribus,
27 {non} per homines ueluti commendantes aut approbantes.}
A deo patre noſtro.**)** Noſtro,referendū eſt ad dominum,
non ad patrem. ἀπὸ θεοῦ πατρὸς κỳ κυείου ἡμῶν ἰησοῦ χειςοῦ.
27 {Concordabant cum Græcis duo codices Conſtantienſes.)
De præſenti ſeculo.**)** ἐκ τῷ ϙνεςῶτ☉. id eſt,Ex inſtanti.
19 Quanquam id Græci nonnunquā præſens appellant.Quod 16·27: appellent
19 {&} hic uertit nequam,Ambroſius {&} Auguſtinus {legit maligno,
27·19 Hieronymus malo,Græce eſt πονηροῦ, quod & uerſutum ſignificat & miſerum ac la∕
borioſum.{Malum autem uocat hoc ſeculum ad comparationē ſeculi futuri}Auguſtinus
pro eriperet,legit eximeret in commentarijs huius epiſtolæ.}
27 Cui eſt gloria.**)** Eſt,non eſt in Græcis,ſed tantum,cui gloria{ut ſit optantis.}
Quod ſic tam cito.**)** ὅυτως ταχέως. Non eſt ſic tam,ſed tam cito,aut ſic cito.nam ὅτως *Supereſt in*
utrūcꝪ ſignificat.Quam ſanè lectionem alioqui abſurdam,& à Græcis exemplaribus diſ∕ *noſtris*
22 ſonantem,mirum eſt adeo inoleuiſſe,ut & apud Ambroſium & apud Auguſtinū {& apud
Tertullianum} reperiatur.Quanquam ex commentarijs diui Hieronymi,ſubodorari licet,
aduerbium ſic,ab eo non fuiſſe additum. Verum cum in nonnulliſ codicibus haberetur
tam,in nonnullis ſic,quod ſtudioſus aliquis annotarat in margine,id ſcriba parum attētus
retulit in contextum.
19 { Transferemini ab eo.**)** μετωπίθεϑε. Quod ſi ad uerbum reddas,ſonat tranſponimini:
recte mutauit interpres.Veriſimile eſt quod ſubmonuit Hieronymus,Paulū alluſiſſe ad *Galatæ*
Hebræam uocem Galatæ,quæ illis tranſlatos ſiue deductos ſonat,ſimilitudine ſumpta à *translati*
rotis aut rotundis,quæ facile aliunde alió deuoluuntur.}
19 In gratiam Chriſti.**)** ᾦ χάειτι. id eſt,In gratia{Auguſtinus enarrans hunc locum,pro
in gratiam,legit,In gloriam,atteſtante id ipſius expoſitione.Certe palàm eſt,in gratia,Hie
ronymum per auferēdi caſum legiſſe,quod ex ipſius uerbis facile docebitur. Sic enim ſcri
bit in commentarijs:Habet autem & locus ipſe hyperbaton,quod ita ſuo ordine legi po∕
teſt:Miror quod tam cito transferimini à Chriſto Ieſu,qui uos uocauit in gratia , dicens, *Hyperbaton*
Non ueni uocare iuſtos,& cætera.Quanquam hic rurſus aliud exiſtit incommodum am∕
phibologiæ,Qui uocauit uos per gratiam in aliud euangelium. Poteſt enim accipi quod
Chriſtus uocauerit illos in aliud euangelium,ut ordinat Ambroſius. Proinde hoc ordine
commutato ſic uertimus,Miror quod à Chriſto,qui uos uocauit in gratia ſiue per gratiã,
adeo cito transferamini in aliud euangelium.Ceterum in eo quod mox ſequitur.Sed licet
nos aut angelus de cœlo euangelizet uobis,præterquàm quod euangelizauimus uobis,
Idem Hieronymus indicat hunc ſermonem per hyperbolen accipi poſſe,non quod ange∕
22 lus aut Paulus aliud euangelium eſſet prædicaturus{ſed ſentit ab euangelio ſemel recepto
nullo pacto recedendum}Quod ſi quis tropos & ſchemata reijciat in ſacris literis,ſæpenu
mero aut hærebit perplexus,aut frigidiſſimis rationibus ſe cogetur explicare.Porrò quod
addit,hoc agi,ut non eſſet magna Petri ac Ioannis autoritas,cū nec ſibi liceret aliud euan∕
gelium prædicare,ſic arbitror accipiendum,ſi Petrus aut Ioannes Iudaiſmum admiſceret
Chriſto,quod uelut illis autoribus pſeudapoſtoli conabantur,alioqui uideretur Paulus
ſuam autoritatem Petro anteferre{Et Chriſti,poteſt uel ad gratiam referri,uel ad præpoſi∕
19 tionem ab,ut ſit apud nos auferendi caſus à Chriſto{eu potius à deo{Ego malim auferēdi
caſum.Et quidam codices pro Chriſto,deum habent. Semper enim Paulus deum uocan∕
Bb   tem

tem facit,fed per Chriftum . Et in euangelio pater eft,qui fuos trahit ad Chriftum. Cæte/
rum,in gratia dixit,pro eo quod eft,per gratiam.

Lectio   {In aliud euangelium quod non eft aliud.)   Video ueteres diuerfam,alios aliam fecutos   19
triplex lectionem. Hieronymus,ut ex ipfius liquet enarratione,ita legit:Quod fic cito transferi/
Prima Hie/ mini in aliud euangelium quod non eft,ut fubaudias aliud. Aut fi malis ab ipfo additũ no
ronymi men aliud:hic fubijcit ftigmen,ut fit fenfus,cum demirari illorum inconftãtiam qui tranf/
ferantur:deinde qui transferantur tam cito:poftremo qui in aliud euangelium, adeo non
melius eo quod acceperant,ut nullum fit.Huius rei caufam admiratur apoftolus. At ne ui
deatur ingenium gallicum damnare,ceu per cõiecturam facti,culpam reijcit in apoftolos
plus fatis Iudaizantes,dicens,nifi fi funt,& cætera. Sic enim legit Hieronymus[Chryfofto   35
mus &Theophylactus in fenfu cõcordat cum Hieronymo,nifi quod addit aliud,& quod   27
Secunda fequitur,nifi quod,feparat à fuperioribus)Ambrofius legit ad hũc modum,Ab eo qui uo/
Ambrofij cauit uos in gratiam Chrifti,in aliud euangelium:nec addidit,quod non eft aliud. Nec po
teft ex illius enarratione colligi,illum fecus legiffe.Is,hãc particulam In aliud euangelium,
referens non ad uerbum transferimini,fed ad uocauit,fermonem ordinat hũc in modum,
Demiror quod adeo cito transferimini ab eo qui uos uocauit,in aliud euangelium,id eft,
in aliud & diuerfum ab eo,quod pfeudapoftoli uobis prædicarunt,ad Iudaifmũ reuocan/
Tertia noftra tes.Quod dicimus perfpicuum erit,fi quis euoluat Ambrofianos commentarios. Porro
ut fufpicer Hieronymum legiffe,Quod non eft,nec addidiffe aliud,in caufa eft quod fubij
cit:Quia omne quod falfum eft,non fubfiftit,& quod ueritati contrarium eft, non eft.Vt
illud,Ne tradas domine fceptrũ tuum ijs qui non funt.Et,ea quæ non erant uocauit deus.
Ac mox ibidem:Si autem hoc de ijs qui in eundem credebant deum,& eafdem fcripturas
habebant,dicitur quod translati fint in aliud euangelium,quod non eft euangelium,quid
de Marcione & cæteris hæreticis,& cætera. At Ambrofius,nifi funt aliqui,& cætera:in/
teriecto commentario feparat à fuperioribus,ut nifi funt,non referatur ad Quod non eft
aliud,fed ad miramur(Tertullianus libro aduerfus Marcionem quarto,fi codices mendo   27
uacant,addere uidetur aliud,fed ita ut idem fit fenfus,quem diximus)

16-27: Qui

Et uolunt conuertere euangelium.)   Equidem malim inuertere,tametfi conftanter fic
legũt Ambrofius,Auguftinus:atque item Hieronymus.Eft autem Græca uox μετασρέ/
ψαι, quod fonat ad aliud detorquere,fiue in diuerfum detorquere.Nobis autem quo mã/
Subuertunt gis arrideat,inuertendi dictio,Hieronymiana facit interpretatio, cuius ipfa uerba fubfcri/
euangeliũ qui bam:Omnis qui euangelium alio interpretatus fpiritu & mente quàm fcriptum eft, cre/
fuperftitiofas dentes turbat,& conuertit euangelium Chrifti,ut quod in facie eft,poft tergum faciat,&
inducunt cere ea quæ poft tergum funt,uertat in faciem.Si quis tantum literam fequitur,pofteriora po/
monias nit in faciem.Si quis Iudæorum interpretationibus acquiefcit,poft tergum mittit ea, quæ
ex natura fua in facie conftituta funt.Hactenus Hieronymus.Atqui inuertere proprie de/
clarat,in diuerfum ac præpoftere uertere.Chriftus eiufmodi doctrinam tradidit,ut quàm
plurimum effet pietatis,quàm minimum ceremoniarum. Ifti contra uolebant plurimum
effe ceremoniarum,pietatis minimum.}

Præter quàm quod.)   παρ ὅ.   id eft,Præter id quod:atque ita erit aptius.
[*Anathema*   Anathema fit.)   Diuus Hieronymus admonet anathema uerbũ effe proprium Iudæis,
quo extremam deteftationem fignificare foleant.

¶16-27 per   Modo enim hominibus fuad.)   ἄρτι γὰρ ἀνθρώπους πείθω,ἤ τὸν θεόν; id eft,Nunc enim
⁎16: Et in hanc... homines fuadeo,an deum? hoc eft,an humana fuadeo,an diuina? Et in hanc quidẽ fenten/
Vulgarius follows tiam interpretatur Theophylactus. Quanquam &hominibus fuadeo poteft tolerari,cum   19
Quanquam...casum (πείθω apud Græcos)in hoc fenfu habeat aliquoties accufandi cafum,non item cum figni/ 27
ficat confidere,aut credere,aut morem gerere,quemadmodum uidetur arbitrari Faber
19-27:margin: Faber Stapulenfis nofter.Quanquam fcio Hieronymum,Auguftinum & Ambrofiũ,diuerfam
sequi fententiam.Cæterum modo,pofitum eft pro nunc.fignificat enim} poftea quàm fa/ 19
16: Significans ctus fit apoftolus,nihil aliud fpectare fe quàm quod ad dei pertineat honorem,cum olim   22
in Iudaifmo diuerfa fenferit.

Si adhuc.)   εἰ γὰρ ἔτι.   id eft,Si enim adhuc.
Accepi illud necɜ didici.)   παρέλαβον αὐτὸ,οὔτε ἐδιδάχθω.   Hieronymus diftinguit in
tex

ter accipere ac discere. Accipimus quod nostrum non est, sed ab alio traditum. Discimus, *margin: 19 only:*
Doctus sum
cuius mysterium nobis aperitur: tametsi Græce non est didici, sed doctus sum: id quod uel
absolute potest accipi, non doctus sum, sed afflatus, uel non doctus sum ab homine. Deinde uocabulum reuelationis, Hieronymus negat usquam apud ethnicos scriptores inueni-
ri ἀποκάλυψις, uerum id cum alijs multis nouum fuisse confictum à Septuaginta, quo ἀπηκάλυψις]
noua uox
commodius explicarent noua dei mysteria.

    Et expugnabam.) καὶ ἐπόρθουν. Quod uerbum proprium est populantium & excin-
dentium captas armis urbes. Necꝗ uideo cur hic stomachetur Laurentius, uelut id contu-
meliose dictum sit aduersus ecclesiam dei, quod expugnata fuerit à Paulo, malitꝗ oppu- *Expugnare* 16 *dissuadere*
πορθεῖν
gnabam quàm expugnabam. Nec inficior aliud esse Latinis expugnare aliud oppugna-
re, quemadmodum aliud est suadere, aliud persuadere, aliud orare, aliud exorare. Verum
quid facias, ubi Græca uox πορθεῖν nihil aliud significet quàm expugnare aut capere?
Cæterum ecclesiam uocat congregatiunculam illam Christianorum, quam prorsus expugnabat, quantũ erat in illo. Iam enim hoc agebat Paulus. Proinde quod ait, expugnabam,
non ad euentum rei, sed ad illius animum & conatus est referendum. Accommodatius au-
19:27 tem erat quod legunt in commentarijs Hieronymus & Augustinus, in sermone habito in
  19 monte, deuastabam aut uastabam, more hostis ac feræ populantis omnia. Ac paulo inferius, Qui aliquando nos persequebatur, nunc euangelizat fidem quam aliquando uasta-
  27 bat. Grammatici uocem dictam putant à πρήθω, quod est incendo, transpositis duabus literulis, ωπήρθω, hinc πίρθω, quod incendijs populatur hostis uictor. Alij malunt πίρθω
dictum quasi πορθέω, id est, circumcurro, quod id quoꝗ fiat in urbe capta.

    Coætaneos.) Optarim hoc uerbum esse receptum apud Latinos: Græce dixit συνηλι-
κιώτας, id est, æquales, hoc est, eiusdem ætatis: quanquam utraꝗ uox est ambigua. Nam
eiusdem ætatis dicuntur, qui uixerunt eodem seculo, quos Græci uocant συγχρόνȣ, &
æquales dicuntur diuitijs aut eruditione pares.)

  19 In genere meo.) Genus, gentem appellat Iudaicam: sicut in proxima epistola, In peri-
culis ex genere.

    Aemulator.) ζηλώτης. Ab immodico & superstitioso studio & amore, zeloten ap-
pellauit seipsum.

  19 Paternarum mearum traditionum.) πατρικῶν, à patribus ac maioribus traditarum.
Mearum addit, non quod eas suas esse duceret, quemadmodum interpretatur Aquinas, *Aquinas*
sed ut excusatius uideatur errasse, qui natus pharisæus maiorum suorũ instituta sequeretur, quæ tamen non dubitauit relinquere, edoctus meliora.

    Cum autem placuit ei.) ὅτε δὲ εὐδόκησεν ὁ θεός. id est, cum autem uisum est deo.

    Non acquieui.) ὀυ προσανεθέμlυ. id est, Non contuli cum carne & sanguine. Sic enim *Acquieui, du-*
re pro προσ-
σανεθέμlυ
Græca uertit Hieronymus in suis commentarijs, consentientibus & Græcorum scholijs.
Atꝗ ad hunc modum paulopost ipse uertit interpres. Id est, non cõmunicaui euangelium
meum cum homine, sed cum deo commercium habui. Quidam habent προσανεθέμlυ, hoc
est, prius contuli. Proinde palàm est Thomam & Carrensem nihil agere, qui carne & san- *Thomas,*
Carrensis
excussi]
guinem interpretantur pro uitijs carnalibus, quibus nũquam legimus Paulum obnoxium
fuisse: etiamsi Thomas addit alteram expositionẽ, carnem & sanguinem, interpretans affectum erga cognatos. At ne id quidem sentit Paulus. Verũ huius erroris ansam præbuit
interpres, qui προσανεθέμlυ uerterit acquieui, cum uertendum fuerit cõtuli siue commu-
nicaui cum carne & sanguine. Quanquam hoc in loco maiorem in modum laborauit diuus Hieronymus, cupiens hunc explicare nodum, quod Paulus contumeliosius Petrum,
Ioannem & Iacobum, carnem & sanguinem appellarit, præsertim cum Porphyrius hinc *Porphyrij*
calumnia 16: *uideatur*
calumnietur arrogantiam Pauli, quod non dignatus sit suum euãgelium conferre cum cæ-
teris apostolis. In summa non consistere quidem, ut qui prius non contulerit cum carne &
  35 sanguine, postea contulerit, ueluti sibi diffidens rei periculo facto. His angustijs cõstrictus *Distinctio*
Hieronymi
Hieronymus eò confugit, ut aduerbium εὐθέως, id est, continuo, non referat ad ea quæ
sequuntur, Non acquieui carni & sanguini, ne fretus reuelatione, protinus uideatur hominum commercium despexisse, sed ad illa superiora, Cum autem placuit ei qui me segrega-
uit de utero matris meæ: ac deinde sequatur, ut reuelaret filium suum in me: & ad extre-
Bb 2   mum

mum,Vt euangelizarem illum in gentibus continuo:& poſt hæc uelut à nouo exordio ſe
quatur illud,Non acquieui carni & ſanguini. Vt ſit ſenſus,Paulum iuſſum,ut continuo ci
traǫ moram accingeretur ad prædicationem euangelij,proinde non cunctatum,neǫ mo
ras triuiſſe,adeundis ac conſulendis apoſtolis,ſed protinus ut erat iuſſus aggreſſum euan
gelizandi munus(Variant hic & Græcorum commentarij)Verum hæc longius diſcute/ 27
re,non eſt huius inſtituti.Nos quod ad lectionis rationē pertinere uiſum eſt,annotamus.
Proinde nec illud huius operis eſt,quod hæc Pauli narratio multis modis diſſentire uide/
tur cum ea quæ eſt apud Lucam in Actis apoſtolicis,capite nono,quemadmodum Hiero/ 19
nymus in commentarijs ſuis ſatis diligenter explicat.

✱ Veni Hieroſolymam.) ἀνῆλϑον. id eſt,Redij,ſiue aſcendi.

✱ Ad anteceſſores meos apoſtolos.) πρὸς οὖν τὸ ἐμοῦ ἀποϛόλους. id eſt,Ad eos qui ante me
fuerant apoſtoli,& quibuſdam ob hoc maiores uidebantur,quod prius eſſent uocati.

✱✱Videre Petrum.) ἱϛοϱῆσαι. quod uerbum apud Græcos plus aliquid ſignificat quàm
uidere,nempe percontandi diſcendiǫ cauſa uidere:quanquam id negat Hieronymus.

{Iacobum fratrem.)In epiſtolam ad Galatas notat Hieronymus eorum errorem,qui pu 19.35
tant hunc Iacobum fuiſſe de numero duodecim apoſtolorum,fratrem Ioannis,cuius men/
tio fit in euangelio,cum is in Actis apoſtolorum legatur mox à Stephani nece ſanguinem 22
fudiſſe pro domino.Sed affirmat hunc eſſe Iacobum cognomento Iuſtum,filium Mariæ 22-27
quæ fuerit ſoror Mariæ matris Ieſu. Nam & hi fratres uocantur more Iudæorū.Theophy 22
lactus indicat honoris gratia fuiſſe uocatum fratrē domini.Hic primus Hieroſolymorum
epiſcopus fuit ordinatus,atǫ huius pleriǫ iudicarunt eſſe epiſtolam,quam hodie quoǫ
nomine Iacobi legimus.Apoſtolus autem dicitur,eo modo quo cæteri omnes apoſtoli di/
cuntur,qui Chriſtum in carne conſpectum,poſtea prædicabant.

Quia non mentior.) Hic ὅτι poterat omitti,quod uim habet aſſeuerandi,ſed apud
Græcos duntaxat,niſi malis addere,Ecce coram deo teſtificor quod non mentior.Nam id
additum eſt uelut à iurante:quod ſanè non negat Hieronymus. Sed quod addit ἀναγωγὶ 19
ζωῃ, coram deo ſunt,id eſt,digna conſpectu dei:mihi uidetur aliquanto coactius. Verum
in his nonnihil indulgent ſibi ueteres,uelut in hoc quoque de nominum interpretationi/
bus,Arabiæ,Ciliciæ,Damaſci,& cætera(Ambroſius fatetur eſſe iurantis,Theophylactus 27
aſſeuerantis.)

Ciliciæ.) Κιλικίας.　　　Partes,eſt κλίματα, id eſt,Plagas.

Quæ erant in Chriſto.) Cur non potius,quæ ſunt in Chriſto, ταῖς ἐν χϱιϛῶ.

Auditum habebant.) ἀκούοντοῦ ἦσαν. id eſt, Audierant. Ad uerbum,audientes erant,
hoc eſt,rumor apud illos erat.Latiniſſimum erat,Auditum erat illis,ſiue,hic rumor apud 19
illos erat,eo quod participium ἀκούοντοῦ ſit præſentis temporis,Ne hic quidem neceſſe 27
erat uertere ὅτι, uetante id pronomine nos.

Quam aliquando expugnabat.) ἐπόϱϑει. Rurſus eo uerbo eſt uſus,quo ſupra,ſicut
annotauimus.

Clarificabant deum.) ἐδόξαζον. id eſt,Glorificabant. Atque ita legit diuus Hierony/
mus,Ambroſius,magnificabant.) 27

EX CAPITE SECVNDO

Oſt annos.) διὰ δεκατεσσάρων ἐτῶν. id eſt,Per quatuordecim annos.Quan
quam ſenſum probe reddidit interpres.

Et contuli cum illis.) ἀνεϑέμην. Quod uerbum diuus Hieronymus ne/
gat Græcis ſignificare proprie conferre,ſed quæ nouimus,ea in ſinum ami/
ci exponere,& in medium adferre,communi conſilio uel probanda uel im/
probanda. Vnde quod ſuperius habuimus προσανεϑέμην, ſignificat,præterea cum quo/
quam contuli,ſcilicet poſt uocationem Chriſti.Aut ſi legas προσανεϑέμην, id eſt,prius con
tuli,nempe quàm iret in Arabiam.In illo uidetur Paulus nō diffiſus ſuæ uocationi,in hoc
uidetur non eguiſſe aliorū conſilio,ut in Arabia doceret Chriſtū.Ceterum quod Hierony 35
mus admonet de proprietate uerbi ἀνεϑέμην, huc opinor ſpectauit,quod ἀνατίϑεϑαι
Græcis dicitur tam is qui ſuſcipit onus,quàm qui alteri imponit:qui uero cum alijs cōfert,
in medium deponit ſarcinam ſuam,uelut onerans eos quos ſuorum factorum iudices fa/

cit

Marginalia (handwritten):

16-19: diſſentit

✱ 19-27: entries reuerſed

✱✱ 16: placed after [uidere Ciliciæ.) below

Iacobus iuſtus

19: ſororis

Iurat Paulus

margin 19-27: Etymologiæ & anagogæ frigidæ

16: audiebant

cit,fufcepturus,fi quid illi detrahant,addant'ue farcinæ.Vnde & quæ fepofita funt & in
alto fufpenfa, *ἀναθήματα* uocamus.Euripides in Iphigenia Aulidenfi pro eodē dixit συ
νγνέκαν, quafi dicas,fimul importare.Ita Clytemneftra Agamemnoni,σιωγνέκησα δ'ὅμως.]

19   Qui uidebantur aliquid.) τοῖς δοκοῦσιν. id eft,Qui uidebantur.ſut legit Auguftinus:] Qui uidebanⳇ
19 fiue probatis.Porrò Aliquid,additum eſt.ſabs quopiam,cui fermo uidebatur parum abfoⳇ tur aliquid
lutus.Perperam igitur qui legunt,Qui uidebantur aliquid. fed.ſpeius qui legunt,Qui fibi
uidebantur aliquid.quorum eft Ambrofius,fi modo codices mendo uacant.Contumelio
fum enim erat,qui fibi uidebantur aliquid,quafi nullius.ſalioqui precij,fed fua dūtaxat opi ¶16-19: essent
nione forent aliquid,cum id magis ad aliorum referatur æftimationem. δοκοῦντεσ enim
abfolute dicuntur Græcis,qui magnæ funt autoritatis,uelut ἀδόξουντεσ, quorum leuis
eſt autoritas.Ita Euripides in Hecuba, λόγῳ γὰρ ἐκτ ἀδόξουντων ἰων,ἰ.ταχ τῶν δοκουντων, αὐ
19 τῶς ουκ αὐ τὸ ϑήει. id eſt.ſNam oratio profecta ab ijs qui magnæ funt exiftimationis,& qui
non funt alicuius exiftimationis,eadem non idem ualet.ſApud Græcos primo & tertio lo 16-27: secundo
co non additur τὴ, id eſt,aliquid:medio tantum loco additur,Ab ijs autem qui uidebātur
eſſe aliquid.Quod haud fcio an adiectum fuerit ab quopiam,qui putarit eſſe fubaudienⳇ
dum:tametfi mire confentiunt exemplaria.Quandoquidem & Ambrofius legit,Qui exi
19 ftimabantur eſſe aliquid. Mihi probabile uidetur quod Valla coniectat.ſuidelicet adiectiⳇ
tium eſſe.Atⳍ ex interpretatione Hieronymi propemodum liquet illum non legiſſe,Qui
uidebantur eſſe aliquid:fed tantum,Qui uidebantur:cum ita fcribit,Sollicitus itaⳍ requiⳇ
rebam,quid'nam eſſet quod diceret,Qui uidebātur:fed nunc me omni fcrupulo liberauit,
adijciens,Qui uidebantur columnæ eſſe.Atⳍ in exemplari Paulino primo loco tantū eſt,
Qui uidebatur.Deinde cum Paulus fentiat eos in magno precio habitos,quod mox aperⳇ
tius explicat,Qui uidebantur columnæ eſſe:quomodo congruet huic loco,Qui uidebanⳇ
tur eſſe aliquid.ſSic enim loquimur de his rebus,quibus nolimus nihil omnino tribui.Cæⳇ
terum quamuis Hieronymus hactenus à me ftat,quod non addit Aliquid:non tamē uideⳇ
27 tur fatis perpēdiſſe uim participij Græci,(δοκουντεσ.) Proinde nos uertimus,Cum ijs qui
27 erant in precio(Ne quid tamen celem lectorem,quoniam apud Græcos femel hic additur
τὴ, fieri poteft ut eodem fenfu pofuerit hic Aliquid,quo Lucas in Actis quinto,dixit Aliⳇ : ✱↓
quem,pro magno:Ante hos enim dies extitit Theudas dicens fe eſſe aliquem)Ambrofius ✱
obiter indicat hoc loco,quod in Actis magis erat annotandum.Nam ubi nos legimus eius Ambrofij noⳇ
uoluminis capite decimoquinto,præfcriptum gentibus ut abftinerent à quatuor,ab idolo ua opinio
thytis,à fcortatione,à fanguine,à fuffocato:ille monet ab apoftolis non fuiſſe præfcripta,
nifi tria,quartum à Græcis additum.Siquidem difputationem ita claudit:Quæ fophiftæ
Græcorum non intelligentes,fcientes tamen à fanguine abftinendum,adulterarūt fcriptuⳇ
ram,quartum mandatum addentes,& à fuffocato obferuādum:quod puto nunc dei nutu
intellecturi funt,quia iam fupra dictum erat,quod addideruntſEt fanguinis abftinentiam: ℨ↓
interpretatur non ab homicidio temperandum,id quod ethnicorū quoⳍ legibus uetitum
19 erat,fed ab efu carnium.ſcum fanguine.ſmore Noe,iuxta Pythagoræ dogma.Cæterum illi
19 fecus interpretantes.ſinterdictum.ſfanguinem,addidere confine quiddam ex Iudæorum ce
19 remonijs,de fuffocato.ſPorrò fruftra uetari,ne uefcamur pecude fuffocata,cum iubeamur
27 ab efu carnium omnium abftinere,iuxta Ambrofij fententiam.ſCui quantum tribuēdum
fit,alij uiderint:certe Irenæus aliquoties refert locum ex Actis,nec addit mentionem fuffo
catorum,nominatim libro aduerfus hæreticos tertio,capite duodecimo.)
19   Cum eſſet gentilis.) ἐλλίω ἂν. id eſt,Græcus cū eſſet.ſquo tamē abutitur pro ethnico.ſ ἔλλυ gētilis]
Sed propter introductos falfos fratres.) παρεισάκτους. quafi dicas,Obiter ingreſſos.
Nam παρὰ apud Græcos plerunⳍ in malam fignificat partem,& nomen eſt,non partiⳇ
cipium:ueluti dicas,fubinductitios fratres.fic & mox, ὅι τινἐσ παρεισῆλθον. id eft,obiter
ingreſſi funt,nobis aliud agentibus:id quod folent exploratores ac molientes infidias.Iam
27 falfos fratres,eft ψυδαδελφωσ.(id eft,falfo nomine Chriftianos)de quo fuperius admoⳇ
nuimus.Diuus Hieronymus coniunctionem Autem,fiue Sed,putat hoc loco fuperuacaⳇ
neam & abijciendam : partim quod fi ponatur,non habeat partem quæ illi refpondeat:foⳇ 16: habet
let enim apud Græcos δὲ, femper refpondere μὲν. partim quod fenfui huius epiftolæ 19-27: margin:
uehementer repugnet.Intelligit enim diuus Hieronymus Paulum nulla ui potuiſſe comⳇ ordo diversus
Bb   ₃   pelli

✱16: Ambrosius…addiderunt: the substance of this passage is included
in Nihil contulerunt.) p.570.

ℨ 16: Et sanguinis…suffocato, forms part of Nihil contulerant.)
p.570.

pelli,ut Titum quum esset gentilis,circuncideret,idꝗ ad ueritatem euangelij pertinuisse.
Atque ita quod sequitur,Propter superintroductos falsos fratres:cohæret cum superiori/
bus,Non fuit compulsus circuncidi,propter falsos fratres, & cætera. In hanc sententiam
interpretatur Augustinus,tametsi secus legit Ambrosius.

Cessimus subiectioni.) Est quidem datiuus apud Græcos ὑποταγῇ, sed per ablatiuū 19
uertendus,Subiectione:id est,ut illis subijceremur.Atꝗ in exemplari Paulino prima ma/
nu scriptum fuerat Subiectione,casu auferentꝰ Hieronymus indicat in Latinis codicibus
quibusdam non haberi ᾗς, ut intelligas Titum cessisse ad horam:in Græcis addi,ut sen/
sus sit,illum nullo modo cessisse.Quod si legatur cessisse ad horam,hoc tamen Hierony/
mus non putat pertinere ad circuncisionem Titi,sed ad id duntaxat quod Hierosolymam
redierit quo illis satisfaceret.Et tamen quod Hieronymus negat esse in Latinis codicibus, 19
nunc in omnibus Latinis exemplaribus uisitur scriptum,præter quàm apud Ambrosium,
qui secus etiam atꝗ nos ordinat orationem,nimirum hoc pacto:Propter autem subintro/
ductos fratres falsos,qui subintrauerunt explorare libertatem nostram quam habemus in
Christo Iesu,ut nos in seruitutem subijcerent,ad horam cessimus subiectioni. Atꝗ ita le/
gisse declarat eiusdem interpretatio.Omittit ille pronomen Quibus,quod additum,uide/
tur orationem inabsolutam reddere,nisi sic ordinemus:Titus non compulsus est circunci/
di,propter apostolos quibus aliquousꝗ cessimus,sed propter subintroductos fratres,qui/
bus ne tantulum quidem cessimus. At quomodo non cessit,qui Timotheum coactus est
circuncidere:Argutatur pluribus uerbis super hoc loco Ambrosius. Nec uideo quomodo
locus possit explicari,nisi fateamur Pauli sermonem esse imperfectū,ut intelligamus hoc
pacto,Apostoli non compellebant,sed propter fratres falsos uidebamur cōpellendi,quod
ij odiosius instarent,quibus tamen pro eo tempore non cessimus eousque,ut quenquam è
gentibus circuncideremus.

✳Apud uos.) πρὸς ὑμᾶς. id est,Erga uos.

Ab ijs autem qui uidebantur.) Rursum Paulus orationem inceptā non absoluit,quod 19
interloquatur quædam:deinde mutata sermonis forma,redit ad id quod instituerat.Vide
batur enim adiecturus,Ab his qui habebantur in precio,nihil adiutus sum. Deinde quum
ceu per parenthesin interiecisset,Quales olim fuerint,mea non refert:deus persona homi/
nis non accipit:nam id illi obiter apparet uenisse in mentem,ex eo quod dixerat,qui nunc
uidēt esse magni:mox redit ad id quod cœperat,sed diuersa sermonis forma:Mihi enim
qui uidebantur esse aliquid,nihil contulerunt.

Mihi autem qui uidebantur esse aliquid.) Rursum hoc tertio loco nō est,Esse aliquid:
sed tantum, οἱ δοκοῦντες, id est,Qui uidebantur : hoc est,in precio habiti,quos uulgo
uocant reputatos.

Nihil contulerunt.) ὀδὲν προσανέθωτο. id est,Nihil communicarunt.idem uerbū quod
sæpius uertit Acquieui:id quod admonet & diuus Hieronymus.Cōtulerat cum illis Pau/
lus suum euangelium,illi non contulerunt uicissim suum,sed duntaxat probarunt euange
lium Pauli.Itaꝗ hoc loco Contulerunt,non significat idem quod Addiderunt,ut quidam
arbitrantur,sed illud hinc consequitur.Nam quid potuerunt addere Paulo,qui ne commu
nicarint quidem de suo euangelio:Poterant aliquid à Paulo accipere,nihil poterant adiun
gere.Diuus Hieronymus putat hic hyperbaton esse,ut multis quæ in medio sunt interie/
cta sublatis,legamus ad hunc modum : Mihi enim qui uidebantur esse,nihil contulerunt,
sed econtra dextras dederunt mihi & Barnabæ societatis.Quanquam possumus iuxta su
periorem sensum ita legere,ut citra iactantiam occulte significarit Paulus,ab illis nihil col
latum sibi,sed à se potius illis.Quod tamen ex re consequitur uerius,ut modo diximusꝗ 19
uerbis significatur.Est enim hic idem uerbum προσανέθωτο, quod significat communica
re de re quapiam consultandi gratia. Quo quidem in loco,parum attentus fuit Valla,qui
putat hic Contulerunt,idem esse quod Addiderunt.❡

Cum uidissent quia creditum est.) ὅτι πεπίσδυμαι τὸ δυαγγέλιον. id est,Esse mihi credi/
tum siue commissum euangelium.Sic enim Græci loquuntur,Creditus sum hanc rem,& 19
commissus sum hanc rem.ꝗ ὅτι, aut omittendum erat,aut uertendum in Quod.) 27

✳{Qui enim operatus est Petro.) Propius erat Græcæ lectioni,In Petro & in me. ἐνεργή 19
σας

Marginal handwritten notes (left):

16-22: Et ita

[Locus uarie
lectus &
expositus

margin, 19 only:
Cessimus.
Non cessimus

✳ 19-27: follows
Mihi autem ...)
below.

Sermo
turbatus

16: enim

Contulerunt
16: addiderunt

[Conferre
communicare

16: iactationem

↓?

✳ 16: partly
included in Inter
gentes.) p.571.

Bottom handwritten note:

¶16: addiderunt. Annotavit hoc loco quiddam divus Ambrosius, quod tamen
ad hunc locum proprie non pertinet, in eo quod legimus in actis apostolorum,
decretum ut gentiles abstinerent a quattuor, ab idolothytis, a fornicatione, a
sanguine, + a suffocato. a graecis sophistis adulteratam fuisse scripturam,
qui quartum illud a suffocato adiecerint de suo. Et sanguinis ... de suffocato.
(see p.569 footnote). Verum quantum tribuendum sit huic Ambrosiano
commento lectoris iudicio relinquo. Cum vidissent ...).

τῆς πέτρου, γ.ὴ ὲργνοι κỳ ἐμοί. Siquidem præpositio est in uoce composita. Nec est simpliciter operatus, sed efficax fuit, & uim suam ostendit. Nam Origenes in epistolam ad Roma
nos, existimat idem pollere ὲνπλὲχειαν & ὲνὲργειαν, hoc est, actum & uim ex se mouen
tem organum. Sentit enim quicquid per Petrum effectum est, non ipsius uiribus, sed deo
autore perfectum. Cuius ope præsidioqʒ & ipse adiutus, non minora patrauerit inter incir-
cuncisos, quàm ille inter circuncisos. Atqʒ hic rursum opus est parenthesi, ut legamus ad
hunc modum: imò contrà, quum uidissent mihi concreditum fuisse euangelium præputij,
quemadmodum Petro circuncisionis: deinde quæ sequuntur, parenthesi separentur: Nam
qui operatus est in Petro ad apostolatum circuncisionis, operatus fuit & in me erga gentes. Mox quod sequitur, connectatur cum superioribus: Quumqʒ cognouissent gratiam
mihi datam:& cætera.}

ὲνπλὲχειαν,
ὲνὲργεια]
idem pollent]

19 {Dextras dederunt mihi & Barnabæ societatis.) Aut subaudiendum γ.ὴνα, aut iuxta
Hebræum idioma dixit dextras societatis, ut osculum pacis, pro dextris socialibus, ut ita
loquamur.}

19 Inter gentes.) εἰς τὰ ἔθνη. id est, In gentes: ut legit Ambrosius: Alicubi citat, ad gentes,
siue erga gentes: ut respondeat ei quod præcessit, εἰς ἀφεσολίω τῆς πόλιτομῆς. ¶

19 Vt nos in gentes, ipsi autem.) Hic sermo non est absolutus, sed subaudiēdum est, apo-
19 stolico munere fungeremur. Nam In, positum est pro Erga. Et circūcisionem uocat {ipsam}
19 gentem Iudaicam, quam opponit gentibus {quas aliquando uocat præputium.}

16: illi

19 Tantum ut pauperum.) Tantum, aduerbium referendū est ad sequentia, non ad præcedentia. Hoc admonui, quia nonnulli secus distinguunt {Subaudiendum aūt est aliquid,
tantum admonuerunt aut mandarunt.}

19 In faciem ei restiti.) κỳ πρόσωπον αὐΤῷ ἀντύίω. id est, Iuxta faciem illi restiti, aut certe
In facie, non in faciem: id est, propalàm & in conspectu omnium: nam in faciem erat contu-
22 meliosius. Nec est Græce κỳ πρόσωπον, {sed κỳ πρόσωπον.} Consentiunt cum his & Græcorum scholia & Ambrosius, qui In facie, interpretatur palàm & coràm. Diuus aūt Hieronymus accipit secundum faciem, pro eo quod est, non ex animo, sed ut ijs qui aderant, spe
ciem reprehensionis exhiberet, quod Petri simulatio quam uidebat noxiam fore gentibus,
simulata reprehensione corrigeretur. Et hanc utriusqʒ hypocrisin, dispēsationem appellat.

19-27: margin:
Locus uarie
expositus]
In faciens
restiti]

19 {Cæterum iuxta hunc sensum dilutius erit, quod Paulus hoc lemmate Galatas à Iudaismo
19 deterreat, quia Cephæ ficte restiterit in faciem, & cum ille nihil peccarit, hanc ansam obiur
gandi quæsierit} Quanquam hæc {Græcorum quorundam} interpretatio {alia quoqʒ de cau-
19 sa} non probatur Augustino: & hinc nata est illa magnifica de mendacio inter illos disputa-
tio, cum {simulatio ac dissimulatio sit, potius q̄ mendacium. A quo uerbo adeo non abhorret Hieronymus, ut hypocrisin huiusmodi nó uereatur & prophetis, atqʒ adeo ipsi Christo
19 tribuere} Petrus enim cum aduenissent Iudæi, surgens à conuiuio dissimulabat se uesci cibis communibus, ne offenderentur, quibus persuaderi non poterat id licere, cum {ille} sciret
19 licere. Ac rursum ubi Paulus sensit ex ea dissimulatione qua Petrus studuerat mederi Iudæis, nasci graue offendiculum, adeo ut Barnabæ quoqʒ timeret, opposuit acrem obiurga-
tionem, sed secūdam faciem, hoc est in speciem, & per simulationē: non quod crederet Pe-
19 trum peccasse sua dissimulatione, sed quod uideret id quod in suæ gentis remediū fecerat
* Petrus, in gentium perniciem uergere, quarū curā agebat Paulus. {Augustinus explanans
hanc epistolā sanè q̄ dure, mea quidem sententia, tractat Petrum, his uerbis de illo loques:
Petrus aūt cum uenisset Antiochiā, obiurgatus est à Paulo, non quia seruabat consuetudi-
22 nem Iudæorum, in qua natus atqʒ educatus erat, quanquā apud gentes eam non seruaret,
sed obiurgatus est, quia gentibus eam uolebat imponere {Hactenus Augustinus.} Videtur
enim peruersitatē quandam sapere, si quis onus studeat alijs imponere, quod non iudicet
esse suscipiendū. Atqui huius uox est in Actis apostolicis capite decimoquinto: Nūc ergo
quid tentatis deū, imponere iugum super ceruices discipulorū, quod neqʒ nos, neqʒ patres
nostri portare potuimus: Qui conuenit, ut cui tentare deum dicatur, qui iugū legis uellet
imponere gentibus, ipse tanto studio conatus sit imponere, ut ad id simulatione sit usus:
Rursus Augustinus libro de agone Christiano cap. xxx. factū hoc Petri, superstitiosam simulationem appellat, & cæteris illius peccatis, diffidentiæ, pugnē, abnegationis admiscet:

Concertatio
inter Augusti
num & Hiero
nymū de men
dacio

Augustinus
durius tractat
Petrum

19: long addition
to p. 574.

¶16: Περιτομῆς. Illud obiter annotandum hoc loco qui operatus est, esse
ὁ ἐνεργήσας quod aliud quiddam sonat graecis quod nobis operatus. Siquidem
ἐνεργεῖν est occultam vim suam in re quapiam ostendere. Unde + ἐνέργεια
dicta est, non operatio, sed vis quaedam occulta, sed efficax. Ostendit
enim quod per Petrum est factum, non ipsius viribus, sed deo autore
factum cui ope + ipse sit adiutus. Ut nos urgentes..)

{16: cum hic nullum sit mendacium, quod oratione committitur
sed dissimulatio tantum + simulatio facti Petrus.

atcp adeo paulo poſt in eodem capite,prauam ſimulationem appellat:Hos,inquiens,eccle
ſia catholica materno recipit ſinu,tanquam Petrum poſt fletum negationis,per galli can／
tum admonitum,aut tanquā eundem poſt prauam ſimulationem,Pauli uoce correctum.

*Hieronymus
lōge diſſentit*At operæprecium uidere eſt quantum abſit Hieronymus ab Auguſtini ſententia.Hic non
uteretur Petro apoſtolorum principi,etiam poſt acceptum cœleſtem ſpiritum impingere
peruerſam ſimulationem.Ille non fert uel errorem tribui Petro.Sic enim loquitur in præfa
tione commentariorum,quos in hanc ædidit epiſtolam:Quamobrē ita caute inter utrūcp
& medius incedit,ut nec euangelij prodat gratiam,preſſus pondere & autoritate maiorū,
nec præceſſoribus faciat iniuriam,dum aſſertor eſt gratiæ.Oblique uero & quaſi per cu／
niculos latenter incedens,ut Petrum doceat pro commiſſa ſibi circunciſionis plebe facere,
ne ab antiquo repente uiuendi more deſciſcens,in cruce ſcandalizata non crederet,& ſibi
prædicatione gentium credita,æquum eſſe id pro ueritate defendere,quod alius pro diſ／
penſatione ſimularet.Quod nequaquam intelligens Bataneotes & ſceleratus ille Porphy
*Porphyrius*rius,in primo operis ſui aduerſum nos libro,Petrum à Paulo obiecit eſſe reprehenſum,
quod non recto pede incederet ad euangelizandum,uolens & illi maculam erroris inure／
re,& huic procacitatis,& in commune ficti dogmatis accuſare mendacium,dum inter ſe
ecclcſiarum principes diſcrepant.Hactenus Hieronymi uerba retulimus.Nonnulli uero
*[Cephas alius
à Petro falſo
creditus*dum non poſſunt ex his difficultatibus explicare ſeſe,commēti ſunt Cepham hunc,cui in
os reſtitit Paulus,non fuiſſe Petrum apoſtolum,ſed alium quempiam.Huius opinionis au
torem,Græcorum ſcholia citant Euſebium in hiſtoria eccleſiaſtica,qui rem fecerit hoc ar／
gumento probabiliorem:Quorſum,inquit,opus erat,ut Petrus ſeſe à cōuiuio ſubduceret
ob interuentum Iudæorū,cum multo ante ſatisfeccrit omnibus expoſtulatibus quod cum
Cornelio incircunciſo commercium habuiſſet,& adeo ſatisfecerit,ut illi cognito negocio,
concorditer gratias egerint deo,præſertim cum huiuſce rei nulla mentio fiat in Actis apo／
ſtolorum.Sed hanc opinionem ceu commentitiā ac frigidam,fortiter reijcit Hieronymus,
cum ipſa res doceat totum hunc ſermonem ad Petrum & illius collegas pertinere.Negat
aūt ullum Cepham notum nobis præter apoſtolum,qui Syrorum lingua Cephas dicitur,
quod illis Cephas idem ſonet,quod Græcis ac nobis Petrus.Deinde non mirū ſi hoc omi／
ſit Lucas,à quo tam multa præterea ſint prętermiſſa,uelut illud quod Petrus primum ſede
rit Antiochiæ,deinde Romam ſedem ſuam tranſtulerit.Poſtremo non oportere nobis tāti
eſſe Porphyrium ſycophantam,ut in illius gratiam nouum Cephan ſingamus.Alioqui ſi
conemur è ſcripturis eradere,quicquid hæreticorum calumnijs obnoxium ſit,plura alia fo
*Thomas cen／
ſor inter Au／
guſtinum &
Hieronymum*rent eradenda.Thomas Aquinas uerboſiſſimam diſputatione quæ ſuper hac re uerſatur
inter Hieronymum & Auguſtinum,non inſcite contraxit in compendiū,indicans contro
uerſiæ ſuinmam,quatuor in rebus potiſſimū eſſe ſitam.Primum in tempore,quod Hiero／
nymus in duas,Auguſtinus in tres partes diſtinxerit,ſic ut legalia ante euāgelium fuerint
uiua,mox à morte Chriſti,mortua,ſed non mortifera,Iudæis duntaxat,modo ne ſpem ali／
quam ſalutis in eis collocarent:demū euangelio late diuulgato,eadē omnibus fuiſſe mor／
*Auguſtini ra／
tiōes excuſſæ*tifera.Vt hæc uere diſtinxerit Auguſtinus,Hieronymus putat iam ſatis diuulgatū fuiſſe
euangelium,cum Petro uiſione monſtratum eſt,nihil eſſe commune,cum hac de re ſatiſ／
fecit Iudæis expoſtulatibus,cum ipſe publica concione teſtatus eſt,onus legis nemini im／
ponendum,quod nec ipſi ferre potuiſſent,nec maiores ipſorum.Et negabimus euangelij
gratiam diuulgatā,cum ubicp gentium tot hominum milia tenerent euangeliū:præſertim
cum multo ante palam dixiſſet ipſe Chriſtus,Lex & prophetæ uſcp ad Ioannem,cum ue／
lum tēpli ſciſſum eſſet à ſummo uſcp ad imum.Nec in hoc legi fiebat iniuria,ſi quatenus
erat umbra,cederet ueritati.Necp tantum,opinor,honoris debebatur ſynagogæ,quā Chri
ſtus repudiauit ut uiricidam,præſertim cum ex eo honore tantū immineret periculi,ut pa
rum abſuerit,quin gentes quocp pertraherentur in Iudaiſmum.Necp nihil erat futurum di
ſcriminis inter ſacrificia gentium & Iudæorum,quod cum illa ſemper fuerint execranda,
hæc pro tempore ſuum habuerunt honorem.Iam confinium illud quod Auguſtinus indu
cit inter duo tempora,qua nota diſterminabimus:an donec erunt qui non poterunt negli／
gere?Atqui ſunt huius generis multi,noſtris quocp temporibus inter Chriſtianos.Quan／
quam totum hoc quod adducit Auguſtinus de mortuis,at non mortiferis,de tempore
medio

*19-27: margin:
Eusebius*

*19-27:
tr.*

medio,de fynagoga cum honore deferenda ad tumulum,magis humana ratione quàm di
uinæ fcripturæ teftimonijs fubnixum eft.Quis autem fanus uelit ea feruare,è quibus nul
lum fperaret fructum?Quod fi Iudæi hoc animo feruabant legalia,ut nec utilia,nec inuti/
lia,cur ea exigunt à Paulo?imò cur à gentibus?Certe qui hæc faciebant,putabant ad rem
pertinere.Cur hos non redarguunt apoftoli?Quod fi nihil erat ab illis fructus,certe uel ob
hoc erant fugienda,quod qui feruarent ea,fpeciem præbebant infirmis,quafi fine his non
fufficeret euangelium.Atꝗ hinc fanè nata hærefis Ebionitarum,præter alias aliquot,quæ *Ebionitæ*
Chriftum cum Mofe mifcebat,cum ille puriffimus effe uellet.

Iam in fecundo difcrimine,ait,iuxta Hieronymi fententiam,apoftolos nõ feruaffe lega/
lia,fed aliquoties pro tēpore fimulaffe,fed tamen propter aliquas caufas:puta quiefcebant
fabbato,non fuperftitione,fed ob quietem:abftinebant à quibufdam cibis,non ut uetitis, *Thomæ ratio* 19-27:
fed propter abominationem.Nam hęc,ni fallor,Thomas addidit de fuo.Quafi uero nunc *nes excuff̄æ* *tr.*
non eadem liceant,aut quafi peccaturus fit,fi quis itinere feffus,fabbato interquiefcat,aut
capo appofito,faftidiat laridum rancidum.Aut quafi conueniat abominationem iftiufmo
di fuperftitiofam tribuere apoftolis,qualem uidemus in ftultis mulierculis.Iuxta Augufti
num uero,inquit,apoftoli feruabant legalia,& hoc intendentes,fed tamen non ponētes in
eis fpem:& hoc licebat eis,utpote Iudæis.Si hoc tantum conceffum eft infirmitati quorun
dam:quid hoc ad apoftolos,per quos folos aliorum infirmitas erat erigenda?Deinde quid
intereft inter eum qui coactus obferuat ne quos offendat,& eum qui quauis de caufa rem
ut inutilem feruat?Quid autem intendit qui hoc facit?Aut nihil ne intendit,qui fimulate
feruat,ne quos alienet ab euangelio?

Tertio loco in hoc difcrepant,inquit,quod Hieronymus utrunꝗ liberat omni peccato,
cum uterꝗ fuum,hoc eft,euangelij egerit negocium. Auguftinus Petrum onerat pecca/
to,fed ueniali duntaxat.Atqui ex his Auguftini uerbis quæ modo citauimus,non appa/
ret illi uifum hoc peccatum ueniale.Deinde primum fauorabilior eft fententia,quæ utrun
que apoftolum peccato liberat,quàm quæ alterum onerat:fed de hoc mox dicetur.Iam
quod Thomas adducit de pondere autorum,mihi fuffrigidum uidetur.E feptem doctori/ 19-27: *margin:*
bus,quorum teftimonio nititur Hieronymus,Thomas quatuor reijcit,Laodicenfem,Ale *Rejectio autorum*
xandrum,Origenem & Didymum,uelut infames de hærefi.At ego in fcripturarum enar/
ratione,unum Origenem decem orthodoxis antepofuerim,exceptis aliquot dogmatibus
fidei. At fi reijciendi funt,in quorum libris inueniūtur hæretica,fortaffis reijcientur & Cy/
prianus & Ambrofius.Iam quale eft Paulum,de cuius fcriptis eft controuerfia,in teftium
numero produceret ne non tres tribus opponerentur:at nihil interim de mendacio. Neꝗ *Mendaciũ ubi*
enim fimulatio aut diffimulatio,fi facto conftet,fic mendacium appellari poteft,ut femper *fitum de quo*
fit cum uitio coniunctum.Porro quod à Paulo dictum eft,non recte incedunt ad euange/ *Auguftinus*
lium,id de cæteris dictum uidetur,non de Petro.Supereft igitur unus fcrupulus,quod Ce
phas à Paulo dicitur reprehenfibilis.Aut enim id uere dictum eft,& confequitur peccaffe
Petrũ:aut falfo,& mendacio obnoxius tenetur Paulus.Sed mox oftendemus ex ueterum
interpretatione,quo pacto poffit & hic diffolui nodus.

Quarto loco,ne fingula perfequar,illud inter cætera commemorat Thomas,Petrũ pec
caffe,quod ex eius diffimulatione natum fit fcandalum:Paulum non item,quod ex huius
reprehenfione nullum ortum fit offendiculũ. Verum qui potuit fcire Petrus fore ut offen/ *An Petrus*
derentur qui accumbebant,cum fcirent Petrum hoc dare Iudæis fortaffe infirmis aut fe di/ *peccarit*
tiofis?Si fciebant licere Iudæo uefci & non uefci,cur offenduntur,fi ille pro tempore facit
quod optimum putat? Probabilius erat,futurum ut Iudæi offenderentur,quàm ethnici.
Quod fi nõ diffimulaffet,rurfum peccaffet grauius,quia grauius offendiffet fuos,quibus
magis confultum oportuit.Quanquam non omne fcandalum cum uitio coniunctum eft.
Quin ex tam acerba Pauli reprehenfione,graue poterat nafci offendiculũ.Primum fufpi/
cari poterant inter principes apoftolos nonnihil rancoris intercedere,cum Paulus ob rem
leuiculã,fic in os incefferit Petrum.Deinde periculum erat,ne minueretur autoritas Petri
apud fideles,quam oportebat effe facrofancta.Hæc uifum eft adijcere,quod uulgus theo/
logorum putat pulchre depugnatum ab Auguftino, & à Thoma rem belle explanatam.
Certe locus eft obfcurus,& qui doctiffimos Gręcię magnopere torferit.Ego nõ uideo cur

odio

odio mendacij,Petrum tam dure tractemus,quàm illum tractauit Auguftinus.Durius au
tem articuli Parifienfes,qui dicunt Petrum erraffe in fide.[Legimus inter Paulum & Bar/   35
Articuli nabam incidiffe diffenfionem,fed apoftolos poft acceptum fpiritum cœleftem,qui dedu/
Parifienfes ceret eos in omnem ueritatem erraffe in dogmatibus fidei,mihi uidetur dictu impium]Ar
bitror autem Paulum incanduiffe,quod nondum illa uacillatio Iudaifmi fublata foret in/
ter Chriftianos:atque id effe quod ait Paulus ὀυκ ὀρθοποδῦσιν, quod claudicantium eft.
Iam enim par erat,explofa omni fuperftitione,ingenue apud omnes Chriftum profite/
ri.Quod fi nonnihil roboris hac in parte Paulus defiderauit in Petro,non protinus fequi/
tur Petrum peccaffe,quandoquidem illa claudicatio non aliunde quàm à ftudio pietatis
proficifcebatur. Proinde Pauli obiurgatio,nihil aliud fuit quàm confirmatio parum ad/
huc fibi conftantium. Hæc pro mea uirili in medium adduxi, libenter accepturus fi quis
meliora proferet.}

16·27: Quoniam

Reprehēfibi Quia reprehenfibilis erat.) ὅτι κατεγνωσμῳ῀Θ῀ ἦν. id eft,Quoniam reprehenfus erat,
lis,pro Re/ & damnatus ab ijs qui male de illo iudicabant,etiamfi reprehenfibilis non erat.Et hic con/
prehenfus fentiunt Græcorum fcholia.Ambrofius item reprehenfus legit,non reprehenfibilis.Et ad/
dit,reprehenfus. Vnde:utique ab euangelica ueritate,cui hoc factum aduerfabatur hic à   19
Græcis diffentiens,& cum Auguftino fentiens.Græcorum fcholia indicant & alium fen/
fum. Erat,inquit Paulus,mihi data occafio palàm obfiftendi Petro,quod ante fuiffet ab
apoftolis reprehenfus Hierofolymis,quod cum Cornelio fumpfiffet cibum Antiochiæ.
Quod ni fuiffet obiurgatus antea,nunc non fubduxiffet,fed ueritus ne rurfus aliquid ty/
multus nafceretur,fubducere fe parabat è conuiuio.Porro Paulus occafionem nactus,pa
lam obiurgat illum,non quod illi indignaretur, fed ut confirmaret alios uacillantes.Nam
fi quid uere peccaffet Petrus,atque ex animo Paulus huic fuiffet indignatus,priuatim ex/
poftulaffet,non coram omnibus.Neq; uero hęc Paulus narrat gloriofe,fed ut Galatarum
faluti confulat.Poftremo mihi planè uidentur Iacobus cum fuis in hac fuiffe opinione,ut
crederent legem Mofaicam etiam poft proditum euangelium obferuandam Iudæis,quo
ad ceremonias quoq;.Sicut admonuimus in Actis capite uigefimoprimo[non quod abfq;   22
his crederent euangelij gratiam non fufficere ad falutem,fed quod ob inuincibilē quorun/
dam fuperftitionem putarent expedire,non omnino negligi.}

Et fimulationi eius confenferunt.) συνυπεκρίθησαν. id eft,Vnà cū illo fimulauerunt,
& ita legit diuus Ambrofius.

Cæteri Iudæi.) Et addendum, καὶ οἱ λοιποί, Et cæteri aut cæteri quoq;.}   19
19·27: margin: Ab eis in illam fimulationem.) Græce fic eft, συναπήχθη αὐτῶν τῇ ὑποκείσει. id eft,
Faber Pariter abduceretur in illorum fimulationem,fiue illorum fimulatione. Faber legit, ὡς τε
καὶ Βαρναβᾶς συναπεχθῆναι. id eft, Vt Barnabas fimul abftineret. Verum hoc nec in
Græcis habetur codicibus,nec à quoquam legitur, nec opinor ufquam inueniri ἀπεχθῆ/
ναι ab ἀπεχεδαι.

[ὀρθοποδῦσι] Recte ambularent.) Græcis unica eft dictio ὀρθοποδῦσι. Vnde diuus Hieronymus
aduerfus Pelagium,itemq; in commentarijs uertit,Quod non recto pede incedunt.id aūt   19
refertur ad cæteros,non ad Petrum.Aliter enim hi fimulabāt,aliter Petrus.Petrus diffimu   19
labat potius quàm fimulabat,ne quid offenderet fuos.Cæteri diffimulabant,fufpicātes ali
quid admiffum aduerfus bonos mores.Certe Auguftinus in epiftolis quibus fuper hoc lo
> 19·22: atque co cōflictatur cum Hieronymo,multitudinis numero legit,ac fimiliter citat capite ultimo   22
ad Confentium de mendacio.Item Ambrofius:Recta uia incedunt.Neq; rurfus eft, Non
Claudicare recte ambulare,hoc eft,errare à uia,fed claudicare & uacillare,quod parum effent firmi in
eo quod erat ingenue tuendum,nunc huc propenfi,nunc illuc.Et quoniam Mofaica lex
erat in confinio,fieri poteft ut Petrus quoq; nonnihil addubitarit,an palàm lex effet negli/
genda. Verum hoc ipfum erat uacillare,non autem flagitium admittere,cum neque Pau/
ὀυκ ὀρθο lus neque Petrus iudicarit legis obferuationem ad falutem requiri,licet Paulus quoq; co/
ποδῶιν actus fit Timotheum circuncidere,& tondere caput,non fuperftitione,fed obfequio. Ha/
ctenus certe nulla mentio de mendacio.Neq; quifquam negat pium hominem alicubi re/
cte fimulare ac diffimulare.Et oftendimus ex hoc loco nihil effe neceffe producere men/
dacium.Neq; Petrus cogebat gentes Iudaizare,quafi id ageret ut illos in Iudaifmū pertra
heret

heret,sed quod hanc anfam quidam arriperent ex illius difsimulatione.}

19 Dixi Cephæ.) Græci legunt πέτρῳ. id eſt,Petro{Neq; refert ad fenſum.Quod enim Græcis fonat πέτρ۞, id Hebræis ac Syris fonat cephas,autore Hieronymo.} — *Cephas Petra*

19 Coram omnibus.) Hic exponit quid ante dixerit, ϗϡ πρόσωπον. id eſt,In conſpectu omniumquorum gratia hæc dicuntur.}

19 ✷ Scientes autem.) Autem,coniunctionem non reperio in Græcis exemplaribus,nec opus eſt,niſi fubaudias in ſuperiore parte uerbum Sumus{ut ita legamus,Nos ſumus na/ti Iudæi,ex ſanctis patribus orti,ſub lege ſancta nati,non autem ethnici,qui ſine lege ex impijs ac profanis maioribus producti ſunt.Et tamen ipſi ſic nati cogimur diffiſi legi no/ſtræ,ad Chriſti fidem confugere,ſi uelimus eſſe ſalui,quo minus perſuadendum eſt eth/nicis, ut à lege Moyſi ſperent ſalutem. Porrò natura Iudæos dixit , ad diſcretionem proſelytorum.} — *Natura Iudæi*

✷ Niſi per fidem Ieſu.) ἐὰν μὴ. id eſt, Si non.{Eſt autem ſermonis noua forma,uulgari more dicendum erat,non iuſtificatur ex operibus legis,ſed tantum per fidem.)

In Ieſu Chriſto credimus.) ἐπιστεύσαμεν. id eſt,Credidimus,præteriti temporis. Et ita legit Hieronymus. — *16·27: Jesum Christum*

Propter quod ex.) Propterea quod{ſi uoluiſſet Latine dicere] διότι.

Reædifico.) οἰκοδομῶ. id eſt,Aedifico.nam præcedit πάλιν, id eſt,iterum.

Mortuus ſum.) ἀπέθανον. id eſt,Mortuus fui:ut ſit præteriti temporis{hoc eſt,per le/gem fidei,deſij eſſe obnoxius legi Moſaicæ.}

Confixus ſum cruci.) χριστῷ συνεσταύρωμαι. id eſt,Chriſto concrucifixus ſum,ſiue cum Chriſto crucifixus ſum.

Quod{autem}nunc uiuo.) Rurſum ὃ pro ὅτι poſuit,quemadmodum indicauimus in epiſtola ad Romanos:Quod enim uiuit,uiuit deo. — *Articuli uis] 19·27: margin: Quod vivo ὃ pro ὅτι*

In fide{uiuo}filij dei.) ἐν πίστει ζῶ τῇ τῷ ὑοῦ τοῦ θεοῦ. Articulus additus,diſcernit fidem Chriſti à reliqua fide,quod ita poterat exprimi,In fide uiuo,fide inquam filij dei. Mirum autem ut relicta narratione,uelut oblitus ſui{idem profequatur,ut parum liqueat ubi deſierit obiurgare Petrum{etiamſi Hieronymus exiſtimat uſque ad huius capitis finem eſſe Pauli reprehenſionem.{Conſentiente Theophylacto,qui ſic finit huius capitis com/mentarium:Quod ſi ipſe aſſeueraueris,uides quo impietatis progreſſura eſſet blaſphe/mia.Sunt tamen in eo ſermone,quæ magis conuenirent præceptori in diſcipulum,quàm Paulo in Petrum.Vnde probabilius eſt Paulum reliqua ad eos qui aderant dixiſſe:aut eo quod inſtituerat omiſſo,clam ad Galatas deflexiſſe ſermonem.Alioqui nimis abruptum erat,O inſenſati Galatæ]Ex Ambroſio nihil ſatis liquebat}

Non abijcio.) οὐκ ἀθετῶ. id eſt, Non reijcio,non repello,non ſperno. Ambroſius le/git, Non ſum ingratus gratiæ dei.Auguſtinus,Non irritam facio gratiam dei. Videbatur aſpernaturus Chriſti gratiam,ſi Moyſi legem recepiſſet,ut neceſſariam ad ſalutem.

{ Gratis Chriſtus mortuus eſt.) δωρεάν. quod idem & gratis ſonat. Eſt autem ratioci/natio ab impoſſibili,quod ſi nemo tam demēs eſt,ut dicat Chriſtum gratis eſſe mortuum, non contingit ſalus ex obſeruatione legis Moſaicæ.} — *Argumētatio 19·27: ab impoſsibili Frustra*

EX CAPITE TERTIO

Inſenſati.) ἀνόητοι. id eſt,Stulti.Atque ita legit Auguſtinus in commenta/rio quem ædidit in hanc epiſtolam,alioqui durius uerbum eſt inſenſati,& contumelioſius.Græca uox magis ſonat rudes parumq; cordatos,præſer/tim quod Galatæ è ferocioribus Galliarum partibus ſint profecti. Hilarius ipſe Gallus,in carmine hymnorum,Gallos indociles appellat.Addit Hiero/nymus ſibi uiſam Ancyram Galatiæ metropolim,in qua magna uetuſtæ ruditatis ueſti/gia reſederint,& ex horum finitimis prodigioſas hæreſes exortas τῆς ἰατὰ φρύγας, Ophi tarum, Borboritarum,& Manichæorum:cæterum lingua excepta Græca,qua tunc to/tus ferè Oriens utebatur,fermè eandem fuiſſe,qua{tum eſſet]Treuirorum. Nam apud hos uerſatus eſt Hieronymus {Atque haud ſcio,an quæ nunc eſt Germanorum lingua, fuerit olim Gallorum}Interpres quod hic inſenſatos uertit,mox uertit ſtultos{ſuo more laſciuiens copia} — *ἀνόητοι dure uertit pro rudes] Galatæ qui 16·27: Cataphrygum*

Quis

Fascinare   Quis uos fascinauit.) Fascinare dicūtur Latinis,qui aspectu malefico lædūt,sed apud
Græcos βασκαίνειν, quo uerbo hic usus est Paulus,significat & inuidere,ut intelligas inuidia motos quosdam,uoluisse Galatas ad seruitutem legis reuocare.¶At Paulus uidetur
hoc uerbum usurpasse,pro eo quod est,incantauit,& oculis ueluti præstigio imposuit.
βασκαίνειν enim Græcis dictum est παρὰ τὸ φάσιν καίνειν, quod per oculos noceat fasci-
nator.Porrò Paulum de oculis delusis sentire,testantur propemodum quæ mox sequuntur,Ante quorum oculos Christus Iesus præscriptus est,& in uobis crucifixus. Est autem
planè præstigij genus,ut id quod coràm cernas,non uideas,tum quod non est,id uidere te
putes:etiam si Demosthenes eo uerbo usus est pro calūniari siue accusare,in oratione pro 19
Ctesiphonte.Hesychius addit proprie de ingrato dici.Fascinum autē pueris potissimum
creditum est nocere,& ob id illos stultos appellat,nihil ueritus sententiam euangelicam: 19
Qui dixerit fratri suo fatue,reus erit gehennæ ignis. Siquidem hoc non indignationis,sed
charitatis conuicium est.Et tamen mitigat illorum admissum,cum tantam cæcitatem fa-
scino tribuat,magnam culpæ partem in alios reijciens.   35

Additum   Non credere ueritati.) Non obedire. μὴ πείθεσθαι. id est,Ne obtemperaretis ueritati.
apud nos   Quanquam hæc particula ab Hieronymo prorsus omittitur,quod neget inueniri in exem
plaribus Adamantij.In uetustissimo atque emendatissimo exemplari bibliothecæ Pauli- 19
næ non addebatur in contextu,sed nescio quis recentiore manu subnotarat procul in ima
margine.In codice Constantiensi recentiore prorsus non habebatur,in uetustiore legeba- 27
tur,Quis uos fascinauit non obedire:nec additum erat,ueritati.Eandem particulam adiecerunt & alio loco inferius,ubi pro ἐβάσκανον mutatum est γίνεσθαι. [Hic est unus lo- 35
cus è multis quo coarguitur hæc æditio non esse tota Hieronymi. Etenim quum ille teste-
tur se hanc particulam omisisse,quod in Adamantij codicibus non inueniretur,in nostris
exemplaribus constanter habetur:& quod in epistolæ capite quinto,dicit interpretem hoc
loco uertisse Non credere ueritati,nostri codices habent Non obedire ueritati.Chrysosto-
mus nihil aliud legit,quàm Quis uos fascinauit:Nec aliud Theophylactus,tametsi interpres suo more nostram sequitur lectionem,quum in enarratione nulla syllaba sit,quæ ex-
planet hanc particulam.

Præscriptus   Ante quorum oculos.) οἷς κατ᾽ ὀφθαλμοὺς ὁ ἰησοῦς χριστὸς προεγράφη. id est,Quibus sub
πϝοεγϝαφη   oculis Christus Iesus præscriptus est.Quod miror quare uerterit proscriptus,cum ea uox
Latinis multo aliud significet,nisi quod Græci quoⱥ proscriptionem,id erat apud Roma-
[*Locus uarie*   nos damnationis genus, προγραφίω appellant. Potest autem sensus esse duplex.Galatas
expositus   adeo dementatos fuisse,ut id quod manifestissimum esset,& oculis expositum,tamē non
cernerent obcæcati:aut adeo nihil uidere,ut crederent Christum proscriptione perisse,&
uulgari more crucifixum esse. Posteriorem sensum sequitur Augustinus & Ambrosius.
Mihi prior magis arridet ut simplicior,minusⱥ coactus. Quanquam Augustinus legisse
uidetur præscriptus,non proscriptus,utpote loquens de præscriptione possessionum,quæ
per occupationem transferuntur ad ius alterius.Ipsius uerba si quis forte requiret adscri- 19
bam:Ante quorum oculos,inquit,Christus Iesus proscriptus,est crucifixus:hoc est,qui-
bus uidentibus,Christus Iesus hæreditatem suam,possessionemⱥ suam amisit,his utique
auferentibus eam,dominumⱥ inde expellentibus,qui ex gratia fidei per quam Christus
possidet gentes,ad legis opera eos qui crediderant reuocabant Christum, auferendo illi
possessionem suam.Ac paulo inferius:Vt hinc eos maxime mouerat,cum considerarent
quo precio emerit possessionem,quam in eis amittebat,ut parum esset gratis eum mortuum,quod superius dixerat:Illud enim ita sonat,tanquam non peruenerit ad possessionem pro qua sanguinem dedit,proscriptione autem etiam quæ tenebat aufertur. Sed hæc
proscriptio non obest Christo,qui etiam sic per diuinitatem dominus est omnium,sed ipsi
possessioni,quæ huius gratiæ cultura caret. Hactenus Augustinus.Quibus ex uerbis satis opinor liquere,illum agere de præscriptione iuris,& toto hoc sermone pro,positū loco
præ,in dictione proscriptionis.At Ambrosius legit proscriptus,mentionem faciens dam-
nationis.Ne huius quidè uerba grauabor adducere lectori pigro ac diffidenti:Quia stul- 19
torum,inquit,oculis Christus proscriptus uidetur,id est,spoliatus uel condemnatus:pru-
dentium uero oculis & sensibus,non solum non condemnatus,sed ipse mortem cruce sua
damnasse

damnaffe uidetur. Ac mox, Sed quia hi indigne cœperant fentire, translati ad legem, ideir
co mentibus eorũ Chriftum condemnatũ uideri conqueritur: huic ufcp Ambrofiana recen
fuimus. Theophylactus legit præfcriptus, hoc eft, ante oculos ueluti depictus. Nam Græ   19: Vulgarius
cis γράφειν & pingere eft. Hac hyperbola notat certifsimam illorũ fidem, qui certius credi
derint Chriftũ morte fua liberaffe genus hominũ, quàm qui coram confpexerant illum fu
blatum in cruce. Et ob hoc ipfum magis indignať illos relabi in Iudaifmũ ueluti defcifcen
tes à Chrifto. Hieronymus legiffe uidetur præfcriptus, hoc eft, ante fcriptus, in uobis cruci
19 fixus, quàm illud in euangelio legeretis, uidelicet legentibus & credentibus uaticinijs pro   16: credentes
-19 phetarum qui multo ante id fore prædixerant. Illud admonendũ, Græcam uocem προεγρά
φη cõmunem effe fcripturæ & picturæ. Quod fi placet prior illa fententia, quæ mihi certe
magis probatur, & confentiunt Græcorũ fcholia, magis quadrabit, depictus ante oculos,   16: oculus
quàm præfcriptus. Sic enim crediderant Chriftum crucifixum, quafi cõfpexiffent oculis.
29. 27 (Codex Donatiani habebat præfcriptus & Conftantienfis uterq; nullo rafuræ ueftigio.)
35 Eft autem hic fermo coniunctim legendus, Ante quorũ oculos Chriftus in uobis eft præ
fcriptus crucifixus, quafi dicat, ueluti depictus in cruce pendens, ueftris oculis exhibitus
eft. Necp enim erat apud Galatas crucifixus, fed illis per fidem repræfentatus eft crucifi
xus. Id tacite monet Chryfoftomus, qui nihil attingit de præpofitione in προεγράφη, quam
Paulus ufurpaffe uidetur pro præfcriptus eft. Apud latinos præpofitio pro, interdum fig
nificat aliquid fieri palam ut prodere, promulgare, proferre, proloqui, proftare. Et olim no
mina damnatorum publicitus in foro proponebantur, unde hoc damnationis genus pro
fcriptio dicta eft.

Et in uobis crucifixus.) Et redundat. Et in uobis accipi poteft, pro inter uos, fi primus   Et, fupereft 16: pofterior
fenfus placet, quem recenfuimus. Non quod inter eos Chriftus fuerit crucifixus, fed
22. 19 quod hoc ita notum ac prædicatum, ut non minus noffent credidiffentq; quàm fi inter ip
fos res fuiffet gefta.

19 ¶ Ex operibus legis.) An, hic redundat, nec additur à diuo Hieronymo nec ab Augufti   ¶ 16-27: An
no, nec habetur in uetuftis exemplaribus. Nec enim fimpliciter rogat utrum fit è duobus,
fed prius proponit uelut abfurdum dictu, deinde per correctionem infert quod uerum eft,
perinde quafi dicat, Ex operibus legis fpiritum accepiftis, an potius ex auditu? Iam illud
Ex auditu fidei, tametfi à nobis intelligitur, tamen Latinis auribus infolens eft. Necp enim   Auditus
ut Græci famam fiue rumorem ἀκοὴν uocant, itidem & Romani. Proinde dilucidius erat,   pro fama
ex prædicatione fidei, hoc eft, ex fide quam ex nobis audiftis, non ex lege didiciftis. Quis
enim ferat fic loquentem, auditus occifi regis confternauit populum, pro eo quod erat, ru
mor de rege occifo? Nos itaq; pro auditu, uertimus prædicationem.

Vt cum fpiritu.) Vt, apud Græcos non eft, fed fpiritu cum cœperitis, nunc carne con
19 fummamini, ἐναρξάμενοι πνεύματι, νῦν σαρκὶ ἐπιτελεῖσθε, nifi quod præpofitio eft in uerbo
compofito, uelut Horatius: Cõgeftis undecp faccis Indormis inhians. Item Vergilius, Vi
ribus indubitare meis. Atcp hoc ipfum in, pofitum eft pro per. Vnde magis quadrat fpiri
35 tu & carne. Annotauit Chryfoftomus, quod apoftolus non dixit τελεῖσθε, fed ἐπιτελεῖσθε,
quafi dicas poft confummamini, difsidentes ab inftitutis.

Sine caufa.) εἰκῆ, id eft, Fruftra fiue temere.
Tribuit uobis.) ὁ ἐπιχορηγῶν, id eft, Suppeditans fiue fubminiftrans. ὁ ἐπιχορηγῶν & ὁ   16-22: Præbuit
ἐνεργῶν poterant effe præteriti temporis, id eft, qui fuppeditabat, & qui operabatur, ut fub   16: Suppeditat s.
audias deinde uerbum item præteriti temporis, tribuerat aut fimile quippiam. Verũ Hie   Subminiftrat.
ronymus admonet rectius legi uerbum præfentis temporis, quod fpiritus non defierit fub
27. 19 miniftrare dotes fuas: atcp ita fanè legit Ambrofius. Petrus Lombardus theologicarũ fen
tentiarũ libro primo diftinctione xiij. c. fed hinc, ex Auguftini fententia putat hoc, Qui   Auguftinus
præbuit uobis, ad Pauli perfonam referendum, cum Hieronymus & Theophylactus ad   à Græcis
deum referant, quod palam eft ex illorum interpretatione?   diffentiens

Et operatur uirtutes.) Operatur, non ad fpiritum, fed ad eum refertur qui fuppeditat.
27 (Eclipfim habet hic fermo, Subaudiendum enim, id facit. Eft hoc idiomatis Hebraici, ficut
crebro iam indicauimus.)

Sicut fcriptum eft.) Scriptum eft, redundat. Et Hieronymus legit, Sicut Abraham cre
didit

C c

didit deo.⟨Nec apparet aliter legiſſe Ambroſium,qui ſubijcit,Oſtendit exemplo Abrahæ, 19
qui pater fidei eſt &c.Exemplum igitur adduxit,non ſcripturæ teſtimoniũ⟩Suffragaba/ 27
tur germanæ lectioni uterꝗ codex Conſtantienſis.)

Cognoſcite ergo.) γινωσκετε ἄρα, id eſt,Scitis igitur.Atꝗ ita legit diuus Hieronymus,
Cognoſcitis ergo⟩& huic conſentiens Ambroſius,etiamſi Græca uox anceps eſt.⟩   19

Prænunciauit Abrahæ.) προευηγγελίσατο, id eſt, Antecuangelizauit,ut exponendi gra
tia ſic loquamur.Nam Euangelium Græcis ſonat bonum ac lætum nunciũ. Etiamſi apud

16: Penelope promittit

Homerum Vlyſſes poſcit Euangelium, hoc eſt,præmium, quod dari ſolet ijs qui rem læ/
tam primi nunciârint.Proinde quod in Euangelio Chriſti fuit exhibitum, id multo ante
Euangelium promiſſum eſt Abrahæ,quod hic appellat præeuangelizauit.

Benedictio
& maledictio
theologorum
uocabula

Igitur qui ex fide ſunt,benedicentur.) ἐυλογοῦνται, id eſt,Benedicuntur præſentis tem/
poris.In promiſſo uerbum erat futuri temporis ἐυλογηθήσονται, hic præſentis.Scio parum 19
eſſe Latinum benedicentur & benedicuntur , ſed huiuſmodi quædam uitari prorſus non
poſſunt.Dici poterat,benedictionem conſequentur.At ne ſic quidem uitatum fuiſſet ora/
tionis uicium . Conijcere licet & Ambroſium ita legiſſe, licet deprauatus ſit locus . Certe
Græcorum ſcholia cum ſua ſcriptura conſentiunt⟩⟨Congruit huic uerbum præſentis tem/ 27
poris quod ſequitur.)

↓✳

✳ Sub maledicto ſunt.) ὑπὸ κατάραν, id eſt, Sub maledictione ſiue execratione . Quod
commode reddi poterat,Maledictioni obnoxij ſunt.

19-27: homo

Mal.om.ho.
locus ex he/
bræo uarie
uerſus

⟨Maledictus omnis.⟩) Locus eſt Deuteronomij cap.xxvij.Iuxta Septuaginta ita legitur,
maledictus omnis homo qui non permanſerit in omnibus ſermonibus legis huius,ut faci/
at illos,& dicet omnis populus,fiat.Apud Aquilam uero ſic,Maledictus qui non ſtatuerit
uerba legis huius ut faciat ea,& dicet omnis populus,uere. Symmachus ad hũc uertit mo
dum:Maledictus qui non firmauerit ſermones legis iſtius,ut faciat eos, & dicet omnis po
pulus amen.Theodotio ſic tranſtulit:Maledictus qui nõ ſuſcitauerit ſermones legis huius
facere eos,& dicet omnis populus amen.Addit Hieronymus in hoc teſtimonio,quemad/
modum & in cęteris,magis curæ fuiſſe apoſtolo,ut ſenſum redderet quàm uerba.Deinde
hæc uerba,omnis homo, & in omnibus, quoniam apud ſolos habentur Septuaginta, aut
addita fuiſſe à ſeptuaginta,aut à Iudæis fuiſſe eraſa, præſertim cum ea compererit Hiero/

Libri Sama/
ritanorum

nymus in Hebræis uoluminibus Samaritanorum.At ego non uideo cauſam admodũ gra
uem,cur quiſquam Iudæus uoluerit ea radere,quæ pro Iudæis faciant,non contra Iudęos.
Nam ijs optandum etiam erat,uniuerſum hominum genus legi ſuæ reddi obnoxium. Et
adeo uolebant omnia quæ legis ſunt obſeruari debere,ut multa etiam adiecerint.⟩

Qui nõ permanſerit.) ὃς οὐκ ἐμμένει,id eſt, Qui nõ permanet etiamſi id nihil ad ſenſum⟩ 19

↓✳   ✳Quoniam autem.) ὅτι δὲ,   id eſt, Quod autem.Et ſic legit Ambroſius,nam quoniam,
hoc loco non quadrat.

16-27 Ex ↓✳

Diſtinctio
noua

Ex fide uiuit.) Viuet,ζήσεται,ut antea admonuimus in epiſtola ad Romanos⟩Indicat 19
Hieronymus & ita poſſe diſtingui : Iuſtus ex fide,deinde ſubdatur, uiuet, ut ſit ſenſus qui
uere iuſtus eſt, non ex operibus legis, ſed ex fide, is uicturus eſt . Ex eiuſdem interpreta/
tione palàm eſt, illum legiſſe, uiuet, non uiuit . Porrò quomodo uarie habeatur hic locus
apud interpretes Græcos, dictum eſt in epiſtola ad Romanos⟩

16: ſignificat

✳ De maledicto legis.) ἐκ τῆς κατάρας,id eſt ex maledictione,ut legit Hieronymus in ſecun
do dialogo aduerſus Pelagianos,ſiue deteſtatione . Et rurſum, Factus pro nobis maledic/
tum κατάρα, id eſt,Execratio.Miror cur hic placuerit maledictum,cum ea uox Latinis ſon
ge aliud ſignificet,nempe conuicium.

↓↑

Factus pro nobis maledictũ.) κατάρα,id eſt,Maledictum⟨ut habetur in uetuſtis exem 19
plaribus⟩ſiue maledictio,aut execratio.ſicuti peſtilentem,peſtem uocamus.

Chriſtus
maledictus

Maledictus omnis qui pendet in ligno.) Locus eſt Deuteronomij xxi.capite⟨Paulus
prudens ac ſciens,opinor,in hoc teſtimonio prætermiſit mentionem dei. Nam Aquila &

┌ **Paulus ex te/**
ſtimonio ſciẽs
omiſit uerbũ
└

Theodotion uerterunt,maledictio dei eſt:Septuaginta,maledictus à deo: Symmachus, in
blaſphemiam dei ſuſpenſus eſt. Hebion hæreſiarches, ſemijudæus, ac ſemichriſtianus ad
hunc interpretatur modum,ὅτι ὕβρις θεῦ ὁ κρεμάμϵνℴ⸗, id eſt,Iniuria ſiue contumelia dei eſt
qui pendet.Addit Hieronymus in altercatione Iaſonis & Papiſci,quæ Græco ſermone cõ
                                                                        ſcripta

✳ 16-19: Quoniam autem.) follows Sub maledicto ſunt.) and is followed,
   in 16 only, by Ex maledicto legis.)
↑ 16: capite. Hebraica ſic habent: Kij qilelath 'elohiym taluy . Paulus

scripta fuerit reperisse, λοιδορία δε ὁ κρεμάμλν&, id est, Conuiciū dei qui pendet. Ad hæc
Iudæus Barhanina, quo nocturno præceptore fuit usus Hieronymus, adiecit & ita legi
posse: Quia cōtumeliose deus suspensus est. Demiror autem cur hic tantopere laboret, ne
Christus dicatur maledictus, cū Paulus eundē dicat esse factū peccatū. Nimirū ut peccatū
erat Christus, ita erat & maledictio (Tropo dictus est peccatū, tropo dictus maledictus.)

Tamen hominis [confirmatum] testamentum.) ὅμως ἀνθρώπου. Quod reddi poterat, ho‑ *Tamen noue positum pro licet*
minis licet testamentum, ut statim subaudias, multo magis id oportere fieri in deo. Etiam‑
si uideo posse connecti cum eo quod præcessit, Secundum hominem loquor, hoc est, ad fe‑
ram exemplum rerum humanarum, quæ nullo pacto conferendæ sunt cum rebus diuinis.
Et tamen in humano testamento nemo quicquam rescindit aut immutat, tantum ualet ho
minis decretum ac placitum.

Confirmatum testamentum nemo spernit.) κεκυρωμλην διαθήκην, οὐδείς ἀθετῶ, id est,
Confirmatum siue comprobatum testamentum, nemo reijcit aut rescindit. Nam uerbum
hoc ἀθετῶ paulo superius uertit, abijcit. Ambrosius legit, confirmatam autoritate. Contra‑
rium est illi ἀκυρουῶ, quod est irritum facere & rescindere (Participium est à uerbo de quo
meminimus in proxima epistola. Confirmate in illo charitatem.)   **C ↓**

Aut superordinat.) ἐπιδιατάσσεται, id est, Adiungit & præter illud aliquid ordinat, hoc
est, nec demit, nec addit, nec derogat, nec arrogat.

Quasi in multis.) ὡς. Melius hic quadrabat tanquam. Subnotat diuus Hieronymus *Paulus tor‑ quens scriptu ram in argu‑ mentum*
Paulum hoc argumento abusum apud crassos Galatas, quod sciret alioqui non probatum
iri prudentibus aut eruditis, Atqʒ ob id præmonuisse prudentem lectorem, Fratres, secun‑
dum hominem dico. Negat enim usquam seminis uocem, poni in literis sacris, nisi nume‑
ro singulari. Et tamen hoc torquet apostolus uelut in argumentū, quo doceat promissum
hoc in solum Christum competere. Mihi magis uidetur ideo testatus, quod humano mo‑
re loqueretur, quod à rebus humanis similitudinem ducturus esset, ad res diuinas docendi
gratia. Sic & Vergilius, Si parua licet componere magnis. Iam illud uel citra monitorem
oportet esse notum, præpositionem in, usurpari loco per, In semine tuo, per semen tuum.
Semen autem uocat posteritatem.

Testamentum confirmatum à deo.) διαθήκην προκεκυρωμλην ὑπὸ τῶ θεῶ εἰς χριστόν, id est, *λυρόω] ⚹Admonet -- testamentum, cf footnote C*
Testamentum ante confirmatum à deo in Christum. In Christum additum apud Græcos,
& item apud Ambrosiū. Admonet hoc loco diuus Hieronymus, si quis diligenter expen‑
dat Hebræa uolumina, quoties Septuaginta uerterunt διαθήκην, id est, Testamentum, He
bræis esse, ברית quod pactū sonat potius, quàm testamentum. Nam in pactis requiritur
fides. Cæterum apud crassos Galatas, Paulus non putauit agendum exactius. Ita Hierony
mus. Quasi uero Paulus nō & alijs compluribus locis sequutus sit æditionem Septuagin‑
ta. Iam uero de numero annorum, an satis consentiant cum narratione Geneseos, disserit
acute diuus Augustinus libro de ciuitate dei XVI. capite XXIIII. ne nos huiusmodi
appendicibus plus satis oneremus hoc institutum.

Non irritū facit.) οὐκ ἀκυροῖ, qd contrariū est illi λυρόω, qd nō tam est cōprobare, quàm *ἀκυρόω]*
cū autoritate decernere, & legitime transigere rem, ut deinde ratū sit, quod actum fuerit.

Per repromissionem donauit deus.) κεχάρισαι, uerbum à χάρις dictum à gratia, quam
Paulus ubicʒ opponit operibus legis Mosaicæ.

Quid igitur lex, propter transgressiones.) Augustinus in commentarijs ita iubet di‑ *Augustini] distinctio*
stingui. Quid ergo? deinde subnectatur responsio, lex propter transgressores addita fuit.
(Atqʒ hæc distinctio habebatur in utroqʒ codice Constantiensi.) Verū id retractat, putatqʒ
satius esse distinguere, quemadmodum nos distinximus. Quid ergo lex? ac deinde sibi re‑
spondeat Paulus, propter transgressiones addita fuit. (Hanc distinctionem didicit, ut arbi‑
tror, ex Græcis: Sic enim Theophylactus, τί οὖν ὁ νόμος.)

⚹⚹Posita est.) προσετέθη, id est, Addita est, siue apposita est, nisi legas προσετέθη, sed προσετέθη *⚹⚹16: follow Non irritum facit.) above*
legit Theophylactus, nec indiligenter explicat. Nō enim dixit positam, sed additā, ne quis
existimaret hanc esse præcipuā, sed obiter adiunctā inter primā promissionē & euangeliū.)

⚹⚹Cui promiserat.) In quodam codice legi ὁ ἐπήγγελται, id est, Quod promissum fuit in
alijs erat ᾧ. Neqʒ enim opinor apud Græcos idem fieri in recto, quod in huiusmodi sit in
obliquis.

*C 16: rescindere. Hieronymus indicat, hoc loco testamentum apud Hebræos magis pactum sonare quam testamentum quod illi vocant Berith (ברית)
Aut*

obliquis, ut articulus poſt poſitiuus congruat antecedenti, non ſuo uerbo(niſi quod Græ/   27
cis dicuntur Euangelizari, quibus adfertur nuncius. Hoc ſane tropo idem erit ſenſus, ſiue
legas ὁ ſiue ᾧ. Theophylactus legit ᾧ.)

Mediator uer/   (In manu mediatoris.) μεσίτε. Fortaſsis & hæc una eſt ex his dictionibus, quas ceu pe/   19
bū peculiare   culiares diuinæ ſcripturæ mutare nõ poſſumus, niſi placet conciliator, aut interceſſor. Hic   22
ſacris literis   Hieronymus meminit hyperbati, & ordinem ſermonis confuſum ad hunc reſtituit mo/
dum, Lex poſita eſt per angelos in manu mediatoris, propter tranſgreſſiones ordinata
per angelos, donec ueniret ſemen, cui repromiſſum erat.)

Pædagogus noſter fuit in Chriſto.)   Melius hoc loco, In Chriſtum, ſiue ad Chriſtum,
εἰς χ̄ιϛόν. Atꝗ ita legit Hieronymus, in ſecundo dialogo aduerſus Pelagium (Pædagogus   27
enim Græcis uile nomen eſt ſerui, cui committitur ad tempus cura pueri, ne quid per æta/
tem peccet, dictus à ducendo puero, quo magis quadrat quod ſequitur, ad Chriſtum.)

Vt ex fide iuſtificemur.)   Ambroſius legit Iuſtificaremur, ἵνα δικαιωθῶμεν.

Non eſt maſculus neꝗ fœmina.)   In cæteris uſus eſt coniunctione neꝗ, in hoc ultimo   19
iugo uſus eſt καὶ & .quæ tamen coniunctio idem pollet, ἄρσεν καὶ θῆλυ. Admonet Hiero/
nymus hic ἐλλήνας id eſt, Græcum pro ethnico poni.   19

Vnus, pro   Omnes enim uos unum eſtis.) Vnum legere uidetur Hieronymus, Ambroſius & Au
unum   guſtinus, niſi quod ſubolet Ambroſium unus legiſſe nõ unum ex his quæ aſcribit, Apud   27
deum enim nulla diſcretio perſonarum eſt, niſi morum & uitæ, ut homines unius fidei, me
ritis diſtinguantur non perſonis. Cæterum Græci, unus legunt genere maſculino τὶς ἐϛὶ, &
16-19: Vulgarius   interpretatur Theophylactus: ſiue quod iam Chriſti formam ſimus induti, ſiue quod unũ   27
16-27: tam Chriſto   corpus ſumus, ſub uno capite Chriſto. Chryſoſtomus legit quidē, unus, ſed interpretatio   35
talis eſt, ut quadret etiam ſi legas unũ. Ac mihi ſane noſtra lectio magis probatur, niſi ꝗ
magno cõſenſu diſſentiũt ab hac Græcorũ exemplaria (Nec uideo tamē cur abhorreamus   27
ab hoc tropo quo multi dicuntur unus, quũ nec unũ dicantur abſꝗ tropo, nec unanimes)

Triplex lec/   Si autē uos Chriſti.) Hoc loco uideo ueteres trifariam legiſſe . Diuus Hieronymus ad
tio Sin autem   eum legit modum ad quem ſcriptum comperimus in Græcorum exemplaribus, εἰ δὲ ὑμεῖς
uos Chriſti   χ̄ιϛοῦ, id eſt, Quod ſi uos eſtis Chriſti. Diuus Auguſtinus hoc pacto legit, Omēs uos unũ
eſtis in Chriſto Ieſu. deinde ſubijcit, quod ſi.ut hic interpoſita ſubdiſtinctione ſubaudiať,
uos eſtis unum in Chriſto, ac deinde inferatur, ergo ſemen Abrahæ eſtis . Porrò iam quod
Auguſtinus putat ſubaudiendũ, id Ambroſius explicat ad hunc legens modum : Si ergo
uos unum eſtis in Chriſto Ieſu, ergo ſemen Abrahæ eſtis . Annotauit hoc Hieronymus,
quoties de Chriſto fit mentio, promiſſiones multitudinis numero poni, uelut illic, Abrahę
autem dictæ ſunt promiſſiones & ſemini eius, hoc eſt, Chriſto . Rurſus ubi de his qui per
Chriſtum ſunt Abrahæ, numero ſingulari, uelut hoc loco, κατ᾽ ἐπαγγελίαν κληρονόμοι.

EX CAPITE QVARTO

Ico aũt.) Hoc more Paulus loqui ſolet, quoties ingrediť interpretari quæ di
xerit. Proinde dilucidius erat, Quod dico tale eſt, aut, Illud aũt eſt, qd᷑ dico.

Hæres paruulus eſt.) νήπιⓢ, id eſt, Puer ſiue infans, & ea ætate quæ   19
19: ſapiat   nondum ſapit. Latine tamen uertit interpres.)   27

Nihil differt à ſeruo.) διαφέρει ambiguum eſt. Nam ſignificat & antecel   27
lit. Verum hoc loco nihil refert (imò ſeruo ſubiectus eſt.)

ἐπιτρόποι   Tutoribus & actoribus.) ἐπιτρόπους & οἰκονόμυς, id eſt, Curatoribus & diſpenſatoribus,
οἰκονόμοι   hoc eſt, rei familiaris procuratoribus . Quanquam Hieronymus & Ambroſius, atꝗ item   19
Auguſtinus legunt, ſub actoribus (pro οἰκονόμοις, qui adminiſtrant res minorũ) Porro pue/   27
ris pupillis dabantur tutores, furioſis & adoleſcentibus curatores, qui pro illis rem admini   19
ſtrarent, licet exiſtimem hos & actores dici (Actor ambigua uox eſt, prior uox Græca dic/   19.27.
ta eſt à permiſſo arbitrio ſeu iure, poſterior à diſpenſatione rerum domeſticarum.)

Præfinitum tempus.) προθεσμίας. Quæ uox ſignificat diem præſcriptum ad quem ius
alicuius duraret (ultra quem non liceret agere. Tale eſt ius tutorum.)   27

Paruuli.) νήπιοι. De quo ſæpius iam admonuimus.

Diſtinctio   Sub elementis mundi eramus ſeruientes.) δεδυλωμένοι, id eſt, In ſeruitutem redacti.
                                                    quod

C 16·22: *actoribus*, vitiata ut opinor ſcriptura, pro autoribus, ſic enim
vocantur, quorum autoritate res geritur. Nam quod tum egerit
pupillus, ratum non habetur. Porro

quod Ambrosius legit, subiecti, & referendum uidetur ad, Sub elementa, ὑπὸ τὰ ςοιχεῖα.

19 (Quasi dicas, sub elementa in seruitutem redacti. Latina uox elementi anceps est, quemad modum & ςοιχεῖον apud Græcos, quæ declarat interim initium ac primordium rei nascen/ tis, interim ipsas literas. Nam & Aristoteles in physicis, inter ea unde cognitio rerum nasci tur recenset ςοιχεῖα, id est, elementa, subijciens hæc principijs & causis. Et Iustinianus libros institutionum, elementa iuris appellat, ueluti rudimenta. Paulus eodem uerbo usus est in epistola ad Colossenses: Videte ne quis uos deprædetur per philosophiã, & inanem dece/ ptionem, secundum traditionem hominum, secundum elementa mundi, κατὰ τὰ ςοιχεῖα τȣ κόσμȣ. Ac rursus in eadem: Si mortui estis cum Christo ab elementis, ἀπὸ τῶν ςοιχείων. Nec uideo cur diuus Hieronymus aliud quiddam uelit esse elementum hoc loco ad Galatas, aliud in epistola ad Colossenses. Certe utrobiꝗ de ceremonijs Iudæorum agit, & hominũ institutionibus, quæ uelut exordia data sunt hominibus rudibus adhuc, & nondũ capaci/ bus Euangelicæ doctrinæ. Nec ab his diuersum est, quod scribit ad Hebræos, Et cum debe retis esse magistri, propter tempus, rursum necesse habetis ut doceamini, quæ sint elemen/ ta principij sermonũ dei, τίνα τὰ ςοιχεῖα τῆ ἀρχῆς. Hic sensus mihi uidetur esse germanus, re/ liqui, meo iudicio, magis ostentant eruditionem aut ingenium interpretis, quàm ostendũt mentem Pauli. Neꝗ est cur nos moueat quod Paulus adiecit, elementa mundi. Mundum

27 enim uocat, quicquid est uisibile & caducum. In huiusmodi rebus sita est superstitio cere/ moniarum, ne gustaueris, ne tetigeris ne contrectaris.)

Misit deus filium.) ἐξαπέςειλεν, id est, Emisit, uel potius legauit, nempe cum manda/ tis. Nam id proprie sonat Græca uox, aliud enim est πέμπειν.

19.27 Factum ex muliere.) Prius factũ est Græce γενόμενον posterius γενόμενον, ut illud uer/ tas natũ, hoc factũ est. Quãꝗ Græci codices nõ omnes distinguunt (Certe Theophylac/

19 tus utrobiꝗ legit γενόμενον. Atqui Augustinus libro de trinitate & unitate dei, cap. 111. re fert ad hunc modũ: Misit deus filium suũ, natum ex muliere, factũ sub lege. Ac mox eius/

27 dem operis, cap. sexto: Factũ aũt hic nihil aliud sonat, quàm subditum legi, quemadmodũ dicitur factus pallidus qui expalluit, ne quis hic frustra philosophetur de creatura.)

Redimeret.) ἐξαγοράσῃ. Quod ad uerbum sonat emercaretur, hoc est, dato precio as/

27 sereret in libertatem (quod dicas licet eximeret.)

✶ Vt adoptionem.) Græcis unica dictio est υἱοθεσίαν. Quam interpres, quo plenius expri meret, periphrasi reddidit, quod adoptio uideatur latius patere.

35 [Reciperemus.) ἀπολάβωμεν. Augustinus annotat reciperemus dictũ nõ acciperemus, ut intelligam⁹ restitui qd̃ fuerat amissũ. Id magis haberet locũ, si Græce dixisset ἀναλάβωμεν.]

27 Quoniam autem estis filij dei.) Redundat dei (iuxta constantem Græcorũ lectionem,)

19 necadmodum adsensum facit, tantum agit de conditione liberorum (licet refragentur om

22 nes Latini quos ego uiderim (excepto uetustissimo codice Donatiani.)

27 In corda uestra.) ἡμῶν, id est, nostra (consentiente cũ Græcis utroꝗ codice Constantien

19 si, Ambrosio & Hieronymo. Quoniam autẽ præcessit, estis, lector parum attentus depra/ uauit scripturam.) Et sicuti superius ostensum est ἀββᾶ ὁ πατὴρ (Abba pater, non est ἀναδι/ πλωσις iuxta Hieronymum, consentiente & Augustino, & ni fallor, Ambrosio, sed abba peregrinum est uerbum, Hebræis Syrisꝗ commune, id interpretatur adiecto uerbo Græ/ co, qui mos peculiaris est scripturæ diuinæ, ut Bartimæus, filius Timei, in Euangelio: A ser, diuitiæ, Thabita, dorcas, in Actis: & in Genesi Mesech, uernaculus, aliaꝗ his consimilia.)

19 Iam non est seruus.) Es, secundæ personæ, non tertiæ, (In nonnullis exemplaribus om nino nõ additur. Tantum est οὐκ ἔτι δοῦλ✶, ut subaudias est, aut es, si mauis) Et interpres, iam, suum, nimis amat, aliàs gaudens uel intempestiua uarietate. οὐκ ἔτι εἶ, id est, Non dein de es, non amplius es.

19 Et hæres per deum.) Et hæres dei per Christũ καὶ κληρονόμος θεȣ διὰ χριςȣ (Hieronymus legit, Et hæres per Christũ, omissa mentione dei. Ambrosius & Augustinus legunt ut no/ stra habet æditio. Mihi magis probatur quod legit Hieronymus. Porro dei uidetur addi/ tum ab interprete quopiam. Absolutius enim erat hæres, si nihil addas ut opponatur ser/ uo. Deniꝗ quod adiecit, per Christum, suo more fecit Paulus, qui sic omnia dei beneficia uult ad nos à patre proficisci, ut per Christum filium ad nos ueniant, uelut insitos Christo.)

Cc 3 Per

19-22: Græca ςοιχεῖς]

Elementa mundi quæ]

Mundus est quicquid est temporarium]

γεννώμενον γενόμενον] **16:** est

✶**16:** placed after In corda vestra.) below.

⁋**16-22:** abba pater **19-27:** margin: Abba pater

Et hæres per] deum uaria lectio

(Per quẽ adoptione & filij ſumus & hæredes.Hoc loco plus habet Theophylactus ſic legẽs   27
εἰ δὲ ἱὸς ὶ κληρονόμος,κληρονόμ᾿ μὲν θεῦ,συγκληρονόμ᾿ δὲ χριςῦ.i. Quod ſi filius & hæres,hæ
res quidem dei,cohæres uero Chriſti. Quemadmodum aũt legit ita & interpretatur. Ve
rum quod hic ſupereſt tranſcriptum apparet ex cap.epiſtolæ ad Romanos VIII.)

Cum cognoueritis.) νῦν δὲ γνόντες, id eſt, Nunc autem poſteacꝗ cognouiſtis deum.

Imò cogniti ſitis.) μᾶλλον δὲ,id eſt,Magis autem.Et ita legit Hieronymus.Quanquam

16-27: eſtis magis,hoc loco correctionem habet uerius quàm comparationem.

πάλιν
ἄνωθεν Quibus denuo.) Pro denuo,Græcis eſt πάλιν ἄνωθεν, id eſt,Rurſum ab initio.Et ἀναδί
πλωσις ad uehementiam facit.(Nos uertimus iterum ab integro)   27

Et tempora.) καιρὸυς, id eſt,Opportunitates,Neqꝫ enim eſt χόνος,Hæc autem ad feſtos
Iudæorum dies pertinent(quibus hoc aut illud fas erat aut nefas.)   27

Timeo ne.)φοβῦμαι ὑμᾶς,id eſt, Timeo uos.Atqꝫ ita legit Ambroſius & item Auguſti/   19
nus,nec ſecus habetur in peruetuſtis exemplaribus)Verti poterat,Timeo de uobis.

Fratres obſecro uos.) δέομαι ὑμῶν,id eſt,Rogo uos.Hæc uult diuus Hieronymus ad ſu 19
periora referri ad hunc modum:Fratres obſecro uos,ſitis ut ego,quoniam ego ut uos hoc
eſt,abijcite ſuperſtitionem Iudaicam , quam uidetis abieciſſe me . Aut proficite ad meam
perfectionem,quandoquidem ego memetipſum ad ueſtram infirmitatem inclinaui(Nam
ut,mauult Valla quàm ſicut,non ſolum hic,uerum etiam in proximo loco.

Iam pridem.) Græcis eſt,prius πρότερον.

Tentatio ue/
ſtra & ueſtri
[Tentationem
ueſtram ſer/
mo anceps Tentationem ueſtram.) πειραςμόν μυ,id eſt,Tentationem meam ſiue mei,imò meam,
ut intelligas Paulũ tentaſſe Galatas ſuo ſermone humili & incondito. Quanquam ſermo
Græcus anceps,& Hieronymus uarie exponit(Nimirum tentatio Galatarũ erat, quod ho 19
mo humilis & malis humanis obnoxius,cum Chriſtum crucifixum prædicaret,neqꝫ quic
quam præterea magnificum,tamen immortalitatem polliceretur. Aut certe,laborauit illic
aduerſa ualetudine,& cum cernerent corpuſculum morbis afflictum,tamen immortalita/
tem prædicanti crediderunt.Sunt enim qui putant Paulum crebro capitis dolore fuiſſe ue
xatum,atqꝫ hunc ab eo uocatum ſtimulum ſatanæ.Siue[quod uero propius eſt]quod cer/ 35
nerent ſuum apoſtolum contumelijs oneratum, infeſtationibus agitatum, flagris cæſum,
lapidibus obrutum. Poterant hæc illos ab admiratione illius alienare]Cæterum non legi/ 35
mus uel ipſum dominum uel apoſtolos ullo laboraſſe morbo]

Vbi eſt ergo.) τίς ὀῦν ῆν, id eſt, Quæ ergo erat,Et ita legit ambroſius.Cæterũ beatitu/
μακαρισμός
μακαριότης do non eſt μακαριότης, ſed μακαρισμός, quod magis ſonat beatificationẽ,à uerbo μακαρίζειν,
quod eſt beatum dicere,ſiue iudicare, id quod non obſcure ſignificat Diuus Hieronymus
his quidem uerbis,Quamuis,inquit,eo tempore,quo Euangelium iuxta carnem ſuſcepe/
ratis,beatos dicerem,quod in initijs feruebat:tamen nunc quia non uideo ędificio culmen
impoſitum,& penè nequicquam iacta fundamenta,cogor dicere,ubi eſt beatitudo ueſtra,
qua uos beatos arbitrans ante laudabam?(Itidem exponit & Theophylactus, nimirum de 27
laude qua prædicabantur ab omnibus, quod eſſent φιλοδιδάσκαλοι.)

Aemulantur uos.) ζηλῦσιν ὑμᾶς. Ea uox cum Græcis diuerſos habeat uſus,tamen hoc
loco recte uerteretur,diligunt ſiue affectant, ſiue ambiũt(& zelotypia laborant erga uos, 19
quod in fine ſubnotat & Hieronymus) Agit enim de quibuſdam, qui ſub prætextu amo/
ris & ſtudij erga Galatas, hoc agebant, ut illos pertraherent in ſeruitutem legis Moſaicæ.

Excludere
Includere Sed excludere uos.) Græce eſt ἐγκλεῖσαι, id eſt,Includere.Quanquàm Græci codices
hic uariant(cum in nonnullis ſit ἐκκλεῖσαι Includere, legi inuoluere, excludere à libertate 19
Chriſti. Theophylactus legit & interpretatur excludere(ἐκβαλῶν, Nam excluditur qui non 27
19: Vulgarius admittitur & excluditur qui eijcitur. Vtinam hodie nulli ſint apud Chriſtianos in quos cõ
petat hæc Pauli querimonia.

Vt illos æmulemini.) αὐτοὺς, ut ſe(ſiue ut ipſos)æmulemini.   22

Bonũ autẽ æmulamini in bono.) καλὸν δὲ τὸ ζηλῦϚαι ἐν καλῶ, id eſt,Bonũ autẽ ſcilicet
eſt,æmulari in bono ſemper.Bonũ eſt alios imitari uelle,ſed nõ in quauis re,uerũ in re bo/
na(Et ad hunc modũ legit Auguſtinus:Bonũ autẽ eſt,ait, æmulari in bono ſemper. Inter/ 19
pres legiſſe uidetur καλὸν δὲ ζηλῦϚὲ(ut extrema ſyllaba uerbi deſinat in epſilon)Nec ſono 22
uocis diſtingui poſſunt Græcis æmulari & æmulamini. Quin & infinitum accipi poterat
pro

pro imperatiuo,ni additus esset articulus.Aliud autē declarat æmulari primo loco,q̃ duo
bus sequentibus,in quibus tamen nō est simpliciter imitari,sed imitari cū admiratione stu
dioq̃ insequēdi.Nā id est quod paulo post dicit apertius, Sed ut in carne uestra glorietur.}

27   Cum præsens(sum)apud uos.) Tametsi consentiunt omnes,tamen sermo Grçcus an/
19 ceps est,qui & hunc sensum habere potest, μὴ μόνον ἐν τῷ πἀρᾶναί με πρὸς ὑμᾶς, non solum
27 in hoc quod adsum apud uos,quia dixit ante ἐν τῷ καλῷ.Honestū enim semper sequendū
est,etiamsi absit is qui tradidit.Innuit enim suā absentiā fuisse in causa, ut alio delaberent.) **27: elaberentur**

Vellem autem esse apud uos modo.) Modo,hoc loco pro nunc positum est ἄρτι. Nec est
esse,sed παρᾶναι,id est,Adesse.

Quoniam confundor in uobis.) ἀπορᾶμαι, id est,Perplexus sum siue indigus sum, sic
enim explicat diuus Hieronymus.Quanq̃ apud Græcos ἀπορᾶᾶ̃, est aliquoties hærere, **ἀπορᾶᾶ̃**
& inopem esse consilij.Sic erat affectus Paulus,ut nesciret,quid ageret cum Galatis,quos **16-19: quem nos**
19 uidebat omnino tendere ad seruitutem legis,& hoc magnis apostolis;ut putabatur;eo uo **secuti sumus,**
27 cantibus.Cæterum,uulgus nullum facit discrimen inter confusionem,quæ Grçcis σύγχυ/ **C ↓**
σις dicitur , & pudorem siue erubescentiam quæ αἰσχύνη dicitur,siue ἐντροπή. Sed aliud
est pudere & erubescere,aliud animo turbatū esse,ut nescias quid sit agendū.Etiamsi non
nunquam detorqueatur ad uehementem pudorem,qui turbare solet animum,& tenebras
offundere,uelut apud Euripidem ὡς δ' ἄνολβου ἔχς ὄνομα σύγχυσίν τι. Quanq̃ hic quoq̃
perplexus potest intelligi,magis q̃ pudefactus. Nec erat quod hoc loco uerbum confun/
dor mutaretur,nisi interpres alias libenter & frequenter usus esset eo pro erubescere,alio/
qui belle explicabat Græcam uocem ἀπορᾶμαι.

27   Legem non legistis.) Auditis,est Græce ἀκόετι. Hieronymus legit auditis,nisi men/ **Lex auditur**
dum subest.Nam arbitror fuisse scriptum auditis.Habet autem tropus suam gratiam,qua **quasi loquens**
si lex ipsa loquatur,uetans ne posthac seruetur.Itaq̃ hoc ipso repugnabant legi,quod affe
ctarent obseruare legem.)

Per allegoriam dicta.) ἀλληγορόμενα, id est,Quæ per allegoriam dicuntur.Est autē alle **16: sunt quaedam**
22 goria,cum aliud dicitur,aliud significat.Augustinus libro de trinitate XV cap.IX testa
35 tur se legisse,quç sunt in allegoria.Et quoniā allegoria greca uox sit,quosdā Latinos inter
pretes,Ita reddidisse, Quæ sunt aliud ex alio significantia.Chrysostomus admonet Pau
lum abusum hac uoce allegoria,pro typo & figura. Nam allegoria proprie est perpetua
metaphora. Verum apostolus hic ueram historiā refert,quæ typus sit alterius.

Hæc enim sunt duo testamenta.) Chrysostomus quærit quid referat αὐται. Refert du
as matres,ancillā Agar & liberam Saram,quarū præcesserat mentio. Id mollius est in ser/
mone Grçco,in quo testamentum est fœminini generis Διαθήκη. Et rursus sunt positum
est pro significant.]

Vnum quidē in monte.) A monte est Græce ἀφ' ὄρος. Et ita legunt & Hieronymus & **Locus obscu/**
-27 Ambrosius.Neq̃ secus habebat codex Donatiani.In altero Constantiensi nempe uetusti **rus**
ore manebat germana scriptura , in altero rasura testabatur operā deprauatoris.) Quanq̃
locus hic multis modis deprauatus est.Porrò Grçce sic habet, ἀφ' ὄρος σινᾶ,εἰς δυλείαν γεν/
νῶσα,ἥτις ἐστὶν ἄγαρ.τὸ γὸρ ἄγαρ σινᾶ ὄρος ὄθιν ἐν τῇ ἀραβίᾳ,συσοιχᾶ ϳ τῇ νῦν ἱερεσαλήμ,δυλεύει δὲ
μετὰ τῶν τέκνων αὐτῆς . ἡ δὲ ἄνω ἱερεσαλήμ,ἐλευθέρα ὄθιν , ἥτις ἐστὶ μήτηρ πάντων ἡμῶν, id est, A
monte Sina in seruitutem generans, quæ est Agar.Nam Agar , Sina mons est in Arabia,
confinis est autē ei quæ nunc est Hierusalem,seruit autē cum filijs suis.Porrò quæ sursum
19 est Hierusalem libera est,quæ est mater omniū nostrū.Admonent Grçcorū scholia;cumq̃
his Theophylactus;monte Sina,Arabum lingua Agar appellari.Eundē autem esse mon/ **19: Vulgarius**
19 tem,diuersis nominibus.Tametsi nihil huiusmodi meminit Hieronymus in huius episto/
læ commentarijs.Augustinus & Ambrosius legūt,quod est Agar,non,quæ est. Tametsi
utraque lectio sensum eundem exprimit, quod relatiuum nomen inter duo intercedens
substantiua , cū utrouis solet congruere,præcessit enim testamēta,& sequitur nomen mu
lieris Agar . Nisi quod cum legimus quæ est Agar, amphibolon est, an quæ pertineat ad
seruitutem.Etiamsi in hac lectione sensus ferè eodem recidit.Siquidem est,hoc loco posi/
tum est pro significat,quod genus illud,Petra autem erat Christus,annotauit Augustinus
locis aliquot.Perpusillum enim refert , utrum Agar typum habeat testamenti generantis

Cc 4   in seruitu/

16-22: Caeterum quantum ex Hieronymi verbis, licet conijcere, putat ille
idem esse σύγχρσιν & αἰσχύνην, quorum prius   confusionem sonat,
posterius erubescentiam , cum plurimum intersit inter haec duo.
Nam **aliud**

in seruitutem legis,an ipsius seruitutis,quam habebat testamētum‡Porrò illud generans,
necesse ut ad testamentum referatur,quod significatum fuisse uult in typo Agar . Deinde,
quod sequitur, ἢ γὰρ ἄγαρ, non ad ancillam,sed ad montem pertinet,quod uel ex ipso ge
nere deprehenditur,quod mons apud Græcos neutri generis sit.Ambrosius uidetur Græ
cum genus reliquisse,cum ait,In seruitutem generans,quod est Agar‡nisi quis uocem re/ 35
latiuam malit ad sermonis cōtextum pertinere,quod est uidelicet generare in seruitutem.
Huius enim rei typum gerebat Agar,siue ancilla,siue mons ab ancilla sortitus nomen]Cç
terum quod addit , Quæ nunc est Hierusalem,huc pertinet,quod olim ea ciuitas alijs no/
minibus fuerit appellata,primū Iebus,deinde Salem , deinde Hierusalem , uelut ex utrisçt
composito uocabulo,postremo Aelia‡Nec mirum uideri debet,si uulgaris usus pro Iebus/ 35
salem dixit Hierusalem , quū Salem uerterit in Solymā,& Hierusalem in Hierosolymam.

Hierusalem
multis dicta
nominibus

Qui cōiunctus est ei quæ nunc est Hierus.) συςοιχεῖ δὲ τῇ νῦν ἱερȣςαλήμ, pro cōiunctus
est,nos uertimus confinis est. Nam hoc uerbo usus est diuus Hieronymus hunc enarrans
locum . Nec obstat, quod Sina mons itinere multorum dierum dissitus est à monte Sion.
Paulus enim hic non metitur spatium interualli,sed cōfert similitudinem allegoriæ. Nam
quæ inter se similitudine quapiam respondent,uicina & confinia dicuntur , quod Paulus
Græce dixit συςοιχεῖ, quasi dicas in eadē esse serie . Vnde & grammatici ςοιχεῖα uocant
literas,quod serie quadam sibi iungantur,philosophi rerum elementa ςοιχεῖα uocant, pu/
ta terram,aquam,aerem & ignem,quod horum unum quodçt suo consistat ordine . Item
uersus ςίχοι dicuntur,& acies ordine compositæ ςίχα uocantur, quæ uoces aliæçt similes
deriuantur à uerbo ςείχẃ, quod est ordine progredi,siue in serie stare . Mons autem Sina
tametsi longo interuallo disiunctus est ab Hierosolymis,tamen hac similitudine illi conti/
guus est,quod quemadmodum in Sina primùm lex est prodita , magnis terroribus,ita in
monte Sion eadem lex est promulgata,& ad alienigenas etiam propagata,iuxta uaticini/
um,De Sion exibit lex,& uerbum domini de Hierusalem . Illud autem hoc loco agit apo/
stolus,ut ostendat legem absçt gratia terrorem incutere minis & præceptis.Cogi uero me
tu seruile est, Iudæi itaçt qui uacui charitate, legem iuxta literam ac ritus externos obser/
uabant,quanquam à monte Sina migrauerant Hierosolymam,tamen à seruili conditione
non degenerabant,tanquam filij Agar , non Saræ.Verbum autem συςοιχẃ in hunc sen/
sum, reperitur apud probatos Græcorum autores , nominatim apud Theophrastum de
causis , & Aristotelem ᾧ τοῖς μετὰ τὰ φυσικά. Nec Suidas de hoc uerbo siluit in dictione
σύςοιχα, Sic enim appellantur quæ sunt eiusdem ordinis ac sortis. Et συςοιχία dicitur re/
rum inter se similiũ series,ueluti si ponas. ω. κ. τ. una συςοιχία fuerit, conueniunt enim
in hoc quod sunt exiles.Altera huic opponetur,continens φ. χ. θ. Et hęc elementa inter se
collata σύςοιχα sunt,ad superiorem uero seriem comparata, ἀντίςοιχα. Diuus Chrysosto/
mus συςοιχẃ interpretatur γΑτνιά῾ζ῾ καὶ ἅπτεται, id est,uicinus est & contiguus: idem dilu
cidius interpretatur Theophylactus,addens uiciniam hanc non esse loci sed similitudinis.
Et glossa quæ dicitur ordinaria, coniunctus,uerbo exponit similis.Verum hanc interpre/
tationem Aquinas reijcit , quod existimet hanc non fuisse mentem Pauli,mauultçt mon/
tem Sina ideo dictum coniunctum Hierosolymæ,quod illinc huc profecti sint Israelitæ:ut
intelligamus montē Arabiæ confinem esse Hierosolymæ non propinquitate situs,sed con
tinuatione itineris.Huic commento obstat nonnihil συςοιχẃ uerbum præsentis temporis,
quod Ambrosius uertit qui coniungitur.Iter autem multis seculis præcesserat.Qui colle/
git scholia in omnes Pauli epistolas,ita scribit in hunc locum , Ex qualitatibus locorū uult
intelligi diuersitatem testamentorum.Is quisquis fuit sensisse uidetur Sina typum esse ue
teris testamenti,Hierusalem noui.Hoc si recipimus quomodo dicūtur συςοιχẃ.Mihi Pau
lus æquare uidetur Iudæos Arabes & Hierosolymitanos,quod utriçt pariter seruirent le/
gi,& ad synagogam pertinerent,non ad ecclesiam.Hierosolymæ uero terrenæ,quam non
discernit à monte Sina, opponit cœlestem Hierosolymam,quæ est ecclesia.Mirum est au
tem nec Hieronymum nec Ambrosium hunc de uicinia scrupulū attingere.]

Lætare sterilis quæ non paris.) Testimonium adductum est,ex Esaiæ cap. L I I I I. He
bræa‡sic extulit Hieronymus:Lauda sterilis,quæ non paris, decanta laudem & hinni quæ
non parturiebas,quoniā plures filij desertæ,magis çt eius quę habet uirum.Verum iuxta

                                     Septua/

↓ ¶ 16: Hebraea sic habent Ranniy 'aqarah lo' yaladah pishiy rinnah
we -ṣahaliy lo' halah kiy rabbiym beney shomemah me -beney ve'ulah.
Ea sic extulit

22 Septuaginta legimus hunc in modum,⟨ϵὐφράνθητι ϛεῖρα ἡ ἐ τίκτεσα,ῥῆξον καὶ βόησον ἡ ἐκ ὠ-/
δίνεζα,ὅτι πολλὰ τὰ τέκνα ἐ ἐρήμȣ,μᾶλλον ἢ ἐ ἐχȣσης ἐν ἄνδρα, id eſt,Lǫtare ſterilis quę nō
paris:erumpe & clama,quæ non parturis,quia plures filij deſertæ,magis quàm eius quæ
habet uirum.Symmachus ita uertit:Lætare ſterilis,quæ non peperiſti,gaude in exultatio-/
ne & hinni,quæ non parturiſti,plures enim filij diſsipatæ, magis quàm eius quæ erat ſub
uiro. Ab hoc non diſcrepant,Theodotion & Aquila,prǫterquam in pauculis uerbis.Vn-/
de palàm eſt in hoc loco Paulum uſum uerbis Septuaginta,quod per omnia ſenſus cōcor-/
det cum Hebraica ueritate.

Paulus ſequi-/tur LXX

19   Cum filio liberæ.) Hieronymus legit,Cum filio meo Iſaac.⟨Atqꝫ ita ſanè legitur Gene
fis capite uigeſimo primo.Ad eundem modum legit Ambroſius.Quo magis admiror un
22 de hæc ſcriptura in Grǫcorum ac noſtros codices inuaſeritⲷEx interpretatione Theophy-/
27 lacti non ſatis liquet quid legerit⟨niſi quod contextus cum noſtra uulgata lectione conſen
35 tit⟨Chryſoſtomus legit quĕadmodū Latini:nec refert ad ſenſum . Apoſtolus pro perſona
Saræ,ſuppoſuit perſonā ſcripturæ,quo plus eſſet ponderis , ſenſumꝗ reddidit ad cauſam
quā tractat cōmodū. In hoc teſtimonio Paulus nec Hebraicā autoritatē nec Septuaginta
ſequutus eſt,contentus ſuis uerbis ſcripturæ ſenſum reddere⟩

19-22: margin:
Diſcrepant noſtra

35   Qua libertate⟨no⟩Chriſtus.) Grǫca ſic habent, τῇ ϵλϵυθϵρίᾳ ȣῦ ἡ χϱιϛὸς ἡμᾶς ἠλϵυθέρω-/
σϵ,ϛήκϵτϵ,καὶ μὴ, id eſt,Libertate igitur,qua Chriſtus nos liberauit ſtate,&c.ut libertate ad
ſequentia pertineat,non ad ſuperiora . Tametſi Hieronymus ſecus uertit, ac ſecus legunt
.22 Ambroſius & Auguſtinus⟨hinc nouū ſermonis caput ordientes⟩State igitur &c⟨Mecum
.27 haud obſcurè facit⟨Chryſoſtomus ag⟨Theophylactus⟩✕ϛήκϵτϵ uerbū etiā interiecto cōmen
tario ſeparans ab ijs quæ ſequūtur,Nec interpres hoc mutare potuit.Ad ſenſum haud ma
gnopere refert.)

Diſtinctio

EX CAPITE QVINTO

Ontineri.) μὴ ϵ̓νέχϵϛϵ .i. Obnoxij ſitis , aut implicemini ſeu illaqueemini.✱
✱ Circuncidenti ſe.) πϵϱιτϵμνομένω, id eſt,Qui circumciditur.
✱Euacuati eſtis à Chriſto.) κατηϱγή δητϵ ἀ̓π τȣ̃ χϱιϛȣ̃. Hanc uocem inter-/
pres conſtanter ita uertit,cum ſigniſicet aliquid aboleri & irritū ocioſumꝗ
fieri , ac uelut antiquari . Idem eſt cum eo quod paulo ſuperius dixit, nihil
Chriſtus uobis proderit.Si addictis uos legi Moſi,Chriſtus uobis eſt antiquatus & ocio-/
ſus.Hieronymus indicat hanc uocem κατϱγϵῖϛ,non recte uerti ab interprete,cum ſit po
tius in opere ceſſare. ἀϱγός enim ocioſus eſt,uelut ἄϵϱγͦ. unde dictum eſt κατϱγϵῖϛ.

16: entries reversed

    Per charitatem operatur.) Rurſum hic operans, non ſigniſicat quod uulgus ſomniat,
ſed quæ uim ſuam occultam exerceat in nobis,quod proprium eſt ſpiritus. Sentitur enim
uis,cum ipſe nuſquam appareat. Nam legem uult parum efficacem uideri, contra fidem
efficacem. ϵ̓νϵϱγȣμένη, quod agens rectius uerti poterat.

κατϱγϵῖϛ
quid 16-27:
dilectionem operans

    Quis uos faſcinauit.) ἀνέκοψϵν. Quod Hieronymus & Ambroſius uertunt, impedi-/
22 uit⟨Et gloſſa ordinaria indicat in Latinis codicibus fuiſſe duplicem lectionem,cum apud
Græcos non ſit niſi una . Certe in codice Donatiani ſcriptum comperi faſcinauit⟨Ex hoc
35 loco uidetur additum,Non credere ueritati,de quo ſuperius⟨cap.3⟩admonuimus.& quod
illic uertit non credere,hic uertit non obedire.Imò Hieronymus hic admonet, totum hoc,
35 non obedire ueritati,non inueniri in uetuſtis codicibus.etiamſi Grǫci codices hoc errore
ſunt cōfuſi⟨Quanꝗ autē hoc loco nihil intereſt inter Grǫcos codices & Latinos,niſi quod
35 illi legūt impediuit,nō faſcinauit, tamen ne hic quidĕ multū ad ſenſum facit addita parti-/
≠35 cula⟨Sēſus enim plenus erat⟩Bene currebatis,quis interrupit curſum ueſtrū⟨Rurſus aliud
argumentū hanc editionē nō eſſe pure Hieronymi . nam ille cum Grǫcis legit impediuit.⟩
✱ Nemini cōſenſeritis.) Et hanc particulam uelut adiectitiā,præterit Hieronymus, cum
nec in Grǫcis reperiatur codicibus, nec apud ullum illorum qui cōmentaria ſcripſerint in
19 Paulū⟨Etiamſi Theophylacti interpres in cōtextu ſuo addidit , cum nec ſit apud Græ-/
.27 cos,nec in interpretatione fiat ulla mentio⟨Certe in codice Donatiani non addebatur⟨nec
in utroꝗ Conſtantienſi⟩Et tamen propemodū addiuinare licet Ambroſium hanc particulam addidiſſe , non addidiſſe autem ſuperiorem , Non credere ueritati,ſic enim explanat:
Exercitium illorum in opere fidei bonum fuiſſe teſtatur,ſed nequitia malorum hominum
detentos,ne curſum ſuū officio perſeuerante conſummarent:unde ut reſipiſcāt hortatur,
de cætero

Supereſt ad
pudnos ✱16:
precedes
Quis uox faſcinauit.
above
19: Vulgarii

de cætero nulli eorum credentes, qui ut opera legis seruanda suaderent, Euangelicæ ueri=
tati non eos obedire sinebant. Certe in contextu non additur apud Ambrosium hæc parti
cula: Nemini consenseritis, ne apud Augustinum quidem.}

Persua.io,cæ=
ter.supr=
sunt

Persuasio hæc nō est &c.) Grçcis nec est hæc, nec uestra [ut legit Augustinus] sed dun 35
taxat ἡ πεισμονὴ, id est, Persuasio. Quanquam sensus non admodum pugnat, nisi quod
hic significat persuasionem non obtemperantium, sed persuadentium, ut referatur ad su=
periorem interrogationem. Quis uos impediuit bene currentes? Nempe quorundam per
suasio auocantium uos ad Mosaicas ceremonias, quæ persuasio non est profecta à Chri=
sto, qui aliò uos uocauit, nimirum ad spiritualia.

16-27: nempe

[φύραμα
ma,Ta

Totam massam corrumpit.) ὅλον τὸ φύραμα ζυμοῖ, id est, Totam conspersionē fermen
tat, sic enim uertit diuus Hieronymus in commentarijs palam damnans ac reijciens uer= 22
bum massæ. Nec tamen reddit causam, cur reijciat, nec abstinet ab usu uocis damnatæ, in
interpretatione. Neq tamen negari potest, massam esse uocem Latinā, etiamsi cōspersio
in hoc sensu reperitur apud Columellā, & magis exprimit uocem Græcam φύραμα. Vel
hic locus arguit hanc translationem non esse Hieronymi, quæ dictionem habet, quam ille
testatur à se correctam fuisse. Pro corrumpit Hieronymus legit fermentat. Est enim Græ=

22: Nec enim

ce ζυμοῖ. Siquidem nōn protinus corrumpitur, quod afficitur fermento [Nam Christus 35
sanam doctrinam comparat fermento in farinam abdito]

[φρονέω

16: ille

Nihil aliud sapietis.) φρονήσετε. Melius Ambrosius, qui legit sentietis, hoc est, nō eri=
tis in alia sententia, & non cogitabitis de nouando uitæ instituto. Nam id est, nihil aliud, ni
hil diuersum, nihil nouum. Quemadmodum dicimus aliud ab illo.

Quicūq est ille.) ὅς ἐὰς ἂν ᾖ, id est, Quicūq fuerit, siue sit. Atq ita legit D. Ambrosius.
Ergo euacuatum est scandalum.) ἄρα κατήργηται, id est, Ergo cessauit. ut non inele=
ganter exponit diuus Hieronymus, quod uulgo uocant cassatum. Admonet autem & hic
Græcam uocem rectius exprimere Pauli mentem quàm Latinam [Cassatur enim quod 22
desijt habere uigorem]

Sensus
triplex

Vtinam abscindantur.) Vtinam & abscindantur, addita copula καὶ ἀποκόψονται, id
est, Amputentur etiam siue resecentur [Est nonnihil emphaseos in coniunctione, non so= 19
lum iudicentur, sed etiam anathema fiant, penitus resecti à uestro consortio. Aut qui uos
uolunt circuncidi, ipsi prorsus execentur, ut Paulus imprecetur exectionem totius mem=
bri, qui docerent circuncisionem. Attingit hunc sensum Ambrosius & item Theophyla=

19: Vulgarius

19-22:
apostolico sensu
19-27: margin:
Augustinus coactus

[*Sequutus*
Chryso=
stomum

ctus [sequutus Chrysostomum] sed alter mihi uidetur apostolica grauitate dignior. Augu= 35
stinus ex maledictione facit benedictionem, sic interpretans: Quasi Paulus precetur pseu=
dapostolis, non ut circūcidantur, sed abscindantur, hoc est, spadones fiant propter regnum
cœlorum: sic enim futurum, ut desinant prædicare Iudaicam circuncisionē [Hoc commen 27
tum maluit amplecti, q tribuere Paulo imprecationem]

Qui uos conturbat.) οἱ ἀνασταπῶντες, id est, Qui uos à statu demouet. Vnde Ambro
sius legit, Hí qui uos subuertunt. Nos uertimus, qui uos labefactant. Respexit enim ad id
quod dixerat state [Labefactatur autē quod à statu suo dimouetur. Annotat uocis huius 19
emphasim diligenter Theophylactus [Sed ante hunc Chrysostomus] 35

19: Vulgarius

Additum
aliquid

In occasionem detis carnis.) Detis, uerbum apud Græcos non habetur. Et carni, dandi
casu profertur, non carnis, paterno. Et subaudiendum est detis, ut admonet diuus Hierony
mus, aut aliud accommodatius. Apparet Vallam accusatiuum libertatem referre, ad uer=
bum quod sequitur seruiatis, quasi dicas, ne seruiatis libertatem uestram carni. Verum id
præterquam quod ab omnium sententia dissidet, duriusculum est & coactius. Theophy=

16-19: Vulgarius
19-27: margin:
Aposiopesis

lactus subaudiendum putat ἔχωμεν, id est, habeamus. Certe ut modo dixi, testatur Hiero
nymus, uerbum detis additum ab interprete, non positum à Paulo. Et nescio quid gratiæ
peculiaris habet hæc aposiopesis, in deterrendis ijs quos nolis offendere.

Sed per charitatem spiritus.) Spiritus in Græcis codicibus non habetur, nec in Hiero=
nymo, nec in Augustino, tantum apud Ambrosium legere memini, qui sic etiam interpre=
tatur, ut sit quod opponat carni.

Dilectio pro=
ximi

Diliges proximū tuū.) Græci habent ἐν τῷ ἀγαπήσεις. id est, Nēpe in hoc, Diliges pro
ximū &c. unde & nos ita uertimus [Admonet Augustinus multis uerbis hic de dei dile= 19
ctione

ctione fileri,quod ea fingi pofsit,dilectio proximi facilius queat conuinci.Et confequitur, ut qui proximum dure tractat,is nec deum amet.Subindicat idem,licet obfcurius Ambro fius.Hoc admonendum putaui,ne quis de fuo adijciat uelut omiffum , quod à Paulo non eft additum.⟩

✴ Mordetis & comeditis.) Pro comeditis, Ambrofius legit criminatis , fi modo codex mendo uacat.Haud fcio an exemplar illius habuerit ἀβάλετε. id eft,Calumniamini.   *✴16: entries reversed*

✴ Dico autem in Chrifto.) In Chrifto,non additum eft apud Grecos,nec apud Hierony mum,nec apud Ambrofium, ne in uetuftifsimo quidem exemplari Paulino,(fuffragaba/ tur uterꝗ codex ecclefiæ Conftātienfis)tantum eft,Dico autē,fpiritu ambulate. Sic enim indicat quorfum tendat totus hic fermo.⟩   **19.27**

19   Et defideria.) Defiderium eft Græce ἐπιθυμίαν.⟨Ambrofius legit concupifcentiā car nis non perficietis⟩ tametfi id nihil ad fententiam.

Hæc enim fibi inuicem.) Apud Græcos pro enim eft δὲ, autem, ταῦτα δὲ, hæc autem, Quanquam id quidem ad fenfum haud magni refert.

Quæ funt.) In plerifꝗ huiufmodi recenfendis,Latina nōnihil à Græcis difcrepant,li   *In catalogis* brariorum opinor obliuione. Hæc Græce fic habent, μοιχεία,πορνεία,ἀκαθαρσία, ἀσελγεια, *crebro er/* εἰδωλολαϳρεία, φαρμακεία,ἐχθραι,ἔρις,ζῆλοι,θυμοι,ἐριθεῖαι,διχοϛασίαι,ἁιρέϲεϳς,φθόνοι,φόνοι, μέθαι, *ratur* κῶμοι, id eft,Adulteriū,fcortatio,immūdicia,lafciuia,idolorū cultus,ueneficiū,fimultates, *16: fornicatio* lis,emulationes,iræ,cōtentiones,factiones,fectæ,inuidiæ,cædes,ebrietates,comeffatiōes.

35   Ita legit & Chryfoftomus , nifi quod primo loco refert πορνείαν.⟩D. Hieronymus fic legit: Quæ funt fornicatio,immūdicia,impudicitia,idolorū feruitus,ueneficia,inimicitiæ, con/ tentiones,æmulationes,iræ,rixæ,diffenfiones,hærefes,inuidie,ebrietates,comeffationes. Ambrofius legit ad hunc modum:Adulterium,fornicatio,impuritas,obfcœnitas,idolola/ tria,ueneficium,inimicitiæ,contentiones,fimulationes,iræ,fimultates,diffenfiones,hære/ fes,inuidiæ,ebrietates,comeffationes . De quorum fingulis,fi quis uolet plenius edoceri, legat diui Hieronymi in hunc locum commentaria . Illud iam admonuimus in epiftolam ad Romanos,in φθόνοι & φόνοι, iucundam effe uocum allufionem, quam interpres ne po/   **27** tuit quidem reddere⟨Nec fua gratia caret afyndeton,& homœoptota.⟩

Non cōfequentur.) ὀ κληρονομήσουσιν. pro quo Hieronymus,pofsidebunt.Et expreffi/ us Ambrofius:Regni dei hæreditatem non confequentur,

19   Patientia.) μακροθυμία, id eft,Longanimitas⟨feu lenitas animi⟩quod ifte fuo more fe/ *16: cum aliud* rè uertit patientiæ, quæ frequentius corporis ꝗ animi dicitur. Etiamfi diuus Hierony/ *quiddam sit.* mus putat nihil intereffe.Ambrofius uertit lenitatem . Et hic catalogus fructuum fpiritus apud Græcos fic habet, ἀγάπη,χαρὰ,ειρἡνη,μακροθυμία,χρηϲότης, ἀγαθωϲύνη,πίϲις, πραότης, *16-19: Longanimitas* ἐγκράτεἰα, id eft,Charitas,gaudium,pax,lenitas animi,benignitas,bonitas,fides,manfue/ tudo,temperantia . Diuus Hieronymus aduerfus Iouinianū fic legit, Charitas,gaudium, pax,longanimitas,benignitas,bonitas,fides,manfuetudo,cōtinentia.Ambrofius ad hunc legit modum,Charitas,gaudiū,pax,longanimitas,benignitas,fpes,lenitas,cōtinentia, ca/ ftitas,bonitas &c. Proinde non admodū probandam reor quorundā anxiam diligentiam, *Nō anxie nu/* qui in huiufmodi catalogis folent de numero laborare,& in diftinguendis fingulis fuper/ *meranda quæ* **16: catalogo** ftitiofe torqueri , cum probabile fit Paulum congeriem quandam malorum & bonorum *recenfentur* produxiffe,quæ ferè confequi folent,non quod hæc fola fint,fed quod in his fit fumma.

Qui autē funt Chrifti carnē fuam.) Hoc loco Origenes omiffa una coniunctione δὲ, *Origenis di/* tota uariat fententiā,legens ad hunc modū, κατὰ τῶν τοιούτων οὐκ ἐϲι νόμος,οἱ ϳ χριϛῦ τὴν σάρ/ *uerfa lectio* κα ἐϲαύρωσαν σὺν τοῖς παθήμασι,ὴ ταῖς ἐπιθυμίαις, id eft, Aduerfus huiufmodi non eft lex, qui Chrifti carnē crucifixerūt cum uitijs & cōcupifcentijs.ut intelligas, nō eos effe Chri/ fti,qui carnē fuam crucifixerūt,fed aduerfus eos non effe legē, qui Chrifti carnē in fe cru/ cifixerunt cum uitijs &c.Nam Chrifti carnē cum laude crucifigi in pijs hominibus,in qui *16: crucifigi* bus domiti funt carnis affectus, fed male recrucifigi,quod Græci dicunt ἀναϲαυρῶϲ ab ijs *19-22: margin:* qui redeunt ad priftinā uitam,poft Chriftū femel acceptū. Verū exemplaria Græca refra *Ambrosii nova* gantur huic lectioni,etiamfi Hieronymo probatur Origenis fententia.Ambrofius legiffe *lectio* uidetur ad hunc modū, οἱ δὲ χριϲοῦ &c.ut Chrifti nominādi cafu fit,numero multitudinis, non paterni.Addit enim eos uocari chriftos,id eft,unctos,qui Chrifto deuoti fint.

Cum

[παθήματα

Cum uitijs & concupiscentijs.) παθήματα, id est,Passiones,siue ut legit Augustinus,
affectus Aduersus Manichæos de Genesi,pro affectus ponit perturbationes . In epistola **19**
x x x i x legit,Cum passionibus & desiderijs tametsi ea uidetur Paulini Quancβ om, **35**
nis cruciatus aut morbus,etiam corporis potest uocari πάθημα, & idcirco addidit, επιθυ/
μίας,quod proprium est animi cupiditatibus,quemadmodum indicauit & Hieronymus.

　　　　　　　　　　{EX   CAPITE   SEXTO}   **19**

19-27: margin-
varia lectio

στοιχῶμεν
uarie enar/
ratur

Piritu & ambulemus.) και στοιχῶμεν, quod Valla corrigit, contenti simus: **35**
uerum hoc magis ad sentêtiam Pauli facit,cβ ad uocem Græcam, στοιχῶμεν
quæ significat ordine suo incedere:ut intelligas, contineamus nos intra spi/
ritum,nec respiciamus legem Actio motus quidam est uelut animantis.At **19**
motus ab eodem proficiscitur unde uita , quod si uita nobis côtigit e spiritu
euangelico,non ex lege,secundum eundem agamus Necβ uideo quid Vallam mouerit,
nisi forte legit στίχωμεν pro στοιχῶμεν. Etiamsi non me clam est ad Vallæ sentêtiâ interpre
tari Theophylactum, στοιχῶμεν αντι τ̃ αρκτωμεν. Diuus Augustinus legit , Spiritu uiui/

16-19: Vulgarium

mus,spiritu & sectemur necβ secus interpretatur cβ legit Ad quem modũ qui uertit, aut **19**
legit,aut certe somniauit στοιχῶμεν. unde στοιχάζω. quod significat ad scopũ oculũ intendere.
(Cæterum hoc uerbũ στοιχῶ apud Græcos πολύσημου est,sed tamen ab ordine directocβ cur **27**
su ductum,unde & στίχοι uersus,& στοιχεῖα elementa siue literæ:ab eodem uenit στοιχάζω.)

↑16: EX CAPITE VI

Inanis gloriæ cupidi.) Græcis una dictio est κενόδοξοι, id est,Inaniter gloriosi &c,aut
ut legit Ambrosius,Inanem gloriam sectantes. ¶

Si præoccupatus.) προληφθῆ, id est,Occupatus, hoc est, præuentus antequã potuerit
cauere.Quibus uerbis excludit omnino destinatam maliciam,& peccandi uoluntatem.

Instruite, pro
instaurate
mendose

Huiusmodi instruite.) καταρτίζετε, id est,Instaurate,reficite,siue sarcite (Suspicor in/ **27**
terpretê uertisse instaurate, id scriba uertisse in instruite.Hieronymus enarrans cap. Eze/
chielis x v i refert,pficite huiuscemodi Ambrosius legit humiliate si tamê scriptura men **19**
do uacat,quæ mihi prorsus suspecta est . Nam ex illius interpretatione non potest percipi
quid legerit, aut si quid potest , legit emendate, cum ait,Cum mansuetudine prouocandi
sunt ac reformandos se.Quod admonet hic Paulus ac sacri doctores,nos parum memini/
mus.Si quid emendandum extiterit , tanto supercilio,tanta sæuitia protinus intonamus.
Ea res multos egregios uiros,à communione ecclesiæ abalienauit,quod aperte de Tertul/
liano prodidit Hieronymus.

Mutatus nu/
merus.
Paulus Græ/
ce imperitus

Considerans teipsum.) Mire mutauit repente numerũ, σκοπῶν σεαυτὸν, magis ad sen
sum respiciens,cβ ad uerborũ ordinem.Et ex hoc loco diuus Hieronymus colligit ucre di/
ctum à Paulo,non tantũ modestiæ causa,quod imperitus esset sermone . At mihi uidetur
non abs re mutasse subito numerũ,quod singularis numerus magis esset idoneus ad com
pellandam uniuscuiuscβ côscientiam. Porro durius erat dicere omnibus considerate uos/
ipsos,ne & uos tentemini.Et mira cautione semper hoc agit Paulus,ne quid offendat eos,
quos studet corrigere Admonet autem Theophylactus additum σύ, ut eos commonefa/ **27**
ceret humanæ fragilitatis.Siquidem hoc dictum non solum pertinet ad Galatas, sed pecu
liariter unumquemcβ mortalem appellat.Et hanc ob causam mutatus est numerus, quod
& aliàs à Paulo factum indicauimus.)

Alter alterius onera.) αλλήλωυ τὰ βάρη βασάζετε. Latinius reddidit Ambrosius,atque **19**
item Augustinus,sermone de uerbis domini uigesimoprimo Inuicem onera uestra porta
te citante ad eundem modum & aliàs utrocβ Verti poterat & ad hunc modum: Alij ui/ **19**
cissim aliorum onera baiulate.Nam alter alterius,de duobus dicitur Latinius.

Et sic adimplebitis.) και ούτως αναπληρώσετε, id est , Et sic adimplete Interpres legit **19**
à απληρώσετε, nec magnopere refert ad sensum Rursum redijt ad numerũ multitudinis.¶
Quanquam Græca uox magis sonat readimplete , hoc est denuo adimplete , quasi dicat,
quod alterius delicto diminutum fuit in legis obseruatione,id aliorũ sarciat charitas. An/ **35**
notauit diligenter huius uocis emphasim Chrysostomus.

Si quis existimet se.) Græce paulo secus habet, ει γὰρ δοκεῖ τις εῖναί τι, id est,Si enim ui/
detur aliquis esse aliquid ut subaudias sibi Et uerbũ seducit, apud Græcos côposita uox **19**

φρεναπατῶν

est φρεναπατᾷ,id est,Mentem seducit,& mentem suam decipit,ut exponit diuus Hierony
　　　　　　　　　　　　　　　　　　　　　　　　　　　　　　　　　　mus

↓ ¶

¶16-22: multitudinis. Quod autem dixit , ne + tu , hoc ad
unumquemlibet retulit , ut admonuimus modo. Quanquam.

19 mus.Est autem perniciosissimum fallendi genus,ubi quis imponit sibi.{Augustinus libro
de singularitate clericorum,cap.secundo,legit,Seipsum implanat,ac ueluti Græcam inter
22 pretans uocem subijcit,Sed implanator certe proprius, suam animã decipit}<Planus apud
Latinos inuenitur pro impostore,an reperiatur implanare,nescio>

Et sic in semetipso.) καὶ τότε, id est,Et tunc, ut legit Ambrosius. Nec additur Tantum
19 apud Græcos{plerosq;.licet in nõnullis addat μόνον} Preterea quod Græcis est,εἰς σεαυτόν,
id est,In seipsum,mox item,καὶ οὐκ εἰς τὸν ἕτερον, id est,Et nõ in aliũ,fortassis rectius transtu-
lisset,apud seipsum,& nõ apud aliũ. Quanq; haud me fugit huius præpositionis ancipi-
35 tem esse naturã[Chrysostomus interpretatur, εἰς ἕτερον καθ᾽ ἑτέρου, hoc est,aduersus aliũ.]

Vnusquisq; onus suum portabit.) φορτίον. Quod Ambrosius legit sarcinam. Et portabit est βαστάσει,quod est baiulorum proprie.

Communicet autem qui.) Grece non est uerbo,sed uerbum accusandi casu,τὸν λόγον, *Com.autem locus per-plexus*]
Quanquam accipi potest per synecdochen,ut subaudias κατὰ præpositionem. Aut ita dixit
catechizatur uerbum, sicut nos dicimus, docetur grammaticam. Ambrosius Græcã uocem expressit ad hunc modum, ὁ κατηχούμενος τὸν λόγον,hoc est,Qui uerbũ dei audiens est.
Nam catechizare est tradere mysteria religionis Christianæ]Illud autem, In omnibus bo- [16-22: id quod scripto tacere fas non erat.
19 nis,ad communicet referendum est,non ad catechizat.Marcion{ut indicat Hieronymus,}
accusatiuũ λόγον, refert ad uerbũ communicet,intelligens fideles & catechumenos simul *Communica-re uerbo*
orare debere,& magistrũ in oratione cõmunicare cum discipulis, illo uel maxime elatus,
quod sequatur In omnibus bonis.Atqui si de oratione fuit sermo, non debebat præcipi ei
qui catechizatur,sed qui catechizat,hoc est,nõ discipulo,sed magistro. Quanquã ea quæ
consequuntur,hanc refellunt interpretationẽ,Quæ seminauerit homo,hæc & metet. Hic
uero Laurentius Valla nonnihil stomachatur,quod interpres Græcam uocem reliquerit,
cum alibi uertat, atq; ita uertendum putat, Communicet autem qui docetur uerbũ,cum
19 eo qui ipsum docet in omnibus bonis{Illud addã de meo,posse λόγον hoc loco accipi pro
ratione:ut intelligamus Paulum admonere,ut ratio dati & accepti constet inter eum qui
religionem tradidit,& eum qui accepit,sed ita demũ,si qui tradidit, syncere tradidit:alio-
qui iniquam fore permutationem, si pro perperam tradita religionis doctrina, reponatur
beneficiũ.Atq; adeo addidit In omnibus bonis,repetens quod superius dixit, Bonũ est æ-
mulari in bono semper. Aduersus illos autẽ qui ad gloriam & quæstũ insyncere tradebãt
Christũ, obijcit quod sequitur,Deus nõ irridetur.Id sensisse uidet Ambrosius,asscribens,
In malis dissentiendũ ab illis,ut magis lex nobis dux sit q̃ homo.Theophylactus interpre
tatur de munificentia catechumenorũ in catechistas,& huic consentiens Hieronymus.}

Non irridetur.) οὐ μυκτηρίζεται. Quod proprie est scommate ridere & subsannare,na-
22 soq; suspendere<Siquidem Græci μυκτῆρα nasum uocant>

Quæ enim seminauerit.) Græcis est singulari numero. Quod enim seminauerit homo,hoc & metet.Itaq; legit Ambrosius,& item diuus Augustinus.

In carne.) Grece est, εἰς σάρκα, id est,In carnẽ.quemadmodũ mox,εἰς τὸ πνεῦμα,id est,
In spiritum.tametsi præpositio εἰς uarie usurpatur.

Metet corruptionem.) θερίσει φθοράν, id est,Metet corruptelam,hoc est,periturũ fru-
ctum.nam huic opponit uitam æternam.Caro mortalis,fructus habet item mortales.Spi-
ritus æternus fructus habet immortales.Siquidem alias quoq; ἄφθαρτον transfert immortalem,& ἀφθαρσίαν immortalitatem.

Deficiamus,& deficientes.) Apud Græcos diuersa sunt uerba. Nam deficiamus est,
ἐκκακῶμεν, deficientes, ἐκλυόμενοι, id est,Defatigati.Ambrosius legit,infatigabiles,ut tem
27 pus quoq; participij redderet.(Tertullianus pro ne deficiamus legit, ne tedeat.)

÷ Ad omnes.) Cur non potius, Erga omnes? ÷16: entries reversed

÷ Qualibus literis.) πηλίκοις, id est,Qualibus.sed ita ut magnitudinẽ & admirationem
significet.Hic magis ad affectum Pauli refertur,cui hæc res adeo fuerit cordi, ut non gra-
uatus sit suapte manu super ea scribere. Diuus Hieronymus putat reliquam epistolã alie- *Excussa Hieronymi opi-nio, qualibus literis*
na manu scriptam fuisse,Paulum autem,ut omnem excluderet suspicionem supposititia-
rum literarum,reliquũ epistolæ suapte manu scripsisse. At cur non potius,ut cum Hieronymi pace dixerim,uel ex hoc loco cõijcimus totam hanc epistolã Pauli digitis exaratam

fuiſſe.Fatetur Hieronymus uocem Græcam πηλίκοις, magnitudinem ſignificare potius ꝗ̃ qualitatē(Quod idem in Pſalmos notauit Hilarius,Origenem opinor ſequutus, Nam Græca uox magnitudinem ſonat, Latina non item . Tametſi diuus Hilarius magnitudi/nem refert non ad formam elementorum,ſed ſublimitatem ſenſuum , quod mihi ſanè ui/detur coactius . Porrò diuus Hieronymus laborat ut explicet,quomodo grandes ſint hæ literæ,quaſi illud ſenſerit Paulus,hanc epiſtolam grandibus literarum figuris ſcriptam fu/iſſe.Imò Græci literas numero multitudinis & unam uocant epiſtolam,quemadmodum & nos.Igitur Apoſtolus ut oſtenderet,quantopere ſibi hæc res eſſet cordi,Videtis,inquit, quàm grandem epiſtolam,mea ipſius manu ſcripſi,iam enim finierat epiſtolam . Nam in cæteris ſolet duntaxat ſubſcribere , Mea manu Pauli . Nec eſt quod quenquam offendat datiuus γράμμασι, non γράμματα.   Vt enim loquimur multis & multa , ita ſcribimus paucis & pauca(Mecum facit Ambroſius,qui ex hoc loco colligit hanc epiſtolam eſſe ho lographam . Et tamen miror quare idem pro Videte ſiue uidetis,legat Scitote , niſi forte ſcriptum habebat εἴδετε. Auguſtinus legit , Vidiſtis , qualibus literis uobis ſcripſi,quaſi Paulus manus agnitæ admoneat,ne per alios fictis epiſtolis decipiantur . Theophylactus (Chryſoſtomum ſequutus) fatetur ex hoc loco colligi hanc epiſtolā , Pauli manu ſcriptam fuiſſe.Cæterum quod dixit Qualibus,non pertinere ad magnitudinem literarum , ſed ad deformitatem , quod Paulum uideri uelit imperitum ſcribendi,& tamen non grauatū ut/ cunꝗ totam epiſtolam ſua manu deſcribere. ꝗ

Volunt placere in carne.) εὐπροσωπῆσαι, hoc eſt,Iuxta faciem placere.Nam hinc Gre ca uox compoſita eſt(& hoc in carne.)

Tantum ut crucis(Chriſti)perſequutionem non.) Grece ſic habet, μόνον ἵνα μὴ τῷ σαυ ρῷ τ͂ χριϛᴅ διώκωντή, id eſt,Ne cruce Chriſti perſequantur,ut perſequantur,paſſiuè accipi as,hoc eſt,Ne crux Chriſti adducat illis perſequutionem(Apud Ambroſium non additur Tantum,etiamſi additur apud Auguſtinum . Supplendum eſt aliquid, quo ſermo redda/tur abſolutus.Tantum hoc agunt,ut fugiant inuidiam crucis Chriſti.ꝗ

Legem cuſtodiunt.) Ipſi,deeſt, αὐτοί, quod addit & Ambroſius . Hieronymus legit, Hi(quaſi Græce legerit οὗτοι.)

Abſit gloriari.) Abſit ut glorier,ſiue ne contingat gloriari.

Et quicunꝗ hāc regulam ſequuti fuerint.) καὶ ὅσοι τῷ κανόνι τύτῳ στοιχήσυσι. Idem uer/bum quod ſuperius uertit Ambulemus, στοιχῶμεν, hoc eſt,Quicunque ad hanc incedent regulam.

Et ſuper Iſrael dei.) ὸν ἰσραήλ, ut intelligas uirum aut populum.Et addit dei, propter ſynagogam ſatanæ.

De cætero.) τὸ λοιπᴅ. (Non eſt τὸ λοιπόν,) quod aliàs(uertit ſupereſt, aut quod reli/quum eſt,Siquidem hic magis loqui uidetur de queſtionibus ꝗ de tempore(ut ſubaudias περὶ, περὶ λοιπᴅ.ꝗ Tradidi quicquid erat tradendum,hoc firmum eſſe uolo,nec patiar rurſus in dubium uocari.)

Nemo mihi moleſtus ſit.) κόπυς μοι μηδεὶς πὰρεχέτω, id eſt,Labores mihi nullus exhibe at.Et ad hunc modum uertit diuus Hieronymus(Auguſtinus legit , Nemo la/borem mihi preſtet,haud tamen diſſimulans in pleriſꝗ codicibus haberi ſcriptum,Nemo mihi moleſtus ſit,libro de prædeſtinatione ſanctorum,in ipſo ſtatim initio.ꝗ

Stigmata.) Græca uox eſt,ſignificat autem notam impreſſam. Solent autem ſerui no tari à dominis(ne quis alienus illos pro ſuis poſſet aſſerere)Sentit igit̃ ſe certas habere no/tas,quod ſit ſeruus Ieſu Chriſti,pro quo tam multa paſſus fuerat(Toties cæſus uirgis,to/ ties lapidatus,toties obiectus beſtijs,toties coniectus in uincula:ex his omnibus ſibi parat autoritatem aduerſus pſeudapoſtolos.Illi gloriabantur in cicatricibus circunciſo/rum, Paulus in ſuo corpore circunſerebat notas crucis Chriſti.
Tali igitur doctori potius credendum,quàm
delicatis magiſtris,qui in alieno
uulnere gloriantur.)

ANNOTATIONVM IN EPISTOLAM AD
GALATAS FINIS

Marginal notes (left)

Ɔ16: ⳨

19-22 : ceu
19-22 : admonens
19 : Vulgarius

16 : perſecuti c.
19-27 :
    perſecutionem c.

Ɔ16-22 : ſolet

13-22 : τὸ λοιπὸν.

σίγματα
Pauli

16-22 : Finis Epiſtolae Pauli ad Galatas .

Marginal numbers (right)

27
19
35
27
35
19
27
27
19
19
27

{EX CAPITE PRIMO}

 DEM in hac epistola Pauli feruor, eadem profunditas, idem
omnino spiritus ac pectus, uerū non alibi sermo hyperbatis,
anapodotis, alijsꝙ incōmoditatibus molestior, siue id inter
pretis fuit, quo fuit usus in hac, siue sensuū sublimitatē, sermonis facultas non est assequuta. Certe stilus tantum disso-
nat à cæteris Pauli epistolis, ut alterius uideri possit, nisi pectus atꝙ indoles Paulinæ mētis hanc prorsus illi uindicaret.

Qui sunt Ephesi.) τοῖς οὖσιν ἐν ἐφέσω. Quod potest &
in secunda legi persona, Qui estis Ephesi {Est autē Ephesus
metropolis Asiæ {quæ proprie minor dicitur.)

< Gratia uobis & pax.) Hieronymus admonet gratiā &
pacem pariter referri ad utrunꝙ, patrem uidelicet & filium, posse tamen sic accipi, ut gratia referatur ad patrem, pax ad filium, ut gratia patris intelligatur in eo, quod filium pro salute nostra dignatus est mittere. Pax autem filij in eo, quod per ipsum patri reconciliati sumus. Huius cogitationis occasionē præbuit Hieronymo, quod inibi mox sequitur, In laudem gloriæ gratiæ suæ, in qua gratificauit nos in dilecto. Certū est enim hunc sermonem
ad patrem pertinere. >

Benedictus deus.) Bisariam potest distingui, Benedictus deus, ut hactenus sit diastole,
deinde separatim adijciatur, Et pater domini nostri Iesu Christi. Aut coniunctim, Deus &
pater domini nostri Iesu Christi. Pater, quia genuit. Deus Iesu, secundum assumptum hominem. Id annotauit Hieronymus.

In cœlestibus in Christo.) ἐν τοῖς ἐπουρανίοις χριστῶ, id est, In cœlestibus siue supercœle-
stibus Christo: ut sit Christo datiui casus. Ambrosius omittit hanc particulam, In Christo.
Hieronymus legit in Christo. Si legis, Benedixit nos Christo, sensus erit, Benedixit nos in
gloriam Christi. Si in Christo, sensus erit, Per fidem Christi conferri nobis hanc benedictionem {Atꝙ in hūc sensum interpretatur Theophylactus, quem nuper Athanasium falso
fecerunt {Nam is legit ἐν χριστῶ ἰησοῦ.)

Ante mundi constitutionē.) πρὸ καταβολῆς. Quæ uox ita sonat, quasi dicas, Ante ia-   καταβολή
cta fundamenta mundi. Sic admonet & diuus Hieronymus, idꝙ uerbis compluribus.

Et immaculati.) ἀμώμους. Quod magis inculpatos, siue irreprehensibiles, quàm immaculatos significat. Momos enim Græcis reprehensio est, siue deus reprehensionis.

In charitate.) Hæc uerba referri possunt ad superiora, ut intelligas nos inculpatos esse,
& electos in charitate: uel ad ea quæ sequūtur, ut accipias nos prædestinatos in charitate.
Quanꝗ Græci codices annectunt hæc superioribus. Et hoc annotauit Hieronymus.

Qui prædestinauit nos.) προορίσας. Hieronymus & Ambrosius legūt, In charitate prædestinās nos. Verū illud Prædestinās apud Græcos præteriti tēporis est, quasi si genus uerbi mutari poterat, dixisset Prædestinatos siue præfinitos. Atꝙ hoc sanè loco uere uerbū est
prædestināndi, de quo in epistola ad Romanos nōnihil attigimus. D. Hieronymus hoc putat interesse inter ὁρίζειν, & προορίζειν, quod prius illud tribuat ijs quæ nunꝗ nō fuerint, hoc
posterius ijs, quæ cum aliquādo nō fuerint, deinde cœperint esse: de quibus si quid decretum aut cogitatū fuerit priusꝗ essent, prædestinatio est. Rursum si quid de domino Iesu
Christo, qui nunꝗ nō fuit cū patre, neꝙ unꝗ eū ut esset uolūtas paterna præcessit, destina-
tio est. Vnde in epistola ad Romanos de filio dei loquēs, ὁρισθέντος dixit, non προορισθέντος.   ὁρίζειν
προορίζειν

In adoptionē filiorū.) Græcis una uox, ὑιοθεσίαν, qua significat eam adoptionem, qua
quis in filij locū adoptat: ut superius admonuimus. {Nā & nepotes ac neptes adoptantur.)

In ipsum.) εἰς αὐτὸν, id est, In sese {ut ad patrē fiat reciprocatio: ꝗꝙ potest & ad Christū
referri, sed coactius. Nā per adoptionē efficimur fratres Iesu Christi, nō filij {iuxta mystici
sermonis proprietatē {sed filij dei patris, uelut insiti corpori Christi, et unū cum illo effecti.

Dd 2   Secundum

Secundum propofitum.) κατὰ τὼ εὐδοκίαν.) id eſt, Secundum placitum, aut potius
fecundum beneplacitum.Hieronymus putat uocem eſſe nouā, & à Septuaginta fictam,
quo poſſent explicare quod eſt apud Hebreos רצון Raſon. Porrò εὐδοκίαν proprie dici,
ubi quid non folum placuit, ſed etiam recte placuit. Nam placent, & quæ non recte pla
cent.Ambroſius legit, Secundum placitum uoluntatis.⟩   19

✶ In laudem gloriæ gratiæ fuæ.) Quidam codices perperam addunt coniunctionē, Glo
riæ & gratiæ ſuæ ⟨quum ſit⟩ δόξης τ̃ χάριτος αὐτ̃, ⟨id eſt, Gloriæ gratiæ ſuæ⟩ut intelligas   19
laudari gloriā gratiæ diuinæ⟨Atqꝫ ita ſanè legit Hieronymus⟩Ambroſius legit, In laudem 22,19
claritatis ſuæ⟨omiſſa mentione gratiæ.Nam pro δόξα reddidit claritatis,& tamen in enar 27
rando meminit gratiæ. δόξαν uertere ſolet maieſtatem, ac potentiæ magis conuenit ma
ieſtas,hic eam tribuit gratiæ.Mirabilior enim deus apparuit in redimendo homine quàm
in creando.Nuſquam apoſtolus hic nõ extollit gratiam,extenuans operum humanorum
fiduciam,Nunc ſunt qui peccent in utrancꝫ partem.Medio tutiſsima uia eſt. Quod ſi de
flectendum eſt,tutius eſt deflectere in partem gratiæ,qua glorificatur Chriſtus,quàm ope
rum noſtrorum,qua glorificantur homines.)

✶ In qua gratificauit.) ὡν ἢ ἐχαρίτωσεν. Et gratificauit hic ſonat,gratos ſiue charos reddi
dit, ἐχαρίτωσεν: unde participium eſt, κεχαριτωμλίη μαρία. (Quod ſi illic uertendum erat 27
gratia plena, hic uertere debuerat, gratia impleuit.Nam gratificare uox eſt Latinis auri
bus inſolens,gratificari eſt in gratiam alterius aliquid facere.)

In dilecto filio ſuo.) Filio ſuo apud Græcos & apud Hieronymum non adduntur, ὡν
τῷ ἠγαπημλίῳ, id eſt,In eo qui dilectus eſt:necꝫ apud Græcos ἀγαπητός. Ambroſius legit,
ut uulgata habet editio,& omnino ſentit de filio. Verum eum maluit ſignare nomine di
lecti,ut intelligeres nos amari à deo,non ex noſtris meritis,ſed ob amorem,quo filium pro
ſequitur pater,cui nos fratres eſſe uoluit ⟨Annotauit hoc diligenter Hieronymus non eſſe 27
dictum,dilecto filio,Quid enim magni,ſi pater diligit filiū:necꝫ dilecto pro omnibus, ſed
abſolute dilecto in omnibus,ac præ omnibus,& ſine quo nemo diligitur cæterorum.)

In remiſsionem peccatorum.) In,præpoſitio,nec eſt apud Græcos, nec apud Ambro
ſium,nec apud Hieronymum,ſed oportet annectere caſum accuſatiuū per appoſitionem
exponentem.Exponens enim quæ ſit illa redemptio, ſubiecit Remiſsionem peccatorum.
Nam hæc ſeruitus,unde redemit nos Chriſtus.⟨Suffragabatur hic utercꝫ codex Conſtan 27
tienſis.)   In nobis.) εἰς ὑμᾶς, id eſt,In nos.

⟨In omni ſapientia & prudentia.) Hæc uel ad ſuperiora poſſunt referri, uel ad ſequen 19
tia:ut ſit ſenſus,Quam affatim effudit in nos in omni ſapientia & prudentia,ſiue notū fa
ciens nobis myſterium in omni ſapientia & prudentia.Hieronymus poſteriorem hanc di
ſtinctionem ſequitur.⟩

Vt notum faceret.) γνωρίζας ἡμῖν, id eſt,Patefacto ſiue notificato nobis myſterio. In
terpres & Ambroſius,opinor,legit, γνωρίσαι. Hieronymus legit,Notum faciens,ut intel
ligas participium eſſe. Quanquam eſt præteriti temporis. Quod dicam,etiamſi non ad
modum pertinet ad ſenſum,tamen haud eſt meo iudicio negligendum. Videntur mihi ce
teri parum animaduertiſſe,quod legitur in Græcorū codicibus: habent enim ad hunc mo
dum, ἧς ἐπἠρίοσδυσεν εἰς ἡμᾶς ἐν πάσꝋ σοφίᾳ καὶ φρονίσꝱ,γνωρίζας ἡμῖν. Verbum ἐπηρίοσευσεν
hoc loco poſitum eſt tranſitiue,hoc eſt, Exuberare fecit: alioqui participium γνωρίζας non
habet unde pendeat. Verti poterat in hūc modū,De qua ubertim impartiuit nobis patefa
cto nobis myſterio &c⟨Certe palàm eſt⟨Chryſoſtomū ac⟩Theophylactum ita ſenſiſſe, qui 19,35
ἐπηρίοσευσεν interpretās,ſubijcit, τὸτ᾽ ὃ̃ν ἀφθόνως ἐξέχεεν .i. Ampliter effudit⟨Gemino au 35
gmento auxit gratie magnitudinē,quū πλὲὃν nominat, et addit nõ ἔδωκε,ſed ἐπηρίοσευσεν.⟩

Sacramentū.) Hoc loco myſteriū ſignificat, μυσήριον, & Græca uoce utit Ambroſius.
Myſteriū autē Græcis dicitur res arcana,necꝫ uulgo efferenda.Quod quidè deinde tranſ
latum eſt ad res ſacras,quas potiſsimū ſilentio ueneramur. Hic ſentit diuinā uoluntatem
de gentibus ad fidem uocandis ſuperioribus ſeculis incognitā fuiſſe mundo,Iudęis exiſti
mantibus hoc promiſſum ad ſe proprie pertinere,at nunc quod latebat,innotuiſſe.

Secundum beneplacitum eius.) Hieronymus legit,Secundum beneplacitum,ſiue iu
xta placitum ſuum, κατὰ τὼ εὐδοκίαν αὐτ̃.

           Quòd

(marginalia: ✶ 16 : entries reversed; εὐδοκία; In.ſupereſt; Ordo uariat enſum; πρὸς εὐδὺ tranſitiue; 19; Vulgarium)

19
22

Quod propofuit in eo.) Si legas ἐν αὐτῷ, [alpha afpirato] fignificat in feipfo. Si mauis ἀυτὸς
αὐτῷ prima uocali tenui, refertur ad filiū, in quo pater propofuit nos fibi gratificare. Atcɜ αὐτος
hanc fententiam fequuntur interpretes magno confenfu. Hieronymus indicat differenti/
am inter προορισμὸν & πρόθεσιν, hoc eft, inter prædeftinationē & propofitionem fiue pro
pofitum, quod illud pertineat ad ea quæ multo ante definimus in animo, cɜ fiant: hoc quū
iam uicina eft machinatio, ut pene cogitationem fequatur effectus.

In difpenfatione.) εἰς οἰκονομίαν, id eft, In difpenfationem.

Inftaurare.) ἀνακεφαλαιώσασθς, id eft, Recapitulari, hoc eft, Vt in fummam conferren Recapitulari
tur. Nam oratores uocāt ἀνακεφαλαίωσιν, id eft, Recapitulationem, cum ea quę fparfim,
ac fufius dicta funt, fummatim repetuntur, & fimul iudici renouātur. Diuus Hieronymus
legit, Recapitulare, putatɜ recte uerbum hoc à Latinis ufurpari poffe, & miratur quam/
obrem in Latinis codicibus magis habeatur Inftaurare, cɜ recapitulare. Suntɜquorum eft 19: Vulgarius
Theophylactus [& Chryfoftomus] qui interpretantur ἀνακεφαλαίωσιν, ut Chriftus fieret
& angelorū & hominū & Iudæorū & gentiū caput. Id quod couenit ijs quę paulo poft fe
quitur: Et ipfum dedit caput (Atcɜ adeo greca uox ita fonat, ɜfi dicas ad caput reuocare.)

Quæ in terra funt.) τά τε ἐν τοῖς οὐρανοῖς, καὶ τὰ ἐπὶ τῆς γῆς, id eft, Et quæ in cœlis funt, & 16: super
quæ in terra. Quod additur in Græcis codicibus, ἐν αὐτῷ, id eft, In ipfo, nec apud Ambro/
fium reperio, nec apud Hieronymū (Ne apud Theophylactū quidem [aut Chryfoftomū]
certe quod attinet ad enarrationem illorū. Nam in cōtextu addit Theophylactus) Et ma/
gis quadrabat in eodem, cɜ in ipfo: nam Græca uox anceps eft, ut intelligas in uno & eo/
dem cōprehendi uniuerfa, & uniuerfam omnium rerum fummam ad unum Chriftum re
uocari, & in uno femel effe quod per partes à multis ante petebatur ɜNifi mauis per eun/
dem, ut refpondeat ad id quod fequitur, In quo &c. fiue per quē, ut fit fenfus. Per eundem
inftaurata omnia, per quem nos quocɜ fumus adfciti in fortem & cōmunionē (Iam quod
nos legimus omnia in Chrifto, apud Theophylactum legebatur πάντα τὰ ἐν χριϲῶ, id eft,
Omnia quæ funt in Chrifto. Quanquam arbitror errore fcribæ factum.)

Sorte uocati fumus.) ἐκληρώθημεν, id eft, Sorte electi fumus. Significat Hieronymus,
uerbum hoc partim à forte, partim ab hęreditate dici, quod κλῆρ☉ ambiguum fit, Ambro
fius legit, Sortiti fumus, hoc eft, In fortem & partem hæreditatis fumus adfciti [In libello
ad uirgines legit, Sorte conftituti fumus.]

✳ Secundum propofitum.) Non eft [Græcis] εὐδοκίαν, fed πρόθεσιν.

✳ Qui operatur omnia.) τοῦ τὰ πάντα ἐνεργοῦντ☉. Ambrofius legit, Eius qui cuncta ✳16: entries reversed
creauit, fi modo fcriptura uacat mendo. At Græca uox magis fonat, Eius cuius ui & uirtu 22: agentes moderantes
te fiunt omnia (hoc eft, omnia agentis ac moderantis (ficut iam fæpius admonuimus: atcɜ
hoc pacto nos uertimus.

Qui ante fperamus.) προηλπικότας, id eft, Qui ante fperaftis. Hoc diuus Hierony/ Prædefti/ 16-27:
mus refert ad præfcientiam diuinam, in qua fperauimus & antequam mundus condere/ natio sperauimus
tur, uidelicet motus hac præpofitione πρό. Theophylactus alio refert. Speramus iam nunc 19: Vulgarius
quæ nobis contingent in futuro feculo: aut fperare cœpimus, pridem cum in Chriftū cre/
deremus. Ambrofius huc deflectit, ut pertineat ad apoftolos, qui in Iudaifmo quocɜ uer/
fantes, tamen fpem habebant in Chrifto, quem ex prophetarum oraculis expectabant (Id
fequitur Tertullianus libro aduerfus Marcionem quinto legens interim præfperauimus
pro antefperauimus.)

In quo & uos cum audiffetis.) ἐν ᾧ καὶ ὑμεῖς ἀκούσαντες τὸν λόγον, id eft, In quo & uos
qui audiftis uerbum. Diuus Hieronymus non ineleganter legit in quo & uos audito uer/
bo ueritatis. Illud admonendum apud Gręcos (in nonnullis codicibus) primam effe perfo/ 7
nam (nos) non fecundā (tos. Etiamfi fecus legiffe uidentur Ambrofius & Hieronymus, ut 7 C 16-22: nos + noftræ.
ex illorū interpretatione licet cōijcere. Theophylactus enarrans non declarat quid legerit,
licet contextus habeat, ὑμεῖς & ὑμῶν. Aldina habebat ἡμεῖς & ὑμῶν mixtis perfonis, Hifpa
nienfis utrobicɜ fecundā perfona) Cæteri ab hoc loco faciunt diftinctionem, Qui ante fpe
rauimus in Chrifto : deinde feparatim adijciunt, In quo & uos: ut prius illud, referatur ad
apoftolos fiue Iudæos, fecundum ad Ephefios aut gentes. At mihi uidetur Paulus hoc lo/
co fubito mutaffe perfonam, fenfum magis attendens quàm fermonis leges. Cum enim

Dd 3 dixiffet

dixiſſet,Vt nos eſſemus in laudem gloriæ illius,uelut exponens,quos dixiſſet nos,ne quis
putaret eum loqui tantũ de Iudæis,cõtinenter adiecit τὲς προηλπικότας, quaſi dicas,Cum
nos dico,ſentio omnes qui ſperauerũt in Chriſto,inter quos ſumus & nos:atcʒ illud , Nos
ita dicit,ut ſuam perſonã coniungat cum perſona gentiũ, cum ſit doctor gentiũ . Verũ in
hoc ſenſu nõnihil obſtrepit Græca præpoſitio πρὸ, id eſt,ante.Nam ſi de uniuerſis accipia

16-19: reſpiens
Ruffinus ca/
lumniator

ɡur qui crediderant in Chriſtu,qui erunt illi qui ante crediderũt : Niſi placet ſequi ſenſum
Hieronymi,quem calumniatur Ruffinus,ut Origenicum quiddam reſipientem . Porrò ſi
placet mutare perſonam,& legimus,In quo ſperaſtis & uos,quemadmodũ legit Hierony
mus,id quod ex illius interpretatione palam eſt,nihil eſt quod nos offendat præpoſitio. Si
quidem Ante,referetur ad Iudæos,qui priores uocati ſunt ad fidem, & priores crediderũt
in Chriſtum:deinde ſequutæ gentes.Quod ſi omnino placet prima perſona, quemadmo/
dum legunt Græci quidam,tum ante,præpoſitio referri poteſt ad alios poſtea credituros:
nam illi inter gentes primi crediderãt. Niſi mauis accipere confuſam ſpem,quam ethni/
ci ſanabiles habebant,& ante prædicatum Euangelium, & ſi nondum nouerãt Chriſtũm,
ſperabant tamen aliquo modo ſalutem ueluti per ſomnium.

　　Euangelij ſalutis.) Græcis per appoſitionem adiungitur Euangeliũ, ἀκόζαντες τὸν λό
γου Ɵ ἀληθείας τὸ εὐαγγελιου, id eſt,Qui audiſtis ſermonem ueritatis,quod eſt euangelium
ſalutis(Quaſi cęteri nihil ueri promittant qui pręter euangelium aliquid docent.)　27

　　In quo & credentes.) Credentes,apud Græcos præteriti temporis eſt, πιστεύσαντες, id
eſt,Poſtquam credidiſtis,uel quia crediſtis,ſiue accepta fide,aut fideles facti.

Signati,pro
obſignati

　　Signati eſtis.) ἐσφραγίσθητε. Quod ſignificat,Obſignati eſtis,quemadmodum tabu/
las obſignamus in pactis:quia poſtea ſequitur de arrabone,ut oſtendat ſpem eſſe certam.
{Hunc locum adducit Didymus in libello De ſpiritu ſancto,ratiocinans hinc ſpiritum ſan   19
ctum,non participatione alterius,ſed ſuapte natura ſanctum ac bonum eſſe,quod in ſigil
lo quo character imprimitur archetypus ſit boni:Si enim,inquit , ſignãtur quidam ſpiritu
ſancto, formam & ſpeciem eius aſſumentes, ex his eſt ſpiritus ſanctus , quæ habentur &
non habent , habentibus illum ſignaculo eius impreſsis . Ad Corinthios quocʒ idem ſcri/
bens:Nolite,inquit,contriſtare ſpiritum ſanctum,in quo ſignati eſtis,ſignatos eſſe conte/
ſtans eos,qui communionem ſuſceperunt ſpiritus ſancti.Hęc adduximus,ut intelligat le/
ctor,me non abs re Græcum obſignandi uerbum annotaſſe,neu qui philoſophari uolet in
diuinis literis, Græcæ literaturæ expers, ἔξω ʒῶͷ ελαιῶͷ, quod dici ſolet,currat.}

19-22: margin:
Pignus ɕ arra.
22-27: emptioni
Ɂ22: Et arrabonem

　　Qui eſt pignus.) ἀῤῥαβὼν, id eſt,Arrabo.Atcʒ ita mauult legi diuus Hieronymus(ex   22
iſtimans non idem ſonare Latinis arrabonem,& pignus:quod pignus dari ſoleat credito/
ri,donec ſoluatur debita pecunia,arrabo ceu ſignum ſit & obligamentum futuræ poſſeſsi
onis(Pignus datur in mutuo, Arrabo in contractu uendentis & ementis, quo firma ſit ob/   27
ligatio.Quod ſi tanta eſt arra quam deus dat ſuis,quanta erit res ipſa quam præſtabit ſuo
tempore:& ἀῤῥαβῶνα appellant & Græci,pignus ἐνέχυρου, ſiue hypothecam)Et qui,non
Chriſtum refert,ſed ſpiritum,hoc eſt,qui ſpiritus eſt arrabo. Ɂ

Hieronymus
emendat uul/
gatam lectio/
nem

　　In redemptionem acquiſitionis.) εἰς ἀπολύτρωσιν Ɵ περιποιήσεως, id eſt,In redemptio/
nem acquiſitionis ſiue poſſeſsionis,ut legit Hieronymus,emendans uulgatam ęditionem
quæ habebat,In redemptionem adoptionis.Vnde conijcere licet,nec hanc qua uulgo uti/
mur,eandem fuiſſe cum ea , quam tunc habebat Hieronymus . Verum ille,quiſquis fuit,
mihi uidetur interpretari uoluiſſe,uerbũ alioquin anceps, acquiſitionis . Nam ſenſus eſt,
Spiritum ſanctum à deo datum fidelibus,uelut arrabonem,quo certum ſcirent fore, ut ali
quando uindicaret ſibi poſſeſsionem ſuam, quam redemptione acquiſierat(Proinde nos   19
uertimus,In redemptionem acquiſitæ poſſeſsionis.Rem enim quę acquirebatur ac para/
batur,acquiſitionem uocat,ut nos poſſeſsionem,rem poſſeſſam}

　　Audiens fidem.) ἀκόζας, id eſt,Audita fide ueſtra.

　　Ceſſo gratias agens.) Græcam figuram uertit:dicendum erat Latine, Non ceſſo gra/
tias agere:atcʒ ita legit Hieronymus. Ambroſius legit,Gratias agendo.

　　Memoriã ueſtri.) Cur nõ mentione ueſtri,μνείαν ὑμῶν,quãdoquidẽ orãtes, cũ deo col/
Deus domini noſtri.) ὁ θεὸς ʒ κυρίε ἡμῶͷ. Hic palã eſt patrem uo/　　　　(loquimur.
cari deum Ieſu Chriſti,quod in alijs erat ambiguum.

　　　　　　　　　　　　　　　　　　　　　　　　　　　　In agnitionem

Ɂ16-22 arrabo. Hieronymus illud intereſſe putat inter pignus +
arrabonem, Pignus quod Græci vocant hypothecam, datur in mutuo,
arrabo in contractu emptionis + venditionis, quo firma ſit obligatio.
Quod ſi tanta eſt arra, quam deus dat ſuis, quanta erit res
ipſa, quam praeſtabit ſuo tempore? In redemptionem

✳ In agnitione.) ὃν ἐπιγνώσει, id eſt, In agnitione quemadmodū legit Ambroſius:atꝗ itē ¬ Cognoſcere ✳ 16: entries
Hieronymus,annotās emphaſin uocis agnitionis, qua agnoſcimus olim cognita,ſed quæ ¬ Agnoſcere ⌋ reverſed
noſſe deſierimus aliquandiu(ꝗ γνῶσις ſit eorū quæ prius incognita noſſe cœperimus)Et
ſubindicat hic neſcio quid Platonicū,ex Origenis ni fallor ſententia(de patre prius cogni/
to,cuius per reuelationē ſpiritus denuo cœperimus recordari. Verū nihil erat hic opus fa/
bula Platonica.Philoſophi cognoſcebant deū,ſed nō agnoſcebant,hoc eſt nō amplecteban/
tur,quemadmodū multi filij cognoſcūt quidē patrem,ſed nō agnoſcunt:& his congruunt
quæ ſequuntur illuminatos oculos cordis. Nam ante uidentes non uidebant.)

✳ Illuminatos oculos.) Totus hic ſermonis contextus parum cohæret,in quo tamen ad/
miror laborare Hieronymū,ut Paulum defendat aduerſus eos,qui illum calumniabantur, ¬ Hieronymus
quod imperitus eſſet Græcanici ſermonis,ut qui ſolœciſmis ſcateret, cū aliâs ſæpenume/ ¬ ſibi parum
ro ipſe fateatur illum Græce neſciſſe,id.ꝗ defendat aduerſus eos,qui quod Paulus ſcripſe/ ¬ conſtans
rat,Etſi imperitus ſermone,nolunt modeſtiæ tribui,ſed ueræ côfeſſioni.Putat autē lectio/
nis ordinem,ad hunc modū reddi poſſe: Audiens fidem ueſtram in domino Ieſu,& in om
nes ſanctos eius,uidensꝗ excellentia fidei ueſtræ in dominū, & in omnes ſanctos eius,nō
ceſſo gratias agere, & memoriam ueſtri facere in orationibus meis, ut domini noſtri Ieſu
Chriſti deus pater,pater autē gloriæ,det uobis ſpiritū ſapientiæ & reuelationis. Porro qd̄
ſequitur, illuminatos oculos cordis ueſtri, ita per hyperbaton reddi poſſe putat, Quapro/ ¬ Ordo hy/
pter & ego audiens fidem ueſtram in domino Ieſu,in agnitionem eius,illuminatos oculos ¬ perbati
cordis ueſtri,non ceſſo gratias agere pro uobis,memoriam ueſtri facere in orationibus me
is,ut deus domini noſtri Ieſu Chriſti, pater gloriæ,det uobis ſpiritū ſapientiæ & reuelatio/
nis &c.At Ambroſius,Illuminatos oculos,refert ad uerbum(det.Addit enim de ſuo, illumi ¬ 27: ſenſerit ... ſensit ...
natos habere oculos(Mirum autem quur Chryſoſtomus ac Theophylactus hic nullū ſen/ ¬ diſſimularit
ſcrint ſcrupulum,aut ſi ſenſerunt, diſſimularint.)

Cordis ueſtri.) διανοίας ὑμῶν, id eſt, Mentis ueſtræ.

Supereminens magnitudo.) τὸ ὑπερβάλλον μέγεθ', id eſt, Sublimis magnitudo,ut
Hieronymus.Excelſa magnitudo, ut legit Ambroſius.

Operationē potentiæ uirtutis eius.) ικατὰ τὴν ἐνέργειαν τ κράτους τῆς ἰχύος αὐτ,id eſt,ſecun
dum efficaciā,ſeu uim potentiæ fortitudinis,ſiue roboris eius:nam eſt energia. Ac mox re
petit ἐνήργησεν: quod nos uertimus,Exercuit,nō ut uoluimus,quod aiūt, ſed ut potuimus.

Suſcitans eum.) ἐγείρας αὐτὸν, id eſt, Suſcitato eo.

Et côſtituens.) ϗ ἐκάθισεν, i. Sedere fecit.Hieronymus legit, Sedere eū faciens, Ambro
ſius,Collocauit (Nam Græca uox aliás neutralē aliás tranſitiuam habet ſignificationem.)

❮Et uirtutem & dominationem.) Virtus hic eſt δύναμις,non ἀρετή: & dominatio eſt κυ
ριότης, quod autoritatē ſonat ac ius poſsidentis.Atꝗ id magis exprimit Latinis dominiū,
quàm dominatio.Neꝗ enim de angelis loquitur tantum,ſed in genere de uniuerſis.❯

Sub pedibus.) ὑπὸ τοὺς πόδας, id eſt, Sub pedes.

Super omnem eccleſiam.) ὑπὲρ πάντα τῇ ἐκκλησίᾳ, id eſt, Super omnia eccleſiæ:ut ec/ ¬ Senſus alius,
cleſiæ ſit datiui caſus,nō genitiui,hoc eſt,Dedit illum ut ſit caput eccleſiæ,præpoſitus uni/ ¬ quàm uulgus
uerſis.Atꝗ ita legit Hieronymus in cōmentarijs, conſentiens cū Græcis & ſi ſecus Am/ ¬ accipit
broſius uideatur legiſſe. Theophylactus enarrans, aperte declarat ſe legiſſe, quemadmo/ ¬ 19: Vulgarius
dum nos ædidimus,addens ſic Chriſtū eſſe caput eccleſiæ, ut non ſolum excellat membra
ſua,uerumetiam uniuerſa condita in cœlo & in terra.In eundem ſenſum Chryſoſtomus,
ſed bifariam:ſuper omnia ſimpliciter,ut accipiamus Chriſtum omnibus uiſibilibus & in/
telligibilibus creaturis eſſe ſuperiorem: aut hoc eſſe ſupra omnia quæ nobis fecit pater
quod tale caput dedit eccleſiæ.Nobiſcum faciebat uetuſtior codex Conſtantienſis,in quo
nullo raſuræ ueſtigio ſcriptum erat,ſuper omnia eccleſiæ.)

Et plenitudo.) Et,coniunctio nō eſt in Græcis codicibus(Nec addebatur in uetuſtiſsi/
mo codice S.Donatiani(ſuffragabatur uterꝗ codex Côſtantienſis)Et τὸ πλήρωμα uidetur
accuſandi caſu legendū,ut referatur ad Chriſtū.Ad quod faciunt ea quæ ſequuntur.

Qui omnia in omnibus adimpletur.) τὸ πλήρωμα τὸ πάντα ἐν πᾶσι πληρυμένυ, id eſt, ¬ Senſus uarius
Plenitudo , ſiue impletio eius qui omnia in omnibus implet, ſiue impletur : nam partici/
piū eſt uerbi medij. Et utroꝗ modo uidetur interpretari diuus Hieronymus, ut intelligas

Dd 4 corpus

[left margin numbers: 19, 27, 27, 19, 7.35, 27, 22, 19, 35, 27, 22, 27]

corpus,hoc eſt,fideles eſſe conſummationem ipſius Chriſti,qui eſt caput,qui ita adimple∕
tur,ut ſit omnia in omnibus: aut ita implet,ut omnia ſit omnibus, quæ nunc in ſingulos,
alia in alios ſparſa ſunt. Verum ſi accipias paſſiue πληρυμἀις accipi poteſt τὰ πάντα,id eſt,
In omnibus:ut ſubaudias præpoſitione ἐν, ut ſit ſenſus,Chriſtum per omnia adimpleri in

16·19: interpretatur
16·19: Vulgarius

omnibus corporis ſui membris ſimul collectis . Et in hunc ſenſum interpretantur Chryſo∕ 35
ſtomus ac Theophylactus,ut πληρωμα ſit eccleſia,& πληρυμθηὶς paſſiue ponatur.

EX CAPITE SECVNDO

★16: entries Supereſt
reversed in noſtris

Tuos conuiuificauit.) Verbum conuiuificauit,hoc loco non inuenio in 19
Græco codice,nec apud Hieronymum,nec Ambroſiū, nec in uetuſto codi∕ 19
ce S.Donatiani, nec in utrocȝ Conſtantienſi,unde miror, quomodo in uul∕ 27
gatos libros irrepſerit: niſi forte ſumptum eſt ex cōmentatione Thomæ A∕
quinatis,aut Hieronymi qui ſermonē huius loci ordinans, putat conuiuiſi∕ 35
cauit eſſe ſubaudiendū quaſi bis poſitū ſit, propter hyperbaton prolixius. Sic enim loqui∕
tur, Et uos quū mortui eſſetis delictis & peccatis ueſtris, conuiuificauit Chriſto deus qui
diues eſt in miſericordia,propter multam charitatem ſuam qua dilexit nos, & quum eſſe
tis mortui delictis in quibus aliquando ambulauimus, ſecundum ſeculum mundi huius,
ſecundum principem poteſtatis aeris,ſpiritus qui nunc operatur in filijs diffidentiæ,in qui
bus & nos omnes conuerſati ſumus aliquando in deſiderijs carnis noſtræ,facientes uolun
tates carnis & mentium, & eramus natura filij iræ,cōuiuificauit nos Chriſto: ut ἀπὸ κοινοῦ
ſubaudiatur,quaſi bis dictū & nos.Conuiuificauit nos Chriſto.Ita Hieronymus.Quod
igitur erat ſubaudiendum, aliquis adiecit in contextum. Hyperbati longioris ambitū ipſe
correxit apoſtolus dicens . Deus autem qui diues eſt &c] Cæterum accuſatiuus uos, re∕

16: referendus
videtur
16·19: ſunt non

ferri poterat ad uerbum ſuperius dedit,Dedit illum caput,uos membra : ſed uero propius 19
eſt huc repetendum ex hyperbato,de quo Paulo inferius dicemus.

16·19: Quod

★ Quum eſſetis mortui delictis & peccatis.)Dubitari poſſet,datiui ſint,an ablatiui,qua∕ 22
ſi dicas,Tibi mortuus ſum: tametſi diuus Hieronymus ita uidetur accipere, quaſi Græciſ) 22
ſit datiuus inſtrumenti,hoc eſt,Mortui per peccatū. Quod hic uertit Delictum, Græce eſt
παράπτωμα: quod Hieronymus exiſtimat eſſe primū illū lapſum ad peccandū.Nam pecca
tum,eſt Græce ἁμαρτία, quod grauius eſſe putat,cum ad ipſum facinus peruentum eſt.

Peccatis ueſtris.) Veſtris,redundat,iuxta Græcorū exemplaria. Loquitur enim in ge∕ 27
nere de peccatis,quæ mortem adferunt omnibus.Noue dixit mortui peccatis,quum alias
uocet mortuos peccato,in quibus extinctum eſt peccatum.Hic mortui dicuntur peccatis,
quos occidit peccatum . Porrò hoc magis redundat pronomen ueſtris, quod ſequitur, in
quibus aliquando ambulaſtis.)

Ordo diſ∕
ficilis

Poteſtatis aeris huius ſpiritus.) κὴν τὸν ἄρχοντα τῆς ἐξουσίας τ̄ ἀέρ⊙ τ̄ πνεύματ⊙. Bifa∕
riam accipi poteſt, ut per appoſitionē cohæreat aer cū ſpiritu,Poteſtatis aeris,qui quidē 19
eſt ſpiritus,Atcȝ ut ſic accipiamus,inuitat articulus τ̄, τ̄ πνεύματ⊙. Sic enim per articulū
ſolent interpretari Græci. Verū obſtrepit nōnihil quod ſequitur τ̄ ἐνεργοῦντ⊙. Nec enim
hic aer agit quicȝ in filijs inobedientiæ,ſed inſtigatio diaboli.Proinde præſtiterit ita lege
re,iuxta principem, cui ius & poteſtas eſt aeris, & ſpiritus,illius qui agit in filijs diffiden
tiæ:ut aerem intelligas hanc infimam orbis partem,in qua ſola regnat ille,nō ueluti domi
nus,cū Chriſtus dominus ſit omnium,ſed ut tyrannus, & nō niſi noſtro uicio potens: De
inde ſpiritū accipias affectū mundanū, diuerſum ab illo cœleſti ſpiritu Chriſti,nihil aman
tis niſi cœleſtia:& utruncȝ genitiuū aeris & ſpiritus,referas ad tertium qui præceſsit,pote
ſtatis,quæ quidem hic nō eſt, Δύναμις,ſed ἐξουσία, ut ius & autoritatem intelligamus. Cæ
terum huius, pronomen interpres addidit de ſuo,cum nō ſit apud Græcos,ne apud Hiero
nymum quidem quanquam ante præceſsit mundi huius, κόσμου τούτου.)

16·27:
filiis
[*Filij diffiden∕*]
[*tiæ idioma he*]
[*bræorum*]

In filios diffidentiæ.) ὧν υἱοῖς ἀπωθείας,id eſt,In filijs inobedientiæ,ſiue immorigeris,aut 27
ut uertit Cyprianus,contumacibus Eſt enim filiorum proprium, eſſe dicto audientes, ac
morigeros parentibus De tropo iam ſæpius admonuimus,Filij inobedientiȩ,pro Filijs in∕
obedientibus,ut paulo ante Pater gloriæ,pro Pater glorioſus In nōnullis codicibus depra∕ 27
uatum erat in filios diffidentiæ)

Facientes uoluntatem.) θελήματα, id eſt, Voluntates:nam affectus uarij ſunt.Cæte∕
rum

rum in multis codicibus deprauauerant, Voluptates, pro uoluntates.

✳ Et cogitationum.) καὶ τῶν διανοιῶν. Hieronymus magis uidetur probare, Et mentium, distinguens peccata carnis & mentium, quod illa sint crassiora, ueluti libido, gula, ebrietas: hæc animi magis, uelut hæresis. Ambrosius legit Consiliorum. **✳ 16: entries reversed**

✳ Natura filij iræ.) φύσει. Pro quo quidam uerterant Omnino, ut indicat Hieronymus, quod Græca uòx sit ambigua. Et Theophylactus admonet, Natura positum, pro utere ac proprie. Quemadmodū dicimus hominem natura miserum, qui sic est addictus miseriæ, ut nolit effugere, si possit. Chrysostomus addit sicut ex homine natus nihil aliud est quàm homo, ita nos nihil aliud quàm filij iræ. Mihi uidetur naturam opposuisse gratiæ, quia pau lo post sequitur, Gratia salui facti estis . Ira erat nostræ naturæ siue natiuitatis, Salus erat gratiæ, & ob id Christo imputanda, non nobis ipsis. **22 35 / Natura, pro omnino**

Propter nimiam.) διὰ πολλὼ, id est, Propter multam: & ita legit Hieronymus ac Am/brosius. Alioqui nimium dicitur, quod sit immodicum. **19 / 16-19: Per ---**

Et quum essemus.) καὶ ὄντας, id est, Etiam quum essemus, ut coniunctio quæ apud Latinos & Græcos geminam uim habet, non copulet, sed exaggeret. **27 / Vis, καὶ**

Mortui peccatis.) Vitasset ambiguitatem, si dixisset, Mortui per peccata: nam alioqui Paulus uocat mortuos peccato, qui iam non peccant, (quemadmodum paulo ante admo/nuimus. Ambrosius hoc loco non addidit peccatis, tantum legit quum mortui essemus.) **35 / Superest in nostris]**

[Deus autem qui diues est.) Hieronymus admonet, in deus autem, coniunctionem aut ab indoctis additam esse, aut ab ipso Paulo per imperitiam Græci sermonis, superflue adiectam. Interrumpit enim orationis seriem, sed demiror quare Hieronymus autem ap/pellet coniunctionem causalem. Fortasse pro autem legit enim. Aduersatiua coniunctio non erat hic ociosa, opponitur enim calamitati quam apostolus multis uerbis exaggera/rat: magnis enim malis opus erat opulenta misericordia . Quod si pro autem legas tamen, nihil impeditur sermonis fluxus.]

Conuiuificauit nos in Christo.) Neq Nos, pronomē, neq In, præpositio, est in Gręcis codicibus, (tantū est συνεζωοποίησε τῷ χιςῷ, id est, Conuiuificauit Christo, ut intelligas nos unà cum Christo reuixisse. Ita refert Augustinus libro aduersus Faustum undecimo, cap. octauo, in libris manu descriptis. Retinebat germanam lectionem exemplar uetustius Cō stantiense, deletis manu non recenti, duabus uocibus, nos & cuius. Nam In, præpositio in neutro addebatur.) **19 22 27**

Cuius gratia.) Neq Cuius, additum est, sed tantum, χάριτι ἐσὲ σεσωσμβροι, id est, Gra/tia salui facti estis, Et ita legit diuus Hieronymus, ut hæc particula, ceu per parenthesim in terseratur, (quod palàm admonuit Theophylactus. Latini quidam adiecerunt enim, sed perperam). Cæterum ordinem sermonis hoc in loco, quoniam uidetur perturbatus, Hie/ronymus restituit ad hunc modum: Et uos cum mortui essetis delictis, & peccatis uestris, conuiuificauit Christo deus, qui diues est in misericordia, propter multam charitatem qua dilexit nos, misertus est nostri . Et cum essemus mortui delictis, in quibus aliquando am/bulauimus secundum seculum mundi huius, secundū principem potestatis aeris spiritus, qui nunc operatur in filijs diffidentiæ, in quibus & nos omnes conuersati sumus aliquan/do in desiderijs carnis nostræ, facientes uoluntates carnis & mentium, & eramus natura filij iræ, conuiuificauit nos Christo: ut bis repetas, Conuiuificauit nos, & tollas coniunctio nem causalem. Deus enim. Nam ita legisse uidetur Hieronymus ὁ γὰρ θεὸς, quod hanc pu/tet uel ab imperitis librarijs adiectam, uel ab ipso Paulo propter imperitiam Græcanici ser monis additamq cū in plerisq sit δὲ, id est, autemq Quanq utraq coniunctio facit, quo mi/nus absoluatur superior orationis pars, Cum essetis &c. Verum opinor Paulum addidisse coniunctionem δὲ, aduersatiuam, ut redderet contrariam partem superioribus, hoc est, cō uiuificatos esse, ei quod est , Mortuos esse peccatis: & quoniam intermiscuerat multa, ue/lut ad nouum orationis caput addidit præpositionem. Melius autem erat, si dixisset, inter/presq nihilominus deus conuiuificauit. Annotandum & hoc, quod in hoc sermone Paulus subinde uariat personam, nunc illos compellans secunda persona, nunc seipsum illis admi scens. Addendum & illud, apud Ambrosiū aliam esse lectionem quàm nos habemus, sed haud scio, an à scribis inductam. Scriptum est autem hunc in modum : Deus autem, qui diues **27 / Gratia salui facti estis] 16: Salyati / Ordo perturbati sermonis / 19-22: margin: Paulo imperitus graece / 19 / 19 / 22**

sic for 598

diues est in misericordia,propter multam charitatem misertus est nostri. ⟩

Et conresuscitauit & consedere fecit.) συνήγειρ κỳ συνεκάθισεν, id est, Pariter cum il∕ lo suscitauit,simulᵭ cum illo sedere fecit.

⟨In bonitate.) ἐν χρησότητι. Quod Augustinus libro aduersus Faustum undecimo uer∕   22 tit,In benignitate∕(Significat enim dei erga nos clementiam lenitatemᶩᵗ)   27

Gratia enim.) Enim, non additur in nonnullis Græcorum codicibus, sicut nec paulo inferius,Dei enim donum.Enim non additur,quanᵭ ita legit Ambrosius.

Ipsius enim sumus factura.) ποίημα. Ambrosius legit,Figmentum,uelut aliquid è ma∕ teria factum⟨Atᵭ ita nos uerteramus , quod factura uox uideretur parum Latina, sed ab   22 amicis eruditis admoniti, mutauimus Figmentũ in opus . Verebantur enim illi,ne quem imperitiorem offenderet figmenti uocabulum . Atqui si uisum est istorũ offensas omnes simili studio uitare, nihil erat omnino mutandum . Nos tamen hac in parte obsequuti su∕ mus amicorum uoluntati,potius quàm nostro iudicio.⟩

In operibus bonis.(ἐπ' ἔργοις ἀγαθοῖς, id est, Ad opera bona.

οἷς pro ἃ   Quæ præparauit deus.) οἷς, id est, Quibus,ad homines arbitror referendum.Tamet∕ sit iuxta Græcanici sermonis proprietatem, & ad opera referri potest, ut datiuus Græcus in accusatiuum uertatur,quemadmodum legit Ambrosius,Quæ preparauit deus,& item Hieronymus.

Ab ea quæ dicitur circuncisio.) ὑπὸ Ϡ λεγομένης περιτομῆς, id est, Ab ipsis Iudæis, nam Græca lucidiora sunt ⦃Populus Hebræorum ob membrum genitale præsectum cir∕   19 cuncisio uocabatur, cæteri præputium dicebantur , sed duntaxat Iudæis, quibus ut illud cognomen erat honorificum ,ita hoc ignominiosum⦄Et manufacta,referendum est ad cir∕ cuncisionem,non ad carnem.

Qui eratis.) Legendum,Quia eratis,aut quoniam,ut legunt Ambrosius⦃Græcis con∕   19 sentiens∕&Hieronymus⦃suffragante utroᵭ Constantiensi.)ὅτι ἦτε, ut sit iterata coniunc∕   27 tio,quasi posuisset, Quod,inquam,eratis.

Alienati à couersatione.) Ϡ πολιτείας.i. A ciuilitate,siue à re publica Israel⦃siue Israelis.⦄   19

ξένοι dure uersum   Et hospites testamentorum.) κỳ ξένοι Ϡ διαθηκῶν, id est, Peregrini,siue extrarij,à pac∕ tis siue testamentis. Allusit enim ad rempublicam, cuius modo meminerat . Vnde hospi∕ tes uocat, alienos à iure ciuium ⦃Et testamentorum promissionis dixit, iuxta idioma He∕   22 bræorum.Cæterum Ambrosius addit pronomen,legens,Promissionis eorum.⟩

Sine deo ἄθεοι   Et sine deo.) ἄθεοι. Qui nullum credunt esse deum, & ἄθεότης,quàm Plutarchus osten∕ dit minus malũ esse,quàm superstitionẽ, δεισιδαιμονίαν,⦃quod hæc deos imaginetur mo∕   19 rosos ac uindices,quum deus natura beneficus sit.⦄

In hoc mundo.) Hoc, redundat : nisi quod opinor interpretem uoluisse reddere uim articuli τοῦ.

Distinctio græca & medium parieté   Et medium parietem maceriæ soluens inimicitias.) Græci ita distinguunt,ut accusati∕ uus inimicitias,referatur ad inferius⦃participiũ λύσας.Quanᵭ utroᵭ potest referri,   22 ad λύσας quod præcessit,& ad λύσας quod sequit,ut inimicitiã,appositiue cohereat cũ mediũ pariete,aut cũ,Legem mandatorũ⦄Et mirũ cur cũ ὁ ποιήσας uerterit in uerbũ,nõ mutarit & alterũ λύσας, id est, Qui soluit,aut Soluto pariete. Rursum Græce est,τὸ μεσό∕ τοιχον τοῦ φραγμῦ, quasi dicas,Interstitium septi siue sepis. Et apud comicum, Mitio iubet maceriam dirui,ut fiat una domus.Id ergo quod dirimit ædes ab ædibus μεσότοιχον uocat. ⟨Nec tamen male uertit interpres,nisi quod sermo non caret amphibologia.Siquidem me∕   22 dium parietem ferit, qui mediam partem percutit.⟩

Decretis euacuans Locus apud nos corruptus   Decretis euacuans.) In,præpositio omissa,totum subuertit sensum,quasi decretis abo leuerit legem: imò aboleuit legem sitam in præceptis ac decretis ⦃Quædam æditio quam citat Hieronymus,habebat,In dogmatibus,usurpata Greca uoce.Ambrosius legit,In de cretis⦃alicubi citat,Edictis,ut libro de Abraham patriarcha secundo,capite sexto⦄Si Græ∕   19.27 cis esset additus articulus τὸν νόμον Ϡ ἐντολῶν τὸν ἐν δόγμασι, nullus supererat scrupulus: nunc sermo habet amphibologiam , Nam ἐν δόγμασιν referri potest ad præcedentia, si∕ mul & ad sequentia:Si ad præcedentia,sensus erit,abrogauit legem præceptorum sitam in decretis, Si ad sequentia, sensus erit, antiquauit legem præceptorum ceremonialium, per dogmata

dogmata Euangelica, ut ᾧ præpositio posita sit uice per. Hoc sequutus uidetur interpres,
qui præpositionem, ut nobis superuacuam omisit. Hanc interpretationem apud unum
35 Theophylactum inuenio,qui uidetur Chrysostomū sequutus. is putat dogmata esse side
qua seruamur,aut præcepta Euangelica,quale est.Ego autem dico uobis omnino non ira/
sci]Diuersam sequitur Ambrosius,cuius uerba subscribam,Quia legem quæ data erat Iu/
dæis in circūcisiōe & in neomenijs & in escis,& in sacrificijs,& in sabbatis,euacuauit,hoc
est,cessare iam iussit,quæ oneri erant,& sic fecit pacem.Vnde Petrus apostolus dicit in ac
tis apostolorum.Quid imponitis iugum super ceruicem fratrum,quod neqʒ patres nostri,
neqʒ nos potuimus portare. In his Ambrosij uerbis, nulla sit mentio decretorum, per quæ
lex fuerit antiquata. Subindicat autem Ambrosius circuncisionē & similes legis obserua/
tiones obstitisse,quo minus conueniret inter gentes & Iudęos.His ergo per Christum an/
tiquatis,side conciliati sumus, quæ tam Iudæis quàm gentibus absque legis obseruatione
conferret salutem.Hieronymus hunc in modum, Lex quoqʒ mandatorum subuersa est in
dogmatibus , posteaqʒ circuncisio & sabbatismus qui relictus est populo dei, & pascha &
pentecoste, & non apparere in conspectu dei uacuū, sunt altius intellecta quàm resonant,
& ab occidente litera recedentes,cœpimus uiuificantem spiritū sequi . Ex his Hieronymi
uerbis perspicuum est,eum sentire legem abrogatam,nō per decreta, sed per eorū quæ de
cernebat,intelligentiam spiritualem.Nec abhorret ab his cōmentum scholiastę,cui nomē
fecerunt Hieronymo. Per solam, inquit, fidem iustificans, moralia sola decernens. Iam &
aliâs Paulus legis præscriptiones appellat dogmata,uelut ad Coloss.2.De his quod aduer/
sum uos erat chirographū decreti.quo loco Græci legunt τοῖς δόγμασιν, pro eo quod est
ᾧ δόγμασιν.Nam præpositio addita est ex idiomate sermonis Hebraici.Rursus alibi τί ἔτι
δογματίζεσθε. Porro nusquam legimus apud Paulum Euangelij præcepta dicta dogmata.
Submouendus est igitur & ille scrupulus de articulo,Mihi uidetur omissus ob congeriem
articulorum si dixisset,τὸν νόμον τῶν ἐντολῶν τὸν siue τῶν ᾧ δόγμασι.Nam mihi uidetur in de
cretis magis adhærere proximæ dictioni, alioqui bis idem dici uidebatur, νόμου τῶν ἐντο/
λῶν τὸν ᾧ δόγμασιν. Nunc ostendens legem imperiosam appellat illam τῶν ἐντολῶν,quasi di
cas ἐντέλλουσαν, id est, præcipientem,quomodo? nō persuasione & lenitate aut promissis,
sed præscriptis,quæ uocat dogmata,latini placita dicūt.Etenim si quæras, quare deus ius/
sit nos à talibus ac talibus abstinere cibis,Responderet Iudæus,Quia sic deo uisum est)Et
euacuans,præteriti temporis est,quasi dicas,Antiquata lege.

✴ Et duos condat.) Hic est,Crearet,siue pararet ὑτίσου, uelut explicans sententiam.
✚ ✴ In uno nouo homine.) In unum nouum hominem, est Græce, εἰς ἕνα καινὸν ἄνθρωπον.
2.27 ⟨Atqʒ ita refert Augustinus libro aduersus Faustum XXII. cap. LXXXIX.(suffraga/
batur exemplar utrunqʒ Constantiense)Cæterum quod est Græce ἀποκαταλλάξη, Latine
uersum reconciliet,Augustinus uertit,Commutaret.Qui sic uertit,legisse uidetur ἀλλάξη.
✚ X Inimicitias in semetipso.) ᾧ αὐτῷ.Hieronymus legit,In ea,ut referatur ad crucem, non
ad Christum. Siquidem & crux Græcis masculini generis est . Verū si reciprocum
esset,id est, In se ipso,haberet à spiratum, ἐν αὐτῷ. Quanquam ne id quidem à Græcis
scriptoribus obseruatur:Postremo secus legit Ambrosius.

Et pacem ijs qui prope.) Et pacem,non repetitur Græcis.

Habemus accessum.) προσαγωγὴν, id est, Aditum siue introductionem : ueluti cum
quis introducitur ad conspectum principis.

Hospites & aduenæ.) ξένοι κỳ πάροικοι,id est,Peregrini & incolæ,siue accolæ,hoc est,qui
7 aliunde cōmigrarūt in aliena ciuitate.Augustinus aliquoties legit pro Aduenæ,Inquilini.
19 Sed estis ciues.) ἀλλὰ συμπολῖται, id est, Conciues,ut uerbum uerbo reddatur.
27 (Superædificati super fundamentum apostolorum & prophetarum.) Hanc particulam
& prophetarum eraserant Marcionitæ, nimirum odio ueteris testamenti.)

Angulari lapide.) Græcis unica uox est, ἀκρογωνιαίου,qua significatur summus lapis in
22 angulo ædificij,qui solet esse ualidissimus. Est autem ablatiuus absolute positus , ueluti si
19 dicas, In qua structura Christus summus est in angulo lapis. Et ob id Augustinus addu/
cens hunc locum in enarratione psalmi LXXXI. addit Existente, dilucide magis quàm
22 Latine.Rursus aduersus Faustum libro duodecimo,capite uigesimoquarto.⟩

Ipso

δογματι-
ζεσθε quid

16-27: conderet
X 16: ⟩ entries
+ 19-27: reversed
X 16: follows
Angulari lapide.)
below
16: Etiamsi
19-27: margin:
ἀκρογωνιαίου.

[In ipſo ſummo angulari lapide Chriſto Ieſu.) Et hic ablatiuus ponitur abſolute, ac ſi di **35**
cas,Chriſto duce, ὄντος ἀκρογωνιαίϳ αὐτῦ ἰησῦ χϳιςῦ, id eſt, Ipſo Ieſu Chriſto ente ſummo la
pide angulari.

*Conſtructa
pro coagʹ
mentata*

Conſtructa.) Græce ſignificantius, συναρμολογηϻἐνη, id eſt, Coagmentata,ſiue comʹ
miſſa,ſiue coaptata.Hieronymus legit Compaginata,Ambroſius,Compacta.Nec ſigniſi
cat omnem ſtructuram hoc angulari lapide compactam eſſe,ſed quæcunǫ illo lapide con
nectatur,eam ſurgere in templum domini.Eſt enim participiū præſentis temporis, συναρʹ
μολογϳϗϗἐνης Quanquam πᾶσα uerti poterat,Tota ſtructura,ut non quamuis intelligas,ſed **22**
integram.Atǫ ita interpretatur Theophylactus.⟩

¶16: in

In ſpiritu ſancto. Sancto, redundat iuxta Græca & Ambroſium, atǫ item Hieronyʹ **19**
mum : quorum & interpretatio declarat quid legerint. Spiritum enim opponit aduerſus
carnalem Iudaiſmum,quem nuſquam non inſectatur Paulus.⟩

EX CAPITE TERTIO

*+ 22-27: follows
Data eſt mihi in
uobis). below.*

Inctus Chriſti Ieſu.) Vinctus nomen eſt Græcis δέσμιⓈ ἐ& ob id mollius **19**
cohæret cum genitiuo Ieſu Chriſti⟨
+ ⟨Pro uobis gentibus.) Arbitror mendum eſſe,quod in Ambroſianis codi **22**
cibus legitur pro uobis fratribus.⟩
✳ Diſpenſationem gratiæ.) οἰκονομίαν, id eſt, Diſpenſationem, ſiue admiʹ
niſtrationem.

*✳16-27: entries
reversed* [ἀναντα-
πόδοτον

✳ Data eſt mihi in uobis.) ἐς ὑμᾶς, id eſt, In uos.Hunc quoǫ locum ἀνακολυθόν, Hieroʹ
nymus reddit ad hunc modum, Huius rei gratia ego Paulus uinctus Ieſu Chriſti, & uincʹ
tus pro uobis qui eſtis ex gentibus,cognoui myſterium,ut uobis quoǫ illud traderem, ſi
cut in hac eadē epiſtola paulo ante ſum loquutus. Debetis autē audire diſpenſationē graʹ

*Paulus balʹ
butiens in ali
ena lingua*

tiæ dei, quæ data eſt mihi in uobis, qui eſtis ex gentibus, pro quibus & uinctus ſum Ieſu
Chriſti.Quanǫ exiſtimat eſſe ſimplicius,fateri Paulum in aliena lingua balbutiſſe,& ſen
ſu magis quàm uerbis æſtimandum.Poterat & hoc pacto tolli ſermonis imperfecti incom
modum,ſi ſubaudias uerbum ſubſtantiuum,ſūm,Ego Paulus uinctus ſum Ieſu Chriſti.

Notum factum mihi eſt.) ἐγνώϳισέ μοι, id eſt, Notum mihi fecit myſterium, quod rurʹ
ſum interpres uertit Sacramentum.

Sicut ſupra ſcripſi.) καθὼς πϳοέγϳαψα, id eſt, Sicut ante ſcripſi, ut Ambroſius. Præſcri
pſi legit diuus Hieronymus.

[ἐν ὀλίγω uer
tit in breui

In breui.) ἐν ὀλίγω, id eſt, In modico,legit Hieronymus & Ambroſius.Significat enim
ſe paucis de his ſcripſiſſe,ut Græca exponunt ſcholia.Poteſt eſſe ſenſus & hic : Quemadʹ **19**
modum ſcripſi paulo ante . Meminit enim de his qui procul eſſent, gentes ſignificans ⟨In **19**
eum ſenſum fermè Theophylactus.⟩

19: Vulgarius

In miniſterio Chriſti.) ἐν τῷ μυςηϳίω,id eſt,In myſterio,quod ſolet uertere Sacramentū.
✳ Alijs generationibus,) Apertius eſt,quod legit Ambroſius, Alijs ſeculis.Nam de ætaʹ
tibus loquitur,non de nationibus.

*✳16-27: entries
reversed*

✳ Non eſt agnitum.) οὐκ ἐγνωϳίσθη, id eſt, Non notificatum ſiue referatur.⟩ **19**

*Lectio &
diſtinctio
diuerſa*

In ſpiritu.) Græcis additum eſt ſancto ⟨Neǫ lectio ſolum diuerſa eſt, uerumetiam diʹ **19**
ſtinctio. Theophylactus ſic ordinat ſermonem, Sicut nunc reuelatum eſt ſanctis apoſtolis
eius,in ſpiritu ſancto:ut intelligamus hoc illis per ſpiritum ſanctum fuiſſe reuelatum.Am/
broſius contra,ſpiritu connectit cum his quæ ſequuntur, Sicut nunc reuelatum eſt ſanctis
eius & prophetis, ſpiritu eſſe gentes cohæredes:id palàm arguit eiuſdem interpretatio,do
cens gentes eſſe cohæredes,non ceremonijs Moſaicæ legis, ſed ſpiritu, hoc eſt doctrina Eʹ
uangelica.Diuus Hieronymus Græcorum ſequitur diſtinctionem. Mihi magis probatur
quod ſequitur Ambroſius.⟩

Eſſe gentes.) ἔναι τὰ ἔθνη, id eſt, Vt ſint gentes.

σύοσωμον

Concorporales.) σύοσωμα, quaſi dicas, Vnius corporis ⟨Hoc loco offendit aures Hieʹ **19**
ronymi coniunctionū congeries,ut ipſi uidetur, inconcinna,cohæredes & concorporales,
& comparticipes.Mirum eſt autem illum tantilla re offendi,qui toties Paulum facit impe
ritum Græci ſermonis,licet fateatur non imperitum ſcientiæ ⟨Deinde quum hic fateatur le **27**
gendum eſſe comparticipes, nec dubium quin in bonam partem, tamen in huius epiſtolæ
                              capite

capite quinto,negat hanc uocem legi in literis facris nifi in malam partem:uerum hac de
re illic plura dicentur.)

27. 19 Promiſſionis in Chriſto Ieſu.) Deeſt(apud nos) ἀυτῶ, id eſt,Suæ ſiue eius:ut referatur ad ſpiritu:ut ſenſiſſe uidetur Ambroſius,quum ſubſcribit, Hoc eſt quod dicit,ſpiritu
gentes eſſe cohæredes & concorporatos & participes promiſſionis eius in Chriſto.Qui
enim ſpiritu deum colit,opere legis opus non habet.}

19 Omnium ſanctorum.) In nonnullis Græcis addebatur Hominum,ſed mendoſe,ni fallor. Et ἐλαχιϲοτέρω, id eſt,Infimo:ut uertit Hieronymus. Sed Paulus ut magis ſe diminu-
at,è ſuperlatiuo finxit comparatiuum,ac ſi dicas,infimiori pro infimo, aut poſtremiori.

19 Inueſtigabiles.) ἀνεξιχνίαϲον πλοῦτον. id eſt,Impercueſtigabiles diuitias Nam quod a-
pud Ambroſium legitur Inæſtimabiles, haud ſcio an errore ſit factum librarij,certe interpretatur Incomprehenſibiles.}

Et illuminare.) καὶ φωτίϲαι πάντας. Ambroſius non addit Omnes, & ſermo commo-
19 dior eſt.Nec apud Hieronymum ulla mentio huius nominis additi ſed tantum eſt Illuminare Necꝗ Paulus illuminat homines,ſed in lucem profert , & quod ante fuerat recondi-
tum,facit omnibus perſpicuum.

Quæ ſit diſpenſatio.) Legitur & ὁ πλοῦτ☼, id eſt,Quæ diuitiæ. Rurſum, μυϲήειον
uertit Sacramentum.

Qui omnia creauit.) Διὰ ἰησοῦ χειϲοῦ. id eſt,Per Ieſum Chriſtum:additum eſt hoc lo-
27 co apud Græcos:quanquam Hieronymus non habet,nec Ambroſius nec uetuſti codices Latini.

Vt innoteſcat.) ἵνα γνωεισθῇ νῦ. id eſt, Vt innoteſcat nunc.Et Nunc,Hieronymus legit addita coniunctione,ſi modo codex mendo uacat.

35 ¶ Poteſtatibus in cœleſtibus.) ἐν τοῖς ἐπουρανίοις. id eſt,In cœleſtibus.

Per eccleſiam.) Διὰ τῆς ἐκκλησίας. Præpoſitio Per,hoc loco ſignificat inſtrumentum,
19 quaſi dicas Opera eccleſiæ Quanquam,ut ingenue fatear,ſermo Græcus plane anceps
eſſet,niſi additus fuiſſet articulus τῆς. atque ita ſenſus fuiſſet, Propter congregationes,
ſiue eccleſias}

Multiformis ſapientia.) πολυποίκιλ☼. ſiue alias, παμποίκιλ☼. id eſt,Maxime uaria,& modis omnibus uaria.Nam παῦ in compoſitione additum,adiungit epitaſin.

Secundum præfinitionem.) κατὰ πρόθϵσιν. id eſt, Secundum propoſitum:ut legit
Hieronymus.

Quam fecit.) ὣ ἐποίησεν. Sermo Græcus anceps eſt.Nam Græcus articulus referre
19 poteſt uel ſapientiam uel eccleſiam uel præfinitionem,quam Ambroſius & Hieronymus
propoſitum uocant. Si ad propoſitum referatur,ſenſus eſt, Iuxta tempus quod propoſue-
19 rat,ſiue præfinierat in Chriſto Si ad eccleſiam,ſenſus fuerit, Eccleſiam factam in Chriſto
Ieſu Si ad ſapientiam,intelligis in Chriſto factam,hoc eſt,creatam fuiſſe ſapientiam.Atꝗ
hic ſenſus poſtremus maxime probatur Hieronymo.Et fiduciam eſt παῤῥησίαν, quā Am-
22 broſius uertit Libertatem.Eſt autem audacia libere loquendi Porro nihil timidius animo
ſibi male conſcio,ut contrà,innocentia nihil fidentius.}

19 In tribulationibus meis pro uobis.) ἀιτοῦμαι μὴ ἐκκακεῖν. Diuus Hieronymus admonet Græcum ſermonem eſſe ambiguum, quod uerbum ἐκκακεῖν ad quamuis perſonam
accommodari poſſit, Ne deficiam ego,ne deficiatis,ne deficiant illi.Certe iuxta primum
ac ſecundum ſenſum interpretatur Hieronymus:Peto ne deficiam,ne me ſuperent aereæ
poteſtates,oppugnantes undique.}

19 Quæ eſt gloria.) In quibuſdā Græcis codicibus habebatur,Quæ erit. ἥτις ἔϲαι. Hoc
loco nonnihil ſe torquet Hieronymus,nec ſatis intelligo cur ſe torqueat,exiſtimans huius
ſermonis rationem non poſſe conſiſtere,niſi fateamur Paulum imperite loquutū,qui Tribulationibus numero multitudinis ſubiecerit relatiuum ſingulare,Quæ eſt gloria. Quaſi
uero non hoc doceat grammatica,rectius etiam ad hunc modum nos loqui,quàm ſi dicamus,In tribulationibus quæ ſunt gloria ueſtra. Atꝗ ille hoc tantum ducit incommodum,
ut per hyperbaton tentet hanc particulam Quæ eſt gloria ueſtra , ad ea quæ preceſſerunt
detorquere,In quo habemus fiduciam & acceſſum & fidem,& cætera:quæ fiducia,acceſ-

                                                                        Ee   ſus

(right margin handwritten notes:)
ξ↓
16: poſtremiſſimo

φωτίϲαι,pro
In lucem pro-
ferre

¶16-27: In

ſenſus triplex
16: poſterior magis
*16: Et fiduciam ---
loquendi, forms
last sentence of
preceding entry
ἐκκακεῖν
anceps]

Expeſta Hiero-
nymi annotatio

(bottom handwritten note:)
{16: ſanctorum) Legitur apud Græcos etiam, ἀνθρώπων
id eſt, hominum, +

ſus & fides, ueſtra eſt gloria. Verum quoniam hoc uidit eſſe durius, mauult Paulum loquendi imperitum facere. Sed quid hic interim facient Hieronymo, qui uolunt apoſtolis
omnibus ſcientiam linguarum dono ſpiritus ſancti contigiſſe, idque donum eis fuiſſe perpe
Paulus Græce imperitus tuum: quorum de numero uidetur & Aquinas in epiſtolam ad Galatas. At Hieronymus
toties non ueretur Paulum imperitum Græci ſermonis facere. Quanquam hoc ſanè loco
non uideo quid imperite dictum uideri poſſit, niſi quod Hebraice magis quàm Græce dixit In tribulationibus, pro Ob tribulationes.}
Quatuor uerba redundant <Ad patrem domini noſtri Ieſu Chriſti.) Diuus Hieronymus indicat in Latinis codici- 22
bus addita quatuor uerba, Domini noſtri Ieſu Chriſti, quum in Græcis ſcriptura germana
maneat. Non enim loquitur hic proprie de patre domini Ieſu Chriſti, ſed in genere ad illum patrem (flectit genua) quem omnes creaturę rationabiles agnoſcunt conditorem & au 27
torem. Et tamen mirum eſt, quod Hieronymus ſcribit additum in Latinis codicibus, nunc
in Græcis reperiri. Quanquam [Chryſoſtomus ac] Theophylactus enarrantes locum non 35
22-27: attingit attingunt hanc particulam: unde coniectandum eſt, aut è noſtris codicibus additam Græcis, aut Græcorum codices & olim uariaſſe.>
Paternitas πατριά Omnis paternitas.) πᾶσα πατριά. id eſt, Omnis familia, ut indicat & diuus Hierony-
16-27: paternitates mus in commentarijs. Idem aduerſus Heluidium ſcribens, fatetur Latinos parentelas uocare, quas Græci uocant πατριάς, quum ex una radice, multa generis turba diffunditur.
Sed apud Græcos manet alluſio uocum, quam Latinus conatus eſt obſeruare. Iam quæ-
16-19: Divus *Aquinas* ſtiones illæ, quas mouet hoc loco Thomas Aquinas, num qua paternitas ſit in cœlo, &
num omnis paternitas quæ eſt in cœlo & in terris, deriuata ſit ab ea paternitate, quæ eſt in
diuinis, quam apte pertineant ad hunc locum, uiderint theologi: quandoquidem uocem,
unde quæſtionem omnem elicit, non intellexit. Certe alibi interpres uertit Familiam, uelut in Pſalmo, Omnes familiæ gentium. πατριαί. {Item in Luca: De domo & familia Da- 19
uid. Subnotauit hoc interpres Origenis, homilia in Numeros ſecunda [Chryſoſtomus ex- 35
ponit φυλάς, id eſt, tribus] Verum interpres (ut dicere cœperam) affectauit reddere uocum 27
affinitatem, pater & paternitas. Atqui ea non erat tanti, ut huius gratia fuerit perdēda ſententia {Parentela ſatis explicabat rem, ſi modo uerbum eſſet probum} <Et tamen hoc ætate 19. 22
ſua uulgo fuiſſe uſurpatum teſtatur Hieronymus, uel ob hoc tolerabilius quàm paternitas: præſertim quum hic ſuffragetur analogia. Quemadmodum enim à cliens clientela, ita
à parens parentela. Nos circumitione ut potuimus, reddidimus.>
Virtute corroborari.) δυνάμει. id eſt, Virtute. Manifeſtior erat ſenſus, ſi Græca infini
ta uertiſſet per uerbum ſubiunctiuum, Vt corroboremini.
*16: follows, superabundanter quam petimus.) p. 603.
* Sublimitas & profundum.) καὶ βάθος καὶ ὕψος. id eſt, Et profunditas & ſublimitas.
Hieronymus, Et profundum & altitudo.
Scire etiam.) Non eſt initiū noui capitis, ut ſit opus Etiam. γνῶναί τε. id eſt, Sciréque,
uel Vtque ſciretis.
Senſus duplex Supereminentem ſcientiæ charitatem.) <Apud nos incertum eſt datiui'ne caſus ſit Sci- 22
entiæ, an genitiui: ut aut intelligas charitatem Chriſti ſciri, quæ ſit maior quàm ut cognoſci poſſit <ſeu iuxta Ambroſium, quæ præmineat ſciētiæ noſtræ> aut ut intelligas eximiam 22
16-19: prior sensus verior ? dilectionem cognitionis. Sed poſterior ſenſus magis quadrat ad Græcum ſermonem. Et
hunc ſequitur Hieronymus. <Porrò quod Ambroſius ſenſerit id quod dixi, declarant hæc 22
illius uerba, Poſt dei patris infinitam & incomprehenſibilem cognitionem, & inenarrabi-
16-19: tametsi posteriorem lem clementiam, Chriſti quoque agnoſcere nos uult charitatem, quæ ſupereminentis eſt
ſcientiæ, & ſubintelligitur humanæ, ut ſuper ſcientiam hominum habeatur dilectio Chri-
ſti. Quis enim poteſt colligere myſterij huius charitatis rationem, ut & deus hominis cau
ſa homo naſceretur, &c. Quanquam in hac ſcriptura ſuſpicor non abeſſe mendum. Siqui
dem in contextu habetur, Cognoſcereque ſupereminentem ſcientiam charitatis Chriſti,
[quomodo citat & Auguſtinus epiſtola centeſima uigeſima] quæ lectio multum diſſonat à 35
Græca. Præterea quod habetur in commentario, Supereminentis eſt ſcientiæ: ſuſpicor ipſum ſcripſiſſe, Supereminens eſt ſcientiæ. Porrò quæ Hieronymus hoc loco diſſerit, mihi
27 uidentur aliquanto duriora. (Nec refert hanc uocem Scientiæ, ad ſupereminentem, ſed ad
charitatem) Certe Theophylactus in eandem ſententiam interpretatur, in quam Ambroſius

{16: πατριαί. Quod apud Hebraeos est Kol Mishpehoth goyim Verum

27   sius(Et cum Ambrosio consentit Augustinus,citans hunc locum libro de gratia & libero
arbitrio,capite decimonono:Item,inquit,quum dicat Apostolus supereminentem scientiæ charitatem Christi,quid insanius quàm putare ex deo esse scientiam quæ subdenda est
charitati,& ex hominibus esse charitatem quæ supereminet scientiæ) Nihil autem esset
scrupuli,si ὑπερβάλλω patiatur sibi iungi casum paternum,quemadmodū habet ὑπερα-

27   σπίζω & ὑπεραπολογοῦμαι & ὑπερέχω, (idem significans quod ὑπερβάλλω.) Neqꝫ enim
huc libet confugere,ut dicam Paulum abusum casu ob Græci sermonis uel neglectum uel

27   inscitiam(Theophylactus in hanc sententiam edisserit:Vt possitis,inquit,cognoscere cha-   ↘↓
ritatem Christi,antecellentem omni scientiæ.Quomodo cognoscemus nos?Primum quidem dicit hanc antecellere scientiæ,nimirum humanæ,uos autem non per humanam scientiam,sed per spiritum cognoscetis hanc. Deinde nec hoc dixit,Cognoscetis eam quanta sit,sed hoc ipsum,quod magna est,quod excellit omnem scientiam.Hoc precor ut spiritu discatis,Et quis hoc,inquit,nescit? Omnes,& hi qui moleste ferunt,quæ quotidie ac-
cidunt,& hi qui Mammonam præferunt deo.Quod si hanc cognosceremus,haudqua-
quam uel obmurmuraremus diuinæ prouidentiæ,uel rebus præsentibus animum addi-
ceremus,à deo deficientes qui nos sic dilexit. Illud autem attende : Si dilectio præcellit
omnem scientiam,quanto magis ipsa substantia. Hactenus Theophylactus, ex quibus

35   apparet eum sensisse charitatem excellentiorem scientia(Chrysostomus hunc scrupulum
non attingit.]

Ei autem qui potens est omnia facere.) Græce est ὑπὲρ πάντα ποιῆσαι. id est,Su-   Deest in
19   per omnia facere. Atque ita legit Ambrosius & Hieronymus :sed ita ut ὑπὲρ aduer-   nostris]
bium uideatur non præpositio, pollere autem tantundem,quasi dicas eximie.Certe proximo loco quum repetitur, ὑπὲρ ἐκπερισσοῦ, non potest aliud quàm aduerbium esse. Est

35   autem epitasis gemina, quemadmodum annotauit(Chrysostomus &/ Theophylactus.   19: Vulgarius

35   Deus potest omnia,quod nullus hominum,& potest cumulatissime præstare,quicquid
uult(& ultra quàm nos petimus] Iam illud lector,uel non monitus,animaduertis hanc   Coronides
esse coronidem quandam,quales aliquoties Paulus ceu raptus & afflatus subnectit suæ   in Paulo
disputationi.}   3↓

Superabundanter quam petimus.) ὑπὲρ ἐκπερισσοῦ ὧν αἰτούμεθα. id est, Ex abundanti
supra ea quæ petimus. ¶   ¶16: Sublimitas + p.)
19   ✕ Quam petimus aut intelligimus.) ὧν αἰτούμεθα ἢ νοοῦμῶν. id est(Supra omnia)quæ   from page 602.
19   petimus aut cogitamus. Sic enim emendat Laurentius(licet id quidem ad sensum non   placed here
27   ita magni refert(Illud tantum submonendus est rudis lector, articulum ὧν congruere cum præcedenti dictione, quum à suo uerbo dissentiat, idꝗ ex proprietate ser-   ✕16: entries
monis Græcanici.   reversed

22   ✕ In ecclesia & in Christo.) Copula Et,redūdat(Ambrosius ordine diuerso legit In Chri-
27   sto Iesu & in ecclesia.Ac iuxta hunc ordinem interpretatur(In altero loco præpositio simpliciter usurpata est,in ecclesia,quasi dicas in senatu,in altero iuxta proprietatem sermonis Hebraici.Optat enim ut glorificetur pater in congregatione sanctorum per filium Iesum Christum,& in hoc sensu nullus est usus præpositionis.)

EX CAPITE QVARTO

27   **D**Igne uocatione.) ἀξίως ꝗ κλήσεως. Addidit nominis casum aduerbio,quasi   16: Digni
dicas,canit similiter tibi(Et rursus articulus respondet nomini antecedenti,
dissonans suo uerbo.Alioqui dicendum erat ἢ ἐκλήθητε.)

Cum omni humilitate.) ταπεινοφροσύνης. Quæ significat animi habitum contrarium arrogantiæ:nam humilitas quæ ταπείνωσις, aliud quiddam significat .Et ob id Ambrosius addit Humilitate animi , ne fortunæ humilitatem
acciperemus.

19   Cum patientia.) μακροθυμίας. id est, Longanimitate(si quis ad uerbum reddat) Am-   μακροθυμία
19   brosius sic legit,Cum omni humilitate animi & modestia,cum magnanimitate. (μακροθυ-   ꝺ↓
μίαν uertens Magnanimitatem,quum magis sonet animi lenitatem ac moderatiōe,qua

⟩22 only: _inscitiam._ Cum haec scriberem Theophylacti Graecus codex
non erat ad manum, verum aut interpres parum bona fide reddidit Graeca,
aut aliud legit aukor quam nos legimus, aut putavit paternum casum
recte cohaerere. cum participio ὑπερβάλλουσαν. _Ei autem_
⟩11-22: _disputationi._ Neque enim suspicari lubet ab aliis additas ad
lectionis interuallum. _Superabundanter_
⟨16: _magnanimitate,_ ut autem exprimeret ΤΑΠΕΙΝΟΦΡΟΟΥΝΗΣ,
usus est circuitione. _Solliciti_

16: habet

fit ut non facile commoueamur neq; rapiamur ad uindictæ cupiditatem. Longanimitas
propius exprimit (Græcam uocem) quàm magnanimitas: & tamē aliud est longus animus 27
quàm lenis & lentus ad iram. Patientia (recte) habebat, nisi quod anceps est, & sæpius ad to- 22
lerantiam corporis, quàm ad animi lenitatem pertinet.}

Sollicíti seruare.) σπουδάζοντες. id est, Studentes. (Quod Augustinus libro secundo 22
aduersus literas Petiliani, capite sexagesimonono, uertit, Sollicite agentes. Ac mox capite septuagesimo octauo, uertit, Studentes seruare: quemadmodum nos uertimus) (Am- 27
brosius, Sollicite seruantes.)

In uinculo pacis.) ἐν τῷ συνδέσμῳ. Quasi dicas, In colligatione & concatenatione.
(Augustinus in eodem loco uertit, coniunctione) (Nam uinculum unius dici potest. σύν- 22. 27
δεσμος est, quo aliud alij connectitur.)

Varia lectio

Qui super omnes & per omnia.) Satius erat in eodem genere perseuerare, & non miscere res personis: Super omnia & per omnia: aut Super omnes & per omnes. nam apud Græcos incertum est genus. Hieronymus magis uidetur amplecti neutrum genus, adducens illud Vergilianum:

Deum nanque ire per omnes
Terras'que, tractus'que maris, cœlum'que profundum.

[Vtcunque scribæ insulserunt Omnes, sed refragante sensu. Sic enim enarrat Hieronymus: Super omnes enim, est deus pater: quia autor est omnium: Per omnes, filius: quia cuncta transcurrit, uadit'que per omnia: In omnibus, spiritus sanctus: quia nihil absque eo est. Hæc ille. In prima particula, quoniam Omnium, est omnis generis, non liquet an ad omnes homines, an ad omnia quæ sunt, referatur. In secunda quum addit hanc causam, Quia transcurrit uadit'que per omnia: declarat se legisse non Per omnes, sed Per omnia. In omnibus, rursum ambiguum est: sed quod subnectitur Quia sine eo nihil est, declarat In omnibus, neutro genere dictum. Alioqui dixisset, Sine eo nullus est. Ad id facit quæstio quam mox subijcit Hieronymus: Nec uero putandum est, inquit, unum deum & patrem omnium esse communiter, ut scilicet ad irrationabilia iumenta nomen patris possit aptari, & cætera. Hic scrupulus frustra mouetur, si legit Patrem super omnes esse. Eodem pertinet quod subijcit: Tale quid de creaturis & deo etiam Zeno cum suis Stoicis suspicatur. Sentit enim de dogmate Zenonis, quod ita refert Laertius: θεὸν δὲ εἶναι ζῶον ἀθάνατον λογικὸν ἢ νοερὸν ἐν εὐδαιμονίᾳ κακοῦ παντὸς ἀνεπίδεκτον, προνοητικὸν κόσμου τε καὶ τῶν ἐν κόσμῳ. μὴ εἶναι δὲ μέντοι ἀνθρωπόμορφον, εἶναι δὲ τὸν δημιουργὸν τῶν ὅλων, ὥσπερ καὶ πατέρα πάντων, κοινῶς τε καὶ τὸ μέρος αὐτοῦ τὸ διῆκον διὰ πάντων, ὃ πολλαῖς προσηγορίαις προσονομάζεται κατὰ τὰς δυνάμεις. δία μὲν γάρ φασι δι' ὃν τὰ πάντα, ζῆνα δὲ καλοῦσι, παρ' ὅσον τοῦ ζῆν αἴτιός ἐστιν, & cætera. id est, Deum autem esse animal immortale, rationale, aut intellectuale, ita felix ut nullius mali sit capax, prouidentiam & curam habens tum mundi, tum eorum quæ sunt in mundo. Attamen non esse specie humana, sed opifex esse cunctorum, quemadmodum & pater est omnium communiter quidem, sed ita ut sit pars ipsius mundi, quæ, siue quod, penetrat per omnia. Quod uarijs cognomentis appellatur iuxta uires diuersas. δία, id est, Iouem enim appellant, quod per ipsum sint omnia. ζῆνα, id est, Iouem appellant, quod autor sit uitæ. Ita Laertius. In cuius uerbis suspicor esse mendum, quod interpres uidetur sequutus, pro eo quod scriptum est, δι' ὃν τὰ πάντα, scribendum arbitror διῆκον τὰ πάντα, ut subaudias ζῶον, aut διήκοντα πάντα, aut certe δι' οὗ τὰ πάντα. Nam δι' ὃν τὰ πάντα, non sonat Per quem omnia, sed Propter quem omnia. Ad hanc igitur Zenonis opinionem respiciens Hieronymus, subijcit: Quem sequutus Vergilius ait: 35

Deum nanque ire per omnes
Terrasq; tractusq; maris, cœlumq; profundum.
Et, Principio cœlum ac terras. & cætera.

Hæc testimonia non congruunt, nisi legamus Per omnia. His suffragatur & illud quod subijcit: Quidam hoc quod est, Super omnes, per omnes, & in omnibus: ad patrem & filium & spiritum sanctum sic existimant referendum, ut Super omnia, patris sit, quia maior est

íor eft omnium: Per omnes, filius:quia per filium creata funt omnia: In omnibus,fpi/
ritus: ipfe enim credentibus datur, & templum fumus fpiritus fancti, & pater & filius
habitant in nobis. Hic rurfus uides in interpretatione poni Omnia, non Omnes, exce/
pta poftrema particula. Quanquam ut & illic congruat omnia, facit Pfalmi teftimo/
nium, Spiritus domini repleuit orbem terrarum, & hic qui continet omnia fcientiam ha/
bet uocis. Item in principio Genefeos, Spiritus domini expanditur fuper aquas. Quid
autem magni diceret Apoftolus, fi doceret, deum patrem effe fuper omnes homines:
quum angeli fint humano genere præftantiores. Scrupulus quem mouet Hieronymus,
poterat aliter fubmoueri:quod quum à deo patre fint fimpliciter omnia,non abfurde di/
citur Pater omnium, generali ufu nominis paterni: quemadmodum diabolus dicitur
mendacij pater, quod is primus docuit mentiri. Huiufmodi fcholijs non onerarem le/
ctorem, nifi quidam magno fupercilio reprehendiffent, quod dixerim Hieronymianam
enarrationem uideri magis amplecti neutrum genus. Chryfoftomus enarrans hunc lo/
cum, admonet, ἐπὶ πάντων dictum pro ἐπάνω πάντων. Dignitas autem dei excellit
non homines tantum,fed uniuerfam creaturam. Deinde quum per omnia exponit de gu/
bernatione dei, is profecto gubernat uniuerfa. In enarratione Chryfoftomi tertio loco
additur pronomen, ἐν πᾶσιν ὑμῖν. id eft, In omnibus uobis. Atqui in contextu non

19 additur.]Ambrofius mauult genus mafculinum, Super omnes,per omnes & in omnibus
uobis. quorum poftremum non poteft non effe mafculini generis. Theophylactus utrun **19: Vulgarius**
que ad nos refert genere mafculino.}

22 ⟨Et in omnibus uobis.) Pro quo Ambrofius legit,In omnibus credentibus. Apud Hie/
ronymum non additur Vobis,tantum eft In omnibus.Nec poteft aliud ex illius interpre/
27 tatione deprehendi⟨Ex hoc loco Græci refellunt hæreticos,facientes filium patre,& fpiri
tum fanctum utroq; minorem:quod propofitionem διὰ, proprie dicerent competere in
filium: ἐν, in fpiritum fanctum:quum ἐξ tribuatur patri. Hic utraq; præpofitio tribui/
tur patri, διὰ & ἐν. Nec tamen habent uim diminuendi.)

Afcendens in altum.) ἀναβὰς εἰς ὕψ⊙. id eft, Poftquam afcenderat in altum:præte/
riti temporis. Iam teftimonium quod adducit,eft Pfalmo fexagefimo feptimo.Septua/
ginta tranftulerunt hoc pacto: ἀνέβης εἰς ὕψ⊙ ἠχμαλώτευσας αἰχμαλωσίαν. ἔλαβες δῶμα/ **Paulus muta/**
τα ἐν ἀνθρώποις. Paulus fciens ac prudens, ab Hebræis unicam dictionem mutauit, ut **uit aliquid ab**
indicat Hieronymus hunc edifferens locum. Quum enim apud illos legatur, Accepit **Hebræis**
19 dona in hominibus: hic mutauit, Dedit dona in hominibus. Nec ea uarietas quicquam
officit fententiæ.quandoquidem in Pfalmo promittitur futurum, quod nondum erat fa/
ctum,& ob id dicitur accepiffe dona,quæ poft elargiretur. Hic quoniam Apoftolus de/
fcribit quod iam erat factum, fundatis ubique per orbem ecclefijs, dediffe fcribitur,non
accepiffe.

Quod autem afcendit.) τὸ δὲ ἀνέβη, τί ἐςιν; id eft,Illud autem quod dictum eft,afcen/
dit,quid eft: & cætera.

35 {Alios autem paftores & doctores.) Annotauit Hieronymus & hunc fequutus Au/ **Epifcopus**
guftinus,epiftola quinquagefima nona quod quum in cæteris difcreuerit officiorum ge/ **idem doctor**
nera,hic duo coniunxit.Neque enim dictum eft, Quofdam paftores,quofdam doctores:
fed Alios paftores & doctores:quod quicunque paftores funt,ijdem debeant effe docto/
22 res.Quum Ambrofius id non animaduertes,opinor,diftinctim accipiat,quafi diuerfi fint
paftores ac magiftri.Rurfum parum uidetur obferuaffe,quod apud Græcos pro magiftris
eft διδασκάλους, id eft,doctores. Magiftros enim interpretatur exorciftas,qui in ecclefia
27 coerceant ac uerberent inquietos⟨Quanquam Theophylactus propofito fenfu quem often
dimus & hunc attingat de diaconis.)

Ad confummationem fanctorum.) πρὸς τὸν καταρτισμόν. Hieronymus legit, Ad in/
19 ftructionem. Significat autem & refectionem fiue reparationem aut inftaurationem rei
19 collapfæ.Doctores enim fuccurrunt lapfis & deiectis.Maxime uero probatur quod no/
bifcum uertit Ambrofius, Ad confummationem fanctorum, nam & hoc fonat Græcis
καταρτισμὸν

[16: septimo. Hebraea ad hunc habent modum aliytha
la-marom Shaviytha sheviy laqahta matanoth ba-'adam
Septuaginta.

ἰαταρτίζεθαι. Ita probe congruit quod ſequitur:In ædificationem co｝poris Chriſti｛nimi｝ 22
rum ut corpus undique ſit perfectum.〉

16: fidei

In agnitione filij dei.) Et agnitionis filij dei. (καὶ τῆς ἐπιγνώσεως. pendet enim ab ἑνὸς 27
 mιτθ-, quemadmodum & fides)Et ita legit diuus Hieronymus,qui & alibi monet pro⸗
prie agnoſci quod antea fuerat cognitum.

Et circunferamur.) Græcis eſt participium, περιφερόμλνοι. id eſt,Circumacti｛Augu⸗ 19
ſtinus legit,Circumlati.Cætera commode ſi tempus reſponderet. Et Paruuli,eſt νήπιοι.
quod ita ſignificat puerum, ut & parum prudentem ſigniſicet. Et Omni uento,rectius
erat Quouis uento.Nam Græca uox παντὶ, anceps eſt.

Nequitia, pro
Aſtutia
κυβέια

In nequitia hominum.) ἐν κυβέιᾳ. Quod uerbum ductum eſt à luſu teſſerarum,in
quo qui poteſt,imponit & circumuenit alterum:etiamſi Faber｛in prima ſane æditione｝ 19
mutat pro Nequitia,Confuſionem & Perturbationem : ſed deceptus,ut uidetur,ſimili⸗
tudine figuræ ϰ, quæ cappa uideri poſsit : itaque κυκέᾳ legit,pro κυβέᾳ, quum ſit
β.｛Et mutauit ille quidem hunc locum in poſteriore æditione,ſed ita ut nec ibi ſuffra⸗ 19
ger homini. Qua de re nonnihil attigimus in noſtra ad illum apologia｝Videtur autem
uerbum eſſe fictum à κυβδύω, quod eſt teſſeris ludo,quod in huiuſmodi ludis arte opus
eſt:& quiſque nititur circumuenire colluſorem ſi poſsit,ad ſuum duntaxat commodum
ſpectans:ut κυβέιαν, dicere poſsis Aleationem, hoc eſt,uerſutiam, & fallax artificium,
uel potius artificem fallaciam｛Teſtatur & Heſychius, κυβδύσαι præter cætera ſigniſi⸗ 19
care & χλδυάσαι, quod eſt Irridere,aut ſubſannare｝Id́que Hieronymus ad dialectico⸗
rum argutias & inſidioſas captiones refert. Hæc quum animi noſtri coniecturam,tamet⸗
ſi magnopere probabilem ſequuti,literis prodidiſſemus, nacti Theophylacti epiſcopi in
Paulínas epiſtolas commentarios,haudquaquam aſpernandos,comperimus & illum no⸗
biſcum ſentire : cuius equidem uerba,quod ad hanc rem pertinet, non grauabor adſcri⸗

16-19: Vulgarii

bere: κυβδύται λέγονται ὅι τοῖς πεττοῖς κεχρημλνοι, τοιοῦτοι ἐισιν ὅι ψδύδοδιδάδοκαλοι μι⸗
ταιθέντδ τοὺς ἀφελεστέρους ὥσπερ πεττοὺς ὡς βούλονται. id eſt, Cybeutæ dicuntur,qui
talis utuntur:eiuſmodi ſunt falſi doctores, tranſponentes ſimpliciores ceu talos, prout
uolunt. Mihi quidem ſatisfaciebat mea coniectura, tam conſentanea uero. Cæterum,
quoniam nonnullos magis commouet autoritas,quàm ipſa res, Græci interpretis ſuffra⸗
gium addidimus｛Theophylactus Chryſoſtomum,ut ferè ſolet,eſt ſequutus.Illud mirum, 35
neutrum differentiam ponere inter κύβος,καὶ πεττούς, id eſt, inter teſſeras & talos:
niſi quod in utriſque locus eſt fraudi.｝ Illud admonet Hieronymus,Totum hunc locum,
ſi quis Græca legat manifeſtiorem eſſe:ſed dum Latinis ad uerbum redditur,ſenſum fie⸗

Paraphraſis

ri obſcuriorem ｛Paraphraſi poterat explicari ad hunc modum : Donec eò perueniamus 19
omnes , ut eadem ſit omnium fides, & æque cognitus,ſiue agnitus filius Dei:hoc eſt,ut
pertingamus ad perfectam,ſolidam,ac uirilem ætatem,uidelicet ad eam menſuram æta⸗
tis,quæ nos plene adultos reddat in Chriſto,ne poſthac ſimus infantes,qui circumagan⸗
tur ac circumferantur quouis uento doctrinæ,imponente nobis hominum aſtu,hoc agen⸗
tium,non ut Chriſtum ſyncere nos doceant,ſed callidis artibus adorti nos illaqueent,ca⸗
piant́que. Quin potius iſtis neglectis, quæ uera Chriſtóque digna ſunt, ſectantes:per
omnia adoleſcamus in illum,qui eſt caput omnium. Is autem eſt Chriſtus , non Moſes:
hic enim membrum duntaxat eſt,non caput｝Hieronymus legit,In fallacia hominum,in
aſtutia｛& cætera｝19

[μεθοδύειν

Ad circumuentionem.) πρὸς τὴν μεθοδείαν. Dictum eſt autem à μεθοδύειν, quod
eſt hominem adoriri ex inſidijs. Et,

19-27: margin:
πλάνη ;
error + deceptio

Erroris.) τῆς πλάνης. Melius uertiſſet, Impoſturæ. Nam πλάνη, & decipientis eſt,
at error decepti. Mirum eſt autem quid ſequutus Ambroſius, legerit, Ad remedium er⸗
roris｛niſi forte methodum ille ſcripſit,id́que aliquis transformauit in remedium. Augu⸗ 19
ſtinus uertit machinationem.｝

(Veritatem autem.) Dilucidius erat Sed,quàm Autem,aut Sed potius. corrigit enim 27
quod præceſsit.)

Veritatem

Veritatem autem facientes.) ἀληδόνοντϭ. id eſt, Veritatem ſectantes. Nam ἀληδόυ/ ein, eſt uel præſtare quod dixeris, uel ueta loqui. Nam hoc oppoſuit, τῇ ἀνβάᾳ, κỳ τῇ πλάνη. hoc eſt, Verſutiæ & impoſturæ.

ἀληδόυειν
non tantum
in uerbis eſt.

Creſcamus in illo.) αὐξνσωμϧν εἰς αὐτὸν τὰ πϣντα. id eſt, Augeamus in illum omnia. Sic quidem emendat Laurentius. Ego ſane puto recte uerti poſſe, Augeſca/ mus in illum per omnia. ut ad τὰ πϣντα, ſubaudias præpoſitionem ἀτα̇. Ta/ metſi Hieronymus legit, Vt augeamus in ipſo omnia. Et item Ambroſius, ſi tamen codices mendo uacant. Nec ab his diſſentit Theophylactus, (interpretans, omnia in nobis eſſe augenda & uitam & dogmata). [Chryſoſtomus trifariam interpretatur: Pri/ mum, ut intelligamus corpus augmentum facere, dum in ſingulis membris operatur ſpiritus iuxta cuiuſque modum: Altero modo, ut accipiamus ſingula membra cape/ re augmentum ex ſubminiſtratione ſpiritus: Tertio, ut intelligamus ſpiritum auge/ ri, dum à capite fluens meat per omnia membra, contingens & connectens ſingula. [Poteſt autem in uerbo tranſitiuo ſubaudiri Nos, pronomen: etiamſi αὐξάνω apud Græcos neutralem habet ſignificationem, nec memini in alio ſignificatu comperiſſe.] Proinde ſequatur Lector, quod maxime probauerit, etiamſi noſtra lectio ab horum interpretatione minime diſſidet, præſertim quum mox ſequatur: Τ ιω αὐξηˊσιν τοῦ σωˊματϭ.

αὐξάνω
neutrum

16·19: Vulgarius

Compactum.) συναρμολογούϧνον. Quod ante uerterat, Conſtructum.

Connexum.) συμβιβαζόϧνον. id eſt, Coagmentatum. Hieronymus legit, Con/ glutinatum.

Per omnem iuncturam.) ἁφῆς. Quod non poſsis aptius uertere quàm Commiſ/ ſuram. Eſt enim ἁφὴ, Commiſsio: ſic ut utrunque ſe mutuo contingat, ueluti mem/ brum membro connexum. [Proinde Auguſtinus in Pſalmo decimo, legit, Per omnem ta/ ctum. Idem libro de ciuitate dei uigeſimo ſecundo, capite decimo octauo, locum hunc ad/ ducit hiſce uerbis: Qui deſcendit, ipſe eſt, & qui aſcendit ſuper omnes cœlos, ut adimple/ ret omnia. Et ipſe dedit, quoſdam quidem apoſtolos, quoſdam autem prophetas, quoſ/ dam uero euangeliſtas, quoſdam autem paſtores & doctores ad conſummationem ſan/ ctorum, in opus miniſterij, in ædificationem corporis Chriſti, donec occurramus omnes in unitatem fidei, & agnitionem filij dei, in uirum perfectum, in menſuram ætatis pleni/ tudinis Chriſti, ut ultra non ſimus paruuli, iactati & circumlati omni uento doctrinæ, in illuſione hominum, in aſtutia, ad machinationem erroris: ueritatem autem facientes in charitate, augeamur in illo per omnia, qui eſt caput Chriſtus, ex quo totum corpus con/ nexum & compactum, per omnem tactum ſubminiſtrationis, ſecundum operationem in menſuram uniuſcuiuſque partis, incrementum corporis facit, in ædificationem ſui in charitate.]

Iunctura
ἁφὴ

Secundum operationem.) ἀτ᾽ ϩνϱˊγειαν. Rurſum eſt illud nomen toties obuium, quod actum ac uim occultam ſignificat. Sentit de ſpiritu uitali, qui à capite proficiſcens, impartit uim ſuam, non omnibus parem, ſed quatenus conducit toti corpori. Ad eum mo/ dum interpretatur [Chryſoſtomus & Theophylactus, ut ϩνϱˊγεια, quam hic operatio/ nem uertit, pertineat ad actum ſpiritus Chriſti in membris ſuis, non ad opera noſtra, quemadmodum exponit Lyranus. Thomas ita moderatur interpretationem, ut uideatur utrunque ſenſiſſe.

16·19: Vulgarius
Lyranus

In menſuram.) ϩν μέτρῳ. id eſt, In menſura: etiamſi diſſentiant Latina exempla/ ria: ut intelligas in corpore cuique membro iuxta ſuum modulum impartiri de uita corporis & alimento. (Sic enim dixit, In menſura, quaſi dixiſſet, Per menſuram, ſiue Iuxta modum.)

16: mensura

Vniuſcuiuſque membri.) μϱˊϭϭ. id eſt, Partis. Quanquam Græcis exiguum diſ/ crimen inter μέλους & μϱˊϭϭ. [μέλους legit Chryſoſtomus.]

In ædificationem ſui.) ἑαυτοῦ. id eſt, Suiipſius.

Ee 4   In domino

In domino.) Quidam Græci codices habent, ϟνώπιον τοῦ θεοῦ. id eſt, In conſpe
ctu Dei.

Sicut & gentes.) Nonnulli codices habent, Sicut & reliquæ gentes. τὰ λοι
πὰ ἔθνη.

Senſus, pro   In uanitate ſenſus.) νοὸς. id eſt Mentis, potius quàm Senſus. Atque ad eum mo
mente dum mox uertit interpres : Renouamini ſpiritu mentis ueſtræ. Valla iure taxat eos, qui
Senſum, interpretantur Senſualitatem : quum Græcis νοῦς, ſit ea pars animi, quæ ma
xime ſemota eſt à materia corporis, quæ'que ſola putatur aliquid agere ſine corporis
organis.

Obſcuratum habentes intellectum.) ἐσκοτισμένοι τῇ διανοία. id eſt, Obſcurati cogita
tione, ſiue animo. Hieronymus legit, Obſcurati mente. Ambroſius, Obſcurati intellectu.
At noſter interpres hoc ſanè loco clarius extulit ὄντες.

Alienati à uita.) Abalienati. ἀπηλλοτριωμένοι, id eſt, Abalienati. Et ita legit diuus
Hieronymus.

Diſſonat à no   A uita dei.) Quidam codices habent, A uia dei: ſed mendoſe. Eſt enim A uita, τῆς
bis Ambroſius ζωῆς. Ambroſius legit, A fide dei. Poteſt & hic eſſe ſenſus, A uita, qui eſt deus, Id enim   19.22.
ſubindicant articuli utrobique appoſiti, ζ τῆς ζωῆς τῦ θεῦ, ζ(A uera uita qui eſt deus)

Per ignorantiam.) διὰ τὴν ἄγνοιαν, Propter ignorantiam.

16-27: Et   Propter cæcitatem.) πώρωσιν. Quod magis ſonat Excæcationem. Mirum unde
Ambroſius legat pro Cæcitatem, Duritiam: niſi forte codex illius pro πώρωσιν, habe
bat σκλήρωσιν.

[Varia lectio   Qui deſperantes ſemetipſos.) οἳ τινὲς ἀπηλγηκότες, ἑαυτούς παρέδωκαν. id eſt,
Qui ſocordia detenti tradiderunt ſemetipſos: emendatore Valla. At diuus Hieronymus
exiſtimat recte uerti poſſe, Indolentes, pro Deſperantes. quod uox (Græca) hinc uidetur   27
deducta, quum quis uacat dolore & ſenſu ſui mali, & ob id ſtupens fertur in omne ui
tium. Ad eundem modum interpretantur Græcanica ſcholia ζEt abutitur quidem Mar
cus Tullius uerbo Indolentiæ, ſed cupiens utcunque explicare Græcam, ἀναλγηϲίαν.   19
ἀλγεῖν enim Græcis Dolere, ἀπηλγηκώς dicitur qui, ut ita loquar, dedoluit (ſiue, ut Co   27
micus loquitur, perdoluit) qui que eò duritiæ peruenit, ut ad omnem mali ſenſum obſur
duerit. ſicut deferbuiſſe dicitur Latinis, qui deſierit feruere: & deſipere, qui ſapere deſie
rit. Haud ſcio an interpres legerit, ἀπηλπικότες. Et facillimus eſt lapſus in una literu
la. Quin & Ambroſius legit atque interpretatur, Deſperantes ζChryſoſtomus interpre   35
tatur ἀπεγνωκότες ἑαυτῶν. etiamſi contextus habet, ἀπηλγηκότες ἑαυτούς. & in com
mentario meminit ἀναλγηϲίας. quod iſta duo cohærent, Deſperatio, & Indolentia] Ac
mea quidem ſententia magis quadrabat ad ſententiæ tenorem, Deſperantes. Siquidem
qui deſperant eſſe uitam à morte corporis, auidiſſime rapiunt huius uitæ uoluptates, at
que his ſeſe ingurgitant, uelut amiſſis illis nihil habituri ſuaue ζNec arbitror Græcos ſic   35
loqui, ἀνάλγηκον ἑαυτόν.]

Noua Hiero   ζ Immundiciæ omnis in auariciam.) Videtur auaricia nihil habere conſine cum im   19
nymi inter mundicia, aut libidine : atque ob id admonet Hieronymus, Græcis non eſſe φιλαργυ
pretatio αν, aut φιλοχρηματίαν, quæ uoces ab auiditate pecuniæ dictæ ſunt : ſed πλεονεξίαν,
ab habendo plus quàm æquum eſt, uocatam. Porro qui uehementer eſt auidus uolupta
tum, non eſt contentus uxore ſua, ſed alienam quoque conſtuprat, & ſubinde aliam in
uadit, quo uoluptatis ſatietatem euitet. Hoc pacto putat accipiendum & eum Pauli lo
cum, qui eſt in epiſtola ad Theſſalonicenſes priore, capite quarto : Hæc eſt enim uo
luntas dei, ſanctificatio ueſtra, ut abſtineatis uos à fornicatione, ut ſciat unuſquiſque
ueſtrum, ſuum uas poſſidere, in ſanctificatione & honore, non in libidine deſiderij, ſicut
& gentes quæ non nouerunt deum, ut ne quis ſupergrediatur & circunſcribat in nego
tio fratrem ſuum, quoniam uindex eſt dominus de his omnibus ζNam & illic quod inter   27
pres uertit Circumueniat, eſt πλεονεκτεῖν ζMihi uidetur & ita poſſe accipi, ut ἐν πλεο
νεξία dictum ſit pro eo quod erat Auidè ζTheophylactus refert ad omnem concupiſcen   27
tiam immo

tiam immoderatam. Nam hæc pertrahit homines in cæcitatem mentis.) [Chrysostomus, ad auariciam.]

In auariciam.) In auaricia, ἐν πλεονεξίᾳ. (Quasi dicas, Per auariciam, siue cupiditatem rei alienæ.) C↓

Si tamen illum.) εἴγε. id est, Siquidem, aut si sanè. {Admonet Theophylactus non esse dubitantis, sed confirmantis. Atqui Tamen additum, dubiam reddit orationem.} — *Tamen, non recte additũ* — 19: Vulgarius

Deponite uos.) Græce sic est, ἀποθέσθαι ὑμᾶς, ἀνανεοῦσθαι, καὶ ἐνδύσασθαι. id est, Deposuisse uos ueterem hominem, & renouatos fuisse spiritu, & induisse nouum hominem. Aut ut legit diuus Hieronymus, Deponere uos: ut referatur ad didicistis: sed tum omittendum erat pronomen Vos. Nam is ordinat in hunc modum: Vos autem non ita didicistis Christum, si tamen illum audistis, & in illo docti estis, deponere uos secundũ priorem conuersationem ueterem hominem, qui corrumpitur iuxta desideria erroris. {Ambrosius ad hunc legit modum, Vt exponatis secundum priorem cõuersationem ueterem hominem: sed mox infinita uertit in imperatiua, renouamini, induimini. Theophylactus putat infinita posse referri: uel ad illud, Estis edocti: uel ad hoc, Sicut est ueritas. quasi interroges, quid estis edocti? nempe deponere ueterem hominem. Aut quæ est ueritas? nempe deponere, & cætera.} [Posteriorem sensum sequitur Chrysostomus: Vt, inquit, dogmatibus uita consentiat.] — 16: deponi — *Ordo* — 19: Vulgarius

(Secundum desideria erroris.) Hilarius libro de trinitate duodecimo, addit pronomen, Secundum concupiscentiam eius deceptionis: fortassis exprimere cupiens uim articuli, τῆς ἀπάτης.)

Renouamini autem.) Et hic infinita sunt, sicut admonuimus, quæ possunt pariter ad idem referri, Si didicistis.

Et sanctitate ueritatis.) ἐν ὁσιότητι τῆς ἀληθείας. Ambrosius legit, In ueritate & iustitia. uerti poterat In religione ueritatis. (Nam Græci literatores putant ὅσιον dictum quasi ἅσιον, à uerbo ἅζω, quod est ueneror ut numen.)

Cum proximo.) μετὰ τοῦ πλησίου. id est, Ad proximum. Tametsi recte uertit interpres. (Nam quum eo loqui dicimur, cui loquimur: ut pugnare cum eo, aduersus quem pugnamus.)

* Irascimini & nolite peccare.) Id quemadmodum è Psalmo sumptum est ita iuxta formam Hebræi sermonis extulit. Nam sensus est, Si continget irasci, tamen ne peccetis: hoc est, compescite iram. Neque enim Paulus iubet nos irasci, sed iram non uult esse diuturnam, nec ad iniuriam usque progredi. Nec est Iracundia Græce, quæ uox Latinis, non tam iram quàm naturæ uitium, aut certe habitum significat animi facile irascentis, sed παροργισμῷ, id est, Iram, siue commotionem, aut iritationem: ut intelligamus ei qui lacessitus sit iniuria, etiam si quid doleat, tamen eum dolorem breuem esse oportere, & citra retaliationem iniuriæ debere consistere inter Christianos. Deinde diabolo, haud scio an hic pro calumniatore possit accipi. Sitis, inquit, concordes, ne si iuste etiam ulciscamini, præbeatis ansam calumniandi ethnicis, {quibus uidebimini uindictæ cupidi.} Siquidem calumniatur & diabolus per organa sua. Neque quicquam uetat, calumniatorem appellari Latine diabolum ipsum. Quandoquidem non defuit & huic loco sic à me reddito diabolus. [Vtrunque sensum attingit Chrysostomus. Discordia locum dat hosti, satanæ & homini calumniatori.] — * 16: precedes Et sanctitate veritatis.) above — *Iracundia παροργισμός* — 16: gentilibus

Nolite dare.) μὴ δίδοτε. id est, Neque detis. † — † 16: + diabolo verti poterat calumniatori.

Manibus suis.) ταῖς ἰδίαις χερσίν. id est, Proprijs manibus. Quanquam hic ἴδιον & ἑαυτοῦ, per idem pronomen Suus, perpetuo consueuit uertere. Quidam codices non addunt Suis: ut nec Ambrosius.

Quod bonum est.) Potest legi per parenthesim, Quod bonum est, quæ res bona est, uel operetur rem bonam: hoc est, non è turpi opificio quærat uictum, sed honesto.

Necessitatem patienti.) τῷ χρείαν ἔχοντι. id est, Opus habenti (Hoc admonet propter quosdam qui docent nos non obligari ad subueniendum proximo, nisi in necessitate. Necessitatem autem interpretantur, quum certo constat periturum proximum, nidemus

C16-22: ἐν πλεονεξίᾳ, quod proprie dicitur quoties alio fraudato plus sibi vindicat aliquis quam par est. Si tamen

demus quod defiderat.Et tamen hoc ipfum quod fic donatum eft, putant iure repeti,fi
qui accepit, poffit reddere.Ad has anguftias detrufimus illam ampliffimam charita/
tem euangelicam.Hieronymus legit,Ei qui indiget)Et eft ἵνα ἔχη μεταδιδόναι. id eft,
Vt poffit impartire.Nam ἔχω adiunctum uerbis infinitiuis, aliquoties ufurpatur pro
poffum.

Sermo malus.) λόγ۞ σαπρὸς. id eft,Sermo fpurcus,aut uitiofus.Neque enim fentit 19
opinor de fermone leui aut fuperuacanco,fed obfcœno aut peftilenti.Annotauit Græcæ
uocis emphafin Theophylactus:etiamfi in Euangelijs de arbore mala loquens,eadem uo/
ce eft ufus Euangelifta.}

Aedificationem fidei.) {In Græcis codicibus,} τῆς χρείας. id eft Vtilitatis,lego,non Fi/ 19
dei.Hieronymus teftatur emendaffe fe, Ad ædificationem opportunitatis.fed in Latinis
codicibus pro Opportunitatis,legi Fidei,propter euphoniam.Atque ita legit diuus Am/
brofius.Admonet & Theophylactus de dictione χρείας}[Chryfoftomus item χρείας le/ 19.35
git](Nec uideo tamen quæ fit cacophonia in Opportunitatis,aut quod malim,Vtilitatis. 27
Nam opportunitas,aliud fonat Latinis quàm χρεία. neque opportunitas,refpondet uer/
bo Oportet.Ex hoc loco colligere licet Hieronymũ in hac epiftola fequi quod ipfe emen/
darat,& tamen non in alia epiftola plura funt quæ difcrepant à uulgata lectione.Vbi funt
igitur qui cœlum terræ mifcent,quod aliqui dubitant,an uulgaris æditio fit Hieronymi.
Quod autem hos commentarios fcripferit poft caftigatum Nouum teftamentum,arguit
liber ipfius De fcriptoribus illuftribus,in quo commemorat commentarios in epiftolam
ad Galatas,ad Titum,ad Philemonem.Præterea caftigatum Nouum teftamẽtum,quum 35
huius operis nullam faciat mentionem ,[utique facturus,nifi hos commentarios fcriptif/
fet poft æditum catalogum de uiris illuftribus]Hic cerdo quifpiam fortaffe refpondebit,
obliuionem in caufa fuiffe,aut fpiritum hoc noluiffe.)

In die.) εἰς ἡμέραν. id eft,In diem.

Ira & indignatio.) θυμός καὶ ὀργή. id eft,Ferocia & ira.{θυμός proprie eft impetus 19
animi efferuefcentis & concitati.}

Inuicem benigni.) χρηστοί. Hieronymus putat rectius uerti fuauitatem,quàm benigni
tatem,ut opponatur amarulentiæ & afperitati morum:nam & χρηστολόγοι dicti funt,ue/
hementer comes & blandi.Benignitas enim proprie ad dandum pertinet,hoc eft,ad li/
beralitatem.

Mifericordes.) εὔσπλαγχνοι. Quod non folum ad mifericordiam,fed ad omnem pie/
tatis affectum pertinet,quafi dicas,bonorum uifcerum.Nam uifcera,pro affectibus ufur/
pant diuinæ literæ.

Donantes inuicem.) χαριζόμνοι ἑαυτοῖς. id eft,Donantes uobisipfis.ut intelligas
quod in alios benefeceris,id tuo bono,tuoq́ lucro fieri,magis quàm illius qui accipit.Ita
Hieronymus.Neque enim hic eft Donantes,pro Condonantes,feu ignofcentes,pofitum:
fed χαριζόμνοι, id eft,Largientes,feu libenter dantes{Ambrofius legit & interpretatur 19
Donantes,Ignofcentes & remittentes peccatum.Atque ita fane Paulus ufus eft in epi/
ftola fecunda ad Corinthios,eodem uerbo χαριζᾶσθαι. Et ego fi quid donaui, & cætera.
Quod quidem & hic fequutus eft[Chryfoftomus ac Theophylactus.Proinde fi placet hic 27.35
fenfus,qui mihi magis arridet, ἑαυτοῖς uertendum erat uobis inuicem,ut mutuo ignofca
mus alij aliorum erratis:nam & hoc ad mifericordiam pertinet.}

Donauit uobis.) ἡμῖν. id eft,Nobis, prima perfona.Tametfi Græci codices
uariant.

EX CAPITE QVINTO

N odorem fuauitatis.) εἰς ὀσμὴν ἀνωδίας. id eft,In odorem redolentiæ,fiue
{bonæ}fragrantiæ.Hieronymus in præfatione Zachariæ;Reddidit odorem 22
bonæ fragrantiæ.
Nec nominetur.) μηδὲ ὀνομαζέσθω. id eft,Ne nominetur quidem.
Aut turpitudo,aut ftultiloquiũ.) Græcis hoc loco non repetitur Aut,fed
Et.& tamen

Margin left:

19: Vulgarius

Fidei,pro op/
portunitatis

19: Vulgarius

Hieronymus
etiam poft ca
ftigatũ Nouũ
teftamentũ re
prehẽditquod
legimus

↓ 5
16·22: ferocitas

Hieronymi
annotatio
excuffa

Bottom handwritten note:

*)27: noluiffe. Apparet autem Hieronymum extrema fenectute hoc
commentarios ædidiffe. In die.)

19 Et & tamen laudo quod mutauit interpres.Etenim quum senfus fit idem,tamen commo∕
dior eft oratio,Quod fi recte fit in aliquot locis,quoties libuit interpreti,quid uetat quo
minus idem fiat quoties q uoties ratio poftulat⸴

Aut fcurrilitas.) ἀυτραπελία. id eft,Facetia,fiue lepos. Nam in bonam partem apud ἀυτραπελία
philofophos accipitur. Sentit autem urbanitatem fcurrilem,& indignam graui uiro.Ta∕
metfi Hieronymus eiufmodi quoq; fales,qui tantum rifus caufa dicuntur , indignos effe
putat uere Chriftianis,adducens illud ex Hebraico euãgelio,Nunquam læteris,nifi quum
uideris fratrem tuum in charitate.Equidem ut iocos utcunq; tolero,modo docti fint & fa∕
19 le conditi:ita non fero quofdam⸴qui quoties urbani uideri uolunt,è diuinis literis ad fuas
19 ineptias detorquent aliquid⸴Quod infeftiuũ feftiuitatis genus,impenfe uideo placere mo   Ioci infulfi ex
nachis quibufdam,ac facerdotibus etiam nõnullis,qui fi cupiant uel infectari quempiam,   facris literis
canticum Mariæ,uulgo dictum Magnificat:aut canticum uulgo dictum Te deum:com∕
mutatis aliquot uerbis,detorquent ad uirulentiam. Huiufmodi fales illis merito placent,
quibus placet Catholicon,Mammætractus,& id genus infulfiffima gloffemata,quibus ar
rident frigidiffimæ quæftiunculæ,ut ubique fui fint fimiles,non minus ridiculi dum iocan
tur,hoc eft,dum camelus faltat,quàm dum ferias res agunt⸴Cæterum quod fequitur,Gra∕   Camelus
tiarum actio:Græcis eft, ἀυχαεισία. Id uerbi diuus Hieronymus interpretatur gratiofita∕   faltitans
tem,feu gratiam:quod apud Hebræos,gratiofus & gratias agens,eodem uerbo dicatur.
Putat enim in Prouerbijs ita fcriptum: γυνὴ ἀυχάεισΘ· ἐγείρει ανδ'εὶ δόξαν. id eft, Mulier
grata fufcitat uiro gloriam. Nam cæteri quoq; interpretes,Aquila,Theodotion,& Sym∕
machus uerterunt χαροπός, id eft,gratiofa,nõ ἀυχάεισΘ·. Hæc huc tendũt,ut fermo Chri
ftianorum abfit à fcurrilibus iocis,fed fua quadam gratia cõditus fit. Verum id lectori ex∕
pendendum relinquo,Mihi Hieronymianum commentum hoc loco non ufquequaq; pro
19 batur⸴præfertim Græcis non fuffragantibus.Ambrofius interpretatur ἀυχαεισίαν, fermo
nem ad dei laudem facientem⸴

19 Quæ ad rem non pertinent.) τὰ ὀυκ ἀνήκοντα. id eft,Non conuenientia,fiue quæ non
conueniunt⸴quemadmodum alibi uertit:ut ad perfonam referatur.Alius fermo fcurram
decet,alius feruum Chrifti.Et fi iocandum eft,debet adhiberi iocus decorus.Videmus &
inter Paulum eremitam & Antonium iocos quofdam interceffiffe,Hilarionem multa fal∕
fe dixiffe. Verum huiufmodi fales non ftultum rifum excitant,fed laudem dei fonant.⸴

19 Scitote intelligentes.) ἐςὲ γινώσκοντόθ. id eft,Sitis cognofcentes.Quanquam quidam   πλεονεξία
35 codices habent ἴςε, id eft,fciatis:ut congeminatio epitafin habeat⸴Priorem lectionem fe   torquetur
quitur Ambrofius & Hieronymus⸴πλεονέκτης, quod Cyprianus uertit Fraudator:nos   ad ftuprum
Auarus,legimus⸴De uoce πλεονεκτῶν, admonet diuus Hieronymus,à πλέον ἔχειν di∕   *16: Deuoce ... paſſe.
ctam, ubi quis occupat alienum. Proinde fuperius aliquanto,Ne quis circumueniat in   forms end of next entry.
negocio fratrem, de adulterio interpretatus eft:& hic πλεονεξίαν putat pro ftupro ac∕   16: fornicatione
cipi poffe.

Quod eft idolorum feruitus.) ὅς ὀςιν εἰδωλολατρης. id eft, Qui eft idolorum cultor.   δουλεία
19 Hieronymus legit,Qui eft idolis feruiens⸴Hic interpres λατρείαν modo cultum uertit,   λατρεία
modo obfequium,modo feruitutem. Auguftinus libro de ciuitate dei decimo,admonet
feruitutem qua quis non eft fui iuris,appellari δουλείαν. Cæterum cultum eum quo coli∕
mus deum plerunq;, λατρείαν dici in facris literis.⸴

19 ⸴ In regno Chrifti & dei.) Sic patrem uidetur appellare deum,quafi Chriftus non effet
deus.Verum id aliàs admonuimus,patrem ex confuetudine fermonis apoftolici fignifi∕
cari,quoties deum abfolute nominarit,quum ex plurimis locis palàm fit & Chriftum illis
uocari deum.⸴

19 Venit ira.) ἔρχεται. Venit,hoc loco præfentis temporis eft,aut certe futuri⸴nam præ∕
teriti effe non poteft.Rectius,opinor,accipi præfenti tempore,ut intelligamus ob huiuf∕
modi,diuinam iram folere fæuire in filios male morigeros,minusq; dicto audientes.⸴

In filios diffidentiæ.) ἀπωθείας. id eft,Inobedientiæ,fiue incredulitatis:quemadmo∕
dum antea meminimus. Hieronymus putat rectius uerti Infuafibilitatis , quos nos in∕
27 tractabiles appellamus⸴Mirum autem Hieronymo placere uerbum Infuafibilitatis, Lati∕
19 nis auribus inauditum⸴Cyprianus in epiftola ad Epictetum legit, In filios contumaciæ.

Porro

Porrò de colore sermonis Hebraici,quo filium contumacem,contumaciæ filium uocant,
crebro iam admonuimus. }

Participes corum.) συμμέτοχοι. id est,Comparticipes. id est,Ne sitis participes malo/
rum cum illis.Agit enim de fructibus impietatis:quorum nõ uult eos esse participes cum 19
impijs,ut altera pars communionis pertineat ad rem,altera ad personam.Id quidè diligen/

ter ac multis uerbis annotauit Hieronymus. Mihi quisquis particeps est,& alicuius rei
particeps sit,oportet,& cum aliquo particeps,Addit ille,in diuinis literis participem dici
in bonam partem,comparticipem in malam.An hoc perpetuũ sit,nescio.Certe huius epi/ 27
stolæ capite tertio,usurpauit in bonam partem,loquens de gentibus ad Christum conuer/
sis, συμμέτοχοι τῆς ἐπαγγελίας αὐτοῦ. id est,comparticipes promissionis.Non est infectan/
dus uir sanctus,sed tamen hic insignis lapsus est memoriæ,Primum iubet hoc discrimen di
ligenter obseruari,negatq; se meminisse sibi lectam comparticipis uocem in diuinis lite/
ris,nisi significatione mali,quum ipse huius epistolæ capite tertio,diligenter indicet addi/
tam his dictionibus præpositionem,concorporales & comparticipes dure quidem sonare
Latinis auribus,sed tamen non omittendam,quod in diuinis literis nec apices nec puncta
careant mysterio.Hæc admonere uisum est,ut in his qui prodesse student,moderatius se/
ramus humanos lapsus,quum id usu uenerit uiro sic in diuinis uoluminibus exercitato.)

Fructus enim lucis.) Græce est,Fructus enim spiritus. ὁ γὰρ καρπὸς τὸ πνεύματ⌾.
Quanquam Latini codices,& consensus interpretũ & ipse sermonis ordo refragatur huic 27
lectioni.Præcessit enim lucis mentio,Nunc autem lux in domino,ut filij lucis ambulate. 27
Quanquam Theophylactus legit & interpretatur fructus lucis.Chrysostomus uidetur le 35
gisse Spiritus.Item sequitur,& nolite communicare operibus infructuosis tenebrarum.)

Beneplacitum deo.) Græce est Domino.

Magis autem redarg.) Omissa est coniunctio Et, καὶ. Et redarguite,pro Arguite.
Ambrosius legit Obiurgate:sed accommodatius erat Arguite, ἐλέγχετε. Siquidem ipsa

lux bonæ uitæ,arguit & prodit turpia facta tenebrarum,etiamsi nihil obiurges, Memor
igitur metaphoræ subiecit,Magis autem arguite.Arguit enim qui reprehendit & uincit,
& arguit qui prodit.Et sermo qui consequitur Omnia autem à luce manifestantur,magis
exigit ut legamus Arguite,pro Prodite,quàm pro Obiurgate.Quanquam hic quoq; le/

git Ambrosius Obiurgantur(quemadmodum ante legit & exposuit Obiurgate.Mecum 27.19
hactenus facit Theophylactus. }

Omne enim quod.) τὸ φανερούμενον. Quoniam participium est medium,ambiguam
reddit orationẽ.Nam potest esse sensus,Quicquid manifestatur,lux est:aut quicquid ma/
nifestat,lux est.Apparet autem potius actiue legendum,quàm passiue. Nisi me moueret
articulus participio appositus non nomini,interpretarer ad hunc modum.Id quod omnia
manifestat,lux est. τὸ πᾶν φανερούμενον φῶς ἐστιν. Quicquid enim celat,nox & caligo:id
lumen retegit aperitq;.Ex sancta piorum uita,& ex prædicata ueritate omnia palàm fiunt
quæ ab hac dissident.Nunc autem habemus, πᾶν γὰρ τὸ φανερούμενον φῶς ἐστιν. Et Theo/ 19

phylactus cum Chrysostomo passiue interpretatur φανερούμενον, exponens,delictum 35
simulatq; proditum ac retectum fuerit,uerti è tenebris in lumen.Atq; hoc nos sequuti su/ 22
mus.Hieronymus legit Arguta:sed interpres melius,qui temporis quoq; ratione expres/ 27
sit.Rursus ex hoc loco & proximo liquet,uulgatam translationem non esse Hieronymi.)

Surge qui dormis.) Id quod Paulus citat,Hieronymus negat usquam reperiri in diui/

nis literis,sed uel ex apocryphis depromptum existimat,uel ab ipso Paulo prophetico spi/
ritu proferri.Mirum est autem hunc scrupulum à Græcis dissimulari.} 19

Et illuminabit te.) καὶ ἐπιφαύσει σοι. id est, Et illucescet tibi Christus,siue orietur tibi
Christus.ut uertit & emendat diuus Hieronymus.Cæterum quod idem admonet à qui/
busdam legi,non ἐπιφαύσει, sed ἐφάψεται, id est,cõtinget.qui uelint hoc uideri dictum
à Christo pendente in cruce ad Adam illic sepultum,qui sanguine redemptoris contactus,
uitam receperit,coactius est,& Iudaicas sapit fabulas.Et tamen Hieronymus testatur se 27
interfuisse in concione in qua commentũ hoc miro plebis applausu sit exceptum.Quem/
admodum & ipse audiui de litera Syn,quæ lingua Britannica son... peccatum,media in
Hebraico nomine Iesus:item de tribus inflexionibus,Iesus,....,Iesum,quas interpretaba/

                            tur

35
27
19
35

tur ex poftremis literis,fummus ultimus & medius) Quanquam ita propemodum uideo *Lectio*
legiſſe Ambroſium nonnihil tamen & aliàs diſsidentem à noſtra lectione.Legit enim hūc *duplex*
ad modum)Et exurge de mortuis,& continges Chriſtum Auguſtinus item enarrans pſal
mum tertium,legit,Et continget te Chriſtus Vtriuſcp lectionis meminerunt Græci com
mentarij qui Chryſoſtomi titulo feruntur, licet hanc quam nos ſequimur magis probent:
& profecto magis quadrat ijs quæ præcedunt,nolite communicare operibus inſtructuoſis
tenebrarum,&,omne quod manifeſtatur lumen eſt. Non eſt autem improbabile quod ad
monet beatus Thomas, Apoſtolum hunc locum nec ex apocryphis ſumpſiſſe nec prophe
tico more protuliſſe , ſed uelut expoſuiſſe quibuſdam de ſuo admixtis locum qui eſt apud
Eſaiam 60.Surge illuminare Hieruſalem, quia uenit lumen tuum, & gloria domini ſuper
te orta eſt. Surgere iubentur qui dormiunt,& exurgere qui ſepulti non poſſunt uidere lu
men mundi.

Videte itacp fratres.) Fratres non eſt apud Græcos.

Caute ambuletis.) ἀκριβῶς, id eſt,Diligenter & accurate,nimirum in tanta luce.Vnde
bene dixit,uidete,quod in tenebris non liceat cernere.

Redimentes tempus.) ἐξαγοραζομᵉνοι,Quaſi mercantes & ementes.Et tempus hic occa
ſionem ſonat ſiue opportunitatem,quam uult emi cæterarū rerum diſpendio, τὸν καιρόν.

19

Mali ſunt.) πονηραί. Quod ipſum uerbum ambiguum eſt ad afflictum & ſceleratum, *Mali pro*
utpote à labore dictum.Siquidem laborioſa res eſt & impoſtura. *miſeri*

Voluntas dei.) Domini eſt Græcis pro dei, τῦ κυρίȣ.

19

In quo eſt luxuria.) ἀσωτία,id eſt,Luxus.Hoc admonui,ne quis hic luxuriam accipiat *Faber*
pro libidine,ita ut uulgus facit.Nec uideo cur Faber malit pro luxuria inſalubritatem,qua
ſi hoc agat Paulus ceu medicus,ut ſimus ſalubri corpore, temperantes ab ebrietate.Nam
ut donemus ἀσώτȣς dictos à uerbo σίσωσαι, id eſt,ſeruatus eſt, addita particula priuatiua
α & abiecto σ, non poteſt tamen ſignificare inſalubritatem, nec uſquam apud ſcriptores
Græcos hoc ſenſu reperitur uſurpatum:imò populus Aſotorū ſic dictus eſt Græcis,quod
eſſent luxu perditi, ſic aſsidue uerſantes in comeſſationibus ut nunquam uiderent ſolem,
nec orientem nec occidentem. Quorum meminit & Plato, præter alios innumeros : hinc
& uerbum deductum ἀσωτεύομαι luxu diffluo, quo uſus eſt Athenæus libro dipnoſophi
ſtarum octauo Jam dictio quo,mea ſententia non ſimpliciter refert uinum,ſed totam ora *16: quæ*
tionis particulam quæ præceſsit:nolite inebriari uino,in quo,hoc eſt in qua re,& in qua ui

22

ni temulentia eſt luxus Porrò quod hic uocat ἀσωτίαν,alibi dixit ἀσέλγειαν. Nec omnino *ἀσωτία*
ſit abſurdum ſiquis aliquando abutatur luxuria pro uitio libidinis, propter cognationem
huiuſmodi uitiorum,comeſſationis,temulentiæ,chorearū,& libidinis. Tamen impudens
mihi uidetur, quod Thomas extorquere conatur, Luxuriam proprie dici de immodico
uſu rei uenereæ,adeo ut hic etiam reijciat Auguſtinum ſuum,qui in libris quibus titulum
fecit De confeſsionibus ſcripſerit,Luxuria ad ſatietatem & abundantiam ſe cupit uocari.
Soluit aūt hunc nodum hac arte, quod ſicut temperantia principaliter quidem, & proprie
eſt,circa delectationes tactus, dicitur autê ex conſequenti per ſimilitudinem quandam in
quibuſdam alijs materijs:Ita luxuria principaliter quidê eſt in uoluptatibus uenereis,quæ
maxime & præcipue animum hominis reſoluunt, ſecundario autem dicitur in quibuſcun
que alijs ad exceſſum pertinentibus . Hactenus Thomæ uerba recenſuimus. Iam ne quid
exagitemus,quod tam facile recedit ab Auguſtini ſententia,qui cum primis nouit Roma
ni ſermonis proprietatem, quis unquam dixit temperantiam præcipue uerſari circa uolu
ptates tactus, cum ſit moderatio omnium affectuum ? Sed ſit libido maxime affectus im
potens,an præcipua pars huius mali ſita eſt in tactu,ac non magis in oculis, in ſermone,in
animo?Deinde an luxuria transfertur ad quemuis exceſſum? An qui immodice amat pe
cuniam dicetur luxurioſus, qui præter modum frugalis eſt dicetur luxurioſus ? Atqui hic
exceſſus eſt. Deniqp ſi Euclio amet,neqp det quicquam,dicetur luxurioſus?Et tamen hanc
opinionem confirmat autoritate gloſſæ,quæ eſt in epiſtola ad Galatas, cap. V . quæ dicit
quod luxuria eſt quælibet ſuperfluitas . Ac mirum quod hunc Pauli locum non adduxe
rit,cum citet locū è prouerbijs : Luxurioſa res eſt uinum, ſed uſus uini pertinet ad potum,
ergo &c.Sed hunc nodum ſatis feliciter explicat. Tertius nodus difficilis eſt, Luxuria,in

F f   quit

quit,dicitur,libidinofæ uoluptatis appetitus &c.Hic cum nullum citet autorem,imagina/
tur libidinofam uoluptatem accipi pro uoluptate uenerea.Cū Auguſtinus teſtetur libidi/
nem frequenter accipi pro quocunq; affectu non obtemperante rationi. Princeps occidit

Luxuria quid   immerentem,libido eſt.Et tamen ut fatetur Auguſtinus fermonis uſus aliquoties accom/
proprie   modat hanc uocem proprie ad rem ueneream , quod de luxuria nemo probus autor unq;
               ſcripſit.Sed his etiam feſtiuius eſt quod interiecit,inter antitheſes & lyſis : Dicitur in libro
de uera religione de luxurioſis:qui ſeminat in carne de carne metet corruptionem. Sed ſe/
minatio carnis fit per uoluptates uenereas,ergo ad has pertinet luxuria . Primum appello
lectorem ſobrium, an ibi Paulus ſenſerit de uoluptate uenerea,ac non potius de lege Mo/
ſaica,& ſi ſenſit,an proprie ſenſerit . Quod ſi ſenſit de impio amore rerum omnium uiſibi/
lium,quid hoc conducit Thomæ,qui uult luxuriam proprie cōuenire uoluptati uenereæ?
Sub hæc inducit nobis Iſidorum,qui putat luxurioſum dici,quaſi ſolutū:ſuſpicor à luxan
do,ſiue,à laxando,ſed Venus maxime ſoluit animum, igitur huc pertinet luxuria . Atqui
hoc nō propoſuerat Thomas,ſed an proprie huc pertineret.Poſtremo quid hic agit Tho/
mas,niſi de uocabulo uitij?Porrò uocabulum unde potius petendum fuit,quàm ab autori
bus Latinis? Quorſum autē opus erat huc detorquere luxuriam cum eſſet libido & impu
dicitia Latina notaq; uocabula.Et tamen uelut euicta re,ſecat luxuriam in omnes libidinū
ſpecies.Nō inſector Thomam,ſed plane miſeret me illorū,qui nihil aliud diſcunt : & mihi
minus diſpliceo,qui nō perinde multum ætatis in huiuſmodi ſcriptoribus conſumpſerim.⟩

16: Impleamini   Implemini ſpiritu ſancto.) Græce eſt, ſed implemini ſpiritu,nec additur ſancto nec a   19
               pud Græcos,nec apud Ambroſium,nec apud Hieronymū,nec in uetuſtis exemplaribus,
               ſuffragante utroq; Conſtantienſi,tantum eſt ſpiritu,ῷ πνεύματι. Id oppoſuit temulentiæ
               uini rem ſubtilem craſſæ.]   35

Supereſt   In pſalmis.) In redundat, ψαλμοῖς. Nec eſt in cordibus,ſed in corde.Cæterum pſalmus
in noſtra   & hymnus utrunq; Græcum eſt.Illud ſignificat cantionem, hoc laudem, ſed proprie dei.
editione   Et hæc oppoſuit ebrijs cantionibus.

               ⟨ In timore Chriſti.) Iam frequenter admonui in timore perinde ualere,ac ſi dixiſſet per   22
               timorem.Hieronymus putat hanc particulam ſic accipi poſſe,quaſi ſit genus propoſitum,
               quod mox diuidatur ſuis partibus,uidelicet Mulieres ſubditæ ſint uiris,ſerui dominis, filij
               parentibus.⟩

               Subditæ ſint.) Subditæ eſtote ὑποτάσσεσθε⟨Hieronymus negat hanc particulam addi   22
               in Græcis codicibus,Subditæ ſint,ſed hunc ſermonem pendere ex capite ſuperiori,Subie/
               cti inuicem in timore.Nimirum,mulieres ſubditæ uiris &c.Et tamen id hodie reperitur in
               Græcorum codicibus,adiectum ut apparet, quo & ſenſus ſit dilucidior, & capitulum hoc
               ſeparatim legi queat,ſi res ita poſtulet.⟩

16: Salvator   Ipſe ſaluator corporis.) καὶ αὐτός ἐςι, id eſt, Et ipſe ſeruator corporis eſt.Et eius prono
               men,apud Græcos non additur,nec apud Ambroſium,nec apud Hieronymum.⟩   19

Supereſt   In uerbo uitæ.) Vitæ apud Græcos non additur, nec apud Ambroſium,nec apud Hie/
rurſum   ronymum.
               Vt exhiberet.) ἵνα παραστήσῃ αὐτὴν ἑαυτῷ, id eſt, Vt adiungeret eam ſibijpſi.Et conti/
               nuo additur glorioſam,ἔνδοξον,deinde τ\ ἐκκλησίαν, id eſt, Nempe eccleſiam.
               Sancta & immaculata.) καὶ ἄμωμ@·, id eſt, Irreprehenſibilis⟨Tametſi immmaculata   22
               non damno.⟩
               Ita & uiri.) Et coniunctio redundat.
               Vt corpora ſua.) ὡς τὰ ἑαυτῶν σώματα, id eſt, Vt ſuaipſorum corpora.
               Corporis eius.) Poteſt legi & eiuſdem pro eius αὐτοῦ.

19-27: Hieronymi   Propter hoc relinquet.)ἀντὶ τότε, id eſt, Pro hoc,uel loco illius.Quod quidem annota
tr.   annotatio uit & diuus Hieronymus,pro ἕνεκεν τότε dictum à Paulo αὐτὶ τότε,quod ferme ualet,qua
       quàm mi/ ſi dicas pro patre ac pro matre, Teſtimoniū aſſumpſit ex Geneſeos cap. ſecundo, ſed ſuo
       nuta   more,decerpens quod ad præſentem locum cōmodum uidebatur.Nam omiſſis pronomi
16-27: carne una nibus,ſuum & ſuam,tantum poſuit patrem & matrem.Deinde quod erat in medio,Et ad/
               hærebit uxori ſuæ,prætermiſit,& annexuit quod ſequitur, Et erunt duo in carnem unam,
               quod id efficacius ſit quàm adhærere,nempe è duobus unum hominem fieri.

                                                                                              Et ad/

Et adhærebit.) Ὁ προσκολληθήσεται, id est, Adglutinabitur,(quæ uox non caret empha/ fi)Nec est uxori suæ,sed ad uxorem suam.

In carne una.) εἰς σάρκα μίαν, id est, In carnem unam,hoc est,è duobus fiet unus homo, iuxta proprietatem Hebraici sermonis, qui totum hominem, carnem appellat nonnunqɜ, nonnunquam animas,ipsos homines uocat.Itidem apud Græcos ἄνεμος sæpe pro homine positum reperies. Verũ de hoc aliâs à nobis dictum est :& item de tropo,quo in unam car nem esse dicuntur qui sunt una caro.)

Sacramentum hoc. μυστήριον, id est, Mysterium,Id nolui eos nescire,qui ex hoc loco fa. ciunt matrimonium unum ex sacramentis(septem(iuxta peculiarem & exactam huius uo cis rationeɲ)non quod de hoc sit dubitandum(cum probabile sit hanc traditionem ab apo stolis,aut certe sanctis patribus ad nos usqɜ fuisse profectam(Etiamsi de hoc dubitatum est. olim ab orthodoxis scholasticis,imò diuersa comprobata sententia)Nam quod obijcitur à nõnullis,à Dionysio qui ex professo tractat de sacramentis ecclesiasticis,singulorum ritus ac ceremonias diligenter explicans,nullam matrimonij factam mentionem:tum nec in tot uoluminibus in quibus Hieronymus de matrimonio disputat usquam appellari sacramen tum,imò nec ab Augustino,qui in hanc parte Hieronymo propensior,etiam de bonis con iugij scripsit,nomen hoc tribui, quodqɜ his etiam magis mirum uideri possit,nec apud Io/ uinianum,qui patronus erat matrimonij,usquam de sacrameti uocabulo fit mentio.Nam si facta fuisset,erat is locus attingendus Hieronymo diluenti illius libros,præsertim cum id *Matrimoniũ* faciat tam accurate.Atqui hoc telo in primis erat opus Iouiniano,coniugium æquanti cœ *septimum sa/* libatui . Etenim ratiocinari poterat , si sacramentum est matrimonium , & uirginitas non *cramentum* est sacramentum,uincit etiam[hoc sane calculo] matrimonij dignitas. Hæc, inquam,atque huiusmodi,facile dissoluuntur ab eruditis . Non igitur hæc dixerim, quasi in dubium uo/ cans an sacramentum sit matrimonium(cuius ego dignitati maiorem in modũ saueo)sed *16: hoc loco non* quod ex his apostoli uerbis non uideatur admodum efficaciter colligi.Siquidem particu/ *magnopere* la aduersatiua, Ego autem, satis indicat hoc magnum mysterium ad Christũ & ecclesiam *colligatur* pertinere,nõ ad maritũ & uxorem. Necɜ enim in hoc magnum est sacramentũ,si uir iun/ gatur uxori, quod & apud ethnicos fieri consueuit (Id sentit, ni fallor, diuus Augustinus edisserens psalmum CXVIII. Erunt,inquit, duo in carnem unam:quod magnum sacra/ mentum apostolus Paulus exponens : Ego,inquit,dico,in Christo & in ecclesia . Quanqɜ idem euidenter explicat libro de nuptijs ad Valerium: Quod magnum,inquit,sacramen/ tum dixit Apostolus,in Christo & in ecclesia. Quod ergo est in Christo & in ecclesia ma/ gnum,hoc in singulis quibusqɜ uiris atqɜ uxoribus minimũ,sed tamen coniunctionis inse/ parabilis sacramentum. Simili colore usus est Paulus in epistola ad Corinthios priore. Et propter conscientiam,mox exclusurus errorem,subnectit: Conscientiam autem dico,non tuam sed alterius. Tum,ut dicere cœperam,hoc loco Græca uox non proprie sacramentũ significat,cuiusmodi septem uocat ecclesia,sed arcanum & secretum,quo uerbo frequen/ ter usus est Paulus & de alijs, quæ longe absunt à natura sacramentorum . Siquidem ad Thessalonicenses scribens,& iniquitatis mysterium appellat(Rursus prima Corin.XIII. *Sacramentũ* ubi nos legimus,etsi nouerim mysteria omnia,Augustinus ad Valentinum de gratia & li *quid Latinis* bero arbitrio legit, etsi sciero omnia sacramenta, quasi nihil intersit inter mysterium & sa/ cramentum. Veteres sacramentum appellabant iusiurandum,aut religiosam obligatione, opinor quod hæc arcanis quibusdam ceremonijs peragerentur(Et hic locus fuit à duobus impetitus,quorum alteri respondimus,alter sic rem tractat, ut indignus sit cui respondea/ tur . Necɜ enim nego Matrimonium esse sacramentum, sed, an ex hoc loco doceri possit proprie dici sacramentum,quemadmodum baptismus dicitur,excuti uolo.)

In Christo.) Et in Christum, & in ecclesiam . Tametsi non ignoro accusatiuum apud Græcos aliquoties idem pollere,quod alter casus. Potest autem accipi de Christo & de ec clesia.Nam & in hunc sensum usurpatur à Græcis,εἰς ἐρμῆν & εἰς ἀπόλλωνα(in titulis.)

{Et uos singuli, unusquisqɜ suam uxorem, sicut seipsum diligat.) Hic sermo nec apud *Sermo mi/* Græcos,nec apud nos iuxta rationem grammatices constat.Necɜ difficile tamen fuerit ei *nime gram/* mederi incommodo,ad hunc modum:Quanquam uos quoqɜ singulatim hoc præstate, ut *maticus* suam quisqɜ uxorem diligat, ut seipsum.}

Vxor autem timeat.) Græce est, ut timeat, ἵνα φοβῆται, id est, Vt reuereatur, Nam in hunc sensum putat accipi posse diuus Hieronymus uerbum φοβεῖαϑ.

EX CAPITE SEXTO.

‹ IN domino.) Hæc particula non additur apud Ambrosium, nec in commen   22 tarijs, haud scio an casu omissa. Hieronymus indicat geminam distinctionê.   35 potest enim hæc clausula in domino, referri uel ad uerbû obedite, uel ad no men parentibus. parentes in domino sunt qui nos sacra doctrina genuerunt Christo. Obediunt autem parentibus suis in domino, qui illis amore Christi obtemperant, modo ne præcipiant impia. Nam his qui obediunt, nô obediunt in domino. prior distinctio quam refert Hieronymus esset probabilior, si fuisset additus articulus γο νεῦσι τοῖς ἐν κυρίω. uerum tunc excluderet naturales parentes de quibus haud dubie Pau lus hic loquitur.]

22-27: promissione

‹ In repromissione.)›[Quidam coniunctim legunt primum in repromissione. primû nõ 22-35 simpliciter quia in decalogo quartum habet locum lex de honorandis parentibus, sed pri mum in repromissione, quod huic uni sit addita merces, ut bene sit tibi & sis longeuus. Hanc solutionem non satis probat Hieronymus, quod in secundo quoq̃ mandato sit ad iuncta repromissio, faciens misericordiam in milia, ac subijcit aliam, ut accipiamus primû mandatum totum decalogum, quod hæc lex primum sit lata Hebræis post relictam Ae gyptum. Ne hoc quidem commentum illi satisfacit, sequeretur enim quod omnibus præ ceptis esset adiuncta repromissio. At Paulus hoc tribuit huic præcepto tanquam peculia re. Nec multo solidius est quod adferunt recentiores, hoc præceptum esse primû in secun da tabula. In priore præcipiuntur ea quæ spectant ad cultum dei, eaq̃ sunt quatuor: in se cunda quæ pertinent ad proximos, & in hoc ordine principem locum tenet præceptum de honorandis parentibus. Verum hæc distinctio non est fundata in sacris literis, sed est com mentum recentiorum Theologorum. Mea sententia dici posset, quod huic uni præcepto addita est promissio non illa generalis quæ frequenter fit obseruantibus præcepta dei, sed propria & peculiaris. cõgruit enim, ut qui pius est in eos à quibus uitam accepit, lęte diuq̃ fruatur illa. Secundo uero mandato adduntur & minæ, ac misericordia quæ promittitur generaliter ad omnia legis præcepta pertinet. Verba decalogi sic habent. Ego enim sum dominus deus tuus deus zelotes qui reddo peccata patrû in filios usq̃ ad tertiam & quar tam generationem ijs qui me oderunt, & faciens misericordiam in milia ijs qui diligunt me, & custodiunt mandata mea. Ita decalogus. Hic porrò sermo generalis est, qui custo diunt mandata mea. In altero præcepto promissio est peculiaris, & tanquam uni dicitur, ut bene sit tibi.   Admonet & illud Hieronymus quod apostolus omissa nouissima uerba testimonij quod citat ex exodo: illic enim habetur, ut sis longeuus super terram quâ dominus deus daturus est tibi. Ex his postrema uerba studio prætermisit apostolus, ne Iu dæi crederent aliam terram sibi esse expectandam per Messiam. quum enim Moses illam legem ferret, nondum peruenerant ad terram fluentem lacte & melle. Videmus autê scri pturam ubiq̃ populum rudem lactare promissis terrenis, quorû præcipuum fuit promis sio terræ fœcundissimæ. Vnde quod hic apostolus ait hoc præceptum fuisse primû in re promissione, sic accipi potest, ut intelligamus non quamuis promissionem, sed illam qua potissimum ducebantur Iudæi. Huius autem mentio primum fit in hoc præcepto. Nec est necesse, ut cum Hieronymo confugiamus ad allegoriam: siquidem Augustinus docet eti am impijs pro quibusdam benefactis à deo rependi præmia temporaria, ueluti pro pietate in parentes. quod si nõ omnibus qui pietatê in parentes coluerunt contingit felix longeui tas in hoc mundo, nihil necesse est, sub generali proloquio comprehendi singula citra exce ptionem: quanq̃ Paulus nõ dixit & bene erit tibi, & eris longeuus, sed ut bene sit tibi & sis longeuus. Talibus enim officijs prouocatur deus ad dandam rerû uitæq̃ prosperitatem, non obligatur. Chrysostomus & huic assentiens Theophylactus indicant ideo primum in repromissionê dictum, quod exodi 20 cætera præcepta tantum uetant mala, non adorabis deos alienos, non assumes nomen dei tui in uanum, non facies opus sabbato, non occides, non mœchaberis, non furtû facies, non loqueris aduersus proximû falsum testimonium, non concupisces rem, nõ uxorem &c. at qui abstinet à uetitis pœnam quidem effugit, sed

nihil

> 22-27: In promissione.) Hieronymus subindicat hanc particulam, non solitam haberi in omnibus libris, sed addicam a nonnullis, quo quæstionem explicarent, quomodo hoc mandatum hic primam dicatur, cum in Exodo sit quintum. Huiusmodi cum toties admoneat Hieronymus, tamen quidam coelum terræ miscuerunt, quod simile quiddam uno aut altero loco facio. Et sis. p. 617.

nihil præmij promeretur.cæterum quũ ait,honora patrem & matrem , non uetat male fa,
cere,fed iubet bene facere, cui debetur præmium.Iuxta hoc cõmentum præceptum de ho
norandis parentibus non modo primum eſt in repromiſsione, uerumetiam folum.Illud re
cte annotarunt, repromiſsionem conuenire filijs adoleſcentibus, quod illa ætas præ cæte,
ris optat diu ac ſuauiter uiuere.]

27   Et ſis longæuus.) ϗ ἔση.i.Et eris.Quanᵍ hoc loco ambiguũ eſt(Poteſt enim referri ad
ἵνα,poteſt & abſolute legi,ut & cõiunctio ſonet conſequentiã euentus,Si hoc ſeceris eris.)

Et uos patres.) Vos,redundat,nam Græcis ſubauditur.

In diſciplina & correptione.) ἐν παιδείᾳ ℂ νϑεσίᾳ,i.In eruditione ſiue inſtitutione & ad
monitione . Nã id uerbi magis arridet diuo Hieronymo,quippe mollius ᵍᵌ correptio,quo
22   uſus eſt Ambroſius.Quanᵍ nõ ſatis intelligo unde irrepſerit uerbũ cõuerſationis in libris
primũ à Frobenio noſtro excuſis,in quibus legitur,In diſciplina & conuerſatione domini.)
Cæterũ utraᵍᵌ uox Græcis anceps eſt.παιδείᾳ,tum eruditionẽ ſignificat, tũ caſtigationẽ,   παιδείᾳ
à puero dicta.νϑεσία admonitionẽ & obiurgationẽ ſiue correptionem,inde dicta,quod in   νϑεσία **16** : <u>dictum</u>
35   animum alicuius ponas,& ingeras quid factum oporteat(aut oportuerit.]

Dominis carnalibus.) τοῖς ϗυρίοις ῗἦ σάρκα, id eſt,Dominis ſecundũ carnẽ. Verũ id re,
cte mutauit ut effugeret amphibologiam, ne quis ſecundũ carnem referat ad ſeruire.

Non ad oculum ſeruientes.) Græcis uox eſt compoſita,μὴ ϗατ᾽ ὀφθαλμοδ᾽ϑλείαν. Quaſi   ὀφθαλμο-
19   dicas,non iuxta oculare ſeruitium(ſi quis ſtudeat uerbum uerbo reddere.}   δ᾽ϑλεία

Hominibus placentes.) Et hic cõpoſita uox eſt ἀνϑρωπάρεσκοι, multo iucundior quàm   ἀνϑρωπά
19   Latina periphraſis, ſed interpres non potuit reddere. Sonat quaſi dicas,homoplacitos,eos   ρεσκοι
qui ſtudent probari hominibus(potius quàm deo}

Cum bona uoluntate.) μετ᾽ εὐνοίας,id eſt, Cum beneuolentia. Mirum cur id interpres
19   putârit immutandũ(Mihi ſanè nõ admodum arridet,quod Auguſtinus ex hoc dicto,colli
git ſeruos nõ debere flagitare libertatẽ à dominis Chriſtianis,quod lex Moſaica ſeptimo
quoᵍᵌ anno uoluerit omnes ſeruos manumitti. Tametſi nõ negarim uerum eſſe quod di,
35   xit.Siquidẽ Paulus hic agit etiam de dominis ethnicis non modo Chriſtianis.[Vult eῖ ſer, **19-27** : <u>quam</u>
uum Chriſtianũ amore Chriſti fideliter ſeruire domino ſuo, quemadmodũ uult Chriſtia,
nos ciues obtemperare principum idololatrarum imperatis.]Et ſi fas nõ eſt ſeruis flagitare
eam libertatem,tamen parum Chriſtianum uidetur,Chriſtianos dominos non id concede
re ſeruis ſuis:quod lex illa multo Chriſtiana inclementior indulſit ſuis . Imò turpe uidetur
inter Chriſtianos omnino nomen heri aut ſerui audiri:cum enim baptiſmus omnes fratres   Seruitus
27   reddat, qui cõuenit fratrem fratri ſeruum appellari(Sit hoc ſanè cui uidetur iuris Cæſarei,   inter Chri,
modo ne iuris Euangelici,iuxta quod ſeruus ex animo morem gerit domino, dominus cõ   ſtianos fœdã
tra,ſeruum tractat ut fratrem in Chriſto)

27   Seruientes ſicut domino.) Sicut aduerbium redundat,nec additur ab Ambroſio(Sen,
tit enim hoc obſequij quod impenditur impijs aut moroſis dominis non impendi homini,
35   bus ſed Chriſto,cuius amore ſeruus fert hominis tyrannidem, ne quod offendiculũ ponat
Euangelio)Apud Chryſoſtomũ additur ὡς,ſed ex enarratione parum liquet quid legerit.
Theophylacti cõmentum magis indicat ὡς nõ additum,alioquin dicendũ erat,ſeruientes
ſicut domino & nõ ſicut hominibus.Ei dicimur ſeruire,unde præmium expectamus,eoᵍᵌ
mox ſubijcit apoſtolus,unuſquiſᵍᵌ quod fecerit bonum à domino recipiet.]

27   Remittentes minas.) ἀνιέντες τὴν ἀπ᾽λὴν,id eſt,Relaxantes minas,hoc eſt,minus ſero,
ces,minuſᵍᵌ minabundi. Vult enim eos eſſe minus imperioſos(quàm ſint ethnici in ſuos.)

Quia & illorum & ueſter dominus.) εἰδ᾽ότες,ὅτι ϗ ὑμῶν αὐτῶν, id eſt,Scientes quod &   Lectio uariá
19   ueſter ipſorum dominus eſt in cœlis(ut ſit ſenſus, cum ſciatis & uobis eſſe dominũ in cœ,
lis,quem uereri debeatis(Ambroſius & Hieronymus legiſſe uidentur, ὑμῶν τε ϗ αὐτῶν, id
eſt, Veſter ſimul & illorum,ut intelligas communem ambobus dominum.

Fratres.) Mei pronomen additũ eſt apud Græcos,ἀδελφοί μϑ. Porro nec Hieronymus,
nec Ambroſius addit fratres, τὸ λοιπὸν autem melius uertiſſet, Quod ſupereſt.

Induite uos armaturam dei.) πανοπλίαν. Ea uox ſemel ſignificat quicquid ad arman,   πανοπλίαν
dum in pugnam militem pertinet.Quaſi dicas,omnia ſimul arma quæ ad uirum pertinẽt.
Vnde paulo inferius admonet diuus Hieronymus uertendũ fuiſſe,non arma,quod Græci

dicunt ὅπλα, ſed uniuerſa arma πανοπλίαν. Et Ambroſius, legit uniuerſitatem armorum:
(Cyprianus alicubi uertit tota arma.)   27

[μεθοδείας
inſidiæ Aduerſus inſidias.) μεθοδείας.idem qd'ante uerterat,circumuentionē.Ambroſius legit
aduerſus nationes,ſed codice opinor,deprauato forte ſcriptū erat rationes. Nam μεθοδ῀Θ- 22
ratio eſt,ſed rei aggrediendæ Eſt autē μεθοδεία ſi quis ex inſidijs aggredit͂ alium.Hierony/
mus legit & interpretat͂cōtra uerſutias diaboli.Quanq͛ hic potuiſſet uertere calumniatoris 22
Colluctatio.) ἡ πάλη. id eſt, Lucta.

λοσμοκρά-
τωρ,noua
uox Mundi rectores.) λοσμοκράτορας, id eſt, Mundi dominos: quam dictionem planè no/
uam,nec uſquam alibi repertam,di᾿ius Hieronymus,putat a Paulo primum fictam fuiſſe,
quo nouis rebus explicandis noua accommodaret uocabula Eſt autē Græcis dictio com/ 19
poſita, atq͛ idcirco commodius cohæret genitiuus tenebrarum harum Tertullianus libro 27
aduerſus Marcionē quinto λοσμοκράτορας uertit munditenentes,Hilarius in pſalmos uer/
tit mundipotentes,non ineleganter efficta compoſita dictione.)

Tenebrarū harū.) Græce eſt,τ᾿ σκότ᾿ Ƭ αἰῶν᾿Θ τότου,id eſt,Tenebrarū huius ſeculi.
19-27: Adversus
19-22: margin:
    Faber Contra ſpiritualia nequitiæ in cœleſtibus.) Quod Faber admonet poſſe accipi in cœ/ 19
leſtibus,pro eo quod eſt, aduerſus cœleſtes, id ſermonis Græcanici ratio nullomodo pati/
tur,meo quidē iudicio. Iam quod inibi grauiter ſtomachatur aduerſus ſuperſtitioſos aſtro
logos,& prognoſtas,ut demus non ſine cauſa factum, certe non ſuo facto eſt loco. Por/
rò ſpiritualia nequitiæ dixit,pro ſpirituales nequitias, ſeu potius uerſutias, eſt enim Græ/
ce πονηρίας. Ambroſius in libro de paradiſo, capite duodecimo,ſic inuertit,ut ſenſum ex/
plicet,Aduerſus nequitiam ſpiritualium,quæ ſunt in cœleſtibus.)

Noſtra le/
ctio uitiata Et in omnibus perfecti ſtare.) Græci ſic legunt,και ἅπαντα λατεργασάμνοι εἷναι,id eſt,
Omnibus confectis ſiue perfectis ſtare,id eſt,poſtq͛ omnia perfeceritis ſtare.Hieronymus
legit atq͛ exponit, omnia operati ſtare Cyprianus item in epiſtola quarti libri ſexta: Vt 19
cum omnia,inquit,perfeceritis, ſtetis accincti lumbos ueſtros &q͛ Quemadmodum nihil
non facit miles quo poſsit hoſti reſiſtere, ac ſuam tueri uitam,ita nobis omnia ſunt facien/
da cum ſpiritibus aſsidue luctaturis Iam ut hæc quidem indicaſſe non magni negocij iudi 19
co,ita nõ arbitror tutū hæc minuta uel neſcire,uel negligere. Quid enim ſi Theologus hic
mihi prolixo & elaborato ſermone multa philoſophet de perfecte ſtantibus, aut imperfe/
cte ſtantibus,nõne Græce peritis riſum mouerit: nec id ſanè iniuria Chryſoſtomus admo 35
net nõ ſimpliciter dictum ἐργασάμνοι,id eſt,poſtq͛ feceritis,ſed λατεργασάμνοι, id eſt,po/
ſteaquam perfeceritis omnia.perſiſtit aūt apoſtolus in metaphora belli.Multa ſunt militū
munia,circundare foſſam,attollere aggerem,caſtra munire uallis,expedire arma,depelle/
re hoſtē.His omnibus gnauiter peractis,ſupereſt ut ſtent,ſemper accincti ad præliū,Mul/
tis enim uictoria adfert ſecuritatē, & ociū, ſecuritas mutatis uicibus ex uictoribus facit ui
ctos. Quod apoſtolus ſenſerit de uigilantia militari declarat quod mox ſequitur, ſtate igi
tur ſuccincti &c. Thomas in omnibus interpretatur in proſperis & in aduerſis, & occaſio
ne huius nominis perfecti, facit duplicem perfectionem, unam iuxta modum uiatoris, al/
teram iuxta plenitudinem patriæ,quæ recte dicta fateor,ſed parum ſuo loco.Mihi ſubolet
Latinos codices hic fuiſſe deprauatos, & interpretem uertiſſe,ut poſsitis omnibus perfec/
tis ſtare. Non enim arbitror eum legiſſe λατειργασάμνοι.]

State ergo ſuccincti.) περιζωσάμνοι, id eſt, Accincti,ſiue circuncincti, hoc eſt,muniti.
Nam ea pars corporis, baltheo laminis conſerto tegi ſolet in bello, ad quem nunc alludit
Apoſtolus. Ac diuus Hieronymus hūc enarrans locū meminit zonæ pelliceæ,qua legitur 35
accinctus fuiſſe Ioānes baptiſta : ac mox meminit balthei ſpiritualis. Quin & adagiū illud
à militia ſumptū eſt,zonam perdidit.Muniuntur & pedes & tibiæ ad præliū : utcunq͛ iu/
reconſulti negant calceamenta armorū nomine contineri . Ambroſius duplicem zonæ u/
ſum indicat, & qd' ſubducta ueſte reddit homine expeditam, & qd'munit medij corporis
mollia. Hoc adijcere uiſum eſt,q͛ intelligo doctis magis ,pbari ſubligaculi uoce q͛ balthei.)

Tela nequiſsimi.) βέλη Ƭ πονηρᾶ, Tela mali,ſiue ſceleſtiſſilius.)   27
Galeam ſalutis.) Ƭ σωτηρίν,i. Salutaris Atq͛ ita legit Hieronymus in cōmentarijs Nec 22
eſt aſſumite,ſed capite δέξασθε Et in ipſo uigilantes.) και εἰς αὐτ᾿ τότο, id eſt, Et in ip/ 22
ſum hoc uigilantes quemadmodū legit Ambroſius Incertū apud Græcos,an reſeratur ad 22
ſpiritum,an ad rem: quod πνοῦμα apud illos ſit neutri generis.]   35

In omni inſtātia.) ἐν πάσῃ προσκαρτερήσᾳ,De quo ſuperius.Ambroſius legit pſeuerātia.

Cū ſiducia.) ἐν παῤῥησία. Quae proprie libertas eſt & audacia loquendi,(qd́ Ambroſius uertit exerte.) Notum facere.) Cur non potius,ut notum faciam.

In catena iſta.) Iſta,redundat . Nec eſt apud Ambroſium,nec apud Hieronymū̃,ac ne in uetuſtiſſimis quidem exemplaribus,nominatim Paulino,ac Donatianico,(ſuffragante utroq; Conſtantienſi.) *Redundat apud nos*

In ipſo audeā.) ἵνα παῤῥησιάσωμαι. Quod uerbū̃ explicans Ambroſius,dicit, ut in ipſo exerta libertate prout oportet me loqui.Nec eſt ita,ſed ut,ἵνα παῤῥησιάσωμαι.i.ut audeam.

Chariſſimus frater noſter.) ἀγαπητὸς, id eſt,Dilectus:atq; ita legit Hieronymus,quod hic ueluti data opera ſemper uertit chariſſimus.

Vt cognoſcatis quæ circa nos ſunt.) τὰ πρὶ ἡμῶν, id eſt, Quæ de nobis ſunt, hoc eſt, res noſtras & ſtatum noſtrum.

A deo patre noſtro.) Noſtro,nō addit̃ nec apud Grᵉcos,nec apud Hieronymū̃, nec a/ pud Ambroſiū̃,ac ne in Paulino quidē exemplari.(Suffragabatur uterq; Conſtantienſis.)

In incorruptione.) ἐν ἀφθαρσία. Quod alias recte uerti ſolet immortalitas,hic ſonat in tegritatem ac ſynceritatem animi,uacantis omni corruptela uitiorum . Hieronymus non approbat eos,qui ἀφθαρσίαν proprie ad corporis caſtimoniam applicant.Aſtipulatur no/ bis Chryſoſtomus & Theophylactus interpres,(qui & illud admonent præpoſitionem ἐν hic idem pollere quod διὰ,per.Sic enim diligitur Chriſtus, ſi nos ſeruemus incontamina/ tos ab hoc ſeculo.)Apud Ambroſium,non addit̃ur Amen in calce huius epiſtolæ,nec licet ex illius commentarijs conijcere quid legerit.) *ἀφθαρσία integritas* *19: Vulgarius*

I↓

IN EPISTOLAM PAVLI
AD PHILIPPENSES ANNOTATIONES DES. ERASMI ROT.

16:ANNOTATIONES 16:APOSTOLI

EX CAPITE PRIMO.

ET Timotheus.) Quanq̃ id quidem nihil attinet ad ſenten tiam Pauli,tamen admonendum duxi, Timotheus pronun/ ciandum antepenultima acuta, ſiue Grᵉcam rationem ſequa/ ris,ſiue Latinam : quod contra nunc ſit in templis omnibus. Et licet optandum foret, ut hoc eſſet grauiſſimum erratum in uita Chriſtianorum , tamen fœdum eſt nos publicitus in re tam manifeſtaria perpetuo peccare.(Quanq̃ extitit,qui re ligioſum exiſtimet,lapſus etiam huiuſmodi mutare , tanq̃ à patribus traditos . Quaſi hoc lemmate non poſsit defendi, quicquid quocunq; modo receptum fuerit . Et tamen quod dicit aliquid eſt,ſi ſermo ſiat apud populum , lingua populo nota.(Hanc epiſtolam Theophylactus poſtpoſuit ei quæ eſt ad Coloſſenſes.)

Timotheus uulgo perpe/ ram pronun/ ciatur

Cum epiſcopis.) Græcis,aliquot codicibus,unica dictio eſt coepiſcopis συνεπισκόποις, Quaſi cō̃municet ſuum officium cum illorum presbyteris. Quanq̃ hic Græca uariat ex/ emplaria,& in nonnullis ſcriptū̃ erat, σὺν ἐπισκόποις, id eſt, Vna cum epiſcopis.Poſterio/ rem lectionē ſequitur Ambroſius,(a quo nos nolumus diſſentire.(Theophylactus coniun/ ctim & legit & interpretatur . Honoris enim gratia presbyteros appellat epiſcopos . Ete/ nim ut indicat Chryſoſtomus,non erant unius ciuitatis plures epiſcopi.Timotheum epi/ ſcopum fuiſſe liquet ex ijs quæ illi ſcribit Paulus, nemini cito manus impoſueris , & olim epiſcopi diaconi uocabantur,uelut alibi,Miniſterium tuum imple.)

Coepiſcopi συνεπισκό/ ποι

Et diaconibus.) διακόνοις, id eſt,Miniſtris,ut ſæpius uertit . Quod ſi Græca uox pla/ cet,diaconis dicendum erat,non diaconibus.(Et tamen hanc uocem aliquoties reperire eſt in libris Auguſtini, iuxta tertiam inflexionē, opinor,quod ſic eſſet uulgo uſurpata,quem admodum baptiſmum genere neutro.)

Diacones mi/ rum quis pri/ mus dixerit

In omni memoria ueſtri.) ἐπὶ πάσῃ μνείᾳ ὑμῶν,μετὰ χαρᾶς τὴν δέησιν ποιέμενος .i. In om/ ni memoria ueſtri,cū̃ gaudio obſecratione facies.Ambroſ.legit ad hūc modū̃:Super omni memoria ueſtra,ſemper in omī oratiōe mea pro omnib.uobis, cū̃ gaudio oratiōe facies, super

19-27: margin: Ambrosii diversa lectio

Ff 4

16-27: omnibus

16-19: Vulgarius

super cōmunicatione uestra,ut gaudiū referas ad cōmunicationē ueluti gaudij causam.
In cunctis orationibus.) ᾗν πάσῃ δεήσᾳ, In omni obsecratione.
Confidens in hoc ipsum.) πεποιθὼς αὐτὸ τῦτο, id est,Persuasum habens hoc ipsum.
Socios gaudij.) Grecis est χάριτος, id est,Gratię,sed facilis lapsus in χάριτ⊙ & χαρᾶς.
⟨ Et aliâs ostendimus alterū pro altero usurpari)Ambrosius legit gaudij.[Chrysostomus ac] 22.35
Theophylactus gratiæ[quod aūt dixit socios,Græce est συγκοινωνὸς]quasi dicas,ex æquo 35.19
Omnes uos esse.) ὄντας. Rectius uertisset,Cum sitis socij gratiæ, (participes.]
uel qui & estis socij gratiæ,συγκοινωνὸς.
Vos esse in uisce.) Esse,redūdat.tantum est,In uisceribus Iesu Christi. Siquidem hoc
adiecit,ne quis suspicaretur quicꝗ hic esse affectui humani,cur eos tantopere amaret.Vi
scera uocat affectum animi.[Addidit Iesu Christi,ut declaret hūc affectū esse pietatis,non 35
Magis ac magis.) ἐπὶ μᾶλλον, id est,Adhuc magis. (humanum.]

διαφέροντα

Potiora.) τὰ διαφέροντα, id est,Præstantia.Ambrosius legit utilia.Suspicor illius co/
dicem habuisse scriptum συμφέροντα pro διαφέροντα,{nisi διαφέρῃ, id est,differre dica/ 19
mus,quę ad rem nostrā pertinent.Theophylactus sine cōtrouersia διαφέροντα interpreta/ 27
tur συμφέροντα[Chrysostomus hanc uoce non attingit. Ad Rom.2. interpres διαφέροντα 35
uertit utiliora.Quæ ἀδιάφορα sunt non refert utrū facias an non facias.Contra διαφέροντα
faciunt ad rem.]
Et sine offensa.) Ambrosius legit inoffensi,quasi dicas robustos,qui non possint offen
di,aut qui nusquā offendant. Quanꝗ Græca uox ambigua est, ἀπρόσκοποι, quasi dicas,
tales,ut nemini sitis offendiculo.Et in hunc sensum interpretantur Græcanica scholia.

¶16: per articulum graecum.

Per Iesum Christum.) τοῦ διὰ ἰησῦ χριστῦ, id est,Qui est ſiue cōtingit per Iesum Christū, 19
ut articulus Græcus distinguat hunc fructum à cæteris.]

{16: Sed   In omni præ/
interpres   torio,pro in
crebro   toto pretorio
omne pro toto
abutitur
19: Vulgarius

In omni prætorio.) ᾗν ὅλῳ τῷ πραιτωρίῳ,id est,In toto prętorio.Ne quis accipiat Paulū
per omnia prætoria ductū fuisse,cum ipse dicat aliud,nimirum captiui prædicatione usꝗ 19
ad ipsam Neronis regiā peruenisse,& inde per uniuersam urbē fuisse uulgatā.Nam The/
ophylactus prętorium,ad Neronis familiam refert,cæteris omnibus,ad reliquos ciues[se/ 35
quutus Chrysostomū,admonens imperatorum domos id temporis appellari solere præto
ria uoce Latina à Gręcis usurpata]Ambrosius subdure prætoriū refert ad Iudaismū.In cæ
teris omnibus,à ecclesias gentium . Interpres autem non raro abuti solet omni, pro toto.{
Et in cæteris omnibus.) In,redundat:an subaudiēdum sit, alijs expendendū relinquo.
Neꝗ cæteris,refert prætoria,ut sit sensus , euangeliū notum fuisse cæteris item prætorijs,
sed cæteris eius ciuitatis,qui in prætorio non uersabātur.Ita Theophylactus. Proinde con
iunctio in,nullum habebat usum,nec additur ab Ambrosio.

16: civitatibus

16-19: Vulgarius

16-19: expressit

Abundantius auderent.) Ambrosius Græcam figuram explanauit Latine , Amplius
cœperunt audere.Nam in ὥς τε τολμᾷν,uidetur subesse synecdoche , aut si mauis eclipsis,
quam tamen ausus est imitari Flaccus in Odis,{ Vt melius quicquid erit pati. 19
Vt subaudias possis aut incipias,aut simile uerbum accommodet sententiæ.

[εὐδοκία

Propter bonam uoluntatem.) Διʼ εὐδοκίαν. Quod uertere solet beneplacitum,Ordo hu
ius loci diuersus est apud[Latinos &]Gręcos.✱Grēca sic habent, οἱ μὲν ἐξ ἐριθείας τὸν χρισὸν 27

✱16-22:
Greca...χείμαι
placed at end
of entry.
{16-22: Sic
enim habet
apud illos.
19: Vulgarius

καταγγέλλουσιν οὐχ ἁγνῶς, οἰόμενοι θλίμιν ἐπιφέρᾳν τοῖς δεσμοῖς μυ,οἱ δὲ ἐξ ἀγάπης εἰδότες,ὅτι εἰς
ἀπολογίαν τῷ εὐαγγελὶς κείμαι, (id est)Alij quidem ex contentione Christū annuncient non 27
pure,arbitrantes pressurā addere sese uinculis meis. Alij uero ex charitate,sciētes quod in
defensionē euāgelij positus sum[Nostra lectio sic,Quidā quidē,& propter inuidia & con 27
tentionē,quidā aūt & propter bonā uoluntatē Christū prædicant,quidā ex charitate,scien
tes &c.Apud Græcos bis est cōtentionis uocabulū,priore loco ἔρις, posteriore ἐριθεία.)
Non syncere.) ὐχ ἁγνῶς, id est , Non pure[Ita Theophylactus]Ambrosius legit non
simpliciter.Fortassis illius codex habebat ὐχ ἁπλῶς: & in tanta uocū affinitate facillimus
est lapsus[Augustinus libro 11.contra Petilianum legit,Non caste.] 22

19-27: margin:
Sensus alius
ex Graecis

Dum omni modo siue per occasionem.) Græci paulo diuersius legunt τί γὰρ;πλὼ παν
τὶ τρόπῳ,εἴτε προφάσᾳ,εἴτε ἀληθείᾳ χριστὸς καταγγέλλεται, id est,Quid enim?attamen quouis
modo siue per occasionem,siue uere,Christus annūciatur. Neꝗ enim iubet hoc esse faci/
endum , ut Christum aliquis insyncere prædicet, sed ex ijs quæ non recte fiebant id quod
est bo/

est boni excerpit,& contemnit illorum in se odium, modo quocunq; modo prosint Euan/
gelio,ita fermè(Chrysostomus in libello de profectu euangelij,& in commentarijs Theo/
phylactus.Proinde omni modo,rectius uertisset,quouis modo.Necq; Paulus de his loqui/
tur qui doceret hęreticè,sed qui recte docerēt Christum,licet animo parum syncero . Nec
hos probat tamen,sed negat sibi discutiendum quo animo id faciant,modo prosint}Porrò
quod hic uertit occasionem πρόφασις est,quod & prętextum sonat,opponitur enim uerita
ti.(Tertullianus libro aduersus Marcionem v .pro πρόφασιν legit causatione , sentiens opi/
nor,quod prætexerent se Christi negocium agere,quū suis commodis seruirent.)

Secundum expectationem.) κατα την ἀποκαραδοκίαν. Quod plus quiddā significat , q̃
expectationem,nimirū uehemens cordis desiderium:dictione hinc composita.Quod toto
animo quippiā expectetur}Non enim dixit προσδοκίαν, sed ἀποκαραδοκίαν, à gestu uche/
menter inhiantiū totoq; capite inflexo,hinc uoce composita Græcis}Mirum quid legerit
apud Græcos Ambrosius,qui uerterit Secundum contemplationem mea, nisi forte com/
missum est hoc scribarum incuria}Attamen καραδοκέω Græcis etiam sonat contemplari
scopum,inflexo capite.Id opinor exprimere uoluit Ambrosius.)

Quia in nullo.) Quod in nullo ὅτι. Et rursum,Fiducia, παρρησία.

Sicut semper nunc.) Et nunc,legendum.

✱ Et quid eligam ignoro.) Coniunctio &,obscuriorem reddit sententiam.Quandoqui/
dem hoc sensit Paulus , Si uiuo, Christi causa uiuo:si morior,meo cōmodo morior. quod
si procedit mea prędicatio,& prosum ecclesijs,adeo non prefero meū commodum uestro
bono,ut dubitem etiam utrum eligam.Habet enim hoc loco καὶ, peculiarem & occultam
uim excludendi,quod diuersum erat.Poterat & ita legi εἰ δὲ τὸ ζῆν, ut hic subaudias con/
tigerit,aut fuerit : deinde subijcias,hoc mihi fructus est operis . Atq; ita coniunctio,more
uulgari copulat quod sequitur. Verū prior lectio magis probatur, & eam sequitur Theo/
phylactus.Adducit hunc locum Augustinus,uelut exemplum ambiguæ distinctionis,li/
bro de doctrina Christiana tertio,capite secūdo}Nam potest ad hunc modū legi : Coartor
è duobus,concupiscentiam habens,ut sit sensus,illum utriusq; rei torqueri desiderio,& ui
tæ & mortis.Potest & hoc pacto:Coartor è duobus,& hic distinctione interposita sequa/
tur,concupiscentiam habens dissolui. Verum ex eo quod sequitur: Multo autē magis me
lius dissolui &c.colligitur,Concupiscentiam habens ad sequētia referendum esse.Quan/
quam Augustinus pro melius,legit optimum.

Coartor enim è duobus. συνέχομαι. Quasi dicat , utrinq; teneor . Ambrosius legit,ex
his duobus,uelut exprimens uim articuli τῶν δύο. Siquidem de morte & uita loquitur: In
quorum utroq; est quod inuitet,est quod deterreat.

Multo magis melius.) Ambrosius legit,multo enim melius. Verū Paulus alias quoq;
conduplicat comparatiuum,ad uehementiam,ut plurimū excessum significet , idq; iuxta
idioma sermonis Hebraici}Proinde nos uertimus,Multo longeq; melius est}Porrò quod
hic uertit dissolui,Gręcis est ἀναλῦσαι,diuus Hieronymus aduersus Ruffinum,non semel
uertit reuerti.(Tertullianus libro de patiētia uertit,recipi] Nec uideo quomodo legi possit
dissolui,nisi Græce esset ἀναλύεσθ,& si interpretemur enim dissolui,qui dimittitur ut rede/
at,Nunc est ἀναλῦσαι uerbum actiuum,quod an neutraliter inueniatur, quemadmodum
apud Latinos soluere dicitur qui discedit}Expendat lector eruditus.κατάλυμα pro diuerso
rio est apud Lucam cap.ii.& x x i i.Vnde quemadmodū καταλύψ dicūtur,qui se com/
ponunt in diuersorium,ita ἀναλύψ dicuntur qui mouent sarcinas, mutantq; diuersorium.
quod tamen à nautis translatum est,qui soluunt rudentes,soluuntur & tabernaculorū fu/
nes.Sensus quidem est idem,sed Gręca uox est significantior.Chrysostomus ἀναλύψ uer
tit μεθίσασθ,id est,emigrare aut commutare sedem.)

Necessarium propter uos.) ἀναγκαιότερον, id est,magis necessarium.

Et hoc confidens scio.) πεποιθὼς οἶδα, id est,Certum scio,siue persuasus scio.

Quia manebo & permanebo.) ὅτι μενῶ καὶ συμπαραμενῶ, id est,Quod manebo & per/
manebo simul cum omnibus uobis.Quanquam quidam codices habent μενῶ, id est, ma/
neo siue maneam.

Vt gratulatio uestra,) τὸ καύχημα, id est,gloriatio.Quod semp cōsueuit uertere gloriā.

In me

-27

27

19
27
22
27

19

27
35

35

19: Vulgarius

ἀποκαρα
δοκία un/
de dicta
] 16: sed
19.22: ex corde

Et q.e.ig.ob/
scurius dictū
] ✱16:
precedes
Quia in
nullo.)
above

16·19: Vulgarius
Distinctio
uaria

Conduplica/
tio compa/
ratiui]

Ͻ27: nescio

In me.) φ̀ ἐμοὶ, ut me, ſit ablatiui caſus.

Audiam de uobis.) ἀκόσω τὰ πℨὶ ὑμῶν,ὅτι ϛήκετε, id eſt,Vt audiam de uobis,uel poti/
us ea quæ ſunt de uobis,quod ſtatis &c.

¶16-27: pariter.)   Vnanimes¶) μίᾳ ψυχῆ, id eſt,Vna anima,uidelicet in uno ſpiritu,in una anima.

Collaborare   Collaborantes.) ϭυναθλοῦντες, id eſt,Concertātes,hoc eſt,in hoc certamine adiuuan/   **19**
ϭυναθλῶν tes nos.Ambroſius ſic explicat,Pariter cū fide euangelij certātes¶Nam collaborat illi,for/
taſsis in carmine probari poterit:& concertant qui inter ſe certant.At hic Paulus ſenſit,fi/
dem periclitari , & uelut in certamine uerſari,quæ uincet , ſi ſint qui certamen idem cum
illa capeſſant . Quanquam in Ambroſianis quoqʒ uerbis eſt amphibologia , poteſt enim
accipi,certantes cum fide Euangelij,certātes aduerſus fidem,aut certātes per fidem euan/
gelij,Proinde nos ita uertimus,Adiuuantes decertantem fidem euangelij.¶

Terreamini.) μὴ πℓυρόμενοι, id eſt, Non turbati,ſiue tumultuantes. Ambroſius legit,   **35**
non paueſcentes¶hoc ad ſenſum nihil refert.¶

Oſtēdere,pro   Quæ eſt illis cauſa.) Græce eſt illis quidem ἔνδ̔ειξις, id eſt,Oſtenſio.Et ideo Ambro/
facere   ſius legit,oſtentatio interitus .¶Necʒ tamen non recte mutauit interpres,quandoquidem   **19**
Græcis φ̇ν̔δ̔εῖξαι, ſiue ἀποδ̔εῖξαι dicitur etiam qui facit.Sic & aliās apud Paulum, Oſtendit
mihi multa mala,pro eo quod eſt,fecit mihi multa mala.¶

Et nunc audiſtis.) ἀκόετε, id eſt,Auditis.

De me.) Græcis eſt ἐν ἐμοὶ, id eſt,In me.Sed haud ſcio an noſtra lectio ſit uerior.

EX CAPITE SECVNDO

I qua ergo conſolatio.) πᾁράκλησις. Ambroſius legit,Si qua exhortatio, ne
bis diceret cōſolationē.¶Nihil tamē uetat quo minus cōduplicatio faciat ad   **19**
epitaſin. Sentit enim cōſolationē quā illi debebant Paulo tot malis afflicto.
Totū enim hoc officiū eò uergit, ut pro his omnibus inter ſe ſint cōcordes.¶

Si qua uiſcera   Si qua uiſcera miſerationis.) Græce eſt, Si qua uiſcera & miſerationes
pro ſi quis ui/ ϭπλάγχνα κỵ οἰκℓϱμοί.Atcʒ ita legit Ambroſius¶ſuffragātibus & peruetuſtis exemplaribus   **19**
ſcera deprá/ Latinis.Nā in eo codice quē exhibuit bibliothecã Pauli apud Londinũ, manifeſta raſura,
uatum teſtabatur,& cōiunctione fuiſſe deleta,& miſerationes adhuc erat ſcriptū nominandi ca/
ſu,e,litera calamo diſpuncta¶Manifeſtius etiã germanę lectionis ueſtigiū extabat in utro/   **27**
que Conſtantienſi¶Cæterū in Græcis codicibus nō reperio ſcriptū εἴνα ϭπλάγχνα,ſed εἴ τις
ϭπλάγχνα, id eſt,Si quis uiſcera.Idɋ cū in emēdatis ſcriptis exēplaribus habeat , demiror
neminē interpretū offenſum hac lectiōe.Niſi forte ϭπλάγχνα hominē ipſum dixit, affectu
miſericordiæ præditū.Et Paulus magis rem ipſam reſpexit ɋ uoce(Certe¶Chryſoſtomus   **27. 3?**
ad¶Theophylactus legit εἴτις ϭπλάγχνα, nec ullū tamen mouet ſcrupulū,Nec poteſt ſubau
diri,uerbum magis,propter nominandi caſum qui mox ſequitur, οἰκτιρμοί.)

Vt idem ſapiatis. Sentiatis, φρονῆτε, hoc eſt,ſitis concordes.
Idipſum ſentientes.) τὸ ἐν φρονοῦντες, id eſt, Vnum ſiue idem ſentientes. Eſt autem par
ticipium eius uerbi,quod modo uerterat ſapiatis.

Nihil per contentionem.) κατὰ ἐριθείαν. Ambroſius legit iritationem,hoc eſt,ad pro/
uocandum alios.

ταπεινοφρο/   In humilitate.) Græce ſic habet,Sed humilitate , alij alios exiſtimantes ſuperiores ſe/
ϭύνη ipſis, ἀλλὰ τῆ ταπεινοφροϭύνη ἀλλήλυς ἡγόμενοι ὑπℨέχοντας ἑαυτῶν. Et rurſus humilitatē uo
cat modeſtiam animi,qua quis ſibi nihil arrogat.

Conſiderantes.) ϭκοπῆτε, id eſt,Conſiderate ſeu ſpectate.Spectamus enim quod ex/
petimus:unde & ſcopus dictus¶Ambroſius legit,contemplantes.¶   **19**

Quæ aliorum.) Græci addunt ἕκας⊖, id eſt,Quiſqʒ.Addunt & coniunctionem κỵ,
¶hoc pacto¶ἀλλὰ κỵ τὰ ἑτέρων ἕκας⊖, ſed & aliorum . Verum hanc non attingunt inter/   **19**
pretes.Proinde uim habet,opinor,eandem,ac ſi dicas imò:Imò magis aliorum.

Sentite,pro   Hoc enim ſentite.) φρονείϭθω, id eſt, Sentiat,ut ſubaudias unuſquiſcʒ,quod modo præ
affectiſitis ceſsit,ſiue ſentiatur. Quanquam interpres bene reddidit ſenſum,hoc eſt , is ſenſus,is affe/
ctus ſit in uobis , qui fuit in Chriſto Ieſu ¶Aut,ita ſitis affecti uiciſsim alij in alios,ut Chri/   **19**
ſtus fuit erga uos affectus.¶

Eſſe ſe æqualem deo.) τὸ ἔναι ἴσα θεῷ,id eſt, Vt eſſet equaliter deo.Nam ἴσα nomē eſt,
aduerbij

aduerbij loco politū,Loquitur enim de Chrifto,quatenus erat homo. Nec eft ociofus ar/
ticulus apud Græcos,nimirum interpretans quid dixiſſet rapinā,haud dubium, quin hoc
ipſum,ut eſſet par deo.Non uſurpabat ſibi æqualitatē cum deo,ſed deiecit ſeſe.Porrò for/
ma hic eſt μορφη, quod ſpeciem ſonat aut figuram,quam in epiſtola ad Hebræos characte
rem uocat.Cæterum utrum hic forma ſi ea de qua Ariſtoteles diſputat in libris naturali/
bus,quæ reſpondet materiæ,uiderint ij qui huiuſmodi diſputationes in hunc inuehunt lo
cum,præſertim cum idem Paulus mox ſubijciat,Formā ſerui accipiens.Certe iuxta Chry
ſoſtomi ſententiam Chriſtus ſeruus non dicitur,ſed filius. Tametſi diuus Hieronymus in
epiſtola Pauli ad Titū,id quod eſt apud Eſaiam,cap. X L I X . Magnū eſt tibi uocari pue/
rum meum,putat à patre dici filio,& παιδ'α,quod tranſtulerūt Septuaginta, Hebræis eſſe
עבד, quod iamulū meum dūtaxat ſignificat.Diuus Ambroſius,formā interpretatur ſpe/
cimen ſeu exemplum, quod in corpore humano obambulans, ederet tamen argumēta di/
uinitatis:Forma enim,inquiens,dei,quid eſt,niſi exemplū,quod deus apparet, dum mor/
tuos excitat,ſurdis reddit auditum,leproſos mundat.Iam quod accepit formam ſerui,non
proprie referri uidetur ad humanam naturam aſſumptā , ſed ad ſpeciem & ſimilitudinem
hominis nocentis,cuius perſonā pro nobis geſsit,dum flagellatur,damnatur,crucifigitur;
Serui.induit,ex peccato fiunt,ſicut Cham filius Noe, qui primus merito nomen ſerui ac/
cepit.Non enim mihi ſicut quibuſdā uidetur, ſic formā ſerui accepiſſe , dum homo natus
eſt.Porrò quod hic ait,Non arbitratus eſt rapinam , Ambroſius uelut explicās,dicit, Non
ſibi defendit æqualitatem,hoc eſt,non arrogauit ſibi,quo nobis exemplum oſtenderet hu
militatis,ſed ſubiecit ſe,ut exaltaretur à patre.Siquidem ad exemplum Paulus huc produ
xit Chriſtum ſponte humiliatum,& patris autoritate exaltatum.Neq; tamen me clàm eſt
locum hunc à ueteribus ferè ſecus exponi,quantū ad quædam , quorū ego ſententiæ non
præiudico,ſed quod adijciendum uidebatur lectoris ſtudio in medium confero. Scio ma/
gnos autores,Hilarium,Auguſtinū,ut cæteros taceam,ſic interpretari : Nō arbitratus eſt
rapinā,quod eſſet æqualis deo,nam quod erat naturæ,nō putauit eſſe rapinæ . Cum eſſet
in forma dei,hoc eſt,cum uere eſſet deus.Atq; hanc præcipuam habent clauam,qua con/
ficiantur Ariani,qui ſolum patrem uere uolunt eſſe deū. Atqui ſi ueris agere fas eſt , quid
magni tribuit Paulus Chriſto,ſi cū deus eſſet natura,intellexit,id non eſſe rapinę, hoc eſt,
nouit ſeipſum?Illud autem compertum eſt , nuſquā maiorem uim fieri ſcripturis ſacris,q̃
ubi cum hæreticis agentes,nihil non detorquemus ad uictoriam.Tametſi non uideo quid
hic locus proprie faciat aduerſus Arianos.qui non negabāt dei filiū eſſe deum,imo & ma
gnum deum fatebantur, & benedictū ſuper omnia deum) ſed arbitrabantur patrē aliquo
modo peculiari dici deum,quo filius aut ſpiritus ſanctus non diceretur. Non hic agit Pau
lus quid eſſet Chriſtus,ſed qualem ſe gereret , uidelicet nobis ædens exemplū.Deus erat,
homo erat.Deum celauit,hominē exhibuit uſq; ad ſepulturā:nam miraculis & alij pij cla
ruerunt. Et tamen ſi quas diuinę naturę ſcintillas obiter oſtēdit,ſemper ad patrē autorem
refert , ſibi nihil arrogans . Proinde totus hic locus mihi uidetur uiolentius detorqueri ad
Chriſti naturā,cum Paulus agat de ſpecie exhibita nobis.Ad quem intellectū probe qua/
drat quod ſequitur,Propter quod deus exaltauit illum.Quid eſt humiliauit?Oſtendit ſpe
ciem ſerui & cōtempti. Quid eſt exaltauit?Declarauit ſpeciem euecti,qui per ſe ſummus
erat.Iam quod amicus quidā eruditus,literis ad me ſuis argutatur,hęc uerba:Qui cum in
forma dei eſſet,non arbitratus eſt eſſe ſe æqualem deo,non competere in Chriſtum,quate
nus eſt homo,cum iuxta eam naturam uere rapina fuerit futura ſi ſe deo æquaſſet,opinor
ſua ſponte dilutum hac interpretatione:Hominem abiectum,hominem damnatum Chri/
ſtus agere non potuit,niſi fuiſſet homo. Nec iſt quod me quiſquā magnis autorum nomi
nibus obruat,imò non hoc admonuiſſem,niſi mihi cognitū eſſet hoc magni nominis ſcri/
ptoribus placuiſſe.Neq; tamē inficias iuerim Greca ſic accipi poſſe: Qui cū in forma dei
fuiſſet,hoc eſt,qui cum ab æterno fuiſſet deus,haud quaquā cogitaſſet rapinam, ſi ſe geſ/
ſiſſet pro deo:tamen homo factus,nō id pre ſe tulit,quod ſemper fuit,nō oſtentauit quan/
tus eſſet,ſed quàm humilis eſſet,quàm mitis, quàm obediens, hanc nobis oſtendens uiam
ad ſumma perueniendi.Iam quod hic uertit,ſimilitudine,Gxæce eſt ὁμοιώμα, quod magis
ſonat aſsimilationem:& quod hic habitu,illis eſt ϛχῆμα, quod magis ſonat figuram . Hæc
paucis

16: ut homine

22

7.19

Forma dei,id eſt ,ſpecimen

Forma ſerui ſpecie pecca/ toris.

Excuſſa uete/ rum interpre tatio

27

Reſpondet a/ mico cuidam

Thomas de paucis indicanda putaui,ut appareat quædam non admodum quadrare ad fenfum Pauli,
habitu quæ Thomas adducit de habitu,iuxta confuetudinem dialecticorum, qui Aristoteli dici/

[16-22: non ⲭⲏμⲁ ∕ διάθεσις] ἕξις turἕξις.Quam & Latini uocat habitũ,diuerfa ab eo quæ dicitur διάθεσις. qualitas enim ue 27
lut in naturã uerfa,Græcis dicitur ἕξις ab herendo,Contra quæ facile tollitur διάθεσις,quã
Latine pofsis affectionem dicere.Has ponit in primo genere qualitatis. χῆμα uero & μορ
φὴν recenfet in quarto genere,& fic recéfet quafi inter has duas uoces, aut nihil aut quàm
minimum interfit.Est autem & forma fubstantialis quam ἐντελέχεαν nonnunquam εἶδος, 35
interdum μορφὴν,quanquã hæc duo posteriora frequenter de externa corporis fpecie ufur
pantur]appellat.Nec tamen male uertit interpres,Nam habitus Latinis nonnunquam &
ad corporis fpeciem refertur,at Græcis non item)(Cæterum inuentus dixit, pro comper/ 19
tus,εὑρεθὲς, nimirum certifsimis argumentis.Nam Latinis inuentum dicitur, quod quæ/

Varij fenfus fitum contigit:fic & illud dictum est,Inuenta est in utero habens.Et ut homo, potest acci/
pi, ut homo quiuis alius,qualis non erat,etiamfi uere homo erat,quantum ad naturam ho

19: Vulgarius minis attinet.Aut fpecie hominis,nimirũ id præ fe ferens quod erat,ut indicat Theophy/
lactus)(Cyprianus hunc citans locum libro aduerfus Iudæos fecundo capite decimotertio 22
legit,Qui cum in figura dei eſſe)(Chryfoftomus fufius hũc locum tractat, ex eo pugnans 35
aduerfus omnes hæreses,quæ de Christi diuina natura perperam fenferunt. Quanquam
hi commentarij mihi uidentur νόθοι.Quifquis fuit,Chryfoftomi πολυλαλίαν uincit, arguti
am non est aſſequutus.]

19-27: margin: Fabrum videtur designare {Exinaniuit femetipfum.) ἐκένωσεν ἑαυτόν, id est,Inaniuit,Nam Q.Curtius libro quar 19
to exinanire dixit,pro exhaurire:Ita ut nec circunuenirentur, fi arctius starent,nec tamen
mediam aciem exinanirent.Hic ἐκένωσε dictum uidetur,pro fecit humillimum & nihili,ut
nihil agant qui contendunt Christum pauxillulum quiddam imminutum à deo,iuxta na/
turam hominis aſſumptã.Certe qui tantillo minor fit,non diceretur inanitus. Porrò quo/
modo dicatur diminutus,aut inanitus,non est huius instituti perfequi.}

< Humiliauit femetipfum.) Sunt qui putent humiliare uoce eſſe parum Latinã.Ego cer 22
te optarim eſſe , etiamfi nondum contigit reperire apud idoneum autorem)(Latine reddi 27
poterat,fubmifit aut deiecit.

[υπερυψόω] Deus exaltauit illum.) Plus explicat fermo Græcus ὑπερύψωσιν, hoc est,uehemẽter
exaltauit,fiue infigniter.Proinde Ambrofius legit fuperexaltauit,studés exprimere Grę/
cam uocem.

↓[Omne genu flectatur.) πᾶν γόνυ κάμψη, id est,Omne genu flectat,ut fubaudias,fe)(Si 35
mili forma fcripfit Mattheus aut huius interpres, μὴ ἀνακάμψαι, ne redirẽt ad Herodem,
Et Latinis nox præcipitare dicitur,quæ imminet.]

Et infernorum.) καταχθονίων, id est, Subterraneorum.

Locus apud In gloria.) εἰς δόξαν, id est,In gloriam, ὅτι κύριΘ ἰησῦς χριϲὸς εἰς δόξαν θεῦ πατρός, id est,
nos bene le/ Quod dominus Iefus Christus in gloriam dei patris,ut intelligas hoc omnem confiteri lin
ctus guam,quod Iefus Christus est dominus,idq́; in gloriam dei patris . Quanquã illud In glo/

[In gloria dei patris] riam dei patris,referri potest ad uerbum confiteatur,quod præcefsit,ut omnis lingua con 19
fiteatur ad gloriam dei.}

Vestram falutem.) τὴν ἑαυτῶν, id est,Vestram ipforum.Quancɡ ut admonui,ista pro
nomina compofita fere uertit per fimplicia.

Salutem uestram operamini.) Et mox,Deus enim est qui operatur in uobis.Prius uer
bum est κατεργάζεϲθε, alterum est ab ἐνεργεῖν, quod nos uertimus, qui agit ,ne quis in
hoc erraret.Atcɡ illud,In uobis ἐν ὑμῖν est in quibufdam,in alijs, ἐν ἡμῖν in nobis.Quancɡ
hoc nihil interest ad fenfum.

Et perficere.) καὶ ἐνεργεῖν, id est, Facere fiue operari . Est autem infinitum participij,
quod modo præcefsit ὁ ἐνεργῶν, id est,Qui operatur , ne quis putet eſſe nouũ mysterium
in uerbo perficere,quafi fit ad finem perducere.Ambrofius legit,operari.

< Pro bona uoluntate.) ὑπὲρ δ᾽ εὐδοκίας. Sermo est anceps, potest enim intelligi bona 22
uoluntas,uel dei,uel Philippenfiũ.Theophylactus refert ad deũ,Ambrofius ad homines.>

Sine murmurationibus.) Quidam Græci codices habent χωρὶς ὀργῆς, id est, Sine ira.
Alij γογγυσμῶν, id est,Murmurationibus.

Et hęſi/

[19-27: se. Atque ita citat Hilarius cum aliis locis tum libro de trinitate nono, ut appareat hoc nostrum flectatur, scribarum errore fuisse mutatum. <Quanquam hoc ad sensum nihil refert> 22 Et infernorum.)]

19 Et hæſitationibus.) καὶ διαλογισμῶν, id eſt,Diſceptationibus.{Id aliquoties uertit,co/
27 gitationibus.}(Diffidens enim diſputat & argutatur.)

19 Sine querela.) ἄμεμπτοι, id eſt,De quibus nemo queri ſiue conqueri poſsit{alioqui ſi/
ne querela eſt,qui de nullo queritur.}

ἄμεμπτοι 19-22:
Sine querela

19 Et ſimplices.) καὶ ἀκέραιοι, id eſt,Synceri{abſcp fuco.}

22 Sine reprehenſione.) ἀμώμητοι, id eſt,irreprehenſibiles,ſiue inculpati,{quod frequen/
ter uertit immaculati.)

Prauæ.) σκολιᾶς. Quod non ſignificat ſimpliciter prauum, hoc eſt,malum, ut uulgo
putant,ſed tortuoſum & aſperum,ut reſpondeat illi,quod ſuperius poſuit ἀκέραιοι, id eſt,
ſimplices:id quod uelut interpretans explicat,adiūgens καὶ διεσραμμ̇νης, id eſt, Diſtortæ.

Prauator/
tuoſa

19 {Auguſtinus enarrans Pſalmum C X L V I.pro praua legit,tortuoſa.

*Inter quos lucetis. φαίνεσθε. Anceps eſt,utrū ſit imperandi modus an indicandi,id eſt,
utrum lucetis,an lucetis.Certe lucete imperandi modo,legit Cyprianus in epiſtola ad Ro/
gatianum presbyterum.Et Ambroſius ſic exponit,ut declaret hæc nō pronunciari à Pau/
lo quod fiant,ſed præcipi ut fiant : Commonet,inquiens, ut memores ſuæ profeſsioni re/
ſpondeant,ut inter diffidentes tam clari appareant,uita,conuerſatione,moribus,quemad/
modum ſol & luna inter ſtellas ſplendore ſublimes ſunt.Porro φαίνεσθ non ſimpliciter ſi/
gnificat lucere,ſed in conſpicuo eſſe ut omnibus appareat,ueluti lumen in ędito poſitum.

Lucetis,pro
*lucete * 19-27:*
entries reversed

*Luminaria. φωσῆρες. Cum erecta machina tollitur in altū lumen ſuſtinens. Vnde ad/
dit,uerbum uitæ ſuſtinentes,hoc eſt,in uertice tenentes.}

Ad gloriam.) εἰς καύχημα. De quo iam ſæpius admonuimus . Et eſt ad gloriam mihi,
εἰς καύχημα ἐμοί. Atcp ita legit diuus Ambroſius.Dilucidius erat,Vt gloriari poſsim in die
Chriſti,quod non in uanum cucurrerim.Nam huc refertur illud καύχημα, ut coram Chri/
19 ſto poſsit gloriari,illis adiuuantibus hanc gloriam{Ita ſanè Theophylactus.}

19: Vulgarius

In die.) εἰς ἡμέραν, id eſt,In diem.

16: immolatione

**Supra ſacrificium.) ἐπὶ τῆ θυσία καὶ λειτοργεία θ πίστεως ὑμῶν, id eſt,Super hoſtia & ſa
crificio fidei ueſtræ.Sentit ſuam mortem & uincula uictimā quandam eſſe , cuius ipſe ſit

*** 16: precedes*
Ad gloriam.)
above.

19 miniſter & ſacrificus,ſemetipſum immolans pro fide illorū , & hoc nomine gaudet .{Non
quod inficier ἐπὶ Græcis nonnunquam ſonare acceſsionem,ſed quod hic nō faciat ad ſen/
ſum Pauli,mea ſententia . Facit enim ille ceu duas uictimas,alteram illorum fidem , quos
Chriſto obtulit, cuius ſe miniſtrum & λειτοργὸν facit: alteram ſe, ſi dum ſtudet illam ui/
ctimam rite deo exhibere , ipſe mactetur, & fiat uictima: quod quidem non recuſat, mo/
do id efficiat,ut illos deo dignos exhibeat . In hanc ſententiam interpretatur & Ambroſi/

Senſus ex/
cuſſus

27 us,&(Scholiaſtes pſeud]eronymus,atcp)huic cōſentiens Theophylactus}Recentiores qui
dam perperam exponunt ſupra,pro ultra,ac multo alium ſenſum inducūt,cp Paulus Græ
cis uerbis expreſſerit.

Vulgata in/
terpretatio 19:
reiecta Vulgarius
16-22: theologi

Congratulor.) συγχαίρω, id eſt,Congaudeo.

Congratulamini.) συγχαίρετε, id eſt,Congaudete,Legi poteſt per modum indicandi,
gaudetis & congaudetis,id quod mihi ſanè magis arridet.

Bono animo ſim.) εὐψυχῶ, Græcis eſt cōpoſita dictio, & magis ſignificat bene affici
animo,quàm eſſe bono animo,Siquidē bono animo eſſe dicunt Latini,pro eo quod Græ
cis eſt θαῤῤείν.

Cognitis quę circa uos ſunt.) γνοὺς τὰ π̇ρὶ ὑμῶν, id eſt,Vbi cognouero de reb. ueſtris,
35 ſiue cognitis ijs quę circa uos ſunt . Ambroſius legit,Certior de uobis factus{Iuxta formā
illam,qua τὸς ἀμφὶ πλάτωνα,ipſum Platonē dicimus.Ita mox interpres uertit τὰ πʒι ὑμῶ]

22 Tam unanimem.) Tam,redundat,tantum eſt ἰσόψυχον, id eſt, Aequalis animi {Nec
addidit tam Auguſtinus adducens locū hūc libro aduerſus Petil. ſecundo cap. L X X V I.}

Redundat
apud nos

Sed offenſus interpres ſenſu,addidit tam,ne uideretur laudato Timotheo damnare cæte/
ros.Eſt autem Græcis dictio noue compoſita,quæ parem & eundem per omnia animum
35 ſignificat, quo modo Pythagorici ſummam & perfectam amicitiam ſignificabāt .{Talem
id temporis non habebat Paulus,qui pari ſynceritate tractaret Euangelium. Verum quos
offendit hic locus,eos magis oportuit offendi uerbis quæ mox ſequuntur,omnes quę ſua
ſunt quærunt,non quæ Ieſu Chriſti.]

Qui syncera affectione.) ὅς τις γνησίως, id est, Qui uere & germane{ut legit Augusti, 19
nus, epistola c x x x v i i}siue ut alias uertit, ingenue.

Pro uobis sollicitus sit.) Græce sic est τὰ περὶ ὑμῶν μεριμνήσᾳ, id est, Res uestras cura,
bit, ut sententiam reddam, magis ᵬ uerba.

Eius cognoscite.) γινώσκετε. Est quidem ambigua Græca uox. Tamen hoc loco recti
us uertisset, Cognoscitis, quod declarant ea quę mox sequuntur{quoniam ut patri. cogno 27
scitis, id est audistis, aut cognoscite ex me. Theophylactus legit cognoscitis, sic exponens,
quasi Paulus citet Philippeses testes, quãta synceritate Timotheus se gesserit in euãgelio.}

**16: follows
Veniam ad vos.)
below

**Quoniam sicut patri.) Vertendum erat, quoniam sicut cum patre filius mecum serui
uit, uel Sicut patri filius, mihi conseruiuit{Siquidem Græca sic habent ὅτι ὡς πατρὶ τέκνου 22
σὺν ἐμοὶ ἐδ'ούλευσεν. Paulus seruiuit euangelio, nihil quærens sui commodi, huic se socium
dedit Timotheus pari synceritate affectus.}

*16-27: entries
reversed

* Et, spero mittere.) Cur non potius missurum: Nam infinita sic aliquoties usurpantur.
* Quæ circa me sunt.) Grȩci addũt ἐξαυτῆ, id est, Protinus, siue cõfestim, quod hic inter
pres uidetur uertisse mox. Verũ illud mox, potius referendũ uidetur ad uerbum mittere.

Veniam ad uos.) Ad uos, redundat. Imò Græce est, Quod & ipse cito uenturus sim,
Et ita legit Ambrosius.

ἀδ'μονῶν

Et mœstus erat.) κ̀ ἀδ'ημονῶν. Id Ambrosius uertit, Et impatiëter sollicitus erat. Nam
ἀδ'ημονεῖν est pene exanimari ac deficere præ dolore.

Vsᵬ ad mortem.) πρὸς πλησίον θανάτῳ, id est, Proxime mortem, siue Vt esset uicinus
morti. Ambrosius legit, Prope mortem.

16-27: Absque
19-27: margin:
Faber
*16: entries
reversed
+16: forms first
entry in Cap. III p. 627
=16-27: follows
Festinantius.)
above

Festinantius.) σπουδαιωτέρως. Verti poterat & studiosius. Ambrosius legit, sollicitius,
etiamsi deprauatum est sollicitus{mihi tamen non displicet quod uertit interpres.} 19

Sine tristitia sim.) ἀλυπότερ⊙-ὦ. Ambrosius uertit, Meliore animo sim . Græca uox
perinde sonat, quasi dicas. liberior sim ab omni dolore, siue minus doleam.

*Cum honore habetote.) ἐντίμως ἔχετε, id est, In precio habete.

+ Tradens animam suam.) παραβολευσάμεν⊙-. Ambrosius Græca uoce propius expres,
sit, In interitum tradens animam suam. Est autem παραβολευεσθ male consulere, & non ha,
bere rationem alicuius{non, quod Faber putat, sponte cõsultoᵬ tradere}Sentit enim Pau, 19
lus illum ope diuina seruatum fuisse: alioqui ipse se præcipitauerat in exitium uitæ.

= Quod ex uobis deerat.) τὸ ὑμῶν ὑςέρημα, id est, Vestrum defectum.

*Erga meũ obsequium.) τ῀ὶ πρὸς με λειτεργίας. Ambrosius legit, circa meum officium.
Quanquam nec is explicuit, quod Græca sonant uerba, quorũ hæc est sententia: ut quod
diminutũ fuit in obsequio uestro erga me, id suppleatis in his quos ad uos mitto, & quod
minus fecistis mihi, in talibus compensetis. At nonnulli codices habent πληρώσῃ{impleret} 19
non πληρώσητε. ut uerbum ad Epaphroditum sit referendum, non ad Philippenses, ac tum
erit sensus, ut ille suppleret, quɔd in uestro erga me officio fuit diminutum{Ita sine dubio 35
legit Scholiastes Latinus in omnes Pauli epistolas{Ambrosius interpretatur, ut suppleret, 19
si quid Paulus minus plene tradiderat{Licet Ambrosianus sermo sit obscurus. Sic enim lo 35
quitur: ut impleret quod deerat plebi in traditione iuxta traditionem apostoli{Theophyla
ctus cum legat itidem ut Ambrosius, tamen secus interpretatur: Videlicet cum Philippen
ses Romæ non essent, tamen Epaphroditũ illorum ad se munificentiam detulisse, atᵬ hoc
pacto farsisse, quod illorum erga Paulum officio, locorum seiunctio uidebatur detraxisse.}
{Ad eundẽ modũ interpretã Chrysostomus. Nec dubitandũ est, quin idem legerit Theo, 35
phylactus quod Chrysostomus, sed interpres suo more insulsit uulgatam Latinorũ lectio,
nem, circa meũ officiũ, quã tamen nõ arbitror esse interpretis, sed deprauatoris. Nã ut La
tine dicatur obsequiũ aut officiũ aut ministeriũ illius, cui impenditur, Græca quæ nõ uari
ant τ῀ὲ πρὸς με λειτεργίας, quid aliud declarant, ᵬ officij circa me, uel erga me potius. Vnde
palam est tum apud Ambrosiũ deprauate legi, circa meũ officiũ, tum in uulgata ȩditione,
erga meũ obsequiũ, pro, circa me officiũ, &, erga me obsequiũ. Mirũ tamen quomodo il,
lud meũ, omnes Latinos codices occuparit . Annotauit Chrysostomus quod Paulus Phi,
lippensium munificentiã appellarit λειτεργίαν ministeriũ, ne sibi placerẽt. Nec est πληρώ,
ςῃ, sed ἀναπληρώσῃ, quod est accessione implere, quod plenitudini perfectæ deerat.}

16-22: Aphroditum

19: Vulgarius

Ex Capite

EX CAPITE TERTIO

16: Tradens animam suam.) from p. 626

Ecætero.) ἢ λοιπὸν, id eſt, Quod ſupereſt. Et χαίρετε poteſt legi, ualetė. Mihi quidē non pigrum.) ἐμοι μὲν ἐκ ὀκνηρὸν, ἡμῖν δὲ ἢ ἀσφαλὲς. Ad uer‐ bum ita reddi poterat: Mihi quidem non pigrum, uobis autem tutum. At dí lucidius ſimul & Latinius fuerit, Me quidem non piget, uobis autem tutum eſt. Senſus eſt, Non me piget huius laboris, ut ſæpius eadem repetam, quo crebra admonitio, uos reddat tutiores, ne labamini. Nam hinc proprie dictū eſt ἀσφαλὲς.

16: ut

35 [Hic apoſtoli ſermo eὸ ſpectat, ne Philippenſes offenderentur tot monitis ſubinde repeti‐ tis. Aliquis dicere poterat, tantū eſt ocij tibi Paule, ut uacet toties admonere? Charitas, in‐ quit, qua uos complector, facit ut huius rei nullū ſentiam tædiū. Rurſus aliquis dicere po‐ terat, an nos exiſtimas tam obliuioſos, ut toties ſimus admonendi? Reſpondet, ut mea ad‐ monitio uobis nō ſit neceſſaria, tamen nihil hinc uobis incommodi, imὸ potius cautiores reddet aduerſus inſidias malorum. Hæc mea ſedulitas, uos facit tutiores. Hoc ſaltem fru‐ ctus adferet uobis mea inſtantia, Eoϙ addidit articulum, ἢ ἀσφαλὲς, id eſt, ueſtra eſt ſecu‐

22 ritas. Tametſi ſermo Romanus non habet uocem qua proprie exprimat ἀσφάλειαν] Mi‐ rum unde Ambroſius nobiſcum legat, pro tuto, neceſſariū. Nam ſic etiam interpretatur,

27 (niſi Græci ἀσφαλὲς uocant, quod uitari non poteſt.)

Vide conciſionem.) Diſtinxit conciſionem ὰ circunciſione κατατομỳ, πϑιτομỳ. Con‐   *κατατομỳ* ciditur enim quod diſcerpitur, & planὲ diſtrahitur. Circunciditur quod expolitur, reſectis   *πϑιτομỳ* ſuperuacaneis. Annotauit hoc diuus Hieronymus in commentarijs Micheæ. Cæterū ar‐ ticulus præfixus ſingulis horum nominum, indicat eum de certis quibuſdam loqui, quos

19 illi nouerint τὸς κύνας, τὸ κακὸς, τὴν κατατομỳ. Et uidete, poſuit pro cauete, quemadmo‐ dum aliquoties in euangelio ὁρᾶτε, βλέπετε. Sic enim hunc locum adduxit Ambroſius in libello Ad uirginem deuotam, Vitate canes, uitate malos operarios.]

Qui ſpiritu ſeruimus deo.) Grҫce eſt. Qui ſpiritu dei ſeruimus, οἱ πνεύματι θεῷ λατρεύο   *Qui spiritu*

19 μεν] Porrὸ ſeruimus dixit, pro eo quod eſt, religione colimus. Et tamen in nōnullis habeba   *seruimus* tur θεῷ λαβεύομεν, id eſt. Deo ſeruimus. Indicat Ambroſius libro de ſpiritu ſancto ſecūdo, cap. VI. hunc locū in Latinis codicibus falſariorū perfidia uariatū fuiſſe, atϙ ob id Grҫco   *Locus falsa‐* rum exemplariū autoritate ſtandū, in quibus habebatur, οἱ πνεύμαϊ θεῷ λαβεύοντες, id eſt,   *tus apud La* Qui ſpiritui dei ſeruimus. Atϙ hinc colligit & ſpiritū eſſe deū, cui cultus debeatur, quod   *tinos* tamen ex Grҫcis uerbis non cōſequitur neceſſario. Siquidē datiuus πνεύμαϊ, modū indi‐

27 care poteſt, ut uerbū λαβεύομεν ponatur abſolute [Religioſi ſumus. Quomodo? Non car‐

35 ne, ſed ſpiritu] Aut deo ſubauditur, Seruimus deo, ſpiritu dei] Atϙ in hunc ſanὲ ſenſum

35 enarrant Grҫcorū ſcholia, atϙ ipſe etiam [Chryſoſtomus, ϕ πνεῦμαϊ interpretans πνεῦμα

35 ἐκῶς] Theophylactus πνεύμαϊκῶς λαβεύοντες, ϰ δⁱὰ νοός, id eſt, Spiritualiter & mente deum   19: Vulgarius colentes, non corporeis ceremonijs, quemadmodū Iudæi qui mentulam amputabāt, men

35 te impura] Porrὸ ſpiritū hic accipi nō pro ſpiritu ſancto arguit & illud, quod πνεύμαϊ non præponitur articulum. Triplicem huius loci lectionē indicat Auguſtinus libro ad Bonifaci um 3. cap. 7. Rurſus libro de trinitate primo cap. 6. Siue tamē legas θεῷ ſiue θεῶ, uerba nōn urgent ut hinc fateamur ſpiritū ſanctū eſſe deum. Vtraϙ enim lectio ſenſum habet anci‐ pitem, ſed præter articulū omiſſum, de quo nō diximus, ipſe ſermonis tenor reclamat Am broſio: neϙ enim agit apoſtolus de perſonis diuinis, ſed de circūciſione, hoc eſt, Iudaiſmo ſpirituali & carnali, de qua loquitur dominus: Qui adorant patrē, in ſpiritu adorant eum.]

19 Habeā fiduciā in carne.) Grҫcus habet, & in carne ϰ ἐν σαρϰί. Et ita legit Ambroſius. [Atϙ eſt quidē πεποιθέναι uerbū præteriti temporis, ſed ijs abutimur pro uerbis præſentis tҫporis. Vnde & Ambroſius & interpres recte legūt, Fiducia habeam, & fiduciã habere.}

Circunciſus octauo die.) Grҫcus ſic habet πϑιβμὴ ὀκτἀημερος, id eſt, Circunciſio octa‐   *Locus in Am* ui diei. Se uocat circunciſionen, ut ſæpe aliάs gentes uocat præputium. In Ambroſianis   *brosio deprá* codicibus locum hunc deprauarant parum attenti ſcriptores, legentes, Circunciſionem   *uatus* octaui diei.

16-19: est

Ex genere Iſrael.) ἐκ γένος ἰσραήλ. Iſrael hoc loco nominatiuus eſſe poteſt, non geniti‐

22 uus, Vt enim ſeſmodϙ uocauit circunciſionē pro Iudҫo, ita ſe hic nominat Iſrael pro Iſraeli‐

22 ta, Quemadmodū & aliάs frequēter Iſrael pro Iſraelitis poniϛ. Addidit aūt ex genere, ad di‐ ſtinctionem

16-19: Idque + alias saepenumero fecit.

Gg 2

ſtinctionem proſelytorum,qui erant quidem Iſraelitæ, ſed uelut adoptione,nõ ex genere.
Conuerſatus ſine querela.) γενόμενος ἄμεμπτος, id eſt, Factus ſum, ſiue is fui de quo
queri nemo poſſet. Quanquam hoc haud male reddidit interpres.
Detrimenta.) ζημίαν, id eſt, Detrimentum.
Propter eminentẽ ſcientiam.) διὰ τὸ ὑπερέχον τῆς γνώσεως, id eſt, Propter eminentiam
cognitionis,ut neutrum poſitum ſit loco nominis ſubſtantiui.
Locus uarie intellectus
Vt ſtercora.) καὶ ἡγοῦμαι σκύβαλα εἶναι, id eſt,Arbitror ſtercora eſſe, ſiue duco pro ſter
coribus.{Græcis autẽ σκύβαλον dicitur, quod ex inteſtinis animantiũ canibus proijcitur 22
ἀπὸ τοῦ τοῖς κυσὶ βάλλεσθαι}{Etiamſi diuus Ambroſius in Pſalmo CXVIII. ſermone octauo, 19
legit: Aeſtimor ſtercora,ut Chriſtum lucrifaciam,quaſi Paulus paſſus ſit ſe pro nihilo haberi. Idem tamen ſecus interpretatur, ac mea ſententia rectius, in commentarijs,quos in
hanc ſcripſit epiſtolam,præſertim ſuffragantibus Græcis, iuxta quos Paulus legem olim
magnæ uenerationis prorſus negligit,ut inutilem præ Euangelio Chriſti, cum in illa natus eſſet}{In hanc enim ſententiam adducit hunc locum Chryſoſtomus homilia de aduen- 27
tu,numero XXXV}[Item Auguſtinus libro aduerſus Bonifacium tertio cap. ſeptimo,li- 35
cet aliter exponat ſcribens ad Hieronymum de Petro à Paulo reprehenſo, nondũ opinor
epiſcopus]Quanquam haud ſcio an & illud τὰ πάντα ἐζημιώθην,uertendum fuerit, In om
nibus detrimento ſum affectus. Ambroſius uertit, Omnia damna duxi,{& huic conſenti- 19
16-19: Vulgarius
ens Auguſtinus}Et in hanc quidem ſententiam interpretatur Theophylactus, ut intelliga
mus perinde dictum ζημιοῦσθαι,quemadmodum dicimus μακαρίζεσθαι & εὐδαιμονίζεσθαι.[Nec 35
abhorret ab hoc ſenſu Chryſoſtomi commentũ]{At idem Ambroſius ediſſerẽs Pſalmum, 19
Beati immaculati,ſermone octauo,ſecus uertit,Propter quem omnium detrimẽtum paſſus ſum, rurſus à ſeipſo nonnihil diſſentiens.}
*16-27: entries reversed
* Ex fide eſt.) διὰ πίστεως, id eſt, Per fidem.
* Quæ eſt ex deo.) Adde iuſtitiã τὴν ἐκ θεοῦ δικαιοσύνην. ut repetatur iuſtitiam{Sic enim 19
legit Ambroſius: Iuſtitiam inquã quæ fide conſtat,non legis operibus}Item, in fide ad co-
gnoſcendum illum. Sic diſtinguunt Græci, ut intelligas eum cognoſci ex fide.
Societatem paſsionis.) παθημάτων, id eſt, Paſsionum ſiue malorũ ſiue afflictionum.
Ambroſius pro ſocietate legit communicationem.
Si quo modo.) εἴπως, Si quâ.
19-27: margin: Facetum
Quæ eſt ex mortuis.) τῶν νεκρῶν, id eſt,Mortuorũ. Miror cur hic placuerit περίφρασις,
niſi quod ſuſpicor hunc interpretem,& item Ambroſiũ ita legiſſe, ἀνάστασιν τὴν ἐκ νεκρῶν.
Sequor autem.) διώκω, id eſt,Sector, & aſſequi cupio. Interpres autem nimis Latine
uſus eſt eo uerbo ſequor,idcirco admonui,ne quis erraret.{Nam uulgatum eſt ſequi præ- 27
cedentem,ſequi quod imitamur,rarius eſt ſequi quod affectamus.}
Si quo modo.) εἰ καὶ, id eſt,Si &,ſiue etiã cõprehendã{Interpres legiſſe uidetur εἴπως.} 19
In quo & cõprehenſus ſum.) ἐφ᾽ ᾧ, id eſt,In eo quod{Eundem ſenſum efficit hoc loco, 19
ἐφ᾽ ὃ & ἐφ᾽ ᾧ. Proinde mihi ſenſus uidetur,Si quo modo aſſequar id,ad quod me Chriſtus
delegit,& in ſtadio hoc certare iuſsit.}
Non arbitror.) Laurentianus codex habuit οὔπω, id eſt,Nondum, meus οὐ. ſed plures
habent οὔπω. Et ita legit diuus Ambroſius.
Expenſa Auguſtini interpretatio
Quæ retro ſunt.) τὰ ὀπίσω,id eſt,Quæ à tergo ſunt{hoc eſt, quę pręterita ſunt ac reli- 19
cta. Sumit enim ſimilitudinẽ à curſoribus,qui nõ attendũt,nec reſpectãt quid ſpacij tranſ-
miſerint,ſed quid ſuperſit. Auguſtinus enarrans Pſalmũ trigeſimumnonũ, interpretatur
quæ retro ſunt,uitam priſtinam uitijs inquinatam. Cum mea ſentẽtia Paulus loquatur de
pietatis gradibus, prætermiſsis inferioribus, ad magis ardua perfectioraq́; connitendum
eſſe. Nam & Corinthijs oſtendit uiam excellentiorem,ad quam proficiant, neglectis mi-
noribus uirtutum donis.}
*16: precedes Hoc sentiamus.) p. 629
* Vnum autem.) ἓν δέ, Subaudiendũ eſt ago,quaſi dicat,ſolũ hoc ago,& in hoc ſum totus[Sic interpretatur Auguſtinus libro ad Bonifacium 3. cap. 7. Simplicius autem eſt hic 35
unum poſitum pro tantummodo.]
Quæ priora.) τοῖς δὲ ἔμπροσθεν, id eſt,Quæ à fronte ſunt.
Ad deſtinatum.) κατὰ σκοπόν, id eſt,Secundum ſcopum aut præfixum. Neq; tam male
uertit

uertit interpres ꝗ obscure. Hieronymus admonet Græcam uocem esse significantiorem.
Est enim σκοπός propriè signum præfixum sagittantibus .ꝗVnde quod animo destinamus
ac præfigimus,scopus est.Augustinus cum alijs plerisꝗ locis, tum in Psalmū trigesimum
octauum legit ,Secundum intentionem,pro ᷓ σκοπόψ. Cyprianus de clericorum uita,si
modo hoc opus illius uideri debet,legit,Ad regulam sequor.(Tertullianus libro de carnis
resurrectione legit,Secundum scopum persequor ad palmam.)

Hoc sentiamus.) Hieronymus in primo aduersus Pelagium dialogo, indicat hoc loco
Græcorum exemplaria uariasse,in alijs scriptum fuisse φρονῶμεν, id est,Sapimus, modo in
dicendi,in alijs φρονῶμεν, id est,Sapiamus.

Aliter sapitis.) φρονεῖτε, id est,Sentitis.Ac reuelabit futuri temporis esse debet, ἀρχαί
λνλίσεd reclamatibus uetustis exemplaribus Latinis,atꝗ ipso Ambrosio, qui secus non
legit solum,uerum etiam interpretatur.Item Augustino cum alijs locis aliquot, tum libro
aduersus Cresconiū secundo,cap. X X X I ,Rursusꝶepistola X L V I I I .nisi mendum est in
scriptura.Nam sermone de uerbis apostoli X V .scriptū habet , reuelabit. Rursus libro de
prædestinatione sanctorū primo,cap.primo.Opinor enim dictū aliter,pro eo quod est,se/
cus aliquanto ꝗ oportet.Proinde(si recta lectio est reuelauit)suspicor à Paulo scriptū fuis/
se ἀπεκάλυψε.Sensus uterꝗ tolerabilis est.Siquidē opinor Paulū loqui de Iudæis ad Chri
sti religionem conuersis,qui nondū poterant cōtemnere patriæ legis obseruationem. Pau
lus autem modo docuit ex fide contingere iustitiā . Sed tamen si quis,inquit, inter uos di/
uersum sentit,& legi nonnihil tribuit,non est cur ob id scindatur concordia , quæ peculia/
ris est Christianorū,sic potius interpretetur quisꝗ.Quid mea refert,si deus hoc illi reuela
uit:ego nihilo secius sequar,quod mihi mea dictat cōscientia.Alter hic est , Si quis diuer/
sum sentit,hoc est,legi tribuit aliquid,feratur donec proficiat.Futurum est enim fortassis,
ut hanc quoꝗ perfectiōnem illi deus aspiret , ut aliquando contemnat,quæ nondū potest
contemnere. Quanquā haud me clàm est Ambrosium aliter interpretari.Theophylactus
hunc sensum adfert:Si quid secus sentitis de affectanda uictoria,non rectè sentitis.Sed ta
men deus istam quoꝗ mentē uobis mutabit in melius}[Chrysostomus interpretat deum
aliquando inspiraturum,si quis quid nondū assequitur:nec hoc dictū uult de dogmatibus
fidei,sed de perfectione uitæ.(Hilarius libro de trinitate undecimo,legit, Reuelabit, uerbo
futuri temporis,& interpretat,ijs qui nondū absolutā ueritatē assequuti sunt, expectandā
reuelationē,qui plenā ueri cognitionē largiatur,& si quid prius erratum fuit corrigat.)

Veruntamen.) Græca paulo secus habent,nempe ad hunc modum, πλὴν εἰς ὅ ἐφθάσα
μεν τῷ αὐτῷ στοιχεῖν κανόνι, τὸ αὐτὸ φρονεῖν, id est, Verū in eo ad quod peruenimus, eadem in/
cedere regula, idem sapere . Quanꝗ hi infinitiui pro imperatiuis poni uidentur (Hilarius
libro de trinit.X I .uertit hunc in modū, Verū in quo festinauimus,ipso ingrediamur spa/
rum uidetur intellexisse sermonem Græcum.]

✻ Imitatores mei.) συμμιμηταί μυ, id est, Coimitatores mei , hoc est,imitemini me una
cum cæteris qui me imitantur.Aut hoc cōueniat inter uos,etiamsi quid in cæteris dissen/
titis,ut sitis imitatores mei.Proinde nos uertimus:Estote pariter imitatores mei,Ambrosi
us nullum indicium dat huius coniunctionis.}

✻ Et obseruate.) καὶ σκοπεῖτε, id est,Considerate.Atꝗ ita legit Ambrosius.
Formam nostram.) τύπον ἡμᾶς, id est,Formam nos,ut sit appositiue dictum.
Quos sæpe dicebā uobis.) Apparet Paulū nō absoluisse quod cœperat.Multi em am/
bulant,ut subaudias,nō ut ego,sed in carne & fastu ac ceremonijs, & ob id inimici crucis.
Terrena sapiūt.) φρονοῦντες,id est,Curant siue sentiunt,hoc est,qui terrestres habēt affectus.
Abusus est participio loco uerbi.   Nostra autem.) Nostra enim.
Vnde.) ἐξ ὅ, id est,Ex quo,scilicet cœlo[Nec refert quod præcesit οὐρανοῖς, subaudi/
tur enim loco,quemadmodum subauditur tempore,quū non locus, sed tempus significa/
tur.Quanꝗ hic tempus potest accipi,ut intelligamus ex eo tempore,quo cœpimus spera
re uitam cœleste cum Christo,nos ad cœleste ciuitatem pertinere,non terrenam.]
Corpus humilitatis.) ταπεινώσεως, id est,Corpus humile & abiectū.Locutus est enim
iuxta proprietatem sermonis Hebrei.}   Configuratum corpori.) Græce sic habet,
εἰς τὸ γενέσθαι αὐτὸ σύμμορφον τῷ σώματι, id est, Vt fiat conforme corpori &c.

16: Unum autem.)
from p. 628

Scopus quid

Reuelauit
Reuelabit

Aliter sapere
pro diuerse,si
ue secus ꝗ
oportet

19: Vulgarius

✻16:entries reversed
συμμιμηται]

19-27: Quae
16-27: dixi

[↓

Corpus humi
litatis.i.humē
le,sicut cor
pus mortis

[16-27: coelo. Miror interpreti placuisse amphibologiam, adeo
ut graecis verbis discederet, nisi quod ex quo apud illum fere
sonat ex quo tempore, sive postquam. Corpus

Secundum operationē uirtutis.) Et hoc Græcis ad hunc legitur modum, ϗ τ͠ιω ἐνέρ/
γᾳ τῦ ỗυͺᾳϑ͠ αὐτὸυ ϗ ὐποτάξαι ἑαυτῶͺ τὰ πάντα, id est, Secundū operationem seu uim,
aut efficaciā, ut possit etiā subijcere sibijpsi omnia. Ambrosius legit: Qua possit etiā subij
cere sibi omnia(Codex Donatiani habebat Secundum operationem, qua etiam possit.)   22.

EX CAPITE QVARTO.

Harissimi & desideratissimi.) ἀγαπητοὶ ϗ ἐπιπόϑητοι, id est, Dilecti ac desi
deratissiue amabiles ac desiderabiles.>   22

Et Syntychen obsecro.) Rogo & deprecor apud Græcos idem est uer/
bum. Proinde intempestiue interpres affectauit copiā hoc loco, cum anadi/
plosis eius uerbi faciat ad uehementiam affectus significandam.

Idipsum sapere.) τὸ αὐτὸ φρονεῖν, id est, Idem sentire, hoc est, cócordes esse(Etiamsi Am   22
brosius interpretatur de amplexanda prudentia.>

Etiam.) Hic affirmantis est, ναί. Et ἐρωτῶ, quod significat interrogo, hic pro rogo po/
suit. Nisi forte ἐρωτῶ anceps est apud Græcos, sicut rogo apud Latinos.

[Pauli uxor   Germane compar.) σύζυγε γνήσιε. Syzygi dicūtur, quasi pariter ducentes iugū. Ger
manum autē hic uertit, quod superius uerterat synceram affectionē γνησίως. Quidā hoc
referunt ad uxorem Pauli. Nam Greca possunt & fœminino genere accipi, σύζυγε γνήσιε
id est, Coniunx germana, hoc est, syncera coniunx. Sunt autem magni autores apud Græ
cos, qui putant Paulū habuisse uxorem. Et consentaneū est hic mulieres commendari mu
lieribus. Porrò quod addit γνήσιε, hoc est, germana siue uera, pulchre quadrat in eam quæ
& ipsa Christū unà cum marito amplecteretur. Cum enim consensus est, non solū in con/
uictu, uerumetiam in professione fidei, in studio pietatis, in uitæ similitudine, tum deniꝗ
[Impar coniu/   uerum est coniugiū. Alioqui impar coniugiū uocatur, quoties diuersi religione, iugo ma/   19
gium   trimonij continentur. Sanctus Clemens Historiæ ecclesiasticæ libro tertio, referente Euse   22
bio, locū hunc citat, quo doceat Paulo fuisse uxorem (quū tamen eam exemplo Petri non   27
circunduxerit, quo uidelicet expeditior esset ad negociū euangelicum. Quin idem & Phi
lippo uxorem fuisse scribit, & apostolos filias suas nuptui dedisse, tantū aberat ut damna/
rent matrimoniū. Sanctus martyr Ignatius in epistola ad Philadelphenses fatetur ingenuè   35
non solū Petro & Paulo, uerumetiam cæteris apostolis fuisse uxores, nec ob id minoris ab
ipso fieri, quum patriarchæ & prophetæ fuerint in cóiugio, non libidinis sed prolis gratia.
Chrysostomus fatetur fuisse qui putarēt hic Paulū appellare suā uxorem, sed dissentit nec
causam reddit quur dissentiat. Sed utris potius equū est accedere, Clemēti & Ignatio, quo
rum ille Petri comes fuit, hic Marci Euangelistæ discipulus, an Chrysostomo qui tanto in/
teruallo semotus fuit à temporibus apostolorū. Theophylactus tamē acriter repugnat, ne
Paulo tribuamus uxorē: quasi uero in hoc sit aliquid periculi. Quod ne fiat, mauult hunc
alteri mulierū uel fratrem uel maritum fuisse, ac fortasse carceris custodem. Fatetur tamen
fuisse, qui putarint hæc Paulū uxori suæ scribere, quos non alio refellit argumento, ꝗ uo/
cis unius, quam masculino genere posuerit, fœminino positurus uidelicet, si de uxore lo/
queretur. Sentit autē opinor, de γνήσιε. Nam de σύζυγος nemo nescit esse generis commu/
[22 · haec   nis. Verū qui putarū de uxore dici, ni fallor, Greci fuerūt, quos tamē nihil offendit quod
offendit Theophylactū, nimirū intelligentes in huiusmodi uocibus iuxta morē Atticum
frequenter usurpari, genus masculinū pro fœminino(Quemadmodū Homerus dixit κλυ   27
τὸς pro κλυτή, & Euripides γυναῖΘ· pro γυναία. Deniꝗ quū Theophylactus in epistola
ad Titum cap. 11. legat σωτήριος pro salutifera, itaꝗ interpretetur: demiror quur hic offen/
derit γνήσιος.) Proinde ut hanc sententiā non arbitror absurdam, ita fateor & alteram posse
consistere. Tantū offendit, quod uirū ceu comitem adiungit fœminis, præter morē suum.
Deinde quis esset iste carceris custos, quē Paulus dignaretur tanto honore, ut eum γνήσιον
σύζυγον uocaret, & eidem præferret mulieres.(Consortes euangelici laboris Paulus solitus   27
est appellare συνεργὸς, σύζυγος magis cógruit in par hominū, quos idem copulat iugū, un/
de Latinis quoꝗ dictum est coniugium)Lyranus admonet, germanum esse nomen pro/
prium, ne nihil adderet de suo, quod hausisse uidetur è commentarijs qui falso Hieronymi
titulo feruntur in omnes epistolas Pauli. Porrò cum hæc epistola scripta sit omnibus san/
ctis episcopis ac diaconis, nullius expresso nomine, non uideo quis hic possit intelligi. >

Adiuua

22 Adiuua illas.) συλλαμβάνε αὐταῖς, Commoda illis, ac manum admoue.
 Mecum laborauerunt.) συνήθλησάν μοι, id est, Simul mecum decertarunt.
 Gaudete in domino.) χαίρετε. Potest esse & ualete.

19 Modestia.) ἐπιεικὲς, id est, Humanitas, siue æquitas. Ambrosius explanat, rationabilis *Modestia, pro*
conuersatio, cum non contenditur de summo iure, sed alius alij pro tempore cedit, & id se/ *humanitate*
quitur quod postulat humanitas.

19 Dominus enim.) Enim, redundat, nec additur apud Ambrosium.
 Sed in omni.) Omni, non est epithetū orationis, ἐν παντί, i. In omni re, siue in omnibus.
 Omnem sensum.) πάντα νοῦν, id est, Mentem siue intellectum, ne quis ad corporis sen/

19 sum detorqueat. Certe mentem legit Ambrosius hanc enarrans epistolam, itaq citat libro
de Iacob, & beata uita, capite sexto.

19 Custodiat.) φρουρήσει, id est, Custodiet, futuri temporis. Neq enim optat hoc illis, sed
animat eos hac fiducia. Ita legisse Ambrosium, colliges ex ipsius interpretatione, si perpen
das attentius.
 De cætero fratres.) τὸ λοιπόν, id est, Quod reliquum est. Est autem continuantis post
digressionem aliquam.

35 Quæcunq pudica.) σεμνά. Quod Ambrosius legit, magnifica. Vertere poterat gra/ *σεμνά*
uia, seuera, honesta, uerecunda. Nam hæc omnia significat Græcis σεμνά. *seuera*
 Quæcunq sancta.) ἁγνά, id est, Pura siue casta.
 Amabilia.) προσφιλῆ. Quod Hieronymus aduersus Iouinianum uertit Ad castitatem

35 pertinentia, sed detorquens, opinor, ad suam argumentationem. Nisi forte pro ἁγνά reddi/
dit ad castitatem pertinentia, sed probabilius est hunc errorem esse scribarum. Etenim quū
licuerit dicere quecunq casta, quid opus erat circuitione: quæ in προσφιλῆ erat necessaria.
Iam nisi pudica accipimus uerecunda, bis inculcauit pudicitiam, in σεμνά & ἁγνά unde
suspicor locum hunc apud Hieronymum non carere mendo: fortasse scripserat, quæcunq
casta, quæcunq ad amicitiam pertinentia.

22 Bonæ famæ.) εὔφημα, id est, Bene ominata, siue boni ominis. Ambrosius uertit, lauda/
bilia. Totum hunc locum ita reddidit Hieronymus: Quæcunq ergo sunt uera, quæcunq
pudica, quæcunq iusta, quæcunq ad castitatem pertinentia &c.

22 Si qua laus disciplinæ.) Disciplinæ, redundat iuxta Græcos codices. Nec apparet ex *Virtus*
Ambrosianis commentarijs, quod secus legerit, quàm Græci. Et uirtus hic est ἀρετή, quæ *ἀρετή*
opponitur uicio, non δύναμις, quæ pugnat cum imbecillitate.
 Hæc cogitate & agite.) Cogitate superest, Græcis tantum est ταῦτα πράττετε, id est,

22 Hæc agite. Et ita legit Ambrosius. Hunc locum quidam magnis cachinnis magnisq con/
uicijs insectatur, negans me apud me fuisse cum hęc scriberem. Ac mox deprehendi homi
nis errorem. Siquidem cum ego notassem lectionem posterioris partis, hæc agite & deus *Hæc cogitate*
pacis &c. ille somniauit me de priore parte loqui, si qua laus disciplinæ, hæc cogitate quæ *& agitate*
& didicistis. At dicet ille, quid annotabas, cum scriptura huius loci belle haberet in Græcis
pariter ac Latinis codicibus: Non sum tam stupidus, ut præter occasionē id fuerim anno/ *Calumniator*

27 taturus. Etenim cum hæc scriberem, consului peruetust e(imò primæ, ni fallor)æditionis co *depulsus*
dicem, qui glossam habet adiunctam ordinariam, & interlinearem ut uocant, præbitam e
monasterio Cartusiensiū, quod propinquū est urbi Bruxellensi uicinum collegio Ander/
lacensi, in quo tum temporis ualetudinis causa rusticabamur. In eo sic habebatur scriptū:
Hæc cogitate quæ & didicistis, & accepistis, & audistis, & uidistis in me, hæc cogitate &
agite, & deus pacis erit uobiscū. Et glossa in interstitio uersuū: Non solū, inqt, cogitate, sed
& actu implete. Hic clamabit meus castigator, scripturā esse deprauatā, & illud cogitate re
petitū e loco superiore. Fateor, & ideo admonui, ne latius serperet ea scriptura, quę iam cō

27 dices innumeros occuparat. Det dominus talibus sycophantis, ut aliquando ad se redeant. *22: non paulos*
 Quoniam tandem aliquando.) ὅτι ἤδη ποτὲ, id est, Quod iam aliquando. *occupauerat*
 Refloruistis pro me sentire.) ἀνεθάλετε τὸ ὑπὲρ ἐμοῦ φρονεῖν, id est, Reuiguistis in sentiendo
de me, ut subaudias ἤγουν τὸ φρονεῖν, hoc est, reuiguit in uobis amor & sollicitudo, ac studiū er
ga me, tametsi nō misistis hactenus, qd opportunitas mittendi uobis defuerit, nō animus.
 Sicut & sentiebatis.) ἐφ᾽ ᾧ, id est, In eo quod sentiebatis.

Occupati autem eratis.) ἠκαιρεῖσθε δέ, id est, Sed non habuistis opportunitatem. Id enim
sonare uidetur ἀκαιρεῖσθαι.

※ Non quasi.) οὐχ ὅτι, id est, Non quod.

※ Propter penuriam.) καθ᾽ ὑστέρησιν, id est, Iuxta defectum.

Sufficiens esse.) αὐτάρκης εἶναι, id est, Contentus esse. Apertius erat: Nam ego didici hís
in quibus sum cõtentus esse, ἐν οἷς εἰμι αὐτάρκης εἶναι, hoc est, noui qd᾽ adest boni cõsulere.   27

Scio & abundare.) περισσεύειν. Quod hic uertit, abundare, nõ solum pertinet ad rerum   22
copiam, sed ad omnem præcellentiam, ut opponatur ei quod præcessit, humiliari. Nam de   22
copia & inopia mox meminit. Etiamsi Theophylactus aliter exponit.)   27

Vbiꝗ & in omnibus.) ἐν παντὶ καὶ ἐν πᾶσι, id est, In omni & in omnibus. Et sic legit
Ambrosius. Tametsi probe uertit hoc interpres, ut accipias, ubiꝗ, pro eo quod est in omni re. (Theophylactus priorem particulam ἐν παντὶ bifariam exponit, aut in omni tempo-   27
re, ut intelligas longam experientiam, aut in omni negocio, ut intelligas plurimarũ rerum
experientiam, In omnibus uero quæ obiter incidunt.)

Institutus sum.) μεμύημαι, quod Ambrosius uertit, imbutus sum. Est autem proprie in-
tiari mysteriis. Porro mysteria primum discuntur, mox exercentur.)   27

Abundare & penuriam pati.) περισσεύειν καὶ ὑστερεῖσθαι, hoc est, quasi dicas, pati, ut su-
persit, pati, ut desit: siue pati, ut nimium sit, pati, ut minus sit.

Qui me confortat.) ἐν τῷ ἐνδυναμοῦντί. Non est confortat, quasi consolatur & reficit,   19
sed confortat, id est, Potentem ac fortem reddit. corroborat erat Latinius.

In Thessalonicam.) ἐν Θεσσαλονίκῃ, id est, Thessalonica. Nec miserũt in Thessalonicam,
sed Paulo miserunt, qui illic tum erat. Nisi forte apostolus neglexit grammaticæ leges.

Semel & bis.) ἅπαξ καὶ δίς. Quod si quis Latine uelit reddere, dicendum est, semel atꝗ
iterum. Ambrosius legit: Semel & iterum. Alioqui semel & bis nihil aliud sonat quàm ter.
[Necꝗ enim statim Latine dicitur quod Græcis bene dicitur.]   35

※ In usum.) εἰς τὴν χρείαν, id est, Ad egestatem, siue ad necessitatem. Quanquam in usum
non est absurdum, modo intelligas, In usum, id est, Cũ esset opus. Ambrosius legit, In usus
meos misistis.

Non quia quæro datum.) οὐχ ὅτι ἐπιζητῶ τὸ δόμα, id est, Non quod quæram ipsum donum. Ambrosius legit: Non quia munus quæram.

Sed requiro fructum.) Illud quæro, & hoc requiro, apud Græcos idem uerbum est ἐπιζητῶ ne quis frustra miretur interpretis copiam.)   27

Abundantem in ratione.) Hic melius uertisset Græcum participium in uerbum πλεο-
νάζοντα, id est, Qui redundet in uestrum commodum, potius quàm meum.

Habeo autem omnia.) ἀπέχω. Ambrosius legit, Percepi autem omnia. Nam ἀπέχειν
est recipere ex aliquo ueluti censum aut reditum ex aruis. Et ad eum modum uertit in E-
uangeliis, Receperunt mercedem suam ἀπέχουσι. Id sentiens Theophylactus, submonet   22
recipi, quod quasi debitum datur.)

Repletus sum acceptis.) πεπλήρωμαι δεξάμενος, id est, Repletus sum accipiés, nisi quod
participium est præteriti temporis. Commodius uertisset ad hunc modum, Expletus sum,
posteaquam accepi ab Epaphrodito, à uobis missa, odorem &c.

In odorem suauitatis.) ὀσμὴν εὐωδίας. Quod superius indicauimus, Nec est In odorem, sed odorem appositiue. suffragante Græcis codice Donatiani. Suffragabatur uterꝗ   22.27
Constantiensis. Ambrosius legit, odorem bonæ suauitatis, sed mutato, sicuti coniicio, auferendi casu, in accusandi casum. Cyprianus exponens precationẽ dominicam, citat ad hũc   19
modum: Saturatus sum, inquit, recipiens ab Epaphrodito quæ à uobis missa sunt, odore
suauitatis, sacrificio accepto, & placente deo. Indicat autẽ quod uocauit odorem suauem,
sumptum à sacris in quibus suffitus spargebantur grati naribus.

Omne desiderium.) πᾶσαν χρείαν, id est, Omnem nescitatem siue indigentiam. Valla
emendat, implebit πληρώσει, sed codex unus habebat πληρώσαι, id est, Impleat.

Cum spiritu uestro.) Sic & Ambrosius legit, sed Græci codices habent, μετὰ πάντων
ὑμῶν, id est, Cum omnibus uobis.

                    I F I N I S

¶IN EPISTOLAM PAVLI

AD COLOSSENSES {ANNOTATIONES DES.
ERASMI ROTERODAMI.}

N primis nõ poſſum non mirari, quid in mentem uenerit ijs qui Coloſſenſes ad quos ſcribit hanc epiſtolam Paulus, aiunt eſſe Rhodienſes, ob nobilem illum coloſſum, qui memoratur inter ſeptem mundi miracula. Nam de ſtatua quidem nullus non meminit ſcriptorum. At de ciuitate huius nominis, ne ij quidem ullum fecere uerbum, qui totius inſulę ſitum diligen tiſſime literis prodiderunt. Quin potius Coloſſæ ciuitas eſt Phrygiæ, quę eſt in Aſia minore, haud ita procul ab Hierapo li, & Laodicea, quarũ & in hac epiſtola meminit Paulus. Lao diceæ cum ait, Volo autē uos ſcire, cuiuſmodi certamen ha beam pro uobis, & pro his qui ſunt Laodiceæ. Ac rurſum in calce: Facite ut & in Laodicenſium eccleſia legatur, & eam quæ e Laodicea miſſa fuit, ut uos quoqʒ legatis. Ac paulo ſuperius: Quoniam habet zelum multũ pro uobis, & his qui ſunt Laodiceæ, & his qui ſunt Hierapoli. Conſtat autē Hierapolim & Laodiceam in Phry gia eſſe aut certe in confinio, autore Ptolemæo. Porro Herodotus libro ſeptimo Coloſſas appellat magnam Phrygiæ ciuitatem, quæ fluuiũ habet Lycum, qui ſe precipitans in ter ræ hiatum, occultatur, poſt erumpens ad ſtadia quinqʒ. Ad hæc Plinius libro quinto, capi te trigeſimo ſecundo, Coloſſas nominatim recenſuit in deſcriptione Phrygiæ, quæ ſepten trionali ſui parte Galatiæ ſit cõtermina, meridiana, Lycaoniæ, Piſidiæ, Mygdoniæ, ab ori ente Cappadociam attingens. Oppida celeberrima ſunt, Ancyra, Andria, Celena, Coloſ ſæ, Carina, Cotiaion, Ceranæ, Iconiũ, Midaium. Idem libro trigeſimoprimo, capite ſecun do, prodidit Coloſsis flumen eſſe, in quod lateres coniecti lapides extrahantur. Ad hæc Strabo geographiæ ſuæ libro decimo, inter loca Laodiceæ ſinitima, Coloſſarũ quoqʒ men tionem facit. Iam uero Theophylactus quoqʒ Græcus interpres de Coloſſenſibus tradidit in hunc modũ, πόλις φρυγίας αἱ κολοσσαί, αἱ νῦν λεγόμυναι χῶναι. καὶ δ῀ῆλόν ἐκ τὸ τὴυ λαοδίκε/ αμ ἔναι πλησίον, id eſt, Ciuitas Phrygiæ Coloſſæ, quæ nunc uocatur Chonæ. Atqʒ id liquet ex eo, quod uicina ſit Laodicea. Hæc abunde ſufficiunt, opinor, ad refellendos eos, qui Co loſſenſes in Rhodum transferunt. Nec ab hac noſtra ſententia diſſentit Faber Stapulenſis. < Iam quod apud Suidam legimus Rhodienſes & Lindios dictos, & Coloſſenſes ob inſi gnem Coloſſum, quem ſoli erexerunt, ut uerum ſit, non efficit, ut hæc epiſtola ſcripta ſit Rhodijs. Cæterum quod in Græcis codicibus κολοασές legimus, per alpha ſcriptum in ſe cunda ſyllaba, haud ſcio an librariorum acciderit incuria, præſertim cum Theophylactus urbis ſitum exponens, Coloſſas ſcribat, non Colaſſas. Sic autem dicimus Coloſſæ Coloſ ſarum, quemadmodum Athenæ Athenarum.

< A deo patre noſtro.) Admonet Theophylactus Chryſoſtomũ ut ſolet ſequutus, hic nõ addi mentionem Chriſti, quod tamen fieri ſolet in cæteris fermè epiſtolis. Et tamen hoc ad ditum uidemus in Græcorum codicibus, non dubium quin errore librariorum, ex ſua me moria quæ uidetur addentium.Certe Theophylactus non addit.[In codice Veronæ edito additur in contextu, reclamante commentario]Latini codices uariant.)

{Quod peruenit ad uos, ſicut & in uniuerſo mundo eſt, & fructificat, & creſcit.) καθῶς καὶ ἐν παντὶ τῷ κόσμῳ, καὶ ὅτι καρποφορούμυνον, Quemadmodum & in toto mundo eſt etiam fructificans, licet in nõnullis exemplaribus nõ addebatur poſterius καὶ ante ὅτι. Quæ tamē coniunctio mihi non uidetur ocioſa. Prior uenit pertinet ad aduerbium, quemadmodum, poſterior ad id quod ſubauditur, peruenit ad uos, quemadmodum & in toto mundo eſt, & ita eſt, ut non ſolum prædicatum ſit, uerumetiam fructificet.}

Et creſcit.) Hæc apud Græcos non legi. Faber indicat, αὐξανόμυνον addi in quibuſdam exemplaribus, atqʒ ita ſanè legit Ambroſius Theophylactus & Chryſoſtomus ac paulo inferius rurſus hæc duo participia iunguntur, In omni opere bono &c.

Sicut

19
35
9
22
22
35
9
5

Coloſſæ ciui tatē eſſe Phry gię, nõ Rhodi

16-27: sexto

16-19: Vulgarius

19-22: margin: Faber

16-19: Vulgarius

19: toto

Faber 16-22: Lego

Sicut in uobis.) Sicut & in uobis, addita copula, καθὼς ᵹ ἐν ὑμῖν. atᵹ ita legit Ambrof.

Conferuo noftro.) Græce ueftro, ὑμῶν. Quanquam hic libri uariant, & magis quadrat noftro prima perfona, ut intelligamus adiutorem Pauli & illorum miniftrum.

Orantes & poftulantes.) Et hæc participia debebat uertere in uerba infinitiua, orare & poftulare, προσευχόμϟνοι κϟ αἰτούμϟνοι.

Vt impleamini agnitione.) ἵνα πληρωθῆτε τὼ ἐπίγνωσιν. Aut fubaudienda eft præpofi tio ᵹᴢ, more Græcorum quafi per fynecdochen, aut πληρωθῆτε fumendum eft actiue, id eft, ut impleatis. Tametfi priorem fenfum magis probo. Et eum fequitur Theophylactus.[cũ 35
✱ Digne deo.) Domino eft græcis, ἀξίως τ̃ κυρίου.   (Chryfoftomo.]

Omnia placentes.) εἰς πᾶσαν ἀρέσκειαν. Quafi dicas, in omnem placentiam. Ambro fius legit, Ad omne placitum.

In omni uirtute confortati,) Græcus fermo iucundior eft, δυνάμει δυναμόμϟνοι, i. In om ni potentia facti potentes, fiue ualentia ualefcentes. Eft em participiũ præfentis temporis.

Claritatis.) δόξης, id eft, Gloriæ.

Deo & patri.) Græce tantum eft patri, quemadmodum legit Ambrofius. In editione 35
Veronenfi erat, θεῶ. Theophylacti interpres femper inculcat uulgatam Latinis lectionẽ.]

Qui dignos nos.) τῶ ἱκανώσαντι, id eft, Qui nos fecit idoneos.

Idioma He/
bræum
Filij dilectionis fuæ.) Iam non femel admonuimus hanc fermonis formam peculiarem effe Hebræis, uas electionis, pro uafe electo, & filius perditionis, pro filio perdito. Itidem hic filij dilectionis, pro filio dilecto, τ̃ υἱοῦ τ̃ ἀγάπης αὐτ̃.

Redemptionẽ & remifsionem.) Græci codices fic habent, τὼ ἀπολύτρωσιν δϟ τ̃ αἵμα το ϟ αὐτ̃, τ̃ ἄφεσιν τῶν ἁμαρτιῶν, id eft, Redemptionem per fanguinem ipfius, remifsionẽ peccatorum. Ambrofius uidetur itidẽ legiffe, nifi quod non habet hic, per fanguinẽ ipfius. Cæterũ quod redemptionẽ & remifsionẽ, nullo coniunctionis interuentu, fed appofitiue coniunxerit, indicat quod edifferens fubijcit: Remifsio enim peccatorum liberos facit. Ex ponens enim Paulus quid dixerit redemptionem, fubdidit remifsionem peccatorum.

✱ Imago dei inuifibilis.) Inuifibilis, non refertur ad imaginem, fed ad deũ, ἀοράτε, hoc eft, dei. Quemadmodũ enim folus pater dicitur immortalis & fapiens, ita folus dicitur inuifi 22 bilis, nõ quod filius iuxta diuinam naturam uifibilis fit, fed quod à patre habet naturam in uifibilem. Pater igitur ut fons manet inuifibilis. Cæterũ per imaginem filium aliquo mo do promit fefe, dum per illum condidit hunc mundum, dum per eum hominem factum nobis innotefcit.

Primogenitus omnis creaturæ.) Cum hic dixerit creaturæ, cur mox mutauit, condita funt, cum Græcis eiufdem originis fint uoces κτίσις & κτίσθῃ, Vel hinc colligi poteft, nihil intereffe inter creare & condere. Senfus autẽ hic effe poteft, qui genitus fuit ante omnem creaturam. Ne quis cũ Ario dei filium faciat creaturam. In hanc fententiam edifferit Am 22 brofius. Quod fi mutato accentu legas, πρωτότοκϟ πάσης κτίσεως, fenfus erit, illum pri mum produxiffe omnia, & omnem creaturam ab illo natam effe. Nec male congruit ad hanc fententiã quod fequitur, quod in illo creata fint omnia &c. Vtruncũᵹ fenfum fequi malis, non uideo quid ad rem pertineat, ut ideas Platonicas huc in mediũ protrahamus, id quod facit Aquinas. Quandoquidẽ iuxta fermonis Hebræi proprietatẽ, Paulus In ipfo di xit, pro eo quod eft, per ipfum, ut crebro iam obuium indicauimus. Declarat id, quod mox repetens hanc fententiam, quod hic dixerat, ἐν αὐτῷ, id eft, in ipfo, mutat in δι' αὐτ̃, id eft, per ipfum. Aftipulatur noftræ fententiæ cũ Chryfoftomo Theophylactus, hunc enarrans 35 locũ. Proinde quod fequitur εἰς αὐτὸν, nõ erat uertendum in ipfo, ne bis idem dicere uidea tur, fed in ipfum, ut accipias hæc nõ fuiffe condita per Chriftum ueluti per miniftrum, fed tanquam per confortem imperij. Idcirco addidit, & in ipfum, ex quo pendeant omnia gu bernanda. Ad eum modum fonant Græca quæ fcripfit Paulus, & ad eundem interpreta tur præter cæteros Theophylactus. Iam per fe liquet, opinor, quod Thomas Aquinas in ipfo exponit, tanquam per caufam exemplarem, nõ admodum ad rem pertinere, quod ta men interpreti par fit imputare, qui fecus uerterit. quàm fcripfit apoftolus.

In cœlis & in terra.) τὰ ἐν τοῖς οὐρανοῖς κὴ τὰ ἐπὶ τῆ γῆς. i. quæ in cœlis funt, & quæ in terra

Et ipfe eft ante omnes.) Magis quadrabat, Ante omnia. πρὸ πάντων. Nam de uniuerfis loquutus

Appofitiue
legendum

In ipfo, pro
per ipfum

Excuffa A/
quinatis in/
terpretatio

Handwritten margin notes:
16-19: Vulgarius
✱16: precedes Claritatis.) below.
✱16: follows In coelis + in terra.) below.
16: creatorem
16-19: Vulgarius
16-19: Vulgarius
16-19: dei qui {per se} videri non potest, qui tamen quodam 19 modo videatur in imagine. 16: Et ipse 19: Primogenitus

ſic for I

27 loquutus eſt,& ſequitur continuo,καὶ τὰ πάντα,id eſt,Et omnia.(Tertullianus tamen libro aduerſus Marcionem quinto, legit Ante omnes, colligens non poſſe dici ante omnes,niſi qui ſit ante omnia.Itidem legit Hilarius libro de trinitate ı x.)

Et omnia in ipſo conſtant.) καὶ τὰ πάντα ἐν αὐτῶ συνέϛηκε,id eſt,Omnia in illo cõſiſtunt ſiue conſtiterunt.tametſi Græci uerbi tempus recte mutauit interpres.Cæterum conſtare dicit conſeruari.

19 {Qui eſt principium primogenitus.) ὅς ἐϛιν ἀρχὴ πρωτότοκος. Quoniam neutri dictioni apponitur articulus, poteſt & hic ſenſus accipi, Qui Chriſtus eſt principium primogeni/ tum ex mortuis, quaſi dicas, primum principium, quod ille ſit fons omnis reſurrectionis:

35 [ut primogenitus ſit epitheton principij] Nam huc accommodant [Chryſoſtomus] Theo/ phylactus & Ambroſius, quod Chriſtus hic dicatur principium, quod dux ſit & autor re/ ſurrectionis.}

19: **Vulgarius**

Primatum tenens.) πρωτεύων,id eſt,Primas tenens,quanq̃ Græcis unica dictio eſt.

19-27: margin: ΠΡΩΤΕΥΩΝ

In ipſo complacuit.) εὐδόκησεν. Id ſi referatur ad patrem, cuius uoluntas ac decretum

9·22 fuerit,commodior erit interpretatio,quàm ſi ad ſilium{Atq; ita ſentit Theophylactus}Cũ enim diſputaſſet,in ſilio natura eſſe plenitudinem deitatis,adiecit, huius rei nullam adſer/ ri cauſam,niſi quod ita uiſum ſit deo}Proinde nos patri, addidimus de noſtro.

19: **Vulgarius**

Omnem plenitudinem diuinitatis.) Diuinitatis apud Græcos hoc loco nõ lego,tantũ
22 eſt τὸ πλήρωμα.nec additur apud Ambroſium{in contextu,licet enarrans addat explicandæ
27 rei gratia(Nec addidit Hilarius,citans hunc locum libro de trinitate octauo, non uno in lo
35 co)Simili modo res habet apud{Chryſoſtomũ ac}Theophylactum>Quod ſi quis excutiat
27 interpretationem diui Thomæ,deprehendet,ne ipſum quidem addidiſſe,Diuinitatis(Suf/ fragabatur uterq; codex Conſtantienſis) Et haud ſcio,an apud ullum omnino ſit interpre/
19 tem.Proinde demiror,unde uox ea in quædam exemplaria Latinorum irrepſerit{niſi huc
27 ex proximo capite huius epiſtolæ aſcripta}eſt à ſtudioſo quopiam)

Additum aliquid

Per eum reconciliari omnia in ipſum.) Cur non & antea uertit, in ipſum,cum Græcis eadem ſint uerba, εἰς αὐτόν. quanquam rectius erat Reconciliare, uerbum actiuũ, ἀποκα/ ταλλάξαι.Et,erga ſe,melius quàm In ipſum.

✱ Pacificans,) εἰρηνοποιήσας, id eſt, Pacificatis & ijs quæ in terra ſunt,& quæ in cœlis.
27 (Alioqui ſermo non carebit ſolœciſmo, Non enim quemadmodũ Græcus dicit εὐδόκησεν εἰρηνοποιήσας, ita & Latinis placuit illi pacem faciens.)

✱ 16: entries reversed

✱ Per ſanguinem crucis eius.) Græca ſecus habent, διὰ τὸ αἷματ Θ τὸ ϛαυρȣ αὐτȣ δι αὐ/ τȣ,id eſt,Per ſanguinem crucis eius,per ipſum ſiue per eundem:ut placuerit, referatur ad patrem,& hæc pronomina pertineant ad Chriſtum.

Inimici ſenſu.) ἐχθροὺς τῇ διανοία, id eſt, Inimici mente ſiue cogitatione.Porrò ſermo Græcis anceps eſt·nam datiuus διανοία poteſt accipi uelut inſtrumétaliter, hoc eſt,Per ſen ſum ſiue mentem.aut relatiue,Inimici,ſed cui?nempe menti.Etenim qui carni ſeruit repu gnat rationi.Ambroſius & Hieronymus διανοία referunt non ad hominem peccantem,ſed ad deum,ut accipias dei mentem,non hominis.Nam prior ſic legit, Et uos quondam alie/ natos & inimicos conſiliorum eius,in operibus iniquis &c. Poſterior ad hunc modum,in epiſtola ad Ioannem epiſcopum Hieroſolymitanum, Cum eſſetis alienati, & inimici ſen/ ſus eius:quanquam ego ſane hoſtes malim quàm Inimici. Theophylactus,Mente ad Co/ loſſenſes refert,ne ſe putarent excuſandos, ſi fato aut natura fuiſſent hoſtes dei.Idcirco ad/
35 dit Mente,ut intelligerét ſe ſuapte uoluntate fuiſſe hoſtes[Eundem ſenſum adducit Chry/ ſoſtomus,licet non liqueat quo referat διανοία.]

Senſus pro mente

16-19: **Vulgarius**

Carnis eius.) Imò Suæ.
27 Et immaculatos.) ἀμώμȣς,id eſt, Irreprehenſibiles.(Quod Tertullianus alicubi non ine leganter uertit inuituperabiles, Nam hinc Momus deus,quod carperet aliena facta.)
19 Et irreprehenſibiles.) ἀνεγκλήτȣς,id eſt,incriminabiles{ſiue inculpatos.}

Quod prædicatũ eſt in uniuerſa creatura.) ἐν πάσῃ κτίσει. Torquetur hic nonnihil A/ quinas,putans prædicatũ eſt,poſitum pro prædicabitur: imò hyperbole eſt, qua ſignificat iam undiquaq; uulgatũ Euangelium Chriſti, ne quid cogitarent Coloſſenſes de mutanda fide,quę iam ab omnibus eſſet recepta.Magnificentius autē & ardentius eſt,In omni crea
tura

Hyperbole

tura, quàm inter omnes homines.Quod si quis non recipiat hyperbolen in literis diuinis,   19
is si uolet,cum Hieronymo,cum Origene,cum Chrysostomo,cum Augustino litiget,qui
frequenter annotant hoc schema. Inepte horrent mendacium, quod hyperbole superet fi/   35
dem ueri, At mendacium non est, ubi nec fallitur quisquam, nec adest fallendi uoluntas.
Augmentum quærit hyberbole,nec aliud intelligit auditor.]

Qui nunc gaudeo.) Qui,apud Græcos non lego,sed tantum,nunc gaudeo,νῦν χαίρω.

16·22: passionibus
Et apud Græcos est,(ἐν παθημασίμου, id est,)in afflictioni'bus meis.(Cui continenter adhæ/   27
ret pro uobis ὑπὲρ ὑμῶν, quanquam in his quoq; uerbis sit nonnihil ambigui sensus,Gau/
deo pro uobis,id est,gratulor uestro profectui, & gaudeo quod affligar uestra causa.)

[ἀντανα/
πληρῶ
Et adimpleo ea quæ desunt passionū.) καὶ ἀνταναπληρῶ τὰ ὑςερήματα τῶν θλίψεων.Cō/
modius uertere poterat,Et suppleo qd'deest afflictionibus Christi.Ambrosius ita,Et sup/
pleo reliquías pressurarum. Porrò uerbum ἀνταναπληρῶ compositum ex tribus, ex ἀντί,
quod significat uicem,quum quis alterius loco facit aliquid,& ἀνὰ, quod apud Latinos ali   22
quoties ualet re..(& πληρῶ,) quasi redimpleo uice Christi, quod in illius afflictionibus est   27

**Passio Chri/
sti quomodo
impletur**
diminutum.Ambrosius uidetur uoluisse sensum explicare Pauli, quū ait, reliquias.ut ac/
cipiamus passionem Christi non fuisse diminutam ad salutem hominum, sed unam esse
passionem Christi & martyrum, hoc est, capitis & membrorum.(Nec dissentit ab hac sen   22
tentia Theophylactus,interpretans Christum in apostolis adhuc pati pro corpore suo, nō
quod desit aliquid,sed quod tam immensa sit illius in nos charitas.)Similia Chrysostomus   35
annotans quod apostolus modestiæ gratia suas afflictiones quas pro ecclesia perpetia/
tur Christi afflictiones appellat.(Scholiastes ille Latinus addit & aliud cōmentum. Adeo   27
non piget me afflictionum,ut gaudeam etiam, libenter perpessurus usq; ad finem exem/
plo Christi,qui ad mortem usq; perstitit in Euangelio.)

Cuius factus sum ego minister.) Cuius,ecclesiam refert,non corpus.(Ambrosius refer   22
re uidetur ad Euangelium,nec uideo,unde repetitum)quanquam id sane minutulum est,
uerum ad hæc minutissima nonnunquam impingunt magni theologi, si Græce nesciant.
(Bis autem dictum est, Cuius sum ego minister, in priore loco cuius sine cōtrouersia refert   27
Euangelium, posteriore refert ecclesiam, nec aliud potest, quum Græce sit ἧς fœmini ge/
neris. Proinde nos uertimus,Cuius ecclesiæ.)

**Sacramentū
μυςήριον**
Verbum dei mysterium.) Cum hic Paulus uerbum dei uocarit mysterium,quod sæpe   19
uertit Sacramentum,cur non addunt hinc octauum sacramentum?qui quum in scripturis
19-22 : quoties
sacramenti sit mentio,uolunt de septem illis accipi?quanquam mysterium hoc loco secre/
tum & arcanum sonat,id declarant quæ sequuntur:Nunc autem manifestatum est.

Notas facere diuitias.) Græce sic est, γνωρίσαι τίς ὁ πλῦτ☉-, id est, Notum facere quæ
sint diuitiæ.Et ita legit Ambrosius.

Sacramenti.) μυςηριε, id est, Mysterij(id est, Arcani.)   22

Quòd est Christus.) ὅς ἐςι χριςός,id est, Qui est Christus. Tametsi Laurentius uerten/
dum existimat,Quæ est Christus,ut quæ referatur ad diuitias πλῦτορ,quæ uox Græca est
masculini generis,& numeri singularis.Atq; itaq;(quidem)exponunt Græca scholia.(Secus   19.22
Ambrosius.Theophylactus uariat.)

**✳ 16·27: precedes
Notas facere
divitias.) above**
✳ In uobis.) εἰς ὑμᾶς id est,In uos,Et ita legit Ambrosius(ut esse in(Græcis)codicibus emen   27.19.2
datioribus,quanquam in nonnullis Græcis codicibus scriptum habebatur ἐν ὑμῖν.)

Corripientes.) νεθετῶντες, id est, Monentes, & ita Ambrosius. Nam Græca uox ān/
ceps est,quam aliquoties uertunt increpare.

(Et docentes.) Hic Græci repetunt πάντα ἄνθρωπον. Atq; ita scriptum erat in codice   22
Donatiani.(Suffragabatur uterq; Constantiensis.)   27

In quo &.) εἰς ὅ, In quod,in quam rem,ut non referas ad Christum,sed ad illorum per/
fectionem.Nec est simpliciter,Laboro certando,sed λοπιῶ ἀγωνιζομι☉-, quod ad pericu/
lum pertinet.Siquidem agon interim certamen est,interim periculum.

Quam operatur.) τlù ἐνεργυμίνην, id est, Quæ operatur.Et ita Ambrosius.Et opera/
tionem,est ἐνέργειαν, ut intelligas uim agentem in Paulo,Et uirtute,est δωάμει,(quæ pu/   19
gnat cum imbecillitate.}

EX CA/

EX CAPITE SECVNDO

Valem follicitudinem.) ἡλίκον ἀγῶνα. id eſt,Quantum certamen ſiue peri
culū.Nec eſt,Pro uobis,ſed De uobis. ὑπὲρ ὑμῶν. quanquam agon & labo
rem ſonat,ſed cum difficultate periculoꝗ coniunctum.⁊

Faciem meam.) τὸ πρόσωπόν μου. quod planè refertur ad faciem. Nam
Vidit perſonam meam, nec Latinum eſſe puto:etiamſi cuidam hoc magis
arridet.

[margin:] 19-22: margin: Faber

Conſtructi.) συμβιβαϑϑέντων. id eſt,Compactorum.Quidam habent,Inſtructi. Ambroſius legit, Quum fuerint inſtructi in charitate(Hilarius,Inſtituti)Porro hic idem eſt uer
bum quod ſuperius uertit,Conſtructi. ſignificat autem compactos & cōnexos,in morem
membrorum unius corporis cohærentium apte inter ſe. ⁊

[margin:] 9↓

Diuitias plenitudinis.) πληροφορίας. Non eſt πλήρωμαⓉ, quod ipſum item plenitudinem uertit.Nam πληροφορία magis ſonat certam perſuaſionem,quoties alicui plene
fit fides,ita ut nihil iam addubitet,quemadmodum admonuimus in initio euangelij ſecun
dum Lucam.Optat enim illis certam cognitionem myſterij,ne quid omnino hæſitent. Ad
quem modum interpretatur & Theophylactus: τουτ᾽ εςιν inquiens, ὑπὲρ μηδενὸς ἀμφι
βάλλωσιν. id eſt,Hoc eſt,ne ulla de re ambigant. Itaque quæ conferunt in hunc locum recentiores interpretes,non poſſunt admodum congruere ſenſui Paulino.

[margin:] Plenitudo addubitet
πληροφορία ſee footnote.
16: hoc nomen
16: perſuadetur + certiſſima
16-19: Vulgarius

(Dei patris & Chriſti.) Græci addunt coniunctionem καὶ. τὸ θεοῦ καὶ πατρὸς, καὶ τὸ
χριςοῦ. quemadmodum & alijs aliquot locis loquitur,quaſi dicas,Eius qui deus eſt & pater,& eius qui unctus eſt.)

Abſconditi.) ἀπόκρυφοι. id eſt, Abſconditi. Hic nomen eſt,non participium,Occulti,
ſiue arcani.

In ſublimitate ſermonum.) ἐν πειθανολογίᾳ. id eſt,In perſuaſibili oratione,ſiue perſua
ſibilitate,ſiue probabilitate. Ambroſius legit, In ſublimitate ſermonis:locum hunc ad ſo-
phiſtas detorquens(Is fortaſſe legit, λιπολογία)[Auguſtinus epiſtola quinquageſima
nona,legit,In ueriſimili ſermone.]

[margin:] 16-19: ſubtilitate

Etſi corpore.) σαρκί. id eſt,Carne:quam opponit ſpiritui,qui mox ſequitur.

Firmamentum.) τὸ ςερέωμα τῆς εἰς χριςὸν πίςτεως ὑμῶν. id eſt,Firmamentum ueſtræ in
Chriſtum fidei.Miror unde diuus Ambroſius addiderit hoc loco:legit enim ad hunc modum, Videns ordinationem ueſtram,& ſupplens id quod deeſt utilitati fidei ueſtræ. Apparet enim illum ita legiſſe in Græcis codicibus, καὶ ἀναπληρῶν τὸ ὑςέρημα χρείας τῆς πί-
ςεως ὑμῶν. Cæterum interpres de ſuo addidit Eius,quo nihil erat opus,ob pronomen Ve
ſtræ,quod ſequitur.

[margin:] Ambroſij di-
uerſa lectio

✳ Dominum noſtrum.) Noſtrum,redundat(apud nos)Græcis(tantum eſt, χριςὸν ἰηςοῦ
κύριον. Conſentiebant exemplaria Conſtantienſia)[Abſolutius eſt ſimpliciter dici Domi
num:quemadmodum in Euangelio,Dominus his opus habet.]

[margin:] ✳16: follows Ne
quis vos decipiat.)
below

Et ſuperædificati.) ἐποικοδομούμϙνοι, præſentis temporis eſt,Vt ſuperſtruamini ma
nente radice Chriſto ac fundamento,ſiue ut creſcatis in eo,ſiue ut collapſi nonnihil reſti-
tuamini.Nam id poſtremum ſequitur Theophylactus.

[margin:] 16-19: Vulgarius
συλαγωγέῃ]
Decipiat, pro
Deprædetur

Ne quis uos decipiat.) μή τις ὑμᾶς ἔςται ὁ συλαγωγῶν. id eſt,Ne ſit qui uos deprædetur,
aut in prædam abducat. Ambroſius uertit, Deprædetur. & item Hieronymus libro commentariorum in Oſeam,Rurſum in commentarijs quos ædidit in epiſtolam ad Galatas.
Græca uox proprie ſonat ceu prædam abducere(Vnde & ἱεροσύλοι dicti Græcis,qui de-
prædantur phana. Sacrilegium autem eſt abigere quod deo conſecratum eſt)Conſimilem
ad modum legit Cyprianus in ſermone de bono patientiæ(Hilarius libro de trinitate duodecimo,legit, Videte ne quis uos ſpoliet.) & quod legit,iterat in progreſſu ſermonis) Pro
inde miror unde hoc noſtrum Decipiat,ad nos deuenerit⁊Sentit autem cautedum,ne quis
occultis inſidijs adortus,abducat eos à recta fidei uia,in errorem ac perniciem,ac ſeruitutem legis Moſaicæ⁊

✳✳ Diuinitatis corporaliter.) θεότητＱ. id eſt,Deitatis. Et addidit σωματικῶς corporaliter,ut excludat umbras legis Moſaicæ.Corpus enim opponitur umbræ(ut hic nō ſit opus
commento de deitate,quæ in triduo mortis coniuncta fuerit corpori,licet ſeparata fuerit
anima

[margin:] Diuinitatis
corporaliter,
quomodo in-
telligendum
✳✳16: follows Et
vos cum
eſſetis.) p.638

Hh

[bottom margin handwritten note:] 16: Plenitudinis intellectus.) τῆς Πληροφορίας, quod non simpliciter significat plenitudinem, sed quoties...addubitet. Divitias plenitudinis.)

27 : germanam

anima,tametſi Theophylactus geminam adfert expoſitionem à noſtra diuerſam:Corpo/
raliter,id eſt,iuxta naturam & ſubſtantiam,non modo iuxta effectum,quemadmodum in
prophetis:Aut quia deitas nunquam ſeiuncta fuit à corpore Chriſti[Hæc unde Theophy 35
lactus hauſerit,neſcio]Fruatur ſuo quiſque iudicio.Mihi ſimplicior uidetur & ad id quod
agitur congruentior expoſitio,quam habet Gloſſa ordinaria,de umbris legis,& de uerita
te euangelica.Sequitur enim,Corpus autem Chriſti)Et in hunc ſenſum interpretatur Au 35
guſtinus epiſtola quinquageſima nona.Chryſoſtomus etiam argutius,In Chriſto inhabi/
tat tota plenitudo diuinitatis,idꝙ corporaliter,tanquam in capite,& per hunc in corpore
illius quod eſt eccleſia:caput enim & corpus,unum ſunt:eoꝙ ſequitur,Et eſtis in eo com/
pleti . Semper enim hoc agit Paulus,ut nos faciat Chriſto proximos:uelut quum ait,Si/
mul cū illo reſuſcitauit,& ſedere nos fecit:Et,Si patimur cum illo,& corregnabimus:Item
Omnia cum illo nobis donabit . Rurſus dum nos Chriſti cohæredes appellat. Veriſſima
ſunt quæ Thomas ſcribit de diuina natura perſonaliter unita carni Chriſti:uerū eam rem
hic non agit Paulus,ſed illud potius perſuadere nititur,quicunꝗ per fidem in Chriſti cor/
pus inſiti ſunt,non egere legis Moſaicæ præſidio,circūciſione,& ſimilibus,quum in Chri
ſto ſint omnia uere & efficaciter.]

Non manufacta.) ἀχειροποίητῳ. dictio compoſita eſt.id eſt,Quæ ſit ſine manibus.
Corporis carnis.) Græce ſic habet, τοῦ σώματΘ· τῇ ἁμαρτιῶν τῆς σαρκός. id eſt,Corpo
ris peccatorum carnis:hoc eſt,quod obnoxium eſt peccatis carnalibus[Auguſtinus in epi 19
ſtola ad Paulinum quinquageſima nona,teſtatur ita ſcriptum fuiſſe in nonnullis Latino/
rum exemplaribus,ne quis omnino contemnat,Græcis iniquior.]

Sed in circunciſione.) Sed,redundat.
In quo & reſurrexiſtis.) σωνηγέρθητι. id eſt,Simul reſurrexiſtis.Atque ita legit Am/
broſius.

16-19 : Vulgarium
1 16 : Divinitatis
corporaliter.)
p. 637 placed here

Et uos quum eſſetis.) Apud[Chryſoſtomum ac]Theophylactum ubiꝗ pronomen eſt 35
primæ perſonæ, ἡμᾶς & ἡμῶν. Item in eo quod ſequitur: P
Donans uobis.) Nobis,eſt Græcis prima perſona,& ita legit Ambroſius[Agit enim 22
Paulus de Iudæorum præputio,quod habebant in animo.]

Delens quod aduerſus.) Melius dixiſſet,Deleto quod aduerſum nos erat chirogra/
pho.Atque ita legit Ambroſius, ἐξαλείψας τὸ καθ᾽ ἡμῶν χειρόγραφου.

Locus uulgo
nõ intellectus

Chirographum decreti.) Græcæ Decretis eſt, τοῖς δόγμασιν. Græci codices ita diſtin
guunt,ut accipias chirographum deletum,quod erat nobis contrarium per decreta legis
Moſaicæ,ſiue per decreta legis diuinæ[Sane diuus Auguſtinus epiſtola quinquageſima 19
nona ad Paulinum,legit,Chirographum in decretis[Theophylactus[Chryſoſtomum ſe/ 22-35
quens]interpretatur,chirographum profeſſionis Moſaicæ[aut obligationem dei,qui di/ 35
xit Adæ & Euæ,In quacunque die comederitis,moriemini]ſublatum & antiquatum de/
creto fidei euangelicæ]Metaphora ducta ab obligationibus legitimis. Vehementius obli/ 27
gat ſyngrapha αὐτόγραφΘ·, hoc eſt,quam tuapte manu ſcripſeris:hanc Græci chirogra/
phum uocant.Id irritum fit uel diſpunctione ſiue cancellatione,quæ fiebat inductione li/
nearum tranſuerſarum:uel litura quæ fiebat ſpongia in corticibus,aut ſtilo in tabellis ce/
ratis:uel laceratione.In diſpunctione manent ſcripturę ueſtigia,in litura nequaquam.Pau
lus igitur ut exaggeret dei erga nos clemētiam,primum declarat nos ſic obſtrictos fuiſſe,
ut nequaquam eſſet locus inficiādi.Legis enim profeſſio ueluti chirographum,& ipſa res
atque etiam conſcientia coarguebat nos tranſgreſſores eſſe legis. Quid igitur ſupererat,
niſi pœna quæ ex pacto debebatur,hoc eſt,è chirographo noſtro ꞓHic exuberauit dei be/
nignitas.Si damnaſſet,queri non poteramus.Si debiti partem relaxaſſet,partem reliquiſ/
ſet,multa debebatur gratia. Si diſpunxiſſet chirographum,ſupereſſent ueteris obligatio/
nis ueſtigia,nunc ſemel deleuit & oblitterauit,tegens quicquid erat nobis contrarium,&
unde renaſci poſſet actio:nec hoc contentus,diſcidit ac lacerauit chirographum,tollens è
medio & affigens illud cruci,in qua pro nobis dependerat,quod debebamus,& obligatio/
nem mortis uertit in pactum æternæ ſalutis. Huiuſmodi quiddam annotauit diuus Chry/
ſoſtomus in homilia quadam[atque etiam in commentarijs]Nec ocioſum eſt in emphaſi 35
uocum philoſophari,præſertim in ſcriptis beati Pauli,cuius oratio ſchematibus ac tropis
undique

35 undique fcatet]Scholiaftes in omnes Pauli epiftolas,indicat quofdam effe qui interpreten
tur chirographum,memoriam dei referuantis peccata noftra:iuxta illud,Nonne hæc condita funt apud me,& fignata in thefauris meis : Et quod Hieremías ait , Peccatum Iudæ
fcriptum ftilo ferreo in ungue adamantino. Hæc omnia recte. Mihi tamen coactius uidetur,quod dogmata interpretantur fidem,quû in eo fenfu nufquam legatur dogma ab apoftolis ufurpatum:quin in hoc ipfo capite profequutus quod agit de uitandis Iudæorum
præfcriptionibus, δογματιζεδϑαι dicit eos qui uel præfcribunt externa uel huiufmodi præ
fcriptis urgentur ad fuperftitionem,Ne tetigeritis,neque guftaueritis,neq; contrectaueri-
tis.Vnde probabilius uidetur obferuanti fermonis huius tenorem,hic dogmata dici præfcripta Iudaica,quorum caput erat circuncifio.]

19   Traduxit.) ἐθλιγμάτισῳ. quod Ambrofius uertit,Oftentauit.{Auguftinus epiftola   *Expenfa Au
quinquagefima nona ad Paulinum,legit Exemplauit,Græcam uocem fidelius quàm ele- *guftini inter-
gantius exprimens.Ad eundem modum adduxit libro de agone Chriftiano,capite fecun- *pretatio
do.Mirum autem quid fequutus,fubinde locum hunc adducat hifce uerbis,Exuens fe car
nem,principatus & poteftates exemplauit:quafi fenferit Paulus,ita demum deuinci prin-
35 cipatus,fi uictor futurus carnem exuat.Sic enim & interpretatur libro aduerfus Fauftum   *19-22: victurus
decimofexto,capite uigefimo nono}Sic refert libro de pecca.m.& r. primo,capite uigefi-
24 mo feptimo}Quin & Hilarius libro de trinitate nono locum hunc fic refert:Delens quod
aduerfus nos erat chirographum in fententijs,quod erat contrarium nobis,& ipfum tulit è medio affigens illud cruci,exutus carnem,& poteftates oftentui effe fecit. Ac ne quis
exiftimet hoc deprauatione fcripturæ accidiffe,repetit carnis mentionem in explicando.
Tale quiddam innuit & Scholiaftæ commêtum. Videntur illi ἀπεκδυσάμ℈ accepiffe
reciproce,exuens feipfum,quemadmodum luctaturi quo fint expeditiores ueftem abiji-
35 ciunt,ita Chriftus carnem[Vnde qui fe parant pugnæ fiue certamini, ἀπεκδύοεδϑαι dicuntur,ne poffint apprehendi.Hoc commentum meo iudicio germanum,oftendit Theo-
phylactus.Et Græci codices ἀπεκδυσάμ℈ diftinguunt à fequentibus,ne acciperemus
principatus effe fpoliatos.Sed Chriftus in pugna,pro uefte carnem abiecit,& hoftes in
triumpho traduxit] Sed ad rem.) Hic eodem uerbo Latino reddit παραδειγματίσαι, hoc
eft Traducere,in initio Matthæi:& hoc loco δειγματίζειν, quum illud fignificet In exemplum uertere,hoc Oftentare,& fpectandum omnibus proponere. Alluditur enim ad morem triumphantium,qui trophæa fua circumferebant,& populo oftentabant monumenta uictoriæ,& cætera.Quod fi Thomas potuiffet Græcos interpretes confulere,non opus
erat hic geminis interpretationibus pro unica:Traduxit,inquit,fanctos in cœlum.Aut tra   *Traduxit
19 duxit,hoc eft,expulit dæmones ab homine}Origenes in Exodum homilia quarta,aut cer- *Thoma in-
te huius interpres explicat uim huius uerbi:Quos,inquit,in aduentu fuo Chriftus dicitur *terprete
traduxiffe,hoc eft,captiuos duxiffe,& triumphaffe in ligno crucis.}

19   Confidenter palàm.) ζὺ παῤῥησία. quod Ambrofius legit In autoritate}Origenes in Ie
fum Naue,homilia octaua,legit,Traduxit libere triumphans}Eft autem παῤῥησία quum
quis palàm audet,præfertim in loquendo:quanquam Paulus aliquoties ufurpat ad alia.

   Palàm triumphans.) Illud obiter admonendum,fpolians & triumphans,& cætera par   *↙
ticipia hoc loco,præteriti temporis effe.]   *↓↓

19 *{Triumphans illos in femetipfo.) Origenis interpres homilia in Iefum Naue octaua,   *Lectio duplex
indicat in nonnullis codicibus legi,In femetipfo.Cæterum in Græcis haberi fcriptum,In *X 22-27: entries
22 ligno.At hodie confentiunt hoc fanè loco Græcorum exemplaria cum noftris}Sunt quos *reversed
urget hic fcrupulus,fatis ne Latine dicatur,Triumphans illos.certe Triumphatas gentes,
35 dixit Vergilius}Nec is loquutionis color rarus eft apud hiftoriographos.Triumphare fœ
minam rarius eft,licet reperiatur apud Trebellium Pollionem.}

22 *< In feipfo.) ζὺ αὐτῷ. accipi poteft,Per feipfum:hoc eft,Suis ipfius præfidijs.>   *↑↑   *↑↑↓
24   (Iudicet in cibo aut in potu.) Eft iucunda uocum affinitas in Græcis,quam interpres
non affectauit. ζὺ βρώσει ἢ ζὺ πόσει. dicere poteris,In efculentis aut poculêtis.Habet enim
hoc fchema præter iucunditatem,& contemptus & faftidij fignificationem.Quòd genus
eft illud,Quotidianarum harum formarum.Quid ad hæc dicent ifti,qui nulla ex re magis
iudicant proximum,quàm ex cibo & potu & uefte.)

                                        Hh 2   Neome-

*§ 16: Corpus autem Christi.) p.640, forms 2nd part of this entry
*§ 16-19: Neomeniae.) p.640, follows Palam triumphans.)
*§§ 22-27: Neomeniae.) p.640, follows In seipso.)

✱16-27: placed on p.639 at ❡✦❡❡

✱✱16: Ordo triplex 2nd part of Palam triumphans.)p.639

✱16: ut sit sensus.. in illum placed in next entry, See footnote ❡

καταβρα βσύειν

19: margin: Faber 22-27: Stapulensis ↓❡

Brabion unde dictum

16-22: sint

16-22: putent

Volens, pro affectator

19: Vulgarius

✱ Neomeniæ.) νουμλνίας. id est,nouilunij:à νέος, nouus,& μὰς,μλνὸς, lunaſſiue menſ 19
fis.Siquidem Græci non à calendis,fed ab initio nouæ lunæ menfem aufpicantur.{

⟨Quæ funt umbra fut.) Auguſtinus aduerfus Fauftum libro fexto,in libris manu de/ 22
fcriptis,citat,Quod eſt umbra.Fortaſſis aliquis Græce femiperitus, ἁ mutauit in ὁ, pu
tans articulum pluratiuum non conuenire uerbo fingularis numeri ἐςὶ.⟩

✱✱Corpus autem Chriſti.) Græca fcholia(nominatim autem Theophylactus)indicant 27
hunc locum bifariam legi. Primum ita, Illa funt umbra,fed corpus ipfum,hoc eſt ueritas,
eſt Chriſti. τὸ δὲ σῶμα τȣ̃ χειςȣ̃. Rurfum ita, Corpus Chriſti,nemo uos decipiat:ut refe/
ras corpus ad fideles,qui funt membra Chriſti:ut fit fenfus,Vos autem qui eſtis corpus
Chriſti,nemo deuertat à præmio quod cœpiſtis promereri credendo in illum{Atque hic 19
fenfus probatur Auguſtino in epiſtola ad Paulinum{Sed prior lectio mihi uidetur accom
modatior{utpote minus coacta . Ambrofius uidetur tertium quendam fenfum arripere, 19
quafi umbra & corpus utrunque referatur ad ea quæ præceſſerunt,cibus,potus,feſtum,
neomeniæ,fabbata:hæc omnia erant umbra futurorũ,fed eadem corpus Chriſti.Sic enim
infert : Hæc autem omnia funt corpus Chriſti,quia elementorum per effectus funt uoca/
bula.Sed(Apoſtolus)mea fententia,corpus Chriſti uocat illa,quod quicquid illis adumbra 27
batur,id in Chriſto fit exhibitum,ut iam illa fint negligenda.Quum abeſt ipfum corpus,
umbris utcunque pafcimur:quum adeſt,offendit etiam umbra . Atque hunc,ut dixi,fen/
fum,fequitur Auguſtinus in epiſtola ad Paulinum quinquagefima nona.{

Nemo uos feducat.) καταβραβȣέτω. id eſt,In brabijs,aut præmijs fraudet.Sic enim
interpretatur Hieronymus in quæſtionibus ad Algafiam,quæſtione decima:Nemo ad/
uerfum uos brabium accipiat.Quum enim in certamine pofitus,iniquitate agonothetæ,
uel infidijs magiſtrorum,brabium & debitam fibi palmam perdit, καταβραβȣέδϑα dici/
tur.Idque uerbi uideri uult peculiare Cilicum,in qua prouincia Paulus natus & educatus
fuit.Græcanica fcholia admonent, καταβραβȣέιν dici,quoties penes alium eſt uictoria,
penes alium præmium.Ambrofius legit,Nemo uos deuincat[Auguſtinus epiſtola quin/ 35
quagefima nona,Conuincat{Ex his fatis liquet,quantum abſit à uero Iacobi Stapulenfis,
hominis alioquin eruditi,in hoc loco fententia{quam in prima recenfuit ædition{Verum 19
hunc in errorem induxit Valla, qui putat καταβραβȣέιν eſſe,ad brabium euocare,fiue
brabium oſtentare.{Fortaſſe leuiculum,fed tamen obiter admonendum illud:Brabium
dicendum eſſe Latinis,non brauium:hoc eſt,per b,fecundam literam,non per u:deinde
penultima acuta aut circunflexa,quemadmodum eſt apud Græcos, βραβεῖον, brabium,
fiue brabeum.Qui de Græcarum uocum etymologijs confcripferunt, exiſtimant βρα/
βεῖον dictum à ῥάββδω, mutatis ac tranſpofitis literulis aliquot,quod eſt uirga,fiue fce/
ptrum:unde qui regalia fceptra geſtant,brabeutæ dicti funt:quod horum partes eſſent in
certaminibus præmium addicere qui uiciſſet,ne quis inter certantes oriretur tumultus.
Atque id propemodum indicat Martialis in præfatione quadam,quum ait,Contra retia/
rium ferula. Sunt qui putãt palmeam uirgulam tradi folitam uictori,uictoriæ fymbolum,
eamϕ uirgam brabeum appellari.Vnde καταβραβȣέιν, eſt intercipere præmium,non
euocare ad præmium{Hefychius indicat idem pollere παραβραβȣέιν{[Nec hoc uerbum 19-35
eſſe Cilicum oſtendit Ariſtoteles,libro Rhetoricon primo,quum ait, καὶ ὅτι δικαίȣ βρα/
βȣτης ἐςὶν ὁ δικαςής. id eſt,Quod iuſti brabeuta eſt caufarum forenfium iudex.Ariſto/
teles enim nihil habet Barbaricum, fed purus & Atticus eſt.] Porrò quod addit θέλων,
non opponitur inuito aut nolenti,fed idem pollet ac fi dicas,Studio fiue data opera,ut in/
telligerent illos maliciofe infidiari Coloſſenfibus{Quanquam Auguſtinus in epiſtola ad 19
Paulinum,participium Volens,non accommodat ad uerbum Seducat,fed ad id quod fe/
quitur, In humilitate.Volens in humilitate:quafi dicas, Affectator humilitatis:quemad/
modum dicimus ἐθελόδȣλ@. [Ad eundem modum diſtinguunt Græci] Ex Ambrofio 35
colligitur,eos ſtudio per humilitatem deijcere uoluiſſe animos hominum,ne fefe erige/
rent ad cœleſtia. Nec abhorret hinc Theophylactus,feparans participium uolens à fupe/
rioribus,& interpretans pfeudapoſtolos angelos quofdam colendos ingerere,quo per hos
patefieret hominibus aditus ad patrem alioquin inacceſſum . Paulus autem nefcio quid
fupra angelos fpirat Chriſto fretus.{

In humi

❡16: ostentare. Vulgarius indicat hunc locum a nonnullis ita distingui τὸ δὲ σῶμα τοῦ Χριστοῦ μηδεὶς ὑμᾶς καταβραβευέτολε sit sensus... in illum. Mihi non probatur haec distinctio. Fortasse

In humilitate.) ᾗ ταπεινοφροσύνῃ. quod refertur ad animi modeſtiam.unde Ambro/
ſius ita reddidit,In humilitate animi:diſtinguens ab humilitate conditionis,quæ ταπεινω
 σις dicitur.{& tamen interim abuſus uidetur ταπεινοφροσύνῃ, in malam partem}Nam
qui iactant uiſiones angelorum,craſſos & abiectos requirunt animos,quibus facilius im/
ponant,alioquin naſutis protinus ſubolet impoſtura.[Niſi iuxta ſententiam Auguſtini ma
uis accipere,ſimulatam modeſtiam pſeudapoſtolorum.]

Et religione angelorum.) θρησκείᾳ. quod religionem ſonat,nonnunquam & in bo/
nam partem,ſæpe tamen peregrinam ac ſuperſtitioſam. Vox, ut autumant, à Thracibus
deducta,quod apud hos Orpheus multa de dijs confinxerit, traditis ceremonijs, quibus
colerentur.

Ambulans.) ἐμβατεύων. id eſt,Ingrediens ea quæ non uidit. Tametſi Hieronymus in
eodem loco, ἐμβατεύων interpretatur, Incedens faſtuoſe {Mirum unde diuus Auguſti/
nus[epiſtola ſeptuageſima nona]legat,Quæ non uidit inculcans:quaſi Græce legiſſet ἐμ/
βαδεύων per ϑ. Ambroſius legit, Ea quæ uidet extollens. Heſychius indicat ἐμβατεύ/
σαι, nonnunquam idem ualere quod occupare,ueluti locum aut domum,aut totam hæ/
reditatem. Sed Hieronymi magis arridet ſententia. Metaphoram ductam opinor à tragi/
cis cothurnis,quandoquidem genus hoc ἐμβάλλον dicuntur,quod in his ſublimes ince/
dant,qui regem aut deum agunt. Auguſtinus ad Paulinum,indicat in nonnullis Latino/
rum codicibus ſcriptum fuiſſe,Quæ uidit:quemadmodum legit & Ambroſius in nonnul
lis,Quæ non uidit.Sed illud mirum,quum hic loqui uideatur de uiſis angelorum,quomo
do Auguſtinus interpretetur de ſacrificijs:quæ quis ideo magni ducit,quod ea uiderit
alicubi obſeruari,uel quod non uiderit quidem ea facienda,ſed quod opinione populari
ducatur.Neque minus durum quod Ambroſius hæc ad aſtrologiæ philoſophiæque ſtu/
dium detorquet.}

Senſu ſuæ carnis.) ὑπὸ τοῦ νοός. id eſt,A mente.ut legit diuus Ambroſius.Sic enim uo
cat affectum hominis impij.

Creſcit in augmentum.) αὔξει τὴν αὔξησιν. Græca figura eſt,quaſi dicas,uiuit uitam,
gaudet gaudium:ſic hoc loco,Augeſcit augmentum.

Ab elementis huius mundi.) Huius,redundat.tantum eſt,Ab elementis mundi.Mun
dum enim uocat quicquid uidetur. .

Quid adhuc tanquam.) Adhuc,redundat. Nec additur apud Ambroſium. τί ὡς; id
eſt,Cur tanquam:& cætera.

Viuentes mundo.) In mundo,eſt Græce:& ita legit Ambroſius.

Decernitis.) δογματίζεσθε. id eſt, Decernimini.Quanquam nec illud Decernimini,
explicat id quod ſenſit Paulus. Intelligit enim eos decretis & conſtitutionibus hominum
duci,ueluti ſubiectos. & hoc notat δογματίζεσθε, id eſt, dogmatizari. Dogma enim
Græce decretum eſt,quod Paulus ferè in malam accipit partem,pro legibus quæ non dei,
ſed hominum arbitrio præſcribuntur, quemadmodum paulo ſuperius:unde & decreta
pontificum uocamus,diſtinguentes à lege diuina(Iam enim illa præcepta de delectu cibo/
rum,de obſeruatione dierum,de ſacrificijs,hominum eſſe cœperunt,poſtea quàm apud
deum euanuerant)Græcanica ſcholia,admonent Paulum non dixiſſe δογματίζετε, hoc
eſt,decreta facitis:ſed δογματίζεσθε, id eſt,decretis oneramini.{Annotauit idem Theo/
phylactus,licet interpres Latinus longe diuerſam ſententiam extulerit. Græca ſic habent,
ὅρα δὲ καὶ πῶς ἠρέμα αὐτοῦ διακωμωδεῖ,δογματίζεσθε ἐπιών.ὡς γὰρ παιδία ἀρτιμαθῆ κάθγεσθε,φη
σὶν,δογματιζόμενοι καὶ νουθετούμενοι,τί δεῖ ποιεῖν. Ea ſic reddidit interpres:Aduerte autem
quàm eos ſtultitiæ arguat,uituperetꝗ,Quum decernitis,inquit: perinde dicat,Nec ſecus
ac pueri per luſum ſolent,dicacitores uos agitis,qui pridie nati,& nuper inſtructi ſint,in
conſeſſum enim ueniſtis,ut ſententias de dogmate proferatis,ſanciatiſꝗ: quid factu ſit ne/
ceſſarium:quum Græci ſermonis hæc ſit ſententia:Quin & illud uide,ut illos tacite taxat,
dicendo δογματίζεσθε. Siquidem ut pueri,inquit,qui nuper diſcere cœperunt, Sedetis,
uobiſꝗ præitur ac præſcribitur, quid facto ſit opus. Hæc admonui lector,ut intelligas
quid ſit interpreti peregrini ſermonis fidere}Proinde nec hoc loco probo Iacobi Fabri ſen
tentiam,qui uertit, Decreta quæritis, Interpres uulgatus, & Ambroſius legiſſe uidentur

  δογμα/

Diuerſa lectio
& interpreta
tio

19 only : margin:
Excuſſa
Auguſtini
Interpretatio

16-27: vocat

Theophylacti 19:
interpres ſa/ Vulgarii
de lapſus 19: Vulgarius

19-27 : margin:
Faber

(marginal numbers: 19, 35 beside first paragraph; 19, 35 beside "Ambulans"; 27, 19 beside "Decernitis" passage)

δογματίζετε.](Idem legiſſe uidetur Tertullianus libro De carnis reſurrectione.Quomo/
do,inquit,quidam quaſi uiuentes in mundo ſententiam fertis.(Mirum autem quid ſequu/
tus Cyprianus libro ad Quirinum tertio,legat,Quid tanquam uiuentes in mundo,uana
ſectamini: Niſi fortè quod à uerbo δοκεῖν, dicatur δόγμα, humanas de rebus opinio/
nes dicit uanas.⟩

Ne guſta/   Ne guſtaueritis.) Hæc tria uerba apud Græcos,ſingularis numeri ſunt, μὴ ἅψῃ,μηδὲ
ueritis,   γεύσῃ,μηδὲ θίγῃς. id eſt, Ne attigeris,neque guſtaueris,neque contigeris. Atque hæc ui/
μιμητικῶς   dentur dici à Paulo μιμητικῶς, id eſt,per imitationem.(quam quidam inter ſchemata re   35
ferunt] Sic enim loquebantur qui ſuis decretis onerabant Chriſtianos, Ne guſtes hoc,ne
tangas illud,ne contrectes hoc : atque his ceremonijs ſubigebant uelut in tyrannidem,
quos Chriſtus liberos eſſe uoluit. Et utinam his quoque temporibus, non idem facerent
ſacerdotes quidam,omiſſis ijs quæ propius ad pietatem pertinent,qui conſtitutiones con   19
ſtitutionibus accumulant,hoc tantum agentes,ut plebem quàm maxime fieri poteſt il/
laqueatam, ſibi reddant obnoxiam,ſuæ tyrannidi ſuoꝗ quæſtui conſulentes.Non igitur
ſic accipiendum eſt,quaſi Paulus prohibeat tangi,guſtari'ue quippiam,ſed reprehendit
eorum ſupercilium,qui hæc magno faſtu prohibebant. Idem palàm indicat diuus Augu/
Expenſa   ſtinus epiſtola quinquageſima nona ad Paulinum. Et tamen Ambroſius ita interpreta/
Ambroſij   tur,quaſi Paulus his uerbis deterreat ab omni ſpe mundanorum,mea ſententia,non ſatis
interpretatio   attente,quod quidem cum tanti uiri pace dictum ſit. Idem citat in eundem ſenſum,enar/
rans Pſalmum centeſimum decimum octauum,ſermone decimo octauo.Rurſus libro de
patriarcha Abraham ſecundo,capite ſexto,alijſꝗ locis aliquoꝗ(Tertullianus recte addu/   27
cit hunc Pauli locum libro aduerſus Marcionem quinto.Et Theophylactus cum Chryſo/
ſtomo nobiſcum facit,euidentius etiam Gloſſa ordinaria.⟩

Ipſo uſu.) τῇ ἀποχρήσει. id eſt, Abuſu. Et Ambroſius legit, Per abuſionem. Agit
enim de cibo & potu,quæ uſu conſumuntur, & in latrinam excernuntur. Nam ijs pro/
prie dicimur abuti (quæ uſu abſumuntur (quemadmodum & Iureconſultorum literæ   19.27
nos docent⟩

*16: follows Non   ✳ Rationem quidem habentia ſapientiæ.) λόγον hic interpretantur Speciem:quod quo
ad parcendum   Thomas niam Aquinas ſenſit duriuſculum,annectit id quod ſequitur,In ſuperſtitione:ut intelliga/
corpori.)   Aquinas mus in eiuſmodi rationem eſſe ſapientiæ,non ſimpliciter,ſed ad ſuperſtitionem. At mihi
below.   uidetur oratio inabſoluta. Cœpit enim per μὲν, & non reddidit quæ illi reſpondet, δὲ.
Proinde mihi uidetur λόγος, hoc loco ſonare Sermonem aut uerba,ut opponatur rei.
Quod ſi abſoluiſſet orationem,dixiſſet ad hunc modum,Quæ omnia uerbotenus uiden/
tur erudita ac magnifica,nimirum ab angelis profecta,ut illi narrant.Cæterum,re longe
abſunt à religione Chriſti,quæ nec in ſuperſtitione,nec in abiectione animi,qua pecudum
ritu,homines homunculi cuiuſpiam arbitrio circumaguntur,nec in læſione corporis ſita
Honor,   eſt,quum deus cibo uoluerit honorari corpus,non cruciari inedia,ſed in puritate uitæ &
ſubſidium   charitate(Nobiſcum facit aperte Theophylactus , Honorem autem corporis hic ſubſidi/   27
um appellat,iuxta proprietatem ſermonis Hebraici : uelut alibi, Honora uiduas:Et,Qui
bene præſunt presbyteri,duplici honore digni habeantur.⟩

In ſuperſtitione.) ἐν ἐθελοθρησκεία. Quæ eſt falſa religio,interprete Hieronymo,in eo
quem modo citaui loco.Nam ſuperſtitio, δεισιδαιμονία dicitur.Ambroſius legit,Super/
↓¶   ſtitione[Porrò uox Græca ita ſonat,quaſi dicas,Spontanea religio:cum quis ultro ſibi fin/
θρησκεία   git religionem.Nam θρησκεία, religio dicitur,à Thracibus,apud quos Orpheus primus
16·27: [In   cœpit nugari de dijs:ut modo dictum eſt:& θέλω, uolo. Idꝗ probe quadrat in confictas
*16: forms laſt ab homunculis ceremonias.
entry of this
Chapter p.643   ✳ Et humilitate.) ταπεινοφροσύνῃ. Diuus Hieronymus hoc quoꝗ uerbum notat,tan/
quam improprie hoc loco uſurpatum,quum aliàs uirtutem ſonare ſoleat,hic uitium,quo
quis humilia ſentit atque terrena:& abiecti eſt animi,ut patiatur ſeſe ueluti bubalum du/
ci naribus præceptis hominum.
16·27: tr   ἀφειδία   Non ad parcendum corpori.) καὶ ἀφειδία σώματος. quod ad uerbum ſonat Imparſimo
nia,hoc eſt,quum quis non parcit alicui rei. Nam φείδομαι, parco, & α particula eſt
priuatiua.Ambroſius legit,Ad uexationem corporis(Atꝗ eam lectionem indicat & Au/   19
guſtinus

¶16: superſtitione, hanc eamdem vocem interpres paulo ante
vertit in religione. Porro

guftinus in epiftola ad Paulinum,cuius iam fæpe meminimus.}Sentit enim de ijs qui fu/
perftitiofe lacerabant aut mutilabant corpus fuum,aut immoderatis ieiunijs côficiebant.
Manent huius rei nonnullæ reliquiæ hodie que apud Italos(in flagellatoribus)cuiufmodi
multa commemorat Apuleius in afino fuo.   ¶

EX CAPITE TERTIO

Væ furfum funt.) τὰ ἄνω, Cur non potius,Superna: Et φρονᾶτε, Cura/
te,potius quàm Sapite:

+ Vita ueftra.) Græci legunt,Noftra. ἡμῶν. id eft,Noftra, prima
perfona.

Libidinem.) πάθ©. Quod Morbum,uertas licebit,aut potius Molli/
ciem:ut de effœminatis & pathicis intelligas. Nam alioqui quid attinebat addere libidi/
nem,quum ante dixerit Fornicatio?Neque enim apte genus fpeciei fubnectitur}Porrò
molliciem & Flaccus morbum appella(in Odis:}

Cum grege turpium   Morbo uirorum.

* Propter quæ uenit.) Δι' ἃ ἔρχεται. id eft,Propter quæ uenit:ut Venit,fit præfentis tem
poris,intelligasq folere(ob ifta)uenire diuinam iram(Sic enim appellat uindictam.)

Filios incredulitatis.) Quod fuperius uerterat Diffidentiæ, ἀπαθείας, idem & ino/
bedientiam fonat.Quanquam hoc loco Ambrofius non addit, In filios diffidentiæ(Tan/
tum legit, Propter quæ ueni(ire dei)Illam de forma fermonis huius Hebraica,non femel à
nobis dictum eft.}

In quibus & uos.) ἐν οἷς. Sermo Græcus anceps eft, quod articulus referri pofsit
uel ad filios inobedientes,inter quos & Coloffenfes quondam fuerant, uel ad uitia quæ
paulo ante commemorauit. Certe quod mox fequitur, Quum uiueretis in illis, ad uitia
pertinet.

Turpem fermonem.) αἰσχρολογίαν. id eft,Turpiloquium.

* Nolite mentiri inuicem.) μὴ ψεύδεϑε εἰς ἀλλήλους. id eft,Ne mentiamini alius aduer/
fus alium.Quid enim eft Mentiri inuicem,quod uertit interpres,nifi mentiri uicifsim:
[Verbo Græco addidit accufandi cafum.]

Expoliantes.) ἀπεκδυσάμνοι. id eft,Exuentes. id eft,poftquàm exuiftis:nam præte/
riti temporis eft. Vocem hanc interpres fubinde uertit Expoliantes(Alludit ad id quod an
te dixit;Chriftum exuta carne uicifse.]

In agnitionem dei.) Dei,redundat,iuxta Græca exemplaria. Nec Ambrofius addit.
< Nec addebatur in exemplari Donatian(Cum his concordabat exemplar utrunque Con/
ftantienfe.}

Mafculus & fœmina.) Hæc non inuenio apud Græcos (Nec attingit Theophyla/
ctus[Chryfoftomus ne legit quidem,ficuti nec Ambrofius] Sed huc uidetur adfcriptum
ex epiftolæ ad Galatas capite tertio.Suffragabatur & hic uterque codex Conftantienfis.)

Gentilis & Iudæus.) ἐχλω. id eft,Græcus(pro quo uertit,Gentilis}

Barbarus.) Poft hanc uocem Græci omittunt coniunctionem,& oratio fit ardentior.
{Prius enim per iuga coniunxit,Iudæum cum Græco,circuncifionem cum præputio:de/
inde citra copulam,copulat Barbarum cum Scytha,feruum cum libero} Porrò Barbaro
oppofuit Scytham,non quod is Barbarus non fit,fed quod præ hoc reliqui Barbari non
fint Barbari.

Dilecti uifcera mifericordiæ.) Dilecti, hic participium eft,non nomen: ἠγαπημένοι.
Nec eft Mifericordiæ,fed οἰκτιρμῶν, id eft Miferationum,numero multitudinis.

Humilitatem.) ταπεινοφροσύλω. quod Ambrofius uertit, Humilitatem fenfus. Nos
Modeftiam,maluimus.Nam modeftia potius eft{quam Græci uocant} ταπεινοφροσύλω.
(Humilitas fenfus,magis in uitium fonat:quemadmodum abiectus animo.Etiamfi Græ/
ca uox plus quiddam fignificat,quàm modeftia.Modeftus enim eft,qui non eft arrogans:
at ταπεινόφρων, qui minus fibi tribuit quàm promeretur.)

Modeftiam.) πραότητα. id eft,Manfuetudinem,fiue lenitatem.

Patientiam.) μακροθυμίαν, ad uerbum Longanimitatem {fiue animi lenitatem, aut
animi moderationem}(qua quis non facile prouocatur.)

Hh 4   Chari/

Marginalia (right side):

19 only: margin:
Flagelliferi apud
Italos

¶ 16: Rationem
quidem h.s..) +
In humilitate.)
from p. 642 placed
here
+16: follow In
quibus + vos.)
below

*16: præcedes
Turpem sermonem.)
below

C↓

Mentiri *16: follows
inuicem Barbarus.)
below

Scytha

ταπεινοὶ
φροτύπ]

16: id est

C 16: iram. Iam de filiis diffidentiae, non semel a nobis,
dictum est τῆς ἀπιθείας. Nos vertimus filios intractabiles.
Turpem

Marginalia (left side): 27, 19, 19, ·27, 27, 27, ·19, 35, 35, 27, 27, 35, 19, 19, 19, 27, 19, 27

Supereſt Charitatẽ habete.) Habete, non reperio apud Græcos, nec apud Ambroſium, ſed referendus eſt accuſatiuus Charitatem, ad uerbum ſuperius, Sitis induti.

Quod eſt uinculum perfectionis.) σύνδεσμος τελειότητος: id eſt, Vinculum integritatis. Reſpexit enim ad corpus, in quo ſpiritus colligat & connectit omnia membra, alioqui dilapſura. Quanquam non me fugit pleroſq; ſecus interpretari. Præterea Pax dei, eſt & apud Græcos & Ambroſium, non Pax Chriſti.

Locus perperam expoſitus Exultat.) βραβευέτω. id eſt, Præmij loco detur, ſiue contingat, aut palmam ferat, hoc eſt, Ne iudicet ira in uobis, aut inuidia, aut ſuperbia, ſed pax deferat palmam, ut is putet ſe uiciſſe, qui cæterarũ rerum diſpendio pacem conſeruauerit. nam hæc demum eſt pax dei. Alioqui pax mundi ex uindicta naſcitur. In hanc fermè ſententiam interpretatur Theophylactus. Iam uero quorſum attinet recenſere, quid in hunc locum commentati ſint theologi recentiores, ſequuti uerbum exultandi.

In qua.) In quam. εἰς ἥν, ſiue Ad quam.

Et grati eſtote.) καὶ εὐχάριστοι γίνεσθε. Superius admonuimus ex Hieronymiana ſententia εὐχάριστον, in diuinis literis accipi pro gratioſo & amabili, quemadmodum opinor accipiendum hoc loco. Siquidem id adiecit, uelut indicans, qua ratione pax inter eos poſſit conſiſtere, ſi comes ſint & benigni erga omnes, propenſi ad bene merendum de omnibus. [In hanc ſententiam interpretatur Chryſoſtomus, ut εὐχάριστος ſit qui talem ſe præbet, erga conſeruos homines, qualem expertus eſt erga ſe deum] Theophylactus interpretatur Grati erga deum, hoc eſt, memores, qualis ille fuerit in nos, ut & ipſi uiciſſim clementes ſimus erga conſeruos. Verum hæc expoſitio mihi uidetur eſſe coactior. 35

Abundanter.) πλουσίως. quaſi dicas Opulente & diuitum more. Nam hoc uerbo delectatus eſt Paulus (quoties exuberantiam cuiuſcunque rei ſignificari uult.) 27

Docentes & commonentes.) Aut abuſus eſt participio loco uerbi, idq; iuxta proprietatem Hebræi ſermonis, aut hæc referenda ſunt ad id quod præceſſit, Grati ſitis: deinde ueluti per parentheſim interiectis aliquot uerbis, ſubnectatur, Docentes & commonentes: ut hæc ſit Chriſtiana benignitas, docere & commonere. Cæterum uoſmetipſos quod Græcis eſt ἑαυτούς, melius tranſtuliſſet, Vos inuicem. Quis enim docet ſeipſum?

In pſalmis.) In, redundat apud nos: nec eſt apud Græcos, nec apud Ambroſium.

In cordibus.) In corde. Et eſt Domino, non Deo. Deinde Omne quodcunque, Et (coniunctionem) addunt Græci. 27

(Deo & patri.) τῷ θεῷ καὶ πατρί. Articulus ſemel duntaxat poſitus facit, ut Dei patriſq; cognomen, ad unam perſonam pertineat: Ei qui eſt deus ac pater, Deus, ob autoritatem: pater, ob eximiam in nos charitatem.) 27

Ad illas.) πρὸς αὐτάς. id eſt, Erga illas, ſiue aduerſus illas.

Placitum eſt in domino.) In, redundat. εὐάρεστον τῷ κυρίῳ, (Gratum, ſiue acceptum.) 27

Ad indignationem.) μὴ ἐρεθίζετε. id eſt, Ne prouocetis. Ad indignationem, additum eſt ab interprete quopiam. Ambroſius tamen legit, Ad iram prouocare.

Puſillo animo.) μὴ ἀθυμῶσιν. id eſt, Ne deſpondeant animum, & animo deijciantur.

Ad oculum ſeruientes.) Rurſum uſus eſt illis duobus nominibus, ἐν ὀφθαλμοδουλίαις, & ἀνθρωπάρεσκοι. de quibus ante admonuimus.

Timentes dominum.) θεόν, id eſt Deum, pro Dominum, legunt Græci: ne quis accipiat, hominem eſſe timendum.

Sicut in domino.) ὡς τῷ κυρίῳ, Tanquam domino: hoc eſt, deo.

Diuerſa lectio Chriſto ſeruite.) τῷ γὰρ κυρίῳ Χριστῷ δουλεύετε. id eſt, Domino enim Chriſto ſeruitis. Tametſi Græca uox eſt anceps, δουλεύετε. Ambroſius legit ad hunc modum, Recipietis retributionem hæreditatis domini Chriſti, cui ſeruitis.

Qui enim iniuriam facit.) ὁ δὲ ἀδικῶν. id eſt, Qui uero iniuriam facit, aut qui non recte facit. Ambroſius legit, Qui enim inique gerit, feret id quod geſſit inique. quo ſeruet Græcarum uocum affinitatem, ἀδικῶν & ἠδίκησε. {quam nos ita reddidimus, Qui peccabit, reportabit peccatum ſuum. Auguſtinus libro De natura boni, aduerſus Manichæos, neſcio quid ſequutus adducit hoc teſtimonium his uerbis: Quod enim nocet, recipiet illud quod nocuit.} 19

Acceptio

16-27: Quae
16-27: Omnes
*16: Praeterea .. Christi. placed at end of next entry
16-27: Exultet
16-27: sitis.)
16: simus
16-19: Vulgarius
19-27: et
†16: ferat, hoc est superet & vincat, non vicia. hoc est

27 Acceptio.) πϱοσωπολινψία. id eſt,Perſonæ reſpectus(ſiue diſcrimen.)

27 Apud deum.) In Græcis codicibus non reperio.(Nec hic agitur proprie de reſpectu perſonarum apud deum,ſed de paribus peccatis.)

¶16-27:apud deum.)

EX CAPITE QVARTO

Tæquum.) τलῶ ἰσότητα. id eſt,Aequalitatem,ſeu potius æquabilitatem.Et iuſtum uocat,id quod ſeruis debetur à dominis.Aequabilitatem,ne alium in delicijs habeant,alium iníque tractent,quæ res intolerabilem facit ſeruitu/ tem. Præterea Vos,pronomen,interpres addidit de ſuo, οἱ ἀύϱιοι. Ambro/ ſius non addidit.

Sale ſit conditus.) ἅλατι ηϱτυϱϱένος. Ambroſius legit, Semper in ſale gratia ſit condi/ tus:quaſi dictum ſit, Sermo ueſter ſit ſalſus,conditus gratia.Tametſi Græca perinde ua/ lent ac ſi dicas,Sermo ueſter ſemper habeat gratiam,ſale conditus:ut intelligamus iucun/

27 ditatem ac modeſtiam in colloquijs(Chriſtianorum cum)ethnicis,ſed eam cum ſapientia coniunctam.Hoc detorqueri poteſt ad nos,ſi quando cum magnatibus agendum eſt, ne intempeſtiua maledicentia & acerbitate prouocemus eos,reddamuſq deteriores quàm

27 ſunt,ſed prudenti moderatione ſermonis paulatim adducamus ad meliora(ſi qd aberrant.)

16-22: ethnicorum
Quomodo monendi magnates

19 Nota faciet.) Græci legunt numero multitudinis, πάντα ὑμῖν γνωϱιοῦσι τὰ ὧδε. id eſt Omnia uobis nota facient quæ hic ſunt.Loquitur enim de duobus,Tychico & Oneſimo. Nec additur Qui,pronomen,nec apud Græcos,nec apud Ambroſium.

22 < De quo accepiſtis mandata.) Sermo Latinus uideri poſſit anceps,& intelligi per Bar/ nabam aliquid fuiſſe præceptum Coloſſenſibus.Quod ita demiror interpretari Theophy

27 lactum.Sed Græci carent hac ambiguitate, πϱὸς ὄυ. Rurſum dubium eſt,utrum Græcus articulus referat Barnabam,an Marcum(Hic rurſus mihi monendus eſt lector,quàm non ſit tutum credere libris in aliam uerſis linguam.In prioribus æditionibus adſcripſi duo uer ba,fretus interprete,quia fortaſſe tum Græcus codex non erat ad manum.In hac quarta æditione conſului Græcum codicem,& multo aliud reperio quàm interpres nobis tradi/ dit:nam Græca ſic habent, παϱὰ Βαϱναβᾶ ἴσως ἔλαβου τὰς ἐντολὰς,ὥς τε δ᾽έξαϑαι αὐτὸυ ϖιϱὶ τιμῆς.δυιώτσαι μὲν εἶξαι,καὶ εἰς τὸ ἐλάβετε ἐντολὰς,εἶτα ἀπὸ ἄλλης ἀϱχῆς ἀυαγνῶναι,τὸ ἐὰν ἔλϑη πϱὸς ὑμᾶς ὦ κϱλαϱσεῖς δ᾽έξαϑε αὐτὸυ ἐντίμως. id eſt,De Barnaba forſitan acceperant manda/ tum,ut eum honorifice reciperent.Poteſt quidem poni punctum poſt hæc uerba Accepi/ ſtis mandata.deinde ab alio initio legi,Si uenerit ad uos ὁ Colaſſenſes,excipite illum ho/ norifice.Quod apud Theophylactum legitur παϱὰ Βαϱναβᾶ, aut παϱὰ uſurpauit pro πϱὸς, aut quod eſt credibilius,ſcriptor ita deprauauit.Indicat autem Theophylactus,ſi con iunctim legas,dicendum δ᾽έξαϑαι modo infinito,ut legit Ambroſius:ſi disiunctim, δ᾽έ ξαϑε modo imperandi.)

Sermo Græ/ cus anceps]

19 Qui dicitur Iuſtus.) Iuſtus,hic Latina uox ἰδϱος,(quū Paulus teſtetur fuiſſe Iudæum.}

19 Semper ſollicitus.) ἀγωνιζόμϱν⊙. id eſt, Certans, ſiue laborans {uel potius enixè laborans.}

19 Vt ſtetis(perfecti.) Vt ſitis. ἵνα ἦτε. {Atque ita legit Ambroſius.Apparet interpre/ tem pro ἦτε legiſſe στῆτε.}

{16:unde videtur latinus hic Iesus.

Multum laborem.) ζῆλου πολύν. id eſt, Multum zelum,ſiue multam æmulationem.

Lucas medicus.) λϱκᾶς ὁ ἰατϱός. Articulus diſcernendi cauſa additus,magis ſuadet, ut hoc de alio quopiam Luca dictum accipiamus.Ambigunt enim interpretes.

Et quæ in domo eius eſt eccleſiam.) καὶ τἰω κατ᾽ οἶκου αὐτῦ ἐκκλησίαν. id eſt,Et dome/ ſticam eius eccleſiam.Ambroſius id modo non fallunt codices,exiſtimat Nympham fuiſ/ ſe mulierem deuotam,ut uocant. Sed αὐτϑ pronomen apud Græcos additum,ſignificat uirum fuiſſe,non mulierem Nympham. Porrò quod addit, Et quæ in domo illius eſt ec/ cleſiam,opinor hic eccleſiam accipi non pro uniuerſo cœtu,ſed pro reliqua familia iam Chriſtiana. Nam Græci interpretes putant,magnatem aliquem ob id fuiſſe,quod domi habuerit eccleſiam. ¶

Ecclesia quæuis con gregatio

Et quum lecta fuerit.) Ex huius occaſione loci,quidam epiſtolam ſubornarunt,uelut à Paulo ſcriptam Laodicenſibus,ſed quæ nihil habeat Pauli præter uoculas aliquot ex cæteris eius epiſtolis mendicatas.Etiamſi Faber homo doctus,ſed aliquoties nimium can didus

Faber

¶16:Vobis legatur.)
p.146 placed here

didus,diligenter reliquis admiscuit epiftolis.Græcanica scholia negant hanc epiftolam,de
qua hic agit,à Paulo fcriptam fuiſſe Laodicenſibus.Neqʒ enim dixit,Quæ fcripta fuit ad
Laodicenſes,fed quæ fcripta fuit ex Laodicea.Proinde fuiſſe epiftolam,quam Laodicen/
fis quifpiam fcripferit ad Paulum,in qua tamen ineſſent quæ ad Coloſſenſium rem perti/
nerent.Theophylactus indicat fuiſſe,qui putarint hanc eſſe quæ prior eft Pauli ad Timo/
theum,quod eam fcripſerit Laodiceæ.(Tertullianus libro aduerſus Marcionem quinto, *27*
indicat hæreticos quoſdam tradere,epiftolam quæ iuxta nos fcribitur Epheſijs,Laodiceis

16·19: <u>Vulgarius</u>

Epiftola ad   inſcriptam fuiſſe.)Verũ ut hac de re non pronuncio,ita nihil uereor aſſeuerare,eam quam
Laodicenſes   Stapulenſis addidit,Pauli non eſſe. Non eft cuiuſuis hominis Paulinum pectus effingere.
falſo inſcri/   Tonat,fulgurat,meras flãmas loquitur Paulus.At hæc præter quàm quod breuiſſima eft,
pta Paulo   quàm friget,quàm iacet.Iam illud ftultum etiam eft,non folum impudens,quod pleraque
ex hac ipſa collegit epiftola,quiſquis hanc effinxit. At ſi quicquid erat in epiftola Laodi/
cenſium,idem in hac habetur,& quidem tanto copioſius,quorſum attinebat mandare,ut
illa hic quoque legeretur? Denique qui factum eft,ut hæc epiftola apud Latinos extet,
quum nullus ſit apud Græcos,ne ueterum quidem,qui teftetur eam à ſe lectam? Quan/
quam quid attinet argumentari.Legat qui uolet epiftolam,extat enim in Iacobi Fabri(Sta *27*
pulenſis)commentarijs. Nullum argumentum efficacius perſuaſerit eam non eſſe Pauli,
quàm ipſa epiftola.Et ſi quid mihi naris eft,eiuſdem eft opificis,qui næníjs ſuis omnium
ueterum theologorum omnia fcripta contaminauit,conſpurcauit,perdidit,ac præcipue
Hieronymus   eius,qui præ cæteris indignus erat ea contumelia,nempe diui Hieronymi.Nihil enim ferè
cõtaminatus   habemus huius præter commentarios in prophetas & epiftolas aliquot,quod non ſit ftu/
dioſe ab hoc furcifero uel mutilatum,u l adulteratum,uel confuſum,turpiſſimeqʒ cont ı/
minatum,ut ne quid dicam de tot uoluminibus inſulſiſſimis,quæ idem artifex Hieronymi
titulo euulgauit?At Fabri mei candorem,& ipſe libens imitarer,niſi uiderem fieri,ut dum
ad hunc modum obſequundamus indoctis aliquot,indignis afficiantur contumelijs,non
folum heroes illi,qui nobis pulcherrima ſui monumenta reliquerunt,uerum etiam bonæ
ſpei ingenia,quæ hac impoſtura,aut deterrentur à literis,ſi ſuboleat,aut inficiuntur ſi non
ſuboleat. Idem conſimili candore,pſalterio ſuo,adiecit epiftolam Hieronymi nomine ad
Damaſum papam,in qua poſtulat,ut ad calcem in ſingulis Pſalmis adderetur,Gloria pa/
tri. Atqui hac ne fingi quidem poſſit quicquam infantius,indoctius,inſulſius.Tantum
abeft,ut Hieronymi,hoc eſt,hominis inim tabili doctrina ſimul & eloquentia præditi uı/
deri poſſit.

↓ ?

*16: placed before
Et cum
lecta fuerit.)
p. 645

⭑Vobis legatur.) ἵνα καὶ ὑμεῖς ἀναγνῶτε. id eft, Vt & vos legatis:nam præceſſit Eam.
Supereft   Gratia.) Domini noftri Ieſu Chriſti.Hæc omnia apud Græcos non inuenio.Et ita le/
apud nos   git Ambroſius,quemadmodum habetur in Græcis exemplaribus: ἡ χάϱις μεθ᾽ ὑμῶ. id
eft, Gratia uobiſcum.(In codice Donatiani ſcriptum erat, Gratia domini Ieſu uobiſ/ *22*
cum.(Vterque codex è Conftantia præbitus, conſentiebat cum Græcis:Gratia uobiſ/ *27*
cum, Amen.)

¶16-19: <u>evulgavit</u>, id quod nemini non liquebit, posteaquam totus
Hieronymus, qui nunc prae manibus est, in lucem exierit.
Quodquidem aspirante Christi spiritu, prope diem futurum
est. At Fabri

IN EPISTOLAM PAVLI

AD THESSALONICENSES PRIOREM, ANNOTATIO/
NES DES. ERASMI ROTERODAMI.

EX CAPITE PRIMO

T pax.) Hoc loco Græci addunt illa penè folennia,à deo pa tre noftro,& domino Iefu Chrifto,quum Ambrofius tatum legat,Gratia uobis & pax:iuxta noftros codices.

Superest a/ pud Græcos

Memores operis.) Poteft & fic accipi, Memores ueftri, propter opus fidei.ut fubaudias γϊνϵϰα.

Suftinentiæ.) ὑπομονῆς. id eft, Tolerantiæ,fiue patientiæ fpei:hoc eft,quod patienter perfeueraftis in fpe. Ambrofius legit Expectationis,pro Suftinentia.

Ante deum.) ἐμπϱοϑϵν ϰῦ ϑϵοῦ. id eft,Coram deo.

< Scientes fratres.) Nec apud Græcos in hoc fermone,fer/ uata eft ratio grammatices,quod tamen incommodum,nos interpretatione uitauimus,etiamfi me non fugit Theophylactum ad Paulum[& Pauli col legas]referre Scientes.[Verum haud fcio an hic fua nobis tradiderit interpres,quanquam Chryfoftomus eadem fermè,licet obfcurius,& electionem interpretatur excellentiam:ue rum ad hunc fenfum parum apte cohærent quæ fequuntur,Quia euangelium noftrum. Mihi Scientes,pofitum uidetur pro Scitis.quod paulo poft repetit,Sicut fcitis. Siquidem hoc agit Paulus,ut Theffalonicenfes credant,euangelium quod acceperant non effe hu/ manum,fed ex uocante deo:id duplici probat argumento,& quod ipfos fic transformarit, & quod qui prædicarant,quum effent humiles & afflicti,tamen fignis & uirtute fpiritus omnia præftiterint.]

Non in fermone tantum.) In proxima epiftola admonuimus λόγου opponi ueritati & efficaciæ,pro quo illic interpres uerterat Speciem[Itidem hic fentit prædicationē fuam, & miraculis fuiffe comprobatam.]

In plenitudine.) ϵν πληϱοφοϱίᾳ. De quo fuperius admonuimus, id eft,In certitudine, & certa perfuafione.Nec enim certam facit fidem,qui docet tantum,fed qui miraculis ac malorum tolerantia perfuadet,is demum uere perfuadet,id quod non faciebant ψϵυδα/ πόςολοι.[Theophylactus tamen hoc poftremum ad toleratas afflictiones refert,quod con fentaneum non fit,quenquam pro uana doctrina tantum uelle perpeti malorum.Thomas duas adducit interpretationes,fed quarum neutra fcopum attingat:In plenitudine,inquit, ne fe putarent minus accepiffe,quàm Iudæos. Aut In plenitudine,quia nihil illis non tradi derit Paulus eorum quæ ad fidem pertinent. Ambrofius Grecam uocem ita circumloquu tus eft,Non in phantafia,fed in ueritate plenitudinis.]

πληϱοφοϱία

_19: Vulgarius
Thomas_

Excipientes uerbum.) δϵξάμϵνοι τὸν λόγον. Melius Recepto uerbo,fiue fermone,fi/ ue Qui domini uerbum accepiftis:quod ut Paulus tradidit,non fine perfequutione,ita illi receperunt non citra afflictionem & infectationem malorum.Cæterum hoc loco,aut δϵ ξάμϵνοι participium pofitum eft loco uerbi,aut ita diftinguendum eft, quemadmodū di/ ftinguit Theophylactus,Imitatores mei facti eftis & domini,ut hactenus fit diftinctio,de/ inde fequatur, Excipientes uerbum:ut fit fenfus,Imitati eftis me & ipfum Chriftum (eo) quod euangelij caufa libenter perpeffi fitis afflictionem. Ambrofius legit, Imitatores no/ ftri facti eftis & ipfius domini,fufcipientes uerbum.

_Diftinctio
noua_

Forma.) τύποι. id eft,Formæ:quod Ambrofius uertit in exemplum,& recte.

Diffamatus eft.) ἐξήχηται. id eft,Exfonuit,fiue ebuccinatus eft,ut admonet Lauren/ tius:isḉ optimo iure ridet Remigium,qui notarit Paulum ueluti folœciffantem,quod ab/ ufus fit hoc uerbo diffamare in bonam partem,quafi uero Paulus Latine fcripferit,ac non magis Græce:aut quafi Paulo præftandum fuerit quicquid quilibet uerterit interpres: ut fi Remigius pro νήφϵιν, uerteret Inebriari,Paulus in ius fit uocandus,uiolatæ La/ tinitatis.

Remigius ta/ xatus à Valla

16: recte. In omnem locum.) Græce est. In omni loco. Diffamatus.

tinitatis reus. Iam uero palàm falsum est, omnia uerba apud Latinos ad eundem modum composita, significare in malam partem, nisi forte dispergere, disiungere, dissoluere ¶ idcp genus alia sexcenta, sunt in malam accipienda partem. Apud Græcos huiusmodi uox est, quæ addita nominibus ac uerbis id efficit, ut δυσυχᾶιρ, δυσφημᾶιρ, contraria ἐν, apud Latinos non item. Certe Augustinus diffamare utitur pro diuulgare, quum fama longe la tecp spargitur. Inscitiæ utcunque dari uenia potest, uerum quis ferat tantam arrogantiam cum inscitia coniunctam: imò quis non rideat tam insignem stultitiam, ut non consultis uoluminibus, hoc imputet Paulo Græce scribenti quod admissum sit ab interprete Lati 19 noβ Nisi forte Remigius credidit Paulum Græcis scripsisse Latine. (Denique fieri potest, 27 ut hoc commentum aliquis Remigij scriptis adsuerit.)

Profecta est.) ἐξελήλυθεν. id est, Emanauit, siue peruenit, aut potius dimanauit. Necp enim dixit, In omnem locum: sed In omni loco, ut intelligas id quod ante clanculum mussi tabatur, iam cœptum publicitus prædicari.

Qui eripuit.) τοῦ ῥυομενου ἡμᾶς. id est, Qui eripit nos: participium præsentis temporis.

 Ed ante passi multa.) Multa, addidit nescio quis de suo. Nam nec apud Græ cos est, nec apud Ambrosium, nec in uetustis exemplaribus, nominatim Do 22 natianico concordabat utercp Constantiensis.) καὶ προπαθόντες καὶ ὑβριςθέν 27 τες. id est, Et ante passi, & contumelijs affecti. Porrò passum, usurpauit Græ corum more, pro afflicto: quibus ὁ πάθος siue πάθημα, dicitur afflictio.

Fiduciam habuimus.) ἐπαρρησιασάμεθα. Quod ita circumloquitur Ambrosius, Exer ta libertate ausi sumus. Est autem παρρησιάσασθαι, palàm & intrepide, quod dicendum sit dicere, quemadmodum sæpe iam admonuimus.

In multa sollicitudine.) ἐν πολλῷ ἀγῶνι. id est, In multo certamine, siue labore, aut peri culo: quod tamen sæpe uertit ad hunc modum. Ambrosius, certamen legit.

Non de errore.) οὐκ ἐκ πλάνης. Error apud nos tantum est decepti: at πλάνη Græcis est & decipientis: unde maluissem uertere Impostura. In hunc sensum interpretantur Græ corum commētarij. Etenim qui fallere studet, non conijcit semetipsum in pericula, sed deli cijs indulget potius, & suum ipsius negocium agit.

Necp ex immundicia.) ἐξ ἀκαθαρσίας. id est, Ex immundicia. quod Græcanica scholia exponunt, Maleficas artes & abominandas, quas ideo uocat immundiciam, quod fiat im puris & sordidis rationibus ad imponendum simplicibus, quod magici solent & imposto 35 res, simulantes miracula.

Vt crederetur à nobis.) A redundat: hoc est, Vt nobis committeretur euangelium, πισεύθηναι τὸ εὐαγγέλιον.

Quum possemus uobis oneri esse.) ἐν βάρει εἶναι. id est, In onere, siue in pondere esse. Quod quidem bifariam legunt Græcanica scholia. Aut ἐν βάρει, hoc est, In pondere & autoritate: quoniam præcessit, Non quærentes gloriam: & sequitur, Sed facti sumus par uuli. Ad hæc Ambrosius uidetur de honore, non de grauatione interpretari. Denique ad hunc sensum facit, quod continenter adiecit, Vt Christi apostoli. Neque enim est aposto lorum grauare suo supercilio quenquam. Aut ἐν βάρει, quod nihil ab illis acceperit, nec usquam sumptui aut oneri fuerit. Prior interpretatio mihi magis arridet.

Sed facti sumus paruuli.) Interpres & Ambrosius legisse uidentur νήπιοι, id est, Par uuli, siue pueri. Verum Græci codices habent ἤπιοι, id est, Mites, minimecp austeri. Vtruncp tolerabile est. Verum posterius propius facit ad Pauli sensum, ut opponatur ei ἐν βάρει. ut intelligas eum non fuisse usum fastu & supercilio inter illos, quemadmodum 35 faciebant pseudapostoli, sed mansuetudine & lenitate. Vtrancp scripturam indicat Theo phylactus interpres. Ambrosius Honori, legit, non Oneri: & ita edisserit, Ad comprimen 22 dos, inquit, eos, quibus nec facultas erat nec pudor, & tamen honorem sibi poscebant. Se enim potius quàm dei doctrinam commendari uolebant. Apostolus autem qui gloriam non ad præsens, sed in futuro requirebat, se humilem faciebat, ut dei prædicatio exaltare tur. Hactenus Ambrosius. Iam ut illud donemus in contextu pro oneri scriptum honori, certe palàm est, Ambrosium amplecti sententiam, quæ nobis uisa est potior, Cui ego sanè 22

libentius

Marginal annotations (left margin):

¶ 16-27: ad

16: factum

16-27: maleficium + abominandum, quam
16-27: artibus

Sensus duplex

[νήπιοι, pro ἤπιοι

16-19: Vulgarius
16: Honore

¶ 16-19: lectioni

libentius fubfcripferim, non tantum ob id quod aptius quadret ad huius loci fententiam, cum cæteris item complufculis ad hunc ipfum locis pulchre confentiens, uerumetiam quod inter tot egregias dotes quibus principem ac præcipue epifcopū præditū effe opor/ tet,non alia fit,qua uel ornetur decentius,uel cōmendetur efficacius,quàm morum & in/ genij lenitas ac manfuetudo, quæ ferè non nifi eximiam probitatem,& infignem fapien/ tiam,tum comitari folent, tum arguere. Vulgaris, aut ficta probitas fuum habet faftum, fuum habet fupercilium, & fibi plus æquo indulgens, ut alienarum uirtutum eft maligna æftimatrix,ita uitiorum alienorū acerba infectatrix eft. Quancȝ autē huius laudis prima fecundum Chriftum gloria penes Paulum noftrum eft,qui quū cæteros omnes omnibus & dotibus & officijs apoftolicis longe præcurreret, tamen unus apoftolum effe fefe uelut ignorabat,hoc fefe gerens fubmifsius,quo maior effet:tamen his quidem temporibus,ne/ minem noui qui propius ad hanc laudem accedat,quàm ille meus, imò non meus, fed to/ tius infulæ Britannicæ Mœcenas Guilielmus Vuaramus archiepifcopus Cantuarienfis, in quo cum nihil fit, quacuncȝ contempleris hominem, quod non eximium ac maximum effe iudices, tamen haud alia re maior uideri folet, quàm quod modis omnibus maximus, folus ipfe magnitudinem fuam non agnofcat. Quo fit, ut cum cæteris uirtutibus fuperet etiam maximos,hoc uno nomine fuperet & feipfum,quod fibi magnus nō eft.Si quis ex/ pendat dignitatis faftigium,fi negociorum molem & amplitudinem,fi iudicium penè di/ uinum,fi uim ingenij incomparabilem,fi eruditionem undiquacȝ abfolutam,fi uitæ puri/ tatem,fi fortunæ fplendorem,quem pro temporū ac regionis confuetudine,tolerat uerius quàm habet,ne inter fummos quidem ullum inuenies,quem cum hoc aufis conferre.Rur fum fic obuius & expofitus eft omnibus, ut uix reperias uel in media plebe, inter infimæ fortis homines,quem hic nō anteeat comitate,facilitate,manfuetudine.O mentē uere he/ roicam & apoftolico uiro dignam, cum humanū prætergreffus fis modum, tum teipfum in ordinem redigere,ac nec infimum quenȝ hominem faftidire.Alijs paululum eruditio/ nis criftas erigit.Alijs imaginum fplendor animos effert.Sunt quibus uita caftior fuperci lium adducat.Necȝ defunt,quos mediocris etiam aura fortunæ fuftollat,necȝ fui finat me miniffe.Hic femper in omni doctrinæ genere fummas tenuit,ut qui ingenio longe felicif/ fimo,qd'naturæ deicȝ munere contigerat,ftudiū adiunxerit indefatigabile.Deinde in gra uifsimis fimul ac fplendidifsimis regni regisȝ negocijs, toties ac tot annos uerfatus eft, idcȝ non fine fumma laude, tum pietatis, tum prudentiæ. Nunc denicȝ ceu mirificus qui/ dam Geryon,tergeminum heroa fuæ præftat uniuerfæ Britanniæ, archiepifcopum ac pri matem,cancellarium,& Mœcenatem,archiepifcopum religioni,cancellarium iufticiæ & reipublicæ,Mœcenatem ftudijs.Quis eft tanto animi robore præditus,qui nō fub horum uno quolibet fudet anheletȝ, quǣquī ille folus fuftinet? præfertim qui prorfus intelligat quid quifcȝ tituli efflagitet. Siquidē archiepifcopi primatisȝ titulus, quem uir ille fanc/ tifsimus Thomas,fuo martyrio reddidit auguftiorem,illud exigit,ut quod Romanus pon tifex uniuerfo debet orbi,hoc ille uniuerfæ præftet Britanniæ. Iam cancellarij munus,fum mum & incorruptum totius regni iudicem requirit, & ad quem omnibus fit aditus, laicis pariter & clericis,à quo tamen nulla iam fit appellatio.Quas hic negociorum moles,quos caufarū fluctus uno ab homine fuftineri putas? Vt ne uocem interim ad hanc rationem, necȝ pauca, necȝ mediocria curarum pondera,quæ ex regijs accedunt negocijs, ut dome/ fticas follicitudines difsimulem,quas in tam numerofa familia non mediocres effe confen taneum eft.Et tamen unum illud pectus,tot rebus obeundis,non folum fufficit,uerumeti/ am fupereft.In tam immenfo circumftrepentiū negociorū agmine fuppetit,quod tribuat religioni, quod priuatis amicorū affectibus, quod euoluendis libris, quos adeo non fafti/ dit,ut cum nullis amicis confabuletur libentius, quoties à publicis functionibus ocij nōni/ hil fuffurari licet.Nimirum hoc illi tribuit admiranda quædam naturæ felicitas, & incredi bilis ingenij dexteritas , hoc iudicium non minus acre quàm promptum & expeditū, hoc diutinus rerum ufus,fuper omnia uero perpetua quædam uitæ fobrietas ac uigilantia.Ne minima quidem ætatis portio datur aleæ,nulla uoluptatibus,nulla conuiuijs,nulla fomno, imò naturæ quocȝ nonnihil detrahit, quod adijciat iuuandæ patriæ. Hac ratione fit, ut & tempus & ætas iam alioqui grandior,& ualetudo tot tantisȝ negocijs obeundis,fuftinen/

Ii   dis,exan/

[marginal notes, right side:]
Dos prima principum

Guilhelmus Vuaramus
Archiepifco/ pus Cantu/ arienfis

Modeftiæ laus

19.22: margin: Geryon.
27: margin: Memento lector haec esse scripta, prima aeditione, Thomas Can hoc est tuarienfis An.1515

16: universa

Sobrieta/ tis laus

[marginal numbers, left side:]
22

22

dis,exantlandis⁊ fufficiat,quibus ne decem quidem alij pares eſſe poſsint.Iam fieri nõ po
teſt quin,in tam uaria negociorum turba,quædam exiſtant non ingentia ſolum,ſed etiam
moleſta, periculoſa⁊. Quandoquidem nõ temere dictum eſt illud, ne Iouem quidem pla
cere o mnibus.At hunc nemo uidit triſtem,nemo commotum,nemo uultuoſum: tanta eſt
infatigati pectoris uis & conſtantia.Tum æquitas ac ſuauitas tanta, ut ab hoc uicti diſce⁄
dant æquioribus animis, quàm à nonnullis ſolent uictores . Sibi perpetuo tranquillus eſt,
alijs comis & alacris.Iam uero Mœcenatis perſonam quam ultro ſuſcepit,ita tuetur ac ſu⁄

Aequitas

Britanniæ
laus

ſtinet,ut inſula ſemper uiris & opibus pollens,olim religione nobilis, nunc optimis item li
teris ac diſciplinis , huius potiſsimum opera ſic effloruerit, ut nulli regioni cedere debeat,
ſeu Græcæ pariter ac Latinæ literaturæ peritiam requiras, ſeu ſpectes eloquentiæ uires,
ſeu mathematicorum acumina,ſeu reliquam philoſophiæ cognitionem, ſeu literarum ar⁄
canarū myſteria. Vnus alit plurimos,euehit pleroſ⁊, fauet, ſouet,ornat,ac tuetur omnes,
non ſolum eximios,ſed & mediocres,nec ſuos tantū,ſed exteros etiam & quouis ſub cœ⁄ **27**

C 16·27: quoque

Benignitas

lo natos.)Quorū in numero me quoq⁊,quantuluſcunq⁊ ſum, eſſe uoluit illius benignitas.
Cuius beneficentiæ, quanquam aliás quoq⁊ profuſæ & exundanti, illud etiam geminam
addit gratiam,quod uix unquam admoneri ſeſe patitur,rogari nunquam. Quin & grati⁄
as agentem mox interpellat, uelut hoc ipſum nimium ſit eum,qui ſummo ſit affectus be⁄
neficio,uerbis agnoſcere quod accepit . Abunde ſibi relatam gratiam putat,ſi ſtudijs pro⁄
ſuit,ſi bene ceſsit omnibus quod ille de ſuo priuato contulit munus.Et quemadmodū non
iactat,ſi feliciter prouenit benignitas,ita negligit ac ceu non meminit,ſi quando ſecus eue
nit.Quandoquidem fieri non poteſt,quin & id accidat nonnunquam ei,qui propenſus ſit
ad bene merendum de omnibus.Iudicio aſciſcit,quos uelit ſouere,ſed eo ſane candido, &
amico magis quàm ſeuero. Cæterum quos ſemel complexus ſit,conſtantiſsime ſouet,nec
ullis inuidorum obtrectationibus poteſt alienari.Quas ſi quando cogitur audire,mire diſ⁄
ſimulat,id quoq⁊ ſtudens,ne uel ad eum perueniant quem petunt, ne quid illius contriſte⁄
tur animus.Cuiuſmodi Mœcenas,ſi mihi primis illis contigiſſet annis, fortaſsis aliquid in
bonis literis eſſe potuiſſem.Nunc natus ſeculo parum felici,cum paſsim impune regnaret
barbaries,præſertim apud noſtrates, apud quos tum crimen etiam erat quicquam bonarū
literarum attigiſſe,tantum aberat ut honos aleret hominum ſtudia,in ea regione,quæ Bac
cho Cereri⁊ dicata tum eſſet uerius quàm Muſis, quid quæſo poteram ingenio uix me⁄

Henricus à
Bergis epiſ⁄
copus Ca⁄
meracenſis
Guilielmus
Monteiouius

diocri præditus? Nam clariſsimum uirum Henricum Berganum epiſcopum Cameracen⁄ **19**
ſem,primum ſtudij mei Mœcenatem, mors inuida præripuit . Huic proximū Guilielmū
Monteiouium inclytum Angliæ primatem, aulæ negocia belli⁊ tumultus interceperunt.
Quanquam ut uere dicam,huic ipſe defui potius,quàm ille mihi. Per hunc deniq⁊ cõtigit
ſummus ille Cantuarienſis, ſed prouectiori iam & ad quadrageſimū deuergenti annum.
Et tamen hnius excitatus benignitate,in literarū ſtudijs ueluti repului reuiguiq⁊,Et quod
nec natura dederat,nec patria, hoc huius dedit benignitas . Habent hoc mortaliū ingenia,
habent hoc ſtudia literarū,præſidem aliquem,ac ducem deſiderant,qui ſuppeditet ocium,
qui addat animum , qui tueatur aduerſus excetram inuidiæ, quæ non aliter quàm umbra
corpus ſequitur eruditionis gloriam . Deniq⁊ ad cuius iudiciū ſuas exigant uires,cui ſuas
conſecrent uigilias. Vidit hoc,opinor,prudens antiquitas, quæ Muſis uirginibus ſuū præ
fecit Apollinem . Proinde ſicuti uere dictum eſt Græcorum prouerbio, annum fructifica⁄
re,non aruum,quod cœli clementia plus adferat momenti ad ſegetis prouentum,quàm ſo
li bonitas,ita principū benignitas eſt,quæ facit ingenioſos . Nulla regio tam barbara,tam

¶ See Appendix A

procul à ſolis equis,ut ait Maro,deuergens,quæ nõ habeat dexterrima ingenia,quę uel in
media Græcia nata uideri poſsint,ſi non deſint Mœcenates.Sed dum harum rerum cogi⁄
tione teneor , haud ſcio quo modo pene operis inſtituti immemor, diutius quàm par eſt,
immoror digreſsioni . Proinde ad id quod agitur recurrendum.

Deſiderantes uos cupide.) οὕτως ἱμειρόμϑνοι ὑμῶν.Conatus eſt explicare ἔμφασιν uerbi, **27**
ſignificat enim alicuius deſiderio mutuoq⁊ teneri affectu, ſicuti parentis,aut amici.Theo⁄
phylactus indicat duplicem apud Grçcos lectionem.Quoſdam enim legere ὁμειρόμϑνοι,id
eſt, adglutinati uobis & adhærentes,ab ὁμῶ ſimul,& ἔιρω, quod eſt connecto, Rurſus alios
legere ἱμειρόμϑνοι,quod ſonat cū affectu deſiderantes.ἵμερθ⊖ enim deſideriū ſonat,ἱμείρομαι
desiderio

desiderio tangor.uox composita uidetur ab ἵω siue ἵμι, quod est mitto siue tendo,& ἔρος a/
mor siue cupido,quasi dicas raptor cupidine.)

Volebamus.) εὐδοκοῦμεν. Et hoc uerbum affectum habet,quasi dicas,gestijt animus, εὐδοκοῦμ{εν}
27 (tametsi Græca uox potest esse præsentis temporis.)   dilute uertit
                                                                                                          uolebamus
Quoniam charissimi.) διότι ἀγαπητοί,id est,Propterea quod dilecti &c.

Memores cm facti estis.) μνημονεύετε γὰρ.i.Meministis em.Atcp ita legit Ambrosius.

Laboris nostri.) κόπου καὶ μόχθου. Duobus uerbis idem significauit,nisi quod μόχθ℈ la 16·27: Labores
bor est cum difficultate coniunctus,quasi dicas,conatū aut molitionem, & ideo uerterunt
27 fatigationes(In Græcis uocibus iucundior est affinitas soni.)

Nocte & die.) νυκτὸς γὰρ ἡ ἡμέρας, id est,Nocte enim & die.
27 ✳ Quàm sancte.) ὡς ὁσίως, id est, Vt siue quod.Quancp & interpres recte uertit(Theo/ ✳16: precedes
phylactus annotat emphasim huius uocis ὁσίως,quod religionem ac reuerentiam numinis   Qui operatur.)
sonat Græcis.Hoc adest ei,qui meminit se dei negocium agere. Nam quod addit δικαίως,   below.
refertur ad homines, quorum nemini fecit iniuriam.)

Et sine querela.)ἀμέμπτως, id est,Ita ut nemo de nobis queri potuerit,hoc est, inculpate.

Affuimus.) ἐγενήθημεν, id est, Fuimus.

Qualiter unumquencp uestrum.) Hic nisi subaudias uerbum,complexi fuerimus,aut Paulus
19 aliud simile, sermo erit imperfectus. Verum id in Paulo iam nouum esse non oportet.Fa/ balbutiens
cile licebat mederi,nisi repetitum esset ὡς:& cum ante dixisset ἕνα ἕκασον ὑμῶν, rursum ad/
didisset, παρακαλοῦντες ὑμᾶς. Verum hæc est balbuties apostolicæ charitatis,quæ se uerbis
humanis ceu temulenta non explicat.⟩

Et testificati sumus.) καὶ μαρτυρόμενοι,id est, Testificantes,aut potius obtestantes.
19
35 ⟨Verbū auditus dei.) ἀκοῆς ℸ θεῦ.i.Sermonem de deo,aut sermonē quo deū discebatis.⟩

Accepistis illud non ut uerbum ho.) Vt,nō inuenio in quibusdam exemplaribus Græ/
cis,οὐ λόγου ἀνθρώπων,id est,Non sermonem hominum: etiamsi hic nonnihil uariant Græ/ 16: exemplaria
ci codices, Et apparet ex Græcorum scolijs ὡς aduerbiū nō esse additum in priori parte,
27 sed,Suscepistis uerbū dei:quod efficacius est, quàm ut uerbū dei.(Certe apud Chrysosto/
mum ac Theophylactum nō ascribitur, quancp sic exponit quasi legisset ὡς.in posteriore
particula additur καθὼς,sed additur ὄντ{ως} ἀληθῶς, Proinde quoniam ὡς aliquando dicitur, &
de his quæ uere sunt,uitauit addere in priore particula,alioqui addendū erat, sicut re uera
nō est.)Quancp prior illa uox,dei,ad superiora pertinet, Cum accepissetis à nobis uerbum 16: dei
auditus dei, hoc est uerbū quod uobis per nos loquebatur deus. At ego malim, cū accipe/
retis,quàm cū accepissetis.Alioqui quomodo accipiebant,quod iam acceperant.

Qui operatur.) Qui,apud Græcos referri potest uel ad uerbū,uel ad deū,sed magis ad
uerbū:& ita Ambrosius,Quod & operatur,addita etiā copula, & in hoc cū Græcis cōcor
27 dans.Nam Paulus sentit diuini uerbi ueluti semē agere in Thessalonicensibus(dū ipsis fa/
ctis declarāt uim sermonis Euangelici. Hoc pacto cū legit, tū interpretat Theophylactus.)

Vobis qui credidistis.) πιστεύσιν,id est, Qui credits:& ita legit Ambrosius,aut certe, Semen
Qui credebatis,propter uerbum præteriti temporis cui adhæret.   actus

Contribulibus uestris.) Græce est,proprijs contribulibus, ἰδίων συμφυλετῶν, id est,A
proprijs contribulibus.Quancp magis significat eiusdem gentis quàm tribus.

Sicut & ipsi.) Subaudi nos.

Et prophetas.) Græce est,Et proprios prophetas, ἰδίους προφήτας.

Peruenit autem in illos ira dei.) Dei,apud Græcos hoc loco non additur, ἔφθασε δὲ ἐπ
27 αὐτοὺς ἡ ὀργὴ, id est, Peruenit autem in illos ira(id est,ultio . Et uetusti codices nominatim
duo Constantienses habebant, præuenit,quomodo legit & Ambrosius. Præuenit autem   Articu/
dictum est pro occupauit,dum illi contantur resipiscere. Annotauit Theophylactus addi/ li uis
tum articulum ἡ ὀργὴ quo significaretur uindicta illa ineuitabilis,quam illis imminere præ
dictum est à Christo & à prophetis)Porrò εἰς τέλ℈ dixit,pro eo quod est extrema, siue ad
extremum,hoc est implacabilis ira dei.

Desolati.) ἀπορφανισθέντες,id est, Velut orphani facti,& orbati uobis ceu filijs.

Ad tempus horæ.) πρὸς καιρὸν ὥρας. Cur non potius,Ad opportunitatem,siue occasio/
19 nem,aut certe articulū temporis hoc est,ad breue tempus⟩ Quandoquidem hora tempus

est, Græcis: καιρὸς, breue tempus{Nos uertimus, ad spacium temporis}(Theophylactus pu 19.27
tat in utraque uoce esse diminuendi emphasim, Nam καιρὸς articulus temporis, & hora mi/
nima diei pars. Certe sic extenuauit apostolus absentiam suam, quā neque perpetuam uult
intelligi, quum ait πρὸς καιρὸν, neque diuturnam, quum ait ὥρας.)

Aspectu, non corde.) προσώπῳ, οὐ καρδίᾳ, id est, Facie non corde. Atque ita legit Ambro
sius{sed magis placet quod uertit interpres.} 19

Abundantius festinauimus.) ἐσπουδάσαμεν. Quod significat & studuimus, & curaui/
mus. Et abundantius dictum est pro magis, siue uehementius.

Et semel & iterum.) καὶ δὶς, id est, Et bis: sed Latine uertit interpres.

↓⟨ Nōne uos⟨ ante dominum.) Græcis additur coniunctio καὶ. Nōne & uos. Huius em/ 22
phasim annotauit Theophylactus. Sentit enim nō hos solum, sed & cæteros quos conuer
tit ad Christum esse coronam suam & gloriam.)

Ante dominū.) ἔμπροσθεν τοῦ κυρίου, id est, Coram domino, siue in conspectu domini.

EX CAPITE TERTIO

SVstinentes.) στέγοντες. i. Nō ferentes, hoc est, impares desiderio uidendi uos.

Placuit nobis.) εὐδοκήσαμεν. Quod ut explicaret Ambrosius uertit, opti
mum duximus. Diuus Hieronymus putat uocem esse nouam à Septuaginta
confictam, ad explicandam proprietatem Hebræi sermonis.

Remanere.) ἀπολειφθῆναι{Siue ut aliàs habetur καταλειφθῆναι} id est, Re/ 19
linqui. Ambrosius legit, Vt Athenis soli relinqueremur.

Ministrum dei.) Addunt Græci καὶ συνεργὸν ἡμῶν, id est, Cooperarium nostrum. Ita
Ambrosius, Et participem operis dei: sic enim reddit συνεργόν.

Ne quis moueatur.) σαίνεσθαι. Quod Græca quidē scholia exponunt, turbari, aut terreri.
19: Vulgarius — Sumpta metaphora à canibus caudā mouentibus{quod idē admonuit Theophylactus.} 19

Veniente, & annunciante.) Vtrunque apud Græcos præteriti temporis est, ἐλθόντος καὶ
εὐαγγελισαμένου, id est, Cum uenisset, & annunciasset quemadmodum legit Ambrosius.

Sicut & nos.) καθάπερ καὶ ἡμεῖς, ὑμᾶς, id est, Sicut & nos, uos.{Aut quoque coniunctio 19
erat omittenda, aut &.}

19-22: margin: Epitasis — Abundantius orantes.) ὑπὲρ ἐκ περισσοῦ. Et exprimens uerborū ἐπίτασιν Ambrosius, le/
git, abundantissime orantes. Cōgeminauit enim Paulus uehementiā affectus, ὑπὲρ, id est,
Eximie, ἐκ περισσοῦ, ex abundāti, siue ex superfluo, quasi dicat, supra modū, & plusque oportet.

(Et abundare faciat.) Hic utrunque uerbum posuit transitiue πλεονάσαι & περισσεῦσαι, de 27
quorum altero supra meminimus, Nam id rarius est, ideoque monendum duximus.)

Et nos in uobis.) εἰς ὑμᾶς, id est, In uos.

Sine querela.) ἀμέμπτους, id est, Irreprehensa, ut legit Ambrosius. Refertur enim ad cor
da, quæ talia uult esse Paulus, ut nulla de his possit esse querimonia.

EX CAPITE QVARTO

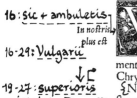

VT quemadmodū accepistis.) Vt, redundat{Sequitur enim hæc coniunctio.} 19

16: sic + ambuletis — Sic & ambuletis.) ἵνα περισσεύητε μᾶλλον, id est, Vt abundetis magis. Re/
In nostris plus est — liqua nempe hæc, Sicut & ambulatis, redundant. Adiecta uidentur explican
dæ sententiæ gratia. Ambrosius tamē addit sicut & ambulatis.{Atque ita scri/ 19
16-29: Vulgariū — ptum comperimus in antiquis exemplaribus Latinis}(Ex Theophylacti cō/ 22
↓[mentarijs non apparet additum fuisse)(certe in contextu abest, quemadmodum nec apud 27
Chrysostomum.)

19-27: superioris epistolæ capite quarto — {Ne quis supergrediatur[neque circumueniat in negocio fratrem.)] In epistolæ ad Ephe/ 19.35
πλεονεκτεῖν supergredi uertit — sios capite quinto, indicauimus ex autoritate Hieronymi, uerbū quod est hic πλεονεκτεῖν,
non pertinere proprie ad auaritiam, sed ad fraudem, qua cū iniuria nobis occupamus uxo
res alienas: alioqui putat ille inconcinne coniungi auariciam cum libidine[præsertim quū 35
mox sequatur, Non enim uocauit nos deus in immundiciam](Atque ita sane interpretatur 22
[hoc loco]Theophylactus)[Chrysostomū sequutus. Cui non sufficit sua uxor, is πλεονεκτεῖ.] 35

Quoniam uindex.) Propterea quod uindex siue ultor &c. διότι.

Sicut prædiximus.) Sicut & prædiximus. Et ita legit Ambrosius, addita cōiunctione,
(ut uideatur hæc esse repetitio pristinæ admonitionis, quam debebant meminisse.) 27

In

⟨16-19: vos.) Græce est, + vos, ut intelligas eum de aliis quoque simili modo gloriari. Ante

[19-27: et in negocio fraudet {t. s}.) 19 only

In immundiciam.) ἐπὶ ἀκαθαρσίᾳ. Quod perinde ualet ac ſi dicas,non uocauit nos hac lege,ut eſſemus immundi.Siquidem cauſa & conditio uocationis erat,ut deſineremus eſ/ ſe quod eramus.Hanc enim uim habet nõnunquam præpoſitio ἐπὶ, appoſita dandi caſui. Quanꝗ in eo quod proxime ſequitur,abuſus eſt,ᾗ pro ἐπὶ.

Qui hæc ſpernit.) Hæc,redundat,ὁ ἀθετῶν,id eſt,Qui reijcit.Addidit interpres prono/ men,hæc,explicandæ rei gratia.Demiror autem cur ita Hieronymo uiſum ſit ἀθετεῖν uer/ tere præuaricari:nam in libro Didymi de ſpiritu ſanĉto tertio,nõnihil de ſuo adijciens,ſcri bit in hunc modũ : Neꝗ enim uocauit nos deus ad immundiciam, ſed ad ſanĉtificationẽ. Itaꝗ qui ſpernit,ſiue,quod melius habetur in Græco,qui præuaricatur, nõ hominem præ uaricatur,ſed deum &c. Quis enim præuaricatur hominẽ:ut iam idem ſit ἀθετεῖν & præ/ uaricari.Illud uerum eſt,qui ſpernit ac reijcit dei præceptum,utiꝗ præuaricatur.

Qui etiam.) Etiam,non eſt,ꝗ διδόντα, id eſt,Qui dedit.Et ita legit Ambroſius.

In nobis.) εἰς ὑμᾶς,id eſt, In uos.

De charitate fraternitatis.) φιλαδελφίας, id eſt, Fraterno amore.Ambroſius uertit,De affeĉtione fraternitatis.Siquidem hac uoce,ex amore & fratre compoſita,apoſtoli ſignifi/ care ſolent, mutuum Chriſtianorum inter ipſos amorem : idꝗ ex Hebræorum more, qui omnes ſuæ gentis fratres uocant.

Neceſſe habuimus.) χρείαν ἔχετε, id eſt, Neceſſe habetis,hoc eſt,non eſt neceſſe uobis ut ſcribam.Interpres legiſſe uidetur ἔχομεν.

A deo didiciſtis.) θεοδίδακτοι.Quod hic extulit diĉtione cõpoſita,Ioannes extulit dua bus incõpoſitis, διδακτοὶ θεᾶ,quod illic uertit docibiles dei,hic ſignificat à deo doĉtos,& diuino inſtinĉtu per ſe afflatos.

16: alibi vertit docibiles

Et operam detis.) καὶ φιλοτιμεῖσθ, Quod ſignificat ambitioſe conari. Ambroſius uertit eniti,nos,In hoc incumbatis.

Vt ueſtrum negocium agatis.) καὶ πράσσειν τὰ ἴδια, id eſt, Vt agatis res proprias. De terret enim ab alienis appetendis & ocio,quò iam tum ſub religionis prætextu propende/ bant pleriꝗ.Nunc hoc hominum genere refertus undiꝗ mundus eſt.Quaſi cibus debea tur omnibus qui bene uiuunt, quod eſt omnium Chriſtianorum commune, & quaſi non bene uiuant,qui laborant manibus,aut alio quopiam officio proſunt.Sed orant.& hoc eſt omnium Chriſtianorum, nec labor obſtat precationi. Ne quid dicam de plurimis, qui ſub perſona peſſime uiuunt pro ſanĉtis moribus nobis ueſtem,cingulum,& calceos feneſtra/ tos oſtentantes.Porrò ridicule quidam locum hunc interpretantur de curando negocio propriæ ſalutis.

Et nullius aliquid deſideretis.) καὶ μηδενὸς χρείαν ἔχητε, id eſt,Nullius indigentiãm habea tis.Poteſt autem nullius, uel ad hominem referri,uel ad rem . Curate, ne quid uobis deſit: aut curate, ne ſit implorandum auxilium alienum.

De dormientibus.) τῶν κεκοιμημένων. Quaſi dicas, ſomno ſopitis,uel ſoporatis,à dor/ miſco magis quàm à dormio.

[Si enim credimus quod Ieſus mortuus eſt.) Chryſoſtomus citans hunc locum homilia in poſteriorem ad Corinthios prima,addit tertium uerbum, ἀπέθανε, καὶ ἀνέστη, καὶ ἔζησεν. Eadem eſt leĉtio in commentarijs, ſed in exponendo non attingit tertiam uocem,quemad modum nec Theophylaĉtus,unde adieĉtam ſuſpicor.]

✻ Adducet cum eo.) σὺν αὐτῷ, id eſt, Secum,aut cum eo,hoc eſt,cum filio.Id quod mihi magis probatur.

✻ 16-27 : follows In iuſſu.) below.

In aduentu.) In aduentum.εἰς τὴν παρουσίαν. Qui relinquimur & ſupereſſe permitti/ mur in illum aduentum.Nec enim ocioſe additus eſt articulus.

Non præueniemus eos qui dormierunt.) τοὺς κοιμηθέντας.Certius erat,qui dormiunt, ſiue qui obdormierunt:nam dormiſſe dicuntur potius,qui iam uigilant,experreĉti. Porrò Græca uox perinde ſonat quaſi dicas,ſomno ſopitos. Auguſtinus cũ alias aliquoties tum libro de ciuitate dei x x . legit. Qui ante dormierunt. Vnde apparet in nonnullis Græcis codicibus ſcriptum fuiſſe προκοιμηθέντας.

In iuſſu.) ἐν κελεύσματι. Non eſt ſimplex iuſſio, ſed uox illa, qua nautæ ſeu milites ſe mutuo adhortantur ad rem ſtrenue gerendam.

19·27 : margin: κελευσμα

Expenſa Hieronymi ſententia

Ocioſi & curioſi

In iuſtu & in.) Et,redundat, ἐν φωνῇ, id eſt, Cum uoce ʠquaſi dixiſſet in iuſſu uocis, **27**
quod genus eſt illud,molemʠ & montes,pro moleſtis montibus.)

Primi.) πρῶτον, id eſt,Primum ſiue prius.

Nos qui uiuimus.) Paulus ita loqui uidetur,quaſi reſurrectio ea ætate eſſet futura qua **19**
hæc ſcribebatʠ Tametſi quoniam participijs eſt uſus, quæ ſequuntur rationem eius uerbi
cui adhærent,uerti poterant & per futurum, ἡμᾶς οἱ ζῶντες οἱ περιλειπόμλνοι,ἅμα σὺν αὐτοῖς
ἁρπαγησόμεθα, id eſt,Nos qui uiuemus & reliqui erimus,una cum illis rapiemur . Mirum
autem quantum hic ſudetur & ab Auguſtino & à recentioribus, dum explicare cupiunt,
quod Paulus hoc loco plane dicit quoſdam rapiendos ad immortalitatem qui uiuant. Ve
rum id quoniā nō eſt huius inſtituti, nec perſequar in præſentia,& aliâs à nobis ſuper hac **19**
re dictum eſt,ʃin prima Corint. capite decimoquinto] Certe diuus Ambroſius libro de fide **35**
reſurrectionis capite nono ſic adducit hunc locum, ut ſentire uideatur, reſiduos in aduen
tu Chriſti rapiendos ad illum,non guſtata morte,uel hiſce uerbis : Illis,inquit,dulcior uita
poſt requiem. Viuentibus & ſi grata compendia, tamen ignorata remedia.Nam mortem,
ni fallor, illic remedium appellat . Sed hæc ſcribenti ſubit ſuſpicio, ab Ambroſio ſcriptum
fuiſſe ingrata remedia,pro ignorata remedia: etiamſi in utraʠ æditione conſtanter habe
batur ignorata.Proinde tutius eſſe puto, quod rectius eſt ſequi, præſertim cum aliâs idem
uideatur ſentire,nominatim hunc explanans locum ʠPutat & qui reſidui fuerint in ipſo ra **27**
ptu tranſituʠ mortem guſtaturosʃ Theophylactus tamē,quanquam fatetur in hoc ſermo **35**
ne non comprehendi Paulum, tamen interpretatur pios quos dominus adueniens uiuos
deprehenderit,ſimul cum excitatis rapiendos in aerem,ut nec ullam facit momentaneæ in ip
ſo raptu mortis mentionem . Nec abſurdum eſt quod in hunc locum dicit ſcholiaſtes La
tihus apoſtolum ſemper facere eum diem ſuſpectum quaſi eſſet fortaſsis & illos ad quos
ſcribebat reperturus . Vnde uero conſtat nobis quod Paulus certum habuerit ſe moritu
rum ante domini aduentum ꝰ In ſecunda ad Theſſal. epiſtola capite ſecundo admonet ne
conturbentur epiſtola quaſi per ipſum ſcripta, perſuaſi iam adeſſe diem domini, Inſtat q̃
in propinquo eſt, & inſtat quod iam urget:totus aūt ille locus ſic inuolutus eſt,quaſi Pau
lus noluerit intelligi.Alibi palam dicit,dominus prope eſt.]

Obuiam Chriſto.) εἰς ἀπάντησιν τᾶ λυρίᾳ, id eſt, In occurſum domini. Atʠ ita legit is,
quiſquis fuit,qui ſcripſit epiſtolam ʃecundamʃad Demetriadē uirginem.Nam ſunt qui pu **35**
tant eam eſſe non Hieronymi, ſed Iuliani.

In uerbis iſtis.) ἐν τοῖς λόγοις τότοις τᾶ πνεύματͽ, id eſt, In uerbis his ſpiritus.In non
nullis Græcorū codicibus additū reperi . Verū haud ſcio an mendoſe, præſertim cum nec
apud Hieronymū,nec apud Ambroſium ita legam, ne apud Theophylactum quidem.

EX CAPITE QVINTO.

T momentis.) καὶ καιρῶν.Melius fortaſsis uertiſſet,articulis,ſiue opportu
nitatibus . Nam χρόνͽ ſimpliciter tempus ſignificat,ut annū aut menſem.
At καιρός articulum temporis cum res gerenda eſt ʠTertullianus libro de car **27**
nis reſurrectione uertit,de temporibus autem & ſpatijs temporum.)

Diligenter ſcitis.) ἀκριβῶς οἴδατι,id eſt,Exacte noſtis,ſiue ad plenū ſcitis.

Et ſecuritas.) ἀσφάλεια, id eſt, Cum tuta res,& nihil eſt periculi : & idcirco Ambro
ſius uertit,firmitas.

Superueniet interitus.) ἐφίσταται ὄλεθρͽ, id eſt, Inſtat uel imminet interitus ſiue exi
tium,uerbo præſentis temporis,ut efficacius exprimeret inexpectatū mali incurſum. Nec
eſt effugient, ſed effugiant, ἐκφύγωσιν, hoc eſt,non poſſent effugere.

In utero habentis.) τῇ ἐν γαςρὶ ἐχόσῃ, id eſt, In utero habenti,dandi caſu.Eſt autem hic
ὠδίιν, id eſt,dolor,ſed proprie parturientium. Vnde Ambroſius ſic extulit, Quemadmo
dum dolor partus prægnanti: ut ſit ſenſus,Sic illis imminere ſubito diem iudicij,ut mulie
ri grauidæ nixus ingruit & dolor partus.

Non eſtis noctis,neʠ tenebrarum.) Valla legit ἐσμὲν, id eſt, Sumus,non eſtis.Quan
quam quod ad ſenſum ʃpertineʃnihil intereſt . Sentit enim de omnibus Chriſtianis . Am **19**
broſius legit,Non eſtis noctis.

                                        Loricam

Marginal notes (left margin):

Reſiduum in / aduentu / domini

19-22: / margin: / An omnes / morituri

16-19: quantus hinc / ortus ſit tumultus / Theologorum

16: reſſurecturos

↓ ʃ

Correctus / locus in / Ambroſio

16: iis

16-19: habenti

ʃ16: præſentia. Mihi videtur pulchre poſſe conſiſtere, quod / clariſſime dixit Paulus, ut non confugiamus ad commenticias / illas + coactas interpretationes. Obviam Chriſto.)

19 { Loricam fidei.) θώρακα. Ea pars corporis eſt apud medicos, quæ pectus & humeros *Galeā ſpem*
tac ſcapulas complectitur uſqʒ ad ſtomachi ſedem. Vnde & ueſtis aut armatura hanc mu/ *ſalutis, pro*
niens,thorax dicitur. Et galeā ſpem dixit appoſitiue. Nos quo dilucidior eſſet ſermo,uer/ *quę eſt ſpes*
timus,Pro galea,ſpem ſalutis.} *ſalutis*

Et ædificate alterutrum.) εἰς ἓν ἵνα, id eſt,Vnus unum,hoc eſt, uiciſsim alius alium.

Vt habeatis illos abundantius in charitate.) Greca ſic habent, καὶ ἡγεῖδε αὐτὸς ὑπὲρ ἐκ
πρίοσȣ ἐν ἀγάπῃ.Quorum ſententia ſic reddi poterat, Vt illos ſummopere habeatis in pre/
cio,per charitatem.Ambroſius ita legit . Vt illis ſummum honorem habeatis in charitate *16: in charitate*
&c.Congeminauit autem ὑπὲρ ἐκπρίοσȣ, de quo ſuperius admonuimus.

Propter opus illorum.) διὰ τὸ ἔργον αὐτῶν. Quod perinde ſonat, quaſi dicas, Propter
facta illorum.Hunc locum oportet annotare diligenter epiſcopos, qui exigunt à ſuis ſum/
mum honorem,cum ipſi non curent præſtare ſuum officium . Paulus iubet eos haberi in
ſummo honore,ſed propter opus,non propter inanem titulum,hoc eſt,laborantes, præſi/
22 dentes in domino,non cum faſtu dominantes,& admonentes, docentes, conſolantes, quod
proprium eſt epiſcoporum munus.

Et pacem habete cum eis.) εἰρινεύετε ἐν αὐτοῖς, id eſt,Pacifici ſitis inter illos'. Quanqʒ *Varia lectio*
interpres uertit ſententiam ſatis recte.Alij Grecorum codices habebant ἐν ἑαυτοῖς,hoc eſt,
inter uos. Atqʒ ita legit Ambroſius.

Corripite inquietos.) νȣθετεῖτε τὸς ἀτάκτȣς,id eſt,Admonete inordinatos,ſiue incōpo
ſitos.Sentit autē intractabiles, qui parère nolunt,& ob hoc turbant cōmunem pacem.

Suſcipite infirmos.) ἀντέχεδε τῶν ἀδενῶν, id eſt, Subleuate & fulcite: quod Ambroſius
19 legit,Opitulamini infirmis:nam ἀντέχεδι proprie eſt adiutare adnitentem.}

Patientes eſtote.) μακροθυμεῖτε, hoc eſt,Lenti ad iracundiam.   *16: id eſt*
✶ In omnibus uobis.) εἰς ὑμᾶς, id eſt,In uos.   *✶ longanimas ſitis.*
    16: follows
Omnia autem probate.) Autē, apud Græcos non additur, nec ad rem facit. Ceterum *Abſtinete vos.) below.*
δοκιμάζειν Græcis quoqʒ uerbum eſt anceps,quemadmodum Latinis probare,quod inter *16-19: Vulgarius*
dum eſt approbare,interdum explorare cuiuſmodi ſit. Theophylactus hoc loco interpre/
tatur,probate,dijudicate.Quemadmodum alibi,Probate ſpiritu, ſi ex deo ſint.Audiendi
19 prophetæ , ſed cum iudicio {Miror quod exemplar ſecutus Auguſtinus , legit hoc pacto,
35 id{ in libello aduerſus Adamantium[capite decimoquinto] Spiritum nolite ſpernere. pro
phetiam nolite extinguere.Omnia legite,quæ bona ſunt tenete: niſi quod arbitror ſcripto
35 ris accidiſſe uitio[quod Auguſtinus ſequutus eſt.Nam quæ ſequuntur declarant illum ita
legiſſe:Itidem citat libro de nat.& gratia capite nono]Aut certe ſenſum Pauli ad ſuum ne
22 gocium accommodauit{Tertullianus in libro de præſcriptionibus hæreticorum : Omnia
examinate,quod bonum eſt tenete.)

Abſtinete uos.) ἀπέχεδε, id eſt,Abſtinete, Nec additur,uos.

Sanctificet uos per omnia.) ἁγιάσαι ὑμᾶς ὁλοτελεῖς, καὶ ὁλόκληρον ὑμῶν τὸ πνεῦμα, καὶ ἡ
24 ψυχὴ &c.id eſt,Sanctificet uos totos,& integer ſpiritus ueſter,& anima &c(quemadmo/
dum refert Tertullianus in libro de reſurrectione carnis)Hieronymus in quæſtionibus ad
Hedibiam,ita citat hunc locum:Deus igitur pacis ſanctificet uos per omnia , uel in omni/
bus plenos,ſiue perfectos:hoc enim magis ſonat ὁλοτελεῖς.Ergo ſenſus eſt,Sanctificet uos *Tres homines*
per omnia perfectos,hoc eſt,& in ſpiritu,& in anima,& in corpore.In has enim partes ho   *ⲣ Spiritus*
22 minem diuidit Paulus. Porrò ὁλόκληρον ſonat integrū , non quod nos uocamus integrum   *Anima*   *] <↓*
incorruptum,ſed quod omnibus ſuis numeris ac partibus conſtat. Quod ſubindicauit Di   *Corpus*
19 dymus in opere de ſpiritu ſancto{Siquidem colligens hoc loco ſpiritū non poſſe ſpiritum
diuinum intelligi,Incredibile,inquit,atqʒ blaſphemum , orare Apoſtolum,ut ſpiritus ſan/
ctus integer ſeruetur,qui nec immutationem poteſt recipere,nec profectum.}

Sine querela.) ἀμέμπῃως, id eſt, Irreprehenſibiliter.

Epiſtola hæc.) Hæc,redundat apud nos. Additum eſt autem ad explicandum articuli
nim, τὴν.

<16-19: ὁλόσκληρον. Hieronymus videtur non legiſſe,nec mihi videtur
19 ad ſenſum pertinere {licet addatur ab Ambroſio}. Non enim loquitur de
integritate ſpiritus, quem non dividit, ſed hominis, qui ſuis conſtat partibus.

19 {Tametſi Didymus libro de ſpiritusancto tertio plane legit, integer ſpiritus.}

16: Sine querela.)

19: Siquidem

IN EPISTOLAM {PAVLI}

AD THESSALONICENSES {SECVNDAM, ANNOTATIO/ NES DES. ERASMI ROTERODAMI.}

{EX CAPITE PRIMO}

T dignum eſt.) Inuenitur quidem & hoc apud Latinos, cę terũ uſitatius magiſcꝗ Latinũ eſt, ut par eſt καθὼς ἄξιόυ ὅϛιυ. (Supercreſcit fides ueſtra.) ὑπϱαυξάνϥ, prepoſitio Gręca ſonat epitaſin. Alioqui Latinis ſupercreſcit quod innaſcitur alicui rei, aut quod incremento ſuo opprimit alia.)

Vnuſquiſcꝗ ueſtrũ,) ἑνός ἑκάϛε πάντωυ. Addunt, omniũ, ad uehementiã. Et Ambroſius, uniuſcuiuſcꝗ omniũ ueſtrũ.

In exemplum.) (Nõ eſt πϱάδʹγμα ſedʹγʹωδʹγμα, id eſt, Ex emplum ſiue oſtenſiõe (aut ſpecimen, aut declarationem, Nam exemplar imitandi gratia proponitur, ʹγʹωδʹγμα decla rat quod latebat. Tum enim clareſcet dei iuſtitia, quũ cru ciatibus æternis dedentur, qui hic ſine fine cruciant pios, & regno cœleſti potientur, qui hic ſpe promiſſę felicitatis dira perpeſſi ſunt) Præpoſitio in, redundat. Aut nominandi ca ſu oſtenſio, ut referatur ad illos qui affliguntur, id eſt, uos eſtis documentum, & oſtenditis rectum eſſe iudicium dei, cum tanta paſſos remuneratur regno ſuo.

In regno dei.) In, præpoſitio redundat, nec addit Ambroſius.

Si tamen iuſtum eſt.) Ambroſius legit, ſiquidẽ, non ſi. {Et Aquinas annotauit in non nullis exemplaribus ſcriptum fuiſſe ſiquidem, pro ſiꝗtamen. Græca ſcholia exponunt hoc loco εἴπϱ poſitum pro ἐπϥδʹʹπϱ, id eſt, Quandoquidem: affirmantis enim eſſe, nõ dubitan tis. Quod ſi maxime ſiquidem ponatur pro ſi, tanto magis affirmabit, ueluti uerum infe rens, de quo nefas ſit dubitare (Mirum quur interpres putarit addendum tamen.)

Retribuere retributionem.) ἀντ απο δʹοῦ ϥτοῖς θλιβϱϲιυ ὑμᾶς θλῖϟῳ, id eſt, Retribuere affligentibus uos afflictionem. Et Ambroſius, Retribuere eis qui uos deprimunt preſſu ramꝗ Proinde uidetur errore librariorum deprauatũ in uulgatis exemplaribus, præſertim cum in peruetuſto exemplari bibliothecæ Paulinæ extet, Retribuere tribulationemꝗatcꝗ ita ſcriptũ comperi & in alijs nonnullis per typographos excuſiꝗ (Quin & ipſum ſchema ex contrarijs contextum indicat germanam lectionem. Opponit enim affligentes afflictis & afflictione requiei, quę Grꝺ cis eſt ἄνϥϲιϛ, id eſt, relaxatio, Nam θλιβω proprie eſt premo.)

Virtutis eius.) ʹδυνάμϥωϛ, id eſt, Potentię.

In flãma ignis.) ὲν πυϱι φλογός .i. In incẽdio ſiue igni flãmæ. Atcꝗ ita legit Ambroſius.

Dantis uindictam.) Dantis, ad dominum refertur, non ad flammam. Nam quamuis apud Latinos anceps eſt ſermo, apud Græcos non eſt.

Pœnas dabunt.) δίκlω τίϲϲιυ, id eſt, Pœnam luent, ſiue pendent.

In interitu.) In, redundat, ὄλϥθϱου αἰώνιου, ut addatur appoſitiue, & intelligamus non quamlibet pœnam, ſed æternam.

Gloria uirtutis.) ϥʹίϟχύϑʹ, id eſt, Roboris ſiue potẽtię: ne quis accipiat ἀϱϥτlὼ, id eſt, uirtutem, quæ pugnat cum uitio, ut ſæpius iam admonuimus.

Admirabilis fieri.) θαυμαδʹlῶαι, Quod Ambroſius expreſſit, mirificari. Eſt enim Grę cis uerbum paſſiuum, cum alijs quis redditur admirandus.

Quia creditum eſt teſtimonium noſtrum.) ὅτι ἐπιϲϥύθη τὸ μαϱτύϱιου ἡμῶυ. Ambroſius ut uitet amphibologiam, ſic explicat, Quia fidem habuit teſtimonium noſtrum. Sed Lati nius poterat, quod fides habita ſit teſtimonio noſtro.

In die illo.) Ambroſius hic addit, aduentus domini.

In quo etiã oramus.) εἰϛ ὁ ϰὶ πϱοϲϥυχόμϥθα .i. In quod & oramus, ſiue ad quod. Si refers ad ſuperiora, hic erit ſenſus, ut cũ primis fiat deprecatio, hoc eſt, ante omnia. Et in hanc ſen tentiã exponit Chryſoſtomus. Sin ad ſequẽtia, ſenſus erit, ut precationes ſiãt ab omnibus.

Sua uocatione,) ϥʹκλήϲϥωϛ, id eſt, Vocatione. Nec additur ſua, apud Græcos ꞟn ſi quod

19
27
27
27
19
27
19
22
27
19
19

Handwritten marginal notes:

19-27: margin: Superest [πϱʹδʹγμα / γʹωδʹγμα]

16-22: remunerat
16: dei   Superest

Mendũ apud nos

↓ ᴐ
*16-22: entries reversed

¶16-19: A

16: oratio
16: orationes
*16: Nec...Græcos forms last sentence of next entry. p. 657

ᴐ 16-22: Requiem.) ἄυϥϲιυ, id est remissionem, hoc est refrigerium + refocillationem, sive relaxationem. Ne quis accipiat de remissione peccatorum. Virtutis eius.)

quod articulus additus fermè tantundem efficit:itacp nos addidimus Ista uocatione.

Et dignetur.) ἀξιώσῃ. Ambrosius uertit,Dignos habeat. ¶

27 Omnem uoluntatem.) εὐδοκίαν, id est,Beneplacitum siue bonum propositum (Miror quid sequutus Ambrosius legat,omni placito bonitatis , nisi subaudiuit ᾗ, Perficiat uos iuxta bonam uolūtatem suam.Rursus hìc uox est, qua Paulus & Euangelistæ solent excludere merita hominum.) *116: Nec...Graecos* εὐδοκία *from p.656*

27 Bonitatis suæ.) ἀγαθωσύνης. Nam suæ,rursus abundat.

(Et opus fidei.) Et hìc Ambrosius legit opere, ut respondeat placito.)

In uirtute.) ἐν δυνάμει, id est,Potentia & robore.

12 Clarificetur.) ἐνδοξασθῇ, id est,Celebre fiat,aut nobilitetur aut glorificetur.

EX CAPITE SECVNDO.

Er aduentum.) Græca sic habent, ὑπὲρ τ̃ παρουσίας , τȣ̃ κυρίȣ ἡμῶυ ἰησȣ̃ χϱισ̃τȣ̃, καὶ ἡμῶυ ἐπισυναγωγῆς ἐπ' αὐτόμ. Quorum sententia ita reddi poterat, Nomine aduentus domini nostri Iesu Christi, & nomine aggregationis nostræ in illū.Atcp in hunc sensum interpretantur Græca scholia.Obtestatur enim eos non solum hoc nomine , quod Christus appariturus sit in sua potentia,

27 sed quod ipsi quocp fideles illic sint adfuturi,& adiungendi Christo.Ipsum autem siue illum non refert dominum,sed aduentum, παρουσίαν, & est ἐπ' αὐτου. Ambrosius legisse uidetur ἐπ' αὐτο, si modo codex mendo non uacat.Legit enim in idipsum.)

Cito moueamini.) ταχέως σαλδυθῆναι.Quod est proprie fluctuantis,& dimoti de loco.

A uestro sensu.) νοός, id est, Mente siue intellectu.

Tancp per nos missam.) ὡς δι' ἡμῶν, id est,Tancp per nos.Missam,additū est explicandi causa,etiamsi nōnihil mutat de sensu.Nam Paulus nō uult eos cōmoueri, necp per spiritum,tancp à Paulo profectum,necp per sermonem,Pauli nomine allatū, necp per epistolam,illius iussu aut nomine scriptam:atcp id sonant uerba Græca.

Dies domini.) Pro domini Græcus habet Christi.

27 Nisi uenerit discessio.) ἀποστασία. Quod Ambrosius uertit,defectionem:nempe cum aliquis desciscit à suo autore seu principe.Et ἡ articulus additus significat insignem illam & ante prædictam defectionem.) *19-22: margin: Discessio ἀποστασία*

Homo peccati.) ὁ ἄνθρωπος τ̃ ἁμαρτίας. Diuus Ambrosius ut explicaret uim articuli, legit,homo ille,ut acciperemus de certo homine dictum.

35 Super omne quod dicitur.) Interpres legisse uidetur ἐπὶ πᾶν τὸ λεγόμενον.Verū Grǫci codices sic habent, ἐπὶ πάντα λεγόμενον θεόν,ἢ σέβασμα,id est, Supra uel aduersus omnē qui dicitur deus,aut cultus siue ueneratio.Atcp ita scriptū cōperimus apud Origenē.Augustinus libro cōtra aduersariū legis & prophetarū 2.cap.ultimo, legit supra omnem deū quod colitur,sed mendoso usus codice,quod illi frequēter accidit.Hieronymus in questionibus citat ad hunc modū : Contra omne quod dicitur deus aut religio, propius accedens

19 ad Grǫca uerba.Quancp uideo quosdā pro πάντα legere πᾶν πϱλεγόμενον,id est,aduersus

27 omne quod dicitur deus aut religio.Nam σέβασμα proprie dicitur id quod adoramus, & summa reuerētia ueneramur,& quod maiestate precellit:idcp uerti poterat,numen.Theophylactus legens πάντα,id est,omnem,sic enarrat locū,ut πάντα referre uideatur ad omnes dǫmones aut homines qui pro dijs habiti sunt,σέβασμα ad simulacra,lucos aut phana.) *Super omne quod dicitur, à Grǫcis secus legitur*

35 [Si legamus πᾶν quod fuisse scriptū arbitror , participiū λεγόμϡον utrocp referendum est, quod dicitur deus,aut quod dicitur sebasma.Quemadmodū enim illi nō erant ueri dij,ita

19 nec uera sebasmata,quæ uenerabant . Nā deo uero quō se præferret ille, qui nō nouerat?]

Tancp sit deus.) ὡς ὃτι θεός .i. Quod sit deus,hoc est,ostentās se esse deū,cū nō sit.Paulus nō absoluit sermonis ordine,sed uelut oblitus eorū quǫ cœperat,interijcit , q ueniūt in mente. Videbat ẽm additurus,quonia nisi uenerit defectio & cetera, non ueniet dies dñi.} *Sermo inabsolutus*

22 Non retinetis.) ȣ μνημονεύετε, id est.Non meministis.O nouam copiæ affectationem, etiā cum iniuria sensus . Vtrum,quǫso, istud est uertere diuinas literas,an potius in re seria ludere.Cum simplex,notum ac proprium uerbū suppeteret,ille maluit retinetis . Tolerabilius erat tenetis, etiamsi futurum erat ἀμφίβολον. Sed aliud est retinere,aliud tenere. Tenet qui meminit, aut etiam qui intelligit, retinet qui reuocat alioquin abiturū. Et *16-27: stultam*

hoc

Calumniator depulsus hoc loco quidam τραγικῶς in me deſtomachatur, qui prorſus ſim ignarus linguæ Latinæ, nimirum non intelligens retinere pro meminiſſe Latine dici, cum ſic loquutus ſit Seneca in epiſtola quadam quam ſcripſit ad Paulum, atꝗ ita uerterit hic idem interpres in Actis apoſtolorum cap. x x. Quaſi quiſquã eruditus credat illas epiſtolas eorum eſſe, quorum titulos habent, aut quaſi conſequens ſit, ideo Latine dictum hoc loco retinetis, pro tenetis, quod idem alibi ſit ad eundem modũ loquutus. Et qui tam argutis ſyllogiſmis rem agit, nec ullum interim locum producens è probatis Latini ſermonis autoribus, me uocat pror ſus ignarum linguæ Latinæ, me rudem appellat, hebeti craſſoꝗ ingenio. Sed male habet hominem, quod taxarim interpretem, cuius patrociniũ ſuſceperat. at reum interim ſuum in tot locis deſtituit, ubi ne uerbum quidem pro illo mutit, quod ipſum tamen eſt uerecun dius quàm cauſam illius tam ſiniſtre agere.❭

Hæc dicebam uobis.) Ambroſius, niſi codex mendoſus eſt, legit ad hũc modum, Non meminiſtis, quod me adhuc apud uos agente, hæc dicebantur uobis.

Vt reueletur in ſuo.) Deeſt, ille, εἰς τὸ ἀποκαλυφθⱨ̈ναι αὐτὸυ, id eſt, Vt ille reueletur. Ille, inquam, aduerſarius, de quo modo dictum eſt.

19·27: margin: Faber

Myſteriũ[iam]operatur iniquitatis.) [Myſterium, eadem uox eſt quã aliâs uertit, ſacra mentum]Iacobus Faber putat operatur hic accipi paſſiue pro patratur. Tametſi nihil eſt neceſſe, cum ſit uerbum medium. Et ἐνεργεῖν non eſt proprie patrare aut facere, ſed agere, hoc eſt, uim ſuam exercere: ſicuti ſpiritus dicitur operari in nobis, cum uim ſuam & effica ciam oſtendit. Ita nunc Paulus dicit Antichriſtum nondum apparuiſſe, ſed tamen occulte iam illius ſpiritum ualere, & agere in his qui perſequuntur Chriſtianos, Greci interpretes arbitrantur hoc dictum in Neronem. **35.19**

Tantũ ut qui tenet nunc te.) μόνον ὁ κατέχων ἄρτι ἕως. Videtur in Græco codice deeſſe, ὁ κατέχων ἄρτι κατεχέτω, id eſt, Is qui nunc obtinet, obtineat donec &c. niſi malumus apo ſiopeſin eſſe, quæ plus ſignificarit ſilendo, quàm ſi uerbum expliuiſſet. Hunc locum ex ponunt de imperio Romano, quo ſoluto ſit uenturus Antichriſtus[Nonnulli de Nerone, quem putant aut reſurrecturum, ac futurum Antichriſtum, aut in hoc ſublatum aſſeruari, ut ſuo tempore prodeat: quidam de fictis Chriſtianis. Quibus de rebus accuratius diſſerit Auguſtinus libro de ciuitate dei x x. capite decimonono.] **19**

Interficiet.) ἀναλώσⱨ, id eſt, Conſumet.

Illuſtratione aduentus.) τῆ ἐπιφανεία, id eſt, Apparitione, etiamſi Ambroſius legit il luſtratione præſentiæ ſuæ[Auguſtinus, illuminatione præſentiæ ſuæ: ut accipias claritate Chriſti aduenientis, obſcuratum iri Antichriſtum. **19**

Et prodigijs mendacibus.) ↓ώδⱨς, id eſt, Mendacij[ſic legit & Ambroſius. Quãquã interpres ſi ſtudio ſic uertit, uertit eleganter, ſin caſu, feliciter.] **19**

His qui pereunt.) In his eſt Græce, licet reclament Latini[codices.] **35**

Charitatem ueritatis.) τὴν ἀγάπην τῆ ἀληθείας ὀκ ἐδέξαντο, id eſt, Dilectionẽ ueritatis non acceperunt. Atꝗ ita legit diuus Ambroſius[Durius enim coheret charitas cum geni tiuo caſu ueritatis, Sentit enim amorem ueri aut charitatem ueram, aut ſi credimus Theo phylacto, ipſum Chriſtum, qui fuit utrunꝗ, charitas & ueritas.] **27**

Ideo mittet.) καὶ δὶα τῦτο, id eſt, Et ideo[Deeſt enim nobis copula.] **19**

Operatione erroris.) ἐνέργειαν πλάνης, id eſt, Efficaciã ſeductionis uel impoſturæ, ut re feratur ad prodigia, quæ facturus ſit Antichriſtus. nimirum agẽte in illo ſpiritu immũdo. Quandoquidem diuus Hieronymus arbitratur Paulum hunc ſumpſiſſe locum ex Eſaia, qui ſcribit, Dominus miſcuit ei ſpiritum erroris. Porrò ſpiritus eſt agere, uelut ignis.

Conſentire Probare Sed conſenſerunt.) ἀλλ᾽ εὐδοκήσαντες ἐν τῆ ἀδικία. Quod ita uerti poterat. Sed quibus placuit iniquitas. Aut, ſed approbauerunt iniquitatem[ut aliâs ſυνευδοκῶσιν.] **27**

Quod elegerit nos.) ὅτι εἵλετο ὑμᾶς, id eſt, Elegit uos.

16·27: in *Varia lectio* Primitias in ſalutem.) ἀπ᾽ ἀρχῆς εἰς σωτηρίαν, id eſt, Ab initio ad ſalutem. Et Ambroſius legit, à principio. Apparet interpretem legiſſe ἀπαρχὰς, ſiue ἀπαρχὴν, quod ſonat primiti as: ut ſit ſenſus, illos inter primos fuiſſe uocatos ex Theſſaloniceſibus. Sin legas ἀπ᾽ ἀρχῆς, pertinet ad diuinam prædeſtinationem. Quanquam ex ijſdem uerbis & hic ſenſus acci

↓ c pi poteſt, eripuit nos deus ab imperio. Theophylactus in contextu legit ἀπ᾽ ἀρχῆς, id eſt, ab initio **27**

C 19-22: imperio. Ex Theophylacto {Vulgario} nihil certum poterat colligi. In qua ab initio, & interpretatur de predeſtinatione,Nec tamen certo liquet,an legerit ἀπαρχας.)

In qua & uocauit.) εἰς ὅ, id eſt,In quod,Idᶜꝗ poteſt uel accipi abſolute uel referri ad ſpi

27 ritum,ut dicas,in quem . Et ita indicant Græca ſcholia.(Vetuſti codices habent,in quam, ut legit Ambroſius,Ex ijs conijcere licet primam ſcripturam fuiſſe,in quem, ſcilicet ſpiri tum.Id lectori uiſum eſt durius,eoꝗ; quem mutauit in quâ , ut mollius referatur ad fidem proximam.Mihi tamen magis placet ut ὅ ſumatur abſolute.)

Quas didiciſtis.) ἐδιδάχθητε, id eſt,Quas docti eſtis,ut obiter magis commendet ſu⸝ um officium.

27 (Deus & pater noſter.) Sermo Græcus mollior eſt, ὁ θεὸς ϗ πατήρ ἡμῶν, id eſt , Is qui deus & idem pater noſter eſt.Nam ſi dixiſſet ὁ θεὸς ϗ ὁ πατήρ ἡμῶν,uiſus fuiſſet deſignare duas perſonas,quarum alter fuerit deus , alter fuerit pater. Ambroſius non addidit copu⸝ lam,haud ſcio an uitio librariorum.

Exhortetur corda ueſtra.) παρακαλέσαι ὑμῶν τὰς καρδίας, id eſt, Conſoletur corda ue⸝ ſtra.Tametſi uerbum παρακαλέσαι ambiguum eſt.& apud Grecos ſermo precedit opus, **27** (apud nos diuerſus eſt ordo . In tradendo pietatem prius eſt facere ꝗ docere, in diſciplinis prior eſt ſermo quàm opus.Primum enim diſcendum quid expediat facere.)

EX CAPITE TERTIO

27 B importunis.) ἀπὸ τῶν ἀτόπων. Quod magis ſonat abſurdis & prodigio⸝ ſis.Ambroſius legit,ab iniquis(ἄτοπος autem Græce dicitur qui nulli loco conuenit,quales ſunt hæretici.)

Fidelis autem deus.) Græce eſt dominus, πιςὸς δὲ ὅ ἔςιν ὁ κύριΘ·.

πιςὸς qui | præſtat fidem

27 Quoniam quæcunꝗ.) ὅ̔ι, Quod.Mira confuſio coniunctionum(Ser⸝ mo Grecus habet amphibologiam . Poteſt enim hic accipi ſenſus, Confidimus de uobis, idꝗ freti præſidio domini,quod præcepta noſtra,quemadmodũ ſeruatis nunc,ita & in po ſte im ſitis ſeruaturi.poteſt & hic accipi,Confidimus de uobis,quod ea quæ precepimus & ſeruatis & ſeruaturi eſtis in poſterum.In priore ſenſu coniunctio ϗ, cōnectit hæc duo uerba,præcepimus & facitis,In altero repetita cōiunctio,utranꝗ particulam , & facitis & facietis,ex æquo connectit cum uerbo confidimus.Priorem ſenſum uidetur ſequi Theo⸝ phylactus,poſteriorem Ambroſius,In priore ſenſu,prius ϗ ſimpliciter copulat, poſterius poſitum eſt pro etiam,quod eſt idiomatis Græcanici.)

27 In charitate.) εἰς τὴν ἀγάπην, id eſt,In dilectionem(dirigat.)

Et patientiam Chriſti.) ϗ εἰς τὴν ὑπομονὴν τῷ χιςῷ, id eſt,in expectatiōe Chriſti . Ita legit Ambroſius,& recte.Ceterum ὑπομονὴ ſonat perſeuerantiam in re quapiam non ſine moleſtia,ſed rurſum cum expectatione præmij,aut certe finiendi mali.

Patiētia Chri ſti pro ea qua Chriſtus ex⸝ pectatur

Denunciamus autem.) Idem uerbum eſt quod uerterat præcipimus, παραγγέλλομεν.

35 [Quã acceperũt.) Interpres legiſſe uidet παρέλαβον, Greci legũt παρέλαβεν. i.accepit.]

19 Ambulantes inordinate.) ἀτάκτως, Aut incompoſite(ſiue turbulēte . Iam nouum non eſt,quod ambulare dixit pro uerſari.}

16 : id eſt

Non inquieti fuimus.) ὐκ ἠτακτήσαμεν, id eſt,Non inordinati ſiue non incōpoſiti fui⸝ mus,Ambroſius uertit,Non intemperanter uiximus apud nos.& ἀτάκτως item uertit in⸝ temperanter.Miræ uero huius interpretis deliciæ , qui modo ἀτάκτως, uertit,inord:nate, nunc ἠτακτήσαμεν uertit,Fuimus inquieti,cum utriuſꝗ dictionis eadem ſit origo . Recte uertit Ambroſius,modo ſi ſenſit intemperãter,idem eſſe quod turbulēte,& intractabiliter Siquidem Latinis in ordinem cogi dicuntur,qui communi lege aſtringũtur , nec ulla in re **27** differunt à cæteris.Huic diuerſum eſt,ſi quis contemptis legibus publicis , ſuo uiuat arbi⸝ tratu.Id enim uocat Paulus ἀτακτεῖν,preter ordinem uiuere(Metaphora ſumpta eſt à mi⸝ litia,ubi non licet ordinem deſerere,quod illi uocant λ⸝ποτακτεῖν.)

22 Neꝗ gratis panem manducauimus.) Ambroſius legit,edimus,ut appareat illũ legiſ⸝ ſe ἐφάγομεν, pro ἐλάβομεν,Ceterum(ἐλάβομεν)quod nũc habetur in Græcis codicibus,ma⸝ gis quadrat cum eo quod ſequitur,à quoquam.

Paulus gra⸝ tis docuit

In labore & fatigatione.) κόπῳ ϗ μόχθῳ. De quo ſuperius meminimus . uterꝗ uertit **27** eodem modo(κόπος labor,μόχθος labor moleſtus.)

Quaſi non habuerimus.) ὅτι ὐκ ἔχωμεν, id eſt,Quod non habeamus.Et demus,non da· remus

remus,δῶμεν,hoc eſt,quod id nobis nõ liceat facere.Quo dicto ſimul & excuſat,alios qui
ſumebant, & ſuam temperantiã exaggerat,qui adeo nihil exegerit præter ius, ut ne quod
iuſtum quidem fuerat acceperit.

Denunciabamus.) παρηγγέλλομεν, id eſt,Precipiebamus.Vtinã interpres hic tam feli⸗ 22
citer copiam affectaſſet,quàm id facit ſedulo. Plutarchus libro ſuo titulum indidit, γαμι⸗
κὰ παραγγέλματα. quis auderet hoc uertere connubiales denunciationes . Apud iurecon⸗
ſultos lego,operis noui denunciationem.Cæterum an ſemper denunciet , qui præcipit ac
præſcribit,neſcio.Etenim ſi non licet quouis loco pro hominibus ponere mortales, multo
minus arbitror quouis loco ius eſſe denunciare ponere pro præcipere.⟩

Audiuimus enim.) ἀκύομεν γὰρ,id eſt,Audimus enim,ut ſit tempus inſtans.

Ambulare inquiete.) ἀτάκτως.Quod paulo ſuperius uertit,inordinate, nunc uertit,in
quiete.Rurſum Ambroſius intemperanter.Et hoc loco περιπατὸντας aptius eſt, obambu
lantes(hoc eſt,circumuagantes)quæ eſt natiua huius uocis ſignificatio.   27

16:ſermones [Admonitio
19.22: ſermonis
[27: oratorem

Nihil operantes,ſed cur.&c.) Non ſeruauit interpres elegãtiam Greci ſchematis, μη⸗ 27
δὲν ἐργαζομδ́νος,ἀλλὰ περιεργαζομένος, id eſt , Nihil agentes, ſed curioſe agentes.(Nam tale 27
quiddam eſt in his Pauli uerbis,quale M.Tullius commonſtrat in dicto Domitij Afri,qui
dixit(Suram Manlium quod in agendo tumultuaretur)non agere ſed ſatagere. Eſt autem 35
hic gemina gratia,prior eſt,in affinitate uocum , quod genus eſt , legationibus immoran⸗
dum eſt,non immoriendum,altera eſt in deprauatione uerbi,qualis eſt in agere & ſatage⸗

[Agere
[Satagere

re.Agit enim qui ſuo fungitur officio,Satagit qui uehementer ſed fruſtra molitur. ἐργάζε
δαι laudis eſt, περιεργάζεδ́ vituperabile,& tamen plus eſſe uidetur περιεργάζεδ́ quàm ἐρ⸗
γάζεδ.Subeſt autem & ἐναντίωσις non ingrata, ἐργάζεται qui operatur frugifera, περιερ⸗
γάζεται,qui infrugifera)Quanquam illud περιεργαζομδ́νος ſignificat & ſuperuacua & in⸗
utilia agentes(quæ πάρεργα dicuntur,quaſi nihil ad rem pertinentia). Hinc certe apparet 27
aliud eſſe ἐργαζομένος & ἐνεργοντας, ἐργάζεδ & ἐνεργείν, cum utruncḡ ſoleat eodem uerbo
reddere.

(Denunciamus & obſecramus.) παρακαλδ̃μεν,quod eſſe poterat,hortamur,ſed melius 27
eſt obteſtamur,ut mitiget precipientis autoritatem , Precibusḡ́ minas regaliter addit,in⸗
quit ille . Paulus cõtra,minis addit preces,ac ne uel autoritas uel preces cõtemni poſsint,
adiecit,In domino Ieſu.)

In domino Ieſu Chriſto.) διὰ τ̃ κυρίς ἡμῶν, id eſt , Per dominum noſtrum.

Suum panem.) τὸν ἑαυτῶν ἄρτον, id eſt,Suum ipſorũ panem.id́ḡ ἐμφατικώτερον:quaſi
dicas,non alienum,ſed ſuum.

Mendum

Per epiſtolam hanc. Hunc,eſt Grece(non hanc.hoc eſt genere maſculino, non fœmi⸗ 19
nino)ſicut & in emendatioribus Latinorum exemplaribus (nominatim in Conſtantienſi 27
utroḡ.Theophylactus indicat apud Græcos fuiſſe duplicem lectionẽ,alteram, εἰδέ τις ἐκ
ὑπακός τῷ λόγω ἡμῶν διὰ τ̃ ἐπιςολῆς, id eſt , Si quis uero non paruerit ſermoni noſtro per
epiſtolã,ut intelligas Paulum per epiſtolã loqui Theſſalonicenſibus. Alterã lectionem te⸗
ſtatur placuiſſe Ioanni Chryſoſtomo,ut pro ἡμῶν primæ perſonæ,ponatur ὑμῶν ſecundẹ
perſonæ,ſitḡ́ ſenſus,Si quis non paruerit uobis proponentibus ex hac mea epiſtola,quod
præcipio,hunc notetis . quod Græcis eſt, σημξόδε, hoc eſt,Sit uobis notatus ut fugiatis,
quemadmodum ſignamus boues cornupetas,quo uitentur.In Grecis uerbis dubium eſt,
an notate referatur ad,per epiſtolam,ſed cõſenſus interpretum refert ad ſermonem, λόγω.)

[Confundi pro
pudefieri

Vt confundatur.) ἵνα ἐν̃ρα̃πῇ, id eſt, Vt pudefiat,& ut rubore ſuffundatur, cum uide
rit ſe uitari ab omnibus.Confunditur & is qui alioqui perturbatur.Idcirco diuus Ambro⸗
ſius,ut explicaret uim uerbi Græci,uertit,Vt reuerentia confundatur.

Quaſi inimicum.) ὡς ἐχθρόν,id eſt, Vt inimicum.Mira apoſtoli lenitas, qui ne intracta
bilem quidem uelit pro inimico haberi.

Corripite ut fratrem.) νοθετᾶτε. Ambroſius uertit , Monete conſilijs . cui magis pla⸗
cuit uerbum lenius.

Sempiternam.) διὰ παντός, id eſt,Semper(aut perpetuam.)   27

In omni loco.) ἐν παντὶ τρόπῳ, id eſt,In omni modo. Quanᴄḡ interpres uidetur legiſſe
τόπῳ,pro τρόπῳ.& ad eundẽ modũ legit Ambroſius,etiamſi Greca ſcholia τρόπῳ legũt.

Theophylactus

⟨16-19: præcipiebamus, hic ubique oſtentat ſuam ineptam copiam
antequam nos de copia prodidiſſemus. Audivimus

27 (Theophylactus διὰ παντὸς refert ad tempus, ἐν παντὶ τρόπῳ ad negociũ, hoc eſt, in opinió

35 nibus, in dictis, in factis [In Chryſoſtomi cõtextu eſt ἐν παντὶ τρόπῳ, ſed commentũ arguit illum legiſſe, ἐν παντὶ τόπω, exponit enim πανταχῆ, hoc eſt, etiam apud alienos à religio/ ne Chriſtiana] Ex Ambroſij commentarijs non liquet, quid legerit, Nec abſurdus tamen ſenſus eſt, in omni tempore & in omni loco, & ſemper & ubicꝗ, ſermone prouerbiali.)

Deus ſit cum om.) Dominus eſt, non deus. & ita legit Ambroſius.

27 Et ſalutatio mea.) Mea, ablatiui caſus eſt, & refertur ad manu (Mea manu Pauli.) I   **I ↓**

¡IN EPISTOLAM{PAVLI}

AD TIMOTHEVM {PRIOREM ANNOTATIONES
DES. ERASMI ROTERODAMI.}

19   {EX CAPITE PRIMO}

ECVNDVM imperium.) κατ᾽ ἐπιταγήν. Apertius hic erat iuxta iniunctionem, ſiue delegationem. Nam ἐπιτάγην eſt

19 iniungere & mandare quippiã. Sentit enim de munere apo

27 ſtolico, quod nõ ipſe ſibi uindicarit, ſed ab ipſo Chriſto fue/ rit delegatum {Annotauit hoc Chryſoſtomus, indicans plus eſſe ex delegatione ac iuſſu apoſtolum ꝗ uocatũ dici (Nam ad Romanos ſcribens dicit κλητὸς, id eſt, uocatus.)

Dei ſaluatoris noſtri.) Hic certe nemo poterit tergiuer/ *Pater ſer/* ſari, quin pater dictus ſit ſaluator, ut nihil agãt, qui quod eſt *uator* in epiſtola ad Titũ, Apparuit benignitas & humanitas ſal/ uatoris noſtri dei, uolunt non alió quàm ad filium referri.}

·22 Et Chriſti Ieſu ſpei noſtræ.) ꝗ ἐλπίδ θ̑ ἡμῶν. Apertius erat, Ieſu Chriſti, qui eſt ſpes noſtra (Nam articulus ꝗ habet uim exponentis. Et ſalutis autorē facit patrem, filiũ ſpem appellat. In hunc ſenſum interpretãtur Chryſoſtomus, Ambroſius & Theophylactus. Cæ terum an quod hic Paulus tribuit Chriſto, nos recte tribuamus uirgini matri, aut alijs di/ uis, alijs excutiendum relinquo.)   **{16: ſive ſpe noſtra**
                                                               {22: Siquidem

19 Dilecto filio.) γνησίω τέκνω. i. Germano filio. Et ita legit Ambroſius (atꝗ adeo Chry/ *Dilecto, pro* ſoſtomus, aut quiſquis fuit eius operis autor. licet interpres ubicꝗ infulſerit ſuum chariſſi/ *germano*

27 mus {quemadmodum interpres Theophylacti legit, dilecto} Cum enim tot uerbis agit de ſi/ militudine filij patrē referētis, ſatis declarat ſe γνήσιον legiſſe non ἀγαπητὸν} Germanũ uo/ cat, uerũ & ingenuũ non adulterinũ, quod per omnia reſpõderet ſpirituali patri Paulo, id

27 quod eſt ſiliorũ, referre parentē, & non degenerare. Sed de hac uoce aliàs dictũ eſt (Filius

35 autē uel ætatis uel charitatis eſt nomen. Nam quũ Paulus omnes Chriſtianos fratres ap/ pellet, qui cõuenit alioquin, ut epiſcopum appellet filiũ {niſi ſentiret de ætate.]

Gratia & miſericordia.) Græci non addunt coniunctiones hoc loco. ſed gratia, miſeri cordia, pax {& ad eum ſane modũ legit Ambroſius.} (Annotauit hoc Chryſoſtomus quod ad unum hunc ſcribens meminerit miſericordiæ, quùm in cęteris mentionem faciat pacis & gratiæ. Annotauit idem Origenes in epiſtolam ad Romanos.)

Chriſto Ieſu domino noſtro.) Grecanici codices iterant domini cognomen, καὶ κυρίε ἰησᵓ χριςᵓ τ̑ κυρίε ἡμῶν, id eſt, A domino Ieſu Chriſto, qui eſt dominus noſter. Quaſi aliter ſit dominus omnium, aliter fidelium, quos peculiariter poſſidet. Quanꝗ diſſentit & Am/

19 broſius & uulgata æditio. Theophylactus contra nobiſcum facit {Nos Gręcam lectionem   **16-19: Vulgarius**

27 non mutauimus, ſed ita, ut liberum ſit lectori, utram uolet ſequi {Nam uidetur haud quaꝗ otioſa hæc iteratio, Magnũ enim ſolatiũ eſt Chriſtianis habere peculiariter talem domi/ num, cui curę ſunt. Annotauit hoc licet obſcure Chryſoſtomus ac Theophylactus.)

Sicut rogaui te.) παρεκάλεσ́σε. Quanquam Græca uox anceps eſt, tamen hic magis quadrabat, hortatus ſum, ut Vallæ placet, Tametſi Paulus eo uerbo nonnunquam uſus

27 eſt erga plebeios {Imò nominatim annotauit hoc Chryſoſtomus, & hunc ſequi gaudens   **19-27: margin:** Theophylactus, quod tantus apoſtolus uerbo tam humili tamꝗ blando uſus eſt erga diſ/   **Faber**

19 cipulum {Porro quod Stapulenſis admonet καθὼς potius uertendum fuiſſe ſic, quàm ſicut, quid
                                                              K k

quid sibi uelit prorsus non intelligo.Neç enim opinor, καθὼς accipi posse pro ὅτοις.}

Vt remaneres Ephesi.) Oratio plenior est Gręce ꝗ Latine,propterea quod προσμεῖναι   22
potest esse uel infinitiui modi uel imperatiui,quantum ad sensum attinet. Sicut te rogaui
manere maneto . Atꝗ ita legisse uidetur Ambrosius,qui legit, ut denunciares.quod non
quadraret,nisi accederet,maneto,aut simile uerbum.Porro quod nos adiecimus , Ita faci   22
to,non deprecatator admissum sacrilegium,nisi idem frequenter facit interpres , & nisi hoc
frequenter fieri cogit necessitas. Neç sensi προσμεῖναι sumendum imperandi modo priore
sermone,sed in posteriore quæ subauditur.Neç tamen necesse est , eandem omnino uo/
cem subaudiri.Hæc non adderem grauaturus lectorem , nisi quidam libris æditis non mi/
nus indocte ꝗ uirulente locum hunc exagitassent.}

* Ne aliter docerent.) μὴ ἑτεροδιδασκαλεῖν, id est,ne diuersa doceat,aut potius ne diuer
sis uterentur doctoribus.uerbo composito,ab ἕτερος alius,& διδάσκαλ☉ doctor, ἑτεροδι/
δασκαλεῖν,quod est,nunc his,nunc illis uti doctoribus . Quanquã Chrysostomus & hunc
sequutus Theophylactus, ἑτεροδιδασκαλεῖν interpretatur diuersam inducere doctrinam,
ut ad pseudapostolos pertineat.Nos ambigue uertimus , Ne diuersam sequantur doctri   22
nam,quod commune est,& docentibus & discentibus diuersa. Vsus est eodem uerbo hu/
ius epistolæ cap.sexto.Consentit cum interpretatione ueterum Ambrosius.)   27

Interminatis.) id est,Quæ finem nõ habet,cuiusmodi sunt uulgari
um Theologorũ quęstiones,opiniones,ac difficultates.Nam quo plus est eiusmodi quæ/   27
stiuncularũ,hoc plus etiã subscatet ę casibus nunꝗ finiendis,quorũ etiã si milies mille mi/   19
lia produxeris,plura tamen supererunt.In quibus ut absit impietas, tamen ipsa difficultas   27
quęstionũ auocat ab ijs, quæ propius ad rem pertinent.Chrysostomus putat hunc locum
non esse accipiendũ de historia ueteris testamenti.Sed Ambrosius palàm de ea uidetur in
terpretari,cum ait:Ne oblectarentur fabulis quas narrare cõsueti sunt Iudæi de generatio
ne suarum originũ,de Abraham & Isaac,& cęteris patriarchis,& de circũcisione,& de ijs
quæ postea tradita sunt à Mose,cæteraꝗ quæ sequuntur in hanc sententia.Ac mihi sanè,
ne hi quidẽ ad ueram Christianamꝗ pietatẽ magnopere uidentur facere, qui de Christi ge/
nealogia tam anxie tamꝗ pene dixerim Iudaice disputant.Atꝗ in totum ex ueteris testa/
menti libris pro rei cõmoditate delibari quædã magis probarim,ꝗ illorũ autoritatẽ æqua
ri maiestati euangelicæ,imò pene anteferri.Quid enim nũc aliud legitur in teplis? Quin
etiã illos libros Iudæorũ recipimus in canonem nostrũ,quos illi in suũ recipere noluerunt,
Christiani propensiores in Iudæorũ libros,ꝗ ipsi in suos.qui tamen sua sic amant,ut nulla
gens insanius.Porrò quod hic uertit,interminatis,Ambrosius uertit, infinitis.

Aberrantes.) ἀστοχήσαντες, id est,Cum aberrassent.Et est uox propria his qui aberrant
à scopo.Id subindicat & Chrysostomus.}   19

Conuersi sunt.) ἐξετράπησαν. Ego malim,deflexerunt.Et magis explicat Gręcam uo
cem,ueluti cum aberrans à scopo,alio se deflectit.

In uaniloquium.) εἰς ματαιολογίαν. Quantũ ad pronunciationem attinet,matęologia,
non multũ abest à theologia,cum res inter se plurimũ discrepent. Proinde nobis quoꝗ ca
uendum est,ne sic sectemur theologiã,ut in matæologiã incidamus, de friuolis nugis sine
fine digladiantes.Ea potius tractemus,quæ nos transforment in Christũ , & cœlo dignos
reddant.Quorsum enim attinet decertare,quot modis accipiatur peccatũ , priuatio dun/
taxat sit,an macula inhærens animę:Hoc potius agat Theologus,ut omnes horreant ode
rintꝗ peccatum.Totis seculis disputamus,an gratia qua deus nos diligit ac trahit,& qua   19
nos illum uicissim diligimus,eadem sit gratia,& an sit aliquid creatũ an increatũ.Illud po   27
tius agamus,puris precibus,innocentia uitæ,pijs factis,ut eo munere nos dignet deus.Di
gladiamur sine fine,quid distinguat patrẽ à filio, & utrunꝗ à spiritu sancto,res an relatio,
& qui cõsistat,tres dici,quorũ nullus sit qui alius,cum sint una essentia. Quanto magis ad
rem pertinet,hoc modis omnibus agere, ut ternionẽ illũ , cuius maiestatẽ scrutari fas non
est,pie sanctęꝗ colamus & adoremus, illiusꝗ cõcordiã ineffabilẽ nostra cõcordia quoad
licet exprimamus,quo cõtingat aliquãdo & in illius ascisci cõsortiũ.Disputamus qui fieri
possit,ut ignis quo cruciabitur impiorũ animæ,cum sit materialis, agat in rem incorpore
am . Quanto magis referebat, huc totis uiribus eniti, ne quid in nobis reperiat ignis ille,
qualis

Marginalia (left column, handwritten):

16: denuncies

* 16: follows
Interminatis.)
below.

16-22: fere nunc
16-22:
Questionum
examina
Theologorum
quodlibet
↓ꝰ

Iudaicæ gene
alogie

16: in malum

Questiones
[quorundã]the
ologorum cu
riosæ

Marginalia (right column, printed numbers):
22
22
22
27
27
27
19
27
19
19
27

qualis long
additio
to p.66

Bottom handwritten note:
Ɛ16: subscatet. Quod Fabius admonet de casibus proponendis.
Ambrosius

qualis qualis est quod exurat. Atꝗ hæc si uel animi laxandi gratia, uel citra contentionem
agitarentur, ferri poterant. Nunc quibusdam tota ætas in huiusmodi quæstionibus consu
mitur, & res usꝗ ad clamorem, usꝗ ad uera dissidia, usꝗ ad conuitia, nonunꝗ usꝗ ad pu
gnos procedit. Quot quæstionū examina suscitamus circa baptismū, circa synaxim, circa
pœnitentiæ sacramentū, quorum nonnulla sunt eiusmodi, ut nec scire magnopere referat,
& ut asseuerari possunt, ita nec refelli, nec probari. Illud magis ad rem pertinebat, in hoc in
cumbere, ad hoc nos inuicem adhortari, ut uita Christo digna, baptismi sacraméto respon
deamus, ut ad sacras illas epulas frequenter ac pure accedamus, ut non multum sit in uita,
quod pœnitentiæ cauterio sit exurendū. Quid autem nunc loquar de quæstiunculis non
solū superuacaneis, sed penè dixerim impijs, quas mouemus de potestate dei, de potesta
te Romani pontificis? An deus possit quoduis malū, etiam odium sui præcipere, & omne
bonū prohibere, etiam amorem & cultū sui. An possit actu infinitum secundū omnem di
mensionem producere. An potuerit hunc mundū etiam ab æterno meliorem facere ꝗ fe
cit. An possit producere hominem, qui peccare nullo modo queat. An reuelare possit ali
cui suum futurū peccatū, aut damnationem. Num possit aliqua distincte intelligere, si ad
illa non habeat distinctas relationes rationis. An possit respectū producere sine fundamen
to & termino. An possit naturā uniuersalem producere & conseruare sine singularibus.
An possit aliquo prædicamento contineri. An potestatem creandi possit cōmunicare crea
turæ. An possit ex facto facere infectum, ac per hoc ex meretrice facere uirginem. An quæ
libet persona diuina possit quamlibet naturā assumere, quomodo uerbū humanā assum
psit. An tres personæ possint simul eandem naturā assumere. An unum suppositum crea
tum possit alterā naturā creatam assumere. An hęc propositio, deus est scarabeus, aut cu
curbita, tam possibilis sit, ꝗ hæc, deus est homo. An deus assumpserit indiuiduum huma
num, an speciem. An potius conueniat deo, non posse facere impossibile, an impossibile
non posse fieri à deo. Vtrum prius conueniat deo posse producere, an creaturæ posse pro
duci. An in mente diuina sint omnium rerum ideæ, & illæ practicę ne sint an speculatiuæ.
An doctrinæ Aristotelicæ & naturali rationi sit consentaneū, deniꝗ an ipsa res cogat fate
ri aliquem esse respectū ab omnibus rebus absolute distinctū. An deus aliquo ab ipso di
stincto sit unus. An personæ diuinæ uero numero dicantur tres. An numerus personarum
in diuinis pertineat ad substantiā, an relationem. Et an ad primā intentionē an secundam.
An per relationes & distinguantur & cōstituantur. An pater producat filium, & spiritum
sanctū, ratione intellectus, an uoluntatis. Item an ratione essentiæ, an attributi, naturaliter
an libere. An essentia in patre sit principiū generatiuum filij, & an sit terminus paternę ge
nerationis. An deus generet deū. An pater prius origine producat spiritū sanctum ꝗ fili
us. An in deo sit intellectus agens & possibilis. An spiritus sanctus procedens à patre & fi
lio, ab uno principio proficiscatur an à duobus. An hęc propositio sit possibilis, pater deus
odit filium deū. An anima Christi potuerit falli, an fallere, an mentiri. Iam uero de Roma
ni pontificis potestate, penè negociosius disputatur ꝗ de potestate dei, dum quærimus de
duplici illius potestate, & an possit abrogare quod scriptis apostolicis decretū est. An pos
sit aliquid statuere, quod pugnet cum doctrina euangelica. An possit nouū articulum con
dere in fidei symbolo. Vtrum maiorem habeat potestatem ꝗ Petrus, an parem. An possit
præcipere angelis, an possit uniuersum purgatoriū quod uocant tollere. Vtrū simplex ho
mo sit, an quasi deus, an participet utranꝗ naturā cum Christo. An clementior sit ꝗ fue
rit Christus, cum is non legatur quenꝗ à purgatorijs pœnis reuocasse. An solus omnium
non possit errare. Sexcenta id genus disputātur magnis editis uoluminibus, idꝗ à magnis
Theologis, præsertim professione religionis insignibus. Atꝗ hæc fiunt nō sine manifesta
suspitione adulationis, nec sine iniuria Christi, ad quem collati principes quantumuis ma
gni quid aliud sunt ꝗ uermiculi? An putant hæc placere Leoni nostro, germano ueroꝗ
Christi uicario, qui tanꝗ uerus pastor nihil habet antiquius salute gregis Christiani, ut ue
rus Christi uicarius, nihil habet charius gloria principis sui Christi? Et tamen huiusmodi
quæstiunculis serio occupantur quorundā Theologorum scholæ. His ætas rerū omnium
fugacissima cōteritur, cum pleraꝗ sint eius generis, ut doctius nesciantur ꝗ sciantur, ut ri
dicule quærantur, temere definiantur. Breue tempus est, & arduū est negociū agere uere

Marginal printed notes (right):
Quæstiones
pene impiæ
de deo

De potestate
pontificis

Anxietas in
uerbis

Marginal handwritten notes:
35 | 19-22: poterat
19: pleraque
22
22
22
22
22
27

De potestate 19: potuit
↑↓
↑↓

19: His

¶19 only: potestate. Et num sit uniuersale caput totius ecclesiæ + num
sit superior generali consilio + an possit
¶19 only: tollere. an possit arbitratu suo coelo excludere etiam
immerentes. Utrum

Chriſtianum. Quin igitur omiſſis rebus ſuperuacaneis, ea potiſſimũ ſpectamus quę Chri, ſtus nos ſcire uoluit, quæ prodiderunt apoſtoli, quæ proprie ad charitatem faciunt, de cor/ de puro, & conſcientia bona, & fide non ficta, quã unam Paulus appellat finem, & perfe/ ctionem totius legis. Tot iam annis cauillamur in ſcholis, quibus uerbis ſit loquendum de Chriſto. An hæc propoſitio ſit uera, Chriſtus fuit ab æterno, an recte dicatur compoſitus ex utracp natura, an conſtare, an conflatus, an commixtus, an conglutinatus, an coagmen tatus, an ferruminatus, an copulatus. Nihil horum placet, tantũ placet unius nouum uer/ bum, cum nihil minus ſignificet, cp hoc cui ſignificando repertum eſt. Porrò ſi quęreretur, an pie dicamus naturam humanam unitam diuinæ, fatentur pie dici. Rurſus, an pie dica/ tur diuina unita humanæ ambigũt. Si hæc eſſent colloquia pomeridiana Chriſtianorum, probarem huiuſmodi ſermonibus excludi fabulas ineptas. Nunc hæc uidetur fidei noſtrę præſidia. Quærimus ea, quæ nec ſcire poſſumus, nec ſcire iubemur. Illa negligimus, quæ ſola fuerant meditanda. Sunt autem quædam hoc ipſo pernicioſa, quod obſcuritate ſua re morantur ac fatigant ingenium, melioribus alioqui rebus occupandum. Talem opinor ſu iſſe philoſophiam Pythagorę. Et hoc nomine taxantur & ab ethnicis Heracliti libri, in qui bus Socrates iocabatur opus eſſe natatore Delio. Certe hoc nomine Chryſoſtomus dam/ nat philoſophiam Platonis, quod numeris & ęnigmatibus ſit inuoluta, non aliter pernicio ſa, quàm foret tabula quæpiam elegans, quæ fugientem è prælio remoraretur. Atqui talia fermè ſunt, quæ traduntur ab his qui ſe iactant ſcientia ſubtilis Theologiæ: qui etiamſi ue ra prædicarent, tamen ea explicant uerbis non modo ſordidis, ſed adeo obſcuris & inuolu tis, ut tanti non ſit ſic diſcere. Quod genus ſunt quũ diſputant de quatuor inſtantibus na/ turę. Item cum diſſerunt quod perſona non dicit relationem originis nec communem, ſed duplicem negationem cõmunicabilitatis in genere non extra genus, & connotat aliquid

poſitiuũ. & eſt nomen primæ intentionis non ſecundæ. Item cum aiunt perſonas in diui nis eſſe in inuicem per circuminceſſionem, circuminceſſionem uero uocem nouam no ue definiunt: Circuminceſsio, inquiunt, eſt ſubſiſtentis in ſubſiſtente realiter diſtincto mu tua præſentialitatis aſſiſtentia in eadem eſſentia. Rurſus cum definiunt, unio perſonalis ſiue hypoſtatica, eſt relatio diſquipariantiæ realis quidẽ in uno extremo, cui in altero nul la realis ratio reſpondet. Item unio uerbi in Chriſto, eſt relatio extrinſecus adueniens, ter/ minata ad uerbum & fundata in aſſumpta humanitate, & eſt iſta relatio non dependentis ad cauſam effectiuam, ſed ſuſtentificati ad ſuſtentificans. Huiuſmodi tricarum apud iſtos plena ſunt omnia. Et in hac Theologia tam non ſimplici uita omnem conſumunt, qui ſim plicem & apoſtolicam profitentur. Et qui ipſo etiam cognomine ſummã modeſtiam pro/ fitentur, huiuſmodi philoſophiæ profeſſione tollunt criſtas. Qui congruit apoſtolicæ uitę profeſſio, cum ethnicæ philoſophiæ tanto tamcp curioſo ſtudio? Os conſecratum eſt euan gelio, & nihil crepat niſi Auerroem & Ariſtotelẽ. Horretur pecuniæ contactus, & in blaſ/ phemi philoſophi libris tota ducitur ætas? Veteres qui in paganiſmo aut per ætatis inſci tiam talia didicerant, ex his quędam decerpebant ad eruditionem Chriſtianam. Nunc qui Chriſti ſimplicitatem profitentur & aluntur prædicando euangelio, talia coguntur perdi/ ſcere. Noui quendam Theologũ, qui negabat annos nouem ſufficere ad intelligenda quę Scotus ſcripſit tantum in præfationem Petri Lombardi. Audiui rurſus alium, qui predica bat fieri non poſſe, ut quis intelligeret unam propoſitionem in toto Scoto, niſi metaphyſi cam ipſius uniuerſam teneret memoria. Huiuſmodi labyrinthis Baſilides, Valentinus & Marcion captabant animos ſimplicium. Denicp fingamus hæc eſſe frugifera, quanta hic occurrit opinionum pugna: Fingamus rurſus omnia conuenire, quàm multa fruſtra quæ/ runtur, cp multa temere definiuntur.) Et prætexunt has argutias ad reuincendos ethnicos & hæreticos eſſe neceſſarias: quum illa nuſquã ſint uſui, niſi inter eiuſdem ſcholę ſodaleſ> Non hæc eò ſpectant ut ſuadeam eſſe damnandã dialecticam ac philoſophiã, quæ tradun tur in ſcholis, immodicũ in friuolis ſtudiũ improbo. Necp minus peccant qui nobis obijci unt fumos cabaliſticos & talmudicos. Simile eſt illorũ ſtudiũ, qui philoſophiã omnem re/ uocarunt ad numeros. Tempus in collecto eſt, inquit Paulus, & ingens agitur negocium, quur placent iſta diſpendia? Tradantur optima, id.cp quantum licet cõpendio, reſecentur ſuperuacanea. Quod utinam facerent & Iureconſulti. Quin illud potius agimus, quibus

rebus

[marginal notes, left column:]

Circuminceſ/ ſio Scotica uox

Auerrois

Hæretici phi/ loſophi fumos offuderũt dif/ ficultatibus

Diſciplinæ quomodo tradendæ

[marginal notes, right column:]

22

27

27

22 rebus transformemur in Chriſtum{d fiet, ſi meditemur pro uiribus illius innocentiam, ab
ſtinentes ab omni flagitio, ſi quantum in nobis eſt, æmulemur illius charitatem, de omnibus bene merentes, ſi imitemur patientiam, adeo non retaliantes iniuriam, ut etiam pro
malefactis, rependamus benefacta.>

Scientes hoc.) ἐιδῶς .i. Sciens. Mutat aũt & alijs aliquot locis Paulus ſubinde numerũ.

19 Quanq̃ referri poterat ſciens, ad uerbũ χ͞η͞ρ, id eſt, utatur {Certe Ambroſius pro ſciens, le-
27.22 git, Certũ habens, numero ſingulari{ſuffragabaſ exemplar utrũq̃ Conſtãtienſ{Si quis le Numerus ſu-
27 gitime utatur. Proſonomaſia in Gręcis uocibus euidentior, νόμος νομίμως{lex & legitime.) bito mutatus

Et non ſubditis.) ἀνυποτάκτοις, id eſt, Qui ſubdi nolunt, nec ſerũt imperium. Ambro
ſius uertit, Inobſequentibus.

Contaminatis.) βεβήλοις, id eſt, Prophanis & arcendis à ſacris. Porrò contaminati pia
culo aliquo, à ſacris arceri ſolent. In eundem ferè ſenſum ſonat Gręcis, ἀνόσιον. nam ὅσιος
dicitur ab ἄζομαι το σέβομαι. Vnde ἀνόσιον uocant, qui non ueretur nec deos nec homines.
Et ideo ſubiecit prophanis, qui alieni ſunt à ſacris.

Homicidis.) ἀνδροφόνοις, id eſt, Viricidis, ſi quis ad uerbum uertat.

Plagiarijs.) ἀνδραποδιςαῖς, id eſt, Qui aliena mancipia ſubducũt furto, quod genus fur
ti plagiũ uocatur apud Iureconſultos. Quemadmodũ qui ſacra furantur, ſacrilegi, qui de
publico aut principis fiſco, peculatores, qui iumenta aliena abducũt, abigei. Ita qui liberos
aut ſeruos alienos, plagiarij. Id uero cum extet non ſolũ apud Iurecõſultos, uerũ in omni-
22 bus penè bonis autoribus, quis nõ admiretur Lyrani{ut ſi quis alius hoc aſcripſit cõmen Lyranus{a-
ti{uel imperitiã, qui hoc ignorarit, uel ſocordiã, qui nõ ueſtigarit, uel impudentiã, qui tam xatus]
expedite ſit interpretatus: Plagiarij, inquit, ſunt aſſueti plagas & uerbera alijs inferre. Et
hunc ſequutus Carrēſis: Plagiarijs, inquit, qui plagas cuiuslibet generis inferũt proximis.
Aquinas cũ cętera ferme exponat, plagiarios prudens diſſimulat, ſatis ipſo ſilentio confi-
tens, uocè ſibi parũ intellectã fuiſſe. Gręca uox à mancipio dicta eſt. ἀνδράποδον enim man
27 cipium, ἀνδραποδισὴς, quaſi dicas, fur mancipiarius{Illud annotandũ, quod apoſtolus exor
ſus Catalogũ uitiorũ per iuga, uelut ingruete agmine coniunctione omittit, iniuſtis & non
ſubditis, impijs & peccatoribus, ſceleratis & cõtaminatis, patricidis & matricidis. Hacte-
35 nus per iuga{mox ἀσυνδέτως]homicidis, fornicarijs, maſculorũ cõcubitoribus, plagiarijs.
Quibus rurſus addit iugũ, mẽdacibus & periuris, ut ſcires orationis curſum eſſe finitum.)

Quæ eſt ſecundũ euangelium.) Hæc duo uerba, quæ eſt, non inuenio in Græcis codi
cibus. Quanq̃ recte ſunt addita explicandi cauſa. Ambroſius & interpres uulgatus legiſ-
22 ſe uidentur addito articulo, τ͞η͞ τ͞ο εὐαγγελίου, id eſt, Quæ eſt ſecundũ euangelium{Nec
24 ex Chryſoſtomi cõmentarijs {nec Ambroſij colligere licet, quid legerint{Theophylactus {22 only: nec ex
legit ſine articulo, ſed admonet articulum eſſe ſupplendum τ͞η͞τ͞ο κατὰ, quemadmodum Theophylacti
Latini]Interpres legiſſe uideſ, τ͞η͞τ͞ο εὐαγγελίου, uidelicet addito articulo. Senſus autem C↓
anceps eſt non minus apud Græcòs quàm apud nos. Siquidem accipi poteſt Euangelium
gloriæ beati dei, quod prædicet gloriam dei: aut Euangelium glorię, id eſt glorioſum, ut re
27 ſpondeat legi Moſaicæ, quę gloriam non habet, collata ad ſplendorem Euangelicum{ſiue
quod promittat æternam gloriam in futuro ſeculo, ſiue quod hoc ipſum eſſet glorioſum
pro Chriſto pati ob euangelium, quod gentibus uidebatur eſſe ſtultitia: & idcirco addidit
μακαρὶς, quod in his malis ſit uera felicitas.)

Quod creditũ eſt mihi.) Creditũ, hoc loco cõmiſſum ſignificet oportet, ὅ ἐπιςεύθην ἐγώ.
19 Concreditũ erat apertius{Inuitus, ita me deus amet, diſſentio à uiris, quos animo ueneror,
ſed tamen prima debet eſſe publicæ utilitatis ratio, præſertim ſi citra cõtumeliam ſanetur
error. Faber pro eo quod interpres uertit, Quod creditũ eſt, trãſtulit, cui creditus ſum ego, 19-27: margin:
non animaduertens Græci ſermonis idioma, ſicut annotauimus & in Apologia noſtra, Faber.
Porrò quod adijcit in examinatione, in idem recidere, cui creditus ſum ego, & quod credi
tum eſt mihi, quis nõ uidet longe ſecus habere{Niſi forte nihil intereſt, utrũ dicas, cõmiſſus eſt mihi filius tuus, an cõmiſſus ſum filio tuo.}

{ Gratias ago.) καὶ χάριν ἔχω, id eſt, Gratiam habeo. {16-27: Et

19 Qui me confortauit in Chriſto Ieſu.) In, redundat {nec eſt apud Chryſoſtomum, nec 19-27: margin:
24 apud Ambroſium, nec in uetuſtis exemplaribus{nominatim in Conſtantienſi uetuſtiore.) Supereſt.

Kk 3 τ͞ω͞

{16-27: Neque de his quæ loquuntur.) Græce eſt, quæ loquuntur,
22 & λεγοδοι <Ita + Ambroſius, necque quæ dicunt.) Nec eſt geminum neque.
19 {in pleriſque Græcorum codicibus, in alijs additur μήτε. }. Scientes hoc.)
C22: legerint. Beati dei, ſed dei duntaxat. Cæterum interpres

τῷ ἐνδυναμώσαντί με χριϛῷ,id est,Qui me potentem reddidit Chriſto,ut Chriſto ſit datiuus,   22
& intelligas Paulum in Chriſti gloriam fortem ac potentē fuiſſe,non ſuam⟨Poteſt & hic
eſſe ſenſus,habeo gratiam Ieſu Chriſto,cuius praeſidio potens ſum.⟩

Qui prius fui.) τὸ πρότερον ὄντα. Licet & ſic,Cum prius eſſem, uel cum prius fuerim.

Et contumelioſum.) ὑβριϛὴν,quod magis ſignificat eum qui uim facit,hoc eſt,oppreſ/   **19**
ſorem ſeu uiolentum.Nec enim hic ad libidinem referendum eſt⟨Siquidem apparet Pau/
lum gradibus quibuſdam exaggerare ſuum peccatum. Si tamen hoc dicendum eſt pecca
tum,quod pio ſtudio facias per errorem.Primus gradus eſt maledicere.Secundus,inſecta
ri.Tertius,admouere uim.Nam poteſt inſectatio citra uiolentiam conſiſtere.⟩

Sed miſericordiam.) ἀλλὰ καὶ, id eſt,Sed &,quaſi dicat, non ſolum ueniam conſequu/   **19**
tus ſum,cum talis fuerim,ſed & miſericordiam,ut fierem apoſtolus⟨Nam & aliás ſeſe ex/
tenuans,autoritatem ſibi traditam,dei miſericordiam uocat,uelut in epiſtola ad Corinthi
os priore,capite ſeptimo.Conſilium autem do tanquam miſericordiâ côſequutus.Quan/
quam autem ab hac annotatione noſtra non abhorret interpretatio Ambroſiana , tamen
non poteſt liquido colligi,uel apud hunc,uel apud Chryſoſtomum,additam fuiſſe coniun
ctionem καὶ⟨Certe apud Theophylactum καὶ non additur⟩ἐν ἀπιϛίᾳ, id eſt,Nondum cre/   **27-22**
dens,ut uertit Ambroſius,ſiue per incredulitatem.⟩

Fidelis,pro   Fidelis ſermo.) Hac ceu praefatiuncula ſolet uti Paulus,rem certam & indubitatam di/
certus   cturus,ut fidus ad rem quoq́ referat pro indubitato⟨Hieronymus in epiſt. ad Marcellam   **22**
teſtatur à quibuſdam legi,Humanus ſermo,ſequutus opinor,Graecos aliquos codices,qui
pro πιϛὸς habuerint χρηϛὸς⟨Et acceptione, Graecis eſt, ἀποδοχῆς, quod & approbationem
ſonat.Non reijcitur enim quod approbatur.

＊16: entries   ＊ In hunc mundum.) Hunc,redundat.
reversed   ＊ In me primo.) ἐν ἐμοὶ πρώτῳ.Primo,hic nomen eſt,non aduerbium.

Omnem patientiā.) μακροθυμίαν,id eſt,Longanimitatē⟨ſi quis ad uerbū reddat⟩Am/   **19**
broſius pro hoc uno uerbo,duo poſuit,magnanimitatē & patientiā⟨Eſt autē eiuſdem ma   **27**
gni eſſe animi & lenis moderatiǫ.Nam uindicta puſilli eſt animi.Addidit omnē, exagge
rans ſuū peccatū,unde & ſe primum uocauit,non tempore , ſed magnitudine cômiſſorū.⟩

Ad informationē eorum.) πρὸς ὑποτύπωσιν. Quod Ambroſius uertit,ad exemplum.
Eſt enim ὑποτύπωσις,cum res expreſſa ſubijcitur oculis . In Paulo igitur deus uelut exem
plar propoſuit,quid ſibi debeant ſperare,quicunqǵ relictis moribus priſtinis crediderūt in
Chriſtum⟨In uitam aeternam , mirum nec ab Ambroſio attingi,nec à Chryſoſtomo, nec à   **22**
Theophylacto,duntaxat in commentario⟨Quum tamen apud omnes referatur in conte/   **27**
xtu.uidetur autem additum,uelut ab apprecante,ut hoc cedat illis ad uitam aeternam.⟩

ἄφθαρτος   Immortali,inuiſibili.) ἀφθάρτῳ, id eſt.Qui corrumpi non poteſt,quod recte uertit,im/
immortalis   mortali,praeſertim cum de uiuo loquatur.Et nos in epiſtola ad Romanos,cap.ſecūdo, uer
timus ἀφθαρσίαν immortalitatem,pro incorruptionem,ne quis acciperet de libidine.

Sapienti,uide   Soli deo.) μόνῳ σοφῷ θεῷ,id eſt,Soli ſapienti deo.ut ſoli ſapienti côiungas, & deo refe/   **19**
tur additum   ratur ad omnia⟨atqǵ haec uox ſapienti,interiecta inter,ſoli,& deo,dirimat ne côiunctim ac
cipiantur,atqǵ hinc anſam arripiant, qui cum Arianis ſentiunt . Egad equidē modum
16: hunc   legit Chryſoſtomus,& hunc ſequutus Theophylactus⟨ſi modo non fallunt codices⟩Caete   **19**
16-19: Vulgarius   rum nec apud Ambroſium,nec apud Hieronymum,nec apud ullum praetereaꞅſcriptorem   **19**
⸙↓   antiquum⟨reperio.⟨Siquidem Ambroſius enarrat hunc locum huiuſmodi uerbis : Haec ad   **19**
dei patris perſonam pertinēt,quem immortalem ideo ſolum & inuiſibilem appellat , quia
omnis immortalitas ab ipſo eſt.Ac mox,Simili modo & in Euangelio legitur domino di/
cente : Quia nemo eſt,inquit,bonus,niſi unus deus . Et iterum ipſe dicit:Bonus homo de
bono theſauro profert bona,nemo tamen niſi unus deus bonus eſt, quia ipſe fons bonita/
tis eſt,ex quo caeteri potantur ut boni ſint.Ipſe eſt & inuiſibilis ſolus deus,qui nulli unquā
uiſus eſt . Omnia enim agit per filium , quem idcirco uiſum dicimus , ut licet aliter quàm
eſt apparuiſſe , tamen illum ſignificemus . Honorificentiam ergo & gloriam deo patri in
ueritate pronunciat,cuius pietate & prouidentia Chriſtus liberauit peccatores ex morte.
Hactenus Ambroſiana recenſuimus. Ex quibus ſatis opinor liquere,ſapienti, in huius ex
emplaribus additum non fuiſſe. Adducit huius loci teſtimonium Auguſtinus aduerſus

                                                  Adimantum

⸙16: reperio, nonnihil suspicor additum adversus Arrianos, qui
solum patrem vere deum esse volebant. Siquidem + haeretici nonnihil
immutabant in literis sacris, quo suum tuerentur errorem, ita
compertum locis aliquot, addita quaedam ab orthodoxis ad excludendos
aut refellendos etiam haereticorum errores, uti locis aliquot indicavimus.
Secundum p.667.

Adimantum,nec addit,ſapienti.Rurſus enarrans pſalmum L X V I I. Iterũ pſalmũ C I X.
Quanquam nec ex interpretatione Chryſoſtomi ſatis liquet ab ipſo additũ, ſapienti. Cũ
enim ſic argumentatur:Ecce ſoli deo dixit,Num igitur filius deus non eſt: & ſoli immor⸗
tali,non igitur & filius immortalis eſt:probabilius ſit illum non legiſſe, ſoli ſapienti,ſed ſo
li deo.Quanquam in calce epiſtolæ ad Romanos,additur ſapienti, nec id diſſimulat Am⸗
broſiana interpretatio.(Et Theophylactus addit hoc loco,atq; etiam interpretatur, Solum
patrem proprie dici ſapientem,quod fons eſt ſapientiæ) Sed nihil eſt quod in his anxie tor
queamur,Arianorum hæreſi ſic radicitus emortua, ut ne ueſtigium quidem ullum ſuper⸗
ſit.Nam ſiue nomen ſoli referas,non ad deum,ſed ad epitheta,immortali,inuiſibili,nõ de⸗
erit quod calumnietur impius lector.ut ſolus,inquiet,pater ſit inuiſibilis,certe nõ ſolus im
mortalis.Siue coniunctim ad deum,aut etiam diſiunctim, magis arripiet anſam calumni⸗
andi.Cæterum nobis quod ſolum addidit,non excludit filium aut ſpiritum ſanctum à con
ſortio patris,ſed à conſortio falſorum deorum,qui opinione falſiſsima hominum dij erant.
Aut iuxta diuum Ambroſium,ideo patrem ſolũ uocat immortalem,quod hic fons ſit om⸗
nis immortalitatis . Ad hanc rationem & filius immortalitatem habet à patre,à quo habet
ut ſit deus.Nec impie ſenſurus ſit,opinor,qui patrem ita dicat ſolum eſſe deum, ut intelli⸗
gat ſolum eſſe principium totius deitatis,quemadmodũ loquitur Auguſtinus libro de tri⸗
nitate quarto.Quod ſi iuxta Ambroſium,pater recte dicitur immortalis ſolus, quod ſolus
ſit fons immortalitatis omnibus,ſolus ſapiens,quod ſit fons omnis ſapientiæ diuinæ & hu
manæ,cur non aliqua ratione ſolus dici poſsit deus, unde filius habet ut deus ſit,unde ſpi⸗
ritus ſanctus,unde ipſe: Verum ita ſit in rebus humanis. ubi ſemel ſtudiorum pugna inca
luit,nõ hoc agit quiſq;,quod ad concordiam faciat,ſed quod ad uictoriam. Chryſoſtomus
& Theophylactus in hoc laborant, ut hæc omnia ſint filio communia cum patre . Verum
id rarum eſt in literis apoſtolicis , Chriſto aut ſpiritui ſancto tribuere uocabulum dei, ſiue
ad uitandum offendiculum quorundam,ſiue quod id ſuo tempori reſeruarent.Neq; enim
ſtatim ab apoſtolis Chriſtus prædicatus eſt deus aut filius dei . Petrus enim uirum appel⸗
lat in Actis,approbatum à deo . Et Paulus apud Athenienſes, uirum uocat in quo ſtatue⸗
rat deus &c.Imò ne in ſymbolo quidem,quod uulgus apoſtolorum uocat,nominatim dei
cognomẽ apponitur filio aut ſpiritui ſancto.Et Mat.[capite decimo] Chriſtus ipſe mittens
primum ſuos ad prædicandum[nihil aliud mandat quàm ut prædicarent pœnitentiam, in
propinquo enim eſſe regnum cœlorũ.Rurſum capite decimoſexto, Iam enim erant illum
profeſsi eſſe Chriſtum,uetat ne cui dicerent quod ipſe eſſet Chriſtus . Quo quidem in lo⸗
co admonet Origenes,quod nos modo diximus.Idem admonet Chryſoſtomus.Nõ enim
quiduis,quouis tempore,aut apud quoſuis dicendum eſt.]

Secundum præcedentes in te prophetias.) κατὰ τὰς προαγούσας ἐπί σε προφητείας. i. Iuxta
præcedentes ſuper te,ſiue ad te prophetias.Atq; id quidem Græcanica ſcholia referunt ad
id quod ſequitur, Vt milites bonam militiam . Verum poteſt referri & ad id quod præce⸗
dit,hoc præceptum tibi commendo,hoc eſt,ſicuti ſpiritu prophetiæ admonitus feci te epi⸗
ſcopum, ita iuxta eandem prophetiam, nunc præcipio ut milites, ſecundum eandem pro⸗
phetiam,& illi reſpondeas . In hanc fermè ſententiam Chryſoſtomus[neq; diſſentit Am⸗
broſius.]

In illis.) Subaudiendum prophetijs, nec aliud apud Græcos ſubaudiri poteſt,hoc eſt,
milites ſecundum eas, & illis reſpondeas. Quod ridicule Hugo quidam à Charo exponit
de prophetis exponendis. Sed quorſum attinet in his unum aut alterũ notare locum,cum
facilius ſit in hoc autorum genere inuenire errata quàm effugere:[Et tamen ſunt qui indi⸗
gne ferant quicquam in horum ſcriptis reprehendi.In Carrenſi quod Cardinalis ſit,ſeu po
tius quod prædicatoriæ gentis.In Lyrano nõ ob aliud,niſi quod minorita fuerit . Tantum
iſti tribui uolunt titulis ſuis ac cultibus[cum æquis animis ferant nos diſſentire à Cypria⸗
no,ab Hieronymo,aut Cyrillo.]

Quam quidam repellentes.) Præteriti temporis eſt, ἀπωσάμενοι, id eſt, Qua repulſa
quidam, id eſt, contempta conſcientia.

Circa fidem naufragauerunt.) ἐναυάγησαν, id eſt, Naufragiũ fecerunt.Quis enim un⸗
quam dixit naufragare.   Ex quibus eſt.) ὧν ὅsιν,id eſt,Quorum de numero eſt.

Marginal notes:

27

19-27: ur

Pater quomo
do dicatur
ſolus deus

Non ſtatim
Chriſtus præ⸗
dicatus deus

16-27: Epheſios
16-27: in

35
35

19

19

22

Hugo à
Charo

Bſecro igitur.) παρακαλῶ.Quod hoc ſanè loco rectius uertiſſet,adhortor ut
fiant.Ambroſius legit,exhortare,ſecunda perſona,fortaſſe legit, παρακάλει.

Diſtinctio
Primum omnium.) Omniũ,incertum eſt,an referatur ad primum an ad
obſecrationes.Et uterq́p ſenſus tolerabilis eſt. Si refers ad ſuperiora, hic erit
ſenſus,ut cum primis fiat deprecatio,hoc eſt,ante omnia . Et in hanc ſenten∕
tiam exponit Chryſoſtomus & Ambroſius,nempe diluculo)Sin ad Sequentia,ſenſus erit, **22**
ut precationes fiant ab omnibus.

16 : oratio

Obſecrationes,orationes,poſtulationes.) δίησεις. Ambroſius uertit,Deprecationes,&
rectius.Quod hic uertit poſtulationes, ἐντύξεις, uulgo uocant interceſsiones . Idćp ſonat
Græca uox.Quanquam hanc uocem interpres uariè reddit.Græcanicum ſcholium ita di∕
ſtinguit hæc tria,ut dicat,δίκησιν uocari,qua rogamus ut liberemur à malis,quod ſi uerum
eſt,elegantiſsimè Ambroſius uertit,deprecationes.προσδυχὼ eſſe,qua precamur,ut nobis
contingant bona.ἐντόυξιν autem,cum querimur de his,qui nos lædunt. quod ſi uerum eſt,
apte uertiſſet, interpellationes .Sed hiſce de rebus fuſius diſſerit Auguſtinus in epiſtola **19**
L I X .ad Paulinum,ſi quis copioſius poſtulet edoceri.

δίησεις
προσδυχὴ
ἐντυξις

In ſublimitate.) τῶν ἐν ἱπεροχῆ, id eſt,His qui ſunt in dignitate . Ambroſius legit: Qui
in ſublimiori loco poſiti ſunt.

Quietam & tranquillam.) ἤρεμου καὶ ἡσύχιου, id eſt, Placidam & quietam &c.

Et caſtitate.) καὶ σεμνότητι, Quod uerbum latius patet, nempe ad omnem morũ gra∕
uitatem & honeſtatem.

[Mediator dei & hominum.) Græce eſt μεσίτης,quod nos uertimus conciliatorem.Ter **35**
tullianus libro de reſurrectione carnis uertit, ſequeſtrem.]

Semetipſum redemptionem.) ἀντίλυτρον.Id ſignificat precium,quo redimuntur capti
ui ab hoſtibus in bello,aut à piratis. Siquidem quæ uulgo uocant ranſonas, Græci λύτρα
uocant.Deinde quo magis explicaret Chriſti commutationem,qui ſuo capite permutauit
nos omnes,addidit ἀντίλυτρον, cum caput capite,uita redimitur uita.

[ἀντίλυτρον

Cuius teſtimonium.) Cuius,pronomen quod nõ eſt in Græcis codicibus,& confirma∕
tum eſt, quod nec ipſum eſt apud Græcos, addita ſunt ab interprete quopiam explican∕
dæ ſententiæ cauſa.Nam Græca ſic habent, τὸ μαρτύριον καιροῖς ἰδίοις,εἰς ὅ ἐτέθω ἐγὼ,id eſt,
Teſtimoniũ temporibus ſuis, in quod poſitus ſum ego . Quanquam ad eundem modum
legit Ambroſius, conſentiens cum uulgata æditione .Cum Græca lectione congruebat **27**
uterque codex Conſtantienſis ſic:pro omnibus, teſtimonium temporibus ſuis in quo poſ∕
ſitus ſum ego . Teſtimonium autem appoſitiue additum eſt, Quod ſeipſum dedit antily∕
tron,teſtimonium erat promiſsionis propheticæ, & confirmatio diuinæ charitatis erga ge
nus hominum.Ita fermè Theophylactus & Chryſoſtomus.Ceterum articulus additus nõ
eſt ocioſus, τὸ μαρτύριον, id eſt,quod erat illud teſtimonium,de quo nemo debeat dubita∕
re.Non enim fallit,qui morte ſua fidem facit.)

Prædicator.) κῆρυξ, id eſt, Præco,ſiue nuncius,potius quàm prædicator.

Veritatem dico.) Deeſt apud nos ἐν χριςῶ,id eſt,In Chriſto .Tametſi nec apud Ambro **19**
ſium additur,nec apud Chryſoſtomum,nec apud Theophylactum.) **27**

16 : ſanctos

Puras manus.) ὁσίους, quod Ambroſius uertit ſanctas. Quancȝ interpres hoc loco bene
reddidit puras,quod in ſacris oporteat omnia eſſe pura . Cæterum hic puras non ſentit lo∕
tas,more Iudæorum,ſed puras à rapinis, puras à libidine,puras à pugnis & ſanguine.

**19-27 : margin :
Faber**

Et diſceptatione.) δἀλογισμῶ. Quod Laurentius maluit uerti,hæſitatione,cumq́p hac
ſententia conueniunt Græcanica ſcholia. Quanquam Stapulenſis haud abſurde trahit ad
animum parum pacatum erga proximum, & in hanc ſententiam enarrat Chryſoſtomus.
tametſi eandem uocem interpres crebro uertit, cogitationem. **27**

In habitu ornato.) ἐν καταςολῆ κοσμίω.Nõ ſatis tutũ eſt hoc præcipere mulierculis,præ
cipue Britannicis,aut etiam Italicis,quæ ſua ſponte ſatis comunt.Imò Paulus iubet fœmi
nas uti amictu modeſto,ut tegantur undiqȝ, & habitus uitæ teſtetur integritatẽ, ac mulie∕
brem uerecundiam id enim ſonat κόσμιον Quorſum enim atinet admonere mulierculas **19**
ne

19 ne cultu utantur fordido. Apparet Aquinatem hic nōnihil offenſum, & ob id philoſopha-
    tur de ornatu interiori mentis, qui requiratur à fœminis, quod alioqui corporis animiq; ro
35 bore minus ualeant. Qui offenduntur quod quidã γνῶσιϛ interpretantur de fœmina quur
    non offenduntur hoc ſermone, ἐν ἱματασολῇ ἱοσμίω.]

    Ornantes ſe.) ἱοσμεῖν ἑαυτὰς, id eſt, Ornare ſeipſas.

    In tortis crinibus.) ἐν πλέγμασιν. Sententiam periphraſi reddidit.

    Vel ueſte precioſa.) ἢ ἱματισμῷ πολυτελῆ, id eſt, Veſtitu ſumptuoſo.

    Promittentes.) ἐπαγγιλλομῦναις, id eſt, Profitentes, ut uertit Ambroſius. Et profitentes,   ¶16-22: quod
    hic accuſatiui caſus eſt, hoc eſt, eo cultu utantur qui deceat mulierem, quę ipſa re præferat   16-22: dicantur
27 pietatem. Nam non eſt mulierum docere, profeſſores autem dicuntur doctores. Cæterum   θεοσέβειαν
    pietatem, quam hic θεοσέβειαν uocat, cultum dei ſonat, ne quis de pietate in liberos accipi-   ¶16-22: quae vox
    at, cam factis ipſis præſtari uult, non cultu promitti, quemadmodum hodie faciunt, quas   16-22: monachas
    nonnas uocant.

    Dominari in uirum.) αὐθεντεῖν ἀνδρὸς, quaſi dicas, autoritate uti in uiros, & illos ad ſuũ
    affectum cogere. Ab hac uoce dicuntur authentica.

22 ⟨Mulier ſeducta in præuaricatione fuit.) Fuit non eſt referendum ad participium, dece-
    pta fuit, ſed ad particulam quæ proxime præceſsit, In præuaricatione fuit, hoc eſt, tranſ-
27 greſſa eſt, ſiue obnoxia facta eſt tranſgreſſioni. Hunc ſenſum facit hypoſtigme Græca, ἡ δὲ   Si permanſe
    γυνὴ ἀπατηθεῖσα, ἐν παραβάσει γέγονε id eſt, decepta cœpit tranſgredi preceptum)   ſerint

    Si permanſerit.) ἐὰν μείνωσιν, id eſt, Si manſerint, numero pluratiuo, ut referatur ad fi-
35 lios. ut palam teſtatur Hieronymus, exponens hunc locum aduerſus Iouinianum rurſus
    in epiſtola ad Lętam. In eadem clariſsime diſſerit Chryſoſtomus, hac ratione ſeruari poſſe   16-22: eandem
    mulierem, ſi genuerit liberos, & eos curarit diligenter inſtituendos in fide Chriſti, caſtisq;   ¶ſententiam
7.19 moribus. Cum hoc conſentit ſuo more Theophylactus. Nec ab hac lectione ſimul & inter
35 pretatione diſſentit Ambroſius. Quin & Auguſtinus libro de trinitate duodecimo capite
    ſeptimo ſic refert hunc locum, ut non poſsit ſubſiſtere lectio, per manſerit numero ſingula
    ri. Quanquam commentum quod illic adfert, non probo, filios interpretans bona homi-   Thomas
    nis opera. Pudet autem uel ipſius nomine hoc loco referre, quæ Thomas Aquinas com-   lapſus
    mentetur in hæc Pauli uerba, quàm ſe torqueat, quot rimas quærat, quibus elabi poſsit.
    Qui uolet ipſe cõferat, & intelliget, quid ſit ſcribere commentarios in nouum teſtamen-
19 tum, non conſultis Græcis exemplaribus. Saluabitur, inquit, quantum ad ſalutem corpo-
    ris, quia nõ priuabitur ſexu ſuo & facultate generandi. Saluabitur quoad ſalutem animæ,
    quia non priuabitur gratia. Ac mox poſt admixtam allegoriam, cui tamen non admodum
    fidit, redit ad literalem expoſitionem, ut ly per nõ declaret cauſam, ſed repugnantiam: ſitq;
    ſenſus, mulier ſaluabitur, etiamſi incedat per generationem, id eſt, ſi nubat. Cætera piget
    referre. Dicant mihi qui contemptis ueteribus, his tribuunt omnia, quid iſti potuiſſent in
    enarrãdis ſacris uoluminibus, ſi coacti fuiſſent, rem ſuo, quod aiunt, Marte peragere, uete-
    rum auxilio deſtituti, à quibus cum hauſerint ferme quicquid habent lectu dignũ, uix uſ-
    quam tamen illos agnoſcunt autores. Id quo animo ſit ab illis factum, alij uiderint. Hoc ſa-
    nè loco mihi uelim reſpondeant, quibus impendio placet illa decantata de Thoma fabula,
    ubi nam erat hic Paulus ille, qui faſſus dicitur, ſuas epiſtolas à nemine prius intellectas,
27 quàm Aquinas commentarijs ſuis eas illuſtraret. Theophylactus indicat quoſdam inter-
    pretari locum illum, Saluabitur autem per filiorũ generationem, de uirgine matre, quaſi
    per illam ſeruatæ ſint omnes mulieres, eo quod genuit redemptorem. Nam Gręca uox τε
    κνογονία, poteſt & de uno filio filia ue dici. Verum hoc commentum reijcit, quod minime
    congruat ijs quæ præceduut & quæ ſequuntur.)

    Cum ſobrietate.) μετὰ σωφροσύνης, quod Hieronymus aduerſus Iouinianum uoluit   σωφροσύνη
    uerti, pudicitiam magis quàm ſobrietatem. Et hic interpres modo uertit pudicitiam, atq;
    ita legit & Ambroſius. Quanquam Græca uox anceps eſt, magis tamen ſobrietatem ſo-
19 nans & ſanitatem mentis, quàm pudicitiam. Sed ut dictum eſt, Hieronymus illi uirgini-
    tis agit patronum.

    EX CAPITE

EX CAPITE TERTIO

Fidelis, pro quo Ambro/ fius humanus

[handwritten: 16·19: Vulgarius]

Idelis fermo.) πιςὸς ὁ λόγ Θ.Et hoc loco diuus Ambrofius uertit,humanus fermo ſunde conijcere licet illum pro πιςὸς legiſſe χϱηςὸς ʒ Chryſoſtomus & 19 Theophylactus referunt ad ſuperiora,quæ Paulus uoluerit indubitata eſſe, quod dixit mulierem ſeruari gignendis,& recte inſtituendis liberis.

Si quis epiſcopatum deſiderat.) ὀϱέγεται, id eſt, Appetit, ſiue expetit, Et præclarum opus eſt potius quàm bonū,καλὸ ἔργȣ.Id uerum erat eo feculo.At his tempori bus,qui epiſcopatum expetit,præclarū cenſum expetit,præclarū imperiū expetit, ut ſunt

[handwritten: 16·22: episcopatus]

hodie complures epiſcopæ(Opus autē dixit,quod epiſcopus Græcis dicatur ab inſpicien/ 27 do & prouidendo)Cæterum quanquam interpres bis poſuit deſiderat,Græcis tamen duo ſunt uerba,ὀϱέγεται,& ἐπιθυμεῖ(Id in alijs penſat,eandem uocem aliter atcɟ aliter reddens.) 27

Oportet enim.) δεῖ ȣῦν,id eſt,Oportet igitur.

Vnius uxoris uirum.) μιᾶς γυναικὸς ἄνδϱα.Id nunc nimium dure,ne dicam ridicule,tor quent ad unam eccleſiam(An epiſcopus nȏ habet multas eccleſias?)At Chryſoſtomus in/ 27 terpretatur de unica uxore,quā habeat epiſcopus,addens tamen eſſe nonnullos qui ſic ex/ ponant, unius uxoris uirum qui fuerit ſemel duntaxat maritus. Et periclitatur Chryſoſto 27 mus, ne Paulus exigere uideatur ab epiſcopo,ut uxorem habeat(aut exemplo Iudæorum plures habeat ſimul.At nuncɟnȏ ſolū à tot presbyteris exigitur caſtitas, uerumetiam ma/ 19

Sacerdotibus interdictum matrimoniū

trimonium ab hypodiaconis contractū dirimitur. Quinɟid quocɟ uehementer aſtringunt, quod eo feculo,quo ſumma erat ſacerdotum raritas, inſtituit Paulus feruandum in epiſco pis,ut non adiret hunc honorem digamus.Iam enim,cum tot ſint ſacerdotum ubicɟ milia, excluduntur à ſacerdotio, qui uel imprudentes duxerint corruptam, Imȏ qui ante baptiſ/ mum habuerit uxorem,& à baptiſmo duxerit alteram priore defuncta, arcetur à ſacerdo/ tio,licet hac in parte gnauiter reclamante Hieronymo. Quin illud magis mirū,cū tot egre gias dotes requirat Paulus in epiſcopo, cæteris prætermiſsis, ſolius uxoris habetur ratio. ʃAdmittitur inceſtus,admittitur homicida, admittitur pirata,admittitur ſodomita, ſacrile/ 19 gus,parricida,denicɟ quis nȏ ſolus digamus excluditur ab hoc honore,qui ſolus nihil ad/

Digamus qui corruptam in ſciens duxerit

miſit.Mirum eſt autē ut quædam urgemus ac plusquam mordicus tenemus, ad quædam prorſus conniuentes. Si quis perpendat horū temporū ſtatum, quotam hominū portionē monachorum greges occupent,quotam ſacerdotum & clericorū collegia:deinde perpen/ dat,quàm pauci è tanto numero uere feruent uitæ caſtimoniam,tum in quæ libidinum ge nera quàm innumeri deuergant, quanto cū probro complures palàm inceſti ſint & impu/ dici,fortaſsis iudicabit magis expedire,ut ijs qui prorſus nȏ continent,ius fiat publici ma/ trimonij,quod abſcɟ mala fama,pure ſanctecɟ colant, potius quàm infeliciter ac turpiter li bidinentur(Nunc cœlibes habet mundus quàm plurimos,caſtos perpaucos: quancɟ nec is 27 caſtus eſt,qui uenerem nȏ attingit, quia nȏ licet)Sed etiam atcɟ etiam uereor ne cenſus ec cleſiaſtici caſtrēt hodie clericos uerius quàm pietas,dum metuimus,ne quod tenemus in/ tercipiatur,aut certe nihil accedaʒVerum hæc non ſunt huius inſtituti.

Ornatum.) κόσμιον,id eſt, Compoſitum,ſiue bene moratum,aut modeſtum.Idem uer/ bum quod uertit,in habitu ornato.

[handwritten: ✻ 16·27: follows Oportet enim.) above]

✻ Prudentem.) σώφϱονα, id hoc loco Ambroſius uertit Pudicum,id quod impendio pla/ cet Hieronymo(quod magis ſonat ſobrium & ſanæ mentis.Nam νηφάλιον quod præceſsit 27 & uigilantem ſonat & abſtemiū,unde & νηφάλια ſacra in quibus pro uino libabatur aqua. Etymologia uocis uarie traditur apud Græcos.Sunt autē comites ſibi,uigilantia & ſobrie tas.Nec decet ſpeculatorem omnium ſaluti uigilantem eſſe dormitabundum,nec uigilare poteſt qui luxui indulget.)

(Hoſpitalem.) φιλόξενον benignum in peregrinos & aduenas. Annotauit Græcæ uocis 27 emphaſim Theophylactus . Nunc hoſpitalitatem appellant quū ſatrapas ac reges magno luxu excipiunt donatoscɟ dimittunt.)

Hieronymus taxat hanc æditionem

Doctorem.) διδακτικόν,id eſt,Docibilem,ſiue appoſitum ad docendum.Id enim ſenſit Paulus,atcɟ id eſt præcipuū epiſcopi munus(Nam cætera quæ recenſuit requirūtur etiam 27 à ſubditis. Cæterum docere populū,hortari,cȏſolari, monere,redarguere,proxima maxi/ mecɟ ſplendida eſt epiſcoporū functio, quam nunc multi libenter cedunt alijs quamlibet
sordidis

fordidis:Vbi receptū eſt ut epiſcopi ditionem prophanam gerant,ſaltem deberent in præ/
cipuis feſtis concionantes apud populum ornare munus Euangelicæ prædicationis) Hie/
35 ronymus aduerſus Pelagianos libro primo,reprehendit uulgatam illorum temporum ædi
tionem,quæ habebat docilem, appellans Latinam ſimplicitatem,& uertit,qui docere poſ/
27 ſit.(Nam docilis eſt qui facile diſcit.)

Nō uinolentum.) πάροινον. Quod Ambroſius uertit,uino obnoxium,uinoſum dicere
2.27 poterat(Chryſoſtomus(umq; hoc Theophylactus)negat hoc accipiendum de uinoſo, ſed
27 feroci & elato,& ad uim parato,quales ſunt qui uino temulenti debacchantur)(Manſuetu
do præcipue decet patrem.)

Non litigioſum.) ἄμαχον, id eſt,alienū à pugna,quod Hieronymus aduerſus Pelagium
uertit,abſq; iurgio.Et illud,non percuſſorem, μὴ πλήκτλω, non pertinet ad uiolentiam ma/
nuum,ſed acerbitatem linguę,ne ſæuus & improbus ſit obiurgator.Id annotauit & diuus
19 Hieronymus(Quid enim magni ſit ſi epiſcopus temperet manibus? Hieronymi ſentētiæ   *Percuſſor,qui*
ſubſcribit Chryſoſtomus.Ambroſius uertit pro percuſſore,uerberatorem.Et apud Hora/   *lingua ſæuiat*
tium legimus, Verbera linguæ.Item apud Ciceronem, Verberatur Tyro,tacito duntaxat
cognitionis conuicio.)

Non cupidum.) ἀφιλάργυρον,id eſt,Ab argenti cupiditate alienū.Hieronymus aduer/
27 ſus Pelagium uertit,nō auarū(Hoc ſubiecit,uel quod hoſpitalis eſſe non poſsit, qui ſit aua
rus,uel quod ut ait Theophylactus, quidam ex hoſpitalitate congerant theſauros.)

Domui ſuæ bene præpoſitum.) προϊσάμνον, id eſt, Qui bene præſit.ut mox uertit,Qui
27 domui ſuæ bene præeſſe neſcit προϊσάναι(Ac Rurſus de diaconis τέκνοις καλῶς προϊσάμενοι,
qui filijs ſuis bene præſint . Taxat enim argute Vala quod bene præpoſitum eſſe non eſt
laus epiſcopi,ſed eius qui commiſit epiſcopi munus.)

Cum omni caſtitate.) Non eſt hoc loco σωφροσύνης,quod aliquoties ſonat pudicitiam,   *Pudicitia*
nonnunq; ſobrietatem ac modeſtiam,de quo paulo ante dictum eſt,ſed σεμνότητ⊙-, quod   *σεμνότης*
multa ſignificat apud Græcos,pudorem liberalem & ingenuū, grauitatem, reuerentiam.
Hieronymus dum undiq; captat præſidia tuendæ & ornandæ uirginitatis,hic quoq; tran/
ſtulit pudicitiā. Nos maluimus reuerentia, quod præceſſerit ſubiectio, ut accipias liberos
patri morigeros,& liberali præditos pudore.Idem apparet ſenſiſſe Chryſoſtomū.Alioqui
quid eſt,cum omni caſtitate? Cæterum hæc uarie leguntur, primum ſic habent Græca, μὴ
πάροινον,μὴ πλήκτλω,⊙ ἀρχροκεδ῀ῆ,ἀλλ' ἐπιεικῆ,ἄμαχον,ἀφιλάργυρον, &c. Non uinoſum,non
percuſſorem, & turpi lucro deditū, ſed humanū, abhorrentem à pugnis, alienum ab aua/
ricia. Ambroſius ita legit:Non obnoxium ūino,non uerberatorem,ſed modeſtum,non li/
22 tigioſum,non aſperum (Iam frequenter admonui in huiuſmodi catalogis uariare ſcriptu/
ram)Porro quod Græce dicitur ἀρχροκερδ῀ῆ,diuus Hieronymus in epiſtola ad Heliodorum
uertit,turpilucrum,Græcam imitatus compoſitionem. Etiamſi non me clam eſt,hunc lo/
27 cum,ut innumeros alios(apud Hieronymū) in uulgatis codicibus deprauatum eſſe.

Diligentiam habebit.) ἐπιμελήσεται, id eſt,Curam aget(aut curabit,Quis enim ſic lo/
22 quitur,non habet diligentiam mei?)

⟨Eccleſiæ dei.) Non poteſt deprehendi ex Ambroſio, aut Chryſoſtomo,quod addide/   22·27 : Eccleſiam
27 rint dei.Nam eccleſia opponitur domo(Et eccleſia magna domus eſt. Certe apud Ambro
ſium non additur in contextu,Nec Theophylactus enarrans attingit.)

Non neophytum.) νεόφυτος,Nuper natus,aut nuper inſitus.Sic enim Paulus uocat re/   *Neophytus*
cens baptizatum,quod à baptiſmo cenſeantur Chriſtiani. Cæterum hoc loco diaboli,for/
taſsis non male uerti poterat calumniatoris. Requirit enim Paulus ab epiſcopo,nō ſolum
ut ipſe uacet omni culpa, uerumetiam ne ſit obnoxius calumnijs, aut ſuſpicioni. Proinde
uult mores ac uitam illius in chriſtianiſmo diu ſpectatam eſſe, ne quiſquam uel calumnia/
ri poſsit.Id aūt iam tum Hieronymianis temporibus adeo nō obſeruabatur,ut ea tum fue/
rit ſumma epiſcopi cōmendatio , ſi ſtatim à baptiſmo raperetur ad hoc honoris . Ad hunc
22 ſenſum facit quod præceſsit, In opprobrium ⟨Neq; uero me fugit Ambroſium hoc inter/
pretari,nō de fama illibata,ſed de ſuperbia tumoreq; animi.Certe cū ſermo Græcus ſit an/
ceps,nō arbitror abſurdum,ſi quis hic in ſuo ſenſu abundet,ut ait Paulus. Sanè pro me fa/
cit,quod mox repetens eundem ſermonem,ſcribit hunc in modum; Oportet autem illum
& teſti/

16·19 : Jovinianum

& teſtimoniũ habere bonum,ab ijs qui foris ſunt,ut non in opprobriũ incidat & laqueum
diaboli.Duplex enim indicat periculum, ne neophytus inſolenter ſe gerat in nouo hono‑
re,atcp ita ſit obnoxius calumniæ.Nam & epiſcopũ oportet ab omni faſtu tumorecp pro‑
cul abeſſe,& famam oportet habere non obnoxiam probris aut calumnijs . Senſus autem
hic conſtat,ſiue diabolum accipias ſatanam, qui per maledicas linguas contaminet bono‑
rum famam,ſiue calumniatorem hominem)Nos pro neophyto,uertimus nouicium.

Bilingues.) διλόγους, id eſt,Duplices in ſermone(& in dictis inconſtantes.)   27
Et ſic miniſtrent.) ἔτα,id eſt, Deinde.

[ἀνέγκλητοι   Nullum crimen habentes.) ἀνέγκλητοι ὄντες, id eſt,Eiuſmodi,ut nemo poſsit eos crimi‑
nari.Id quod indicat Hieronymus aduerſus Pelagium.Nam ἐγκαλῶ, eſt in ius uocare, &
crimen imponere.Et ἔγκλημα atrox eſt iniuria,ob quam aliquis in ius uocari poſsit. Por‑
rò ἀνέγκλητ@ is dicitur, cui nullum crimen poſsit impingi,non ſolum qui nullum habeat
crimen.Siquidem multarũ pudicitia fuit infamis.Et Catonis innocentia non fuit ἀνέγκλη
τ@{cum legatuβ ſæpenumero uocatus in ius,ſed ſemper abſolutus.   19

✶ 16: precedes   ✶ Mulieres ſimiliter pudicas.) Cum ipſe ſermonis tenor palàm declaret eum loqui de
Bilingues.) above   uxoribus epiſcoporum ac diaconorum(mea ſententia)rectius uertiſſet uxores quàm mu‑ 22
lieres,quandoquidem Græcis eſt γυναῖκας(Siquidem Paulus non hic inſtituit uniuerſum 22
populum,ſed epiſcopũ cum ſua familia & clientela, quam totam uult eſſe illibatam . Nec
admodũ repugnat ſententiæ meæ,quod Chryſoſtomus interpretatur hunc locum de mu‑
lieribus quarum miniſterio utebatur eccleſia:poterant enim hæ diaconorum(& epiſcopo‑ 27
rum)uxores eſſe.Certe de uiduis quas eccleſia ſuſceperat, poſt ſuo loco præcipit . Nec ui‑
deo cur hic abhorreamus à nomine uxorũ, cum in confeſſo ſit Græcis ſacerdotibus per‑
miſſum eſſe matrimonium)Deinde ſεμνοὺς, eadem uox,qua in liberis epiſcopi requirebat
reuerentem uerecundiam.

C 22: Nostra habet   Non detrahentes.) μὴ διαβόλους, id eſt, Non calumniatrices(quod Ambroſius uertit; 22
detrahentes.   Non ſtudentes diſcordie(Nam διάβολος dicitur à διαβάλλειν,quod eſt diſpergere rumorem, 27
Siquidem   ſed aduerſus hominem)Nam huic uitio ferè affinis eſt ille ſexus.>

Diacones.) διάκονοι, id eſt, Miniſtri,& diaconi,non diacones.
(Myſterium fidei.) Quidam interpretantur de dogmatibus fidei,poteſt autem & de ſi‑
lentio intelligi,ne quid,quod ſolent miniſtri,efferant eorum quæ domi geruntur.)

Acquirent.) περιποιοῦνται, id eſt,Acquirunt,tempore præſenti.

Hæc tibi ſcribo fili Timothee.) Duo hæc uerba,fili Timothee,non reperio in quibuſ‑
dam Græcis codicibus,nec Ambroſius addit,ne Chryſoſtomus quidem in ipſis commen‑
tarijs.(Tantũ eſt ταῦτά ſοι γράφω.)Nam cætera ex uulgata æditione ab alio quopiam ſunt 27
aſcripta(Theophilactus ne in contextu quidem habet.Cum Græcis concordabat exem‑ 27
plar utruncp bibliothecæ Conſtantienſis.)

Eccleſia ba‑   Columna & firmamentũ ueritatis.) ſύλ@ κỳ ἑδραίωμα τῆ ἀληθείας. Hæc ad eccleſiam
ſis ueri   referenda ſunt,nõ ad Timotheum,ſicut quidam opinantur . Nam illam uocat columnam
& baſim ac ſedem ueri {Ac in eum ſanè ſenſum citat locum hunc Auguſtinus,exponens 19
Pſalmum quadrageſimumſeptimum)(Eccleſiam appellat domum dei,ut eam diſtinguat à 27
ſynagoga Moſi,columnam & firmamentum ueritatis, ob certitudinem dogmatum inuio
labilem,quum Iudæi uerſentur in umbris.)

Et manifeſte.) ὁμολογυμβδ'νως,id eſt,Confeſſe ſiue citra controuerſiam.Ambroſius ſic ex
planauit περιφράσει,Et quidem omnium confeſſione magnum eſt myſterium &c.Item ſa‑
cramentum,hic eſt myſterium(hoc eſt,arcanum}   19

Diuerſa   Quod manifeſtum eſt in carne.) Græce ſecus eſt, θεὸς φανερώθη ἐν ſαρκὶ, id eſt, Deus
lectio   manifeſtatus eſt in carne: & quæ ſequuntur,ad deum referenda ſunt. Ambroſius & uul‑
gatus interpres legerunt pro,θεὸς,ὅ, id eſt,quod.Secus legunt Chryſoſtomus & Theophy
lactus,quos ſi ſequi uolumus, genera participiorum mutanda ſunt, iuſtificatus, prædica‑
tus,creditus,aſſumptus. Cæterum utra lectio ſit uerior, ambigo nonnihil . Offendit Lau‑
rentium quomodo myſterium dicatur aſſumptum in gloriam.At cur non magis offendit,
quod deus dicitur iuſtificatus ꝰ Id quod ne in Chriſtum quidem prima fronte ſatis con‑
gruit,Siquidem de Chriſto interpretatur Ambroſius . Mihi ſubolet,deum additum fuiſſe
aduerſus

aduerſus hæreticos Arianos. Cæterum mea quidem ſententia ſimpliciſsima fuerit inter/
pretatio, ſi quis myſterium intelligat prædicationem euāgelij, quod ſæpe aliâs myſterium
uocat, prius occultum & ignotum, nunc manifeſtatū uniuerſo mundo. Iam enim agit ad/
uerſus eos, qui pro gratia Chriſti, ceremonias legis Moſaicæ conabantur inducere, nec
alia conditione recipiebant ethnicos. Pietatem igitur uocat legem Chriſti, uacuam cere/   *Expoſitio*
monijs, cuius myſterium magnum eſt, ſed quod iam ſit manifeſtatum per Chriſti humani   *dilucida*
27 tatem, quod iuſtificatum in ſpiritu & uirtute dei (nimirum per miracula) Iuſtificatum au/
tem dicit, ob uim iuſtificandi datam Chriſto, per ſidem ſine lege Moſaica: quod uiſum eſt
angelis, qui canebant, Gloria in excelſis deo: quod prædicatum eſt gentibus, quum ſoli Iu/
dæi expectarent: quod creditum eſt non ſolum Iudæis, ſed uniuerſo mundo. Denique poſt
27 reſurrectionem receptum eſt in cœlum, unde fuerat profectum. (Proinde hoc ſanè loco mi
hi magis arridet noſtra lectio, præſertim quum magnus ſit uetuſtorum exemplarium con/
ſenſus. Nam Chryſoſtomi interpretatio hoc loco coactior eſt ac durior, ſi quis expendat.)
19   Apparuit angelis.) ὤφθη. Cur non potius Viſus eſt, ſiue conſpectus eſt? Et, creditum   *Duplex ſenſu*
eſt in mundo. Sermo Græcus ἐπιςεύθη ἐν κόσμῳ, non uacat amphibologia, poteſt enim
utrumlibet intelligi. Commiſſum eſt hoc myſterium in mundo, data apoſtolis & epiſco/
pis autoritate prædicandi. Aut, habita eſt illi ſides, & perſuaſum eſt in mundo homini/
bus, quod iuxta naturæ ordinem uidebatur incredibile. Poſteriorem ſenſum ſequitur
Chryſoſtomus.}

EX CAPITE QVARTO

27
27 Piritus (autem) manifeſte dicit.) ῥητῶς. quaſi dicas Præſcripte, ſiue præci/
ſe, & certo (non obſcure & inuolute, quemadmodum loqui ſolet in prophe/
tis) Nam ῥητά dicuntur Græcis, certo præſcripta & præfinita.
19   In nouiſsimis temporibus.) ὑςέροις. id eſt, Poſterioribus, ſiue ſequenti/
bus (Neque enim eſt ἐσχάτοις.}
    Diſcedent.) ἀποςήσονται. id eſt, Deficient, ſiue deſciſcent.
    Spiritibus erroris.) πνεύμασι πλάνοις. id eſt, Spiritibus ſeductoribus, ſiue deceptori/
27 bus, aut fallacibus: uertit Ambroſius (Itidem Hilarius libro de trinitate decimo. Quin
19 & Auguſtinus aduerſus Fauſtum libro decimoquinto, capite decimo, legit, Spiritibus ſe/
19 ductoribus} Sed interpres legiſſe uidetur πλάνης, non πλάνοις. ξυης per η, non per οι
diphthongum} Tametſi id ad ſenſum nihil habet momenti.
    In hypocriſi.) ἐν ὑποκρίσει. id eſt, In ſimulatione: ut Ambroſius: ſiue in fictione. Et mi
rum eſt Chriſtianos hac Græca uoce tantopere delectatos. Et ψευδολόγων, Ambroſius
22 eleganti{us} uertit Falſiloquorum, uoce item compoſita ut eſt apud Græcos (Auguſtinus,
27 Mendaciloquorum (Itidem Hilarius de trinitate libro decimo, reddidit Græcam uocem,
mendaciloquorum: nos Falſiloquorum, uertimus.)
    ✳ Doctrinis dæmoniorum.) δαιμονίων, poteſt hoc loco adiectiuum eſſe à δαιμόνιος,   *Demonij*   ✳ **16-27:**
quod recte uerti poterat Diuinorum: propter ea quæ ſequuntur, Cauteriatam, & cætera: *diuini*   *entries*
quæ in demonia non quadrant, ſed in diuinos, qui ſingunt ſe cum ſpiritibus habere com/   *reuersed*
22 mercium: idcirco adieci, In ſimulatione falſiloquorum (Quod ſi legimus Dæmoniorum,
pro Diuinorum, genitiui perpetuo referentur eodem. Sin dæmoniorum, pro dæmonum:
✳ 35 (nam δαιμόνων legit Theophylactus) & Chryſoſtomus) ſenſus erit, Fore qui auerſi à do/
ctrina euangelica, auſcultent falſæ doctrinæ, quam dæmones fallaces inuehent per homi/
nes qui ſub ſpecie pietatis inſinuant mendacia.>
    ✳ Cauteriatā habentes.) κεκαυτηριασμένων τὴν ἰδίαν συνείδησιν. id eſt, Quibus conſcien   *Cauteriati*
tia cauterio notata eſt. Nam ferro candente malefici, ſtigmatis impreſsis cuti.
At iſti non corpus, ſed animum habent ſtigmaticum ob uitæ dedecora, quorum ipſi ſibi
22 conſcij ſunt (Auguſtinus aduerſus Fauſtum libro decimoquinto, pro Cauteriatam haben/
tium, legit Cauteriantium. Sed haud ſcio an uitio ſcribarum.> ¶   ?↓ **16-19: Nec**
    Hæc proponens.) ὑποτιθέμενος. id eſt, Suggerens, ſiue admonens.
    Enutritus uerbis.) Poteſt & actiue legi, Educans illos uerbo fidei. Nam participium
eſt medium præſentis temporis, ἐντρεφόμενος. Atque ad id facit quod mox ſequitur,
Quam aſſequutus es: hoc eſt, trade alijs quod à nobis didiciſti.

         L l   Quam

¶**16-19**: Quae nunc est + futuri.) + Et maledicimur.) from p. 674
placed here.

Quam assequutus es.) ἣ παρηκολούθηκας. id est, Quam usque sequutus es. Neq; enim
Assequutus, pro Assectatus hic Assequutus, accipiendum est eo significatu, quo rhetores accipiunt. Et astipulantur
Graeca scholia, quae sic exponunt, Cuius es alumnus, hoc est, in qua es educatus & ab ado
lescentia uersatus {Latinis enim qui ob rei difficultatē non attingunt, id ad quod tendunt, 19
negantur assequi. quod Graeci dicunt ἐφικνεῖσθαι, siue ἐπιτυχεῖν, cui diuersum est ἀτυ-
χεῖν, Latinis frustrari. Caeterum qui seriem omnem rei totius ordine sequuntur, nihil que
praetereunt, παρακολουθεῖν dicuntur. Ad eum modum usus est & Lucas in praefatione hi
↓ < storiae euangelicae, ἔδοξε κἀμοὶ παρηκολουθηκότι ἄνωθεν πᾶσι. sentiens ⟨nullam uitae partem 22
à se praetermissam quam non peruestigasset⟩ Et Athenaeus libro primo, τούς τε παρὰ λίγ-
κη λέοντας ποιεῖ καὶ λύκους, ταῖς ἡδοναῖς παρακολουθήσαντας. nimirū eos notans qui per omnem uitam uoluptatibus fuissent addicti. Porrò ridiculum fuerit, si quis hic interpretari ue
lit eos uoluptates assequutos} (Pro nobis faciunt Chrysostomus ac Theophylactus, qui ex- 27
ponunt de assiduo diuinarum literarū studio, in quo Timotheus à puero fuerat uersatus.)

Ineptas autem.) βεβήλους. id est, Prophanas.

Deuita.) παραιτοῦ. quod Ambrosius uertit, Abnue. Est autem παραιτεῖσθαι, depreca
ri & reijcere & non admittere.

16-19: futuri

* Quae nunc est & futurae.) τῆς νῦν καὶ τῆς μελλούσης. quod Ambrosius apertius, Praesen
tis & futurae. Vnde non male quadrat Promissiones: ut habent Graeci, (ἐπαγγελίας.) 27

(Fidelis sermo.) πιστός, pro ἀξιόπιστος. Nec sine tropo, quod hominis est tribuit sermo 27
ni. Porrò Graecis ἀποδέχεσθαι, frequenter est amplecti cum approbatione. Recipimus
enim quod non reijcimus, & haec particula confirmat id quod mox dixerat de promissis
utriusque uitae.)

* both entries placed on p. 673 at ¶

In hoc enim laboramus.) Graece est, Et laboramus. (Nam laborare dixit, pro molestijs 27
affici: quo quidem argumento confirmat promissionis fidem. Quis enim laboraret pro ua
nis promissis?)

* Et maledicimur.) ὀνειδιζόμεθα. id est, Probris afficimur. Ambrosius legit, Persequu-
tiones patimur: miror quod nam sequutus exemplar.

Quia speramus.) ὅτι ἠλπίκαμεν. id est, Quod sperauimus. Nisi quod in huiusmodi
uerbis affectus, Graeci nonnunquam praeteritum tempus usurpant pro praesenti. [Verti po 35
terat, In quo spem fiximus] Nec est, In deum: sed In deo.

(Nemo adolescentiam.) Quum Graece sit, νεότητος, rectius uertisset iuuentutem. 27
Nec enim Timotheus erat adolescēs, sed nondum habebat senectutem episcopo dignam.
Monet igitur ut quod deest aetati, penset morum integritate.)

Sed exemplum esto.) τύπος. quod aliquoties uertit Formam.

In charitate.) Graeci sic habent, ἐν λόγῳ, ἐν ἀναστροφῇ, ἐν ἀγάπῃ, ἐν πνεύματι, ἐν πίστει, ἐν
ἁγνείᾳ. id est {In sermone, in conuersatione} in dilectione, in spiritu, in fide, in puritate ⟨Ni- 19-22
mirum In spiritu, redundat iuxta Latinos. Quod tamen in cōmentarijs non attingit Chry
sostomus, quum legat & interpretetur Theophylactus⟩ {Nec opus est admonere, In sermo- 19
ne, dictum pro Per sermonem.}

Negligere gratiam.) χαρίσματος. id est, Donum.

Presbyteri, pro Presbyterij Manuum presbyteri.) Sic quidam habent codices. Verum antiqui consentiunt cum
Graecis, apud quos est πρεσβυτερίου, id est, Presbyterij {non presbyteri} Et ita legit Am- 19
brosius. Illud autem dicit, Habes non solum prophetiae donum, uerumetiam efficaciam
imposita manu dandi spiritum & alijs, idq; ex officio presbyterij tui, nimirum episcopus.
Nam antiquitus nihil intererat inter presbyterum, sacerdotem & episcopum, ut testatur
& diuus Hieronymus. Deinde propter schisma, è multis delectus est episcopus. Porrò quo
minus hic sensus accipi possit, & presbyterium, quod impositis tibi manibus accepisti, obstat Graeca praepositio μετά, quae comitem significat, non instrumentum. Alioqui probe quadraret cum eo quod dixit in proxima epistola, Resuscita donum dei, quod est in te
per impositionem manuum mearum. Atque haud scio an hic quoque fatendum sit Paulum Graeci sermonis elegantiam neglexisse, praesertim quum in hanc sententiam interpretetur Chrysostomus, ut prophetia sit donum & autoritas docendi, deinde per impositionem manuum factus sit episcopus.

Haec

<19: sententiens alios carptim attigisse Christi vitam, se vero seriem omnem persequi velle. Et Athenaeus

Hæc meditare.) ταῦτα μελέτα. quod interpres eleganter uertit. Sed Hugo Cardinalis
non intelligens hoc uocabulum, ad hunc exponit modum: Versa in corde per iugem me/
moriam: Quanquam ab hac interpretatione non abhorret Thomas, quem miror non sal/
tem Ambrosiū consuluisse. Est autem meditari, exerceri in re quapiam: Id satis aperit Am
brosius, interpretans de exercitatione sacræ doctrinæ, ut uita quoque præstet quod docet.

‹ Et in his libris qui Glossam habent ordinariā, in spacio quod dirimit uersus, hoc commen/
ti adiectū est, Hæc exequere assiduo actu, Chrysostomus ac Theophylactus interpretatur
de iugi uehemētiq; studio, quod uel ad animum uel ad corpus potest referri. Nullus enim
negat meditationem animi esse posse, uelut quum quis dicturus apud iudicem, secum me
ditatur, quæ quomodo dicturus sit. Verum hoc admonui quod animaduertissem quibus/
dam nihil aliud esse meditationem, quàm cogitationem.›

Manifestus sit omnibus.) ᾖ πᾶσιν. id est, In omnibus.

EX CAPITE QVINTO

Eniorem ne increpaueris.) πρεσβυτέρῳ μὴ ἐπιπλήξης. Hic senior ad ætatem
refertur, propterea quod sequitur Iuniores: & comparatiua posita puto loco
positiuorum. Cæterum non est simpliciter Increpa, sed ἐπιπλήξης, quod si/
gnificat plagam infligere, & transfertur ad id quod est aspere, sæueq; obiur/
gare. Ita Flaccus in Odis:

Metuentis patruæ uerbera linguæ.

Et superius nolebat episcopum [esse] πλήκτην, hoc est, acrem obiurgatorem.

Sed obsecra ut patrem.) Valla mauult hoc loco Exhortare, quod παρακάλει sit an/
ceps ad tria, ad hortandum, ad obsecrandum, & consolandum, quæ tamen omnia inter se
finitima sunt. Verum illi parum uidetur è dignitate episcopi, si obsecret, præsertim peccan
tem, maxime iuniorem aut adolescentulum. Certe Ambrosius legit, Exhortare. Et in eam
sententiam interpretantur Chrysostomus ac Theophylactus.

{In omni castitate.) ᾖ πάσῃ ἁγνείᾳ, Cum omni puritate. licet castitatis uerbum non
displiceat. Sic enim uideo Chrysostomum interpretari, ut absit suspicio impudicitiæ, nimi
rum hanc clausulam proprie referens ad id quod proxime præcessit. Ambrosius ita silet de
castitate, ut non uideatur legisse. Mea sententia referri poterat ad omnes partes superio/
res, ut siue cum senioribus agat, siue cum iunioribus, siue cum puellis, purus sit ab omni
specie, uel sæuitiæ, uel contumaciæ, uel auariciæ, uel odij.}

Quæ ueræ uiduæ sunt.) Hoc est, destitutæ ac desolatæ. Nam χήρα Græcis dicitur à
χηρῶ, quod est Desolo, ac destituo, siue orbo. Vnde & Latinis uidua dicitur, à uiduando,
hoc est, orbando: hinc uiduertas, pro desolatione & solitudine. Palàm enim Paulus allusit
ad etymologiam Græcæ uocis, id quod paulo inferius explanatius dicit, ἡ ἡ ὄντως χήρα ΕΙ
μεμονωμένη. id est, Quæ uere uidua est ac desolata (Iam uero frequenter admonuimus, ho
norandi uerbum iuxta morem Hebræorum subsidij significationem habere.)

Discat primum domum suam.) μανθανέτωσαν, Discant, numero multitudinis: ut hoc
præceptum ad filios & nepotes pertineat, qui sic instituendi sunt à matre seu auia, ut pij
sint erga parentes. Hoc enim uocat εὐσεβεῖν, quod Theophylactus interpretatur γηρο/
κομεῖν, quod & γηροβοσκεῖν appellant Græci: Ambrosius uidetur magis ad uiduam re/
ferre, qui fortasse legit μανθανέτω, id est, Discat: Chrysostomus quoq; prima fronte legis/
se uidetur μανθανέτω,] quum addit, hoc esse reddendum in nepotibus, quod in defunctis
parentibus uidua non possit: Sed propius intuenti, non hoc sentit: loquitur enim de liberis
uiduæ, iam matribus aut patribus, quos nepotes appellat, respectu parentum iam defun/
ctorum: Theophylactus sine controuersia legit Discant, iuxta priorem interpretationem.}

Domum suam regere.) εὐσεβεῖν. id est, Pie tractare: ut uertit diuus Ambrosius {Atq;
item Augustinus quæstionum in Deuteronomium quadragesima tertia.}

Mutuam uicem.) ἀμοιβὰς. quasi dicas, Taliones. Adludit ad ἀντιπελάργησιν.

Hoc acceptum.) Græce est, Bonum & acceptum. καλὸν καὶ ἀπόδεκτον. siue Hone/
stum & acceptum.

Speret in deum.) ἤλπικεν. id est, Sperauit, siue sperat: ut legit & Ambrosius, indican/
di modo, non imperandi. Nam in huiusmodi uerbis nonnunquam præteritum pro præ/

LI 2   senti

16·27: increpes

16·27 : patres

16·19: Vulgarius

Vidua unde dicta

Varia lectio

16: progenitores
16·19: Vulgarius [?]
[16·27 + haud scio
an Chrysostomus.
{quoque}

19: Vulgarius

{16·19: memoriam, O matæologum, hoc est plusquam theologum.
16: Est autem   19: Quanquam
{16·27: Græci. Cæterum Chrysostomus uariat in huius loci.
Ambrosius

senti ufurpatur. Et Paulus hic non præcipit,quid uelit facere uiduas,sed explicat defcri/
ptione,quas uere uiduas dixerit. Cæterum nihil erat,cur Valla offenderet temporis ra/
tio.Certe hactenus nobis suffragabatur codex sancti Donatiani.(Suffragabatur & uter/ 22.27
que codex Constantiensis.)

Et inftet.) Et inftat.Græce eft, ϗ πϸσμϗ́ν⍺. id eft,Perseuerat,siue affidua eft.& Per/
seuerat,legit Ambrosius,indicandi modo(Consentiebant & hic duo Constantienses.) 27

Diftinctio — Quæ in delicijs eft.) Ita diftinguunt Græci,ut duo contraria coniungant,uiuens mor/
tua eft, ⍵⍵σα τέθνηϗεν. quasi dicas,Viuens non uiuit.Quanquam participium utroufs
referri poteft.Verum sensus argutior eft,iuxta Græcam diftinctionem.Adde quod hæc le
ctio multo mollior eft,ad quam legit & ediderit Chrysoftomus.(Apertius autem Hilarius 27
commentario in Pfalmum fexagesimum septimum, ex Origenis,ut opinor,sententia : Et
Apoftolus,inquit,scit quasdam mortuas uiuere:id eft,dum uiuunt effe iam mortuas.)Au/ 19
guftinus item quæftionum in Deuteronomium quadragesima tertia, refert hunc ad mo/
dum:Quæ autem in delicijs agit,uiuens mortua eft,suffragantibus & uetuftisfimis exem
plaribus Latinis,in quibus addita hypodiaftole subiecta uerbo Eft,separat eam orationis
partem ab illa quæ sequitur,Quæ uero in delicijs eft,uiuens mortua eft.(Ad eundem mo/ 35
dum diftinguit Hieronymus in Epiftola,cuius initium eft,Obsecras literis.)

Si quis autem dicas.) εἰδ᾿έ τις. Rectius, Si qua. Nam hæc de uidua loquitur Pau/
lus. Admonent & Græca scholia,Itaǰ interpretatur Ambrosius, nempe de uidua.Certe 19.27
Theophylactus nominatim interpretatur de uidua,quæ uiuens in delicijs nullius curam
habet, nisi suiipsius.)(Nec obftat quod sequitur ἀπίϛου χάϸων , quum hæc uox utique 35
Græcis sit generis communis.)

Curam non habet.) ἔ πϸνοᾶ. id eft,Non prospicit,siue prouidet suis.

Fidem abnegauit,& infideli deterior eft.) Hoc uidetur effe durius dictum, & ob id
Aquinas diftinctione nodum explicat.Ad eum enim modum explicat quod dixit.Paulus? 19
Fidem abnegauit,factis,inquit.(Recte quidè Aquinas.Etenim qui quod dictat fides Chri/
ftiana quæ naturæ doctrinam non abrogat,sed perficit,non præftat,is hac parte desciuit à
fide.Nec eft simpliciter,Deterior infideli:sed hac parte deterior eft,qui hoc officij non præ
ftet suis,quibus naturæ uinculo iungitur,quod ethnici quoǰ inftinctu naturæ præftant.)
At hodie(iudicio quorundam)summa habetur pietas,si quis domi relictis liberis & uxore, 27
aut etiam grandæuis parentibus,uel Hierosolymas abeat,uel in monafterium abdat sese,
(sibi uicturus,aut fortafsis etiam uentri.) 19

Si filios educauit.) Græcis iucundius eft dictione composita, ἐτεκνοτϸόφησεν. Si libe
ros educauit,ut filias quoǰ complectaris.Item quod sequitur,Hospitio suscepit,composi/
ta uox eft, ἐξενοδόχησεν. quod nos uertimus,Si fuit hospitalis.

Si omne opus bonum subsequuta eft.) εἰ παντι ἔϸγω ἀγαθῶ ἐπηϗολούθησεν. Significat
eam quæ in nullo bono opere defuerit,& omnibus pietatis officijs semper adfuerit. Hiero
Carrenfis — nymus in Zachariam,pro Subsequuta eft, dixit Prosequuta eft. Nos uertimus,Si in om/
ni opere bono fuit affidua.Quæ Carrensis philosophatur in Subsequuta eft,quasi subse/
quatur,quæ se putat apprehendisse:legat si quis eft φιλόγλως.

(Adolescentiores autem.) νεωτέϸας δέ. Malim,Iuniores. Neque enim eft comparati/ 19
uum loco positiui positum, sed refertur ad id quod modo dixerat, Non minor sexaginta
annis : uerum quæ infra hos annos sunt reijce, hactenus duntaxat, ne cibo ecclesiæ pa/
scantur ociosæ.)

Deuita.) παϸαιτοῦ. De quo superius dictum eft,id eft,Reijce,& refuta:hoc eft,ne reci
pias alendas.(Neque enim sentit eas arcendas à colloquio.) 22

Locus uarie — Quum enim luxuriatæ fuerint in Chrifto.) ὅταν γάϸ ϗαταϛϸηνιάσωσι τὸ χριϛοῦ. Id in/
expositus — terpretatur Hieronymus in epiftola ad Geruntiam:Propter has,inquit,igitur quæ fornica
tæ sunt in iniuriam uiri sui Chrifti.Hoc enim ϗαταϛϸηνιάσωσι, Græcus sermo significat.
Nam ϛϸηνιᾶν lasciuire significat,siue ferocire,quod deductū putant à uerbo ϛϸέϸω, ceu
metaphora sumpta à iumentis,quæ cum pabulo ferociunt,auellunt habenas, & suopte ar
bitrio feruntur. Alij rursum dictum putant à ϛϸηνόϛ, quod eft durum.(Vnde Hesychius 19
ϛϸηνιὲς Boᾶν, interpretatur τὸ σϗληϸὸν Boᾶν, id eft,Dure siue ferociter clamare. ϛϸηνιὲς
enim

16·27: putet

19·27: margin:
**Luxuriari xατα-
ϛϸηνιᾶν** ↓Σ

(16: durum. Ita Flaccus in odis. Mollibus iam durum imperiis.
Proinde

enim Græcis fonare σαφὲς,ἰχυρὸν,τραχὺ,συγνὸν,ἀνατπαγμύον, id eſt, Manifeſte,ualide,
aſpere,odioſe,pertinaciter.denique idem eſſe quod σρλωόν. Porro σρλωῶντοϐ interpre
tatur hoc pacto, ωτπλεγμΰοι, contorti,addens nonnunquã idem ualere σρλωιαῦ, quod
ὁ ἀ πλοῦτον ὑβεὶζειν. id eſt,ob diuitias ferocire.& βαρέως φὸρ‘ειν, id eſt,grauiter ferre.So
philus apud Athenæum libro tertio,uidetur uti pro deliciari,ſiue laſciuire: γασρισμὸς ἐσαι
ὁ αψιλὴς,τὰ πϱοοίμια ὁρῶ.χορταϑήσομαι πᾶσιν ἀγαϑοῖς,νὴ τὸν ϑιόνυσον ἂν ϑρὸϐ, ἤϭη σρλωιϭ. Ea
ſi quis ad uerbum reddat,ad hunc habet modum:Ingluuies erit opipara,procœmia uideo:
ſaturabor omnibus bonis,per Bacchum uiri,iam laſciuio.Rurſus in eodē libro, ἐσρλωίων
πῶς καταβεβρωκός σιτία,ἴσως ἐλεφάντων πήιαϱων. id eſt, Laſciuiebam deuoratis cibis,qua
tuor fortaſsis elephantum}Proinde κατασρλωιαῦ dicuntur,qui iam minus audientes
ſunt dicto.Theophylactus κατασρλωιῶσιν interpretatur ἀκκιϑῶσι κὲ ϑρύψαντα. id eſt,
Acciſſauerint,& deliciari cœperint:priore uerbo dicto à moribus petulantiſſimæ mulie

22 ris,cui nomen fuit Acco, quemadmodum in Chiliadibus noſtris explicuimus(Idem uer
bum habetur Apocalyſis capite decimo octauo, ὅσα ἐδόξασεν ἑαυτὼ κὲ ἐσρλωίασε. pro
quo Latinus reddidit,Et in deliciis fuit.Atque inibi mox κὲ σρλωιαϭαντοϐ.)Porro κατὰ
præpoſitio ſignificat Contra, & in malam partem,quum habet genitiuum caſum . Ergo
κατασρλωιαῦ τϐ χειϭϛ, eſt in iniuriam Chriſti laſciuire.Sic enim mihi uiſum eſt interpre

19 tari.Et in hanc ſententiam enarrant Chryſoſtomus ac Theophylactus.Siquidem uidua
quæ recipitur alenda,quodammodo ſe deuouet ſponſo Chriſto,in cuius cōtumeliam rur   16-19: Vulgarius
ſus de marito nouo cogitat.Non ſatis intelligo quid hoc loco ſibi uelit Faber,qui primum   19-27: margin: Faber
quod Paulus adoleſcentiores uiduas dicit, iubet intelligi de morum inconſtantia,quum
paulo ante palàm expreſſerit ſexaginta annos in grandioribus,atque hac ætate minores
reiici iubet. Deinde quas ille prohibet recipi ſtipe eccleſiæ alendas,hic addit per pontiſi
cem uel inuitas in monaſterium retrudendas,ſi id petierint parentes. Ad hæc miratur,ſi
quid aliud ſignificet luxuriari quàm fornicari.Et ob id inſulſe dici, Luxuriari Chriſto:di
cendum autem,Deliciatæ Chriſto.Atqui ſi de uitioſis deliciis agit hic Paulus,ut agere cer
tum eſt,qui minus inſulſe dicatur, deliciatæ Chriſto, quàm luxuriatæ Chriſto ꞓAut quid
omnino ſignificat deliciatæ Chriſto: Quanquam in emendatis exemplaribus habetur,Lu
xuriatæ in Chriſto.Quod ſi qui codices reperiuntur,in quibus diſtinctio, uerba hæc,In
Chriſto,ſemouet à ſuperioribus,& connectit his quæ ſequuntur,certe nullus interpretum
alicuius momenti in eum interpretatur modum.Secus autem diſtinguit Hieronymus,ſe
cus Ambroſius,ſecus Thomas Aquinas.Equidem non poſſum non admirari,quid accide
rit ei uiro,tum ut opinor,pio,tum ut habetur erudito,ut ad hunc modum laſciuire uolue
rit in Paulinis literis,quaſi in re ludicra uerſaretur,præſertim poſt tot egregios ac proba
tos interpretes.Deniꝗ ſic iſta tractat,ut non addubitet,ſed mera decreta nobis præſcribat.
Inuitus hæc admoneo,ſed hoc exigit diuinarum literarum autoritas,exigit utilitas publi
ca,ut tantiſper leuis ſit amici ratio,maxime quum is adiuuetur potius quàm lædatur. Ne
que recuſo talionem,modo abſit procacia.Admonitus ingenue fatebor errorem,ac muta
bo ſi minus queam tueri,quin inſuper gratiam habebo}Sed de his paulo accuratius dixi
mus in ſcholiis,quæ conſcripſimus in epiſtolas diui Hieronymi. Ambroſius legit,Quum

19 enim in deliciis egerint. Et(Thomas indicat hic luxuriam non eſſe proprium libidinis(ui   Thomas à ſe 16-19: ipſo diſſentiēs divus
27 tium}ſed immodicum uſum,& copiam rerum quarumlibet(Hoc recte,ſed eadem de re in
argumentis non recte)

Habentes damnationem.) κρῖμα. id eſt,Iudicium. Quanquam interpres recte ex
preſsit ſenſum.

Irritam fecerunt.) ἠϑέτησαν. id eſt,Repulerunt,aut reiecerunt,aſpernatæ ſunt.Ta
metſi ſignificat hoc quoque quod uertit interpres. Reiicimus enim quod deſijt apud nos
ualere.

Non ſolum ocioſæ.) Deeſt Autem. Non ſolum autem. ὀ μόνον ϑέ. ac coniunctio ad

19 epitaſin facit(eam euidentius explicat,Imò.}

35 Verboſæ.) φλύαροι. id eſt,Nugaces,ſiue inepte loquaces[Rurſus fœminis tribuit epi
theton maſculinum.]

27 Loquentes quæ.) λαλοῦσαι. quod aliquoties ſignificat garrire(Vnde illud λαλεῖν
ꭓεισϴ

ἄεισθ. & λαλοι Græcis dicuntur garruli.)

Volo autem.) Volo igitur. βουλομαι ουω.

οικοδεσποτειν Matresfamilias esse.) οικοδεσποτειν. id est,Familiam administrare,ne quis accipiat de liberis progignendis,de quo modo dixerat,sed de gubernatione familiæ:quod Gręca uox **τεκνογονειν** euidentius declarat,dicta à domo & dominio. Et quod proxime præcessit, τεκνογονειν, Græce festiuius dictum est uoce composita,quàm Latine,filios seu liberos procreare.

Retro post satanam.) οπισω το σατανα. id est,Post satanam.nec opus est Retro,Dein/ de quod hic uertit Conuersæ sunt,Ambrosius legit Deerrauerunt. εξετραπησαν. id est, Deflexerunt:de quo supra meminimus.Sensus est autem,illas desciuisse à Christo,& se/ quutas satanam:nam hoc uocat post satanam[abire[illum ducem sequi deserto Christo.)   35·27

Deest apud Si quis fidelis.) Græce est,Si quis fidelis,aut si qua fidelis. ἐι τις πιστος ἤ πιστή. Atque **nos** ita legit Ambrosius.[Puto germanam scripturam fuisse,Si qua fidelis:ut intelligamus cu/   27 ram mulierum commēdari mulieribus,puta si qua mater habet filiam uiduam.Atcp hanc scripturam habebat utercp codex Constantiensis.Verum quoniam uidebantur ab hac cu ra cognatorum excludi uiri,aliquis adiecit Si quis.Atque apud Theophylactum additur quidem in contextu, πιστος ἤ πιστή. uerum enarrans locum,tale nihil attingit.Idem compe ries apud Chrysostomum,[qui in enarratioñe repetens Apostoli uerba,nihil aliud dicit,   35 nisi ἐι τις πιστή. Vnde satis apparet, πιστος adiectitium esse,quum utercp notarit empha/ sim huius uerbi ἐπαρκειτω, quod declarat esse suppeditandum quod necessitati satis est, non quod alat lasciuiam.Idem autem uerbum est quod mox sequitur ἐπαρκεϊση. Prius uertit Subministret,posterius Sufficiat:nam prius accipitur actiue,ut suppedito:poste/ rius neutraliter,ut suppetit,apud Latinos.Nisi mauis subaudiri in posteriore,Ecclesia:Ne grauetur ecclesia,quo possit ea sufficere uere uiduis. Cæteris uiduis quæ desolatæ non sunt,hactenus prouidit,ne alerentur à cognatis infidelibus,sed Christianæ à Christianis. Solas desolatas uult ali sumptibus ecclesiæ.)

Vt non graueter.) Et non graueter, και μη βαρεϊσθω. id est,Sumptibus suis alant,& non onerent ecclesiam.¶

Honor,pro Qui bene præsunt presbyteri.) Presbyteri hic episcopi uocabulum est non ætatis.Et **Subsidio** honorem,subsidium significat:non uulgarem istum honorem,decedere de uia,aperire ca/ put,flectere genu:quemadmodum non uno in loco annotauit & diuus Hieronymus.[Si   19 quidem in alijs eleemosyna dicitur,cæterum in ijs quos ætas,aut dignitas,aut alioqui me/ ritum uenerandos reddit,honos appellatur præstitum officium. Et Latini munus hono/ rarium uocant.]

Non alligabis os.) ὀυ φιμώσεις. Quod Ambrosius uertit,Non infrenabis.Cæterum lo/ cus quem citat,extat Deuteronomij capite uicesimo quinto.[Mos autem est apud non/ nullos circumacto iumento trituram facere,quum apud nostrates flagellis excutiant. An/ notandus hic locus ijs qui tantis clamoribus,tantacp tyrannide decimas & plus quàm deci   19 mas extorquent,à pauperrimis quoque laicis[nec intelligunt[legem uetare,ne quis obli/ get os boui,sed trituranti,hoc est,docenti,monenti,exhortanti,sacrificanti,ac cæteris sacer **Sacerdotes qui** dotalibus officijs fungenti.Quid autem hoc ad istos quosdam,qui non solum in ocio,sed **dã nihil aliud** in Sardanapalicis delicijs uitam omnem transigunt? Quanquam aliud est laborare ore, **ꝗ decimatores** non infrenato,aliud explere scrinia sanguine pauperum.Atcp hæc dixerim,non quo laici segniores sint ad beneficentiam erga sacerdotes suos,quibus si boni sint,nulla par gratia rependi potest,sed ut nos uicissim nostri meminerimus officij.

Aduersus presbyterum.) Incertum an de seniore loquatur,an de episcopo[Chrysosto/   22 mus ad ætatem refert,Ambrosius ad dignitatem.Diuus Hieronymus in epistola quadam ad Marcellam indicat à quibusdam,aliud hoc loco solere legi,nimirum illud, Aduersus presbyterum accusationem ne recipias,uerum hanc lectionem qua nos utimur præfert.Et tamen quod damnat Hieronymus,sequitur Ambrosius,commode tamen interpretans, aduersus presbyterum ob ordinis dignitatem non facile recipiendam accusationem,[nec   27 ulla fit mentio duorum aut trium testium.Quid enim opus est hoc præcipere in presbyte/ ro,quod in omnibus seruandum est? Hoc sic excusat Chrysostomus,in senioribus poti/ simum esse seruandum]Et haud scio an lector quispiam eruditulus offensus prima specie fermonis

---

¶16·22: Quæ veræ viduæ sunt sufficiat). ἐπαρκεϊση, id est sufficiat, subaudi ecclesia. id est ut satis esse possit, + idonea ad alendum, ut suppeditet.

¶16: quinto his quidem verbis. Lo' thahsom shor be-diysho .Mos

ſermonis,mutauerit uelut enarrare cupiens quod ſenſit Apoſtolus.)Rurſum quod ſequi/
tur,Peccátes autem coram omnibus argue,ſi ſuperiora ad presbyteros referas,ad eoſdem
hoc pertineat oportet:ut ſit ſenſus,crimen non facile recipiendum,niſi ſint idonei teſtes.

27 Quod ſi conſtiterit,palam eſſe arguendos in exemplũ omnium(Chryſoſtomus ac)Theo/
phylactus utrunque de grandæuis exponit.

Sine præiudicio.) χωεὶς πϩοκείματ Θ·, Sine præiudicio.Præiudicium hoc loco non ſi/
gnificat,quod apud Iurecõſultos,rem prius iudicatam,ſed præcipitatum iudicium,quum
ex concepta temere opinione quippíam agitur,& iudicamus ipſi apud nos antequã com/
pertum habeamus.Ad hunc modum interpretantur Græcanica ſcholia.

In alteram partem declinando.) ᾗ πϩόσκλησιν. Interpres legiſſe uidetur πϩόσκλισιν,
19 per iota,non per ita ſid eſt,à uerbo πϩοσκλίνω, non πϩοσκαλῶ.} atque ita legit diuus Am
19 broſius ſapud quem eſt,In aliam partem declinans.Et diuus Baſilius in principio prouer/
19 biorum,citantibus Græcanicis ſcholijs.Neque ſecus legunt & interpretantur Chryſoſto/
mus ac Theophylactus.At Clemens legit,ut nunc habent Græcorum exemplaria , niſi
quod mihi legendum uidetur πϩόκλησιν, non πϩόσκλησιν, hoc eſt,prouocationem,non
19 aduocationem ſi cui tamen placet per ita ſcribere.}

Noli adhuc aquam.) μηκέτι. id eſt, Ne poſthac aquam biberis.Significat cum uſque
ad id tempus,aquam potitaſſe,ut ratiocinatur diuus Hieronymus:& Græcis unica dictio
eſt ὑδϩοποτῶτα.

Frequentes tuas infirmitates.) ἀϩϩωέας. Infirmitates intellige non morbos aut gra/
ues ægrotationes,ſed corporis debilitatem.

19 Manifeſta ſunt.) πϩόδηλοι. id eſt,Præmanifeſta ſhoc eſt,per ſe manifeſta,etiam prius
quàm damnentur cuiuſquam iudicio.Nam illud præ,refertur ad externum iudicium.Lo/
quitur enim de palàm malis ac palàm bonis,rurſus de clàm malis aut bonis.

Præcedentia ad iudicium.) πϩοάγουσαι εἰς ϰϩίσιν. Iam enim illa cõdemnata ſunt prius
quàm is qui admiſit adductus ſit in iudicium.

Quorundam autem.) Quoſdam autem,eſt Græce:atque ita legit Ambroſius, ποὶ δὲ
27 ϰαὶ ἐπακολουθοῦσιν. id eſt,Quoſdam autem etiam ſubſequuntur.(ſuffragatur uterque
Conſtantienſis,)

EX CAPITE SEXTO

19 E nomen domini.) Græce eſt,Nomen dei. τὸ ὄνομα τῶ θεοῦ. ſAtque ita le/
git & Chryſoſtomus, cum que hoc Ambroſius,ut colligere licet ex inter/
pretatione.}

19 Quia beneficij participes ſunt) οἱ τῆς δυϩϫγεσίας ἀντιλαμβανόμϵϩοι. id eſt,
27 ſi qui beneficentiæ participes ſunt,ſiue qui beneficētia iuuantur(& in uetu/
ſtis codicibus Qui,comperi,non Quia)Refertur autem ad ſeruos,nõ ad dominos.Quan/
19 quam Theophylactus bifariam exponit.Chryſoſtomus licet ambigue loquatur,tamen ui
detur hunc ſeuſum,hoc diligentius ſeruiendum dominis Chriſtianis,quod in eos of
ficium collocatur,qui ex ſupercilio dominorum transierunt in affectum parentum,& pro
formidatis dilecti eſſe cœperunt. Ait enim,Non contemnant,quia fratres ſint,ſed magis
ſeruiant quoniam fideles ſunt atꝗ dilecti,qui beneficium ſumunt. In eandem ſententiam
interpretatur Ambroſius.}

22 Si quis aliter docet.) ἑτϩοδιδασϰαλᾶ. id eſt,Diuerſa docet ſaut diuerſam doctrinam
ſequitur. Nam uidetur in eos competere,qui faſtidita doctrina euangelica uacabant in/
anibus quæſtiunculis.Eſt autem Græcis unica dictio compoſita,de quo ſuperius admo/
nuimus.

Et non acquieſcit.) πϩοσέϩχεται. id eſt, Accedit.ita ſonat Græce,& apte reſpondent
22 Latinæ.Fortaſſis interpres legit πϩοσέχεται, id eſt,Adhæret.)

19 Superbus eſt.) τετύφωται. id eſt, Inflatus eſt. Ambroſius legit, Superbit ſCypria/
nus in epiſtola quadam legit, Stupore elatus. Suſpicor ab ipſo ſcriptum fuiſſe , Tu/
more elatus.}

Sed languens.) νοσῶν. id eſt,Aegrotans. quod apud Græcos ſæpius ad animum re/
                         LI 4   fertur

Marginal annotations (printed, right side):

16-22: arguendum
16-19: Vulgarius
Præiudicium aliud apud Paulum
Varia lectio
16: ut testantur graecanica scholia.
16-19: Vulgarius
16-22: extremum occulte
Varia expoſitio
16-19: Vulgarius
{ 16: Ambroſus ad ſervos refert.

Handwritten annotations (bottom):

ſ 16 judicio : Bona facta manifeſta ſunt.) Πϩόδηλα. Nam illud
(19-22: ſubsequuntur. then as 16 above. Ne nomen

fertur,ut νοϛῶν dicantur,qui defipiunt ac delirant,hoc eft,animi morbo laborant.Quod uerbi mire quadrat in iftos fophifticos theologos,qui contemptis ijs,quæ necefse eft difcere,in ftultifsimis illis fuis argutijs,& nihili labirynthis,ætatem uniuerfam conterunt mifeꝛ Quod tamen nolim ita dictum accipi,ut quod nonnulli folent,in ordinis contumeliam **19** detorqueatur,quod in paucos dicitur,honeftifsimo indignos ordine,perpetua friuolarum quæftionum fcabie prurientes,neque prorfus aliud agentes per omnem uitam Atque uti **22** nam theologi fic temperent fua ftudia,ut nulli fint in quos hæc uere dici pofsint Elegan-

λογομαχία ter autem Paulus unico uerbo dixit Pugnas uerborum, λογομαχίας. quum ifti iactent fe totos in rebus efse.

Ex quibus oriuntur.) Paulus inuidiam & contentionem fingulari numero pofuit,atque item Ambrofius.

παραδ̔α- Malæ conflictat.) παραδ̔ατειβαί. Malæ,Græci referunt ad fufpiciones(Et Theophy **27**
τειβαί lactus hanc particulam,etiam commentario interiecto feparat ab ijs quæ fequuntur)Nam quod fequitur, παραδ̔ατειβαί, per fe fonat in malam partem, propter præpofitionem παρά, quæ fæpius id efficit, ut in παραφρονέιν & παραφρϞέϑαι (& παραβλέπειν.) Di- **27** cuntur autem congrefsus & difputationes philofophorum diatribæ Græcis,quas hic addita præpofitione inutiles facit,& nihil ad rem pertinentes.Scholia Græcanica admonent metaphoram fumptam à fcabiofis,qui mutuo conflictu,contactuꝗ morbum communi-

16-19: Vulgarius cant.Sic & Theophylactus ait: παραδ̔ατειβαί τϗ́ ἐϛι,σχολαὶ μάτιαι.δ̔ατειβὰς γὰρ τὰς σχολὰς ἐθ҃ καλέιν.ἤ ὅτι καθάπϗ τὰ ψωραλέα τϗ̀ προβάτων παρατειβόμϗα νόσου πληροῖ και τὰ ὑγιαίνοντα,ὅυτως κỳ ὅυτοι παρατειβόμϗοι ἑτέροις δ̔αφθέιρουσιν αὐτούς.{id eft, Paradiatri- **19** bæ,id eft,fcholæ fuperuacaneæ. Nam mos eft,fcholas uocare diatribas. Siue quod ficut fcabiofæ oues,dum affricant fefe,morbo implet & fanas:ita ifti quoꝗ dum alijs affricant fe,corrumpunt eos Eadem pène uerba funt apud Chryfoftomum In nonnullis exempla- **27·22** ribus habebatur δ̔α παρατειβαί.} Sufpiciones autem malas hic Græci interpretantur falfas opiniones & commentitias,ut congruat cum inutilibus conflictationibus.)

Veritate priuati funt) ἀπεϛϗημϗῴων τϗ̃ς ἀληθέιας. Ambrofius uertit,Et qui ueritate **19** caruerunt.Græce fonat efficacius,Quibus adempta eft ueritas.iuxta illud Publij : Nimium altercando,ueritas amittitur. δυσέβειαν, Ambrofius quum dixifset pietatem,uelut **22** interpretans addit,& dei culturam.>

16-19: reperio Quæftum efse pietatem.) Poft hæc uerba reperi apud Græcos, ἀφίϛασο ἀϗ̀ τϗ̃ν τοιού-
C 19-22: ne apud των. id eft,Abftine à talibus. Item Ambrofius,Difcede ab huiufmodi.Atqui id in uulga- **19·27**
Chrysostomum tis Latinorum codicibus non habetur Etiamfi Theophylactus legit & interpretatur Chry-
quidem. foftomum fequutus.)

Cum fufficientia.) μετ̓ αὐταρκέιας. Ea uox fignificat cum quis fua forte contentus eft,nec aliud defiderat.

16-27: entries ✳ In hunc mundum.) Addidit fuo more Hunc,quod non eft apud Græcos.
reversed ✳ Haud dubium quia.) δ̔ηλονότι. Quod eft affirmantis. Et plenius reddidifset Græca-
16: id est rum uocum affinitatem, εἰσφϗεγκέιν & ὀϗφϗεγκέιν, fi uertifset Inferre & efferre.

< Et alimenta.) δ̔ατροφῶς. Cyprianus enarrans precationem dominicam uertit Et ex- **22** hibitionem,hoc eft quod uocant Præbendam,propius accedens ad fenfum Pauli,quàm qui uertit Alimenta.>

His contenti fimus.) ἀϗκεϑησόμεϑα. id eft,Contenti erimus.Interpres legit, ἀϗκεϑησώμεϑα, per ω mega.

superest Et in laqueum diaboli.) Diaboli,apud Græcum non eft:nec additur apud Ambrofiũ.
Vnde confentaneum eft adiectum à quopiam(ex fuperioribus)qui locum uoluerit[hunc] **27-35** interpretari.

Et inutilia.) Copula redundat,nec eft apud Græcos inutilia. Sed ἀνόϗϗυς, id eft Stulta.quanquam interpres legifse uidetur ἀνόϗϗτους. atque item Ambrofius.

Quæ mergunt.) βυθίζουσι. id eft,Demergunt in profundum.

Et cupiditas.) ἡ φιλαϗγυρέια. id eft,Pecuniæ ftudium.Ambrofius legit Auaricia.Alioqui cupiditas aliarum item rerum eft,ut gloriæ,imperij,uoluptatum,uindictæ.

(Quam quidam appetentes.) Hic argutatur Valla,quid referat hæc uox Quam.non **27** cupidi-

cupiditatem.Quis enim dicitur appetere cupiditatem: sed pecuniam,inquit,inclusam in hoc uerbo ϕιλαργυρίαν. Quum apud Latinos nulla sit hic dictio,quæ pecuniam habeat inclusam,de Græcis accipiatur oportet quod indicat Laurētius.At in ϕιλαργυρία, quid inclusum est, ἀργυρ aut ἀργύριου: quomodo igitur apud illos congruit articulus ῆς: Prorsus hic humanum quiddam accidit Laurentio. Dicuntur autem appetere studium pecuniæ,qui huc incumbunt.)

Errauerunt à fide.) ἀπεπλανήθησαν. id est,Aberrarunt.

22   < Patientiam,mansuetudinem.) πραότητα. Ambrosius uertit,Tranquillitatem animi.>

27   (Fidei.) Videbatur frigidum si Paulus ei præciperet fidem,quem fecerat episcopum, hoc est,fidei doctorem.Proinde Theophylactus fidei uocabulo excludit quæstiones rixo/
35   sas,quas uult à Timotheo reijci[Fides enim non requirit subtilitatem humanam.]

In qua uocatus es.) In quam. εἰς ἣν. Ad quam,Ambrosius. Græci addunt καὶ, In
27   quam & uocatus es(tametsi non additur apud Theophylactum.)

Sine macula.) ἄσπιλον. id est,Immaculatum. & refertur ad ipsum Timotheum, non ad mandatum:id est,ut serues mandatum immaculatus,irreprehensus. Etiamsi Ambro/
.35   sius refert ad mandatum,si modo codex uacat mendo(consimiliter & Chrysostomus à cu 3↓
ius commento dissentiebat contextus distinctio]Quanquam sermo Græcus non uetat,
27   quo minus adiectiuū referatur ad præceptum[Iam ut maxime ἄσπιλον & ἀνεπίληπτον referas ad mandatum,tamen subest aliquid amphibologiæ.Nam si referas ad serua,sensus est,ne macules mandatum tuo uitio:sin ad mandatum,serua mandatum,quod maculam aut reprehensionem nescit,quemadmodum pseudapostolorum præcepta.Et tamen huic sensui refragatur articulus non additus,potius erat dicendum, τὴν ἐντολὴν τὴν ἄσπιλον.)

27   Vsque in aduentum.) μέχρι τῆς ἐπιφανείας. id est,Vsque ad apparitionem(siue illustra/ tionem.quod ego sanè malim,quia sequitur,Quam ille ostensurus est.Quid ostendet:Ni mirum gloriam filij sui,quem ante exhibuerat humilem.)

Quem suis temporibus.) Quem,refert aduentum, non Christum : id quod liquet ex Græcis.

Solus potens.) μόν Δυνάστης. Id proprie dicitur de principe aut magistratu:unde & Δυναστεία.

19   {Rex regum.) Græce est,Regnantium. Τῶν βασιλευόντων. Regnant enim quidam po/
27   tius quàm sunt reges(Hæc omnia Theophylactus accommodat personæ filij:sed Ambro/ sius mea sententia,rectius accommodat patri:quod perspicuum est ex hisce uerbis:Non quia aliud lumen filij sit,quippe quum in Psalmo scriptum sit,Et in lumine tuo uidebimus lumen:hoc est,lumen patris est in filio:sed quia nemo uidet patrem,ac per hoc inaccessi/ bile inhabitat lumen.Non enim est ordo alicui uidēdi patrem,nisi Christo,qui de deo est, hic uidit deum.Filius autem quia omnia ipse agit,& apparere dicitur & uideri. Illud ergo peculiare patris est,quod supra dictum est.Quid scripserit Chrysostomus,incertum:certe **Locus perple** uersus prima fronte sibi uidetur contradicere.Nam initio rogat,de quo ista dicta sunt:De **xus discußus** patre,an de filio:De filio scilicet,Quem suis,inquit,temporibus:& cætera. Ac paulo post uelut oblitus sui mouet aliam quæstionem:Qui solus,inquit,habet immortalitatē.Quid ergo:filius non habet:Ex his uerbis palàm est,Chrysostomum quæ dicta sunt accommo/ dasse patri.Alias erat absurda quæstio.Sed propius intuenti Chrysostomus in priore quæ stione non percontatur quis sit ostensurus, sed quis ostendendus. Pater ostendit, filius ostenditur . Theophylactus fatetur Chrysostomum hæc principaliter adscribere patri, quanquam & filio & spiritui sancto communia.Thomas Augustinum sequutus expo/ nit de trinitate. De ueritate sententiæ non disputo,sed de consuetudine sermonis euange/ lici & apostolici.Quum enim alijs in locis huiusmodi tribuantur patri ceu propria,sine contumelia filij aut spiritus sancti,cur hic torquemus ad trinitatem : Neque enim ideo non est æternus filius,quia patri tribuitur æternitas,ut notio peculiaris:nec ideo pater non est sapiens,quia filio adscribitur sapientia:nec ideo filius non est bonus,quia spiritui san/ cto tribuitur bonitas.Sed in his,sacræ literæ habent suum quendam loquendi modum.Ad patrem autorem referuntur omnia:ab illo est immortalitas,uita & lumen.Iam in huius ser
35   monis initio facta est distinctio personarum[Præcipio tibi coram deo,qui uiuificat omnia,
& Christo

⸓ 19-27: Chrysostomus, licet ancipiti sermone differens hæc.
27 (ut habetur versus. Nam Græci codicis non erat copia.) Quanquam

& Chrifto Iefu, qui teftimonium reddidit: & cætera. Eam profequitur,quod enim ait,] Vfque ad aduentum domini noftri Iefu Chrifti [ad filium pertinet.quod mox fequitur, 35 Quem aduentum oftendet,hoc eft,illuftrabit ille beatus,ad patrem pertinet:qui quum fit inuifibilis,in filio oftendit maieftatem fuam.In priore aduentu filius patri obediuit ufque ad mortem,ac fub Pontio profeffus eft bonam profeffionem:in fecundo pater exhibebit eum gloriofum,fibiq; æqualem. Et in doxologia miffæ,filius dicitur effe in gloria patris. Et in Euangelio,Deum nemo uidit aut nouit,nifi filius . Similiter & in appendice epifto/ læ ad Romanos,dicitur folus fapiens deus,quum inibi bis fiat filij mentio, Prædicatio/ nem Iefu Chrifti. ac mox, Per Iefum Chriftum.Denique quum toties Paulus nominatim patrem appellet deum,filium tantum dominum, neque quifquam offendatur,cur hic tre/ pidamus in confuetudine myftici fermonis? Hic in nonnullis defiderare cogor cando/ rem Chriftianæ charitatis,æquis auribus audimus folum deum patrem effe immortalem, & infectamur,fi quis pio fenfu dicat folum Chriftum fuiffe prorfus alienum ab omni con tagio peccati.)

[Beatus & folus potens.) ὁ μακάρι⊙. Græcus articulus habet emphafim,quam nos 35 reddidimus addito pronomine,Ille beatus.Græca uox dicta eft,ab immunitate corruptio nis,quam & Homerus tribuit dijs, μακάρεσσι θεοῖσι. Nec eft δυνατός, quod fonat fimpli citer potentem,fed δυνάστης fubftantiuum, hoc eft,rei publicæ gubernator ac princeps. hanc uocem uelut exponens Apoftolus fubijcit,Rex regum & dominus dominantium. δυνάσδεαν dicuntur,qui potentia rem publicam obtinent,quod deo proprium eft,nullis fubiecto legibus . βασιλεύς, à prouidentia dicitur, quafi πᾶσι λαῶν, quod omnibus profpiciat.Et hoc unice conuenit deo. λύει⊙, autoritatis nomen eft. Nullus enim po/ teft refcindere,quod deo placuit.]

In fempiternum.) In,fupereft.Et κράτ⊙, poteftatem quoq; fignificat,ut imperium. 19 Proinde Ambrofius pro Imperio,legit Poteftas.}

Diuitibus huius feculi.) τοῖς πλουσίοις ἐν τῷ νῦν αἰῶνι, id eft,Iis qui funt diuites in præ/ fenti feculo.

Non fublime fapere.) ὑψηλοφρονεῖν. quod Ambrofius uertit Superbe fapere.Signifi/ cat autem elato effe animo & arroganter de feipfo fentire.

In incerto diuitiarum.) ἐπὶ πλούτου ἀδηλότητι. id eft,In diuitiarum incertitudine.

Nobis omnia abunde.) πλουσίως. Rurfum interpres non reddidit iucunditatem,quæ eft in uocum affinitate, πλούτου & πλουσίως. quafi dicas,Diuitiarum & diuitialiter,fi/ ue opulentiæ & opulente.

Bene agere.) ἀγαθοεργεῖν. dictio compofita eft ex bono & opere,quafi dicas,Bene operari.Demiror quid legerit diuus Ambrofius,qui reddidit hunc locum hoc pacto,In uo luntate bonorum operum(nifi forte legit, ἐθελοεργεῖν.) 27

Facile tribuere.) εὐμεταδότους εἶναι. id eft,Faciles effe ad impartiendum.Ita legit Am/ brofius,nifi quod omittit Effe.

Thefaurizare.) ἀποθησαυρίζοντας. id eft,Reponentes,fiue recondentes fibi.

Diuerfa lectio Et ueram uitam.) Græcis eft, Aeternam uitam.}Ambrofius tamen legit atque inter/ 19 pretatur Veram uitam. Contrà Chryfoftomus legit Aeternam,nihil tamen adijciens in interpretatione,unde certo liqueat quid legerit(Theophylactus fine controuerfia legit ἢ 27 αἰωνίου ζωῆς. etiamfi nec is attigit enarrans)licet hoc non magni referat,quando non eft alia uera uita,nifi uita immortalis.Nam uita impiorum mors eft,& hæc uita breui finien/ da,curfus eft ad mortem.}

Depofitum cuftodi.) παρακαταθήκην. id eft,Quod tibi commiffum eft.Sentit autem hanc doctrinam quam illi & in initio commendarat. Et ita exponunt Græca fcholia(Non 27 enim uult aliquid addi traditis.)

Vocum nouitates Vocum nouitates.) κενοφωνίας. id eft,Vocum inanitates. Ambrofius & interpres le/ giffe uidentur κοινοφωνίας. Quanquam Græca fcholia per ε legunt. Nec enim hic agit de nouandis uocibus,fed de difputationibus fuperuacaneis{Ex interpretatione Chryfo/ 19 ftomi non liquet quid legerit(Theophylactus legit & interpretatur κενοφωνίας, id eft, 27 ματαιολογίας. non diffimulans tamen Chryfoftomū uideri legiffe κοινοφωνίας per αι di/ phthongum

[27: Christi. Hoc ad filium quem adventum illustrabit pater. Et in symbolo filius dicitur adventurus in gloria patris.

phthongum. Addit Videri:quod,quemadmodum diximus,ex illius enarratione non li/
quet quid legerit.)

27 Falsi nominis.) ψευδωνύμου. quasi dicas, Falsò nominatæ scientiæ(Nec enim est sci/   ψευδώνυμοι
entia,ubi fides non est.)Et hæc omnia mire quadrant in hos quosdam spinosos theologi/   Falso dicti
27 stas.(Non enim de omnibus loquor,& fortasis nulli tales futuri sunt)Et apte dixit, ἀντί
θέσεις, oppositiones:quod omnibus de rebus inter istos mira sit digladiatio.

Promittentes.) ἐπαγγελλόμενοι. Cur non potius Profitentes?
Circa fidem exciderunt.) ἠστόχησαν. id est,Aberrarunt:sicut antea uertit. Ductum au/
35 tem ab ijs,qui aberrant à scopo[Hieronymus dialogo aduersus Pelagianos secundo,uer/
tit Errauerunt.]

27 (Gratia tecum.) Hoc Paulus suapte manu subscripsit,ut putat Ambrosius.)

I
' IN 'EPISTOLAM PAVLI
¶¶ AD TIMOTHEVM{SECVNDAM ANNOTATIONES
DES. ERASMI ROTERODAMI.}

I↓
{16: ANNOTATIONES
{16: SECVNDAM
¶¶16: APOSTOLI

19
19

{EX CAPITE PRIMO}

27 Imotheo charis.fil.) Hic non est γνησίῳ, ut in superiore,
sed ἀγαπητῷ, id est,dilecto.)

Gratia & misericordia.) In Græcis codicibus absunt con
iunctiones:tantum est,Gratia,misericordia,pax.

27 Gratias ago.) χάριν ἔχω. id est,Gratiam habeo.Nam ita
mauult Valla. Et ad eum modum legit Ambrosius.(Quan/
quam haud absurde Valla dubitat,an quis apte dicatur ha/
bere gratiam deo.Nam gratià habere dicitur,qui animum
habet referendi beneficij . Sed gratias agit etiam is qui non
cogitat de referendo,tantum declarat animum gratum ac
memorem.)

A progenitoribus meis.) ἀπὸ προγόνων. id est,A progenitoribus,siue à maioribus.Am
9.27 brosius legit,à proauis. Significat enim Paulus se natum ex ijs,qui longa retro serie fue/
rint cultores dei.Nam Meis{pronomen}redundat(additum apud nos explanandæ rei gra/
tia . Progenitorum autem uocabulum non solum complectitur parentes, sed superiores
etiam nominibus carentes)Et seruio,non est δουλεύω, sed λατρεύω, id est,Quem colo.
2.27 <Nam hoc quoq; significat λατρεύω>(Colebat & in Iudaismo,sed impura conscientia.)
✱ Recordationem.) ὑπόμνησιν. id est,Commonitionem.quum aliquid suggeritur me/   16·27: entries
moriæ,ne ueniat in obliuionem.   reversed
✱ Fidei quæ in te est non ficta.) Melius Ambrosius,Eius quæ in te est synceræ fidei.

19 Matre tua Ethnice.) Eunice{ut habetur & in nostris exemplaribus uetustisimis}uel
19 potius Eunica,à uictoria dictum uocabulum{Est autem nomen meretriculæ apud Theo/
criturq{Carrensis homo diligens,interpretatur Etnicem Græcis sonare Fortunatam.Is qui   Carrensis
27 sic primum interpretatus est,legit Eutyche(aut aliud somniauit.)

19 Certus sum autem quod & in te.) πέπεισμαι δὲ,ὅτι καὶ ἐν σοί. id est, Persuasum{autem}
habeo quod & in te,scilicet est ea fides.
27 Quod & in te.) Hic Græce colon est(ut subaudias Habitat.)

Admoneo te.) ἀναμιμνήσκω. id est,Commonefacio,seu potius redigo in memoriam.
Resuscites.) ἀναζωπυρεῖν. quod est proprie ignem iam conditum ac sopitum suscita/   16 : Resuscitas
re.Ambrosius legit,Vt recrees donum dei.

22 ✱ Gratiam dei.) χάρισμα. id est,Donum.Et ita Ambrosius(Mirum quod Græcum ex/   ✱ 16·35 : reversed
emplar sequutus Ambrosius,legat,Noli itaque erubescere in testimonium domini nostri,   with next entry
neque in me uinctum eius. Atque ita legisse propemodum declarat illius interpretatio,in   p. 684
qua

[19·27: ANNOTATIONVM IN EPISTOLAM PAVLI PRIOREM AD TIMOTHEVM,
PER DES. ERASMVM ROTERODAMVM, FINIS.

qua habetur,Non eſt enim unde erubeſcatis in ea.Etiamſi in Euangelio legimus,Qui confeſſus fuerit in me:& cætera. Sed mirum eſt hanc ſermonis formam hic affectatam, quum apud Græcos non ſit.

✳ Sed uirtutis.] δυνάμεως. id eſt,Potentiæ & roboris ac fortitudinis. Et quod modo uer tit Timoris,Græce eſt δειλίας, quod & ignauiam ſonat,animicʒ imbecillitatem(Cæte 27 rum σωφρονισμοῦ, quod noſter uertit Sobrietatis,Auguſtinus ad Bonifacium libro quar 35 to,capite quinto legit Continentiæ,hic crebro uertit Pudicitiæ.Sobrietas autē plura com plectitur.Nec enim ſanus eſt,qui luxu,ſomno,amore,odio,ſimili ue affectu tenetur.)

Collabora.) συγκακοπάθησον. id eſt,Simul affligere cum euangelio,& particeps eſto afflictionum quæ prædicationem euangelij comitantur.

Qui nos liberauit.) τῶ σώσαντ⊙. id eſt, Qui nos ſaluos fecit,aut ſeruauit. Ita & 22 Ambroſius.

Vocatione ſua.) Sua,non eſt in Græcis codicibus ne in uetuſtis quidem exemplari 19 bus aliquot,nec apud Ambroſium,nec apud Chryſoſtomum in interpretatione:tantum eſt,Vocatione ſancta.In utroque Conſtantienſi habebatur Sua,ſine Sancta.Nec ſecun 27‑22 dum opera.Ambroſius legit Merita,pro Opera.)

¶ 16‑27: eſt
✳ 16‑27: reuerſed
with preceding
entry
[27: alicubi

Ante tempora ſecularia.) αἰωνίων. id eſt,Aeterna.Sic enim notat uniuerſum tempus, 19 quod cœpit ab orbe condito.Mirum eſt quem autorem ſequutus Aquinas,dicat ſeculum eſſe mille annorum,quum ludi ſeculares centeſimo quoque anno ſoliti ſint inſtaurari:& addit,mille annos eſſe hominis ætatem,quod tam diu uiuere dicatur homo,quamdiu du rat illius memoria,ſed illam non porrigi ultra mille annos.At quot milia ſunt hominum, quorum nunc memoria celebrior eſt,quàm ante mille annos fuerit illorum uita.Et quo 27 tuſquiſque eſt cuius memoria duret uſque ad annos ducentos.Quorſum autem attinebat hic facere mentionem annorum,quum loquatur de æterna prædeſtinatione quæ tempus neſcit.Quoties Paulus excludit operum fiduciam,commendans dei gratiam:& ſunt ho die,qui abhorrentes ab huiuſmodi ſermone iactant bona opera ſua,nec gratiæ nec fidei laudem ferentes ſat æquis auribus.)

[Secalare, pro
Aeterno.
Aquinas
expenſus

Per illuminationem.) διὰ τῆς ἐπιφανείας. id eſt,Per apparitionem.quod ſuperius uer tit,Aduentum.Quanquam epiphania,nonnunquam illuſtrationem ſonat:ut & ἐπιφανής, illuſtris.Atqui interpres non reddidit Græcarum uocum affinitatem φανερωθεῖσα & ἐπι φανείας. quaſi dicas,Illuſtrata eſt per illuſtrationem Ieſu Chriſti.

16: addidit

Deſtruxit quidem mortem,illuminauit autem uitam.) καταργήσαντ⊙. id eſt,Qui aboleuit,& obliterauit.& φωτίσαντ⊙, id eſt, In lucem produxit. Nam hæc duo inter ſe compoſuit ueluti pugnantia(Mors regnabat,ei regnum abrogatum eſt. Latebat uita,ea 27 per Chriſtum emicuit.)

In quo.) εἰς ὃ. id eſt,In quod:nempe euangelium.

Prædicator.) κῆρυξ. id eſt,Præco:potius quàm Prædicator.

Magiſter gentium.) διδάσκαλ⊙. id eſt, Doctor.(Tria ſibi uindicat . Præco, palàm 27 euulgat : Apoſtolus, nihil celans exequitur quod commiſſum eſt : Doctor, reddit ratio nem,ut perſuadeat . Hanc autoritatem deo tribuit, In quod poſitus ſum. & confirmat ar gumento, Ob quam cauſam etiam hæc patior . Nunc multi diſputando doctores ſunt, non patiendo.)

Non confundor.) οὐκ ἐπαισχύνομαι. id eſt,Non erubeſco,ſiue non pudet me.

Scio enim cui credidi.) Non eſt ſenſus Græci ſermonis,Paulum non ignorare,cui con fiſus eſſet.Verum hæc eſt ſententia:Scio quod is cui credidi,potens eſt ſeruare depoſitum meum. οἶδα γὰρ ᾧ πεπίστευκα,καὶ πέπεισμαι,ὅτι δυνατός ἐστιν. Nam ſi prior eſſet ſenſus, non diceret ᾧ, ſed τίνι. Quanquam poteſt & hic eſſe ſenſus,Noui eum cui credidi,& certus ſum quod potens ſit.Quum ego eandem ſentētiam reddiderim explanatius,quàm 22 reddidit interpres,miror cur quidam hunc locum magnis conuitijs putarit inſectandum, quaſi non intellexerim quid Paulus ſentiret.Quanquam in prima æditione librariorum errore, Quòd, coniunctio fuerat per incuriam relicta, ſecundo loco, pro quo nos habe mus Quia.Denique ſiue legas,Noui eum cui credidi,& certus ſum quod is potens eſt,& cætera : Siue coniunctim, Scio certuſcʒ ſum,quod is cui credidi potens eſt, & cætera:ea dem

Verus ſenſus

[Calumnia
depulſa

22: erat relictum

dem fermè redditur sententia.⟩

✖ Formam habens.) ἱποτύπωσιν ἔχε, id est, Formam habe, siue exemplar habe, hoc est,
aliís formam propone pie uiuendi.⟨Ambrosiana lectio hoc loco nonnihil discrepat tum à
nostris, tum à Græcis.Sic enim legit,Formam habens sanorum uerborum quæ à me audi
sti in fide & dilectione,quæ est in Christo Iesu.Bonū cōmendatū custodire per s.l.q.h.i.n.
Et belle quadrat,si custodire dictum sit pro custodi.⟩

✖ Sanorum uerborum.) ὑγιαινόντων. Quicquid probant id Græci uocant ὑγιὲς.unde &
prouerbium,ὑγιὲς οὐδὲ ἓν, cum omnia displicent.Contrà,cum res cum uitio coniuncta est,
aiunt,τὰ πάντα νοσεῖν⟨& ὑγιαίνειν iubemus eos,in quibus desideramus sanam mentem.⟩

✖ Scis enim hoc.) Enim, redundat.

Auersi sunt⟨me.) ἀπεστράφησάν με,id est,Auersati sunt me,hoc est,aspernati sunt.Am
brosius legit auersati,non auersi.Et nemo dicit,auersatus est a me:unde suspicor præposi/
tionem a librario adiectam.

Omnes qui in Asia sunt.) πάντες οἱ ἐν τῇ ἀσίᾳ.Potest legi & erant:nam tempus non ex/
primitur Græcis uerbis.

✖✖ Philetus.) φύγελλ⊚, id est,Phygellus,atq; ita legitur in peruetustis exemplaribus Lati
nis,itaq; citatur à diuo Hieronymo in epistola de uestibus Aaron.Et ita legit Ambrosius.

Cū Romam uenisset.)γενόμεν⊚ ἐν ῥώμη.i.Cum esset Romæ.Atq; ita legit Ambrosius.

Sollicite.) σπουδαιότερον,id est, Studiosius.⟨Ambrosius submonet προσονομασίας in εὑρε
& εὑρεῖν⟨repperit in afflictionibus quem quærebat,reperiat & in die iudicij misericordiam
qui præstitit.⟩

Et quanta Ephesi.) καὶ ὅσα, id est,Et quæ,siue quæcunq;,aut potius in quibuscunq;.

EX CAPITE SECVNDO.

Onfortare.) ἐνδυναμοῦ, id est,Fortis aut robustus esto⟨aut corroborare,Nam
confortare quidam negant esse Latinum.⟩

Labora sicut.) σὺ οὖν κακοπάθησον,id est,Tu igitur feras afflictiones:nam
hoc significat κακοπαθεῖν⟨ut modo admonuimus.⟩

Nemo militans deo.) Deo,redundat: etiamsi additur apud Ambrosium,
⟨non tamen in interpretatione. Apud Chrysostomum in primo contextu non additur deo,
nec apparet ex interpretatione quod addiderit⟨Adhibet enim Paulus hoc simile à militi/
bus⟨sumptum,⟩quorum nemo curat rem domesticam, posteaquam sacramento fuerit ad/
dictus militiæ, sed imperatoris sui negocium agit . Multo magis id conuenit facere eum,
qui militat Euangelio ⟨Porrò has ceu parabolas adhiberi, planissime testatur interpres
Chrysostomus ⟨Theophylactus nobiscum certe legit implicat,nō implicet⟨nec addit deo,
licet interpres de suo addiderit.⟩

Implicat se.) ἐμπλέκεται,id est,Implicatur.Quanquam huiusmodi passiua subinde uer
tit per pronomina reciproca⟨Sed deprauatius qui legunt implicet imperandi modo . Non
enim iubet ne se implicent, sed negat eos deo militare qui sese inuoluunt.⟩

Negocijs secularibus.) ταῖς τοῦ βίου πραγματείαις, id est, Vitæ negociationibus, aut oc/
cupationibus. Porrò βίου uictum magis sonat quàm uitam⟨Et apud iureconsultos uictus
nomine continetur & uestis⟩Qui militat, non est sollicitus de uictu,rem uictoriæ agit, de
uictu prospicit imperator.

Vt ei placeat,cui se probauit.) ἵνα τῷ στρατολογήσαντι ἀρέσῃ, id est, Vt ei qui se militem
delegit placeat,hoc est ei cuius spiritu delectus est & adscriptus ad hanc militiam. Fortas/
sis interpres uertit, ei qui se probauit⟨tametsi Ambrosius legit atq; etiā interpretat , cui se
probauit,id senties ut apparet, cui se cōcredidit.Chrysostomi interpres legit, qui se elegit.⟩

Nam & qui certat in agone.) ἐὰν δὲ καὶ ἀθλῇ τις,id est,Si uero & certet aliquis. Verbum
est unde dicuntur athletæ:nam ab ijs quoq; ducit simile.

Non coronabitur.) οὐ στεφανοῦται, id est,Nō coronatur⟨suffragante Ambrosio⟩hoc est,
non sat est quomodocunq; certare,sed ita⟨certandum⟩ut uincas⟨Suffragabatur codex Con
stantiensis uetustior.⟩

Laborantem agricolam.) Video Græcos etiam interpretes nonnihil hærere hoc in lo/
co, sed mea sententia sermonis ordo paulo perturbatior,obscuritatem adduxit orationi:ea
                                        M m   tolletur

*16: these 3
entries follow
Sollicite.) below

Sanum ,egrò 16-27:
tare,Grę/
cis quid   Sermonum

Philetus pro   ✖✖16:
Phygellus   precedes.
               Et quanta
               Ephesi.)
               below.

Superest
apud nos   ⟨↓
nemo mi/
litās deo⟩

Victus quod
ad uitæ perti/
net necessi/
tatem

19-27: licet

Diuersa
lectio

£16: Ambrosium. Opinor explanandae sententiae gratia. Adhibet

tolletur,ſi κοπιῶντα ſit prȩteriti temporis,& ab eo pendeat aduerbium πρῶτον,id eſt,prius,
& non ad infinitum uerbum quod ſequitur λαμβάνειν. Vt ſententiam ad hunc ordinemus
modum:Oportet agricolam accipere fructus,ſed ſi prius laborarit.Tres enim adhibuit pa
rabolas,militis,athletȩ,& agricolȩ,quorum unuſquiſcȩ cȩteris curis omiſſis, ſuū munus
gnauiter obit. Necȝ deeſt prȩmiū,ſi ſuoȝquiſcȝprius functus fuerit officio. Equidem opi/ **19**
nor hoc ſenſiſſe Paulū,licet diuerſam ſententiam ſequatur Ambroſius,interpretans, eum **19**
primū debere ſumere q̄ primus eſt, ac deinde diſtribuere reliquis.Chryſoſtomus bifariam
interpretatur.Cȩteri athletȩ non capiunt prȩmiū,niſi parta uictoria.Agricola & dum co
lit terram nonnihil interim fructus percipit, expectans in poſterum copioſiorem proucn/
tum.Aut agricolȩ,quoniam cum diuite fideliȝ terra commercium habet, non interuerti/
tur ſuum prȩmium,ipſe primus capit,qui colit.ȝ   **27**

Dabit   Dabit enim tibi dominus.) Grȩce non eſt dabit,ſed δῴη,id eſt,Det,quod eſt precantis,
pro det ad eum modum palàm enarrat hunc locum Chryſoſtomus,cum dicat Paulū paterno affe/
ctu non deſinere precari bona Timotheo, ceu timentē filio chariſſimo.Tametſi interpres
(Chryſoſtomi)noſtram ſecutus ȩditionem,uertat dabit,pro det.   **27**

In quo laboro.) κακοπαθῶ,id eſt,Affligor,quod ſuo more ferè transfert laboro. Quan/
quam non ſum neſcius, & apud Latinos laborare aliquoties ſic accipi, ut ſit idem quod in
rerum difficultatibus uerſari.

Latro   Quaſi male operans,) ὡς κακοῦργ ℈, id eſt, Vt maleficus,aut facinoroſus. Miror quod
κακοῦργ℈ exemplū ſecutus Ambroſius uerterit,quaſi latro. Nihil enim ſimile in κακοῦργ℈ & λῃστής,
ſic & in E/ quod magis ſonat facinoroſum.Quanquam in Euangelio conſtanter hic interpres κακούρ/
uangeliis γες uertit latrones,ut illic indicauimus.

Non eſt alligatum.) οὐ δέδεται, id eſt, Non fuit alligatum.Eſt autem alluſio feſtiua in
Grȩcis uocibus δεσμῶν & δέδεται,id eſt,Vincula & uinctum fuit.

Cum gloria cœleſti.) αἰωνίε, id eſt, Aeterna. Interpres & Ambroſius legiſſe uidentur
οὐρανίε.

Fidelis ſermo.) Rurſum eſt πιςὸς ὁ λόγ℈,Quȩ uerba Paulus ſuo more prȩmittit,dic/
turus rem certam & indubitatam(aut ſubijcit,uelut aſſeueratione confirmans quod dixit.) **27**
Quanquam Ambroſio non adduntur hoc loco.

Si negauerimus.) ἀ ἀρνούμεθα.i.Si negamus,in quo modo pronunciauit & ſuperiora.

Si non credimus ille fidelis.ȝ Nec hoc loco ſeruata eſt Grȩcarum uocum affinitas,ἀπι‑
ςοῦμεν,πιςὸς,id eſt, Diffidimus,fidelis ſiue fidus.

λογομαχεῖν   Noli contendere uerbis.) λογομαχεῖν. Dictione compoſita,id eſt,pugnare uerbis:uer/ **19**
bum cognatum ei nomini,quod ante uertit Pugnas uerborum.

Nihil enim utile eſt.) εἰς οὐδὲν χρήσιμον, id eſt,Ad nullam utilitatem:Iam enim nouum **19**
eſſe non debet,adiectiuum uſurpari loco ſubſtantiui,niſi malis hanc particulam per paren
theſin interſeri.ȝ

Niſi ad ſubuerſionem.) Et niſi, redundat: & ad ſubuerſionem refertur ad illud ſupe/
rius,noli pugnare uerbis,ſiue ut Apuleius loquitur uerbigerari:ut illud,Ad nihil utile,per
parentheſim interſeratur,ſi ſubaudiatur uerbum ſubſtantiuum eſtȝQuanquam interpres **19**
& Ambroſius quo ſenſus eſſet dilucidior, unum & alterum uerbum de ſuo addiderunt.
Ordo   Sic autem ordinandus eſt ſermo : Hæc admone, conteſtans coram domino ,ne uerborum
pugnas ſequantur,nulla utilitas,ad ſubuerſionem audientium. Cȩterum infinitum quod
interpres retulit ad Timotheum, haud ſcio an rectius accommodetur ad cȩteros omnes:
ut hoc ipſum ſit, quod illos admonet per Timotheum, ne inter ſe friuolis quȩſtiunculis
depugnent,cum Chriſtiana philoſophia nō ſit ſophiſtica diſputatio,ſed uita pura & Chri
ſto digna (Siquidem Timotheo non timebat ab hoc morbo, ſed animat eum ad contem/ **27**
nendos eos qui tali morbo tenebantur.)

Sollicite autem cura.) σπόδασον ἑαυτὸν. id eſt,Stude teipſum &c.Auguſtinus legit,Sa **22**
ti ſage pro ſtude.Nec eſt ꝟ autem,uel apud Grȩcos,uel apud Ambroſium.

Probabilem exhibere.) δόκιμον, id eſt,Probatum(ſiue probum.)   **27**

Operarium inconfuſibilem.) ἀνεπαίσχυντον, id eſt, Qui non pudefiat,ſiue erubeſcat.
Quanquam Ambroſius legit,non impudoratum.Porrò impudoratos uocari,qui conten/
tionibus

16.22: Et

16.22: imprecantis

16.27: est

tionibus nituntur:uelut hoc pertineat ad difputationes contentiofas,quas pugnas uerbo/
rum appellat,quod in his nemo uelit cedere,fed fua quifc<tum> pertinacifsime tueatur, & alius
22 alium confpuat,(Auguftinus libro primo contra Crefconium capite fecundo:Non erube/
fcentem legit pro inconfufibilem.)

Recte tractantem.) ὀρθοτομοῦντα.) Sonat quafi dicas,recte fecantem . Et fcholia Græ/ *ὀρθοτομέῳ*
19 corum admonent metaphoram fumptam à fecuri aut gladio, quo refecantur inutilia & fu **16: mutila**
peruacanea,Eft prouerbiū de Tenedia bipenni, quod fi quis legat,melius intelliget huius
loci fenfum.Incidit enim fermo ueritatis,cum in huiufmodi difputationibus ueritas amit/
22 tatur,& fpinis quibufdam inuoluatur,(In hanc fententiam,cum interpretentur magno con
fenfu ueteres orthodoxi,tamen uifum eft cuidam inceffere quod nos pro tractantem uerti
mus fecantē,nequaquam reprehendentes quod uerterat interpres,fed dilucidius explican
tes quod fcripfit ac fenfit Paulus.An recte tractare fonet Græcis ὀρθοτομέῳ in præfentia nō
difputo, fortafsis interpres nō habebat alias uoces, quibus redderet Græcam.Certe Am/
brofianam interpretationem,nemo prorfus intelliget,nifi Græcæ uocis emphafim teneat.
Huius cōmentum fubfcribam,quandoquidem mihi uidetur, non in hunc ufum tantū con
ducibile. Quoniam funt aliqui qui dicunt contentionem audientibus prodeffe, apoftolus
autem fciens magis obeffe,hoc mandat,ut unufquifc<tum> hoc curet, ut fpreta altercatione fe/
metipfum probabilem faciat,& impudoratos appellans eos,qui contentionibus nituntur.
Neceffe eft enim,ut contentio extorqueat aliquid,imò multa quæ dicantur contra confci/
entiam,ut intus,in animo perdat, foris uictor abfcedat . Nemo enim patitur fe uinci, licet
fciat uera quæ audit. Recte autem tractat & bona confcientia, qui uolentibus loquitur &
pacificis . Collatio ergo inter dei feruos effe debet non altercatio . Hactenus Ambrofius.
Qui quod hic monet,idem plurimis in locis admonet Chryfoftomus.A qua quidem regu
la quantum abfint qui hodie uirulentis libellis, ac linguis fefe lacerant, tam impie crudeles
in proximū,quàm turpiter adulantes erga principes,uiderint alij . Certe liquet Ambrofiū
interpretari quid fit recte fecare: qui amputat contentiofa, & relinquit placida atc<tum> utilia,
recte fecat, nimirū amputatis ijs, quæ noxia funt . Chryfoftomus fcribit hunc in modum:
Complures enim illud undic<tum> lacerant atc<tum> difcerpunt, plurimac<tum> illi immifcent noxia ger
mina.Non ait dirigentem, fed recte tractantem, ac fi dicat Amputa quæcunc<tum> adulterina
oriuntur,& cætera huiufmodi,fumma cum uehementia incumbe,ut refecentur.Atc<tum> ue/
lut in loris atc<tum> corrigijs fuperflua quæc<tum> atc<tum> à prædicatione aliena,gladio fpiritus abfcin
de.Hactenus Chryfoftomus.Huic ita fuccinit Theophylactus:Recte tractantem uerbum
ueritatis:Etfi,inquit,pleric<tum> id uerbum difcerpunt,traducuntc<tum> alió, tu tamen idipfum re/
cte pertracta. Vel pertracta, inquit,hoc eft, dirige & circuncidito inutilia quæc<tum>, & deme
gladio fermonis & uerbi , quæ ab Euangelij funt prædicatione aliena . Nec hinc abhorret
gloffema quod in rhapfodia , quàm nefcio qua de caufa uocant ordinariam, interiectū eft
in fpacio dirimente uerfus,fic habet,haud fcio an ex Bedæ commentarijs decerptum : Se/
cundum competentiam fingulorū ut altis fpiritalia,Lac diftribue paruulis . Videmus om
nes exponere Græcæ uocis Emphafim,quæ à fecando dicatur,cum nulli Latinorū tracta/
re fignificet fecare.Sed Tomi Græcis dicuntur uolumina,quæ Latini uocant tractatus. fa
teor,fed Tomi dicuntur à fecando,quod olim in pellibus fcribebant, in hoc refectis,ut con
uolui poffent in furculum.Sed tractantur etiam quæ uerbis difputantur.)

Prophana autem.) Βεβήλᾳς. Quam uocem fuperius uertit inepta.   *κενοφωνίαι*
Et uaniloquia.) Copula &,redundat.κενοφωνίας,id eft,Inanes uoces.eadem uox quam
19 fuperius uertit uocum nouitates:& hoc quoc<tum> loco Ambrofius ita legit κενοφωνίας,id eft,
nouitates,confentiente & Chryfoftomo. Cæterum κενοφωνίας uerti poterat, inaniloquia.
27 (Imò fic hoc fane loco uertit interpres.Germanam lectionem adhuc retinent duo Conftan
tienfes, & alij minus deprauati.)

Deuita.) περίστασο.Quod tametfi fignificet abfcide, tamē quoniam Græca præpofitio *De uita inter-*
ancipitis eft naturæ,melius hoc loco uertas,fuperfedeto,fiue prætermittas.Græca fcholia *pretatum pro*
bifariam exponunt,aut reijce, aut infta uehementer,ut coerceantur . Opponitur enim qd' *tolle è uita*
modo dixerat ὀρθοτομοῦντα,recte fecantem & dijudicantem,reiectis & recifis altercationi/
bus fuperuacaneis,quibus lites nō finiūtur,fed alūtur ac augent. Et admonet Ambrofius **16: augeantur**

Mm 2   Chriftianorū

**¶16-27: augeantur {augentur}. Dictu mirum quo spiritu Paulus
praesenserit, + quod graphice depingat inextricabiles
theologistarum questiones. Et**

Anxiæ quæ/
stiones

Christianorum disputationes collationes esse debere,non altercationes.Et Chrysostomus 19
ubicʒ destomachatur in hoc hominum genus,& tamen ille nondum audierat nostras di/
sputationes de filiationibus,de relationibus,de instãtibus,ʒ̃ne quid adijciam quod iustius, 22
sed periculosius dici poterat.ʒ

16: proficiunt
margin: 19-22 :
verus sensus

Proficiunt ad impietatem.) προκόψσσι,id est,Proficient̃ʒfuturi temporis̃ʒ& ita legit Am 19
brosius̃ʒsuffragantibus uetustis exemplaribus.ʒNec tam est multum,quàm amplius.Porro 27
quod dicit,inaniloquia proficere ad impietatem,non omnino id sentit Paulus,quod for/
tasse uerba Latina sonant,huiusmodi disceptationes adducere nos ad impietatem . Verũ
id sentit,disceptationes huiusmodi quo magis admittuntur,hoc magis serpere & crescere
ad maiorem impietatem,gliscentibus indies contentionibus ambitiosis. ἐπὶ τὸ πλεῖον ἀσε/
βείας, id est,Ad maiorem impietatem. Atcʒ in hunc modum Græcanica scholia interpre/
tantur,& optime congruunt ea quæ sequuntur.

Cancer
morbus

Vt cãcer serpit.)Cãcer hoc loco morbus est γάγγραινα.Ne qs animal hoc loco putet esse
Serpit.)νομὴν ἕξει,id est,Pastionẽ habebit,ut conueniat cũ uerbo proficiet,quod est futu
ri temporis.Porro morbus is depascitur locum quem occupauit:unde statim arcendus.

Qui à ueritate exciderunt.) περὶ τὼ ἀλήθειαν ἠσόχησαν, id est, Circa ueritatem aberra/
runt,de quo uerbo superius admonuimus.Nam ἀσοχῶ, qui non attingit,quod destinabat
attingere,ueluti scopum,aut aliud simile.

16: subverterunt
✳ 16-27: entries
reversed

✳ Et subuerterũt.)ἀναρέπησιν,id est,Subuertũt̃ʒPersistebãt em adhuc in suo peruerso stu/ 22
dio.Sic adducit Augustinus lib.cõtra Faustũ iiij.cap.ij.iuxta fidẽ uetusti uoluminis manu
descripti,quod nobis exhibuit honorabile collegiũ canonicorũ Martinensiũ Louanij.ʒ

✳ Cognouit dominus.) Hoc additum apparet,uelut exemplum signaculĩʒquod palàm 19
declarat Chrysostomus̃ʒ& huic libenter accinens Theophylactus,ʒhunc enarrans locum.ʒ 27

Enim,su/
perest

Vnde minus quadrat,quod legitur in Ambrosianis codicibus,Cognouit enim dominus.
ʒQuanquam ad eundem modum refert Augustinus libro de Catechizandis,capite secun/ 19
dõ̃ʒEt Chrysostomus putat testimonium hoc desumptum ex libro Deuterononij̃ʒquod ta 22
men nihil officit annotationi nostræ.ʒ

Qui sunt eius.) τοὺς ὄντας αὐτῦ, id est,Qui sunt sui.Atcʒ ita citat diuus Hieronymus
in Zachariam̃ʒTolerabile est quod legit Ambrosius epistola prima,Cognouit dominus, 19
qui sunt ipsius:quod ipse, ad reciproci pronominis naturam proxime accedit.ʒ

16: discidat

Discedit pro
discedat

Et discedat.) Discedat ἀποσήτω. Atcʒ ita legit Ambrosius̃ʒatcʒ ipse etiam Aquinas,con 19
sentientibus uetustis exemplaribus.ʒ

Qui inuocat nomen.) ὁ ὀνομάζων τὸ ὄνομα, id est,Qui nominat nomẽ,quemadmodum
habent & antiqui codices ̃ʒSiquidem in exemplari Paulino euidens rasura testatur, aliud 19
fuisse scriptum̃ʒEt in codice Donatianico sine rasura scriptum erat, Qui nominat nomen 22
dominĩ̃ʒSuffragabatur utruncʒ Constantiense.Theophylactus & legit & exponit nomen 27
nominat,licet interpres Latinus constanter insulserit pro nominat inuocat̃ʒAugustinus,
loco quem modo citauimus, refert , Qui inuocat nomen dominĩ̃ʒTametsi in quibusdam
Græcorum exemplaribus additum erat̃ʒϑεισᾶ,atcʒ ita legit Chrysostomus̃ʒnisi mendũ est, 19.27
Nam Theophylactus legit ὑυρίε, quod mihi magis probatur,Nam dominũ nullus agno/
scit nisi seruus illius.Alijs enim uerbis apostolus retulit sententiam quæ est prima Corint.
duodecimo. Nemo potest dicere dominum Iesum nisi in spiritu sancto.ʒ

16-27: alia
16-27: tr.

Et quædam quidem in honorem.) Dilucidius erat, illa quidem in honorem, hæc uero
in ignominiam:ut hæc referat proxima, nempe lignea ac testacea,illa aurea & argentea.
Carent enim Græci huiusmodi pronominum proprietate . Quod si schematis decus uo/
luisset interpres reddere,dicendum erat,In decus ac dedecus τιμήν,ἀτιμίαν.

ʒ.Si quis ergo emundauerit se.) ἐκκαθάρη. Chrysostomus notat uerbi præpositionem 22
quasi plus sit ἐκκαθάρη quàm καθάρη.ʒ

Et utile domino.) Et,redundat. εὔχρησον,Quod sonat accommodum usibus domini.

16: præparato

Superest in
nostris

Ad̃ʒomne opus bonum paratum.) Paratum,hoc loco participium est ἡτοιμασμένον. Vt 35
intelligas non promptum,sed à domino in hunc usum præparatum.

Fidem spem.) Spem,nec est in Græcis,nec in antiquis Latinorum codicibus,nec est a/
pud Ambrosium̃ʒnec apud Theophylactum , nec apud Chrysostomum,siue species con/ 22
textum

textum, fiue excutias interpretationem,ne in codice quidem Donatianico quem in tertia
27 æditione habuimus in confilijs.(Nec in duobus è Conftantia mifsis.Ambrofius cum Græ
cis tantũ tria ponit, fidem, charitatem & pacem. Fides excludit ambitiofas difputationes,
charitàs non quærit quæ fua funt, ex his pax alitur.)

Et pacem.) Et copula redundat.

Sine difciplina quæftiones.) ἀπαιδεύτους ζητήσεις, id eft, Ineruditas quæftiones. Atq;
ita uertit Ambrofius.Et rurfum deuita eft παραιτᾶ,in quo mirum illum nõ meminiffe fuæ
copiæ.Sonat autem rejíce,& afpernare,nec admitte.

Generant lites.) μάχας,id eft, Pugnas. Eleganter autem huiufmodi difputationes ríxo
fas,pugnas uocat.

Non oportet lítigare.) μάχεϴαι, id eft,Pugnare.Et rurfum paulo poft,μάχεϴαι uertit,li/
tigare.Tametfi non admodum mutatur fententia,tamen perit emphafis metaphoræ.

19 Docibilem.) διδακτικὸν,id eft,Idoneum ac paratum ad docendum:magis quàm impe **|16·27 : eſſe.)**
35 riofum.Nunc quidam cogere malumus quàm docere.(Cyprianus in epiftola ad Stephanũ
urbis Romæ epifcopũ,interpretatur docibilem,qui paratus fit difcere:cui fententiæ recla/
mat Græca uox,quanqᷤ non refellitur ab Auguftino libro de baptif.contra Donat.v.cap.
x x v i. Quod hic dicit διδακτικόν Plato in Gorgia uocat διδασκαλικόν]

Patientem.) ἀνεξίκακον, id eft, Tolerantem malos fiue mala.Plus enim fignificat uox
Græca quàm tolerantem.

Cum modeftia.) ἐν πραότητι, id eft, In manfuetudine feu lenitate.Poteft enim utróuis
referri,uel ad fuperiora, Tolerantem malorum in lenitate: uel ad inferiora, erudientem in
lenitate.Quanquam non inficias eo παιδεύειν nonnunquam fonare corripere.

Qui refiftunt ueritati.) Veritati,redundat,nec eft apud Ambrofium.Nam is quidem **Supereſt**
ad hunc legit modum,Corrigentem eos qui diuerfa fentiunt. **in noſtris**

Ne forte det.) μήποτε δώ. Nequando det.Quanquam fi Latine loqui uoluiffet inter/
pres dixiffet,fi quando.quod μὴ apud Græcos nõ femper eft negantis aut prohibentis,fed
19 {nonnunquam}dubitantis,ut apud nos,num aut fi {Senfit orationis incommodum Augu/ **Ne quando,**
ftinus.Proinde libro quem infcripfit de fingularitate clericorũ primo,capite decimoquar/ **pro ſi quando**
to interpretatur,ne quando det,ut aliquando det.} **16·27 : reſpiciant.)**

Et refipifcas.) ἀνανήψωσιν, id eft, Redeant ad fobrietàtem,uel expergifcantur:utruncꝗ
enim fignificat νήφειν.

Diaboli laqueis.) Græcis eft laqueo,numero fingulari.

A quo captiui tenentur.) ἐζωγρημένοι ὑπὸ αὐτῦ. fignificat autem proprie uiuum capi in
bello.Nam hic Græca uox compofita eft,ficut & aliàs admonuimus.

EX CAPITE TERTIO

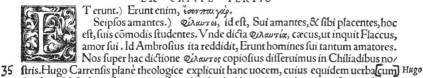

Terunt.) Erunt enim, ἔσονται γάρ.

Seipfos amantes.) φίλαυτοι, id eft, Sui amantes,& fibi placentes,hoc
eft, fuis cõmodis ftudentes. Vnde dicta φιλαυτία, cæcus,ut inquit Flaccus,
amor fui . Id Ambrofius ita reddidit, Erunt homines fui tantum amatores.
Nos fuper hac dictione φίλαυτος copiofius differuimus in Chiliadibus no/ **Hugo**
35 ftris.Hugo Carrenfis planè theologice explicuit hanc uocem, cuius equidem uerba[cum] **Carrenſis**
fuo flore fubfcribam:Sicut,inquit,folet dici de ribaldo, qui quando magnũ frigus eft,am/
plectitur fe brachijs,ut fic calefaciat fe quoquo modo,& dicitur deriforie,ifte ribaldus mul
tum diligit fe,qui fic fe amplectitur brachijs . An non flagitium fuftuario dignũ,fic nuga/
ri in adorandis literis,idꝗ tam indocte,non folum impie? Et tamẽ hæc legunt attoniti qui
22 Moriæ lufum ferre non poffunt.(Saltem qui tam impenfe fauent Carrenfi negent hæc ab
ipfo fcripta,fed ab illius fodalibus parum fobrijs addita.)

Cupidi.) φιλάργυροι,id eft,Cupidi pecuniæ. auari legit Ambrofius. **✻ 16: entries**
✻ Elati.) ἀλαζόνες, id eft,Gloriofi,ut ipfe interpretatus eft Plautus.Ambrofius legit,info **reverſed**
22 lentes.Hieronymus in Michæam legit,faftidiofi.At fufpicor fcriptum fuiffe, faftuofi.Nõ
damno quod uertit interpres,fed tamen elatus effe poteft qui non fit ἀλαζὼν,qui faftu fe ia
ctat ac uenditat,cum fit inanis rerum bonarum.)
19 ✻ Parentibus non obedientes.) ἀπειθῆς,id eft,Immorigeris fiue intractabiles.}

Scelesti.) ἀνόσιοι. Quod rectius Ambrosius uertit,impíj(Dici possunt & impúri.) 27

Sine affectione.) ἄσοργοι. Quod proprie significat eos qui nullo affectu sunt in suos, puta filios,aut famulos,aut uxorem(Deploratissimi sunt ením in quibus etiam naturæ affectus obsoleuerunt.) 27

ἄσπονδοι
fœdifragi
  Sine pace.) ἄσπονδοι. Quod Ambrosius uertit,sine fide.ἄσπονδὴ fœdus significat & amicitiam,quod refertur ad alienos, & nõ domesticos,cũ quibus boni,fœderibus & amicitiæ uinculis copulantur,quibus natura coniuncti nõ sunt(Gradus enim aliquot attigit, Parentibus immorigeri,quæ est impietatis species,erga deum impíj ἀνόσιοι,erga benemeritos ingrati,erga propinquos ἄσοργοι, erga amicitiæ fœdere iunctos ἄσπονδοι.) 27

Criminatores.) διάβολοι, id est, Calumniatores,siue delatores.

Sine benignitate.) ἀφιλάγαθοι.Quod ita sonat,quasi dicas,nõ amici bonis.Sic interpretant Græcanica scholia.Ambrosius uertit,bonorũ inimici(Cyprianus,bonũ nõ diligentes) 19

Proditores.) προδόται, id est,Desertores amicitiæ & sodalitatis.

Proterui.) προπετεῖς,, id est,Præcipites,siue temerarij.

Tumidi.) τετυφωμένοι,id est,Inflati. Quanᵭ haud male interpres uertit:eosdem & turgidos uocamus(Ipsum esse suspicor,quod Cyprianus aliquoties reddit,stupore elati.) 19

Superest in
nostris cæci
  Cæci.) Cæci,nec est in Græcis,nec in Latinis exemplaribus antiquis,nec apud Chrysostomum,nec apud Ambrosium.Opinor hanc uocem sic irrepsisse, quod sciolus aliquis in margine ascripserit,ueluti corrigens,pro τετυφωμένοι,τετυφλωμένοι. Quorum prius sonat elatos,posterius cæcatos.

Et uoluptatum amatores.) φιλήδονοι μᾶλλον ἢ φιλόθεοι. Longe uenustius dixit Græce, dictionibus compositis,id est,uoluptatum amantes,magis quàm amantes dei(Cyprianus legit, uoluptatem magis quàm deum diligentes)(Tantum agmen uiciorum sequitur phi-lautiam,Eam pestem reddit insanabiliorem addita pietatis simulatio.) 19 27

Speciem pietatis.) μόρφωσιν. Quasi dicas,formationem.Notat enim eos,qui dictis norunt alijs præscribere , quomodo debeant pie uiuere,cum ipsi diuersa sequantur (Cyprianus legit,deformationem religionis.) 19

Virtutem autem.) δύναμιν. Vim hoc loco melius uertisset,ut opponatur speciei.

Abnegantes.) ἠρνημένοι.id est,Inficiati.nã præteriti temporis est,id est,Qui abnegarũt.

Et hos deuita.) ἀποτρέπε,id est, Auersare,quod est plus quàm deuita:neᵭ enim est il-lud παραιτῶ,quod solet uertere,deuita.

Qui penetrant.) ἐνδύοντες,id est,Qui subeunt.Ambrosius legit,Qui irrepunt:uerum hoc non male uertit interpres.

Oneratas peccatis.)σεσωρόμβyα,Quasi dicas accumulatas,& aceruo peccatorũ obrutas

Ad scientiam ueritatis peruenientes.)ἐλθεῖν δυνάμενα, id est,Venire potentes.

Iambres
Mambres
  Iamnes & Mambres.) ἰαννῆς κᾳὶ ἰαμβρῆς, id est,Iannes & Iambres, quos Chrysostomus ait fuisse duos magos Aegyptiorum,qui portentis ædendis certarint cum Mose,quanᵭ in Exodo non addantur illorum nomina,sed quæ Paulus acceperit ex traditione Iudæorum, quam ἄγραφον uocant,aut certe à spiritu sancto. Quasi uero hoc tantopere retulerit scire magorum nomina. In Hebraicorũ nominũ interpretatione legimus utrunᵭ Mambres & Iambres similiter expositũ,quasi nihil intersit Iambres sones aut Mambres (Hoc recte an secus scriptum sit,par est periculũ esse penes autorem potius quàm penes indicem.) 22

Sed ultra non proficient.) οὐ προκόψουσιν ἐπὶ πλέον. Ambrosius legit, Non proficient amplius(Quod noster uertit insipientia,Ambrosius ignorantia, ἄνοια magis est amentia, siue dementia,atᵭ ita uertit interpres Chrysostomi.) 22

✴ *16: entries*
reversed
  ✴ Assecutus es.) παρηκολούθησας. Quod non proprie significat assecutus es,hoc est,ade-ptus es. Alioqui qui quadrabit quod cõsequitur persecutiones & passiones. Nam hæc ne mo dicitur assequi. Vnde magis intelligendum est à principio usᵭ ad finem adfuisti,& te stis es omnium.Id enim significat παρακολυθεῖν, ut admonuimus & aliâs (In eum sensum interpretatur Theophylactus, unde nos uertimus affectatus es.) 27

✴Qualia mihi facta sunt.) οἷά μοι.i.Quæ mihi:nam οἷα pro ἃ Græcis usurpare mos est.

Antiochiæ.) ἐν ἀντιοχείᾳ, id est, In Antiochia, nisi de ciuitate loquatur:ac de ciuitate, opinor,accipiendum.

Seductores

Seductores.) γόητες, id est, Impostores. Ambrosius legit, deceptores.

Errantes & in errorem.) πλανῶντες καὶ πλανόμενοι, id est, Seducentes & seducti. Quod ita reddidit(uel explanauit uerius)Ambrosius, Ipsi errātes, atq́ alios erroribus inuoluētes.

Quæ te possunt instruere.) σοφίσαι, id est, Erudire, siue sapientem reddere.

(Per fidem quæ est in Christo Iesu. Deest in Ambrosio, uerū id arbitror casu cōmissum.)

Diuinitus inspirata.) θεόπνευς⊙-, quod uerbo composito iucundius dixit Paulus.

Vtilis est.) Et utilis, addita cōiunctione καὶ ὠφέλιμ⊙-{Apparet subesse tacitam uim ar gumentandi in coniunctione. Scriptura ut est diuinitus inspirata, & efficax est ad multa *Vis tacita* cum humana doctrina sit inefficax{Aut scriptura est diuinitus inspirata, & eadem est uti-*in καὶ* lis &c. ut omnis referatur duntaxat ad scripturam canonicam.}

Ad corripiendum.) πρὸς ἐπανόρθωσιν, id est, Ad correctionem{Hoc loco diuus Am-*16-22: Ad* brosius,πρὸς ἐπανόρθωσιν, uertit ad redintegrationem, pro quo nostri codices habent, ad *corripiendum.)* corripiendum.Sed haud scio an interpres scripserit ad corripiendum {Et quod diuinaram *⟨↓* in quarta æditione comperi in exemplaribus Constantiensibus, Ad Corrigendum.Nam Græca uox sonat erigere quod erat incuruum)Nisi forte ἔλεγχος & ἐπανόρθωσις ad idem pertinet.Nam Ambrosius in exponēdo utranq́ sententiam uidetur simul complecti. Sic enim scribit{Manifestum est, quia omnis scriptura cuius deus autor ostenditur, utilis est. Ad hoc enim data est, ut proficiat imperitis, & instauret deformes, attrahens iniquos ad iu stitiam, ut homo dei in omni opere bono perfectus sit.Hactenus ille. Iam quod Paulus di-xit, Ad doctrinam, hic exponit, ut proficiat imperitis: quod ait Ad{redargutionem &{cor-rectionem, hic, ut instauret deformes. Deniq́ quod ad eruditionem, quæ est in ipsa iusti-tia, hic interpretatur, attrahens iniquos ad iustitiam.}

Vt perfectus sit homo.) ἵνα ἄρτιος ᾖ ὁ τ̄ θεῶ ἄνθρωπ⊙-, id est, Vt perfectus siue integer sit is, qui est homo dei.

Instructus.) ἐξηρτισμέν⊙-, id est, Cōsummatus & perfectus. Atq́ ita legit Ambrosius, {& consentit Græcorum interpretatio.}

EX CAPITE QVARTO

Estificor corā.) διαμαρτύρομαι ἒγὼ,id est, Testificor igit́ ego(siue obtestor. Deo & Iesu Christo.) Deo dixit pro patre, sed apud Gręcos quoniā nō additur domino, sermo fit anceps.Etenim si complexim legas sensus est, Ie-sum Christū eundem & deum dici & iudicem, Sin disiunctim, dei nomen ad patrem pertinet, iudicis ad Christum.In superiore epistola cap.sexto dis-iunxit. Precipio tibi coram deo qui iustificat omnia, & Christo Iesu &c. Nec hic additur domini cognomen, ac sic aptius cohæret cum relatiuo quod sequitur, qui.

Viuos & mortuos.) Aut prouerbiali figura dictū est pro omibus, aut pios & impios *Viui et mor-* sensit, aut defunctos ante iudicij diem, & quos ille dies in uita deprehenderit.Quanta sol- *tui iudicandi* licitudine Paulus obtestatur suū Timotheū.In priore epistola dixerat, præcipio, hic obte-stor, quod est uehementius, & addit quod est terribilius, qui iudicaturus est uiuos & mor-tuos. Vtinā omnes episcopi sic cogitarent, hanc obtestatiōe cuiq́ singulatim esse prodi-tam, sicut est re uera.Quid autem exigit cum tam religiosa obtestatione? Serues manda-tum sine macula & irreprehensibile, usq́ in aduentum domini.Prædica uerbum, Quid Pau lo respondebimus pastores ubi uentum erit ad iudicium, cuius nos commonefacit?

Et per aduentum.) κατὰ τ̄ ἐπιφάνεαν, id est, In aduentu {siue iuxta aduentū.Refertur enim ad participiū iudicaturus in aduētu.Interpres legisse uidet́ ᴋ̀ pro κατὰ. Ceterū non est hic παρουσίαν sed ἐπιφάνεαν,quod magis sonat illustrationē,Sequit́ enim regni mentio.}

Opportune importune.) εὐκαίρως, ἀκαίρως, id est, Tempestiue & intempestiue,{& hoc prouerbiali figura dictū est pro assidue & instanter.}

In omni patientia.) μακροθυμία,id est, Longanimitate {aut si hoc uerbū uidetur parum Latinum, lenitate.Est enim Græcis uirtus quæ opponitur ὀξυθυμία.}

Magistros prurientes.) διδασκάλος, id est, Doctores:& prurientes hic nominandi cā *Pruriens au-* su est accipiendum,κνηθόμενοι, id est, Qui titillantur & pruriunt auditu, unde quærunt,qui *ribus* scalpant aures uoluptate orationis, non qui radant ueritate.

Tu uero uigila.) νῆφε, id est, Sobrius esto siue uigila.

Mm 4 **Labora**

{ 16-19: Ambrosius, κατα ετίωσιν, quo verbo Paulus est + alias usus. Quanquam id nec in nostra vulgata æditione, nec in græcis reperio

codicibus. {Verum ex ipsius interpretatione conjicio, in Ambrosianis codicibus, ad correctionem à librariis additum esse, cum ille græcam vocem ἐπανόρθωσιν verterit, redintegrationem sic enim exponit.} 16: Vt perfectus 19: Manifestum

Labora.κακοπάθησον).i.Feras afflictiones{siue ut nos uertimus,Obdura in afflictionib.}22

[πληροφορεῖν (Ministeriũ tuũ imple.) πληροφόρησον. De quo uerbo, frequêter & aliâs admonuimus. 27
Hoc est facito plenam fidem tuæ prædicationis.Id fiet,si uiderint & uitam respondere do
ctrinæ,& in tantum te non uenari tua compendia, ut afflictiones etiam atrocissimas ala
criter feras amore Christi.)

16: subditus   Sobrius esto.) Quo loco quod quidã antiqui codices habent, Vigilans esto, in Græ
cis codicibus non inuenio, nec apud Ambrosium {ne apud Chrysostomum quidem,imò 19
nec in optimę fidei codice Paulinæbibliothecæ.Suspicor autem hac occasione irrepsisse,
quod νῆφε utrunc{p} significat,sobrius esto,& uigilans esto.Proinde fieri potest,ut quod do
ctus aliquis annotarit Sobrius esto,id post in contextum traductum sit.}

19-22: est   Iam delibor) σπένδομαι, id est,Immolor.{Ambrosius legit quidem delibor,sed enarrans 22
declarat nihil interesse, inter delibor & immolor. Chrysostomus ac Theophylactus hoc
aiunt interesse: quod θυσία, id est{}hostia non relinquatur tota deo,cum{σπονδῇ}libamen to 35
tum reliquatur.Hoc quid sit alijs excutiendum relinquo.)

{Et tempus meæ resolutionis.) ἀναλύσεως. Cyprianus in epistola quadam legisse uide 19
tur ἀναλήψεως, sic adducens huius loci testimonium:Ego iam delibor,& tempus instat as
sumptionis meæ.Origenis interpres cum aliâs tum in homilijs in Numeros, indicat dupli
cem huius loci fuisse scripturam,resolutionis & regressionis. Regressionis uerbum quid
ἀνάλυσις sibi uelit, non satis intelligo,nisi quod Græcis ἀνάλυσις utrunc{p} sonat resolutionem & re
Resolutio & uersionem:ut enim qui discedit soluere dicitur,ita reditus resolutio{Græcis ἀνάλυσις.) 22
reditus   Bonum certamen.) τὸν καλόν. Quod non sonat simpliciter bonum, sed præclarum &
egregium{Et articulus indicat illud certamen Euangelicum.) 27

16-27: tr   In reliquo.) λοιπόν, id est,Quod superest,atc{p} ita uertit Ambrosius,Hic interpres uer
tere consueuit,de cætero.

Sed & his.) ἀλλὰ καὶ πᾶσι, id est, Sed & omnibus.

Qui diligunt.) τοῖς ἠγαπηκόσι, id est,Qui dilexerunt{licet in uerbis affectuum abutan 19
tur Græci præteritis.}

Festina ad me.) σπούδασον,id est,Stude,siue da operam. Alioqui quæ sermonis figura
est,Festina cito,hoc est, ἥκομαι καὶ κατέρχομαι,queadmodum iocatur Aristophanes.

Diligens hoc seculum.) ἀγαπήσας τὸν νῦν αἰῶνα, id est, Postquam dilexit præsens secu
lum,siue amplexus præsens seculum.

Crescens in Galatiam.) κρίσκης,id est,Crisces,sed Græcus sermo deflexit uocem Lati
nam{sicut πούδης pro Pudens.) 27

In ministerio.) εἰς διακονίαν, id est,Ad ministerium.

Penula quid   Penulam.) Gręce φελόνην. Quod est pallij genus,non consularis,ut quidã putant,sed
16-27: Penula.) quo tegimur ab imbribus {pelliceum,ut putat Hesychius. Quanc{p} idem addubitat num 19
sit scriniolum{}alij putant esse thecam librorum.Ita Græcanica scholia.Hieronymus in ter
tio aduersus Pelagium dialogo,uertit lacernam siue penulam. Tametsi in pleris{p} codici
bus pro lacerna,deprauatum erat lucerna{}â lucernario quopiam.}   19

Supellex   Et membranas.) Et,redundat.μεμβράνας. Hic Latinam uocem Paulus usurpauit{}O su 19
Pauli pellectilem apostolicam, penulã quę defendat ab imbribus, & libros aliquot,haud dubie
sacros.Nunc quantum est caballorum, quantum bombardarum, quantum aliarũ rerum,
quas referre non libet.}

Aerarius.) χαλκεύς, id est, Faber ærarius,ne quis de quæstore ærarij{aut custode æris} 19
accipiat,ut interpretati sunt quidam.

{Multa mala mihi ostendit.) ἐνεδείξατο,id est,Multis malis me affecit.Annotauit & Au 19
Ostendere gustinus libro de locutionibus Genesos primo, in sacris literis ostendere frequenter usur
pro facere pari pro facere.}

Reddet illi dominus.) Gręce est,redd{et} ἀποδώη, ut sit imprecantis{Etiamsi Augustinus 19
↓✶   in explanatione sermonis in monte habi̔ legisse uideri poterat,reddet futuri temporis,ita
dissoluens propositam ab ipso quæstionem:Paulum non imprecari malum ei qui læserat,
sed prædicere quid euenturũ esset.Quod idem tractat libro aduersus Faustum 16.cap.22.
quo quidê & ipso loco in uulgatis exemplaribus,reddet scriptũ legitur. Quanquã eodem
                                                           mox

✶ The leaf here is damaged by foxing. The text should read _habiti_.

mox loco adducit illud Pauli, Vtinam & abſcindantur, qui uos côturbant, quod certe præ   *Paulus impre-*
dicentis eſſe non poteſt. Præterea quid opus erat excuſari, quod imprecationes in ſacris li-   *catur uindi-*
teris inuenirentur, ſi hæc dicta ſunt uerbis futuri temporis, conſentientibus & exemplari-   *ctam*

35 bus Latinis.[Chryſoſtomus legit ἀποδώη, ſed in enarrando non mouet hunc ſcrupulum.]

35 Theophylactus ingenue teſtatur ſe legiſſe ἀποδώη, uerum id ait poſitū pro ἀποδώση [Ve-   *[19: Vulgarius*
rum de his accuratius dictum eſt nobis in Actorū cap. 23. Vbi Paulus alapa percuſſus ita   *3↓*
loquitur pontifici, Percuti te deus, paries dealbate]

Et tu deuita.) φυλάσσε, id eſt, Obſerua, ſiue caue.

Reſiſtit.) Reſtitit ἀνθέστηκε.

✱ Prædicatio impleatur.) πληροφορηθῆ, id eſt, Ad plenū perſuaderet, & certā haberet fidē.   *✱16: entries*

27 ✱ Liberauit.) ῥύσεη, id eſt Liberabit, futuri temporis, (ſuffragante utroꝗ Conſtantienſi.   *reuerſed*
Sequitur enim & ſaluum faciet.)   *16-27: Et liberabit.)*

Cui gloria.) Græcus codex addidit, Et imperium καὶ κράτος.

Eubolus.) εὔβολος, Eubulus penultima producta, nomen à bono conſilio dictum.

19   Et Prudens.) καὶ πρόδης.{Ambroſius &ǂantiqui codices habent, Pudens, rurſum uoce
Latina nonnihil detorta à Græcis.

Et fratres eius.) Non eius, ſed omnes, eſt apud Græcos, Et ita legit diuus Ambroſius,

19 {conſentiente Chryſoſtomo, deniꝗ & exemplari Paulino, ad hæc utroꝗ Conſtātienſi. Re-
cenſitis enim nominatim aliquot ex ſuis, reliquos generali nomine complectitur.}

22   ⟨Gratia uobiſcum.) Pro hoc neſcio quo caſu in Ambroſianis codicibus legitur Vale. Et   *I↓*
tamen ex commentarijs licet diuinare quod legerit quemadmodum nos.⟩ I   *P16: ANNOTATIONES*

IN EPISTOLAM PAVLI
AD TITVM {ANNOTATIONES DES. ERASMI ROT.}
{EX CAPITE PRIMO}

Apoſtoli

Poſtolus autem.) Nouauit hic nõnihil formā ſalutationis,   *Pauli noua*
Autem ſubiunxit, quū non præceſſerit quidem, quod Hie-   *ſalutatio*
ronymus alicubi tribuit imperitiæ ſermonis Græci, quaſi
hoc nuſquā apud Græcos reperiatur. Imò notant hoc grammatici δὲ apud Græcos frequenter poni pro coniunctione
copulatiua, τε, quod hoc loco factum apparet.

Secundum fidem electorum dei.) Diuus Hieronymus
hic rurſus impingit inſcitiam ſermonis Grꝗcanici, Qui non
iuxta humilitatem, inquit, ut pleriꝗ exiſtimant, ſed uere dixerat, & ſi imperitus ſermone non tamen ſcientia &c. Nec
uideo cauſam quur id faciat, niſi forte qa dixit electos dei,
quemadmodū antea dixerat ſeruos dei, ac mox quam promiſit deus. Erat ſeruus dei non
iuxta Moſaicā legem, ſed iuxta fidem electorū, & apoſtolus Ieſu Chriſti, iuxta cognitionem ueritatis euangelicæ, quū ueritas mordicus tenerent umbras. Et pietatē oppoſuit ceremonijs: & ἐπίγνωσις eſt non γνῶσις, agnitio uerius ꝗ cognitio, de quo ſæpe meminimus.)

27   In ſpem.) ἐπ᾽ ἐλπίδι, id eſt, In ſpe &c(ſiue ſub ſpe.)

Qui non mentitur.) ὁ ἀψευδὴς, quaſi dicas, immentiens aut immendax, & à menda-   *Secularia*
cio alienus. Verax legit Ambroſius: Non mendax, Hieronymus.   *eterna*

Ante têpora ſecularia.) πρὸ τῶν χρόνων αἰωνίων, id eſt, Ante têpora ꝗterna. Ita legit Hiero-   *16-27: Non mendax ...*
19-22 nymus {Auguſtinus aduerſus Priticillianiſtas, cap. 6 & alijs aliquot locis, præſertim aduer-   *& item*
ſus Manichꝗos de Geneſi cap. 3 legit hic quoꝗ, Ante têpora ꝗterna. Cꝗterū ꝗterna uoca-
ri, nõ que nullū habuerint initiū, cū aliquod ſit mundi coditi initiū, ſed ante ꝗ nulla fuerint
tempora. Aquinas hic nihil meminit de mille annis, & admonet alterā ſcripturā habuiſſe,
27 pro ſeculari, æterna, id eſt, antiquaǂHoc quid ſibi uelit neſcio, niſi forte Grꝗcus aliquis codex habuit ἀρχαῖα, pro αἰώνια. Sic ênim Act.15. uidet̄ ab antiquis diebus dictū pro ꝗterno.

Manifeſtauit autem.) Nec hic preceſſit μὲν quæ reſpôdeat δὲ. & ſuis Grꝗce eſt, ἰδίοις,
ut ad rem referatur non ad deū. Vnaquæꝗ res ſuum tempus habet. Et nobis nõ ſuo tempore

[19-27: Latinis. Atque adeo Chryſoſtomus ipſe legiſſe uidetur ἀποδώσει
19 non ἀποδώη, quantum ex eius interpretatione colligere licet {Vulgarius}
Theophylactus
{19-27: ἀποδώσει. Atqui ſi parum eſt apoſtolicum, pertinaciter
obſiſtendibus euangelio imprecari uindictam diuinam, qui conuenit ut nunc
omni malorum genere perſequant, qui majeſtatem illam uel leuiter attingerint. Et tu

pore,uel alieno tempore fieri dicitur,quod fit intempeſtiue.Et ϗ̓ν λόγον quidam interpre/
tantur de promiſſionis uerbo,quidam ipſum filium interpretantur.)

19-27: margin : Faber

Quæ credita eſt mihi.) ῷ ἐπιϛεύθω ἐγώ, quod Faber Stapulenſis ita uertit,Cui commiſ/
ſus ſum quaſi nihil referat,utrum dicas,filius tuus commiſſus eſt mihi , an commiſſus ſum fi- 19
lio tuo?Demiror autem,ei uiro tam profundum obrepſiſſe ſomnum, ut non agnoſceret fi
guram Græci ſermonis,qua ita loquuntur,hanc rem ego commiſſus ſum, quoties ſentiunt,
hæc res commiſſa eſt mihi , præſertim cum hæc loquendi formula toties ſit obuia in Paulo.

Articulus à
ſuo uerbo
diſcrepans
At conijcere mihi uideor quid impoſuerit Fabro noſtro,nimirū ῷ articulus poſtpoſitiuus,
dandi caſu poſitus, cum accuſandi caſus magis conueniret. Verum id factum eſt ob i.o-
men quod anteceſsit eodem caſu κηρύγματι, cum quo concordat ῷ,iuxta Græci ſermonis
idioma,diſsidens à ſuo uerbo?Sic enim legitur, fateor,in nonnullis exemplaribus, cum in 19
emendatioribus habeatur ὅ ἐπιϛεύθω,atϙ adeo ſic ipſe Faber ſcribit in examinatione ſua.

Secundum præceptū.) Rurſum Græce eſt κατ᾽ ἐπιταγω, id eſt,Iuxta iniunctionem.
Nos uertimus,delegationem.Sentit enim ſibi munus hoc prædicandi delegatum à domi/
no ſic ut recuſare non liceat.)   22

γνησιΘ
Tito dilecto filio.) γνησίῳ τέκνῳ, id eſt, Vero,legitimo,proprio ac germano filio.Atϙ
ita legit Ambroſius,quaſi dicas,uere filio & non notho,neϙ degeneri à patre. Notat ele/ 19
gantiam huius uerbi & diuus Hieronymus hunc enarrans locum ,addens Græcæ uocis
proprietatem non exprimi poſſe Latinis,licet uero,germano , ingenuo propemodum ex/
plicare uideatur.Pugnant autem inter ſe γνήσιον & νόθον hoc eſt adulterinum.Et Plinius li- 22
bro decimo capite tertio,quintum aquilarum genus, γνήσιον uocat, idϙ ſic interpretatur
uelut uerum ſolumϙ incorruptæ originis.Ambroſius hoc loco legit germano filio, quem 27
admodum & in priore ad Timotheum.)

Gratia & pax.) χάρις,ἔλεΘ,εἰρ́ωη, id eſt,Gratia,miſericordia, pax: etiamſi miſericor/
diam nec Hieronymus nec Ambroſius addit .Certe quemadmodum Græci codices ha- 19·22
bent legit Chryſoſtomus ac Theophylactus,quorum poſterior attingit etiam in enarran/ 27
do.Sed apparet additum apud Græcos,non tantum ob id, quod reclamat conſenſus Lati/
norum codicum,uerum etiam quod Origenes in epiſtolam ad Romanos annotans ac di/
ſtinguens formas ſalutationum quibus Paulus uſus eſt in ſingulis epiſtolis,loquitur hunc
in modum,Ad Timotheum prima & ſecunda,gratia,miſericordia & pax &c. Ad Titum
uero, gratia & pax à deo patre.)

Reliqui te Cretæ.) ῷν κρήτη, id eſt,In Creta.Græci & urbium nominibus apponūt præ
poſitionem,id quod apud Latinos rariſſimum eſt.At interpres,ab inſulæ uocabulo ſuſtu/
lit Græca prepoſitione , quod prorſus eſt intolerabile,præſertim cum ea ſit apud Grͤcos.) 22

Supercor/
rigere
Quæ deſunt corrigas.) ἐπιδιορθώσῃ, id eſt,Supercorrigas, ut explicādi gratia ſic loqua
mur.Sentit autem ſe prius correxiſſe quædam,eadem nondum ad plenum correcta,iubet
à Tito corrigi.Emphaſim Græcæ uocis notauit Hieronymus, præſentͤ explicans locum.
{Et in eandem ſententiā liquido interpretatur Chryſoſtomus,cuius interpres uertit,ſuper/ 19
corrigeres.Proinde nos uertimus,pergas corrigere.}

Per ciuitates.) ῷϑὶ πόλιν,id eſt,In ciuitate,ſiue per ciuitatͤ,id eſt, in ſingulis ciuitatibus,
(ſiue oppidatim.Hæc inſula quondā dicta eſt ἑκατόμπολις quod centū habuerit oppida.) 22

ἀνέγκληχος
Sine crimine.) ἀνέγκληχΘ. Quod non ita ſonat,quaſi dicas,uacātem omni culpa , ſed
quem nemo poſſit accuſare,ſiue criminari, & uocare in ius ob crimen aliquod {Sic enim 19
interpretatur & Chryſoſtomus.Plus enim eſt ἀνέγκληπη eſſe ϙ uacare crimine, propte/
rea quod integritas non raro ſit obnoxia crimini,ob ſpeciem probabilem culpæ.At ne hāc
quidem Paulus patitur in ſacerdotͤ,ἐγκαλͤν enim eſt intͤto crimine uocare in ius. Et ἐγ/
κλημα commiſſum,ob quod aliquis in ius trahi poſſit, ἀνέγκλητΘ,qui non poſſit ad hunc
modū accuſari.Atϙ item repetit paulo poſt, Oportet epiſcopū ſine crimine eſſe .[Augu/ 35
ſtinus ad Bonifacium colligit,ſi idem eſſet ſine crimine,quod ſine peccato,neminem aſci/
ſcendum eſſe ad miniſterium eccleſiaſticum.]

In accuſatione luxuriæ.) ἀσωτίας, id eſt,Luxus:ne luxuria pro libidine accipias,(quod 27
facere uidetur Lyranus,qui meminit filiorum Heli. Quid autͤ ſonat Latinis in accuſatio/
ne luxuriæ?Sentit enim Paulus ſobrios nec infames de luxu.

             Sicut

Sicut dei difpen.) ὡς hic non fimilitudinem fignificat,fed congruentiam.Proinde ma∕
gis conueniebat tanquam,uel ut,quàm ficut.)

Non fuperbum.) μὴ αὐθάδη, id eft,Non præfractum,quod Hieronymus & Ambrofi∕ αὐθάδης
19 us legunt,Non proteruum,& recte fanè.Nos uertimus,præfractum,id eft,durum , & fui uertit fu∕
22 fenfus plus fatis tenacem,Quam uocem quidam fuo iudicio uehementer eruditus negat perbum
fe intelligere,quid fibi uelit,quum aliquoties obuia fit apud Ciceronem. Qui fcribit libro
officiorum tertio:Ego etiam cum Catone meo diffenfi.Nimis mihi præfractū uidebatur, Diſſentio cum
ærarium uectigaliaᴄᵩ defendere,omnia publicanis negare . Exemplum confimile citat ex illo latine
eiufdē Hortenfio Nonius Marcellus.His cōtrarius Ariſtotimus, prefractus, ferreus,nihil dicitur
bonum nifi quod rectum atcᵩ honeſtum eſt . Vel ex hoc grammatico licebat difcere quid
eſſet præfractus,nimirum durus,inquit,& inflexibilis.)

Non percuſſorem.) μὴ πλήκτlω. Hoc Hieronymus putat nō pertinere ad pugnos,fed
ad linguam contumeliofam & iurgiofam. Vnde & Horatius in Odis,Patruᴄ uerbera lin∕
guæ.Quemadmodum & in fuperioribus annotatum eſt.

Non turpis lucri cupidum.) μὴ ἀισχροκερδῆ. Grȩcam uocem unicam tribus circunlocu
tus eſt interpres,quafi dicas,turpilucrum.Sentit autem Paulus,omne ſtudiū lucri fœdum
eſſe facerdoti.At Carrenſis feſtiuiter expofuit.turpis lucri,id eſt,fecularis. Quafi fit aliud Carrenſis
19 genus quæſtus eccleſiaſticū honeſtū,Senfit,opinor,de captandis teſtamentis , & auerten∕ Captatores
dis ad fe rebus male partis,de inuolandis religionis defendendæ prætextu,alienis faculta∕
tibus,de inefcandis facerdotijs,de emungendis deliris aniculis,de cōpilandis craſſis nego∕
ciatoribus.Nam nōnullis eius generis hiſtrionibus,is quæſtus nunc multo eſt uberrimus.

Benignum.) φιλάγαθον, quafi dicas, ſtudiofum bonarū rerum , aut amantem bonos.
Superius dixit ἀφιλάγαθον. Hieronymus hoc loco pro φιλάγαθον, legit bonorū operum
27 amatorem,Theophylactus exponit ἐπιεικῆ,μέβιον,μὴ φθονοῦντα, id eſt, humanum,mode∕
ſtum,minimè inuidum.)

Sobrium.) σώφρονα, quod Hieronymus uertit,caſtū.Ambrofius,prudentem.Atᴄᵩ hȩc Expenſa Hie∕
omnia fignificat σώφρων,nifi quod fobrius,omnia fermè cōplectitur . Notat autem diuus ronymi anno∕
Hieronymus ueterem interpretem , qui uerbi ambiguitate deceptus,pro pudico uerterit, tatio
prudentem.Atqui ut interpreti nonnihil patrociner, fi Grȩca uox ambigua eſt , nimirum
utruncᵩ fignificans,prudentem & pudicum, quomodo deceptus eſt uertens prudentem?
An prudentia non congruit epifcopo? Verum ut aliàs admonui , diuus Hieronymus ſtu∕
dio tuendæ uirginitatis,undicᵩ colligit & afcifcit preſidia, & quicquid poteſt ad fuas per∕
trahit copias.Quancᵩ σώφρων Grȩcis nō tam prudentem fonat, cᵬ fobriū & fanȩ mentis,
ut intelligamus animū fibi preſentem,& nullis temulentū cupiditatibus.Siquidȩ hȩc duo
cōponit inter fe Euripides,in Iphigenia Aulidenfi, Συσσωφρονεῖν σοι βύλομ᾽ ἀλλ᾽ ὐ συννοσεῖν.
27 Theophlactus σώφρωνα interpretatur καθαρὸν, δίκαιον τὰ πρὸς ἀνθρώπυς,διλλονότι ἀπροσω∕
πόλημπον, id eſt,purum,iuſtum in hominum cōmercio,citracᵩ perfonarū delectum.)

Iuſtum,fanctum.) ὅσιον. Quod ita interpretatur Hieronymus,ut dicat fignificare fan
ctitatem mixtam pietate,quæ ad deum refertur.Nam, ἅγιος, fanctus, hoc eſt,purus à ui∕
tijs. εὐσεβὴς,pius in deum.

Continentem.) ἐγκρατῆ, id eſt,Temperantē.Quod ut indicat diuus Hieronymus qui ἐγκρατὴς
dam haud recte,ad folam referunt libidinem,cum ad omnes pertineat affectus, iram,aua∕
riciam,ambitionem,inuidiā,timorem,ut omnibus his fit fuperior epifcopus. Mire id per∕
fpexit Paulus,non poſſe profpicere alijs,qui ipfe fit obnoxius affectibus . Ego nullā fpem
uideo rebus publicis,nifi princeps contingat,liber ab omnibus uulgi cupiditatibus.At ho
19 die haud fcio,an ullum hominū genus magis feruiat omnibus affectibus ſiue prophanos
fpectes principes,fiue facros . Hæc una res eſt quæ leges Cæfareas, quæ pontificias,quæ
fcholas theologicas,quæ conciones eccleſiaſticas mifere uitiauit. Adeo ut fi pergatur,ni∕
hil magis fit futurum hæreticum,cᵬ fi quis Chriſtum ingenue purecᵩ doceat.

Amplectentem.) ἀντεχόμθνον, quod Ambrofius uertit , tenacem, diuus Hieronymus,
obtinentem . Ambrofius elegantiſſime expreſſit Græcam uocem.Nam ἀντέχεϑ dicitur
proprie,qui adhæret alicui,uelut unguibus affixus,nec fe finit auelli.

Fidele fermonē.) πιςῦ λόγυ, quod aliâs Ambrofius uertit,Humanus fermo: fignificat
autem

aut sermonē certū & indubitatū, ut certa respōdeat, & quę ipsam ueri faciem præ se ferāt.

Vt potens sit exhortari.) Grēce est (καὶ παρακαλέιν,) & exhortari ‡Hieronymus uertit, consolari. Et in doctrina, dictū est pro per doctrinam. Doctrina non tantum ad hoc con‌ducit episcopo, ut doceat indoctos, uerumetiam ut consoletur afflictos, aut exhortetur ex‌timuletᵱ cessantes.‡

Inobedientes.) ἀνυπότακτοι, quod diuus Hieronymus legit, nō subditi. Sonat autem, quasi dicas, qui in ordinem cogi non possint.

Seductores.) φρεναπάται. Grēcis est dictio cōposita quæ perinde sonat, ac si dicas, men‌tium deceptores: & ad hūc modū interpretatur diuus Hieronymus. Pessimū autē & per‌niciosissimum genus decipiendi, ubi quis mentem omniū actionum fontem, prauis inficit opinionibus. Nam hac uia sit, ut non solum non pudeat malefactorū, uerum etiam ex his laudem petamus. Cæterum uaniloqui, Grēce est ματαιολόγοι, quod nō sonat mendacem, sed inania friuolaᵱ loquentem. Nam uanus proprie Latinis dicitur mendax.

Quos oportet redargui.) ἐπιστομίζειν, id est, occludere, siue obturare os. Hieronymus legit, silentium indici. Hoc ex loco palàm est Laurentium in euangelio Lucæ legisse, aut certe somniasse ἐπιστομίζειν pro ἀποστομίζειν, de quo quod tum succurrebat illic diximus ‡Hic obiter annotandum semper quæstus notari, qui urgent & insulciunt ceremonias.‡

¶ Proprius eorum propheta.) ἴδιος αὐτῶν προφήτης. Prophetam uocat poetam, qui quasi præsenserit futura. Proprium autem uocat, quod Cretensi fuerit ipse qui hæc de Creten‌sibus scripserit, siue quod per ironiam prophetam uocauit, quasi talibus Christianis, tales congruerent prophetæ, siue quod is Epimenidis liber unde uersiculus hic sumptus credi‌tur, titulum habeat, περὶ τῶν χρησμῶν, id est, de oraculis. Tametsi non desunt qui testimo‌nium hoc ad Callimachum (Cyreneum) referant, apud quem initium huius carminis inue‌nitur κρῆτες ἀεὶ ψεῦσαι, quod Iouis sepulchrum apud se esse cōfinxerint, cum is iuxta uul‌gi opinionem fuerit immortalis (Hieronymus indicat & prouerbio iactatum apud Græ‌cos) Extat & prouerbium Grēcis, Cretensium testans uanitatem, κρητίζειν πρὸς τὸν κρῆτα. Verum hac de re qui uelit plenius cognoscere, legat Miscellanea Angeli Politiani, aut no‌stras Chiliades. Nam hic, quoniam annotationes scribimus, breuitati, quantum licet stu‌dendum. De occasione huius carminis testantur & Græcanica scholia. Est autem uersus integer heroicus apud Epimenidem Cretensem. In quo sanè demiror Stapulensem labo‌rasse, ut carmen carmin⁕ edderet, idᵱ ad hūc modum, Gnosius usᵱ loquax, mala bestia, uiscera pigra. Nec enim idem est loquacem esse & mendacem, nec ut hominem cibo dedi‌tum, uentrem dicimus, item uiscera dicimus ᵱut(interim) donemus Gnosiū recte positum pro Cretensi, & usᵱ pro semper.

Malæ bestiæ.) θηρία. Quod non simpliciter bestias, sed & feras ac ueneno noxias be‌stias significat (Indicat hoc titulus Nicandri, qui scripsit θηριακὰ, neᵱ enim ouem recte di‌xeris θηρίον. Quin & hodie Germani sonant θὴρ pro animali.)

⁕⁑ Ventris pigri.) Ventres legendum est, γαστέρες ἀργαί. Nam ipsos uentres appellat ho‌mines ᵱ abdomini deditos. ‡Quemadmodum & Lucilius uentri deditos, uentres appellat. Et Terentius in Phormione, pugnos, inquit, in uentrem ingere, parasitum indicans‡ Ger‌manam scripturam obtinebat Constantiense exemplar recentius. In uetustiore deprehen‌di quiddam ridiculū. Aliquis doctus annotarat in margine, Menetis poetæ abusus est uer‌siculo, quem postea Callimachus usurpauit. Id scriba rudis insulserat in cōtextum, Et Me‌netis posuit pro Epimenidis. Dixerit aliquis, quorsum opus est talibus nugis morari lecto‌rem: ut mihi credatur si quando commonstro locum simili modo deprauatum, quod uti‌nam rarius accideret in sacris præsertim uoluminibus.)

Increpa illos dure.) ἀποτόμως, id est, Ad uiuum & seuere. Nec est increpa, sed argue, ἔλεγχε, hoc est, refelle.

⁕⁑ Vt sani sint.) ἵνα ὑγιαίνωσι. Illud admonendus est lector, Paulū frequētius usum hoc uerbo, quo Græci significant, quicquid probandū est. Vnde illud, μηδὲν ὑγιὲς, id est, nihil sanū, cum omnia displicent. Hic igitur ut sani sint, nihil aliud est, ᵱ ut recte se gerant. Vt rursum νοσέιν, id est, ægrotare dicitur apud illos, qui non recte est affectus.

Auertentium se à ueritate.) ἀποστρεφομένων τὴν ἀλήθειαν, id est, Auersantiū ueritatem, hoc

24 hoc eſt,abhorrentium à ueritate(Vehementius enim eſt quod habent Grǣca.)

Coinquinatis autē.) μεμιασμένοις. Quod magis ſonat,impiatis,& piaculo aliquo pro⸗
phanatis,ut ſint arcendi à ſacris . Quin & illud omnia munda mundis,rectius erat, omnia
pura puris . Quandoquidem his uerbis utuntur , cum de caſtitate ſacrorum agunt. Extat
enim lex apud Senecam:Sacerdos ſit caſta caſtis,pura puris . Vides ut Paulus in nullos in ┌─ Ceremoniæ
candeſcat acrius,quàm in eos qui Moſaicis ceremonijs , Chriſtum tendebant abolere , & impiæ]
hoc prætextu tyrannidem in Chriſtianam plebem occupabant.   16-22: occupare

✱ Abominati & incredibiles.) Βδελυκτοὶ ὄντες,καὶ ἀπειθεῖς, id eſt , Abominabiles cũ ſint ✱ 16: præcedes Proprius
& increduli.Ambroſius & Hieronymus legunt,execrabiles & inobedientes,pro quo non   e. propheta.) p.696.
male quadrabat,intractabiles aut imperſuaſibiles . Cæterum profitentur magis congrue⸗ + 16: Cæterum...
bat hic quàm confitentur,¶ ὁμολογοῦσιν εἰδέναι, id eſt,Profitentur ſe ſcire . Nam hoc quo⸗ ὁμολογεῖν
que ſignificat ὁμολογεῖν.   forms last ſentence
                                                                                          of Coinquinatis
EX CAPITE SECVNDO   aurem above.)

Obrios.) νηφαλέους,quam uocem Hieronymus admonet ambiguam eſſe ſi⸗ ¶↓
gnificantem utrunque , & ſobrium,hoc eſt , non temulentum ,& uigilantem.
Quandoquidem & uerbum νήφειν anceps eſt.

✱Pudicos.) σεμνὸς, quod aptius Ambroſius uertit , graues,hoc eſt , ſeue⸗ ✱16: entries reverſed
ros,& honeſtatem præ ſe ferentes.   16 : pro

19 ✱Prudentes.) σώφρονας, id eſt,Moderatos ſiue Modeſtos¶quod rurſum diuus Hierony⸗ ſώφρων
mus uertit,pudicos,ſuo more.Et ne uideat abſurde ſenibus præcipi pudicitia, addit, ne in
19 aliena ætate turpiter libidini uacare uideatur¶Adeo etiã in ſanctiſſimis uiris deprehende⸗
re licet ueſtigiũ aliquod humani affectus.Chryſoſtomus σώφρονας interpretatur,ob animi
moderatiōe,quod ea ætas ob mentis imbecillitatem ſoleat immoderatius excandeſcere.
Quēadmodũ iubet νήφειν,quod ſomniculoſi tardiǫ ſint ſenes : tum σεμνὸς eſſe uult , quod
ferè dum repueraſcunt,ineptiant.Deniǫ ſanos eſſe iubet,quod deſipiſcat ſenum uulgus¶
In habitu ſancto.) ἐν καταστήματι ἱεροπρεπεῖς. quod perinde ualet,ac ſi dicas,eo amictu, ¶↓
eoǫ inceſſu & corporis motu,qui deceat ſacras matronas,ac deo dicatas¶Ambroſius uer⸗
tit,In ſtatu religione digno , uelut explicans compoſitam uocem ἱεροπρεπεῖς , & καταστήμα
19 referens non ſolum ad ueſtitum , ſed ad omnem corporis habitum ǫ geſtum. Sic en arrat
& diuus Hieronymus.¶
27 Non criminatrices.) μὴ διαβόλους, id eſt,Non calumniatrices.(ſiue delatrices)In Hiero⸗
19 nymo legimus,incentrices, haud ſcio an mendoſe ǫetiamſi idem exponit, accuſatrices.¶
Multo uino ſeruientes.) πολλῷ οἴνῳ δεδουλωμένας, id eſt, Multo uino deditas,ſiue addi⸗
ctas.Solent autem anus huic uitio affines eſſe.
19 Bene docentes.) καλοδιδασκάλους, id eſt,Honeſta docentes ǫOpinor quod quædam il⸗
lis annis ſenæ ſint, alienæ nequitiæ miniſtræ¶
19 Vt prudentiã doceant.) ὡς σωφρονίζωσι,id eſt, Vt ſobrias ſiue pudicas reddãt,quod ǫo⸗ ſωφρονίζωμ
ſterius ǫHieronymus legit,ut ad caſtitatē erudiãt,ſuo more torques quicquid poteſt ad uir
ginitatem,cui fauit,nō ſine ſuſpitione,nec ſine calumnia.Ambroſius legit, ut inſtituant.
Adoleſcentulas.) Hunc accuſatiuũ Græci referunt ad σωφρονίζωσι.Vt intelligas man⸗
dari matronis natu grandioribus,ut doceant puellas amare maritos.
Prudentes,) σώφρονας,quod rurſus Hieronymus legit, caſtas. Sed quia ſequitur caſtas
19 {ſiue puras,ἁγνὰς}fortaſſis quadrabat hic,ſobrias aut prudentes.
Domus curam habentes.) οἰκουρὸς, quod ſonat,domus cuſtodes, ut aſſidue domi ſint, οἰκουρὸς
& rem domi curent,quæ præcipue mulierum laus. Vnde ueteres,autore Plutarcho,pinge
19 bant Venerem teſtudini inſiſtentem,quod id animal nunquam à domo diſcedat ǫſymbo⸗
lum probæ matrisfamilias.¶
27 (Vt nō blaſphemeť.) Hoc adiectũ putãt ob eas quæ maritũ haberēt ethnicũ aut Iudæũ.)
Vt ſobrij ſint.) σώφρονες.Et hic Hieronymus legit,pudici,ſui ſimilis.
Teipſum præbe.) Præbens, παρεχόμενΘ. Et ita legit Ambroſius, Græcis conſentiens.
Exemplum.) τύπον,id eſt, Formam aut exemplar potius ǫ exemplum.
In doctrina,in integritate.) Græci ſic habent, ἐν τῇ διδασκαλίᾳ,ἀδιαφθορίαν,σεμνότητα,
35 ἀφθαρσίαν,λόγον ὑγιῆ, id eſt,In doctrina,integritatem,grauitatē,incorruptionem ǫſermo⸗
Nn   nem

¶16: confitentur ὁμολογοῦσι. Confitentur se.) ὁμολογοῦσι εἰδέναι.
¶16-22: dicatas. Admonet ita divus Hieronymus. Ambroſius

nem ſanum)Ad eum modum legit fermè Chryſoſtomus,niſi quod parum liquet.unde illi 19
ſit dictio,copiam,niſi forte ille pro ἀϛιαφϑοριαν ſcriptū repperit, ευπορίαν aut ἀφϑονίαν.Sic
enim illius uertit interpres:In doctrina,inquit,copiam,honeſtatem,ſermonem ſanum,irre
prehenſibilem[quum apud Chryſoſtomum Græcū tale nihil reperiam].Porrò in nonnullis 35
codicibus additur ἀϛιαφϑαρσιαν, cum præceſſerit ἀϛιαφϑοϱίαν. Nihil eſt autem quod prio▸
ri reſpondeat, nec apud Ambroſium, nec apud Hieronymum,nec apud Chryſoſtomum.
(Theophylactus non attingit ἀϛιαφϑαϱσίαν)Atcp hoc quocp nomen ἀϛιαφϑοϱίαν Hierony 27
mus torquet ad uirginitatē , cum mea ſententia magis declaret integritatem animi, nullis
cupiditatibus corrupti,non ira,non ambitione,non auaricia(Locum hunc ſecus refert di▸ 27
uus Hilarius lib.de trin.8.In omnibus teipſum bonorum factorū præbens exemplum,do▸
centem cum ueneratione uerbū ſanum &c.Quod Græce eſt σεμνότητα, Hilarius uertiſſe
uidetur cum ueneratione)Verbum ſanum eſt λόγον ὑγιῆ:de quo diuus Hieronymus non▸
nihil admonet,nempe quæ ſequuntur,ad integritatem doctrinæ poſſe referri , ſed obſtare
quod ſequitur,ſermonem ſanū.At mihi nō uidetur eſſe cauſa,cur hic offendamur.Quan▸
quam enim nemo docet,niſi loquatur, tamen refert non paulum,quomodo loquaris.

Irreprehenſibile.) ἀκατάγνωσον. Quod & ita ſonare poteſt,quod contemni nō poſſit,
{hoc eſt,ut cum autoritate doceat.}⟩   19

Vereatur.) ἐντραπῆ, id eſt,Pudeſiat,quod ſæpius iam uertit,confundatur.Ambroſius
& Hieronymus legunt,reuereatur.

Nihil habens dicere.) μηδὲν ἔχων λέγειν, id eſt , Nihil potens dicere, ſiue nihil habens
quod dicat.Nam ἔχϛν cum infinito uerbo,ſignificat poſſe apud Græcos.

Subditos eſſe.) Diuus Hieronymus admonet hūc locum bifariam legi.Altero modo,
ut accipias,ſeruos ſubditos eſſe debere dominis in omnibus{ut hæc particula ἐν πᾶσι refe▸ 19
ratur ad uerbum præcedens} Altero,ut intelligas ſeruos complacentes eſſe debere in om▸
nibus, ὑποτάσσεϛ,ἐν πᾶσιν ϛυαρέσϛϛ εἶναι. Atcp ita quidē habent Græci codices,huius tem
peſtatis.Etiamſi Hieronymus indicat, Græcos ſecus diſtinguere,nempe iuxta priorē ſen▸
ſum{cum iuxta poſteriorem diſtinguant hodie,quos ego uiderim codices}Porrò ϛυαρέσϛϛ 19
interpretatur,non qui ſatiſfaciant ac placeant dominis,ſed ſibi non diſpliceāt, & ſuam for
tunam,qualiſcumcp eſt,boni conſulantcp)Quæ quidem interpretatio, haud ſcio an ſit coacti 19
or{certe diſcrepat ab interpretatione Grecorum,nec cohæret cum eo quod ſequitur μὴ ἀν▸ 35
τιλέγοντας]Nam & ſuperius ϛυάρεσον dixit Paulus,quod gratū eſſet & placeret, licet Gre▸
ci ϛυσάρεσον appellant,cui non facile fiat ſatis,cui diuerſus ſit ϛυάρεσϛ}Mirum eſt autem,
unde Ambroſius legerit,optimos, niſi mendum eſt{aut niſi codex illius habebat ϛυαρέσϛϛ} 19
(Certe ευάρεσοι hic dicuntur qui modis omnibus ſtudent placere , quod magis cōgruit cum 27
eo quod ſequitur μὴ ἀντιλέγοντας.)

Nō cōtradicētes.) μὴ ἀντιλέγοντας. Quod elegāter reddidit Ambroſius,reſpōſatores.

Nō fraudantes.) μὴ νοσϕιϛομένυς. Quod Hieronymus legit,furātes: eſt enim νοσϕίϛιν
aliquid decerpere ac furtim detrahere,cum totā rem non auſis tollere,quod ſerui ſolent.

Sed in omnibus.) Sed fidem omnem,πίϛιν πᾶϛαν{Et Hieronymus legit,fidē omnem, 19
Et huic conſentiens Ambroſius.

Apparuit enim.) ἐπεφάνη.Quod Hieronymus & Ambroſius uertunt,illuxit.Apparet
enim quod uidetur,etiamſi non ſit.At ἐπιφαίνεϛη,quod ſit conſpicuū & illuſtre. Nam ante
uidebatur apud Iudæos in anguſto latere , & hic etiam legalium operū fiducia obſcurata,
nunc uſcp ad ſeruorum genus illuſtrata eſt{Necp tamen id temporis euangelij gratia inno 35
tuerat omnibus hominibus,ſed nullum hominum genus excludebatur.]

Dei & ſaluatoris.) Græca ſecus habent, ἡ χάρις τ̄ ϑεῦ ἡ σωτηρι⊖, id eſt,Gratia dei ſalu
taris uel ſalutifera.Etiamſi Hieronymus & Ambroſius aliter legunt{Quanquam in anti▸ 22
quiſſimo Greco codice Chryſoſtomi legamus σωτήρι⊖,necp ſecus exponit,ſi quis expen
dat attentius{Sine controuerſia Theophylactus legit σωτηρι⊖. Certe coniunctio &,non 27
additur in Latinis emendatioribus.Nec eſt ocioſus articulus ἡ σωτήριος, qui declarat non
eſſe ſalutem,niſi per dei gratiam. Quod autem ait ſeruatoris,poteſt uel de patre uel de fi▸
lio accipi . Sic enim Hieronymus, uel quod dei patris uiuens & ſubſiſtens gratia ipſe ſit
Chriſtus,uel quod Chriſti dei ſaluatoris hæc ſit gratia , & nō merito noſtro ſaluati ſimus.
                                                                                        Idem

19-27: margin:
Varia lectio

Diſtinctio
uaria

Ambroſius di
uerſe legit

16: Salvatoris [Dei & ſer▸
+ ſalutaris.)] uatoris
{19: atque etiam
Chryſoſtomus.

Idem fieri poteſt in proximo loco, ut doctrinam ſeruatoris noſtri dei, ornent in omnibus.)

19 {Minimum autem diſcrimen eſt inter σωτῆρ۞ & σωτήρι۞.}

35 [Erudiens nos.) Non eſt διδάσκουσα, quod eſt docens, ſed παιδ᾽εύουσα uox à pueris di/ cta, ſiue quod gratia nos ut rudes clementer doceat, ſiue quod per ignorantiam lapſos ma terne corripiat.]

Abnegantes.) ἀρνησάμενοι, participium eſt præteriti temporis, poterat uerti, abnegatis ſecularibus deſiderijs, ut legit Ambroſius: Abnegata impietate & ſecularibus deſiderijs.

35 [Hic locus annotandus eſt ijs qui male freti gratia negligunt bona opera, quū in hoc ipſum gratia liberet à peccatis, ut deinceps pijs operibus uacemus.]

Secularia deſideria.) κοσμικὰς ἐπιθυμίας, id eſt, Mundana deſideria. Alioqui Latinis ſe culare dicitur, quod cēteſimo quoqʒ anno inſtauratur: ut ludi ſeculares. Necʒ enim eſt ab eo quod ſequitur, ἐν τῷ νῦν αἰῶνι, in hoc ſeculo. ╴Seculare, pro mundano

19 Sobrie.) σωφρόνως. Quod hic quoqʒ Hieronymus uertit, pudice, ſuo more {ne parum uideatur conſtans.}

Et aduentum.) ἐπιφάνιαν, id eſt, Apparitionem ſiue illuſtrationem, ut & aliàs uertit. Quanquam eadem uox & aduentum ſignificat, ſed cum ſplendore, ueluti cū emergit ſol.

Magni dei & ſaluatoris.) Τ᾽ μεγάλε θεε ἠ σωτῆρ۞. Id ita legi poteſt, ut utrūqʒ pertine ╴Magni dei & ſeruatoris du plex lectio

22 at ad Chriſtum, dei & ſeruatoris: aut prius pertineat ad patrem, poſterius ad Chriſtum.

19 Chryſoſtomus ac Theophylactus utrunqʒ tribuunt Chriſto, & item Hieronymus, exul/ ╴16: ſalvatoris 16-19: tribuit

22 tantes aduerſus Arrianos, ceu uictores, ceu uictores plane ſit anceps. Imò magis pro illis fa cere uideatur, quàm pro nobis. Primum negari non poteſt, quin ſermo Græcus ſit ambi guus & ex æquo pertinens ad ſenſum utrumlibet. Quid autem agas aduerſus hæreticum ex loco prorſus ancipiti? Quod ſi illos urgeas interpretum conſenſu, certe Ambroſius uir ſummus & epiſcopus orthodoxus, diuiſim accipit, ut magni dei referatur ad patrem, ſer/ uatoris ad Chriſtum. Ipſius uerba ſubſcribam: Hanc eſſe dicit, beatam ſpem credentium, qui expectant aduentum gloriæ magni dei, quod reuelari habet iudice Chriſto, in quo dei patris uidebitur poteſtas & gloria, ut fidei ſuæ præmium conſequantur. Ad hoc enim redemit nos Chriſtus, ut puram uitam ſectantes repleti bonis operibus regni dei hæredes eſſe poſſimus. An non hic palàm dicit patrem reuelaturum gloriam ſuam iudice Chriſto? At aduentus in ſacris literis nō tribuitur patri, ſed filio. Nec hic ſimpliciter nominatur ad/ uentus patris, ſed aduentus gloriæ, quā interim expectamus in humilitate cōſtituti. Tum apparebit maieſtas noſtra, cum aperietur gloria magni dei patris, & ſeruatoris noſtri Ie/

27 ſuX Quid autem hic metuimus Arianos, quum tot locis Paulus dei uocabulum tribuat patri, filium appellans dominum? Si filius dei, tantum in principio euangelij Ioannis adeo clare pronunciatus eſſet deus, nōnne ſufficeret aduerſus uniuerſos Arianos? Poſtremo Ariani quidam hunc quoqʒ locum accipiunt de filio, & tamen non credunt quod nos cre/ dimus. Magnum enim deum fatentur, uerum negant, & hæc eſt illorum impietas. Quan/ quam omiſſus articulus in libris Græcis facit nonnihil pro diuerſa ſententia μεγάλε θεε κ᾽ σωτῆρ۞. Euidentius diſtinxiſſet perſonas ſi dixiſſet κ᾽ Τ᾽ σωτῆρ۞. Miror quid ſequutus Scholiaſtes ille, magnum deum interpretatur ſpiritum ſanctum. Fortaſſe locum captabat, in quo ſpiritus ſanctus manifeſte diceretur deus. Nam quod Thomas apparitionem gra/ tiæ tribuit ſpiritui ſancto, cui peculiariter aſcribitur opificium conceptionis Chriſti, non arbitror ad hunc locum poſſe torqueri.)

Populum acceptabilem.) περιούσιον, id eſt, Peculiarem. Diuus Hieronymus in commen ╴περιούσι۞ nouū uerbum tarijs huius loci, negat ſe à quopiam ſecularium perito literarum potuiſſe diſcere, quid eſ/ ſet περιούσιον, uerum ex Deuteronomio collegiſſe, unde Paulus hunc locū ſumpſiſſe uide/ tur, Vt eſſes ei in populū acceptabilem ex omnibus populis. Rurſum in Pſalmo uigeſimo quarto: Elegit ſibi dominus in poſſeſſiōe ſibi, quod dictū eſt in poſſeſſionem, Septuagin/ ta ac Theodotion tranſtulerūt περιουσιασμόμ: Aquila & quinta editio περιούσιον, ſyllabę com mutatione facta, non ſenſus. Symmachus pro eo quod eſt in Græco περιούσιον, in Hebræo סְגֻלָּה expreſſit ἐξαίρετον, hoc eſt, egregium uel præcipuum, pro eo quod idem in alio uo/ lumine, Latino ſermone utens, peculiare interpretatus eſt. Putat enim Hieronymus mini/ mum intereſſe inter περιούσιον & ἐπιούσιον. Porro uarietas hæc naſcitur ex ambiguitate præ ╴ἐπιούσιος poſitionis

positionis πρὶ & ἐπί. Etenim qui uertunt possessionem & peculiarem, huc spectarunt, quod ὀσία significat substantiam, hoc est, facultates & possessionē, & πρὶ circum, ut quod in bonis nostris sit, & in nostro, ut aiunt, ære, id peculiare dicimus. Rursum qui uerterunt egregium, huc respexerunt, quod πρὶ significat aliquoties eminentiam, & ὀσία essentiam, quasi dicas, reliquas substantias antecellentem. Existimat in eundem sensum accipi posse quod est in precatione dominica, Panem nostrum, ἐπιόσιον, id est, non uulgarem, sed eximium illum, qui de cœlo mittitur, qua de re & suo loco nonnihil attigimus. Porrò quod addit Faber, Hieronymo idē esse πρὶ όσιον & γνήσιον, miror unde sumpserit, nisi forte idem esse putat peculiare & ingenuum aut uerum. Quemadmodum Symmachus, ut dixi, peculiarem uertit [Augustinus in epistola contra epistolam Pelagiani capite decimotertio le- **35** git, populum abundantem.]

Sectatorem bon.) ζηλωτὴν, id est, Aemulatorem. Et ita Ambrosius.

Cum omni imperio.) μετὰ πάσης ἐπιταγῆς. Non quod iubeat illū esse imperiosum, sed quod uelit hæc diligenter mandari atq iniungi populo. ¶

Nemo te cōtemnat.) μηδείς σου περιφρονείτω. Diuus Hieronymus admonet hic nō esse idem uerbum, quo usus sit Paulus scribens ad Timotheum: Nullus adolescentiam tuam contemnat: illic esse καταφρονείτω. καταφρονεῖν enim dici, qui despicit ac nihili facit, quod & in bonam partem accipi possit, ueluti si quis pro Christo contemnat cruciatus aut mortem [A περιφρονεῖν, qui fastu quodam sibi uidetur alio melior ac sapentior: citatæ citra no- **19** menclaturam quod est apud Aristophanē in Nebulis, ubi Socrates sic inducitur loquens,] **19** ἀεροβατῶ καὶ περιφρονῶ τὸν ἥλιον, interpretans ad hunc modum, Scando per aerem, & pluris me noui esse quàm solem. Vult igitur Paulus Titum ita uiuere, ut nemo sit qui sibi melior uideri possit, quanquam ipse sit episcopus.

{EX CAPITE TERTIO}   **19**

DIcto obedire.) πειθαρχεῖν. Quod est proprie magistratibus parère.

Non litigiosos.) ἀμάχους, id est, Non pugnaces, hoc est, non iurgiosos & contentiosos.

Increduli.) ἀπειθεῖς. Ambrosius, inobsequentes, Hieronymus legit, inobedientes.

Et humanitas.) καὶ ἡ φιλανθρωπία, id est, Amor erga homines [non ἀνθρωπότης] Nam **19** quidam hoc loco humanitatem, interpretantur incarnationem Christi [Quorum de nume- **22** ro est Thomas, qui tamen addit alterā interpretationem. Porrò quod Theophylactus exponit de assumpta natura humana, non est accipiendum quasi pater eam assumpserit] sed quod pater sic dilexerit humanum genus, ut eius seruandi studio, filium unicum demiserit in terras, ut homo factus nos ad se traheret] At Paulus hic loquitur de patre Iesu [Quod **22** hic uertit humanitas, Hieronymus interpretatur, clemētiam in commentarijs] Et ἐπεφάνη, Hieronymus uertit, illuxit, hoc est, palàm facta est per filium incarnatū. Nec enim locum habet distinctio Thomæ, quam hic inducit, quod Græca uox qua usus est Paulus, nihil aliud significare potest, quàm studium & amorem erga homines, cui diuersa est μισανθρωπία. Et quod deum saluatorem uocat, magis ad patrem referendum uidetur, quàm ad filium [Certe de patre interpretantur Ambrosius simul & Hieronymus. De filio nullus ad- **22** huc interpretatus est. Porrò quo minus accipi possit de tota Trinitate, palàm obstat Hieronymus, qui demonstrat in hoc capitulo distinctim exprimi tres personas, simul operantes negocium salutis humanæ, cuius hæc uerba sunt in commentarijs: Diligentius, inquit, attendamus & inueniemus in præsenti capitulo manifestissimam trinitatem. Benignitas quippe & clementia saluatoris nostri dei, non alterius quàm dei patris, per lauacrum regenerationis, & renouationem spiritus sancti, quem effudit super nos abunde per Iesum Christum &c. Minus quidem euidenter Ambrosius, sed tamen eadem scribit: Deus enim inquit, misericordia sua saluos nos fecit per Christū, cuius gratia renati spiritum sanctum accepimus. Vides lector, ut & hic tres distinguat personas. His equidem non onerarem lectorem, nisi locus hic cum sit perspicuus, tamen magnis calumnijs fuisset impetitus [Vide **27** mus autem hic patrem uocari saluatorem, quemadmodum in superiore capite.)

Non ex operibus iusticiæ.) οὐκ ἐξ ἔργων τῶν ἐν δικαιοσύνη, id est, Non ex operibus, quæ sunt

Marginal notes

16: peri

19-27: margin: Faber

16: velut
16: Cap. III περιφρονῶ
16-22: καταφρονῶ enim

16: illud Aristophanium
19-22: illud Aristophanicum ex
πειθαρχεῖν

φιλανθρω-πία / ἀνθρωπότης
22-27: de quo sensit + ipse interpretans

Thomas lapsus

22: clementia

Calumnia

funt in iuftitia.Sentit autē de operibus legis Mofaicæ, de quibus multa fcribit Romanis.
27 (Quanꝗ orthodoxi de omnibus operibus hominum interpretantur.Qui uociferantur uo
cem effe delicatorum militum, quoties extenuantes noftra merita extollimus gratiæ dei,
quur non obftrepunt Paulo,qui toties reijcit noftra opera,toties inculcat gratiam & mife/
ricordiam domini, quur non in ius uocant Chryfoftomum, Theophylactum, Ambrofi/
35 um,[Auguftinum], Hieronymum, breuiter ueteres omnes qui talibus uocibus explerunt
fuos libros.>

Non in ope/
ribus &c.
uox delicato/
rum militum,
quibufdā ui/
detur quum
fit uox Pauli.

22 < Et renouationis fpiritus fancti.) Sermo Græcis eft anceps quod ᵈ⁄ₐ paternum cafum
poftulet.Ac legi poteft,& renouationem fpiritus fancti,ut repetatur præpofitio, & per re
nouationem fpiritus fancti.Atꝗ ita fanè legit Hieronymus ordinans hunc locum in com/
mentarijs.Neque fecus interpretatur Chryfoftomus,ita repetens, Hoc eft enim quod ait,
per renouationem fpiritus fancti.>

27 Abunde.) πλσσίως. Quod Hieronymus uertit,opulēter(Auguftinus ad Valentinum
35 legit ditiffime)Similiter libro de peccatorum meritis ac remiffione primo, cap.27.]

Volo te confirmare.) βεβαιῶδ. Quod anceps eft uerbū:poteft enim effe confirmari.
Vt curent bonis operibus præeffe.) ἵνα φροντίζωσι καλῶν ἐργων προίσαδ. Ambrofius
19 ita reddidit, Vt folliciti fint ad effectum bonorum operum[Ea potifsimum inculcāda, quæ
faciunt ad uitæ pietatem.]

27 Bonis operibus.) Hic,datiuus eft(non ablatiuus)& refpōdet præpofitioni præ (Sic eni
præeffe bonis operibus,quemadmodum dicitur aliquis præfectus annonæ aut militiæ.)
19 Qui credunt.) οἱ πεπιςδυκότις,id eft,Qui crediderunt[Ita legit Ambrofius.
✶ Et genealogias.) γενεαλογίας.Quod Ambrofius reddit,originum enumerationes[Et,
27 admonitionem melius quàm correptionem,ut indicat idem . Cæterum hæreticum(ni fal/
19 lor)appellat,non qui diffentiat aᵗquibuslibeᵗplacitis doctorum,fed factiofum,[licet & facti
27 ofus fit qui hæreſeos autor eft[Sic interpretatur Chryfoſtomus locum,prima Corinth. un
decimo:Oportet autem hæreſes effe. Chryfoftomus ac Theophylactus interpretantur de
peruerfis dogmatibus.)

✶ Pugnas legis.) μάχας νομικὰς,id eft,Pugnas legales,quod Hieronymus explicās, Quæ
ueniunt,inquit, ex lege.
Deuita.) παραιδεσο,de quo fuperius dìximus.
Poft unam & fecundam.) Latiníus erat,poft unā & alteram.Et ita legit Hieronymus.
19 [Ambrofius legit, poft primā,interpretans illos femel duntaxat admonendos, ne fi ſæpius
id fiat,confirmatiores reddantur in malo : fed deuitandos, ut fibi relicti aut frigeant nemi/
ne obfiftente,aut foli pereant. Ambrofianam lectionem hodie fequimur,qui hæreſeos fe/
22 mel conuictum,fi relabatur,non deuitamus, fed incendimus[Tertullianus in libro de præ
fcriptionibus hæreticorum refert,quemadmodum Ambrofius.>

19 Deuita.) παραιτ,id eft,Reijce:non eft παραιδεσο, quod mox eodem uerbo expreffit[Hic
locus eft,quem ſenex quidam Theologus,& imprimis feuerus,in cōcilio produxit. Cum
ueniffet in quæftionem,num quis effet locus in literis canonicis,qui iuberet hæreticū affi/
22 ci ſupplicio capitis,Deuita deuita,inquit,putans deuitare Latinis effe de uita tollere[Ad ne
quis fufpicetur meum effe cōmentum, accepi ex Ioanne Coleto , uiro fpectatæ integrita/
tis,quo prefidente res acta eft[Eamus nunc & negemus periculofum effe errare in uerbis.
Sic iureconfulti furem fufpendunt,quod lex latronem plecti capite iubet,& Gallorū uul/
gus furem latronem appellat.Sic medici frequenter errant,magno capitis noftri periculo,[
27 (dum ob infcitiam uocabulorum uenenum porrigunt pro remedio.)

Varia lectio

Et in uerbis
errare peri/
culofum

Proprio iudicio condemnatus.) αὐτοκατάκριτ, uoce compofita,per fe cōdemnatus,
19 qui pertinaciter diffideat ab omnibus [Cyprianus in epiftola primi libri tertia,legit,à fe/
27 metipfo damnatus[Rectius erat per fe damnatus, hoc eft damnatus,etiamfi nemo iudex
de illo pronunciet.quemadmodum dicimus αὐτοδίδακτος[Cæterum illud fuberfus eft,
Græce eft ἐξἑςραπἶαι,quod & ita poteft accipi,excidit à uita,fiue deflexit.Et ἁμαρτάνᵈ po/
teft uerti,errat, fed ita errat, ut fit per fe condemnatus, etiamfi nemo illum condemnet,ut
qui femel atꝗ iterum admonitus noluerit refipifcere.

αὐτοκατά/
κριτ

22.35 < Feftina.) απόδασορ, id eft , Stude ſiue cura . Nicopolis Thraciæ ciuitas [ut autumat

Handwritten marginal notes:
✶ 19-27: entries reversed
+ 16: Et...factiosum forms last sentence of Post unam + sec.) below.
16-19: conclusionibus magistrorum nostrorum
[22-27: civitas, a victoria qua Augustus devicit Cleopatram ut indicat Hieronymus. Theophylactus

Chryſoſtomuṣ,]Theophylactus ſcripſit eam imminere Hiſtro flumini,]Hieronymus putat **35**
eſſe eam quæ ob uictoriam qua Cæſar Auguſtus deuicit Antonium & Cleopatram no/
men hoc ſortita eſt . At eam peractam conſtat apud Actium Epiri promontorium. Vnde
& Suetonius Actiacam uictoriam appellat.Et Hieronymus præſans in hos commentari/
os planè declarat ſe putare Paulum de Nicopoli Epiri fuiſſe loquutum.]

16-27: Studiose

Legis peritum.) νομικόν. Hieronymus legit,Legis doctor.

Sollicitè præmitte.) πρόπεμψον. Imò deducito,ſiue proſequere,quod officiū ſolemus
Præmitte pro hoſpitibus exhibere.Atcȝ in hunc ſenſum interpretatur diuus Hieronymus.
deducito

Diſcant autem & ueſtri.) Noſtri,prima perſona legitur tum in Græcis codicibus, tum
in Latinis antiquis,& conſentiunt interpretes.   **22**

Gratia uobiſcum.) Græci legunt,Gratia cum omnibus uobis. Eam lectionem probat
Hieronymus,teſtans in nonnullis codicibus adiecta fuiſſe duo uerba domini noſtri . Am/
brosius legit, Gratia dei, cum omnibus uobis,(Exemplar Conſtantienſe habebat, Gratia **27**
dei cum omnibus uobis,Amen.)

I
IN EPISTOLAM PAVLI

↑16: ANNOTATIONES
↕16: APOSTOLI
16: ¶¶CAPVT PRIMVM

AD   PHILEMONEM   ANNOTATIONES   DES.   **19**
ERASMI   ROTERODAMI.

ILECTO adiutori.) ἀγαπητῷ καὶ συνεργῷ, id eſt , Dilecto
& adiutori, ſiue cooperario . Atcȝ ita legitur in uetuſtis co/
dicibus Latinorum,in Hieronymo,Ambroſio,& Chryſoſto **19**
mo:quorum Ambroſius ita circumloquitur, καὶ συνεργῷ,&
laborum nobis participi,] Nam dilecto, hic nomen eſt , non
participium, cuius admonet & Hieronymus,in commenta/ **19**
rijs,quibus hanc explicat epiſtolam, cenſens ἀγαπητὸν ma/
gis ſonare diligibilem quàm dilectum, atcȝ in re ipſa hoc in/
tereſſe,quod ἀγαπημ⟨ν⟩Θ, id eſt, dilectus eſſe poſſit qui non
ſit ἀγαπικὸς id eſt , dignus qui diligatur : uelut cum inimi/
cos ex præcepto Chriſti diligimus , ſunt quidem nobis ἠγα-
πημένοι, id eſt,dilecti,at non ἀγαπητοί,(Vide quantulam rem Hieronymus non iudicarit **22**
indignam quam annotaret etiam in commentarijs iuſtis & accuratis,(& ego quibuſdam **27**
uideor nihil indicaſſe.)

ἠγαπημ⟨ν⟩ος
ἀγαπητός

[*Appia quæ*]   Et Appiæ ſorori chariſſimæ.) καὶ ἀπφίᾳ τῇ ἀγαπητῇ, id eſt.Et Apphiæ dilectæ.(Hanc **27**
Chryſoſtomus exiſtimat fuiſſe uxorem Philemonis . Notat Pauli conſilium Chryſoſto/
mus,aſciſcit multas perſonas quo facilius exoret, adiungit Timotheū quem fratrē uocat,
ſolitus uocare filium,ſed fratris uocabulum conueniebat autoritati.Deinde Philemoni tri
buit geminos titulos, dilecto & cooperario,ut hìc quocȝ Paulo conſentiat, & huic adiun/
git Appiam , quam dilectam nominat:rurſus addit Archippum quem συςρατιώτην dicit.
Eodem pertinet quod ſeipſum appellat uinctum Ieſu Chriſti.Inhumanius eſt negare uin/
cto.Tanta erat ſollicitudo apoſtolo,ut unum homuncionem fugitiuum reconciliaret.)

*16. follows
In domino
Jesu..). below*

✳ Quæ in domo tua eſt ecclesiæ.) καὶ τῇ κατ᾽ οἶκόν σε ἐκκλησίᾳ. De familia ſentiẽ,opinor,] **19**
Ecclesia fa/ Proinde nos uertimus , congregationem . Indicat hoc haud obſcure Chryſoſtomus,hunc
milia enarrans locum,(Cæterum quando hæc epiſtola ſcribitur ad plures, incertum erat quò re/ **19**
ferretur pronomen tua, ad Philemonem, an ad Archippum, qui proxime præceſſit in or/
dine recenſionis, niſi mox totum ſermonem uerteret ad unum Philemonem . Quod ante
nos indicauit Hieronymus.)

(Semper memoriam tui faciens.) Aduerbium ἀεί, poteſt utrolibet referri , uel ad ſupe/ **19**
Amphibo/ riorem partem,uel ad inſequentè.Nec ad ſenſum magnopere refert,an intelligamus ſem/
logia per agentem gratias, an ſemper memorem in deprecationibus ad deū . Admonuit & hoc
Hieronymus,ne quis cauſetur à me res friuolas afferri.)   **22**

In domino Ieſu,& in omnes ſanctos.) Mirum cur caſum mutarit,cum Grçcis ſit utro/
biqȝ

19 bíc̈ casus accusandi,In dominum Iesum,& in omnes sanctos.{Quemadmodum legit Am
brosius, cumc̈ hoc Chrysostomus.}

Euidens fiat.) Græci legunt ἐνεργὴς, id est, Efficax.Nam ἐναργὴς per alpha,significat   *Ambrosius di*
euidens.Ita legisse uidetur interpres.Hieronymus admonet in Græco melius haberi ἐνερ/   *uersa legit*
19 γὴς,quod exponit,efficax{siue operatrix, ut accipiamus fidem ipsis factis præstitam & cō
27.19 probatam} Et in hunc sensum enarrat Chrysostomus(ac Theophylactus){Mirum autem
quid secutus Ambrosius,pro euidens & efficax legerit accepta.}

Omnis operis boni.) Operis,redundat,nec inuenitur uel in Græcis,uel in antiquis co/   *Superest ma*
19 dicibus Latinorum.Ad hæc nec apud Hieronymum,nec apud Ambrosiū,{nec apud Chry   *nifeste in*
27 sostomum{aut Theophylactum,tantum est,omnis boni)   *nostris*

In Christo Iesu.) Ante hæc uerba reperio in Græcis codicibus, τῇ ἐν ὑμῖν, id est,Quod
19.27 est in nobis.{Idc̈ legitur apud Chrysostomum(ac Theophylactum) & apud Hieronymū.
Ambrosius legit, quæ est in nobis, ut agnitionem referat, non bonum{ Et dilucidius est,
erga Christum Iesum, ut hæc particula referatur ad efficax : ut communicatio fidei tuæ
sit efficax, erga uel in Christum Iesum, ad cuius gloriam spectat fidei tuæ communicatio.
19 {Siquidem in plerisque Græcorum codicibus scriptum comperio, εἰς χριστὸν ἰησοῦν. Quod
si legamus ἐν χριστῷ, uertendum erat, per Christum Iesum, ut intelligas agnitionem boni,
22 siue bonum, esse in nobis beneficio Christi,non nostro merito.{Cæterum cum Theophy/
lactus interpretetur de fide uiua & operante in nobis, gradibus uirtutum, tamen inter/
pres aut non sentiens hoc, aut dissimulans semper insulcit suum euidens, cum non con/
gruat expositioni.}

Gaudium enim magnum habui,& consolationem.) Græce est χάριν ἔχομεν πολλὴν,ἐπὶ
τῇ ἀγάπῃ σου, id est, Gratiam habemus multam, in dilectione tua.Interpres legit χαράν,
19 eamc̈ lectionē secuti uidentur Hieronymus & Ambrosius{cumc̈ his Chrysostomus : &
germanam ac ueram arbitror,quod in huiusmodi uocum affinitatibus passim labi compe
riamus notarios.Et tamen alias annotatum est à nobis,χάριν accipi pro χαρὰν apud Paulū.}
27 (Theophylactus legit χάριν,sed interpretatur χαρὰν.)

Requieuerunt.) ἀναπέπαυται,id est,Refocillata sunt.

Multam fiduciam.) παῤῥησίαν.De quo sæpius admonui.
19
Quod ad rem pertinet.) τὸ ἀνῆκον, id est.Decens siue conueniens{Sentit enim illius es/
se officij,quod tamen sic ab eo petit,quasi sit gratuitum aut præter officium.}   *16: entries*
✴ Cum {is talis ut Paulus.) Græce sic habet, μᾶλλον παρακαλῶ,τοιοῦτ⊙ ὢν,ὡς παῦλ⊙ πρε   *reversed*
σβύτης, id est, Magis autem hortor , cum talis sim,ut Paulus senex . Sentit enim se cum id   *16·27: talis sim*
quod æquum erat, suo iure potuisset imperare Philemoni, nempe Paulus & senex,postre
mo uinctus Iesu Christi, maluisse tamen uti precibus, memorem charitatis potius, quàm   *16: memor*
22 autoritatis{Ambrosius interpretatur Philemon Paulo fuisse coæuum,quod tamen nec
Chrysostomus, nec Theophylactus, nec Hieronymus indicat . Ambrosius legit cum talis
sis. Sed hic palàm reclamat ratio grammaticæ, nisi forte placet ut Paulus hic uideatur ad/
mississe soloecismum, aut ὢν nominandi casus positus sit pro ὄντ⊙ & subaudiatur prono/
men σε, quæ sermonis forma nonnunquam reperitur apud Græcos . Hieronymus inter/
pretari uidetur iuxta Græcos, cum ait , Grandi petentis autoritate proposita , per quam
& apostolus obsecrat & senex & uinctus Iesu Christi. Hos itac̈ sequi maluimus,sic tamē
ut liberum sit cuic̈ suo frui iudicio.}

✴ Illum ut mea uiscera.) αὐτὸν τοῦτ΄ ἔστι τὰ μὰ σπλάγχνα, id est,Ipsum,hoc est, mea uisce/
22 ra{Porrò quod in plerisc̈ Latinis additur, Filium meum charissimum, apud Græcos non
additur . Nec est quicc̈ in Hieronymi commentarijs, unde coniectes eum legisse filium
charissimum . Fortassis adiectum est hoc ab eo, qui uoluerit interpretari, quid sit, hoc est
uiscera mea.}

Sine consilio.) χωρὶς δὲ τῆς σῆς γνώμης, id est,Sine tua sententia.
19 {Ad horam.) πρὸς ὥραν. Recte monuit Hieronymus hic horam pro tempore positam,   *Hora,pro*
nisi quod hora breuiculum tempus magis indicat. Quanquam quod Græci usurpant ho/   *tempore*
ram pro tempore,id propemodum imitatus est Horatius:
Qui purgor bilem sub uerni temporis horam.}

Vt in æternum.) Ἵνα αἰώνιον, id eſt, Aeternum, hoc eſt, ipſum iam non temporarium mi/ niſtrum, ſed perpetuo tecum uicturum. Atcp ita legit Ambroſius, ſimulcp Hieronymus. 19 (Et conſentiebat cum Græca lectione utercp codex Conſtantienſis.)   27

Sed pro ſeruo.) Græce eſt ὑπὲρ δοῦλον, id eſt, Supra ſeruum. Quidam legiſſe uidentur ὑπὲρ δούλου (Quanquam hic magis quadrabat ἀντὶ δούλου. Certe Hieronymus legit, Iam nō 27 ſicuti ſeruum, ſed plus ſeruo: quanquam Latinius erat, ſeruo potiorem. Et ſic habebat ex/ emplar utruncp Conſtantienſe.)

Ego reddam.) ἀποτίσω, id eſt, Dependamſiue reſoluam. Eſt enim ſermo fideiubentis 19 pro Oneſimo, & ſeſe illius uice obſtringentis. Diuus Hieronymus ex hoc loco raciocina/ tur, Oneſimum non ſine furto profugiſſe à domino ſuo. Quod idem teſtatur Theodore/
Philemon tus in Græcorū ſcholijs. In ijſdem reperio Philemonem Phrygem fuiſſe, apud hos autem
Phryx ingens erat mancipiorum prouentus, unde & prouerbium, Phrygem plagis emendari. Et tamen produnt hunc Oneſimum poſtea Romæ martyrij lauream meruiſſe.}

Ita frater.) Ita, hic affirmantis aduerbium eſt, ναὶ. Ambroſius addit ſic: Ita frater, ſic ego 22 te fruar in domino. Eſt autē uox obteſtantis fratrem aut filiū, quem optamus nobis eſſe uo luptati, quaſi nihil ſit nobis illius fruitione dulcius. Per eam igitur adiurat Philemonē. Hie/ 19 ronymus ναὶ uult eſſe blandientis, quemadmodū apud Hebræos eſt, anî. Et autē alluſio ad
Oneſimus nomen ſerui, quem cōmendat. Nam Oneſimus Græce utilis eſt. Ad quod alluſit & ſupe/
Græce utilis rius, cum diceret: Qui tibi aliquando inutilis fuit, nunc autem & mihi & tibi utilis: hoc eſt,
Humanitas nunc id eſt, quod dicitur ὀνήσιμος. Declarat autē hæc epiſtola, quamlibet breuis, Paulū ho/
Pauli minem fuiſſe ſingulari quadam præditum humanitate, qui tanto ſtudio ſeruū fugitiuum {cōmendauerit & ei cōmendauerit, obſecrans & obteſtans, cui pro ſua autoritate procp me 19 ritis in illum poterat imperare quod rogat. Deinde quid feſtiuius etiam dici poterat, uel ab ipſo Tullio in huiuſmodi argumento? niſi quod quidam nomine dūtaxat Chriſtiani, ani/ mo infenſiſſimi Chriſto, nihil eruditū putant, nihil elegans, niſi quod idem ſit ethnicū. Et uniuerſum ſermonis florem ſemel periſſe exiſtimant, ſi quid de Chriſto fuerit admixtum, quod illius ſapiat doctrinam, cum ea uel prima ſit eloquentiæ pars, ſermonē rebus accom/ modare? Quo magis etiam admiror, ullos de hac epiſtola dubitaſſe, num Pauli eſſet, cum 19 pro ratione modocp argumenti, nihil eſſe magis Paulinum poſsit.}

Donari me uobis.) χαρισθήσομαι ὑμῖν, id eſt, Donabor uobis. Et ita legis Ambroſius.

IN EPISTOLAM PAVLI

AD HEBRAEOS {ANNOTATIONES DES. ERASMI   19
ROTERODAMI. EX CAP. I}

VLTIPHARIAM multisċp modis.) πολυμερῶς καὶ πολυ- 35 τρόπως. uox prior à partibus dicta eſt, poſterior à modo. Si quid intereſt, illa referri poteſt ad uarias partes redemptionis humanæ, hæc ad uarietatem figurarum & oraculorum. par tes ſunt natiuitas ſeruatoris, doctrina, miracula, crux, reſurre ctio, aſcenſio &c. Singulæ uero partes ut diuerſis typis præfi guratæ ſunt, ita diuerſis prophetarum oraculis prædictæ.]

Loquens.) λαλήσας, id eſt, Locutus, præteriti temporis, Olim locutus in prophetis, proximis temporibus locutus eſt nobis in filio. Interpres illud fugiſſe uidetur, ne bis diceret lo cutus, cū Paulo utrobicp ſit dictio conſimilis λαλήσας & ἐλά/ λησψ [& in his ſit etiam gratia ſchematis.]   35

<In prophetis, in filio.) Chryſoſtomus etiam annotat præpoſitionem in poſitam eſſe 22. loco per.>

Splendor gloriæ.) ἀπαύγασμα, id eſt, Refulgentia, ſiue relucentia, quod ex alio reſplen det (Nam filius lumen eſt de lumine.)   27

Et figura.) χαρακτὴρ, quam dicere poſsis, formam expreſſam ex alio, ſiue notam rei cuipiam

19 aripiam impreſſam,uelut in cera.{Vox dicta à uerbo χαράττω, quod eſt inſculpo ſiue no/
35 tam imprimo[Auguſtinus libro de incarnatione uerbi,pro charactere ſubinde citat,figu/
ram expreſſam]Hieronymus adducens hunc locum in cōmentarijs Eſaiæ legit pro chara/
cter,forma.Nihil autē propius exprimit archetypum quàm imago impreſſa ſigillo}Et ſub Ob duo uer/
ſtantiæ,ὑποστάσεως, non eſt οὐσία, quàm eſſentiam uertit Quintilianus: ὑπόστασις à ſubſi/ ba totus or/
ſtendo dicta eſt,quæ Græcis aliquando accipitur pro perſona . Ex hoc uerbo nata eſt ma/ bis ſectus eſt
gna digladiatio , quod Ariani exigerent treis hypoſtaſes , & uerbum homouſij non reci/
perent. ¶ 16

Portansꝗ omnia uerbo uirtutis ſuæ.) φέρων τε τὰ πάντα. Meo quidem iudicio,φέρων Portans,pro
hōc loco non ſignificat idem quod portans ſiue baiulans,ſed agens potius,ſiue mouens ac moderans
moderans.Nam φέρονϑαι dicuntur Græcis,quæ impetu quodam aguntur:unde & φοράν
impetum uocant . Et ἄγειν καὶ φέρειν dicitur,qui ſuo arbitratu moderatur aliquem. Sentit
enim Paulus,aut quiſquis fuit autor epiſtolæ, non ſolum mundum hunc conditum per fi/
lium, quemadmodum modo dixerat , Per quem fecit & ſecula: uerum conditum regi &
adminiſtrari : idꝗ non ſtudio curaꝗ & induſtria, ſicut adminiſtrant homines, ſed uerbo,
hoc eſt,nutu ſuæ potentiæ.Nam quod principi uerbum eſt, quo iubet aliquid fieri,hoc illi
eſt uelle. In hanc ſententiam interpretatur & Chryſoſtomus, annotans emphaſim huius
19 participij φέρων{Gubernat enim aliquis cum negocio. Fert,qui ſine negocio mouet quoli/
bet.Proinde nos uertimus,Agat modereturꝗ . Thomas licet nō ſenſerit emphaſim huius
uocis,tamen haud multum aberrat à ſcopo}

Purgationem peccatorum faciens.) Græci addunt Δι᾽ ἑαυτῶ, id eſt, Per ſeipſum purga/
tionem peccatorum faciens.Et faciens apud Græcos præteriti temporis eſt:unde transfer/
re poterat,purgatione peccatorum facta,ne ſedendo uideatur purgare.Prius enim purga/
uit morte ſua,deinde conſedit.

22 Sedet.) Sedit,præteriti temporis eſt apud Græcos,ἐκάθισεν,quaſi dicas,conſedit{Chry
27 ſoſtomi interpres uertit Sedere fecit (Et huic lectioni conſentit enarratio cum Chryſoſto/
mi,tum Theophylacti,quos mirum nihil fuiſſe offenſos participio γνόμενος, niſi forte le/
gerunt γενόμενον)Et ſanè Græca uox eſt ambigua. Sed obſtat participium, quod ſequitur
35 γενόμενος{Cæterum Chryſoſtomus tale nihil habet.Illud uerum eſt λαθίζειν Græcis & neu
traliter & tranſitiue uſurpari.]

Ad dextram &c. Græca aliquanto ſecus habent, ἐν δεξιᾷ τοῦ θρόνε τῆς μεγαλωσύνης,id eſt,
27 In dextra throni maieſtatis . Quanquam hic exemplaria Græcorum uariant,(nec throni
35 mentio additur apud[Chryſoſtomum nec apud]Theophylactum)Atꝗ hic uere maieſtas
eſt,non δόξα.

19 {Tanto melior angelis factus.) Non eſt Græce μείζων, ſed κρείττων, quod ſonat potio/
rem ſiue potentiorem. Vel hunc explicent locum, qui contendunt nullo modo Chriſtum Chriſtus ali/
fuiſſe angelis minorem.Quomodo dicetur melior ſiue potior factus, qui nunquam fuerit quo modo
35 minor:niſi forte ſophiſtarū more libebit argutari,ex æquali factum maiorem{Nec melior fuit minor
hic pertinet ad mores,ſed ad præſtantiam dignitatem ac potentiam.] angelis

Differentius.) διαφορώτερον, id eſt, excellentius: quod διαφέρειν duo Græcis ſignificat,
differre & præeminere.

Hæreditauit.) κεκληρονόμηκεν, id eſt, Hæreditate accepit,ſiue ſortitus eſt.
19 {Ego ero illi in patrem.) quanquam aliàs quadrabat,Loco patris & loco filij, tamen hic
malui: Ego ero illi pater,ille mihi filius,ne quis imagnetur adoptionem.}

Et cum iterum.) ὅταν δὲ πάλιν, id eſt, Cum autem iterum.
27 Et ad angelos quidem ſuos.) Suos,ſupereſt(Nec additur in emendatioribus Latinis.)
22 Flammam ignis.) πυρὸς φλόγα, id eſt,Ignis flammam(hoc eſt igneam flammam.)

Thronus tuus deus.) ὁ θρόν@ σου ὁ θεός. Incertum eſt,an hic ſit ſenſus,ô deus ſedes tua 16·27: Sedes tua
eſt in ſeculum ſeculi:an hic,Ipſe deus eſt tibi thronus in ſeculum ſeculi. Nam ſermo Græ Duplex
19·22 cus anceps eſt{Sed priorem ſequuntur interpretes}Chryſoſtomus annotauit & hic articu/ lectio
27 lum eſſe additum}(ὁ θεός: quæ quidem annotatio non uideo quem habeat locum, niſi acci/
piamus ὁ θεός dici filio.Innuit enim Chryſoſtomus articulo ſignificari uerum deum,De pa
tre uero nec Ariani dubitant quin ſit ὁ θεός)

Ipſi

¶16: reciperent. Cæterum pro charactere Hieronymus in Esaiam legit
formam. Portansque.
19·22: reciperent. Res indigna, meo sane judicio, ob quam oriens &
occidens exitiabili bello inter se conflictarentur, & orbis concordia
turpiter scinderetur. Portansque

16: Graece

Ipsi peribunt tu autem permanebis.) Græcis uerba sunt præsentis temporis, pereunt
& permanes, ἀπολοῦνται, ἰαμθήσεις. Quanquam pereunt ambiguum est(& in ἰαμθήσεις solus accentus facit futurum tempus ἰαμθήσεις.)

Mutabis eos.) ἑλίξεις αὐτούς, id est, Volues, siue uertes eos. Atq; id uerbi magis quadrat in cœlos, aut etiam in uestem. Interpres legisse uidetur, ἀλλάξεις. Et apud Hebræos est
תחליפם transitiuum secundum, à uerbo, חלף quod est, mutauit, quemadmodū mutatur
amictus. Vnde & mutatoria dicuntur, annotante Capnione nostro. Græci constanter legunt ἑλίξεις, non ἀλλάξεις. Atq; ita interpretatur Chrysostomus & Theophylactus. Proinde quid legendum sit, eruditis expendendum relinquo.

In ministerium missi.) Missi apud Græcos præsentis temporis, ἀποστελλόμενα, id est,
Qui mittuntur(Mittuntur enim & hodie)Et capient, non capiunt, hoc est, futuro tempore non præsenti.

19: Vulgarius

EX CAPITE SECVNDO.

Erefluamus.) Valla mauult præterfluamus παραῤῥυῶμθν. Chrysostomus
interpretatur pereamus, sumptumq; putat ex prouerbijs Salomonis: Fili mi
ne effluas, ἵι μὴ παῤῥυῆς. Prorsus enim & irreparabiliter perit, quod dilabit.
[Hac forma dixit mulier secundo Reg.cap. decimoquarto, omnes morimur,
& quasi aqua dilabimur]

Quæ cum initium accepisset enarrandi.) Enarrari legitur in uetustis exemplaribus
{nominatim in Paulino}Græce est, λαλεῖσθ, hoc est, quæ primum dicta fuit à domino.
De quo loquimur.) Quo, refert orbem terræ, no deū. Id quod ex Græcis palam est.
Quis dicens.) τις, id est, Quidam.

Minuisti eum paulominus ab angelis.) Admonet hoc loco Iacobus Faber Stapulensis, apud Hebræos haberi, minuisti eum paulominus à deo. Atq; ita prorsus indicauit Hieronymus (aut si quis alius fuit)psalmo VIII. pro angelis qui illis uocantur בולאכים Malachim haberi אלהים Eloim. Thomas refert hunc locū ad humanam naturam Christi, qui
minor angelis factus sit non iuxta animam, sed iuxta corpus assumptum, per quod mortalis & doloribus obnoxius erat, cum angeli nullis malis attingi possint. Cuius equidem sententiam non reijcio, nisi quod prudenter accipiendum est, quod dixit Christum secundum
animam humanam non fuisse inferiorem angelis. Nam si nullus doloris sensus ad ullam
animæ partem pertinebat, non potuit esse acerbissimus in Christo dolor, quem ipse tamen
Thomas uult proximum fuisse cruciatibus damnatorum apud inferos. Et si hoc nomine
minor est alijs, quod corpus haberet obnoxiū doloribus, multo magis dicetur minor quod
animam haberet obnoxiam tædio mœroriq; At Faber hoc loco dissentiens à Thoma,
multis argumentis contendit, A deo legendum esse, no ab angelis, quæ recensere longius
sit, nec admodum necessarium, cum liber extet formulis semel atq; iterum excusus. Verū
siue legas A deo, siue ab angelis, uidetur idem manere scrupus. Etenim si de assumpto intelligas homine, quemadmodum necesse est, non paululum fuit imminutus à deo, imò infra abiectissimos etiam homines, quemadmodū ipse de se testatur in psalmis, Ego autem
sum uermis, & non homo, opprobrium hominum & abiectio plebis. Nulla enim propor-
tio naturæ humanæ ad diuinitatem. Ne ab angelis quidem paululum fuit diminutus, qui
usq; ad famem ac sitim, usq; ad flagra, ad crucem, usq; ad mortem deniq; descenderit. Proinde mihi uidetur illud, paulominus, quod Græce est βραχύτι, non ad dignitatis imminu-
tæ modum esse referendū, sed ad temporis modū quo uersatus est Christus in terris, quasi dicas, Ad breue tempus diminutus est ab angelis: quemadmodum interpretatur Chrysostomus & Theophylactus. Neq; uero refellit huius partis sensum, id quod sequit, Gloria & honore coronasti eum, omnia subiecisti sub pedibus eius, oues & boues &c. Siquidem prius illud pertinet ad Iesu uitam actam in terris & passionem, hoc posterius ad glori-
ficationem, ad quam ut homo subiectus est. Neq; uero prorsus hoc fefellit Aquinatem,
qui indicat paulominus, bifariam accipi posse, uel ut pertineat ad quantitatem, sic enim loquitur, uel ut pertineat ad durationem. Stapulensis in ius trahit interpretem epistolæ, qui
quidem quis nam fuerit, incertū est. Vt parum probabile sit ipsam epistolam à Paulo fuisse con-

¶16: Eum vero qui modico...) p.713 placed here
19.27: margin: Faber
19.27: margin: Thomas
16.22: humanitatem
16: animum   Thomas
16.19: approbo
16: Ac   A deo, non ab angelis
16.19: Vulgarius
19.27: margin: Graecus Intepres huius epistolae incertus

ſe conſcriptám, ſanè ſunt qui Lucam putent interpretem fuiſſe. Quam opiniónem ſi reci/
pimus, is interpres in ius uocari nõ poteſt, præſertim cum apud Hebræos hæc uox אלהים
eloim πολύσημ⊙ habeatur, quippe quæ utrouis numero, ſingulari aut plurali, deum, aut
deos declaret, nonnunquam angelos, aut homines etiam admiratione dignos. Interdum
principes aut iudices, ut illic: Principi populi tui non maledices. Et exodi capite uiceſimo
primo, Offerat eum dominus diis, & applicabitur ad oſtium. Quo loco Hebræi diis inter/
pretantur ludicibus. Et Chaldaica interpretatio ſic extulit, Adducat eum magiſter ſuus ad
iudicem: quemadmodũ annotauit & Capnion noſter in rudimentis Hebraicis. Verũ hæc
ad præſens inſtitutum proprie non attinet, niſi quatenus exigit lectionis ratio. Proinde
paucis indicaſſe ſat eſſe duximus. Alioqui erãt in hac epiſtola diligentius excutienda per/
multa, quæ non niſi uerboſa diſputatione poſsint explicari. Vnum illud addam, Hierony/

Capnion

19   mum uideri non admodum probaſſe, quod hæc proprie tribuantur Chriſto, quum ipſum
enarrans pſalmum ait, Hunc locum Apoſtolus in epiſtola ad Hebraeos ſuper Chriſto in/
terpretatur. Et de autore eius adeo fuit dubitatum, ut ſero recepta ſit à Romana eccleſia:
quandoquidem in hanc unam omnium nihil cõmentatus eſt Ambroſius. Et Hieronymus
19   ait à nonnullis nõ fuiſſe receptam, ob id quod in ea nonnulla citarentur, quæ apud Hebræ/
*   os non inueniantur. Ex hoc loco Faber Stapulenſis, uir cum primis probus ac doctus, an/
ſam arripuit conflictandi mecũ, ſiue id fecit inſtinctu alieno, ſiue quo meum animum ex/
ploraret, ſiue affectu quodam humano, ut nullus adhuc hominum extitit, qui omnibus ho
ris ſapuerit. Sed quoniam illius inſectatio commentariis intermixta paſsim legitur, neque
commodum eſt uiſum noſtram apologiam, qua illi copioſius reſpondeo, in hunc infulcire
locum, capita rerum duntaxat annotabo lectori.

Faber ab
Eraſmo diſ/
ſentiens [de
ελοιμ]

Primum, quod facit me reiicientem ſuam ſententiam, ac Hieronymianam interpreta/
tionem, res ipſa declarat longe ſecus eſſe cum utranq recenſeam, nec hanc, nec illam reii/
ciens, ſed tantum indicans ſcrupulum, qui uideatur in utraq lectione obſtrepere, eumq
conor amoliri, per hoc & Fabri parteis adiuuans. Nam is ſcrupulus grauius obſtabat, ſi le
gamus eum paulum diminutum à deo, quàm ſi ab angelis.

Deinde quod hanc diſputationem mecum ſuſceptam, uocat propheticæ intelligentiæ
defenſionem, ad me certe non pertinet, quũ ego propheticam intelligentiam pro uirili ad
iuuem, non impugnem. Nec hic ſine contumelia me facit intelligentiæ propheticæ aduer
ſarium, etiamſi conſtaret prophetam hoc ſenſiſſe quod ille uult, quũ nec Fabro aduerſer,
& Hieronymianam annotationem nominatim etiam adducam.

Deinde quod dixeram illum hac in parte à Thoma diſſentire, id ita defendit, quaſi cri/
minis uice intentarim, cum nihil tale ſit in ſcriptis meis. Solus Hieronymus admonuit de
eloim, cæteri omnes tum Græci, tum Latini legunt Ab angelis, cum his cõſentit Thomas,
niſi quod addit diſtinctiõe de corpore & anima Chriſti. Id quoniam habebat peculiare,
nominatim illius feci mentionem. Quid enim magni erat ſi dixiſſem Fabrum hic diſſenti/
re à Thoma, ubi diſſentit ab omnibus orthodoxis, imò ab ipſo Paulo, quẽ putat huius au/
torem apiſtolæ, & à publica eccleſiæ lectione, tot ſeculis recepta comprobataq.

Quarto loco ſic mecũ argumentatur, quaſi iam conſtaret, ac definitum eſſet, legendum
A deo, nõ ab angelis, cum id uerſetur in quæſtione, imò maxime uertatur in dubiũ, quod
ille ueluti certum & confeſſum aſſumit, an legendũ ſit A deo, quod ſemel duntaxat anno/
tauit Hieronymus & unus & paucis uerbis, nec improbans tamen receptam lectionem,
& aliis locis adducens hunc pſalmum, iuxta id quod nos uulgo legimus.

Quinto loco, uelut impie dictum, reiicit ac refutat, quod obiter ſcripſerim id quod in
pſalmo legitur, Minuiſti eum paulominus ab angelis, de homine aſſumpto intelligendũ,
perinde quaſi his uerbis diſtraxerim Chriſti hypoſtaſim, aut quaſi Chriſti uocabulũ, pro
una duntaxat natura uſurparim, quũ nihil tale ſermo meus habeat: qui neq à Latinæ lin/
guæ conſuetudine, nec à ueterũ ſcriptis, nec à ſacris literis abhorret, niſi palàm calumniari
uelis. Quod diminutus dicitur Chriſtus, utiq pertinet ad naturam humanã aſſumptam,
iuxta quam diminutus eſt. Et tamẽ oſtendo, ex ſuperuacuo nõ abſurde aliquid poſſe enun
27   ciari de altera naturarum quæ ſunt in Chriſto (quod in alteram proprie competat) Sed hæc
copioſius differuntur in Apologia: nam paucis annotari non poſſunt.

Sexto

Sexto, quod ille uelut abfurdum, execratur, Chrifti uocabulum pro una accipi natura, demonftro recte accipi iuxta uulgatam fcholaru opinionem, nempe pro diuina unita hu/ manæ,etiamfi negem id à me factum,idcʒ doceo clarifsimis argumentis.

Septimo,quod ille toties infulcit,homo affumptus fuit imminutus à deo, conftat Fabri fermonem effe,non meum.

Octauo,quod diximus Chriftum,non folum infra angelos defcendiffe, fed infra abiec/ tifsimos etiam homines,Faber atrociter eum fermonem refutat,tanquam impiũ & Chri/ fto deocʒ indignifsimum,tanquam fpiritui aduerfantem,& literæ quæ occidit adhærente, tanquam prophetæ repugnantem:quum ego multis modis demonftrem,hunc fermonem cum primis effe pium,concinentem oraculis prophetarum,congruentem cum interpreta/ tione orthodoxorum. cum primis confentientem cum uerbis Pauli: præfertim fi modum deiectionis,æftimemus nõ iuxta naturam hominis affumptam duntaxat,uerumetiam iu/ xta naturæ corruptæ iniurias plerafcʒ . Potifsimum autem iuxta fpeciem hominis nocen/ tis,quam noftra caufa gefsit ad tempus, iuxta quam crucifixus eft inter duos facinorofos, uelut & ipfe damnatus ob fcelera fua. Nam iuxta hunc fenfum potifsimũ placet Ambro/ fio,intelligi quod ad Philippenfes fcribit Paulus,Exinaniuit femetipfum &c.

Nono,quod inibi ratiocinatur Faber, Si propter naturam humanam affumptam, pau/ lum eft imminutus à deo, cum deus effe perfeuerarit, non confiftit abiectum fuiffe infra abiectifsimos homines,palàm eft omnibus non agere Fabrum dialectice,dum affumit ad/ uerfum me βραχύ τι hic referri ad modum dignitatis,ut opponatur multũ,cum ego doce/ am referri ad tempus,ut opponatur diu:necʒ pugnant plurimum effe diminutum,& pau/ lifper effe diminutum.

Decimo,quod in calce huius particulæ adijcit, me intendere hunc effe fenfum prophe/ tæ,Chriftum non paulum fuiffe imminutũ ab angelis,ac tanto minus à deo,& ex his con/ fequi,multo magis à deo diminutum,fi multum fuit diminutus ab angelis: atcʒ ita denicʒ prophetæ fenfum utrocʒ modo fubrui, fiue legamus à deo, fiue legamus ab angelis, fatis opinor,ex fuperioribus liquet,hoc illi nõ modo fine caufa,uerumetiam fine mente in me dictum effe.Eiufdem farinæ eft illa claufula, Quare hic fermo feipfum elidit,& falfum ef/ fe,omni ex parte manifeftat. Nulla enim pugna in meo fermone, fed in ijs quæ Faber ex fefe comminifcitur,tota hæc pugna eft.   **27**

Porro quod undecimo loco fubijcit, nõ confiftere fermonem,quo fcribo Chriftum ne ab angelis quidem paululũ fuiffe diminutũ, qui ad mortem ufcʒ crucis defcenderit, nemo nõ uidet ita dictum,ut aut ipfe nõ perpenderit quid diceret, aut amicum uoluerit irridere: Si nõ ab angelis,inquit,paulum quidem fuit diminutus,quomodo approbatur in Prophe ta legendum effe,Minuifti eum paulominus ab angelis? Pugnant ne paulominus,& non paulominus,paululum,& nõ paululum ? Non animaduertit Faber hanc enunciationem, Ne ab angelis quidem paululum fuit diminutus, affirmatiuam effe, non negatiuam, quæ fignificat diminutum,fed nõ paulum,imò multum:fecus effet fi dixiffem,Ne paululũ qui dem fuit diminutus,Liquet igitur hic nihil effe quod fecum pugnet.

Duodecimo loco, quæ nos adduximus è pfalmis , Ego fum uermis & non homo,fimi/ liacʒ,Chrifti teftantia humilitatem,negat uere in Chriftũ cõpetere, fed tantum iuxta æfti/ mationem impioñ.Atqui cũ interprete Auguftino,imò ueteribus omnibus,hæc Chrifto tribuantur,ob humanam naturam affumptam,& naturæ noftræ iniurias,poftremo ob af/ flictiones quas ut homo nocens perpeffus eft, ne hæc quidẽ in illum uere competent. Imò quia Chrifti deiectio,nobis humilitatis exemplum præfcribit,opinor magis conuenire, ut hoc exemplum,ut fummum,ita uerifsimum effe credamus.Quod fi appellatio uermis,& in membra Chrifti competit,non ftatim confequitur in ipfum non competere.

Decimotertio, quod adducit Mariam matrem Iefu, dilectum difcipulũ, Magdalenam, ac reliquos, multa compafsione fleuiffe Chriftũ,magis pro me facit.Etenim fi nihil in illo erat non magnificum ac felix,quid fuper illo flebant?

Decimoquarto,quod rogat qui cõueniat,eum dici uermem, qui fit primogenitus om/ nis creaturæ,& fuperior eft omnibus creaturis,uicifsim eum rogabo,qui conuenerit olim Chriftum dici deum & hominem, mortalem & immortalem , filiũ hominis & filium dei,

                       mortuum

19-22: humiliatio

19-27: reliquas

mortuum & uiuum? Quis enim non uidet diuerfiffima in eundem competere, ob naturarum diuerfitatem, quas eadem hypoftafis complectitur.

Decimoquinto, quod dicit Iefum ita fuiffe hominem, ut omnium maxime uere fuerit
homo, nihil ad me pertinet. Mihi fatis eft, quod ipfe fefe uocat non hominem. Necϱ enim
quifquam ita infanit, ut accipiat illum non fuiffe uere hominem. Sed quemadmodū quæ
contemptiffima funt, dicuntur non effe, ita deiectiffimos homines, non homines dicimus.
35| Porrò an Chriftus magis fuerit homo quàm cæteri, dialecticis difputandum relinquo, ϱui
negant in fubftantiam cadere magis & minus. Ego ut Chriftum hominē fuiffe profiteor, **19-27 : summum**
ita non aufim affirmare maxime omnium fuiffe hominem.

Decimofexto, quod Chriftus, ut ait in Euangelio, non afcribit fibi nomen uermis, fed
ea potius quæ funt dignitatis, Primum mihi fatis eft, quod fe in Propheta uermem dixerit.
Necϱ uero quæ in facris literis teftantur Chrifti dignitatem, derogant illius affumptæ hu-
militati: ut necϱ retrorfum, quæ declarant humilitatem, derogant celfitudini.

Decimofeptimo, negat Chriftum uermem dici poffe, quod terrenus non fit, fed iuxtà
Paulū cœleftis, imò & cœleftis erat, & terrenus. Iuxta illud dicitur filius dei. iuxta hoc filius hominis, fiue Adæ. Porrò quod addit de proportione identitatis, aut æqualitatis, an ul
la talis fit, ipfe uiderit. Sed fi hanc folam ponit in Chrifto, non erit ullo pacto imminutus à
deo, quod tamen fatetur Faber. Quod fi iuxta affumptam naturam dicitur inferior deo pa
tre, proferat ille fi quam nouit proportionem inter creatorem & rem creatam.

Decimooctauo, quod ratiocinatur & feraphim ad deitatem collatos uermes dici poffe,
nihil ad me pertinet. Necϱ uero fic argumentor, Inter hominem & deum nulla eft propor-
tio, igitur homo uermis eft: uerum ita colligo, Chriftus fe uermem dicit & non hominem,
opprobrium & reiectamentum plebis, igitur non fuit paululum ab angelis diminutus, fed
plurimum, etiam infra uulgus hominum.

Decimonono quæftionem mouet, an ob iniurias fufceptas, Chriftus fuerit in fe diminutus. Exponat quid dicat in fe, & nihil fuerit negocij illi refpondere. Neque ratio uetat
Chriftū quo plura paffus eft, hoc merito fuiffe maiorem, & tamen interim uere deiectum.
Vt diffimulem hic quod me facit aduerfarium fuum, qui pro ipfo faciam: quod meum fer
monem coniungit cum opinione Iudæorum, qua Chriftus multum fuit diminutus : quod
periculum denunciat, fi meis dictis pertinaciter hæream. Ego uero mea facile recantabo,
fi prior recantet Paulus quod fcripfit, Exinaniuit femetipfum.

Vicefimo loco, negat mortem Chrifti dicendam humiliationem, fed magis exaltationem, quum ipfe dicat, Cum exaltatus fuero à terra, omnia traham ad me. Eadem ratione
latrones poterant dici exaltati. Imò Paulus ipfe, Chrifti paffionem, diminutionē interpretatur in hac ipfa epiftola, Exaltationē, refurrectionis & immortalitatis gloriam. Atϱ hoc
loco uidetur fibi parum conftare Faber. Cum enim omnibus machinis hoc agat Faber, ne
Chriftus dicatur uere humiliatus fuiffe, fic concludit, paffionem illius non uocandam humiliationem in malam notam. Fatetur igitur effe humiliationē in bonam notam. Atqui in
optimā notam nos illi tribuimus. Quis enim aliter tribuat Chrifto, nifi prorfus impius?

Vigefimoprimo, ait Chriftum cum ifta pateretur nihilo fecius fuiffe regem angelorū,
uelut abfurdum fit dicere illum humiliatum infra angelos, qui rex fit angelorū. Atqui ea
ratione non fuit inferior deo, cum fuerit deus. Et tamen hoc certe dat Faber.

Vigefimofecundo, fic ait, Verū hæc omnia pro nobis miferis iuxta oracula pati debebat, & uideri admirandus fupra omnes, & uideri abiectus & humiliatus : nimirū innuens
non humiliari, qui immeritus affligitur: imò hoc magis fe deiecit, quo magis innoxius pro
indignis ea pati uoluit. Et, ni fallor, ficut uere uifus eft admirandus, ita uere uifus eft abiectus & humiliatus, non fimpliciter, fed, quod mihi fatis eft, aliquo modo.

Vigefimotertio, quod proponit de martyribus, pro me facit. Humiliantur illi, cum ceruicem præbent lictori, exaltantur gloriofæ mortis, tum memoria, tum præmio.

Vigefimoquarto, negat βϱαχύ τι ad temporis modum poffe referri, quo Chriftus uerfatus eft in terris, cum eum mox iubeantur adorare omnes angeli. Mirum uero fi iubentur adorare qui deus eft. Nec tamen ideo confequitur non aliqua parte fuiffe inferiorem,
qui fuerit mortalis, cum illi fint immortales.

Vigeſimo quinto, fortiter negat apud Hebræos, Meat, ſonare ſpatium temporis, ſed quantitatis,ſiue magnitudinis,& locis aliquot productis,putat ſe rem factã habere, quaſi uero conſequatur,ſi Meat alicubi ſit uſurpatum apud Hebræos, ut non declaret breuita‐ tem temporis,non poſſe uſquam ad temporis ſignificationem accommodari. Certe Pſal‐ mo triceſimo ſexto,Adhuc puſillum & non erit peccator,Hebræis eſt Mcat. Item Pſalmo centeſimo octauo,Fiãt dies eius pauci,rurſus eſt Meatim.Rurſum Pſalmo ſecũdo, Cum exarſerit in breui ira eius,eſt Bimeat.Nec dubito quin centum loca produci queãt, ſi quis hoc agat. Vide quid eſt rem dubiam,ut exploratam aſſeuerare.

Vigeſimo ſexto, quis non uidet præceptionem nihil ad rem pertinere, qua docet hæc uocabula multum ac parum, ſimiliaʠ, quoties iunguntur uocabulis auctionem diminu‐ tionémue deſignantibus,nequaquam ſolere ſignificare tempus, ſed paulo minus adiungi tur uerbo,minuiſti.Non enim hic agitur,recté ne uerterit Latinus interpres,ſed quid Grę ca uox Βραχύτι declaret . Quis enim Latinus unquam dixit paulominus pro paululum? quod magis ſonat propemodum.Quod ſi Βραχύτι Gręcis ad tempus pertinet,non uerten dum erat paulominus aut paululum,ſed pauliſper. Neʠ quicquã uetat ita loqui, Pauliſ‐ per auxiſti rem meam,pauliſper deiectus fuiſti.

Vigeſimo ſeptimo,conatur & Græcorũ autoritate probare,Βραχύτι, non poſſe ad tem pus referri,quod Euſtathius Homeri interpres,de talétis loquens,Βραχύτι dixerit,non tem pus indicans , ſed magnitudinem aut æſtimationem . Primum plus tribuendum arbitror Athanaſio,Chryſoſtomo,Origeni , uiris uſʠ ad eloquentiæ miraculum Gręce peritis, ʠ Euſtathio alienorum commentariorum rhapſodo . Ad hæc qui conſequitur , Euſtathius Βραχύτι accommodauit ad magnitudinem,igitur non poteſt ad temporis modum pertine‐ re:ut quoniam breuem fuſtem dicimus,non liceat dicere breue tempus.

Vigeſimo octauo,quod docet ſi quis tempus uolet ſignificare , dicendũ eſſe ἐπ᾽ ὀλίγου aut μικρόυ:quod poſterius eſt apud Ioannem:Hæc non ſignificant tempus,niſi quia ſubau ditur χρόνου,aſinum ſignificatura,ſi ſubaudiatur ὄνου,quemadmodum uſu uenit & in Βρα‐ χῦ, cum dicimus ἐν Βραχῶ, id eſt,Breui,nimirum tempore.

Vigeſimo nono,docet ſi interpretes Septuaginta tempus intelligi uoluiſſent, dicturos fuiſſe, ἠλάτϳωσας αὐϞὸ ταχὺ παῤ ἀγγέλυς, idʠ ita Latine uertendum fuiſſe, Minuiſti eum cito ab angelis. Verũ quis ita loquitur,Cito uixit,pro nõ diu uixit: licet cito mortuus eſt, apte dicatur , qui nõ diu uixerit.Chriſtus cito exaltatus fuit,quia non diu fuit humiliatus.

Triceſimo. Vulgarium & Athanaſium duos facit,cum commentarij in epiſtolas Pau‐ li,qui circumferuntur uerſi à quodam Priore S.Balbinæ , Vulgarij ſintʂeu potius Theo‐ phylacti Bulgarienſis epiſcopiʂ non Athanaſij . Quod protinus deprehendet qui Græca contulerit.

Triceſimoprimo , cum Faber aſſeueret hanc lectionem eſſe impiam atʠ adeo hæreti‐ cam,ſi quis contendat tueri,pauliſper imminutus ab angelis,tamen Chryſoſtomum ac cæ teros orthodoxos omnes,non aliter excuſat,quàm quod decepti per Septuaginta qui uer‐ terint Ab angelis,putarint ſic eſſe apud Hebræos,ac difficultate loci conſtricti,huc confu‐ gerint,ut Βραχύτι ad temporis modum detorquerent,ſed falſo. Mallem illum de tantis ec‐ cleſiæ columnis paulo ciuilius fuiſſe loquutum,preſertim cum nemo ſit omnium qui non cum illisʂhac in parteʂſentiat.Ipſe deniʠ Hieronymusʃillis aſſentiturʃſicut ante docuimus, idʠ in opere non ſuſpecto:cum commentarij quos habemus in pſalmos, aut non ſint Hie ronymi,aut certe multis locis contaminati ſint alienis emblematis : ut omitttam, quod tot ſeculis magno conſenſu,ſic legit,ſic cantat,ſic docet eccleſia: quæ ut labi poſſit alicubi,cer te ſenſum hæreticum non amplecteretur tot ætatibus.

Triceſimo ſecundo,quæ adducit ex euangelio de dignitate Chriſti, contra me non faci unt,qui ſic illi tribuo pro tempore aſſumptã humilitatem,ut dignitati non derogem: Vno inquit,patre minor dicitur.uerum,ſed eidem patri fuit æqualis:ita ſecundum aliquid infe‐ rior fuit angelis,non ſimpliciter inferior.

Triceſimo tertio,multis uerbis docere nititur hominem unitum diuinitati, hoc ipſo,ſic exaltatum fuiſſe ſuper omnia , ut paulum eſſet imminutus à deo . Atqui quod Faber hic uocat exaltationem,Paulus uocat exinanitionem.Et addit,formam ſerui accipiens, quod
ipſe

22

27-35

ipfe quoq; Faber fuperius interpretatur,Humanam naturam.Certe Faber inęqualitatem ponit in Chrifto,fecundum quiddam:quæ fi fumitur iuxta comparationem diuinæ natu/ ræ & humanæ,quomodo fecundum hæc dici poteſt paulum diminutus.

Tricefimo quarto,expatiatur in campum latè patentem,multa colligens de excellentiâ Chriſti,quibus adeo nihil detraho,ut ad illius dignitatem mihi ieiune, parcecp dicta uide/ antur.Sed ut ante demonſtratū eſt, hæc non officiunt ijs quæ de eiufdem humilitate funt dicta,iuxta naturam aſſumptam.

Tricefimo quinto,quando Faber ufcpadeo mordicus tenet, Chriſtū nō niſi paululū fu/ iſſe imminutū à deo,uel illud expediat,quo fenfu Paulus dicat eundem exinaniſſe fe ꞏ An exinanire fignificat paululū quiddā diminui,quod nobis penè fonat,In nihilum redigere? Perinde quaſi dicas, Exanimauit hominē,& interpreteris,id eſt,Leuiter commouit.

Tricefimo fexto,non fatis amice patrocinatur Aquinati, qui Græce Hebraicecp igna/ rus,fequutus fit aliorum errorem. Atqui fi Chriſtus nullo modo fuit angelis inferior, ma/ nifeſta blafphemia eſt,illum angelis facere inferiorem. Id certe uel citra linguarum periti/ am fentire poterat Thomas, uir non omnino ſtupidus.

Tricefimo feptimo,quoniam Faber omnem culpam reijcit in interpretem,fic argumen tabar,Si Lucas eſt interpres huius epiſtolæ, hunc non oportet reum agere. Id,inquit,non recipimus,quum omnes fentiant incerto autore translatam . Imò quifquis eſt cuius extat argumentū in hanc epiſtolam,teſtatur Lucam plufquā interpretem huius epiſtolæ fuiſſe, qui memor fenfus & ordinis poſt obitū Pauli, ex fua memoria Græce illam defcripferit. Non aſſeuerat,inquis, fed teſtatur ita multos fenſiſſe . Quod fi prorfus incertus eſt inter/ pres,ut fatetur,quomodo Faber certò negat eſſe Lucam? 19-27: fateris

Tricefimo octauo,iam adijcit in fine,Cæterum non oportet autoritatem fcribentis qui cuncp is fuerit,fed ueritatem facere uictoriam . Id fi uerū eſt,quomodo Faber unam unius Hieronymi annotationem fequutus,de re tanta tam conſtanter pronunciat? Deinde quid fi Lucas fit autor,nam id aſſumpfi,non erit huic aliquid deferendum?

Tricefimo nono , fatetur Eloim Hebræis polyfemum eſſe, & refpondere duabus uoci/ bus Latinis,deus & dij. Verum eſt quod fatetur & negari non poteſt,cæterum hoc adijci/ endum erat , quod conſtat Eloim non folum fonare deos, uerum etiam primates,iudices, denicp & angelos.

Quadrageſimo hoc ait intereſſe , quod Eloim quoties abfcp pluralitatis nota ponitur, deum fonat,atcp ita femper tranſtulerunt Septuaginta,Rurfum quoties deos fonat, addi/ tur col,pluralitatis nota.Id nihil opus eſt aliunde petitis argumentis refellere,cum ipfe fer mo ⳨εὐδολομῶνꙌ feipfum refellat.In hoc pfalmo non additur col, & tamen non uerterunt deum.Rurfum Exodi uigefimo fecundo, Dijs non detrahes,non apponitur col, & tamen uerterunt Deos.

Quadrageſimo primo,flagellat interpretem huius epiſtolæ,qui in pfalmo non uerterit Eloim,A deo,cum idem fecerint Septuaginta,quibus magis coueniebat hoc imputari.

Quadrageſimo fecundo, Quidam Hebræus Hifpanus,homo mea fententia non uulga 19: Adrianus riter exercitatus in fuis literis,ait hoc intereſſe inter Eloim & Malachim, quod angeli quo Matthaeus que quoties de dignitate agitur,quod aſſiſtūt deo,Eloim uocantur:ubi de functione , hoc eſt,cum aliquò mittuntur, Malachim uocantur. At hic dignitatis fit collatio.

Quadrageſimo tertio,eleuat paraphrafin Chaldæorum,quæ iuxta Septuaginta trans/ lationem,pro Eloim,habet Malachim,id eſt,angelos.Cui ego in hac fane parte puto non/ nihil tribuendum , præfertim cum confentiat cum autoritate Septuaginta , quam ferè fe/ quuntur & apoſtoli.

Quadrageſimo quarto,ut cenfor feuerus obiurgat me,& amentiæ accufat,qui fcripfe/ rim quod Hieronymus nō uideatur admodū probaſſe,hūc pfalmū proprie tribui Chriſto, fic detorquens,quaſi proprie dixerim uere,cum Latine,ut opinor, dixerim proprie tribui quod ita tribuitur,ut in aliū neminem cōpetat. Permulta funt in pfalmis , quæ nobis cum Chriſto funt cōmunia. Nihil igitur in his meis uerbis,quod tam acriter debuit inceſſi.

Quadrageſimo quinto,procul reijcit meam coniecturam, quod collegerim ideo uideri tiō admodū probari Hieronymo, hæc proprie tribui Chriſto, quod fcripferit,hunc locum

Apoſtolus in epiſtola ad Hebræos, ſuper Chriſto interpretatur. Fateor grauem autorem Paulum,ſed primū incertum, an is huius epiſtolæ ſit autor. Deinde fatetur Hieronymus hunc ſcripturas aliquando ad uictoriam detorquere. Poſtremo non uideo quomodo poſ/ ſit totus hic pſalmus Chriſto accōmodari.Solemus autem in autorem reijcere, ſiquando ipſi ſidem dictorum præſtare nolumus. Verum id quoniam paucis annotari non poteſt, ex Apologia qui uolet reliqua petat.Necɋ hic quicquā affirmo, tantum aio uideri.

Quadrageſimo ſexto, quod Chriſtus in euangelio citat uerſiculum ex hoc pſalmo,Ex ore infantium & lactentium perfeciſti laudem, non arguit neceſſario pſalmum hunc pro- prie in Chriſtum competere,imò ſententia poteſt eſſe generalis quam adducit.

Quadrageſimo ſeptimo,ſtultitiā impingit, qui ſcripſerim uſɋadeo dubitatū de auto/ re huius epiſtolæ, ut ſero ſit recepta à Romanis,cum hoc ad rem propoſitā nihil attineat. Certe hactenus pertinebat,ut ſi Pauli non eſt,minus nos eius urgeat autoritas.

Quadrageſimo octauo,negat conſtare quod hanc Romani ſero receperint.Necɋ mihi conſtaret,niſi Hieronymus hoc literis prodidiſſet,teſtans ſua ętate Apocalypſim nō fuiſſe receptam à Græcis,Epiſtolam ad Hebræos à Latinis. Nam hanc Græci libentius recepe/ runt in odium Arianorum.Comperiet hoc non eſſe meum ſomniū, qui legerit epiſtolam ad Dardanum,de terra repromiſſionis,ubi fatetur à Latinis non fuiſſe receptam,cum ma/ xime uellet eſſe receptam.Legat eiuſdem commentarios in Eſaiæ caput ſextum.Rurſum eiuſdem in caput octauum clarius etiam,rurſum in Matthæi caput uigeſimumſextum.

Quadrageſimonono,arguit eam fuiſſe receptā à Romanis iam olim,quod hæc tranſla tio præceſſerit tempora Hieronymi. Vt hoc donemus eſſe uerum, tamen hinc nihil aliud confici poteſt, ɋ hanc epiſtolam tranſlatam fuiſſe ante tempora Hieronymi. Necɋ enim ſtatim quod tranſlatum eſt,receptum eſt.

Quinquageſimo, exiſtimat euidentiſſimum eſſe argumentum, epiſtolam hanc fuiſſe receptam à Romanis,quod Hieronymus utatur eius teſtimonio aduerſus Iouinianum.Si ideo fuit recepta,quod huius utitur teſtimonio, receptus fuit & Pythagoras,cuius aduer/ ſus eundem utitur teſtimonio.

Quinquageſimo primo,ſuauiter irridet argumentationem meam, ut minime dialecti/ cam,Sero fuit recepta,quia in hanc nihil commentatus eſt Ambroſius, quaſi conſequatur pari ratione,in quencunɋ librum non ſcripſit commentarios Ambroſius, eum ſero fuiſſe receptum à Romana eccleſia.Ac uere prædicat,hoc enthymema non unis dignum Anti/ cyris,ſi quis ad eum colligat modum.At ego in re cōiecturali ſynathrœſmo ſum uſus. Pri mum quod ſero recepta ſit,teſte Hieronymo: deinde quod quædam in ea citentur ex He/ bræorum uoluminibus,quæ illic non reperiantur.Addo in cumulum cōiecturarum,quod Ambroſius,cum in cæteras omnes ſcripſerit,in hanc unā non ſcripſerit.Erant & aliæ con/ iecturę,quas hic ueluti aliud agens,non putaui recenſendas.Nec eſt neceſſe,ut ex ſingulis coniecturis naſcatur certa concluſio.Satis eſt ſi ex multis congeſtis argumentis,conſletur probabilis ſuſpicio.

Quinquageſimo ſecūdo, exiſtimat argumentū irrefutabile hanc epiſtolā fuiſſe recep/ tam,quod Ambroſius ac Hieronymus in libellis ſuis utatur illius teſtimonio.Id argumen/ to eſt,ſic fuiſſe receptā,ut iam tum à multis legeretur, ueluti Pauli,nō aūt fuiſſe receptam autoritate publica,uelut partem ſcripturæ canonicæ,de qua non liceret dubitare.

Quinquageſimo tertio, iam ad argumentū quod adducit ex Dionyſio, qui in libris de diuinis nominibus adducat huius epiſtolæ teſtimonium, Reſpondeo, quoniam incertus eſt ille Dionyſius,fieri poſſe,ut aliquanto poſterior fuerit Ambroſio.

Quinquageſimo quarto,fortiter aſſeuerat nullos unquā de hac epiſtola dubitaſſe,præ/ ter Ebionitas,Marcionitas, & horum ſimiles hæreticos. Quod ſi doceo Hieronymum & Auguſtinum de hac epiſtola dubitaſſe,ſicut mox & in calce huius epiſtolę docebimus,ex regula Fabri conſequetur eos eſſe hæreticos, qui nobis certe ſunt orthodoxi, nec dubito quin & ipſi Fabro.

Quinquageſimo quinto, ait Hieronymum cum ait illic quædam citari, quæ non com/ pareant apud Hebræos,hæreticorum recitare calumnias, non ſuam ſententiā. Quid ſen/ ſerit Hieronymus de hac epiſtola,mihi non ſatis liquet:nam is uafer eſt,& in hac fuit opi/
nione

nione, ut non protinus euulgandū fit, quod apud te fenferis, quando Chriftus turbis per parabolas loquutus eft, folis difcipulis aperiens regni myfterium. Quod fi apud Hebræos ea reperiuntur, cur Hieronymus non indicat?

Quinquagefimo fexto, in calce cōcludit de hac non effe dubitandum, quandoquidem facrofanctę fynodi, & canones eam approbarunt. De fynodorum approbatione, mihi non conftat. Nunc certe conftat receptam. Quo animo recepta fit, mihi nondum conftat, an ut Pauli, an ut cui debeatur par autoritas cum cęteris. Quibufcunꝗ legibus recepta eft, eam accipio: tantum illud dicam, Apocalypfis, ıı non fuiffet in canonem recepta, nihilominus confiftere potuiffe fidem Chriftianam. Porrò fi facrofancta fynodus approbauit epifto-lam ad Hebræos, cur audet Faber in ea locum taxare uelut impium & Chrifto indignum? nifi forte fynodo fuit exemplar emendatum, & mox ab approbatione, repente totıus or-bis, Græci pariter ac Latini codices, omnes deprauati funt, adeo ut à nemine fciri potue-rit, quid ea fynodus legiffet.

Quinquagefimo feptimo, quicquid eft incōmodi, aut offendiculi, id in interpretem reıj cit, fed meo iudicio parum pudenter, in tanto Græcorum ac Latinorum codicum confen-fu, præfertim quum nemo ueterum hoc lemmate fit ufus, tum incertum fit, an Lucas fit in terpres. Verum hac de re nihil contendo: tantum tribus uerbis admoneo lectorem, quo illi cogitandi quærendiꝗ materiam fuppeditem, quod quidem maxime conueniebat huic ar gumento, quo profitemur annotationes, non definitiones.

Summa rerum capita, paucis annotauimus faftidiofo lectori. Qui uolet rem plenius cō gnofcere, legat apologiam noftram, qua Fabro refpondemus. Imperitiæ crimen facile ag-nofcam, impietatis in Chriftum, nec debeo, nec poffum agnofcere, cui foli fateor omnem deberi gloriam, longe maiorem, quàm omnis humana prædicatio queat illi tribuere. Nec eft cōtumelia, quod illi tribuimus humilitatem, cuius crucem, cuius flagra reuerenter ado ramus etiam, cuius ignominia, noftra eft gloria. Atꝗ utinam Faber dum fuam tuetur fen tentiam, non impetiffet fimplicem ac fyncerum amicum tot dictis odiofifsimis, quod illo uiro dignum erat, etiamfi quid illi fuiffem aduerfatus. Et tamen quod ad contumeliam at-tinet, faci̔e uel negligo, uel amicitiæ condono, uel homini deniꝗ ignofco, præfertim cum quicquid hic criminis aut erroris impingit, fit mihi cum probatiffimis ecclefię doctoribus, imò cum publico totius ecclefiæ iudicio commune. Cæterum non opinor tantum effe tri-buendum amico, ut in illius gratiam haberi uelis blafphemus & impius in Chriftum, ubi non fis. Et hanc tamen calumniam fic à me depuli, ut quoad licuit, non læferim amici fa-mam: ut nemini dubiū effe poffit, quin neceffitatis fuerit, quod me defendi, Chriftiani pu-doris, quod à talione abftinui.}

19 ✱ Eum uero qui modico⷟ⷣab angelis.) τὸν δὲ βραχύ τι παρ᾽ ἀγγέλες ἠλα⸤λωμένον, id eft, Eum
22 uero qui paulum quiddam præ angelis diminutus eft⷟Si quis uerbū uerbo reddat: fi quis fenfum malit, Eum uero qui pauliſper præ angelis diminutus eft.)

Gratia dei.) Hic ablatiui cafus eft χάριτι θεȣ, id eft, Per gratiam dei, hoc eft, benefi-cio diuino.

19   Pro omnibus.) ὑπὲρ παντὸς, id eft, Pro uniuerfoſſiue pro omni aut quouis.}

19   Decebat enim eum.) Hoc ad patrem eft referendum, non ad filiumſLaborat enim in hoc Theophyla̅ctuſ, ne præpofitio per, diminuere uideatur autoritatem. Nam & per eum fieri dicuntur omnia, à quo fiunt omnia. Proinde non folū de filio dicitur, quod per illum condita funt omnia, uerum etiam de patre ჳ Vnde confummare legendum eft actiue, non
19 paffiue τελῶσαι⷟ſCerte in exemplari quod nobis exhibuit bibliotheca Paulina apud Lon dinum, fcriptum uifitur confummare, licet deprauator aliquis, e, tranfpunxerit calamo ჳ
27ſSuffragabatur codex Conftantienfis uetuftior). Senfus enim hic eft. Decebat enim eum, nempe patrem, qui non unum filium Iefum, fed cum illo multos adducere uellet in glori-am, ut eum qui effet princeps, ac dux falutis cęterorum, legitimum & perfectum redderet uarijs afflictionibus. Ad eum modum & legit & interpretatur Chryfoftomus. Proinde li-brariorum errore in nōnullis codicibus, Confummari fcriptum habetur uerbū paffiuum.
15 Quamſtamenſlectionem reperio in commentarijs Fabri.

Autorem falutis.) ἀρχηγὸν ρⷧ σωτηρίας, hoc eft, Ducem ac principem. Nam autoritas

marginalia:

✱ 16: follows Quis dicens.) p. 706 22·27: ab omitted

19: Vulgarius

Confummari deprauate pro confumi mare   16: dicebat

magis est penes patrem{iuxta diuum Hilarium,etiamsi Christus etiam autor est.} 19

Laudabo te,) ὑμνήσω σε{Hymnis celebrabo.} 19

Fidens in eum.) In eodem, πεποιθώς ἐπ᾿ αὐτῷ.

Et pueri mei.) Mei,superest, τὰ παιδία ἅ μοι,(id est, pueri quos mihi.) 27

Nunquam enim angelos apprehendit.) ὸ γαρ δήπε, id est, Non enim videlicet>Quanqp 22
δ᾿ν expletiua coniunctio, uehementiæ nonnihil addit {Et πε nonnunqp uertitur Alicubi, 19
ut sit sensus, Nusquã in diuinis literis legi,quod deus assumpserit angelica naturã.Quod
si probatur,uertendum erat, Non enim usquam sanè angelos apprehendit. Ad eum sen/
sum facit & uerbum præsentis temporis. Demiror autem quid sequutus interpres Chry/
sostomi,legat,Non enim quenquam angelorum apprehendit(nisi forte putauit in geniti/ 27
uo ἀγγέλων subaudiri τινα, uerũ is genitiuus est uerbi. Certe Chrysostomus Græcus non
discrepat a nostra lectione . Iam ipse Chrysostomus admonet metaphorã sumptam ab ijs,
qui cursu insequentes, fugientem occupant ac retrahunt{Angelos lapsos.Christus non re 35
demit,nec assumpsit illorum naturam.

Angelos apprehendit.) Apprehendit,præsentis temporis,ἐπιλαμβάνεται, id est,Assu/
mit & induit(quemadmodum & mox semen Abrahæ apprehendit)Quanquam aliàs uta/ 27
tur hoc uerbo Paulus pro assequi.

Et fidelis pontifex.) ἀρχιερεὺς, id est, Summus sacerdos:tametsi sæpius ita uertit. ¶

Ad deũ.) τὰ πρὸς τὸν θεόν, id est,In his quæ ad deũ pertinent,aut quæ apud deũ agunt.

In eo enim.) ἐν ᾧ γὸ, id est{Nam in eo quod,hoc est,Ideo quod. 19

Et tentatus.) Et,copula redundat,nec legitur in uetustis Latinorũ exemplaribus.Sunt
autem meo quidem iudicio coniungenda hæc duo,πέπονθεν,πειρασθεὶς, id est,Quod acci/
dit illi tentari,ut participium positum sit loco uerbi infinitiui.

Et eis qui tentantur.) Redundat hic quoqp copula,Et(In uetustiore codice Constanti/ 27
ensi quispiam adiecerat in spatio.)

EX CAPITE TERTIO

Ontificem confessionis uestræ.) Nostræ,legunt Gręci, ἡμῶν: atqp ita Chry 19
sostomus,suffragate uetustissimo simul & fidelissimo codice Paulino.(Con 27
sentiebat uterqp Constantiensis)Ac rursus est ἀρχιερέα{Cæterũ apostolum
uertere poterat,Legatum{Mihi rectius uidetur quadrare Professio, qp con/ 19
fessio,quando Græca uox est ambigua.}

In omni domo.) ἐν ὅλῳ τῷ οἴκῳ, id est, In tota domo.

Amplioris enim gloriæ.) Interpres sequutus Græcum sermonem,genitiuũ uertit pro/
ablatiuo.Dicendum erat, Ampliori gloria dignus.

Interpres pa/
làm dormitãs Habet domus.) Rursum hic genitiuũ pro ablatiuo transtulit : nam dicendũ erat,Am/
pliorem domo,uel ampliorem qp domus. Laurentius indicat hic lapsum Remigium inter
pretem, qui non inuenerit exitum sententiæ, eamqp culpam reijcit in Latinum interpre/
Lapsus recen/
tium theolo/ tem.Thomas,& hoc recentiores,accipiunt honorem domus, gloriam in domo,aut de do/
gorum mo,secus interpretantibus Chrysostomo & Theophylacto, qui populum dei, domus ap/
pellatione designatum uolunt . Moyses administrauit populum , Christus condidit. Nos
quo magis perspicuus foret sensus,expressimus ad hunc modũ.Tanto nanqp maiore glo/
ria qp Moyses,hic dignus est habitus,quanto maiorem habet honorem, qui construxit do/
mum,quam ipsa domus.

Quæ domus.) ὅ οἶκ⊙, id est,Cuius domus,ut cuius,referat{que}ad deũ,uel ad Christũ. 19

Fiduciam.) παρρησίαν, quasi dicas, Audaciam.

Et gloriam.) καύχημα, Plus aliquid adiecit,si non solum fidamus,uerumetiam glorie/
mur,ac ueluti iactemus sortem nostram.

Probauerunt.) Græci addunt me.

Quadraginta annis.) Hoc Græci distinctione referunt ad superiora . Viderunt opera
Distinctio per/
peram apud mea per quadraginta annos.At eam lectionem palàm refellit quod sequitur , Quibus au/
Græcos tem infensus fuit quadraginta annis.

Offensus fui generationi.) προσώχθησα. Laurentius magis probat infensus qp offen/
sus,ob id,ni fallor,quod offensus dure cohæret cum datiuo,generationi isti (Etiamsi apud 27
Suetonium

See footnote ↑↓

{16: addit. Faber vertit utique, nec video cur ita vertendum
existimarit, nisi forte idem apud Graecos pollent δήπου δήπουθεν
Angelos apprehendit.)
¶16: vertit. Caeterum... legatum (from Cap. III first entry). Deinde
confessionis nostrae legunt Graeci prima persona. Ad deum.)

Suetonium legimus,offenfior pontificibus pro fubiratus) Porrò Græcis προσοχθᾷν, eſt tæ/
dium moleſtiamꝗ capere ex re quapiam . Deniꝗ Hebræis eſt ויאף   quod tædij mole/
ſtiæꝗ ſignificationem ſonat. Vnde diuus Hieronymus tranſtulit,Quadraginta annis diſ/
plicuit mihi generatio illa,hoc eſt,Pertuli eam ſemper rebellantē,idꝗ non ſine tædio meo.

35 Nam deus in literis diuinis ſæpenumero hominum more loquitur.[Græca dictio compoſi
ta uidetur ab ὄχθη ripa,ſiue locus aſper,in quem impingunt naues.]

Generationi huic.) ἐκείνη eſt Græce,id eſt, Illi:& illa, uertit Hieronymus,ut modo in/
dicatum eſt.

Et dixi ſemper.) Græci diſtinguunt, ut ſemper, aduerbium,referatur ad uerbum,er/
rant,nec additur pronomen ij.

Quibus iuraui.) ὡς ὤμοσα,id eſt,Sicut iuraui.Interpres legiſſe uidetur, οἷς. Porrò illud, *Si.abiurantis*
Si introibunt,eſt abiurantis,ut perinde ualeat,quaſi dicas,Iuraui eos non ingreſſuros in re
quiem meam.Aliquoties addimus,emoriar,ſi fecero:Diſperceam,ni optimum erat.

Ne forte.) μήποτε,id eſt,Ne quando.

Diſcedendi à deo uiuo.) ἐν τῷ ἀποστῆναι, id eſt,In deficiendo,ſiue deſciſcendo.

Hodie cognominatur.) τὸ σήμερον καλᾶται, id eſt, Vocatur.Totum enim hoc tempus
uſꝗ ad uitæ finem uocatur hodie.

Vt non obduretur.) ἵνα μὴ, id eſt, Vt ne.

19 { Hodie ſi uocem eius.) In repetitione huius ſermonis nonnulli Græcorum codices ha/ *Hyperbaton*
bebant,μας,id eſt, Vocem meam.Alij rurſus αὐτῷ,id eſt,Eius.Indicat Chryſoſtomus hic hy
perbaton eſſe, in hoc quod dicitur uocem eius &c. Totum enim ſermonem qui in medio
eſt,pendere uſꝗ ad initium proximi capitis,Timeamus ergo.Porrò ergo addidit,ad corri
gendum hyperbatum longiuſculum. Item hyperbaton uideri poteſt in eo quod præceſsit:
Sicut dicit ſpiritus ſanctus, Hodie &c.uſꝗ ad uerbum,uidete fratres, Siquidem in medio
nullum eſt uerbum,quod abſoluat orationem.}

19 In illa exacerbatione.) Illa,redundat,niſi quod additum eſt,explanandæ rei gratia.}

Quidam enim audientes.) ἀκούσαντες, præteriti temporis eſt,id eſt,Cum audiſſent.

27 Quorum cadauera.) ὧν τὰ κῶλα, id eſt, Quorum membra .(Interpres legiſſe uidetur
σώματα, niſi maluit exprimere ſenſum , Nam membra dicuntur & uiuorum.)

Non introire.) μὴ εἰσελεύσεσθ,id eſt, Non introituros.

Quia potuerunt introire.) Hoc loco uerba quæ adduntur,In requiem ipſius,non inue
22 nio in Græcis exemplaribus,(ne in antiquis quidem Latinis,)Verum è ſuperioribus appa/
ret adiecta.

EX CAPITE QVARTO

Ne forte.) μήποτε, id eſt, Ne quando.

Aliquis ex nobis deeſſe.) ὑστερηκέναι, id eſt,Non aſſequutus fuiſſe.

Et nobis.) Et,redundat.

Nunciatum eſt.) εὐηγγελισμένοι, id eſt,ut ad uerbum reddam,Euangeli/
27 zati ſumus,hoc eſt,Nobis prædicatum eſt Euangelium (Sic alibi pauperes
Euangelizantur.)

Non admixtus,μὴ συγκεκραμέν⟨ος⟩,id eſt,Non contemperatus,hoc eſt,Non apte coniun
ctus,uelut anima copulatur corpori temperata, quod fides ueluti uita ſit auditui.

Ex his quæ audierunt.) τοῖς ἀκούσασιν, id eſt, ijs qui audierunt.Porrò datiuus hic perti/ *Hx his q.d.lo*
27 net ad participium,admixtus (Hunc locum perturbatiorem reperio in Græcorum comen *cus uehemen/*
* tarijs . Apud Theophylactum Græcū mendoſus habebatur, apud uerſum etiam mutilus: *menter obſcu*
proinde Theophylacti Græca ſubſcribā ut habent, μὴ συγκεκραμένους τῇ πίστει τοῖς ἀκούσασι, *rus explicitus*
τοῦτ᾽ ἔστι, μὴ ἑνωθέντας μὴ συμφρονήσαντας περὶ τὰς πίστεις τοῖς ἀκούσασιν, ἀλλ᾽ ἀποῤῥαγέντας αὐ
τῶν.θαυμασίως δὲ οὐκ εἶπε, μὴ συμφωνήσαντας, ἀλλὰ μὴ συγκεκραμένες, ἵνα τὴν ἄκραν ἕνωσιν δη
λώσῃ.ἀκούσαντας δὲ ἐνταῦθα λέγει τοὺς πιστεύσαντας,οὗτοι γὰρ τῷ ὄντι ἀκούσαντες ἂν λέγοιντο. ὁ δὲ
ᾗν ἅγιος ἰωάννης,μὴ συγκεκραμένος ἕνωσε τοὺς περὶ χαλὲβ ⟨καὶ⟩ ἰνσῦ,οὗτοι ⟨γα⟩ἀσυστασίασοι ἔμεναν,
οὐδὲ συνανεκράθησάν φησιν, οὐδὲ συνέστησαν ⟨ἢ⟩ συνεφθάρησαν τοῖς ἄλλοις ⟨σα⟩πιάζουσι ⟨καὶ⟩ μίαν πᾶσι
γνώμην φῶσι.τισι δὲ τούτοις, τοῖς ἀκούσασι ⟨καὶ⟩ μηδὲν ὠφεληθεῖσι. τοῦτο δὲ ⟨ἐστὶ⟩ τὴν μεγάλην αὐτῷ ⟨καὶ⟩
βαθεῖαν σοφίαν ὁ ἅγι⟨ος⟩ οὗτ⟨ος⟩ εἰπὼν ἐμοὶ γὰρ ἀναξίῳ οὐκ ἔδωκε νοῆσαι πῶς αὐτὸ εἶπε, id eſt,

Oo 4   Non

* long addition to p.717.

⟩16-22: iſti. 27: ſubiratus. Atqui infenſus latinis dicitur, qui
adverſus tendit in quempiam. Porro

Non admixtos fidei,ijs qui audierant,hoc est,non unitos,non concordes de fide cū ijs qui audierant,sed ab illis diuulsos. Mire uero non dixit,non consentientes, sed non commix‐ tos,quo summam unitatem declararet.Qui audierant hic dicit pro eo,quod est,qui credi‐ derant,Nam hi cuipiam audisse dici possunt . Cæterum diuus Ioannes, non admixtos in‐

Chrysosto‐
mus à Theo‐
phylacto
notatus

telligit Chaleb & Iesum . Nam hi permanserunt alieni à seditione, necɟ simul cum cæteris seditionem mouentibus,eundemcɟ cum omnibus animum habentibus, inquit, commixti sunt,necɟ simul insurrexerunt,necɟ simul consumpti sunt.Quibus autem illis: Nimirum ijs,qui audierunt nec ullam receperunt utilitatem. Hoc uero iuxta magnam suam ac pro‐ fundam sapientiam locutus est sanctus ille:mihi uero indigno non dedit intellectum,quo‐

Theophyla‐
cti interpres
de suo mutat
quædam

modo hoc dixerit. Hæc Theophylactus, quū in translatione Latina quædam diuersa sint, quædam absint . Nam illic Basilij non Ioannis fit mentio, & postremi uersus prætermissi sunt . Ex his colligo uel apud Græcos fuisse duplicem lectionem, uel apud nos lectionem esse deprauatam. Etenim si Græci recte legunt συγκεκραμῥῤνοϛ, nobis admixtis legendum est non admixtus.Et sanè in uetustiore codice Constantiensi habebatur admixtis, citra ul‐ lum rasuræ aut inductionis uestigium . Nec dubito quin eadem lectio in pluribus exem‐ plaribus inueniri queat,si quis uetustas excutiat bibliothecas . Quinimo dum hæc scribo, consulo æditionem Hispanicam,& admixtis comperio,non admixtus,& Græce συγκεκρα μϥνους non συγκεκραμϥνᷓ. Vnde apparet & apud Græcos fuisse duplicem lectionē. Nam & in Theophylacto scriptum erat συγκεκραμϥνωϛ,pro ω,quod aliquis correxerat,annotata diphthongo ου: & æditio Aldina habebat συγκεκραμϥνᷓ, consentiens cum exemplaribus quæ nos sequuti sumus.Sed in utracɟ lectione scrupuli nonnihil est.Etenim si legas συγκε κραμϥνους, nō consistit interpretatio Chrysostomi locum accommodantis ad Chaleb & Ie‐ sum Naue,Nam his planè sermo profuit,qui ideo se non admiscuerunt seditioni, quia cre debant sermoni diuino.Si legas, συγκεκραμϥνᷓ, dure cohærent duo datiui τῇ πίσει & τοῖϛ ἀκόCασι.Deinde quomodo dicitur sermo nō auditus ijs qui audierūt: Verū hic postremus scrupulus facile discutitur ex Græcis uerbis,in quibus auditus nomen est ἀκοῆϛ non parti‐ cipium, perinde sonans quasi dicas sermo rumoris siue promissionis . Quidam enim hoc interpretantur de exploratoribus nunciantibus quæ uidissent.Iam si legas συγκεκραμϥνους, sensus erit non profuisse incredulis audisse eundem sermonem de terra repromissa, quem alij audierant, eo quod per fidem nō essent admixti ijs qui audierant,hoc est auscultarant, ut ἀκοᷓω accipias simplicem auditum, mox eandem uocem accipias pro credulitate,quasi dicas, audierant & non audierant . Et ad hanc sententiam non est legendum fidei sed fide: ut sit Græcus datiuus declarans modum , similis instrumentali . Quomodo dicis eos non fuisse admixtos cæteris: Quia non crediderant quemadmodum & illi. Hoc pacto non of‐ fendunt duo datiui,quorum alter est modi,alter respondet præpositioni σύω. Si legas συγ κεκραμένᷓ, intelliges sermonem non fuisse commixtum fidei,in his qui audierant.Quem admoᷓum enim uinum non prodest homini, nisi misceatur corpori, ita non prodest audi‐ tus sermo,nisi fides eum transferat in animi uiscera . Atcɟ ad hanc sententiam datiuus fi‐ dei respondet præpositioni σύω, & ijs qui audierunt,datiuus est acquisitionis, ut subaudi‐ re possis in,in his qui audierunt,& audierunt nihil aliud ualebit quàm auribus hauserunt. Quanquam & apud Chrysostomum est perturbatior, si modo hi commentarij sunt illius . Nam titulus indicans eos post mortem illius æditos, nonnihil suspicionis præ‐ bet lectori. In his autem deprehendas duplicem lectionem.Etenim quum ait, ἀλ᾽ οὐκ ὠφέ‐ λησεν ὁ λόγ᷐ τῆ ἀκοῆϛ ἐκείνοϛ μὴ συγκεκραμέν᷐ τῇ πίσει τοῖϛ ἀκόCασι, satis declarat se legisse, sermonem admixtum cum fide in his qui audierant . Rursus in progressu sermonis uide‐

Chrysosto‐
mus sibi non
constans

tur aliud legisse, ὃ σὲ λέγει, τοιῦτόν ᷍ιν. ἤκᷓCαν ἑκεῖνοι ὥσπερ ἡμεῖϛ ἀκόομϥν, ἀλ᾽ οὐσὲν ὄφελ᷐ αὐτοῖϛ γέγονε. μὴ τοίνυν νομίσητε ὅτι ἱρ᷏ τῶ ἀκούειν τῶ ἱηρύγματ᷐ ὠφελϑήσεσϑε, ἐπεὶ ἑκεῖνοι ἤκουCαν,ἀλ᾽ οὐσὲν ἀπώναντο, ἐπειδὴ μὴ ἐπίσδυCαν.οἱ οὖν περὶ χαλὲβ ᷍ϰ ἰησῦν,ἐπειδὴ μὴ συνεφώ‐ νηCαν τοῖϛ ἀπισήCασι,σιέφυγον τὴν ἱατ᾽ ἐκείνων ἐξενεχϑεῖCαν τιμωρίαν.᷏ϰ ὅρα ᷋ βαυμασϑόν,οὐκ ἔιπερ οὐ συνεφώνηCαν,ἀλ᾽ οὐ συνεκράϑηCαν,᷏τ ᷍οιν ἀσασίωϛ σιεξηCαν,ἑκείνων πάντων μιαρ ᷏ϰ τὴν αὐ τὴν γνώμην ἐχηκότων. ᷍ντουᷓβα μοι σόκει ᷏ϰ σάσιν αἰνί᷍ϑδϑι, id est,Quod autē dicit tale est,Au‐ dierant & illi quemadmodum nos audimus, sed nihil utilitatis hinc ad illos redijt. Proinde ne putetis,quod uobis profutura est audita prædicatio, quandoquidē & illi audierant, sed

nihil

nihil inde fructus perceperunt,eo quod non crediderunt.Igitur Chaleb & Iesus, quoniam
non consenserunt ijs,qui non crediderunt,effugerunt uindictam,illis illatam. Ac uide mi/
rum quiddam,Non dixit,nō consenserunt,sed non cōmixti sunt, hoc est ab seditione sub/
duxerunt sese,quum omnes illi unam & eandem mentem obtinerent. Hic mihi uidetur &
seditionem tacite significare.Ex his uidetur is quisquis hæc scripsit legisse συγκεκραμϱύους,
uidelicet quum ait,οὐ σωεφώνηξαμ,ἀλλ᾽ οὐ σωεκράθηξαμ,idḍ accommodat ad Chaleb & Ie/
sum qui abstinuerunt à coniuratione,parentes uoci dei. Verum hæc sententia ne consistit
quidem,quū negetur sermo profuisse ijs qui se non miscuerant.Proinde suspicor hoc com
mentarium esse rhapsodiam diuersarum opinionum.Mihi simplicior lectio uidetur συγ/
κεκραμέν☉, ex præpositio superest,& qui legendum non quæ.)
    Qui credimus.) οἱ πιϛεύϱαντις,id est, Qui credidimus.
    Et quidem operibus.) Καίτοι,id est,Quanquam:ut intelligas iurasse,illos non introitu/
ros in requiem,cum iam parata esset requies,nempe perfectis mundi operibus, quibus ab
solutis,requieuit deus die septimo;tametsi tolerari potest & altera lectio.
margin: Καίτοι quanquam

27   Quibus prioribus.) Prius est.(Græce πρότϱρον.)
    Terminat diem.) ὁρίζϱ, id est, Designat,siue definit,aut præstituit. Nec additur quen/
dam apud Græcos:quanquam exemplaria uariant hoc loco.
    De alia loquerentur post hac die.) πϱρὶ ἄλλης ἐλάλϱ μετὰ ταῦτα ἡμϱρας, id est,De alia lo
19 quutus fuisset,post hæc,die.Nisi accipias posthac,aduerbialiter.{Sentit enim alium quen/
dam sabbati diem,qui illum primum sequeretur.}
    In ipsum quis.) Melius erat,in idem exemplum, αὐτῷ ὑποδϲίγματι. Ac mihi quidem
Græcorum uerborum sententia uidetur hæc esse,Ne quis cadat ut illi ceciderunt in deser/
to,eodem exemplo incredulitatis & inobedientiæ:& sicut illi ceciderunt ob incredulitatē,
ut dicit psalmographus, ita isti perirent similiter,similiter peccantes . In hunc sensum con/
sentiunt Græcanica scholia.Græca sic habent, ἵνα μὴ ἐν τῷ αὐτῷ τις ὑποδϲίγματι πέσῃ τῆς
ἀπϱιθϲίας.
35   Et efficax.) ἐνϱργής. Hieronymus alicubi uertit,Euidens,{nominatim cōment ans in E/
saiæ caput 66]quod,ut opinor,legerit ἐναργής. At hoc sanè loco magis quadrabat Efficax.
margin: ἐνϱργής ἐναργής
    Et penetrabilior.) τομώτϱρ☉, id est,Acutior siue incidentior,si sic liceat Latine loqui,
à uerbo τϥμνω,seco,siue incido.
    Gladio ancipiti.) δίϛομον,id est, Vtrincḥ incidentem,siue utrincḥ acutum:quod Hie/
19 ronymus compluribus locis uertit,Bicipiti.{Græci aciem gladij uocant ϛόμα os,quod hac
parte mordeat.}
margin: 16: incidente 16: acuto *16: entrias reversed*
    ✱Ac medullarum.) κὰι μυϱλῶν. Quancḥ nonnulli Græci codices habent,μϱλῶν,id est,
27 Membrorum.Theophylactus legit,μυϱλῶν(una cum Chrysostomo.)
margin: Os gladij 16·19: Vulgarius
    ✱ Et discretor.) κριτικὸς, id est, Iudex, siue qui iudicare possit:unde & Latinis critici di/
27 cuntur(Græci κρίνϱιν hic exponunt ἐτάζϱιν, id est, examinare,etiam si belle uertit interpres)
    Vlla creatura inuisibilis.) οὐκ ἔϛι κτίσις ἀφανής, id est,Non est creatura,non manifesta,
siue occulta.
    Et aperta.) κὰι τϱτραχηλισμένα. Quod perinde sonat,quasi dicâs,ceruicata. Græci pu/
tant metaphoram sumptam ab ouibus, quibus pellis à ceruice detrahitur cum excorian/
tur,siue ab ijs qui ceruicem inflectunt quum se submittunt, & agnoscunt se esse inferio/
res.Sic & Iuuenalis,
    Aulam resupinat amici,   de scrutante omnia.
19   Spei nostræ confessionē.) Spei nostræ,apud Græcos nō inuenio{nec ascribitur in ex/
22 emplari Paulino{nec in Donatianico}nec apud Chrysostomum.Mihi uidetur articulus ad
ditus explicare,quam professionē sentiat,uidelicet eam,cuius paulo ante dixit Iesum apo/
27 stolum nostræ confessionis.{In constantiensi uetustiore scriptum erat,teneamus confessio
nem eius. Consentiebat alter recentior.)
margin: 16·27: Confessione Superest n. spei.) 19-27: principem & summum sacerdotum
    Qui non possit compati.) συμπαθῆσαι.Compatiendi uerbū optârim equidem Latinis
tam esse receptū,quàm Græcis est συμπαθϵῖν,idemcḥ pollere.Proinde nos coacti,periphra
si rem sumus eloquuti.Est enim συμπαθϵῖν, affici,mouericḥ sensu alieni mali.}
    Tentatum autem.) Melius erat,Sed tentatum . Eadem uis utriuscḥ coniunctionis,sed
                                         non

non semper ubiuis quadrant omnes apud nos.

{Pro similitudiñe.) καϑ ὁμοιότητα, id est, Iuxta similitudinem. Quod non ita accipien∕ **19**
dum est, quasi Christus aut non fuerit uere homo, aut non fuerit uere passus, sed quod ip∕
se immunis à peccato, carnis naturæ peccatricis mala assumpsisset, & perinde pœnas de∕
derit, quasi ipse peccasset.}

Ad thronum gratiæ eius.) {Eius}redundat(nec est in uetustis exemplaribus)τȣ ἑρίνȣ ᴂ **19.27**
χέριτΘ. Nam gratiam opponit seueritati legis Mosaicæ.

In auxilio opportuno.) εἰς εὔχαιρον βοήθειαν, id est, In opportunum auxilium.

EX CAPITE QVINTO.

19: est   {E}X hominibus assumptus, pro hominibus constituitur.) Aut addenda erat **19**
coniunctio{&, aut nomen relatiuum qui : quod ego posterius malim, etiamsi
participio Græco non addidit articulum ὁ. Non enim hæc dicuntur de Chri∕
sto pontifice nostro, sed adhibentur similitudinis conferendæ gratia}{tametsi **35**
in quibusdā Latinis exemplaribus manet recta scriptura.}

16: dicat
μϑριοπαϑᾷυ
19: Vulgarius

Qui condolere possit.) μετριοπαϑεῖν: quod sonat, quasi dicas, Moderate ferre, hoc est,
non grauiter succensere. Quanquam Græcanica scholia μετριοπαϑεῖν exponūt pro συμπα
ϑεῖν, id est, Compati, uoce ipsa nihil tale præ se ferente{Theophylactus pro unica uoce mul **19**
tas reddit συμμετρεῖν, συμπαϑεῖν, συγκαταβαίνειν, συγγινώκειν, id est, {Cōgruere}cōdolescere, **27**
accommodare se, ignoscere. Vox autem Græca dicta est, à moderandis affectibus. Non
enim facile remittit, qui læsus impotēter irascitur{Quod equidem admiror, ne Vallæ qui∕
dem animaduersum fuisse, qui recte uerti potuisse putat, qui particeps passionum possit
esse {Chrysostomus annotauit hoc sermone denotari præcellentiam Christi à reliquis sa∕ **19**
cerdotibus, ob id, ni fallor, quod hic solus liber ab omni peccato, tamen alienis peccatis in∕
doluerit. At nunc quo fastidio, quo supercilio despicimus alienum erratum, quàm atroci∕
ter sæuimus in lapsos, ipsi grauioribus obnoxij uitijs.}

Tanᵭ Aaron.) καϑάπερ ᴂ ἀαρών, id est, Queadmodū & Aaron, addita coniunctione.

Semetipsum clarificauit.) ἐδ'όξασε, id est, Glorificauit.

Pro sua reuerentia.) ἀπὸ τῆ εὐλαβείας, id est, A reuerentia. Sua, additum est explicandi
gratia, quanquam magis quadrabat Sui{Atᵭ ita scriptum fuisse in codice Paulino, testa∕ **19**
tur etiamnum rasuræ uestigium{Illud item admonendum, εὐλάβειαν, non modo significa∕
re reuerentiam, uerumetiam pietatem. Quod sanè uerbi non male quadrabat hoc loco,
quum loquatur de patre & filio.

Explanatio

Et quidem cum esset filius.) καίπερ ὦν ὑός. Interpres separauit hæc, quorum ordo inter
se cohæret, propter Greca participia. Sensus autem ad hunc habet modum, Qui in diebus
carnis suæ, cum precationes & supplicationes apud eum, qui ipsum poterat seruare à mor
te, cū clamore ualido & lachrymis obtulerit, & exauditus sit pro reuerentia, tametsi filius
esset, didicit ex his quæ passus est obedientiam. Per participia reddi poterat ad hunc mo∕
dum, Qui in diebus carnis suę, precationibus & supplicationibus ei, qui se seruare poterat
à morte, cum clamore ualido & lachrymis oblatis, & exauditus pro reuerentia, quamuis
esset filius, tamen ex his quæ passus est, didicit obedientiam.

Dei, superest
in nostris
19: Vulgarium
16: follows
Semetipsum
clarificauit.) above

Cum esset filius dei.) Dei, nō est in Græcis{nec est apud Chrysostomum interpretem, nec **19**
apud Theophylactum. Cum filius esset nō seruus, tamen afflictus est, tanᵭ noxius seruus}
✱A deo pontifex.) ἀρχιερεύς, id est, Summus sacerdos: quanquam hic ἀρχιερέα, sic penè
perpetuo uertit.

Grandis sermo.) πολὺς ὁ λόγΘ, id est, Multus, siue copiosus.

[ἀυστερμή∕
νευτΘ
Thomæ taxa
ta sententia

Et interpretabilis ad dicendum.) Suspicor interpretem uertisse, Ininterpretabilis, si∕
cut superius, Ininuestigabiles. Nam Græce est ἀυστερμήνευτΘ λέγειν, id est, Difficilis inter∕
pretatu & explicatu. Quo quidem loco nonnihil demiror Thomam, qui putarit hanc uo∕
cem, interpretabilis, bifariam exponi posse, ut in, habeat negationem, quem nemo possit
interpretari : aut affirmatiue interpretabilis, qui indigeat interpretatione. Primum enim
si in negat, uelut in illis, indoctus, impius, quid significat quod superat, terpretor? Quan∕
quam quibus uerbis addi solet hæc præpositio, cum negationē habet, quasi liceat dicere,

                                                            Inamare

Inamare,pro non amare,quemadmodum inamabilis, & impudere pro non pudere,quem
admodum impudens.Nec enim interpretor compositum est ab in,& terpretor, sed ab in/
ter & uerbo inusitato seu nomine potius . Deinde ut accipiamus affirmatiue, quis hoc illi
concedat interpretabilem idem significare, quod indigentem intepretatione ꞓ Velut si sa/ **16-22: Veluti**
nabilis dicatur qui egeat sanatione. An non hoc insignitæ cuiusdam impudentiæ est, hæc
cum autoritate docere,non consultis Græcis,sine quibus hæc definiri non possunt꞉siue id
scriptum fuit ab illo uiro,siue alius quispiam admiscuit.Siquidem Græca uox omnino re/
spuit hanc Aquinatis distinctionem, quæ nihil aliud declarare potest, quàm difficilem ad
27 interpretandum,hoc est,quem nõ facile quisquam interpretetur uel enarret potius . Nam
ἑϱμηνείαν etiam philosophi uertunt enunciationem.}

35 ¶ Imbecilles facti estis ad audiendum.) νωθροὶ ταῖς ἀκοαῖς, id est, Segnes auribus,ut ipse ¶ **16-27: Et**
paulo post uertit.   **16-27: Sermonum**

19   Expers est sermonis.) ἄπειϱΘ, id est, Inexpertus siue rudis . Non enim omnino caret **Expers,pro**
eloquijs,sed in ijs nondum adoleuit Expers autem respondebat ad particeps, & hoc fefel/ **rudis**
lit interpretem,aut certe scribam.

      Sermonum dei.) λογίων, id est,Eloquiorum,autore Valla.

      Paruulus enim est.)νήπιΘ.Cur nõ magis infans, cũ loquatur de lacte ꞓ præsertim cum
19 Græca uox nõ proprie significet paruulũ,sed puerũ,aut parũ sapientẽ præsertim ætate.}

      Pro consuetudine.) διὰ τλὼ ἕξιν, id est,Propter habitum꞉quanquam interpres non ma/
le rem explicuit, si dixisset Pro assuetudine, siue assuefactione.Nam habitus in hunc sen/
sum uox est philosophis peculiaris.At sensus est,αἰσθητήρια꞉ quod magis sonat organa sen **Habitus**
19 tiendi sine quis putet esse νῦν,quod ita subinde uerterit.}   **ἕξις**

EX CAPITE SEXTO

Vapropter intermittẽtes.)ἀφέντες.i.Omittẽtes, seu potius omisso sermone.
Inchoationis.) Melius uertisset, Primordij, siue principij,quemadmodũ
paulo ante uertit,Exordij, ἀϱχῆς. Sentit autem ea uerba,quibus rudes adhuc
in Christo initiantur,& instituuntur,nempe catechumeni.

      Fidei ad deum.) ἐπὶ θεόν,id est,In deum.

      Baptismatum doctrinæ.) Quidam hoc coniunctim legunt,ut sit sensus,Doctrinæ,quæ **Baptismatũ**
est de baptizando.At Grecanica scholia sic interpretantur,ut separatim sit legendũ,Omit **doctrinæ,lo/**
tentes sermonẽ illum, quibus primũ instituuntur rudes in Christo , nempe eum qui est de **cus perple/**
poenitentia꞉hoc est,primũ admonentur,ut relinquant uitam pristinam,renascituri in Chri **xus expli/**
sto꞉deinde de fide in Christũ condiscunt,quid sit credendũ꞉deinde his traditis succedit ba/ **catus**
ptisma,cuius mysteria tum demũ aperiuntur. Post hæc docentur de sacramentis fidei no/
stræ,& parantur ad accipiendũ spiritum sanctũ.Quanq̃ si mauis coniunctim legere,nihil
uetat,quo minus intelligas de instituto & doctrina prima, quæ baptizandis, hoc est, cate/ **16꞉ ut**
chumenis solet tradi.Quod si placet,singula quoq̃ quæ sequuntur,possunt ad doctrinam
19 referri,que est de impositione manuũ,de resurrectione mortuorũ,de iudicio æterno Atq̃
hunc sensum mihi sequi uidetur Chrysostomus, ut totum hoc quod recensuit de poeniten
tia,de fide, de baptismatibus,de manuum impositione, de resurrectione mortuorum,de iu
dicio æterno,fundamentum sit doctrinæ Christianæ,sine qua nemo sit Christianus. Cæte
rum in his adolescere,& à uirtute in uirtutem progredi perfectionis est.}

      Gustauerunt etiam.) Gustauerunt est Græce, γευσαμένους τε. Ne putemus hic no/
uum esse caput.

19   Gustauerũt nihilominus.) Rursum uim coniunctionis circumloquutus est nam Græ
ce est.Et gustauerunt.

  ✱ Virtutesq̃ uenturi seculi.) δυνάμεις, ut intelligas hic esse infirmitatem, illic apparere ✱ **16꞉ entries**
19 potentiam,quæ iam nunc incipit,in pijs ceu pignus immortalitatis futuræ Hoc admone/ **reversed**
re uisum,ne quis interpretetur de uirtutibus, quæ uitijs opponuntur.

19 ✱ Rursum renouari.) ἀνακαινίζειν,id est,Renouare,uerbo actiuo ut subaudias se Hic quo
27 que locus in causa fuit,quo minus hæc epistola Pauli putaretur nonnullis quod id uidea/ **Locus olim**
tur asserere, quod à nonnullis hæreticis defensum est, si quis à baptismo relapsus esset in **quibusdam**
peccatum letale,hoc est,in homicidium,aut adulterium, aut simile, non posse poenitentia **suspectus**
                                                                        restitui

reſtitui.ʃVerum hanc difficultatem, duobus explicant modis. Primum ut accipiamus im⸍ 19
poſſibile, dictum, quod admodum difficile uoluit intelligi. Eſt autem tempeſtiua huiuſ⸍
modi exaggeratio in deterrendo. Nam ſuffrigidum mihi uidetur ſic elabi,ut dicamus im⸍
poſſibile eſſe,quoad noſtras uires. Deinde ut pœnitentiam cum baptiſmo coniungamus.
Siquidem, per baptiſmum peccatis priſtinis morimur. Porrò baptiſmum non iterari,iam
olim receptum eſt patrum autoritate.Ad hanc ſententiã faciunt quæ ſequuntur.Rurſum
ſibi crucifigentes filium dei,quod aliás Paulus baptiſmum appellet unã cum Chriſto cru⸍
cifigi,cõmoriქ & conſepeliri.Proinde ut ille non niſi ſemel mortuus eſt,ita non cõuenit
iterari baptiſmũ. Eodem pertinet renouandi uerbum. Nam pœnitentia, qua nos utimur,
non tam renouamur, quàm ſarcimur. Solus baptiſmus renouat. Ad hunc fermè modum
Chryſoſtomus.Apparet autem tum fuiſſe,qui Iudaico animo ſatis eſſe putabant ceremo⸍
nias ſacramentorũ,atq hac fiducia licentius peccabant,quod arbitrarentur ſubinde licere
ad ea remedia recurrere. Hunc igitur errorem diligenter eximit hoc loco Paulus.

   Ad pœnitentiam.) εἰς μετάνοιαν. Admonet Chryſoſtomus,præpoſitionem εἰς, uſurpa
tam uice ἐν, & ἐν poſitum loco διά, more Hebræorum.ʒ

   Rurſum crucifigentes.) ἀνασταυροῦντας : quod Hieronymus quodam in loco uertit Re⸍
crucifigentes,Græcam exprimens uocem.

παραδείγμα
τίζειν
   Et oſtentui habentes.) παραδειγματίζοντας : quod uertit in Matthæo Traducere.Verti
poterat Infamantes,ſiue ludibrio exponentes. Reddunt enim quodammodo Chriſtũ infa
mem,& ludibrium faciunt,qui cum ſemel ſit mortuus,ſemper uicturus,ſua uita efficiunt,
ut illi ſit ſæpius moriendum,uidelicet iterantes id,propter quod ille mortem ſuſcepit.

   A quibus colitur.) δι᾽ οὓς καὶ γεωργεῖται, id eſt,Per quos & colitur:ut intelligamus fru⸍
ctum reddendum,non quibuslibet,ſed iÿs,quorum opera culta eſt terra.Id enim efficit ad⸍
dita coniunctio,quam interpres omiſit.

   Viciniora ſaluti.) ἐχόμενα σωτηρίας, id eſt,Propinqua ſaluti,ſiue adhærẽtia ſalutiʃCerte 22
Auguſtinus libro contra Creſconium tertio, cap.lxxiiÿ. citat meliora & hærentia ſaluti.ʒ
Verum interpres,quoniam præceſſerat comparatiuum,ſubiunxit item comparatiuum.

   Et dilectionis.) Græce eſt, καὶ τὸ κόπου τῆ ἀγάπης, id eſt,Laboris dilectionis,nempe la⸍
boris,quem ob charitatem in iuuandis proximis adierunt.

   Oſtentare.) ἐνδείξασθαι,id eſt,Oſtendere,ſiue monſtrare,exhibere,preſtare.Nam oſten
tare ſemper in malum ſonat.

   Ad expletionem ſpei.) πρὸς τὴν πληροφορίαν. Quaſi dicas certificationem. Certiſſimæ
enim ſpei fiducia naſcitur ex pÿs operibus,potius quàm ex ſyllogiſmisʃ& qui frigide ſpe⸍ 19
πληροφορία
rat,languet in pÿs operibusʒNam πληροφορία dicitur, cum certiſſimis argumentis rei cu⸍
iuſpiam ſit fides.

   Vſque in finem.) ἄχρι τέλος. Id quod non ſolum accipi poteſt,de perſeuerantia uſq ad
finem uitæ,ſed multo magis de perfectione ſpei,quæ creſcit & adoleſcit in nobis,ſimul au
geſcente pietate,donec occurramus in uirum perfectum. Nam hinc cœpit hęc diſputatio
Pauli,ut grandeſcerent in Chriſto.

   Vt non ſegnes.) ἵνα μὴ νωθροί, id eſt, Ne languidi aut ſegnes. Id quod paulo ſuperius
uertit,debiles.

   Et patientia.) μακροθυμίας, id eſt,Longanimitateʃſi quis ad uerbum exprimatʒExpreſ⸍ 19
ſius autem dixit Apoſtolusʃquàm interpresʒqui per fidem & patientiam.   19

   Hæreditabunt.) κληρονομοῦντων, id eſt, Hæreditate capiunt, & eſt præſentis temporis,
non futuri.

   Abrahæ nempe.) Nempe poſuit pro quippe, τῷ γὰρ ἀβραάμ. Sed in quibuſdam codici⸍
bus recte habetur nanqʃuelut in exemplari Paulinoʃ& in alÿs item emendatioribus.ʒ   19.22

Niſi,iurantis
   Niſi benedicẽs benedixero.) Non eſt Græce εἰμὴ,niſi,ſed ἦ μὴν, quod ut indicat Theo⸍
phylactus hoc loco aduerbium eſt confirmandi.Nihil autem aliud eſt iuſiurandum,quàm
uehemens confirmatioʃEadem uox habetur apud Septuaginta Geneſeos 22.quam tamen 35
Hieronymus non reddidit Latine, quia ſæpe non poteſt cõmode reddi. Quoniam autem
ſcriptura frequenter utitur Syllaba Si,quum iurando negat, niſi quum affirmat,interpres
hic recte pro ἦ μὴν poſuit,niſi.Nec id præter latinorum conſuetudinem.ʒ

                                             Multiplicabo

Multiplicabo.) Cur non potius multiplicauero, πληθυνῶ.

Per maiorem fui.) Rursum oblitus,reliquit Græcū casum.Latine dicendum erat,ma‑ *Interpres ali‑*
iorem se.Quancꝗ apud Græcos pronomen nullum additur, sed tantum est,per maiorem. *tum dormiēs*

Et omnis controuersiæ finis.) Græci legunt illis αὐτοῖς,non αὐτῶν.ut accipias illis,nem
pe hominibus iusiurandum est finis omnis controuersiæ.

19 {Ad confirmationem est iuramentum.) Apparet & hic εἰς, id est,In positum pro per.Fi
nitur controuersia,confirmatione iurisiurandi. }

Immobilitatem.) ⁊ ἀμετάθετον, id est,Immutabilitatem,siue firmitatem.Solent enim
hominum testamenta,& pacta rescindi,at dei non item.

Quibus impossibile est.) Græce est,in quibus, ᾧ οἷς.Nec est fortissimum,sed ἰχυρὰν,
id est, Validum.

Quasi ancoram.) ὡς ἄγκυραν, id est, Tanquam ancoram.Vetusti Latinorum codices
habent, sicut ancoram.

Ad interiora uelaminis.) καταπετάσματΘ. Quod proprie significat aliquid obtentū
atcꝗ obductum quod arceat conspectum.

19 {EX CAPITE SEPTIMO}

27
27
Rimum quidem interpretatus rex iustitiæ.) Nam Melchisedech apud He‑ *Notatus qui* **16: Melchi**
breos sonat regem iustitiæ.Quandoquidem illis מַלְכִּי Malci rex meus dici‑ *dam de ety/*
tur(In compositione autē fod litera euphoniæ gratia assumitur,)צֶדֶק zedec *mologia Mel‑* **16: Salem**
iustitia.Solom שָׁלֵם autem pacem sonat.Id uocabuli quidam putant indi‑ *chisedec.Li‑* **19-22: Salom**
tum à Melchisedec urbi Hierosolymarum . Hoc ex loco deprehendi potest *ber de He/* **16-19:**

22 error interpretationis, in libello qui incerto titulo circumfertur,diectus utriuscꝗ testamen *braicis nomi* **Hieronymi**
ti uoluminibus,de uocabulis Hebraicis,cū appareat id operis nihil aliud esse,quàm tumul *nibus non est*
tuariam non unius hominis coaceruatiōe.Etiamsi diuus Hieronymus testatur sese hisce *Hieronymi*
de rebus librum ædidisse.Nam illic Melchisedec exponitur in hunc modum,Melchisedec
rex iustus,siue rex iustitiæ aut rex pacis,siue pacificus.Atqui in hoc nomine Melchisē dec
nulla uox est,quæ pacem significet.Necꝗ Paulus ait Melchisedec sonare regem pacis,sed

27 Melchisalem מַלְכִּי שָׁלֵם exprimere regem pacis(Hieronymus in nominibus huius epi‑   **16: Cap. VII**
stolæ exponit Melchisedec rex iustus.)   **begins here.**

Sine patre,sine matre.) ἀπάτωρ ἀμήτωρ. Compositis apud Græcos dictionibus.& sine
genealogia,apud illos est, ἀγενεαλόγητΘ,quod ferè sonat,quasi dicas,cuius generis origo
non possit reddi.

Intuemini autem.) θεωρᾶτε δὲ, id est,Consideratis,siue uidetis.Quanquam potest acci
pi, & considerate.

De præcipuis.) ἐκ τῶν ἀκροθινίων.Quod significat primitias frugū.Interpres legisse ui/
detur,ἀκροθγνίων,quæ uox præcipua significat. Verum hoc loco ἀκροθινία dixit pro spolijs,
siue exuuijs ab hoste detractis, interpretantibus ad eum modū & Græcanicis scholijs, ip/
19 socꝗ Chrysostomo.Et reperitur in hoc significatu apud Philostratum(sophistam)Interpres
illud sequutus uidetur, quod in fastigio aceruí præcipua soleant poni.Illud ridiculū quod
interpres Chrysostomi,cum acrothinia uertisset præcipua,nostram sequutus æditionem, *Notatus inter*
19 subiecit,præcipua dicuntur exuuiæ,uidelicet oblitus se Latine loqui non Græce}Quan *pres Chry/*
19 quam & Latinis opima spolia dicebantur uelut egregia,quæ ducibus essent detracta.Græ *sostomi.*
ca uox dicta est uel à tangendis summis,unde & ἀκροθινιάζειν & ἀκροθίνως, uel ab ἄκρον,
quod est summum,& θινὲς acerui frumentorum aut ordei.}

27 (Quanquam & ipsi exierint.) Sermo latinus anceps est,utrum hæc uerba pertineant ad
leuitas accipientes decimas,an ad fratres dantes.Cæterum quoniam Græcis est ἐξεληλυθό/
τας,non potest alio referri quàm ad fratres.)

Cuius autem generatio,&c.) ὁ δὲ μὴ γενεαλογούμενΘ ἐξ αὐτῶν,δεδεκάτωκε τὸν ἀβραάμ,id
est,Is qui non numeratur ex generatione eorum,decimas sumpsit ab Abraham.

27 Sine ulla autem contradictione.) χωρὶς δὲ πάσης ἀντιλογίας, id est, Sine omni(uero)con/
tradictione,quod modo uertit controuersiam.

Ibi autem contestatur.) Contestans,μαρτυρούμενΘ,id est,De quo testatum est,quod ui
ueret.Nam de hoc pronunciatum est, quod pontifex esset in æternum. Siquidem partici/

                                  P p   pium

pium μαρτυρҽμ𝛝Θ, mediū eſt.Et in hanc ſententiam interpretantur.Græcanica ſcholia.

ὡς ἔπΘ εἰ-
πεῖν, nuſquá
alias eſt apud
Paulum Vt ita dictū ſit.) ὡς ἔπος εἰπεῖν,id eſt,Vt ſic dicam(Ad uerbū ſonat,ut uerbū dicam.Idē **27**
Græci dicunt ὡς τύπῳ εἰπεῖν.hoc genus ſermonis nuſcꝗ reperies apud Paulum alibi.)

Et leui qui.) Et,hoc loco non eſt accipiendum ſimpliciter pro coniunctione copulati/
ua,uerum pro etiam,ſiue quocꝗ,ut ſit ſenſus,non ſolum Abraham dediſſe decimas Mel/
chiſedec,uerum etiam in Abraham autore gentis,ipſum etiam Leui,cuius eſt ius decima
rum ſoluiſſe decimas.Porrò quod præmolliſit ſermonem,dicens,ut ita loquar,explicat pau
lo poſt:Nam adhuc in lumbis patris erat,hoc eſt,nondum erat natus Leui,quem tamen di
co quodam modo fuiſſe decimatum in patre.

Decimas accepit.) ὁ δεκάτας λαμϐάνων,id eſt,Qui decimas accipit,ſiue ſolitus eſt acci/
pere,participio præſentis temporis.Loquitur enim non de Melchiſedec,ſed de ſui tempo/
ris leuitis,decimas accipere ſolitis.

Sub ipſo.) Subaudi,ſacerdotio Leuitico{ne quis ad hominem referat.}   **19**

In quo enim.) ἐφ᾿ ᾗγὸ,id eſt,In quem enim,ſiue de quo.

De alia tribu eſt.) φυλῆς ἑτέρας μετέσχηκεν.i.Alterius gentis,ſiue tribus particeps fuit.

In qua tribu.) εἰς ἣν φυλὴν,id eſt,De qua tribu,ſiue ad quam tribum.

Nihil de ſacerdotibus.) Sacerdotio legendū,περὶ ἱερωσύνης{Sed ut πρεσϐυτέριον,ordinē **19**
presbyterorū declarat,ita Paulus ſacerdotiū pro collegio ſacerdotū uſurpaſſe uidetur.}

{Secundū ordinem Melchiſedec.) τάξις.& ordinem ſignificat & ordinationem.ac mea **35**
ſententia hic magis quadrabat ordinatio.Nõ enim agitur,quotus fuerit Melchiſedec,aut
Chriſtus,ſed quomodo fuerit ordinatus.}

Et quantum eſt non ſine iureiurando.) ϗ καθόσον.Apertius uertiſſet,& quatenus non
citra iuſiurandum,ut ſit ſenſus,hoc eſſe meliorem ſpem noſtram,per quam Chriſto ſacer/
dote accedimus ad deum,quod illi ſacerdotium commiſſum fuerit in æternum,idcꝗ non ſi
ne iureiurando, quo certior eſſet ſpes promiſſorum.

Sempiternum
ἀπⱨάϐατον Sempiternum habet ſacerdotium.) ἀπαράϐατον,id eſt,Quod ad aliū tranſire non poſ/
ſit,quod ſucceſstone non aliunde tranſmigret ad alium,quemadmodum fieri neceſſe erat
in ſacerdotio Moſaico.

16·22: ſapit

Locus olim
ſuſpectus qui-
buſdam

16: patrocinentur
de ſalvandis In perpetuum poteſt.) εἰς τὸ παντελὲς,Quod magis ſonat ad plenum,ſiue perſecte,hoc
eſt,ut Græcorum exponunt ſcholia,nõ ſolum hic,ſed etiam illic. Verum hoc nonnihil{pri/ **27**
ma fronte)ſapere uidetur Origenis dogma,quemadmodum & alias habet quædam,quæ
illius decretis{in ſpeciem}patrocinari{uideantur,ut}de ſeruandis dæmonibus.   **19**

Accedens.) Et Græci codices & Latini uetuſtiores habent,accedentes,προσεχεμϋνς.

Ad interpellandum pro nobis.) ὑπὲρ αὐτῶν,id eſt,Pro ipſis.

<Innocens.) ἄκακΘ, Expers doli . Sic & Chryſoſtomus interpretatur.Nam innocens **22**
Græcis non poteſt Latine reddi,ſi Ciceroni credimus.>

Qui poſt legem eſt.) Græce eſt,τῆς μετὰ τὸν νόμον,id eſt,Quod poſt legem eſt.Tametſi
(Græca)præpoſitio{μετὰ}anceps eſt. Nam legi poteſt,& ſupra legē . Quod ſi legis,qui poſt **27**
legē,intellige poſt legē cõditam,nempe in pſalmis.Siue mauis ſupra legem,intelligit plus
fuiſſe ponderis in uoce diuina,quàm in præcepto Moſi. Abrogat enim id qd'poſterius eſt
prius condita:& abrogat quod à maiore profectū ſit autore id quod minor inſtituerat.

In æternum perfectum. πτλειωⱨνόν. Quaſi dicas,factum ſemper idoneum ac legiti/
mum:Necꝗ enim ſacerdos ſemper aut ubicꝗ idoneus eſt ad peragendum ſacrum.

EX CAPITE OCTAVO

Apitulum autē.) κεφάλαιον,id eſt,Summa ſiue caput.Sentit enim ſe compen
dio dicturum, quod fuſius diſſeruit.{& id quod eſt præcipuū explicaturum.}**27**

Magnitudinis.) μεγαλωσύνης. Potius maieſtatis,ſicut paulo ante uertit.

Miniſter,pro
adminiſtrator Sanctorum miniſter.) λειτργός. Quod non ſimpliciter ſonat miniſtrū,
ſed{plerunꝗ}miniſtrū ſacrorū,& qui fungat officio ſacerdotij,pro alijs.{Vn/ **22**
de quod nos uulgo uocamus officium,Græci λειτργίαν appellant. Vocem putant hinc di
ctam.λήιτον olim dicebant prytaneum,hoc eſt,locum publicum in quo uerſabantur magi/
ſtratus,& ἔργον opus,unde commutatis aliquot literis λειτργοὶ dicti qui in his locis magi/
ſtratibus inſeruiebant}Porrò genitiuus ſanctorū poteſt uel ad homines referri,uel ad ipſa
ſancta

fancta,ut dicatur adminiftrare fancta pro nobis,ueluti facerdos.Quanq; autē Græcanica
fcholia malunt de hominibus accipere, tamē id quod proxime confequitur magis fuadet,
ut de rebus fanctis accipiamus,minifter fanctorum,& tabernaculi ueri. ut ueri quoq; refe
ratur ad fancta. Vt enim hoc tabernaculum,nempe cœlum,uerum eſt tabernaculū,ita fan
27 cta fanctorum quæ illic adminiftrat uere fancta funt(Theophylactus & Chryſoſtomus fe
quuntur poſteriorem ſententiam,etiamfi Theophylactus recenſet utramq;.)

Si ergo eſſet.) εἰ μὲν γὰρ,id eſt,Si enim.

Nec eiſet facerdos.) οὐδ' ἂν ἦν ἱερεύς,id eſt,Ne facerdos quidem eſſet,ut qui nihil offer
ret,quale lex præſcripſerat.

Cum conſummaret.) μέλλων ἐπιτελεῖν,id eſt, Cum conſummaturus eſſet.

19 Nunc autē melius.) διαφορωτέρως.i.Excellentius[licet in nōnullis habeat διαφορωτέρας.}

Quanto.)Latinus debebat addere,tanto,ut reſpondeat quāto.Nam Græcis licet omit
Illud prius.) ἡ πρώτη ἐκείνη,id eſt,Primum illud.Niſi quod Græci abutun/ (tere.
tur aliquoties hoc ſuperlatiuo uice comparatiui.

Culpa uacaſſet.) ἦν ἄμεμπτος,id eſt,Fuiſſet irreprehenſibile,ſiue de quo queri non poſ
19 ſis,aut in quo nihil poſſet deſiderari {Quod tamen Chryſoſtomus ita torquet,ut ἄμεμπτος
accipiatur pro eo,nō quod ipſum ſit inculpabile,ſed quod inculpabiles reddat, ut culpa ſit
hominū non teſtamenti. Quanquam Paulus ad Romanos fatetur legem fuiſſe infirmam,
nec potuiſſe conferre perfectam ſalutem.& in actis idem affirmat Lucas.Et Petrus appel
lat onus omnibus importabile . Et deus apud prophetam appellat iuſtificationes non bo
27 nas{Quæ omnia iuxta Chryſoſtomi ſententiam accipienda ſunt . Nihil enim à deo profi
ciſcitur,quod non ſit bonum. Et Paulus aliás legem ſanctam & bonam appellat.)

Locus inquireretur.) ἐζητεῖτο τόπος, id eſt,Quæſitus fuiſſet locus.

Vituperans enim.) μεμφόμενος γὰρ Verbum eſt,unde deductū erat nomen,ἄμεμπτος
probat enim non caruiſſe reprehenſione,cum ipſe deus de eo queratur.

✳ Ecce dies ueniunt.) Hoc teſtimoniū adduxit ex Hieremiæ capite trigeſimo primo, & **Paulus citat** ✳
ita adduxit,ut appareat ſequutum per omnia æditionem Septuaginta,ſed ab Hebraica ue iuxta Sep/
ritate minimum abhorrentem.Primū uenient,pro quo Hieronymus uertit, ueniant,Græ tuaginta
cè eſt ἐρχονται,quod ad utrunq; tempus pertinet. Nam de pacto, ſiue ut alibi uertitur, fœ
dus,mox dicemus. Quod aūt Hieronymus uertit,irritum fecerunt, Paulus,ſiue quis alius
fuit,ad hunc enim modum citat Hieronymus,expreſſit οὐκ ἐνέμειναν, id eſt,Non perſtite
runt in teſtamento ſiue pacto . Deinde quod ille uertit,dominatus ſum eorū,hic explicuit,
ἀμέλησα αὐτῶν,id eſt,Neglexi eos,iuxta ſeptuaginta.Præterea quod Hieronymus uertit,in
iuſceribus,hic extulit,εἰς τὴν διάνοιαν,id eſt, in mentem.Ad hæc quod Paulus dixit,ἕκαστος
Hieronymus uertit,uir,ſequutus ἰδίωμα ſermonis Hebraici.

✳ Qua apprehendi manum.) Magis eſt, apprehendens manum.

Dando leges.) διδοὺς, id eſt,Dans.pendet enim à ſuperioribus. **16·27: Dabo legem.)**

Superſcribam.) ἐπιγράψω,id eſt,Inſcribā,quod Græca præpoſitio ſit ambiguæ naturæ.

Proximum ſuum.) τὸν πολίτην αὐτῶ, id eſt, Ciuem ſuum.Quanquam alij codices ha
bent, τὸν πλησίον, id eſt, proximum.

A minore uſq; ad maiorem.) ἀπὸ μικρῶ αὐτῶν ἕως μεγάλα αὐτῶν, id eſt, A paruo illorum
uſq; ad magnum illorum, conſentientibus & Hebræis.

Veterauit prius.) πεπαλαίωκε,id eſt,Antiquauit,ſiue fecit antiquum.

EX CAPITE NONO

Abuit quidem & prius.) εἶχε μὲν οὖν,id eſt,Habuit quidem igitur.Et prius no
men eſt, & ad teſtamentum refertur.Nec eſt Græce prius,ſed primum.
35   [Iuſtificationes culturæ.) Sermo anceps eſt:poteſt enim diſtincte legi,δι
καιώματα λατρείας,ſed rectius cōiunctim legitur.λατρείαν enim appellat ritus
Et ſanctum ſeculare.) τό,τι ἅγιον κοσμικόν,id eſt,San/ (ſacrificiorū.]
22 ctum mundanum {quod in eam partem admitterentur, etiam proſelyti ac gentes,id quod
indicant commentarij in hunc locum Chryſoſtomi ac Theophylacti.>
27 Candelabra.) ἥ τε λυχνία. Et candelabrum numero ſingulari.(Nos lucernas uertimus,
quod idem candelabrum multas ſuſtineat lucernas.)

Quæ dicitur sancta.) Sancta hoc loco pluralis est numeri, neutri generis, ἅτις λίγεται 27
ἅγια,(quæ dicitur siue dicitur sancta)ut respondeat ad hoc, quod mox sequitur, sancta san 27
Excussa ctorum.¶Torquetur admodum diuus Augustinus, in quæstionibus super Leuiticum, quæ 19
Augustini stione quinquagesima tertia, quem in sensum accipiendum sit, sanctum sancti, putatᷠdi-
sententia ctum τὸ ἅγιον τῶ ἁγίε, perinde quasi plene dicas, ἢ πνεῦμα ἅγιον, ᷠθεᷠἁγίε, id est, Spiritū
sanctum sancti dei, cum constet hanc conduplicationem iuxta idioma sermonis Hebraici,
epitasin habere sanctimoniæ. Siquidem priorem partem duntaxat sanctum appellat, alteram ut eximie sanctam, sanctum sanctorum.}

Post uelamentum autem secundum. Secundum, referendum est ad uelamentum, non
ad tabernaculum(Apud nos enim anceps est sermo, apud Græcos nequaquam)Licet ipsa 27. 35
res, atᷡ etiam sermonis tenor reclamet Græcorum lectioni. Paulus enim distinguit duo ta
bernacula non duo uelamenta. Nec enim erant duo uelamenta. Hanc distinctionem prose
quens apostolus, paulo inferius ita loquitur. His uero ita cōpositis, in prius quidem tabernaculum semper introibant sacerdotes sacrificiorum officia consummantes, in secundum
autem semel in anno solus pontifex &c.]

Thuribulum.) θυμιατήριον. Quod locum quoᷡ significat, aut aram, in qua sit suffitus.

↓¶

16: quidem in p.   Super quæ erant. ὑπὲρ ἄνω δὲ αὐτῆς, id est, Supra illud autem, siue supra illam, ut referas ad arcam, attestantibus scholijs Græcanicis.¶

In priore quidem.) εἰς μὲν τὸν πρώτην. Cur non potius in primum quidem? cum(preʃer 27
tim)Græcus interpres ita loquutus sit(& grammatices ratio postulet. Similiter in eo quod 19, 27
sequitur εἰς δὲ τὸν δευτέραν.)

Sacrificiorum officia.) τὰς λατρείας. Explicuit interpres Græcam uocem, quam aliquo
ties uertit culturam, siue obsequium.

Quem offerret.ὃ προσφέρει. i. Quem offert. Nec est(pro ignorantia, sed(pro ignorantijs. 19

Parabola   Quæ parabola.) Cur non potius similitudo(Aut quid hic opus uoce Græca?) 27
similitudo   Temporis instantis.) εἰς τὸν καιρὸν τὸν ἐνεστηκότα, id est, In tempus quod instabat, hoc est,
pro tempore tum præsente.

✻16: entries   ✻ Iuxta quam.) καθ ὃν, id est, Iuxta quod, siue in quo, ut subaudias tempore.
reversed   ✻ In cibis & in potibus.) Interpres nō potuit reddere Græci sermonis gratiã, ἐπὶ βρώμασι
καὶ πόμασι(nisi dixisset in esculentis & poculentis.) 27

Et iusticijs.) δικαιώμασι, id est, Iustificationibus.

Impositis.) ἐπικείμενα, id est, Imposita, refertur enim ad munera & hostias(Apud Græ 27
cos certa est lectio, Nec tam est imposita quàm sita. In his enim quæ cōmemorauit sita est
Iudaica religio.)

Assistens.) παραγινόμενος, id est, Accedens. Alioqui parum apte cohæret, quod mox
sequitur, Introiuit in sancta. Etenim qui potest introire, qui iam assistit?

Per amplius.) Duæ sunt dictiones, διὰ δὲ μείζονος.{Per id qd amplius, siue maius erat.} 19

Non manufactum.) οὐ χειροποιήτε, Dictione composita.

Qui per spiritum sanctum.) διὰ πνεύματος αἰωνίε, id est, Per spiritum æternum(Et in 22
hunc modum legit & interpretatur Chrysostomus.)

Morte intercedente.) θανάτε γενομένε, id est, Morte facta. Quanquam interpres bene
↓¶   reddidit sententiam.¶

Testamentū   Vbi enim testamentum, mortem &c.) At diuus Hieronymus prodidit uocem, quam
Hebræis pa interpretes uerterunt testamentū, Hebræis magis sonare pactū aut fœdus ברית. Quod si
ctum est uerum est, apparet & hanc epistolam scriptam ab eo, qui Hebraice nescierit, id quod haud
ita dissimile ueri uidetur. Certe diuus Hieronymus constanter uertit pactum. Iam διαθήκη
Græcis dispositionem sonat magis quàm testamentū. Et hebræis ברים à testibus dictum
est, quod pacta quæ rata uelimus esse, sub testibus sanciri soleant. Proinde Septuaginta ui
dentur hoc sequuti, qui testamentū transtulerunt. Verum si quis uocem sequi malit, quam
sermonis usum ac proprietatem, quicquid adhibitis agitur testibus, testamentum erit(Nec 19
est confirmatum, sed βεβαία, hoc est, ratum, siue firmum, ut subaudias est.}

✻16: Et lana   ✻ Lecto enim.) λαληθείσης γὰρ, id est, Dicto enim.
coccinea.) p.725   Mandato legis.) Græca secus habent λαληθείσης γὰρ πάσης ἐντολῆς, κατὰ νόμον ὑπὸ μωϋ-
precedes Lecto enim.) σέως

¶16-19: <u>Graecanicis</u>. Mihi videtur rectius referri ad tabernaculum.
<u>In priore</u>

¶16: <u>Sententiam</u>. Nec est confirmatum, sed βεβαία, hoc est,
ratum, sive firmum, ut subaudias est. <u>Ubi</u>

27 εἰως παντὶ τῷ λαῷ. i. Cū enim omne mandatū dictū(siue recitatū)esset iuxta legē à Mose to ti populo.   ✱ Et lana coccinea.) καὶ ἐρὶ κόκκινον, id est, Lana coccinea, à cocco, quae adhi betur tingendae purpurae.

Hic sanguis testamenti.) Ad haec allusisse uidetur Christus in coena, Hic sanguis noui testamenti, simili modo suum repraesentans sacrificium.

19 Sine sanguinis effusione.) Graece composita dictio est, αἱματεκχυσίας. Et hic locus non nihil sapere uidetur Origenicū, si legas quae sequuntur, & si quis crassius interpretetur. Pro inde Chrysostomus rem trahit ad allegoriam. Synagoga terra erat, ecclesia coeli. Illorum sanctum paulo ante uocauit mundanum, nostra coelestia sunt, cum simus ipsi coelestes.

27 Non enim in manufactis.) Graece est, In manufacta sancta.&c.(εἰς χειροποίητα ἅγια, & consentiunt nostri codices emendatiores.

22 ‹ Exemplaria uerorum.) Graece non est ὑποδείγματα, quemadmodum paulo ante, sed ἀντίτυπα, ueluti reddentia similitudinem ueroru. Neq; mihi uidentur absurde dici exem plaria, uetera illa, quae deliniabant ac uelut adumbrabant, Euangelicam historiam. Certe nobis erant exemplaria, etiamsi deo non fuerunt. Qui scripsit hanc epistolam nihil inter esse putauit, inter ὑποδείγμα & ἀντίτυπον.›

In consummatione.) ἐπὶ συντελείας, id est, Sub consummationem, siue instante con **27** summatione. Nam eam uim habet aliquoties ea praepositio, si dandi casui iungatur (ut ca ptauit illum ἐπὶ θανάτῳ.)

{EX CAPITE DECIMO}

19 On ipsam imaginem.) οὐκ αὐτὴν τὴν εἰκόνα. Ipsam posuit pro ueram & ex pressam, quae rem totam ut est, repraesentet. Vnde & Christum imaginem dei uocat. At umbra nihil repraesentat praeter extrema quaedam corporis li neamenta, unde rudis illa priscorum pictura coepit.

Alioqui cessassent offerri.) Graecanica scholia admonent per interroga tionem esse legendum, an non desjissent offerri: Interpres legisse uidetur, ἐπὶ ἐπαύσαντο ἂν **22** προσφερόμεναι. Pro nobis facit Theophylactus. Certe aut omittēda erat negatio, aut legen dum per interrogationem, quae uim habet negandi. Caeterum hic eleganter interpres par **27** ticipium uertit in uerbum infinitiuū (ἐπαύσαντο προσφερόμεναι pro προσφέρεσθαι,) quod alias quidem parum eleganter reliquit. ¶¶

Sed in ipsis commemoratio.) Subaudiendum est, sacrificijs siue hostijs, siue in ijsdem. Loquitur enim de iteratis.

Hostiam & oblationem noluisti.) Quisquis hanc scripsit epistolam, minimū discrepat ab aeditione septuaginta, in citandis ueteris instrumenti testimonijs, iuxta quos ita legi mus, Θυσίαν καὶ προσφοράν οὐκ ἠθέλησας, σῶμα δὲ κατηρτίσω μοι, ὁλοκαυτώματα καὶ περὶ ἁμαρ **19** τίας οὐκ ἐζήτησας, τότε εἶπον, ἰδού ἥκω, ἐν κεφαλίδι βιβλίου γέγραπται περὶ ἐμοῦ, τοῦ ποιήσαι τὸ θέλη μά σου. {Vbi pro aures positum est corpus, atq; ita legit Augustinus, enarrans psalmum tri gesimum nonū. At diuus Hieronymus iuxta ueritatem Hebraicam transtulit hoc modo, Victima & oblatione non indiges, aures autem fodisti mihi. Holocaustum & pro peccato nō petisti, tunc dixi, ecce uenio. In uolumine libri scriptum est de me, ut facerem placitum tibi deus meus. Caeterum quod dicit, Aures autem perfodisti mihi, indicat obedientiam fi **19** dei, quam deus iam requirebat à suis cultoribus, fastiditis uictimis.

✱ Vt faciam deus.) Hoc referendū est ad illud quod praecessit, Ecce uenio, ut faciam &c. annotantibus Graecorum scholijs, & liquet ex his quae sequuntur.

Tunc dixi, ecce uenio.) Vbi haec uerba repetuntur, dixit est Graece τότε εἴρηκεν. Mirū est **27.19** autē, cur interpres Latinus mutauerit personam, cū referantur uerba superius posita. Et ta men ita scriptū fuisse in uetustissimo codice Paulino rasurae uestigiū indicat. Neq; secus legisse uidetur Chrysostomus, uel hoc argumento, quod quaestionē mouet, de quo hoc di catur. Nam si legisset, tunc dixi, hoc est, si ipse diceret de se, nō conueniebat interrogare, de **27** quo hoc diceretur. Post haec consului Graecū codicem, & repperi εἴρηκεν, id est, dixit, in po steriore loco, quū apud Theophylactum esset εἶπον, id est dixi: Variant & Latini codices.) **19** Vt sequens statuat.) τὸ δεύτερον, id est, Secundum (siue posterius.)

Sacerdos praesto est cotidie.) ἱερεὺς ἕστηκεν, id est, Sacerdos stat, ut uerbū uerbo reddam.

¶ 16: meus. Hebraei ad hunc legunt modum Zevah u-minhah lo' haphasta 'oznayim kariytha liy; 'olah wa-hata'ah lo' sha'alta 'az 'amartiy hinneh va'thiy; Bi-megillatt sepher kathuv 'alay la'asoth resonkha. Caeterum

16-22: omni
✱ 16: precedes
Lecto enim.) p.724
¶ 16-19: + aeterni
αἱματεκ 19-27: margin:
χυσίας Locus olim
       suspectus
       quibusdam
16: sapit
ἀντίτυπα]

Interpres
collaudatus

¶¶ 16: Cap. X

16-27: Sacrificium

Corpus pro
aures

¶↓

✱16: follows
Alioqui cessassent
offerri.) above,
closing Cap. IX

Nec eſt quod nos offendat temporis ratio, cum in huiuſmodi uerbis præteritū uſurpetur
pro præſenti. Hoc admonui, quòd animaduerterim quoſdam fruſtra offendi, in quibus eſt
Stapulenſis noſter. Alioqui ſi legas ſtabat, parum congruet quod mox conſequitur, Quæ
nō poſſunt auferre peccata. Quanquam Græce eſt, οὐδέ ποτε δύωανται, id eſt, Nuncꝗ poſ
ſunt ꜩatꝗ ita ſcriptum comperi in exemplari Paulinoſatꝗ item in Conſtantienſi.)

19.27

Pro peccatis offerens hoſtiam.) προσενέγκας θυσίαν. Participiū eſt præteriti temporis,
quamobrem mutato genere, uertere poterat, oblata hoſtia.

Sanctificatos.) τοὺς ἁγιαζομένους, id eſt, Eos qui ſanctificantur.

Dabo leges.) διδοὺς νόμους, id eſt, Dans leges.(Codex Donatiani habebat dando pro da
boꜩconſentiebat Conſtantienſis.)¶

22
27

In introitu.) Valla caſtigat, in introitū, quaſi nos confidamus futurum, ut introeamus
ſancta. Et ſi quidem Græcus ſermo anceps, εἰς τὴν εἴσοδον. Verum nō uideo cur non recte
poſsit accipi, nos habere fiduciam in introitu, quo Chriſtus pontifex pro nobis ingreſſus
eſt ſancta. Etiamſi diuerſa lectio mihi nō improbatur, & magis quadrat ad ea quæ ſequun
tur, Accedamus cum uero &c.

Initiauit.) ἐνεκαίνισεν, id eſt, Innouauit, ſiue dedicauit, uude encænia.

Viam nouam.) ὁδὸν πρόσφατον, id eſt, Viam recentem.

πληροφορία   Accedamus.) προσερχόμεθα, id eſt, Accedimus. Etiamſi hic Græcorum exemplaria ua
riant. Et in plenitudine eſt, ἐν πληροφορία, de quo ſæpe iam admonuimus.(Ac de certitudine **22**
fiduciæ, interpretantur Græcorum commentarij, qui Chryſoſtomo inſcribuntur.)

[ἀπρόξυσμὸς   Confeſsionem indeclinabilem.) ἀκλινῆ, id eſt, Non uacillantē, neꝗ huc & illuc nutan
tem, hoc eſt, firmam & immotam. Alioqui indeclinabile dicitur, quod uitari non poſsit.

In prouocationem charitatis.) εἰς παροξυσμόν. Quod Lucas in actis accipit pro excan
deſcentia in malam partem, hic in bonam uſurpauit pro extimulatione.

Collectionem noſtrā.) ἐπισυναγωγήν. i. Aggregationē, quaſi poſtea acceſſerint, aut ac
Quanto uideritis. ὅσῳ βλέπετε, id eſt, Quanto uidetis.   (ceſſuri ſint.

16-22: hæ   Terribilis autem.) Melius erat, ſed terribilis, Quanquam idem ſignificant hæc coniun
ctiones, tamen nonnihil refert aliquando, quam quo loco ponas.

‹Et ignis æmulatio.) ζῆλ⊙, igni ueluti ſenſum tribuit. Nā zelū appellat impetū ulciſcēdi› **22**

Locus olim   Quæ conſumptura eſt.) ἐσθίειν μέλλοντ⊙, id eſt, Qui comeſurus eſt, ſiue deuoraturus.
ſuſpectus   Et hic locus palàm adimit ſpem Chriſtianis relapſis in peccatum ſniſi commode interpre **19**
temur iuxta rationem, quam ſuperius indicauimus ex Chryſoſtomi ſententia, atꝗ etiam
Theophylacti, non poſſe repeti baptiſmum, qui Chriſti mortem repræſentat. Teſtatur no
19: Vulgarii   minatim Theophylactus, hunc Pauli ſermonem à nonnullis eò fuiſſe deprauatum, ut in
19: Vulgarius   terpretarentur, non dari locum ueniæ, à baptiſmo reuolutis in uitia.(Quoniam autem ea **22**
quæ ſequuntur, Sed terribilis expectatio iudicij, uidentur pugnare cum hac interpretatio
ne(Nam alioqui dixiſſet, ſed ſequitur pœnitentia) poſſet & ſic explicari, ut Paulus ὑπερ
βολῇ utatur, quo magis deterreat eos à peccando. Similia ſunt in epiſtola Ioannis. Aut ut
intelligamus de ijs qui deficiunt à lege Chriſti, quos aduerſarios uocat.›

Irritam quis faciens.) ἀθετήσας τις νόμου, id eſt, Aliquis qui irritam fecit legem.

Mereri ſupplicia.) ἀξιωθήσεται, id eſt, Merebitur, ſeu dignus habebitur.

16-27: Immundum   Pollutum duxerit.) κοινόν, id eſt, Cōmune. Sic enim uocant Iudæi, quod eſt prophanū
& abominandum. Porrò duxerit, poſitum eſt pro exiſtimarit, aut habuerit.

Mihi uin/   Mihi uindictam.) Græce eſt, uindicta nominandi caſu, ἐμοὶ ἐκδίκησις, ut & ante admo
dicta   nuimus.(Perinde ualet ac ſi dicas, mea eſt uindicta, & meum eſt ulciſci.ſnon ueſtrum.) **19.27**

Et ego retribuam.) Et, redundat.(conſentiente Conſtantienſi.) **27**

Quia iudicabit.) Quia, nō eſt apud Græcos. Cæterū illud, in altero quidē opprobrijs,
dilucidius uerti poterat, per tum & tum, aut partim & partim, aut nō modo & non ſolum.
Partim quidē dum & probris & preſſuris affecti, ſpectaculo fuiſtis omnibus, partim dum
conſortes ita conuerſantium facti eſtis. Vt ſit ſenſus, illos duplici nomine laudari, qui non
ſolum ipſi perſequutionem ob Chriſti fidem ſuſtinuerint, ueru & alijs hæc patientibus, ad
19-27: tꝛ.   Laurentij ar/   fuerint & cōmunicarint. Porrò quod Laurentius arbitratur, ex hoc potiſsimū uerbulo do
gumentum   ceri poſſe, hanc epiſtolam eſſe Pauli, quod de uinculis ſuis meminerit, friuolū eſt, ne dicam
ridiculum

ridiculum . quaſi nõ omnes fermè apoſtolorũ ſucceſſores & adiutores in uinculis fuerint.

Spectaculũ facti.) θεατριζομένοι. Theatron Græcis ſpectaculũ . Vnde qui in theatrum
producuntur,ut omnibus ſint ſpectaculo,θεατρίζεϑϑ dicuntur. ¶

Nam & uincti.) Græcè eſt,τοῖς δεσμοῖς ἐμẽ,id eſt,Vinculis meis, interpres legiſſe ui/
27 detur δεσμίοις,Theophylactus legit δεσμοῖς με. Vtracḥ lectio ſanam habet ſententiam.)

Cognoſcentes uos.) Græci ſic legunt, γινώσκοντες ἔχεψ ἐν ἑαυτοῖς κρείϑονα ὕπηξιψ ἐν ὀρα/
νοῖς καὶ μήνσσαψ, id eſt,Cognoſcentes uos habere in uobiſmetipſis meliorem ſubſtantiam
in cœlis & manentem. Quidam codices pro ἐν ἑαυτοῖς habent, ἐν ὀρανοῖς, id eſt,In cœlis.
Quidam habebant ad hunc modum, ἔχεψ ἑαυτοῖς κρείϑονα ὕπηξιψ ἐν ὀρανοῖς, id eſt, habere
uobiſipſis meliorem ſubſtantiam in cœlis.

19 Nolite itacḥ amittere.) μὴ ἀϕβάλητε ὄψ, id eſt,Ne abijciatis igitur.

Patientia enim uobis neceſſa.) ὑπομονῆς γὰρ ἔχετε χρείαψ.Quod nõ ſimpliciter ſonat pa/
tientiam,qua toleramus mala,ſed patientem expectationem,cum ſpe præmij duramus in
malis,& nos rebus melioribus ſeruamus.

Adhuc enim modicum aliquantulum.) ἔτι γὺ μικρὸψ,ὅσοψ,ὅσοψ.Quod ita uertere pote/
rat:Adhuc enim perpuſillum , aut percḥ exiguum tempus, Nam Græci ſermonis condu/
plicatio, epitaſin habet breuitatis temporis,idcḥ iuxta proprietatem Hebræi ſermonis,qui
congeminatione uerbi eiuſdem uehementiam explicat. Quod genus eſt illud Hieremiæ,
Ficus bonas bonas, & ficus malas malas. Rurſum illud eiuſdẽ, templũ domini, templum
domini. Itidem Eſaias capite decimo,Adhuc enim paululũ,modicumcḥ,& conſummabi/
tur indignatio mea.

19 Ex fide uiuit.) ζήσεται,id eſt,Viuet,ſiue uicturus eſt.

Quia ſi.) Antiqui codices habent,quod ſi.Græci, καὶ ἐὰψ, id eſt,Et ſi.

Non placebit animæ meæ.) ὀκ εὐδοκεῖ ἡ ψυχή με ἐν αὐτῷ, id eſt , Non complacitum eſt
animæ meæ in illo . Quanquam diuus Hieronymus exiſtimat ea legendum , ut referatur
ad uiſionem,non ad hominem.præcedit enim in Habacuc, unde hic deſumptus eſt locus,
Scribe uiſionem &c.Atcḥ illud ſi ſubtraxerit ſe,refert ad Chriſtum tardantem,non ad ho/
minem deſperatẽ.De quo cui cordi fuerit copioſius edoceri , legat huius enarrationem
in ſecundum caput Habacuc.

19
27 Subtractionis filij.) Filij non reperio in Græcis codicibus,ac ne in Paulino quidem ex/
emplari,niſi quod aliquis recentiore manu in ſpacio uerſus dirimẽte aſcripſerat,filij(Suf/
fragabatur nobis hic uetuſtiſſimus codex Conſtantienſis.)Porrò ita dixit non ſumus ſub/
tractionis,quaſi diceret,non ſumus ſubtractores,hoc eſt , qui refugiunt ac detrectant obe/
dire:ſed ſumus fidei,hoc eſt,fideles,quaſi dicas,ſumus deï,Nec eſt ſimus, ſed ſumus, ἐσμẽ
modo indicandi, non imperandi.

EX CAPITE VNDECIMO

27
27 Perandarũ ſubſtantia.) ἐλπιζομένων ὑπόςασις,id eſt,Quæ ſperant(ut ſperan
darum nomen ſit gerundiuũ nõ participiũ)ὑπόςασιψ dixit,certitudinẽ, & id
cui aliquid innititur ac fulcitur(Auguſtinus enarrans caput euangelij ſecun
dum Ioannẽ 14. ſic adducit,Eſt autẽ fides ſperantiũ ſubſtãtia,ut ἐλπιζομένων
accipiaſ actiue,quũ ſit uerbũ mediũ, quaſi fides ſit quo nitantur credentes.)

35 Itidem citat libro de pecc.merit. & remiſ. 2.cap. 31. Ibidem ἔλεγχος uertit conuictione,ſed
19 dure Hic quidam argutantur circa hanc definitionẽ,ut ipſi uocant,cum encomiũ fidei po/
22 tius ſit cḥ definitio dialectica(Tametſi Hieronymus ac Theophylactus eam appellãt defi/
nitionem, quod ſpeciem aliquam habet definitionis,qua rei naturam explicant dialectici)
Siquidem hoc exordiolo ingreditur fidei laudationem,mox & exemplis oſtendens, quan
tam uim habeat fides.Niſi forte putant eſſe finitionem,ubicuncḥ legerint eſt. Veluti ſi di/
cam,literæ ſunt in rebus aduerſis ſolatium,in ſecundis ornamentum, hanc eruditionis lau
datiunculam exiſtiment ad definitionum leges exigendã.Et ſunt qui ſubmota hac defini/
tione,ceu nimiũ apoſtolica,parumcḥ magiſtrali,ſubijciunt aliam ſophiſticã, & Ariſtotelis
19 redolentem dialecticã(uidelicet hanc,Fides eſt uoluntaria certitudo abſentium,infra ſcien
tiã & ſupra opinionẽ cõſtituta.Deblaterat & alia fermè huius generis uulgatiſſimũ gloſ/
22 ſema in caput de ſumma trinitate & fide catholica(Quorũ eſt illud, Symbolũ dicit à ſyn,

Pp 4   quod

Marginal handwritten notes (right margin):

¶ 16 : spectaculum
¶ 16 : Caeterum (p. 726)...
fuerint placed here
(↓

ὑπομονὴ 16-27:
neceſſe.)

ὅσοψ,ὅσοψ

Noua Hiero/
nymi inter/
pretatio

Supereſt in
noſtris]

¶ 16: ridicule nugantur
Fidei defi/ ¶ 16 : non ſit
nitio finitio ſed

Gloſſema De/
cretalium
notatum]

Handwritten note (bottom):

C 16·22: δεσμίοις. Verum id librariis potius imputandum
reor. Cognoscentes

quod est simul & bolus morsus quod singuli apostolorum attulerint morsellum suũ)Illud:

Fides pro fi adijciam,hoc loco fidem non usurpari proprie pro ea,qua credimus credendã, sed qua spe
ducia ramus,hoc est,ipsa fiducia (Glossema quoddam uetustum indicat hoc dictum per synec, 27
dochen,quum fides sit & præteritorum & præsentium & futurorum.)

Argumentum.) ἔλεγχ⊕, id est,indicium . nam id hoc loco significat argumentum,
⟨ Interpres Chrysostomi uertit conuictio . Etiamsi in libris uulgatis ubiϙ deprauatum est 22
coniunctio⟩Eam uocem quum toties repetat,nullus tamen animaduertit mendum ne in 27
postrema quidem æditione.Certe sensus ipse monere poterat lectorem huius rei. Etenim
quum ait , Coniunctio quippe est in rebus admodum manifestis, perspicuum est hic non
congruere coniunctionem.)

Non apparentium.) Græce est,ἃ βλεπομένων, id est,Quæ non uidentur.Nec est senes,
sed seniores,πρεσβύτεροι. Et ἐμαρτυρήθησαν, quod hic uertit testimonium consequuti sunt,
transferre poterat,Testimonio probati sunt,siue testimonium emeruerunt.

Ex inuisibilibus uisibilia.)εἰς τὸ μὴ ἐκ φαινομένων τὰ βλεπόμενα γεγονέναι,id est, Vt ex his,
quæ non apparent,ea quæ uidentur fierent.

Plurimam hostiam.) πλείονα θυσίαν, id est,Copiosiorem hostiam,siue plus hostiarum.
Interpres ne diceret plurem hostiam,comparatiuum mutauit in superlatiuum.

16 : order of (3) Esse iustus.) Græce dixit magis ꝗ Latine, ἐμαρτυρήθη εἶναι δίκαι⊕, Testimonio dictus
entries: (1) (2) (3) est esse iustus,siue testimonium meruit quod esset iustus.

(2) Muneribus eius.) De muneribus est Græce,ἐπὶ τοῖς δώροις,id est,De donarijs.

Deo additur (1) Sine fide autem impossibile est placere deo.) Deo,hoc loco non repetitur apud Græcos,ꝗ quos ego uiderim, sed subauditur ex superioribus ⟨Certe nec apud Chrysostomum 19-21
Græcum,nec apud Theophylactum additur.)

Metuens.) εὐλαβηθεὶς, id est,Cauens, siue ueritus.

Fide qui uocatur Abraham.) πίστει καλόμεν⊕ ἀβραάμ.Interpres nõ respexit ad uerbum
Duplex præteriti temporis,obediuit.Itaϙ uertendum erat , Fide uocatus Abraham obediuit.aut,
sensus fide cum uocaretur Abraham obediuit,ut fide,pertineat ad uerbum obediuit⟨Sed rectius 19
ad utrunϙ accõmodatur,Vocatus Abraham per fidem,& obediuit per fidem. Siquidem
fide promeruit,ut illi nomen augeretur . Non enim illi prius auctum est , ꝗ de eo dictum
est,Credidit Abraham deo,& reputatum est illi ad iustitiam. Theophylactus sic interpretatur,ut uocatus non faciat ad nominis appellationem , sed ad iussum dei . bis enim uocatus est à deo, cum iuberetur relinquere natalem terram , rursum cum uocaretur in montem,immolaturus filium.Ac iuxta hunc sensum ordinandus est sermo: Abraham cum uocaretur à deo , per fidem obediuit.⟩

In locum exire.) Et hoc Grece,obediuit exire:poterat Latine,obediuit(siue paruit)exi 27
ens,siue ut exiret.

In casulis.) ἐν σκηναῖς,id est,In tentorijs.

Sara sterilis.) Epitheton sterilis,non inuenio in Græcis⟨licet asscriptum sit in uetustis 19
19 : Vulgarii simis nostris codicibus. Ex Chrysostomi & Theophylacti enarratione parum liquet, an
interpres addiderit de suo, an hinc sumpserit.⟩

In conceptione seminis.) εἰς καταβολὴν σπέρματ⊕,.Interpres probe & uerecunde reddidit sententiam Græci sermonis.Imbecillitas enim corporis obstat,quo minus semen subsidat & adhærescat in matrice,propter imminutam attrahendi ac retinẽdi uim. Nam illud
καταβολὼ aliquoties uertit fundationem ⟨Proinde Chrysostomus uim uerbi explanans, 19
19-27: margin: exponit,Ad suscipiendum semen ac retinendum⟩Demiror autem cur Faber maluerit pro
Faber conceptione successionem , nisi quod uerecundius etiam ꝗ interpres studuit efferre. aut,
16-19: Vulgarii quod magis suspicor,librariorum incuria , pro susceptione mutatũ est successione.Theophylactus indicat quosdam esse in hac sententia,ut putent & fœminis inesse semen, & ad
id hunc locum posse accommodari.

Etiam præter tempus ætatis.) Græce sic est, καὶ παρὰ καιρὸν ἡλικίας ἔτεκεν,id est,Et præter tempestiuitatem ætatis peperit(hoc est,aliena ætate.⟩ 22

Orti sunt.) ἐγεννήθησαν,id est,Nati sunt,siue geniti.

✶16: precedes ✶ Propter quod ab uno orti sunt.). διὸ καὶ ἀφ᾽ ἑνὸς ἐγεννήθησαν,ϰ ταῦτα νενεκρωμένα,id est,
In quo susceperat.)   Propter
p. 729

Propter quod ab uno nati funt,fiue ex uno,idcp emortuo,fiue,eocp emortuo.

Et hoc emortuo.) ϰαὶ ταῦτα νενεϰρωμϕύ. Ne quis putet Abraham iam uita defunctum genuiffe filios. Sic enim uertit quidam, Ex uno nati funt,& ipfo cum mortuus effet. Imò Grecus fermo fignificat illū iam effœto defectocp fuiffe corpore,ficut et in epiftola adRo manos dixit mortificatione uuluę & corporis.Deinde ϰ} ταῦτα,ex cōfuetudine Greci fer monis facit ad epitafim,quod Latini reddere folent, idcp,atcp id,& quidē, alijscp fimilibus modis.Vt ne Laurentium quidem oportuerit admodum offendi numero pronominis.   Valla

Afpicientes.) Cum mutarit genus paulo ante,ut temporis feruaret rationem, cur non idem facit in hoc participio?Nam dicere poterat,nō acceptis,fed eminus,fiue procul con fpectis & falutatis,& confeffi.

Et falutātes.) Ante hæc uerba inuenio in Grecis codicib. ϰ} πϱοβϑίντϵς, id eft,Perfuafi. Et fiquidem illius meminiffent.) ϰ} εἰ μϕὺ ἐϰϵίνης ἐμνημόνϵυον,ἀφ ῆς ἐϝῆλϑον,εῖχον ἄμ ϰαιϱὸμ

19 ἀναϰάμψαι, id eft,fiquidē illius meminiffentςunde fuerāt profectiβhabuiffent tempus re uertendi.Nec enim affentior hac quidē in parte Laurentio Vallę, qui putauit in hunc uer tendum fuiffe modum.Et fiquidem illius recordarentur,ex qua exierant, haberēt tempus reuertēdi,ueluti de præfenti loquatur,non de preterito.Atqui id lōge fecus eft. Loquitur enim de Abrahā ac fimilibus, quibus liberū erat in patriam redire , fi patriæ defideriū eos tenuiffet . Cæterū Laurentium offendit uerbum prefentis temporis,quod mox fequitur. Nunc autē meliorem appetūt.Quafi uero noua fit huiufmodi temporis hypallage.Quid   Hypallage quod ut fequitur ita preceffit etiam uerbū prefentis temporis,ἐμφανίζϭϭιμ ὅτι. Certe quod   temporis paulo inferius fubijcitur,Non confunditur deus,uocari deus illorū, non poteft nifi ad pa triarchas accommodari.Dicitur enim deus Abraham,deus Ifaac,deus Iacob.Iam num La tine dici poffit,Erubefcit uocari bonus,quemadmodum dicimus,cupit uideri bonus,uide rit Laurentius,qui hoc negat,nihil obfiftat,quo minus ita loquamur. ¶

In quo fufceperat.) ὁ τὰς ἐπαγϕλίας ἀναδϵξάμϕϴϴ, id eft,Qui promiffiones acceperat.   ¶16: Propter quod ab uno ...) p.728 placed here.

Arbitrans.) λογισάμϵνος, id eft,Perpendens,etiamfi participiū præteriti temporis eft.

In parabolam accepit.) ϕν πϯαβολᾳ̈ ἐϰομίσατο, id eft,In fimilitudine adduxit,hoc eft,In typo Chrifti immolādi.Siquidē illū referendū eft ad Ifaac, quem uiuum reduxit domum.

19 ſEt adorauit faftigium uirgæ illius.) Hieronymus in quæftionibus Hebraicis notat in   Annotatio terpretes Septuaginta,qui perperam tranftulerint, adorauit contra fummitatē uirgę eius,   Hieronymi cum apud Hebræos habeatur, & adorauit ad caput lectuli. Quod fi uerum eft,quid facie   pugnat cum
22 mus autori quifquis eft huius epiftolæ? aut qui patrocinabimur Hieronymoβ?Porrò cum   hac epiftola
35 Hieronymus fateatur Hebraicā uocem effe ancipitē ſ{ficuti reuera eft, fi fcribatur abſcp   22·27: Graecam punctisβquur alterum fenfum affeuerat effe falfum , alterum adeo mordicus tenet , ut in terpretans adiecerit etiam aliquid de fuo? adorauit, inquiens,dominum conuerfus ad le ctuli caput . In tantum eo tempore abhorrebant ab adorandis ullis rebus creatis , foli deo hoc honoris feruantes:cum hodie repertum fit ex fupernaturali philofophia, ligneam fta tuam,eadem adoratione adorari,qua adoratur æterna trias.Necp quifquam eft,cuius au res hic offendat fermo : cum undique tam multa producantur offenfiua piarum aurium. Cæterum quum locis aliquot in facris uoluminibus legamus adoratos reges, quid erat pe riculi fi pater adoraffet filium principem?Vt Reg.fecundo capite nono.Et Reg. tertio,ca pite primo.Adoratur Salomon,etiam à Dauid patre ut uidetur.Quidā fic elabuntur qua fi adorauerit non uirgā Iofeph,fed regnū Chrifti,quod intelligebat eo fceptro fignari.Au guftinus aperit aliā rimam,ut pro αῶτϯ legamus ἄντϯ,ifſdem quidē literis, fed mutato fpi ritu,fiue addita litera ἑαυτϯ,ut intelligamus fenem innixū baculo fuo adoraffe dominū. Il lud diffimulandū non eft in Grecis,non effe adorauit fummū uirgę , fed ad fummū : cum nofter interpres præpofitionē,uelut ociofam reliquerit. Si quidem hoc adorare uidemur,

35 ad quod prono corpore nos inclinamusſEt Græca uox qua ufi funt Septuaginta πϱοσϰύ νϵϭϵμ, proprie fignificat capitis inclinati geftum,quum moto à fronte galero caput fubmit timus.Porrò quum Symmachus uerterit quod probat Hieronymus,adorauit ad caput le cti,mirum quur illius nullam fecerit mentionem, magis fuam confirmaturus fententiam, Certe aliâs frequenter adducit Symmachi teftimonium. Porrò quū lectum audimus,non oportet imaginari quod Iacob decubuerit in plumis germanicis, fed lectus fedilis erat ge nus

tus in quo poterant sedere plures, quod genus adhuc uidetur apud Italos. In his horis po∕
meridianis acquiescunt porrectis tibijs, reliquo corpore erecto . Ita probabile est Iacob ad
ingressum filij demissis pedibus sedisse in lecto, quemadmodum proximo capite dicitur
confortatus, hoc est, collegisse uires suas, ut extrema uerba proferret Ioseph ac reliquis fi∕
lijs suis . Et sicut post extrema mandata scribitur, collegisse pedes suos in lectum & expi∕
rasse, ita hic post mandatam sepulturæ curam, non collegit quidem pedes, sed præ lassitu∕
dine inclinauit corpus ad caput lectuli . Quod si quis pro lecto baculum malit legere, alio
modo significatur senilis ac iam deficientis corpusculi lassitudo . Quæstio autem de ado∕
rato domino cuius essentiam uiderit ad caput lectuli, uidetur ex Hebræorum commen∕
tis nata.]

De profectione.) περὶ τῆς ἐξόδȣ, id est, De exitu.

∠Fide Moses grandis factus, negauit se esse filium &c.) Ante hunc locum additū erat **22**
in codice Donatiani, sed manu recentiore: Fide Moses grandis factus, occidit Aegyptium
considerans dolorem fratrum suorum.>

Temporalis peccati.) ἢ πρόσκαιρον ἔχϳν ἁμαρτίας ἀπόλαυσιν, id est, Quàm temporari∕
am habere peccati fruitionem.

Thesauro Aegyptiorū.) τῶν ἐν αἰγύπτῳ θησαυρῶν, id est, Thesauris qui erāt in ægypto.

Aspiciebat.) ἀπέβλεπεν .i. Respiciebat, siue spectabat, aut rationē habebat retributiois

16·22: ferocitatem   Animositatem regis.) τὸν θυμόν, id est, Iracundiam, siue ferociam.

Tanquam uidens.) ὡς ὁρῶν. Melius erat, perinde quasi uideret.

Primitiua.) πρωτότοκα, id est, Primogenita.

Quod experti.) ἧς πῶιραν λαβόντες, id est, Cuius nempe maris, experimentum cùm
cepissent Aegyptij.

↓∠   Circuitu dierum septem.) κυκλωθέντα ἐπὶ ἑπτὰ ἡμέρας, id est, Circundati ∠Nec alioqui **22**
mea sententia satis expressit sententiam . Non enim sentit obsidione septem dierum mu∕
ros euictos, sed posteaquam singulis diebus Leuitæ portantes arcam circumissent ciuita∕
tem, septimo die ad clangorem tubarum muri corruerunt.>

Excipiens exploratores.) Et hoc participium præteriti temporis est, δεξαμένη ∠excep∕ **19**
tis exploratoribus.∫

Locus nota∕   Quid adhuc dicam.) λέγω, id est, Dico.
tus olim de   Iephthe.) Quod Græci scribunt Hiephthae, tetrasyllabum ἰεφθάε. ∠Notatus est à non∕ **19**
Iephthe   nullis & hic epistolæ locus, ut admonet Chrysostomus, quod Iepte meretricis filium, & fi∕
                    liæ immerentis interfectorē, in sanctorū Catalogo recenseat, item Barachi & Samsonem.∫

Impetum ignis.) δύναμιν, id est, Vim.

σόμα à   Aciem gladij.) σόμα, id est, Os gladij, siue σόματα numero multitudinis, quod tamen
τέμνω   Græci pro acie ponunt, quod ea parte mordeat. Quanquam sunt apud Græcos, qui σόμα
16·22: putent   quoq́ dictum putant à τέμνω, id est, incido, quod ore incidamus, & cōminuamus cibum.
                    Vnde & δίσομᴏ dicitur gladius utrinꝗ incidens.

Conualuerūt de infirmitate.) ἐνεδυναμώθησαν ἀπὸ ἀσθενείας, id est, Potētes redditi sunt
ex imbecillitate, ne quis somniet eos reualuisse à morbo ∠Chrysostomus interpretatur de **19**
reuersis ab exilio Babylonico, in quo cum fuissent deiecti ac mortuis assimiles, postea resti
19: Vulgarius   tuti sunt pristino uigori. Theophylactus attingens & hanc interpretationem, admiscet de
                    Ezechia, qui à morbo reualuit. Posteriorem sequitur Thomas.∫

Castra uerterunt exterorum.) παρεμβολὰς ἔκλιναν, id est, Incursiones siue impressiones
in fugam uerterunt, & inclinarūt. Dicitur enim inclinata acies, cum parat fugam, & cedit
19·27: margin: Faber   in bello . Nec male uertit interpres, si quis modo sentiat, quid hoc loco sit uertere, hoc est,
19·22: avertere   ad fugam impellere. Demiror autem cur Stapulensis maluerit euertere q̃ uertere. Nam
↓∠   uertere multo erat aptius. Certe euertere, non uideo, quo pacto tolerari possit hoc sanè lo∕
co. Iam aliquanto inferius mulieres, Græce est γυναῖκες, quæ uox & sexum significat &
uxorem. At hoc loco mortuos, de liberis accipiendum est.∫

Distenti sunt .) ἐτυμπανίσθησαν. Quod à corio sumptum est, in tympano distento.
Quanquam Græcanica scholia interpretantur de his qui fustibus contusi perierunt. Cæ∕
ditur enim crebris ictibus tympanum.

                                                                                                Secti

∠16·19: circundati sive obsessi. {Apparet interpretem legisse κύκλω. } Excipiens 19
{16·22: accipiendum. Mirum quantus hic Theologorum tumultus id agentium, ne
uxores virum semel defunctum cogantur recipere, idque ne pereat character
16·22:   *ille indelebilis apud ipsos natus. Quasi vero cum Paulus diceret, Si dormierit*
margin: *vir soluta est a lege viri, tam anxie senserit, ut liberaret mulierem, si cuius*
Curiosa   *vir revixisset. Hic demum dignus est campus 16: illuminatis Theologis*
quaestio 19·22: eximiis magisteris. Distenti

Secti sunt.) Quod Hieronymus alicubi uertit,Serrati sunt,ut accommodet ad suppli/
cium Esaiæ.

22 ⟨Tentati sunt.) Nescio quo casu acciderit,ut nec apud Chrysostomũ, nec apud Theo/
phylactũ ulla fiat mentio huius particulę Tentati sunt,presertim cũ sit dilutior utrisq̃ qui
bus miscet.Precedit enim dissecti sunt,& sequit̃, occisione gladij occubuerũt. Mihi uide
tur adiectitia.Suspicor enim eruditulũ aliquẽ pro ἐπειράϑησαν,mutare uoluisse ἐπέρασθησαν
atq̃ ita uocem utranq̃ relatam in contextũ,cum altera esset ascripta in spatio marginis.⟩

In melotis,) ἐν μηλωταῖς, id est,Pellibus ouillis.Sicut λεοντῆ dicitur exuuiũ leonis.Equi
dem non possum ridere uirum alioqui magnum Thomam Aquinatem, tamẽ miseret me
ac pudet,illius nomine tam fœdi lapsus,etiamsi fateor hæc non omnino proprie pertinere
ad fidem,nec esse periculum ut Hæreticus iudicetur, qui consimiliter fuerit hallucinatus,
Verum illud periculum est,ne qui bonas didicere literas cum hæc legunt, ex his metiãtur
cætera,ut est hominum ingenium:Melota,inquit,est uestis facta de pilis camelorũ, ut qui
dam dicunt. Vel melius, quod taxus habet pellem hirsutam, de qua sit uestis quæ dicitur
melota.Iam quanto insulsius,imò impudentius,delirat super hac uoce quisquis fuit autor
operis omnium indoctissimi,quod uocant Catholicon.Hic triumphum agant,scilicet qui
apostolicæ simplicitatis prætextu suæ patrocinantur inscitiæ. Huiusmodi sanè uel ipsos
superant apostolos. Neq̃ enim quisquam illorũ tam inscius uocum aut rerum fuit,ut ex
oue faceret camelum,aut aliud nouũ animal arbori cognomine. Quanquam ego uix ad/
duci possum,ut credam hæc ab Aquinate scripta,primum Italo, deinde tam cæteris in re/
bus uigilanti.Et haud scio an bona pars huius erroris interpreti sit imputanda, qui e dua/
bus Græcis uocibus,alteram transtulerit,alteram reliquerit. Siquidẽ in pellibus caprinis
Græce est αἰγείοις. At cur fugit ad eundem modũ circumloqui μηλωταῖς in pellibus ouil/
lis?Nisi quod suo more horruit bis dicere pellibus.Quanquã μηλωτῆ non tam pellem ouis
significat q̃ flexuuium,hoc est,pellem corpori detractam unã cum lana.

Egentes.) ὑστερούμενοι,id est,Destituti rebus necessarijs.Quang̃ interpres bene reddidit.
Testimonio fidei probati.) μαρτυρηθέντες διὰ τῆ πίστεως, id est, Testimonio comproba
ti sunt per fidem.

Prouidente.) Et hoc participium est præteriti temporis apud Græcos, προβλεψαμένου,
35 id est,Quod deus melius quiddam de nobis prospexerat.[Augustinus aliter citat libro de
pecc. meritis & remiss.secundo, cap. trigesimo primo. Pro nobis enim meliora prouide/
runt.pro προβλεψαμένος codex illius habuit προβλεψάμενοι. tum aliter distinxit,ut τῶ θεῶ re/
feratur ad promissiones,non ad participium sequens.]

EX CAPITE DVODECIMO

Mpositam nubem.) περικείμενον,id est,Circumpositam, siue circundatám,
& undiq̃ cingentem nos.Nubem autem uocat ingentem multitudinem ac
turbam testium.

Pondus.) ὄγκον, id est,Onus,siue sarcina.

Circunstans nos.) Nos,non est in Græcis codicibus, & est εὐπερίστατον,
id est,quod facile circũsistat, & hæreat atq̃ amplectatur, quasi nolens abijci. Proinde nos
uertimus,tenaciter inhærente peccato. Iam an satis quadret Aquinatis interpretatio,qui
circunstans peccatum exponit occasionem peccandi,alijs discutiendum relinquo.

35 Autorem fidei & consummatorem.) ἀρχηγὸν ἰ τελειωτὴν.Non explicuit interpres uim
& festiuitatem Græci sermonis, qui constat ex contrarijs inter se uocibus, quarum prior
composita est ex principio,posterior deducta à fine.Perinde quasi dicas inceptorem & fi/
nitorem,ut idem Christus sit autor initij simul ac finis.

Confusione contempta.) Confusionem suo more probrum atq̃ ignominiam uocat,
22 ⟨cum Græce sit αἰσχύνης.⟩

Atq̃ in dextera.) Græce est,Et in dextra throni dei. ἐν δεξιᾷ τε τῶ θρόνε τ̃ θεῶ.
Sedet.) ἐκάθισεν, id est,Sedit,siue confedit.Quanquam,ut dixi,in his præteritum pro
præsenti usurpatur.

22 Consolationis.) παρακλήσεως. Hic sanè magis quadrabat adhortationis⟨imò utrunq̃
bene habet.Etiamsi Theophylactus interpretatur de exhortatione.⟩

Tanq̃

(marginal notes, right column)
Melotæ
Thomæ lap/
sus miseran/
dus,si modo is
ea scripserit
19-22: scripsit
Catholicon
16: quæ
16: vellus
Nubes pro
multitudine
Thomas

Tanquam filijs loquitur dicens.) Dicens apud Græcos non eſt.

Neǫ fatigeris.) ἐκλύυ, id eſt, Deficias, ſiue defatigeris.

Caſtigo   Flagellat aūt omnē filiū.) μαειγοῖ. Quod Hieronymus in Oſee uertit, caſtigat, quę uox
μαειγῶ   mutata literula uidet à Greca deductā fuiſſe. Nam flagris cędi apud Romanos ſeruilius
eſt. Cæterū illud recipit poſitum eſt pro eo quod eſt approbat, & non abdicat ac reijcit.

In diſciplina perſeuerate.) Græcus codex ſecus habet. εἰ παιδέιαν ὑπομένετι, id eſt, Si
caſtigationem ſuſtinetis{conſentientibus & interpretibus Græcis}Nam paulo ante quod 19
π:·Δύ̓μ   erat παιδιύδ, uertit caſtigat, & ab eo deductum παιδ'ίαν, uertit diſciplinā, quē ſecuti quidam, diſciplinam uocant caſtigationem, non ſatis approbante Valla{Quanǫ diſciplinam 19
reperire licet apud probos autores, præcipueǫ Suetonium, pro ſeueriore inſtitutione gu-
bernationeǫ, cuiuſmodi ſolet adhiberi primis annis. Auguſtinus enarrans pſalmum centeſimum decimumoctauum, Diſciplinam interpretatur, cum quis moleſtijs eruditur. Cæterum quod Grece eſt προσφέρε͂ται, & interpres reddidit offert ſe: Auguſtinus libro de tem
pore barbarico, capite ſexto, legit, Sicut filios uos aggreditur deus. Hoc enim agit Paulus
ne horreſcant manum caſtigantis dei. non enim, inquit, admouet uobis manum, ut hoſtis
hoſti, ſed ut pater filijs, emendaturus, non perditurus.}

16·27: *Ergo*   Ego adulteri.) Opinor interpretem uertiſſe, adulterini, pro ſpurijs & illegitimis. Quos
Græci ſimulǫ Latini uocant νόθυς, quo uerbo uſus eſt Paulus.

Eruditores habuimus.) παιδυτὰς, ab eodē uerbo παιδ̓ύμ, quod ſignificat ueluti puerum inſtituere, quod plagis & obiurgatione nonnunquam opus ſit.

In tempore paucorum dierum.) πρὸς ὀλίγας ἡμέρας, id eſt, Ad paucos dies.

Secundū uoluntatem ſuam.) κϑῑ ☟ δ'οκοῦν αὐτοῖς, id eſt, Vt ipſis uidebatur, hoc eſt, ſuo
arbitratu. Nonnunquam & præter meritum.

In recipiendo.) εἰς ☟ μεταλαβε͂ιν, id eſt, Vt participes fiamus.

Pacatiſſimum.) εἰρμνικὸν, id eſt, Pacificum, ſiue pacatum.

✳ 27: *entries*   ✳(Et greſſus rectos facite.) τροχιάς. Quod ut indicat Theophylactus aut ueſtigium eſt 27
reversed   rotæ currus humi impreſſum, aut ipſa terra currentium pedibus conculcata.)
16·27: *ne quis*   ✳ Vt non claudicans{quis}erret.) ἵνα μὴ τὸ χωλὸν ἐκτραπῆ, id eſt, Ne id quod claudum ab- 35
erret, hoc eſt, ne claudicatio abducat à uia, præſertim cum ſit anguſta. Certis igitur & non
uacillantibus paſſibus opus eſt in hac.

Contemplantes.) ἐπισκοποῦντες, id eſt, Conſiderātes, & curam agentes. Translatum
16· *his*   ab exercitu longum faciente iter. Nam hic aliquot(uiris)cura delegari ſolet proſpiciendi 27
ne deſit commeatus.

Ne quis deſit gratiæ dei.) μή τις ὑστερῶν ἀϖὸ ☟ χάριτΘ-, id eſt, Ne quis ſit deficiens, aut
deſtitutus à gratia dei, hoc eſt, qui non poſſit aſſequi, uelut in uia ſunt qui deficiant.

Impediat.) ἐνοχλῆ, id eſt, Obſtet, ſiue obturbet{Auguſtinus ſermone de uerbis apoſto- 19
li decimoſexto, pro impediat, legit moleſtat.}

Vendidit.) ἀπέδοτο, id eſt, Reddidit{id eſt, in alterius rei uice dedit. Etenim qui uendit 22
aut permutat, pro eo quod accipit reddit aliquid}Nec eſt primitiua, ſed πρωτοτόκια, id eſt
Primogenitalia, ut ita docendi cauſa loquamur, hoc eſt, ius primogeniti.

Scitote.) ἴςε γὰρ, id eſt, Scitis enim.

Hæreditare.) κληρονομῆσαι, id eſt, Hæreditate accipere.

16·22: *deeſt*   Ad tractabilem montem.) Montem in multis Latinis codicibus abeſt{Nec Theophy- 22
lactus addit montem, nec Chryſoſtomus}Ψηλαφωμένω ὄρει, id eſt, Ad montem contactum,
ſiue qui tangebatur, at non ſine pernicie tangentium. Alluſit enim ad montem Sina, & illud pſalmi, Tange montes & fumigabunt.

Origenis no   Et acceſſibilem ignem.) καὶ κεκαυμένω πυρί, id eſt, Accenſum ignē{Origenes homilia 19
ua lectio   in Numeros tertia, nec addit montē, & pro acceſſibilē legit, ardente: Non enim acceſſiſtis
ad ardentem & tractabilē ignem. Mirū autē quid idem ſequutus legat: & multitudinē angelorum collaudantiū. Et Auguſtinus libro quæſtionū in geneſin primo, quæſtione centeſima ſexageſima octaua, legit ad hūc modū. Sed acceſſiſtis ad montē Sion & ciuitatem
dei Hieruſalem, & ad milia angeloru exultanti{quū tale nihil ſit apud Græcos.)   27

Se excuſauerunt.) παρρτήζαντο, id eſt, Deprecati ſunt, ſiue recuſarunt.

Ne eis

Ne eis fieret uerbum.) μὴ προσεθδῶαι αὐτοῖς λόγον, id eſt,Ne ſibi cōmendaretur ſermo, aut ne ſibi adderetur ſermo.Nimirum poſt talia pręludia,expectabant duram orationem. Quanquam Graecus ſermo nonnihil habet ambiguitatis , quod αὐτοῖς ad homines referri poteſt,& ad prodigia quae praecesserant,ut ſit ſenſus,ne ad iungeretur ſermo talibus mon ſtris iam uiſis:aut ne ipſis ſermo committeretur,quem acerbum expectabant. 16-22: ſibi

19 Non enim portabant.) ὀκ ἐφέρον γ᷑, id eſt,Non ferebant enim non tolerabant.}

19 Quod dicebatur.) τὸ ϑͅαϲελλόμѵον,id eſt,Quod diſtinguebatur pro praecipiebatur Ex preſſit enim Hebraici ſermonis figurā, iuxta quā dictū eſt & illud, Diſtinxit in labijs ſuis.

Si beſtia tetigerit montem,lapidabitur.) Hic quidam Graeci codices addunt, ἢ βολίϑι Supereſt in κατατοξϵυθήσεται,id eſt,Aut iaculo configetur. Graecis

Quod uidebatur.) τὸ φανταζομѵον. Non eſt ſimpliciter,quod uidebatur, ſed quod ui deri uidebatur,ſicuti uidentur ſpectra,& uiſa,aut ſomnia.

Moyſes autem dixit.) Suſpicor hunc eſſe locū,de quo ſenſerit Hieronymus, cum ait,à quibuſdā hanc epiſtolā non aſcribi Paulo,quod nōnulla citentur in ea,ueluti de ueteri in Locus olim ſtrumento,quae apud Hebraeos non habeantur.Siquidē Exodi cap.20. ubi narratur hiſto notatus in ria traditae legis,nihil huiuſmodi dicit Moſes : ac ne tertio quidē eiuſdē uoluminis capite. epiſt. apud cum in rubo uidet dominū.Nam torquet huc eum locū Aquinas. Idq́ quoniā ſenſit parū Hebraeos eſſe ſolidū adiecit,dixit ſaltem facto : ne huic quidē fiſus cōmento addidit : Vel forte apo **19** ſtolus utitur alia litera,quam nos nō habemus {Sed utrum apocrypha utitur an approba ta:Si apocrypha,negat alicubi Hieronymus morem eſſe apoſtolis apocryphorū uti teſti monijs.Sin approbata , cōſtat noſtris exemplaribus aliquid approbatae aeditionis deeſſe.

Et multorum milium angelorū frequentiam.) ἡ μυριάσιμ ἀγγέλων πανηγύρϵ. Mire con iunxit μυριάσιμ & πανηγύρϵ, cum myriades aliquoties dicamus innumerabilem turbam. Alioqui myrias Graecis eſt numerus complectens decem milia:atq́ ita ſane adducit Am broſius,libro de Cain & Abel,ſecundo,capite ſecundo.Et πανήγυρις dicitur, quoties die bus feſtis,aut comitijs,uniuerſus populus congregatur.}

19 Et iudicem omnium deum.) κͅ κριτῆ θεῶ ἀπάντων, id eſt {Ad iudicem deum omnium.

19 Et ſpiritum.) ἡ πνϵύμασι,id eſt,Ad ſpiritū {Dictu mirum,q̄ hic uigilarit Aquinas Thomas inau indicans huius loci triplicem eſſe lectionē.Primam eſſe Graecorū,Et ſpiritū iuſtorum per cat triplicem fectorū,ut ſit ſenſus,Acceſſiſtis ad ſpiritū ſanctum,qui facit perfectos in iuſtitia. Alteram lectionem huiuſmodi,Et ſpiritū iuſtorū perfectorum,ut ſit ſenſus, Acceſſiſtis ad deū , qui eſt iudex omnium,ſed eſt quaſi hęreditas ſpiritū iuſtorum perfectorum.Tertiam,& ſpiritus iuſto rum perfectorum , ut accipiamus nobis fore ſocietatem cum ſpiritibus ſanctorū qui ſunt perfecti.Sed prima approbat, quod ſit ut ait ille planior,deinde quod Graecorū, cum ulti ma cum Graecis cōſentiat.iuxta quā Chryſoſtomus interpretatur animas piorum.Nullus indignatur Thomae, qui cum Graece neſcierit,tamen indicat uariā lectionem, idq́ nullius autoritate fultus,in me deſtomachantur,qui tot rebus ad hoc negociū inſtructus,indicem non quid ego ſomniem,ſed quid legerint ueteres ac probati utriuſq́ linguae ſcriptores.}

Et ſanguinis aſperſionem.) ἡ αἵματι ῥαντισμῦ, id eſt, Et ſanguinē aſperſionis,ſangui **19** nem qui aſpergitur Hebraeorum more.}

Melius loquentem q̄ Abel.) κρείττονα λαλοῦντι παρὰ τὸ ἄβѥλ, id eſt, Meliora loquen tem q̄ ſanguis Abel. Nam id palam poſtulat articulus τὸ. Sanguis enim Abel dicitur lo **19** qui de terra & efflagitare uindictam.At Chriſti ſanguis loquitur expiationē {Ita non mo **27** do Graeci,uerumetiam Thomas {Hoc incommodo uitare poterat,ſi uertiſſet,Abelis.)

Loquebatur.) χρηματίζοντα, id eſt, Oracula reddebat. Nec enim eſt ſimpliciter loqui, ſed ex oraculo reſpondere.

Adhuc ſemel & ego.) Et,redundat Porrò teſtimonium adductum eſt ex Aggei capi ⬆↓ te ſecundo . Hebraeae ſic reddidit Hieronymus, non diſſentientibus Septuaginta : Adhuc ⬆↓ unum modicum eſt, & ego commouebo cœlum & terram.

Mouebo.) ſείω,id eſt,Concutio,praeſentis temporis.

Mobilium.) τ̃ν ϲαλϵυομѵων,id eſt,eorum quae fluctuant.ſiue concutiuntur.

Habemus gratiam.) Theophylactus legit,ἔχωμϵν,id eſt,Habeamus. Verum in huiuſ 16-19: Vulgarius modi facillimus eſt lapſus.

16: redundat. Iam quod addidit, adhuc ſemel, Hebraeis est, adhuc unum modicum 'od 'aḥath me'aṭ. Porro 16: Hebraea sic habent 'od 'aḥath me'aṭ hiy' wa-'aniy mar'iysh 'eth ha-shamayim wc-'eth ha-'aretz. Ea sic reddidit

EX CAPITE DECIMOTERTIO

Haritas fraternitatis.) ἡ φιλαδελφία, id eſt,Fraterna charitas,hoc eſt, chari
tas Chriſtianorum inter ipſos mutua.

Supereſt apud nos

　In uobis.) Apud Græcos non additur￫nec in codice Donatiani￩Item co 22
pula &, quæ ſequitur, non eſt apud illos.

　Placuerunt quidam &c.) ἔλαθον τινες,ξενίζαντες ἀγγέλας,id eſt, Latuerunt
quidã accipientes hoſpitio angelos.Sic enim ad uerbũ uerti poterat . Porrò ſenſus hic eſt:
Quidam imprudentes ſiue inſcientes acceperunt angelos hoſpitio. Interpres male ſecu‐
tus eſt Græcam figurã,quã Latinitas non admittit.Cæterũ quod in noſtris codicibus pla‐
cuerunt habetur ſcriptum,id ueriſimillimum eſt librariorum errore inductũ,qui cum non

Placuerunt pro latuerunt

intelligerent latuerunt,nam is ſermo nihil ſignificat Latinis,mutata ſcriptura fecerunt,pla‐
cuerunt(Id probabilius facit,quod in priſcis ſcriptoribus Chriſtianis uidemus in ſermone 27
Græcam figuram frequenter uſurpatam,uelut in Irenæo￡ſiue huius interprete]& Tertul‐ 35
liano,ueluti pro eo quod Latine diceretur,inſciens præterij domũ,illi loquuntur,latui præ

[ἔλαθον
Valla

teriens domum)Mihi non uſquaquaꝗ ſatisfacit,quod hoc loco uertit Laurentius, per hanc
latuit quoſdam , quod angelos in hoſpitium accepiſſent . Neꝗ enim id ſenſit Paulus,hoc
hoſpitalitati tribuendum,quod ignorarint quos exceperant,ſed quod acceperint angelos,
cum ſe putarent homines accipere . At multo minus , quod in hunc locum commentatur

19‑27 : margin:
Faber

Iacobus Faber Stapulenſis, qui putat idem eſſe latuiſſe , quod occultatum & non uiſum
fuiſſe,ſcribens in hunc modum,Dicendum latuerunt,non placuerunt . Etenim Lot & fa‐
milia eius latuit,angelis hoſpitio ſuſceptis , cum Sodomitæ uellent eum impetere & per‐
fringere fores continuo percuſſi cæcitate ab angelis. Verum ſecus interpretantur Chryſo‐

16‑19 : Vulgarius
16‑19 : Vulgarius

ſtomus ac Theophylactus,Græcam etiam figuram interpretantes,quæ tamen uel medio‐
criter Græce peritis incognita non eſt . Et Theophylactus hanc laudem accommodat ad
Abraham & Lot￡cõmuniter￩Chryſoſtomus adeo tribuit Abrahæ,ut dubitet , num & Lot 19
oporteat eſſe communem￡In eundem ſenſum refert idem Chryſoſtomus ſermone de La‐ 35
zaro ſecundo.In hoc enim eſt eminentia laudis,quod ignarus angelos eſſe,tantam hoſpi‐
tibus præbuit humanitatem.Nihil enim magni erat hoc præſtare angelis agnitis￡Augu‐ 19
ſtinus in quæſtionibus ſuper Geneſim libro primo,citans hoc teſtimoniũ:Per hanc enim,
inquit,quidam neſcientes,hoſpitio receperunt angelos . Et de Lot dubiũ non eſt quin ne‐
ſciens receperit angelos,exiſtimans homines eſſe.Cæterũ de Abraham nõnihil addubita‐
ri poterat,quod adorarit & dominũ appellarit,cum tres cõſpiceret . Rurſum cum cibũ of‐
fert,& pedũ lotionẽ,uelut ex itinere feſſis,uidetur homines credere.Thomas Tenedia bi‐

19 only : margin:
Thomas

pennis,ita nodũ diſſecat,ut dicat Abrahã primũ eos habuiſſe pro uiris probis,& ob id ex‐
hibuiſſe humanitatis officia, licet adorarit adoratione δαλέας,mox agnouiſſe angelos,in
quibus loqueret deus. Idem admonet geminæ lectionis. Nam præter hanc,quã uulgo ha‐
bemus legi,per hanc quidã neſcientes receperũt angelos,& tamen nõ dignat huius lectio‐
nis ullũ nobis autorẽ indicare￡Iam quũ tot argumẽta pro nobis faciat, quũ tantus ſit Græ‐ 27
corum omniũ cõſenſus,quũ orthodoxi ſcriptores indicẽt etiam Græcã loquutionẽ,quum
apud Auguſtinũ reperiatur uera lectio,quũ ipſa res reijciat uerbũ placuerunt,tamen qui‐
dam magnis clamoribus defendit placuerũt, non alia ratione , ꝗ quod hoc à ſcribis indu‐
ctum eſt in uulgatos codices.Quid iſtis facias qui nec diſcere uolunt,nec docere poſſunt￩)

　Laborantium.) κακοχρμένων,id eſt,Afflictorum.

　Tanquam & ipſi in corpore morantes.) ὡς καὶ αὐτοὶ ὄντες, id eſt, Tanquam & ipſi ſitis
in corpore.Laurentius putat ſubaudiendum ipſorum , tanquam ipſi ſitis in corpore affli‐
ctorum,quod mihi nequaquam probatur.Sentit enim de corpore cuiuſꝗ ſimilibus obno‐

16. 19: Vulgarius

xio malis. Ita & Theophylactus.

Theophy‐
19: Vulgarius lactus

　Honorabile connubium in omnibus.) ἐν πᾶσι, quod uarie exponit Theophylactus.
In omnibus,ut ſubaudias modis, aut in omnibus ætatibus,aut in omni tempore, denique
inter omnes.Quod quidem poſtremum mihi maxime probatur. Quãdoquidem & apud
ethnicos,honos habitus eſt matrimonijs,ob fauorem publici commodi￡Etiamſi non hæc 27
prædicantur in laudem matrimonij , ſed præcipiuntur, ut ſubaudias eſto . Videtur enim
habere uile matrimonium,qui id adulterijs conſpurcat)Cæterum quod hic uertit thorus,
Græce

Græce est κοίτη. Eam uocem in epiſtola ad Romanos, uertit concubitum, agens de Iſaac & Rebecca: tametſi κοίτη non ſignificet proprie concubitū, ſed cubile.

Non te deſerā nec relinquā.) ἀνῶ ἰγκαταλείπω, id eſt, Relinquo ac deſero, preſentis tem╱ poris. Locus eſt Ioſue cap. i. Etiamſi Hieronymus uertit, Non dimittā nec derelinquam te.╒   ↑ ↓

Nolite abduci.) μὴ προφίρεϑϹ, id eſt, Ne circumferamini. Interpres legiſſe uidetur προα╱ φίρεϑϹ. & utruncꝗ uerbum ſatis quadrabat.

Optimum eſt enim.) καλόν ϫρ, id eſt, Bonum enim.

22   Promeretur deus.) εὐαρεϛεῖται, id eſt, Conciliatur deus, ſiue placetur deo. Quanquam interpres promeretur dixit pro demeretur & conciliatur.

Et ſubiacete eis.) ὑπέκετε. Et eis, redundat, id eſt, concedite ac deſerte.

Peruigilant.) ἀγρυπνῶσι, id eſt, Vigilant.

Quaſi rationem reddituri.) ὡς λόγον ἀποδώσοντες, id eſt, Tanquam ratione reddituri.

Hoc enim non expedit.) ἀλυσιτελὲς ϫρ, id eſt, Inutile enim.

Aptet uos.) καταρτίσαι, id eſt, Perficiat. Et in omni opere bono, legunt Græci.

Verbum ſolatij.) παρακλήσεως. Cur non potius exhortationis hoc loco?

Perpaucis ſcripſi.) διὰ βραχέων, id eſt, Per pauca, ſiue paucis. Sūt eꝺ Grece due dictiōes

22 ‹ Cognoſcite fratrem noſtrum.) γινώσκετε anceps eſt. Poteſt enim accipi noſtis, & ad ſenſum haud multum intereſt.›

De Italia fratres.) οἱ ἀπὸ τῆϛ Ἰταλίας, id eſt, Itali. Necꝗ fratres eſt apud Græcos. Optime le   Epiſtola hæc ctor, nihilo minoris uelim eſſe tibi hanc epiſtolam, quod à multis dubitatū ſit Pauli eſſet,   ad Hebræos] an alterius. Certe cuiuſcuncꝗ eſt, multis nominibus digna eſt, quæ legatur à Chriſtianis.   an Pauli ſit Et ut à ſtilo Pauli, quod ad phraſim attinet, longe lateꝗ diſcrepat, ita ad ſpiritum ac pectus Paulinum uehementer accedit. Verum ut non poteſt doceri certis argumentis cuius ſit,

19 quod nullius habeat inſcriptionem, ita compluribus indicijs colligi poteſt. Si non certis, cer te probabilibus ab alio quopiam quàm à Paulo ſcriptam fuiſſe. Primum quod ſola omni╱ um Pauli nomen non præferat, tametſi non me fugit hoc utcuncꝗ dilui ab Hieronymo,

19 {ſed ita ut magis retundat aduerſarij telū, quàm aſtruat quod defendit: Si ideo, inquit, Pau╱ li non erat, quod Pauli nomen non præferat, igitur nullius erit, cum nullius præferat titu╱ lum. Sed audi ex aduerſo. Si ideo quiſcꝗ liber huius aut illius credi debet, quod eius titu╱

35 lum præferat, igitur & Euangelium Petri [apocryphum] Petro tribui debet, quod præferat Petri nomen. Deinde quod tot annis, nempe uſcꝗ ad ætatem Hieronymi, non recepta fue╱ rit à Latinis, quemadmodum ipſe teſtatur in epiſtolis ſuis. Ad hanc coniecturā facit, quod   16: Rhomanis Ambroſius, cum omnes Paulinas epiſtolas ſit interpretatus, in hanc unam nihil ſcripſerit.

19 {Præterea quod enarrans Eſaiæ caput ſextum recenſuit Hieronymus, quod in hac qu ædam   19-22: alicubi teſtimonia citentur ex ueteri teſtamento, quæ non reperiantur in Hebræorum uolumini╱

35 bus, de quibus nōnihil attigimus huius epiſtolæ cap. duodecimo. Adde huc, quod quum nemo ſcripturarū teſtimonia diſertius aptiuscꝗ citet quàm Paulus, tamen locum ex pſal╱ mo octauo refert in contrarium ſenſum, illinc colligens Chriſtum deiectum, quum to╱ tus pſalmus attollat dignitāte humanæ conditionis] Vt ne dicam interim ineſſe locos ali╱

19 quot, qui quorundam hæreticorum dogmatibus prima fronte patrocinari uideantur. Ve╱ lut illa, quod uelum ſeparans ſancta ſanctorum, interpretatur cœlū, ac multo magis, quod palàm adimere uideatur ſpem à baptiſmo relapſis in peccatum. Idcꝗ non uno in loco, cum   16: adimet Paulus & eum receperit in communionem ſanctorum, qui dormierat cum uxore patris. Adde huc, quod diuus Hieronymus cum alijs aliquot locis ita citat huius epiſtolæ teſtimo nia, ut de autore uideat ambigere: tum ediſſerens caput Hieremiæ trigeſimū primū, Hoc inquit, teſtimonio Paulus apoſtolus, ſiue quis alius ſcripſit epiſtolam, uſus eſt ad Hebræ╱

19 os. Rurſum in Eſaiæ capite Quinquageſimo. Dicitur & in epiſtola quæ fertur ad Hebræ╱

27 os: alijscꝗ locis penè innumeris, alicubi negas referre cuius ſit, modo ſalubria doceat. Item capite ſexto. Vnde & Paulus apoſtolus in epiſtola ad Hebræos, quam Latina conſuetudo non recipit. Rurſus enarrans Eſaiæ caput octauum, citans huius epiſtolæ teſtimonium di cit, in epiſtola quæ ad Hebræos inſcribitur docet, licet eam Latina conſuetudo inter cano╱ nicas ſcripturas non recipiat. Item enarrans Matthæi caput uigeſimum ſextum. Licet, in╱ quit, de ea Latinorum multi dubitent, Item in Zachariæ caput octauum citans addit, ſi ta

Qq 2 men

¶ 16: te, Hebræa ad hunc habent modum ʾarpekha we-loʾ ʾe ʿezveka. Nolite men in fuſcipienda epiſtola Græcorū autoritatem Latina lingua non reſpuit. Item in epiſtola ad Paulinum , Octaua enim ad Hebræos à pleriſᶜᵍ extra numerum ponitur.Idem in Catalogo refert Gaium in hac fuiſſe ſententia , ut tredecim duntaxat epiſtolas aſcriberet Paulo,quæ eſt ad Hebræos negaret illius eſſe . Deinde ſubiȷcit ſuo nomine Hieronymus, ſed & apud Romanos uſᶜᵍ hodie quaſi Pauli non habetur)Conſimilem ad modum Orige nes homilia in Matthæum uigeſima ſexta,cum adducat huius epiſtolę teſtimonium, non audet tamen ab aduerſario flagitare , ut Pauli uideatur,ac remittit penè ut ſit eo loco,quo liber qui inſcribitur ſecreta Eſaiæ . Et Auguſtinus citaturus huius epiſtolæ teſtimonium de ciuitate dei,libro decimo ſexto,capite uigeſimo ſecundo præfatur hunc in modum:De quo in epiſtola,quæ inſcribitur ad Hebræos , quam plures apoſtoli Pauli eſſe dicunt,qui dam uero negant,multa & magna conſcripta ſunt.Quin idem aliàs frequenter adducens huius epiſtolæ teſtimonium:Scriptum eſt,inquit,in epiſtola ad Hebræos,omiſſo Pauli no mine . Sic intellectum eſt in epiſtola ad Hebræos . Et de illo etiam in epiſtola legitur, quæ inſcribitur ad Hebræos.Hæc atᶜᵍ huiuſmodi cum plus centies occurrant , nuſquam quod ſanè meminerim , citat Pauli nomine , cum in cæteris citationibus, Pauli titulum libenter ſit ſolitus addere. Ambroſius licet in hanc unam non ædiderit commentarios , tamen eius teſtimonijs non infrequenter utitur,& uidetur eam Paulo tribuere)(Quin Origenes apud **27** Euſebium teſtatur à pleriſᶜᵍ dubitatum an hęc epiſtola eſſet germana Pauli,preſertim ob ſtili diſſonantiam , quanquam ipſe Paulo fortiter aſſerit : Locus eſt Eccleſiaſticæ hiſtoriæ libro ſexto,capite decimo ſeptimo.Rurſus eiuſdē libri, capite decimo quinto narrat apud Latinos hanc epiſtolam non fuiſſe tributam Paulo apoſtolo)Reſtat iam argumentū illud, *Stilus an cer/* quo nō aliud certius,ſtilus ipſe,& orationis character,qui nihil habet affinitatis cum phra *tiſsimum ar/* ſi Paulina.Nam quod adferunt hic quidam , Paulum ipſum Hebraice ſcripſiſſe , cæterum *gumentum* Lucam argumentum epiſtolæ,quam memoria tenebat,ſuis explicuiſſe uerbis , quantum ualeat,uiderint alij. Neᶜᵍ enim in uerbis ſolum aut figuris diſcrimen eſt , ſed omnibus no/ tis diſſidet . Et ut Paulus Græce ſcribens,multum ex idiomate ſermonis Hebraici retulit, ita & in hac,quam ut uolunt iſti ſcripſit Hebraice,nonnulla ſermonis illius ueſtigia reſide rent.Quid quod ne Lucas quidem ipſe in Actis apoſtolorum,hoc eſt,in argumēto , quod facile recipit orationis ornamēta,parum abeſt ab huius epiſtolæ eloquentia. Equidē haud interponam hoc loco meam ſententiam.Cæterum admodum probabile eſt quod ſubindi 16: indicavit cauit diuus Hieronymus in Catalogo ſcriptorum illuſtrium,Clementem Romanum pon tificem à Petro quartum, autorem huius epiſtolæ fuiſſe . Clementis enim meminit Pau *Hieronymus* lus,& hic Timothei facit mentionem . Sed præſtat,opinor , ipſa Hieronymi uerba , ſuper hac re aſcribere:Scripſit,inquit, nempe Clemens,ſub perſona Romanæ eccleſiæ, ad eccle ſiam Corinthiorum,ualde utilem epiſtolam,quæ & in nonnulliſ locis publice legitur.quę mihi uidetur characteri epiſtolæ,quæ ſub Pauli nomine ad Hebræos fertur cōuenire. Sed & multis de eadem epiſtola non ſolum ſenſibus, ſed iuxta uerborum quoᶜᵍ ordinem abu titur.Omnino grandis in utraᶜᵍ ſimilitudo eſt.Hactenus diuus Hieronymus ſſatis ciuili/ **19** ter indicans prudenti doctoᶜᵍ lectori,quid ipſe ſuſpicetu)(Idem in epiſtola ad Dardanum **27** teſtatur hanc à Latinis non fuiſſe receptam,ſed à pleriſᶜᵍ Græcis ſcriptoribus hactenus re ceptam ut crederent eſſe uiri eccleſiaſtici,Pauli tamen eſſe negarent , ſed Barnabæ potius aut Clementi tribuerent,aut iuxta nonnullos Lucæ, quod idem diligenter annotauit Hie/ ronymus in Pauli Catalogo.Ex his dilucidum eſt ætate Hieronymi Romanam eccleſiam nondum recepiſſe autoritatem huius epiſtolæ, & Græcos qui recipiebant iudicaſſe non eſſe Pauli:deniᶜᵍ Hieronymus ad Dardanum negat referre cuius ſit,quum ſit eccleſiaſtici uiri . Et tamen hodie ſunt qui pluſquam hæreticum eſſe putant, ſi quis dubitet de autore epiſtolæ , non ob aliud, niſi quod in templis additur Pauli titulus.Si eccleſia certo definit eſſe Pauli, captiuo libens intellectum meum in obſequium fidei: quod ad ſenſum meum attinet,non uidetur illius eſſe,ob cauſas quas hic reticuiſſe præſtiterit.Et ſi certo ſcirem non eſſe Pauli, res indigna eſt digladiatione.Nec hac de re tantum uerborum facerem, niſi quidam ex re nihili tantos excitarent tumultus.)

¶ F I N I S

¶ 19-22: <u>suspicetur.</u> Sed hisce de rebus nonnihil attigimus ⟨annotationes⟩ in caput secundum.   22 19

16: EPISTOLAE ¶ 16-27: ANNOTATIONUM IN EPISTOLAM AD HEBRAEOS ¶PER DES. ERASMUM ROTERODAMUM¶ FINIS.   19

⸀IN EPISTOLAM IACO

BI ⸀ANNOTATIONES DES. ERASMI ROTERODAMI.⸣

EX CAPITE PRIMO ⸀⸣

ACOBVS apoſtolus.) Apoſtolus,non additur in his libris, quos ego uiderim,nec in Latinis emendatioribus.Et fieri po teſt, ut nomen commune cum apoſtolo præbuerit occaſio= nem,ut hæc epiſtola Iacobo apoſtolo aſcriberetur,cum fue= rit alterius cuiuſdam Iacobi. Nam de hac quoq̃ nonnihil eſt dubitatum.Idem accidit in duabus poſterioribus, quæ ob no men commune, Ioanni tribuuntur apoſtolo, cum alterius ſint autore Hieronymo ⸀qui Iacobum hūc negat eſſe apoſtolum e numero duodecim qui recenſentur in Euāgelio , ſed alium quendam cognomento Iuſtum,filium Mariæ ſororis matris domini,qui primus fuerit ordinatus epiſcopus Hieroſolymi=

(margin) Iacobus non è numero duo= decim

tanus ab apoſtolis. Nec enim obſtare , quod hic alias uocetur apoſtolus,cum apud Pau= lum diſcipuli Chriſtum prædicantes,apoſtoli dicantur.Ac ne ab hoc quidem hanc epiſto lam eſſe profectam,aſſeuerabant quidam,licet,ut inquit idem Hieronymus,paulatim pro cedente tempore obtinuerit autoritatem⸪hunc eſſe qui cum Hieroſolymis communica rit Paulus,& cuius toties fiat in apoſtolorum Actis mentio.Ita Hieronymus in Catalogo. Rurſus enarrans Eſaiæ caput decimum octauum . Idem enarrans caput primum epiſtolæ ad Galatas,dicit illos uehementer errare, qui credunt Iacobum quem uidit Paulus , fuiſſe unum è numero duodecim apoſtolorum⸫Verum ſuperuacuum arbitror anxie de autore digladiari,rem potius amplectamur, & ſpiritum ſacrum autorem exoſculemur.⸣

Opus perfectum habet.) ἐχέτω, id eſt, Habeat. Atque ita legitur & in Latinis exem= plaribus emendatis

Et integri.) ϗ ὁλόκληροι. Vt opponatur mutilis.⸀Nam diſſidia uetant quo minus cor= pus ſit integrum.⸣

✱ Indiget ſapientia.) λείπεται ſοφίας, id eſt,Si cui deeſt ſapientia.

Poſtulet à deo qui dat.) ἀιτέτω ἀϗ ⸓ διδόντ⸍ θεῦ, id eſt,Poſtulet ab eo qui dat, nem= pe deo⸪ut intelligas non aliunde petendam ſapientiam.⸣

(margin) ✱16: follows Jacobus apoſtolus.) above

Affluenter.) ἁπλῶς, id eſt,Simpliciter & pure.Id enim interpretatur quod mox ſequi= tur.Et non improperat.

◁Et non improperat.) Sunt qui negent in hoc ſenſu improperat eſſe Latinum,& uerum eſt Plinio improperare dictum,pro intro properare . Attamen mihi perſuaderi nõ poteſt, uocem eſſe confictam,cum toties ſit obuia in ſacris libris,improperare & improperium.▷

Nihil hæſitans.) μηδὲν δια κρινόμεν⸍, id eſt,Nihil dijudicans.Quanq̃ hæc affinia ſunt, & ob id utroq̃ modo ſolet uertere.

Et circumfertur.) ϗ ῥιπιζομένω, id eſt,Iactatur,ſiue rapitur.

Non ergo exiſtimet.) μὴ γὸρ, id eſt, Non enim.

✱ Quod accipiat.) ὅτι λήψεται, id eſt,Quod accipiet,aut accepturus ſit.

(margin) ✱16: entries reverſed

✱ Vir duplex animo.) δίψυχ⸍. Quaſi dicas,bianimis, ut dicimus bilinguis.

In exaltatione.) ἐν τῷ ὕψει, id eſt,In ſublimitate.Opponit enim inter ſe pugnantia ⸀In= terpres legiſſe uidetur,ἐν τῇ ὑψώσ⸣

In humilitate.) ἐν τ ταπεινώσει, id eſt,In humiliatione,⸀ſiue deiectione.⸣

Decor uultus eius.)⸀Subdura eſt metaphora quæ uultum tribuit herbæ▷Eſt enim hic χόρτ⸍,quod interdum transfert fœnum,nonnunquam gramen , rarius herbam . Proinde ſciat lector Græce eſſe δυπρέπƐια ⸓ προσώπυ, id eſt,Decor aſpectus eius,ſiue ſpeciei.

(margin) 19 only: margin: Vultus in herba ◁↓

Diues in itineribus ſuis.) πορίαις. Vide num legi poſſit, πορίας, ut ſit,in abundantia.

22⸀Certe ad ſenſum uideretur accommodatius.

Repromiſit deus.) Græci legūt dominus,pro deus⸀Ne quis autē ſuſpicer aliquid ſub= eſſe myſterij quod repromiſit dixit pro promiſit,Nã Grece eſt ἐπηγγίλατο. eſt eadē uox

Qq 3 apud

⸀16-19: eius.) Quid ego audio? Etiam herba uultum habet. Eſt

apud Suetoniũ in Othone, Tiberio & Claudio Cæsarib. cõsimiliter usurpata. Necβ enim
præpositio re, hic significat iteratiõe actus, sed relationem:ut recipit, nõ qui bis capit, sed
qui quod ab alio debetur capit:& retinet, non qui bis tenet, sed qui tenet uolentem abire.)

Quoniã à deo tentatur.) ὅτι ἀπὸ θεῶ πέρἀζομαι, id est, Quod à deo tentor. Tametsi hãc
figuram Latinus sermo non recipit, nisi omittas coniunctionem quod.

Intentator   Intentator est.) ἀπείρᾳσός ἐϛ κακῶν, id est, Inexpertus est malorum. siue non potest ten/
ἀπείρας@   tari malis. Significat autem deum necβ tentari ipsum malis, necβ tentare quenquam, quasi
dicas, intentabilis . Demiror autem interpretes non circuitione potius uocem hanc expli/
cuisse. Nam Latinis intentator est, qui mali quidpiam impingit. Quod si ἀπείρας@ acci/ **19, 22**
piatur actiue bis idem dixit. Et δέ coniunctio reclamat huic sensui.)

Abstractus & illectus.) ἐξελκόμϵν@ ϗ δελεαζόμϵν@ , id est, Illectus & inescatus . Ta/
metsi participia hæc præsentis sunt temporis (id est, dum illicitur & inescatur.)   **27**

Generat mortem.) ἀρκύϵξ Metaphora sumpta à grauidis. Quasi dicas enititur.) **19, 22**

Dilectissimi.) ἀγαπητοί, id est, Dilecti.

Datum optimum.) δόσις ἀγαθὴ, id est, Donum bonum, siue donatio bona . Hierony/
mus legit, Omnis perfecta donatio, in loco quem mox cito.

Non est transmutatio.) παλλαγὴ. Quod Hieronymus in priori aduersus Iouinianum
commentario uertit, differentiam. Augustinus libro de ciuitate dei undecimo legit, Apud **19**
quem non est immutatio, nec momenti obumbratio. Rursus aduersus Manichæos de na/
tura boni, cap.24. Hilarius de Trinitate libro 4. legit, Apud quem non est demutatio.

Nec.) ἢ, id est, Aut, pro nec.

Vicissitudinis obumbratio.) τροπῆς ἀποσκίασμα, id est, Conuersionis obumbratio. Si/
gnificat autem ab hac luce iaci umbram , & solstitijs crescere , ac decrescere nostrũ solem.
Ita propemodum & diuus Hieronymus in loco quem modo citauimus.

Voluntarie enim &c.) Βυληθεὶς ἀπεκύησεν ἡμᾶς λόγῳ ἀληθείας, εἰς τὸ εἶναι ἡμᾶς ἀπὰρχίι πι/
να τῶν αὐτῶ κτισμάτων, id est, Volens progenuit nos uerbo ueritatis, ut simus primitiæ
quædam creaturarum eius, siue creaturarum suarum. Beda indicat hunc locum à quodam **22**
sic legi, ut simus primitiæ creaturarum eius, quasi intelligat nos esse cæteris rebus creatis
præstantiores, quod olim singularum rerum primitiæ offerrentur , hoc est præcipua quæ/
que . Porrò quod noster interpres τινα uertit aliquod, iuxta hanc sententiam rectius uer/
tisset quoddam, siue primitiæ quædam, ut addito nomine intelligamus sermonem habere
metaphoram.)

Scitis fratres mei.) ὥςε ἀδελφοί, id est, Itacβ fratres mei. Interpres legisse uidetur ἴςε pro **19**
ὥςε. Nam scitis enim, quod est in nostris codicibus, in Grȩcis non reperio.)   **22**

16-27: Si   Sit autem.) Autem, redundat.

Omnem immunditiam.) ῥυπἀρίαν, id est, Sordiciem.

Abundantiam.) πρίοσείαν, id est, Superfluitatem . Alludit enim ad sordes & superflua
corporis. Etiamsi non desunt, qui negęt superfluitatem esse uocem Latinam. Atcβ non ui/ **22**
deo qui minus à superfluo liceat dicere superfluitatem , cβ ab exiguo exiguitatem, ab assi/
duo assiduitatem, a perpetuo perpetuitatem.)

Et non auditores tantum.) Tantum, non inuenio apud Græcos, ne in Aldina quidem **22**
æditione. Sed quidam indicat esse in Rhodiensi codice. Salua res est. At ego uereor, ne is
codex sit ad nostros emendatus. Imò ne in Latinis quidè emendatioribus additur tantum,
sed adiectum uidetur abs quopiam, cui cum absurdum uideretur præscribi nobis ne esse/
mus auditores uerbi, uelut interpretans scriptoris mentem, addidit auditores tantum.)

Perspexerit.) παρακύψας, id est, Qui pspexerit (à gestu caput obliquãtis intuẽdi studio) **27**

In lege perfectæ.) εἰς νόμον τέλδον, id est, In legem perfectam. Codex Donatianicus ha/ **22**
bebat In lege perfecta.)

Libertatis.) τὸν ελευθερίας, id est, Quæ est libertatis, siue nempe libertatis.

* 16 follows
Ad hoc seculo.)
below * Permanserit in ea.) ϗ παραμείνας ὅτως, id est, Et permanserit sic.

Religiosum esse.) Grȩci addũt ϵν ὑμῖν, id est, Inter uos, (Sed seducit cor suũ.) Ex cor **22**
de uago atcβ instabili nascit linguæ petulãtia, unde nos uertimus, sed aberrare sinit cor su
um. Est enim Græcis ἀπατῶν.)   Ab hoc seculo.) ἀπὸ τ κόσμϵ, id est, A mundo.

                                                                                    Σ X

EX CAPITE SECVNDO

19 Esu Christi gloriæ.) ⟨Quod iuxta proprietatem Hebræi sermonis perinde ualet ac si dicas, glorioſi ἰησᾶ χιςᾶ τᾶ δόξης. Vide lector, num δόξης hic decla ret nõ gloriam, sed opinionem, ut referatur ad προσωπολη↑ίας. Sitᵠ sensus, ne habeamus fidem domini nostri Iesu Christi, in discretione personarũ, ut ex sua quisᵱ opinione quemlibet æstimet, non hac quatenus est Christia nus, sed quatenus nobis aut magnus, aut humilis est ob affinitatem aut diuitias.⟩

✱ In conuentum uestrum.) εἰς τὼ συναγωγὼ ὑμῶν, id est, In congregationem siue cœtũ
19 uestrum⟨Hic palam est, synagogam esse quemuis cœtum aut consessum hominum.⟩

Aureum anulum habens.) χρυσοδακτύλι℮. Dictione composita uocauit, gestantem
19 anulos aureos⟨quasi dicas, auranuleus.⟩

27 In ueste candida.) ᾧ ἐσθῆτι λαμπρᾷ, id est, In ueste splendida⟨tametsi olim magnificum erat ac regale candidis amiciri.⟩

In sordido habitu.) ἐσθῆτι. Variauit interpres, cum Græce sit eadem dictio.

Qui indutus est ueste præclara.) ἐπὶ τὸν φοροῦντα τὼ ἐσθῆτα τὼ λαμπρὰν, id est, In eum qui gestat uestem splendidam. Et est eadem uox, quam modo uertit candidam, immodi cus affectator copiæ.

Aut sede sub.) ἢ κάθου ὧδε, id est, Sede hic.

Nõ iudicatis.) οὐ διεκρίθητε. i. Iudicati estis in uobisipsis. Nam & sic accipi potest, & ma gis quadrat ad ea quæ sequunt. Cæterũ & coniunctio quæ apud Græcos addit, tantũ ad uehementiam & affectum facit, ᾗ οὐ διεκρίθητε. ut & nõ, perinde polleat ac si dicas, an non.

Cogitationum iniquarum.) πονηρῶν, id est, Malarum.

In hoc mundo.) τῷ κόσμῳ, id est, Mundi. Interpres, mirum quo consilio, semper addit
19 mundo pronomen demonstratiuum⟨etiamsi hic in nonnullis additur τότε.⟩

19 Diuites autem.) Autẽ, redundat, & repugnat sensui⟨Interpres legisse uidetur πλουσίους, perinde quasi præcesserit μὲν. Pauperes quidem in hoc mundo, sed diuites in fide.⟩

Exhonorastis pau.) ἠτιμάσατε, id est, Ignominia affecistis, siue contemptui habuistis.

Per potentiam opprimunt.) Quod Græci dicunt unico uerbo καταδυναστεύουσιν, quasi dicas, abutuntur suo magistratu & potestate, in uestrum malum.

Ad iudicia.) εἰς κριτήρια, id est, Ad tribunalia.

Redarguti à lege.) ἐλεγχόμενοι. Quod melius uertisset, Et redarguimini, ut tempus quoᵱ respondeat.

Quicunᵱ autem.) Enim est Græcis, non autem.

Quasi transgressores.) ὡς παραβάται, id est, Vt transgressores.

Incipientes iudicari.) μέλλοντες κρίνεσθ, id est, Iudicandi. Et in hunc quidem modum fre quenter transtulit interpres. At hic sane fuit intolerabile.

Qui non facit.) μὴ ποιήσαντι, id est, Qui non fecerit.

Superexaltat autẽ misericordia iu.) κατακαυχᾶται ἔλε℮ κρίσεως. Opinor interpretem uertisse, superexaltat, id est, supergloriatur. Sensus est, gloriatur misericordia aduersus iu dicium, tanquam uictrix, ut nihil iam ad rem faciant, quinᵱ expositiones Hugonis Car rensis, quas in hunc inuehit locũ, ὅλας ἁμάξας, pro unica interpretatione, examen interpre tationum faciens. Ea est inscitiæ fœcunditas, cum ueritatis simplex sit oratio. Vtitur autẽ eodem uerbo ad eundem modum paulo inferius, μὴ κατακαυχᾶσθε ᾗ ψεύδεσθε κτᾶ τῆς ἀληθεί
19 ας, id est, Ne gloriemini & mentiamini aduersus ueritatem⟨Apparet & Augustinũ legisse
only superexaltat⟨Id conijcere licet ex uerbis⟩quibus enarrat Psalmũ clxiij. Idem libro de ciui tate dei xx. cap. xviij. interpretatur, superexaltat, superat, Sed cum ad iudicium, inquiens, uentum fuerit, misericordiam esse superaturam, nõ longe quidem aberrans à scopo, quod
22.35 ad sensum attinet⟨Apparet &⟩hic⟨Augustinum legisse superexaltat, etiamsi in uulgatis co dicibus deprauatum est, superexaltat. uictoris enim est exultare.⟩ Rursus in quæstionibus in Exodũ legit, Superexaltat misericordia in iudicio. Vt hinc manifestior etiam suspicio
35 detur illum legisse, superexaltat⟨Rursum in epistola ad Hieronymum 29. sic tractat hunc locum, ut uerbum superexaltat non congruat. Nam uictus uictorem superexaltat potius quàm uictor uictum. Item epist. 89. scriptum erat, superexaltat iudicio, quo magis conie ctandum

                                        Qq 4   ctandum

✱16: entries reversed
προσωπο
λη↑ία
16-19: cuiusque opinione quenquam aestimamus
16-19: ridiculus
19-27: margin: Copia
16: mundi
Incipientes pro futuro
Hugo Car rensis
✱↓ 3↓
19: superexaltat
19-22: eius
27: Augustini 2↓
19: nonnulla

✱19 only: margin: Augustini lectio excussa
⟨19 only: superexaltat, non consultis Graecis exemplaribus, quod tamen alias non raro facit. Id
⟨19 only: attinet. Caeterum qua ratione superexaltare possit idem esse quod superare? Rursus

ctandum est scriptum fuisse, superexultat.Certe ex Bedæ commentarijs palam est, illum le 22
gisse superexultat.Eius uerba subscribam, Superexultat autē misericordia iudicium, quia
quemadmodum damnatus in iudicio dei dolebit, qui nō fecit misericordiam : ita qui fecit,
remuneratus exultabit atcp gaudebit.Aliter superexaltat misericordia iudicium. Non dictum est, uincit misericordia iudicium.Non enim est aduersa iudicio, sed superexaltat qui
plures per misericordiam colligunt, sed qui misericordiam præstiterunt . Ex his perspicuū
est Bedam iuxta Græcorū exemplaria legisse superexultat, licet scriba penè ubicp uocem
eam deprauauerit.Restat scrupulus de præpositione. Nam qui uertit superexultat, legisse
uidetur ὑπερκαυχᾶται. Siquidem κατακαυχᾶαϑ magis sonat aduersus aliquem gloriari.⟧
Et soror. Aut, est Græce ꝥnon &.⟧   19

Calefacimini Calefacimini.) θερμαίνεϑε, id est, Calefiatis siue calescite.Quis enim ferat calefacimini:· Aut cur non potius mutato genere calefaciatis uos, quemadmodum non semel huius
uerbi participium uertit in Euangelio, θερμαινόμℓℽ◌ ꝗcalefaciebat seꝶSed ex obsoletis auto 19. 22
ribus citant literatores facior.ut donemus, quorsum attinet obsoletis atcp etiam dubijs uti
cum suppetant usitata certacp.⟩

In semetipsa.) καϑ ἑαυτℓὺ,id est,Per se,hoc est,sola.

Sine operibus.) ἐκ τῶν ἔργων σου, id est, Ex operibus tuis . Interpres legisse uidetur ἐκ
ρὸς τῶν ἔργων. nam minimum est discrimen in uocibus, cum sententia tota pugnet. Quod
si legis sine operibus, quemadmodum legit interpres, nō uideo qui constet sensus. nam fides ostendi nō potest, nisi factis. Sentit autē quisquis hic fuit Iacobus, demonstra tuam fidem quā habes, adiunctis factis, ut utruncp habeas:& ego solis factis declarabo, mihi neu
Varia lectio trum deesseꝶSermo uidetur apud Græcos aliquanto dilucidior.Siquidem ut Iacobus doce 22
at nec fidem abscp operibus, nec opera sine fide ualere, proponit duos colloquentes, quorū
alter fretus sua fide negligat opera.Huic dicitur: Tu fidem habes, sit hoc tibi satis. Rursus
22-27: neutrum alter fidens operibus neglecta fide, respondet illi.Et ego facta habeo, mihi satis est.Iacobus
utriusque sermonem refellit, Imò neutri, inquit, quod habet sufficit ad salutem . Sed tu qui
fidem tuam iactas, doce factis ipsis tibi fidem esse, quæ certe res ociosa nō est,& ego factis
ipsis declarabo mihi neutrum deesse. Necp enim conuenit, ut hæc uerba Fidem habes, pertineant ad personam apostoli, qui reijcit fidem carentem factis.⟩

Credidit Abraham deo.) Idem testimoniū quod Paulus adduxit in epistola ad Romanos aduersus fiduciam operum, hic adducit ad cōmendationem operum . Verum Paulus
Opera illic opera uocat obseruationem legis Mosaicæ, hic sentit de officijs pietatis & charitatis.
duplicia Videtis quoniam.) ὁρᾶτε τοίνυν ὅτι, id est, Videtis igitur quod.

EX CAPITE TERTIO

Lures magistri.) πολλοὶ, id est,Multi.

Sumitis.) λκψόμεϑα, id est,Sumemus, siue quod Valla mauult, accipiemus.Non enim sumimus nisi uolentes, accipimus & nolentes.Siquidē uul 22
nus accepit recte dicimus, sumpsit uulnus non item. Et quod sequitur, Offendimus omnes, præsentis est temporis, non præteriti, π]αίομℓℽ, id est, labimur. ut intelligas omnes quotidie labi.Item quod sequitur, Si quis in uerbo non offendit,
π]αίει, (præsentis temporis est.)   27

Potest etiam freno.) δυναῖος χαλιναγωγῆσαι Ϲ ὅλον τὸ σῶμα, id est,Potens freno modera
ri & totum corpus.

Si autem frenos.) Græce non est, si autem, sed ecce ἴδε. Interpres legit εἰ δὲ.Beda indi 22
cat in quibusdam scriptum fuisse,Sicut autem equis &c.⟩

Ad consentiendum.) πρὸς τὸ πείϑεσϑ αὐτοὺς ἡμῖν, id est, Vt nobis obediant siue pareant.

Omne corpus.) Et omne corpus legit Græcus, sed necesse erat coniunctionem abijcere, cum dixerit, si autem.Quod si recipimus εἰδὲ hic erit sensus, qui os equi freno potest mo 27
derari, eadem opera circumaget quo uolet totum corpus equi.⟩

16: ante Et ecce naues.) ἰδὺ ꝗ τὰ πλοῖα,id est,Ecce & nauesꝶsiue Naues quocp.⟧   19

Cum magnæ sint.) τηλικαῦτα ὄντα, id est,Cum tantæ sint.

A uentis ualidis,) σκληρῶν,id est,Duris.sed interpres aliud uidetur legisse.

Minentur.) ἐλαυνόμℓℽα, id est, Aguntur siue uehuntur.

Circumferuntur

✱ Circumferuntur autem.) Autem,redundat.

✱ Modicum quidem.) Quidem,redundat & officit fenfui.

Et magna exultat.) ἢ μεγαλωχᾶ.Lyranus legit,exaltat,& magna exponit,mala:& ex/ *Lyranus*
altat,prouocat. Arbitror ab interprete fuiſſe ſcriptū,exultat, hoc eſt,iactat,id quod Græca

22 uox ſonat ⟨Nec Beda diſsimulat in quibuſdam codicibus ſcriptum fuiſſe, magna exultat.
Ita.ʒ ſcriptū comperimus in codice uetuſtiſsimo Donatiani . Græcis eſt ſermo iucundior
dictione cōpofita à μεγάλα magna & αὐχεῖν gloriari ſiue iactare,id eſt,magnifice ſe iactat.⟩

Ecce quantus ignis.) Opinor interpretem uertiſſe quantulus ignis,id eſt,quàm puſil/ *Quantus,*
lus.Nam Græce eſt ὀλίγον πῦρ,id eſt,exiguus ignis.Hieronymus in lxvi. Eſaiæ cap.ita ci *pro paruus*

22 tat: paruus ignis quàm grandem ſuccendit materiam ⟨Teſtatur & Beda in nonnullis ex/ *✱16: Et .. materiam*
emplaribus ſcriptum fuiſſe: Ecce modicus ignis &c⟩Hoc adieci,ne quis putet Grecos co/ *forms last ſentence*
dices fuiſſe uitiatos.✱Et ſyluam,hoc loco rectius uertiſſet materiam. *of Et magna*
exultat.) above

Vniuerſitas iniquitatis.) ὁ κόσμ۞ τῆς ἀδικίας,id eſt,Mundus iniquitatis.Eſt autem ali/ *Mundus,*
quando mundus,cumulus rerum ſimul repoſitarum . Vnde mundū muliebrem dicimus. *ſumma*

Lingua conſtituitur.) Sic lingua,legunt Græci, οὕτως ἡ γλῶσσα.

Beſtiarum.) θηρίων,id eſt,Ferarū,aut noxiarū beluarū.Nam id proprie ſignificat θηρίον.

Et cæterorum.) ἢ ἐναλίων,id eſt,Marinorum.Interpres legiſſe uidetur ἄλλων,aut certe *Cæterorum,*
ſcripſit,cetorum,quod ipſum adhuc in nonnullis extat codicibus. Id ſcriptor oſcitans mu/ *pro cetorum*
tauit in cæterorum.nam manſueſcunt & marinæ beluæ,ut delphines.

A natura humana.) τῇ φύσει τῇ ἀνθρωπίνῃ, id eſt, Ingenio humano, ſiue naturæ huma/
næ. Quanquam hoc parui refert ad ſenſum.

Inquietum malum.) ἀκατάχετον,id eſt,Incoercibile ſiue incohibibile.Hieronymus ſe/
cundo aduerſus Pelagium dialogo,transtulit,Incontinens malum.

22 ⟨ Benedicimus deum & patrem.) Latinis male dicit qui dicit conuicium, at non ſtatim
benedicit homini qui laudat.⟩

Ex ipſo ore. ἐκ τ̄ αὐτ̄ ſόματ۞,id eſt,Ex eodem ore.

22.35 Emanat.) βρύει, id eſt,Scatebra emittit ⟨Si tamen Latine dicitur, emanat aquam⟩ſcio
Maroni dictum,Et duræ quercus ſudabunt roſcida mella.Manat aquam mollius erat.Ma
nare dicitur liquore aut liquorem, id quod emittit, ſed emanat ipſe liquor . Et Plinio quæ/
dam arbores dicuntur manare picem ac reſinam⟧

Dulcē & amarā aquā.) τὸ γλυκύ, ἢ τὸ πικρὸν .ί. Dulce & amarū, ut ὕδωρ ſubaudias.

Ficus uuas facere.) ſυκῆ ἐλαίας ποιῆσαι, id eſt,Ficus oleas facere.Siquidē ficū oppoſuit
oleæ,quod hęc acerbi ſaporis ſit & auſteri diſsimilis ficui.Quanquam mox meminit uitis

Sic neʒ falſa dulcem poteſt facere aquam.) οὕτως οὐδεμία πηγὴ ἁλικὸν ἢ γλυκὺ ποιῆσαι
ὕδωρ, id eſt,Sic nullus fons dulcem & amaram facere aquam.

Et diſciplinatus.) ἐπιστήμων, id eſt, Sciens,ſiue ſcientia præditus,quod recentiores uo/ *ἐπιστήμων*
cant,ſcientificus. *ſciens*

Operationem ſuam.) τὰ ἔργα αὐτ̄,id eſt,Opera ſua.

Et contentiones ſint.) Græce tantum eſt,& contentionem, ἢ ἐριθειαν. Ac mox ſequi/
tur,In corde ueſtro.

Deſurſum deſcendens.) Quod hic additur à patre luminum,non habetur in codicibus
27 Græcis⟨ſed huc apparet aſcriptum ex primo capite,Nec attingitur à Beda.⟩

Animalis diabolica.) Animalis hic deducit ab anima, ψυχικὴ. Sic enim aliquādo uocat
19 affectum humanū,ut opponatur ſpiritui⟨Carrenſis putat ab animalibus dictū,quod bruto *Carrenſis*
22 rum ſit,duci uoluptatibus⟩Cū Beda nominatim hoc admoneat quod dicimus citans Græ/
cam autoritatē,quę tamē iſtis noſtris nimiū uilis eſt⟨Nec eſt diabolica,ſed dæmoniaca,δαι *Diabolica,*
μονιώδης, hoc eſt,nō à ſpiritu Chriſti,ſed à ſpiritu huius mundi.Et dæmones Græcis dicun *pro dæmo/*
tur quaſi δαήμονες,hoc eſt,ſcientes, & his antiqui tribuebant artiū humanarū inuentionē. *niaca*

Ibi inconſtantia.) ἀκατασταςία.Quod magis ſonat tumultum & ſeditionem.

Pudica⟨) ἁγνή,id eſt,Pura ſiue caſta.Et modeſta,Græce eſt ἐπιεικὴς, id eſt,Humana ſi/ *16-27: eſt.)*
27 ue equa⟨Nam mundi ſapientia reddit moroſos.⟩

Suadibilis.) εὐπαθὴς,id eſt, Tractabilis,ſiue morigera,& cui facile perſuadeatur.

Bonis conſentiens.) Hæc nō inueniuntur in Græcis codicibus,quos ego ſanè uiderim,
                          ac ne

✱16: entries
reversed

⟨ac ne in uetuſtiſsimo quidem codice Donatiani) etiamſi Beda legit & interpretatur.⟩   22.27

Iudicans ſine ſimulatione.) Grece eſt,ἀδιάκριτ⌐ & ἀνυπόκριτ⌐,id eſt,nihil diſcernens, & nihil ſimulans.Aut ſine diiudicatione,ſine ſimulatione(Et tamẽ illud iudicans reperitur **27** etiam in uetuſtis codicibus,Demiror autem quid ſequutus Auguſtinus,pro ἀδιάκριτ⌐ le git,inæſtimabilis.Sic enim habet lib.de gratia & libero arbitrio ad Valentinũ cap.ultimo, Quæ autem deſurſum eſt ſapientia primum quidem pudica eſt,deinde pacifica,modeſta, ſuadibilis,plena miſericordia & fructibus bonis,inæſtimabilis,ſine ſimulatione . Qui ſic uertit,uidetur uocem,ἀδιάκριτ⌐,nam eſt anceps,uſurpaſſe ſignificatione paſsiua.⟩

EX CAPITE QVARTO

ET lites.) & μάχαι,id eſt,Pugnæ,tametſi contentiones pugnas uocat.

Nonne in concupiſcentijs.) Deeſt(nobis)quod eſt apud Græcos,οὐκ ἐν- **27** τεῦθεν,id eſt, Nonne hinc. Necꝫ eſt in concupiſcentijs,ſed ἐκ τῶν ἡδονῶν,id eſt,ex uoluptatibus ueſtris,ſiue libidinibus,cum id ſequimur,non quod per **19** ſe rectum eſt,ſed quod animo collibuit.⟩

φονεύετε pro   Occiditis & zelatis.) φονεύετε & ζηλοῦτε. Non uideo quid illud uerbum occiditis ad ſen
φθονῆτε   ſum faciat.Forte ſcriptum fuit,φθονῆτε & ζηλοῦτε, id eſt,Inuidetis & æmulamini,& non po teſtis conſequi:ut ſcriptor dormitans pro φθονῆτε ſcripſerit φονεύετε,præſertim cum ſequa tur Ad inuidiam,concupiſcit ſpiritus (Certe Beda hæc uerba,cõcupiſcitis & non habetis, **27** occiditis & zelatis,non attingit.⟩

Litigatis & belligeratis.) μάχεσθε & πολεμᾶτε,id eſt,Pugnatis & bellatis.

Propter quod non poſt.) διὰ τὸ μὴ αἰτεῖσθ ὑμᾶς,id eſt,Propterea quod non poſtulatis.

Vt in concupiſcentijs.) Rurſum hoc loco eſt,In uoluptatibus,ἐν ταῖς ἡδοναῖς.

Adulteri neſcitis.) Grece eſt μοιχοὶ & μοιχαλίδες,οὐκ οἴδατε.i.Adulteri & adulteræ an ne Amicitia huius mundi.) τ κόσμου,id eſt,Mundi:& huius adiecit ſuo more.   (ſcitis? Inimica eſt deo.) ἔχθρα τῦ θεῦ ἐδὶν,id eſt,Inimicitia eſt dei,ſeu potius cum deo,ſicut anno **19** tauimus in Paulo . Atꝗ ita legitur & in Latinis exemplaribus emendatioribus, etiam ijs quæ formulis excuſa ſunt(Nec aliter recenſet Beda, niſi quod inimica legit pro inimicitia. **27** Diſcrimen eſt in accentu ἔχθρα inimicitia,ἔχθρα inimica.⟩

Amicus eſſe ſeculi.) κόσμου,id eſt,Mundi.

✶ Ad inuidiam ſpiritus concupiſcit.) Et in hunc locum plauſtra onuſta interpretationi bus inducunt Theologi recentiores,qui ſi quando deſtituuntur ueterũ cõmentarijs, quos nobis rhetorici & grammatici ſcriptores,ut iſti uocant, reliquerunt,tum deniꝗ ſui ſimiles ſunt(Mihi ſenſus hic potiſsimum probatur,Spiritus hominis mundo deditus,ſibi inuidet, **19** ſed deus copioſius impertit ſuam gratiam, quàm ipſi cupiamus.Neꝗ tamen liquet,ubi re periatur hoc ſcriptum(Beda ſenſum triplicem adducit.⟩   **22**

✶ Quid habitat.) ὃ κατῴκησεν,id eſt, Qui habitauit(ſiue ſedem poſuit.⟩   **27**

¶ Maiorem autem dat.) Ante hæc uerba in Græcorum nonnullis exemplaribus adiecta **19** ſunt quædam,quæ ueluti compleant ſermonem, διὸ λέγει,κύριε⌐ ὑπερηφάνοις ἀντιτάσσεται, ταπεινοῖς δὲ δίδωσι χάριν. Verum ea ſuſpicor à ſtudioſo quopiam huc addita in marginali ſpacio,ex epiſtola Petri priore,deinde à ſcriba parum erudito in contextu tranſlata . Nam in pleriſꝗ tantum eſt,μείζω δὲ δίδωσι χάριν(Hoc loco ſubijciuntur uerba quæ mihi uideban **22** tur adiecta,quæ tamen comperi in æditione Aldina,διὸ λέγει,κύριε⌐ ὑπερηφάνοις ἀντιτάσσε ται,ταπεινοῖς δὲ δίδωσι χάριν.⟩

Humilibus.) ταπεινοῖς.Quod ad conditionem pertinet magis,quàm animum.

Duplices animo.) δίψυχοι, id eſt,Duplicis animi.

Miſeri eſtote.) ταλαιπωρήσατε. Verbum à tolerantia dictum.

Alterutrum.) ἀλλήλων, id eſt,Inuicem,ſiue alij alijs.

Detrahit legi.) καταλαλεῖ,id eſt,Obloquitur,ut & ſuperius, ὁ καταλαλῶν,id eſt,Qui ob loquitur,ſiue obtrectat.⟩   **19**

Vnus eſt enim.) Enim,redundat, & nihil facit ad ſententiam.

Et iudex.) Hæc duo uerba non reperio apud Græcos.

Perdere & liberare.) σῶσαι & ἀπολέσαι,id eſt,Seruare & perdere.

Tu autem.) Autem,non addunt Græci.

            Qui .

Margin notes (left):

16 : ex

16 : ex

✶ 16: entries reversed   Hoc nuſquam reperitur

16-27 : Qui ↓ξ

Handwritten note at bottom:

¶ 16: Deus ſuperbus reſiſtit, humilibus autem dat gratiam.) Hoc verbum humilibus in nonnullis græcorum exemplaribus non reperiebatur, ſed tantum μείζω δὲ δίδωσι Χάριν , id eſt maiorem autem dat gratiam.

– Cf. Maiorem autem dat.) l.35

Qui iudicas proximum.) κỳ ἕτερον, id est, Alium siue alterum.

Ecce nunc qui.) ἄγε νῦν, id est, Age nunc.

Hodie aut.) Græce est, hodie & cras, σήμερον κỳ αὔριον. Nec est In illum, sed in hanc εἰς Ibi quidem.) Quidem, redundat à Græcis exemplaribus. (τινδέ.

Annum.) Græci habent, annum unum, ἐνιαυτὸν ἕνα.

Quid erit in craftinum.) τὸ δὶ αὔριον, id est, Quæ sit craftinæ diei fortuna.

Ad modicū parens.) Mirum cur hic tam poetice loqui uoluerit, ut diceret parens pro apparens, cum Græce sit φαινομένη.

Et deinceps exterminabitur.) ἀφανιζομένη, id est, Euanescens, siue, non amplius appa/ rens, si uoluisset & uocum affinitatem reddere.

Pro eo ut dicatis.) ἀντὶ τῷ λέγειν ὑμᾶς, Pro eo, siue loco eius quod dicere debuistis. **16·27: quod** Quod ita reddi poterat, Cum ita potius dicendum sit uobis.

Si dominus uoluerit.) Græca sic habent, ἐὰν ὁ κύριϘ θελήσῃ κỳ ζήσωμεν, κỳ ποιήσωμεν τẽτο, ἢ ἐκεῖνο, id est, Si dominus uoluerit, & uixerimus, & fecerimus hoc aut illud. Sed haud **27** scio an Græca hoc loco sint deprauata, legendum (ʒ) κỳ ζήσομεν, ᾧ ποιήσομεν, id est, Et uiue/ **1↓** mus, & faciemus: ut intelligas, nec uicturos, nec facturos aliquid, nisi dominus uoluerit, Nisi malimus accipere imperatiue, ζήσωμεν, ᾧ ποιήσωμεν, id est, uiuamus & faciamus.

EX CAPITE QVINTO

* Tineis comesta sunt.) σητόβρωτα γέγονεν, id est, Facta sunt tineosa, siue tineis *** 16: forms last** obnoxia, siue talia, ut à tineis rodantur. **note of Cap. IV**

22 Et manducabit.) {Potest esse præsentis temporis φάγεται exedit siue co/ **35** medit, tametsi Græca uox anceps est ad utrumcᵽ tempus.] **↙↓**

22 Thesaurizatis uobis iram.) ἐθησαυρίσατε ὃν ἐχάταις ἡμέραις, id est, The/ faurizastis in extremis diebus. Nec additur uobis iram. {Consentiebat cum Græcis uetu/ stissimus codex Donatiani.}

Quæ fraudata est à uobis.) ὁ ἀπεστερημένϘ, id est, Quæ fraude non reddita est, Refertur autem ad mercedem, messoribus debitam.

Et clamor eorum.) κỳ αἱ βοαὶ τῶν θερισάντων, id est, Clamores eorum qui messuerunt.

Epulati estis.) ἐτρυφήσατε, id est, Deliciati estis.

Et in luxurijs enutristis corda uestra.) Græca sic habent, ἐτρυφήσατε ἐπὶ δὶ γῆς, ᾧ ἐσπα ταλήσατε, κỳ ἐθρέψατε τὰς καρδίας ὑμῶν, id est, Deliciati estis in terra, & lasciuistis, & enutrij stis corda uestra.

In die occisionis.) ὡς ἐν ἡμέρα σφαγῆς, id est, Vt in die mactationis, hoc est, In die festo, **16·19: diem festum** **19** {quo solent mactari uictimæ in epulum.}

Adduxistis.) κατεδικάσατε, id est, Condemnastis. Fortasis interpres uerterat addixistis, **Adduxistis** pro condemnastis. Id librarius aut parum attentus, aut parū eruditus uertit in adduxistis. **pro addi/** **22** {Certe addixistis scriptum erat in peruetusto codice Donatiani.} **xistis > see Appendix B**

22 Non restitit.) ἀντιτάσσεται, id est, Resistit, præsentis temporis. {Atᵽ ita legit Beda.} **16: præsenti tempore** **19** {Donec accipiat temporaneum & serotinum.} Græci legunt, ὑετὸν πρώιμον κỳ ὄψιμον, **19: arripiat** id est, Pluuiam matutinam & serotinam seu uespertinam, aut si mauis pluuiam præprope ram & seram. Nam Augustinus libro de idiomate ueteris instrumenti, putat serotinū uo/ **Augustinus** cem esse parum Latinam, adducens locum hunc ex Deuteronomio, Et dabit pluuiam ter/ ræ tuæ in tempore suo, matutinum & serotinū. Cæterum significari his uocibus anni par/ tes, quod agricolæ in ipsa satione pluuiam aliquā desiderent. Ac rursus in æstate, quo gran descant uegetenturᵽ sata. Atᵽ adeo ex hoc ipso loco uidetur Iacobus hanc particulā mu tuatus.} Estote uos.) Et uos, legit Græcus.

Aduentus domini appropinquabit.) ἤγγικε, id est, Appropinquauit, præteriti tempo/ **19** ris, aut certe præsentis instat.}

22 Exitus mali.) τῆς κακοπαθείας, id est, Afflictionis. {Cæterum hæc uerba exitus mali & lon ganimitatis uidentur addita ex diuersa interpretatione. Nec enim habebantur in duobus peruetustis exemplaribus Donatiani. Etenim quod aliquis uerteret κακοπαθείας & μακροθυ μίας, exitus mali & longanimitatis, hoc alius uertisse uidetur laboris & patientiæ, utruncᵽ scriba doctulus coniunxit.}

Beatificamus

{16: deprauata. Nunc autem exultatis. καυχᾶσθε, id est gloriamini. Ac paulo post, omnis exultatio. πᾶσα καύχησις, legendum {16·19: manducabit.) Graecus codex habet καὶ φάγετε, id est → manducate, siue quod latinus edite. Thesaurizatis

Beatificamus.) μακαρίζομεν, id est, Beatos iudicamus,siue beatos dicimus.Et non est suftinuerunt,fed fuftinent, τοὺς ὑπομίνοντας.

Sufferentiam.) τὴν ὑπομονὴν, id est,Tolerantiam,siue patientiam (Finem domini uidi **22** ftis.Finem appellat,quod per afflictiones euaferit ad fummam gloriam.)

Quoniam mifericors eft.) πολυσπλαγχ@, id est, Valde mifericors.

Est est,   Est est,non non.) ἢ ναὶ ναὶ,καὶ τὸ οὗ οὔ,id est, Quod est etiam,etiam:& quod est nō non.
non non   Nec eft fermo uefter,fed ueftrum eft,fit est:& ueftrum non,fit non:hoc est,quod affirma/ tis,uere affirmate,& qd'negatis,uere negate,quemadmodū admonuimus in Euangelijs.

Triftatur autem.) κακοπαθεῖ, id est,Affligitur.

Oret æquo animo & pfallat.) Nefcio an fcriptor aliquis hunc locum deprauarit, nam
Græca à no/   Græca longe fecus habent,κακοπαθεῖ τις ἐν ὑμῖν,προσευχέσθω.ἀυθυμεῖ τις, ψαλλέτω,id est, Af/
ftris multū   fligitur aliquis inter uos:oret.æquo animo est aliquis:canat.Nimirum ut in rebus afflictis
diffonantia   opem petamus à deo, in rebus fecundis gratias agamus deo . Nam id uocat pfallere (Ta/ **22** metfi fecus & legit & interpretatur Beda.)

Vngentes illum oleo.) Hoc relictum erat ex præcepto Euangelico, quo Chriftus man **19** dauit fuis,ut in quas ædes effent ingreffi, fanarent ægrotos,ungentes oleo (Nam confen/ taneum est quod legimus factum ab apoftolis, iuffu domini factum fuiffe, licet non lega/
¶16: quod   mus fuiffe iuffos (Id nunc fit in extremo uitæ difcrimine.

Saluabit infirmum.) τὸν κάμνοντα,id est,Laborantem.Nam de ægroto fentit.

Hine quidam   Peccata ueftra.) Veftra,apud Græcos non est,tametfi fubauditur.Et magis est **errata,**
colligunt con   quàm peccata παραπτώματα, quafi dicas,lapfus.Sentit enim de quotidianis offenfis Chri/
16·19:ScR feßionem fa/   ftianorum inter ipfos,quos continuo uult reconciliari. Alioqui fi de confefsione fenfiffet ἀλλήλοις,id est,uobis inuicem, cramentalem   quam dicimus partem facramenti pœnitentiæ,nō addidiffet ἀλλήλοις,id est,uobis inuicem,
fed facerdotibus (Ab hac fententia non diffentit interpretatio Bedæ . Et ita palàm citat in **22** commentarijs quos fcripfit in quintum caput epiftolæ Ioannis.)

Vt faluemini.) ὅπως ἰαθῆτε,id est,Vt fanemini.

Iufti afsidua.) ἐνεργουμένη,id est, Operans,fiue cum agit,ut intelligas efficacem (ex ani/ **22** mo profufam. Fortafsis interpres uertens afsiduam, fenfit intentam & inftantem ut affe/ quatur quod petit.)

Similis nobis.) ὁμοιοπαθὴς, id est,Similiter affectus,aut fimilibus affectibus obnoxius.

Terra dedit fructum.) ἐβλάστησε,id est,Germinauit.

Si quis ex uobis.) ἐν ὑμῖν, id est,In uobis (fiue inter uos.)   **19**

Saluabit animam eius.) Eius,non addunt Græci,tantum est σώσει.

Et operit.) καὶ καλύψει,id est,Operiet (Beda indicat in Latinis codicibus duplicem effe **22** lectionem , faluabit animam eius, & faluabit animam fuam, addens Græcum fermonem effe ancipitem.Id uerum effet fi adderetur pronomen. Etenim fi fcriptum effet αὐτῷ fona/ ret fuam,fin αὐτῷ fonaret eius.Nunc apud Græcos pronomen non additur in his fané co/ dicibus,quos mihi uidere contigit.)

De autore hu   De hac item epiftola,tametfi falubribus præceptis referta,dubitatū est olim,cuius effet,
ius epiftolæ (ut initio dicere cœperam (Nec enim referre uidetur ufquequaq maieftatē illam & graui/ **19**
¶16: apoftolo {Iacobi du/   tatem apoftolicam . Nec Hebraifmi tantum,quantū à Iacobo,qui fuerit epifcopus Hiero/
bitatum   folymitanus expectaretur . Diuus Hieronymus in Catalogo fcriptorum illuftrium ex au/ toritate Hegefippi,indicat multos huius nominis fuiffe difcipulos. Et ipfe in titulo epifto/ læ nō appellat fefe apoftolum, quanquam in noftris adiectum est apoftoli cognomen, fed reclamantibus magno confenfu Græcorū exemplaribus.Iam Hieronymus in eo quē mo/ do citaui libello, fcribit his quidem uerbis : Vnam tantū fcripfit epiftolam,quæ de feptem canonicis est,quæ & ipfa ab alio quodā fub nomine eius edita afferitur,licet paulatim tem pore procedente,obtinuerit autoritatem. Hactenus ille. Satis indicat diuus Hieronymus, quid de huius autore epiftolæ fenferit.Quanquam ego fuper hac re cum nemine digladia bor.Epiftolam probo & amplector. Illud mirū fuper hifce rebus nullos odiofius & cōftan tius affeuerare,quàm qui ne id quidē explicare poffunt, qua lingua fcripta fuerit,Hebrai/ ca,an Græca,quo interprete,Latina facta fit. Hieronymus uir tantus addubitauit, & pru/ denter quid fenferit indicat.Nos quo minus fapimus,hoc audacius affirmamus.

                    I ↓   IN

I 16·27: ANNOTATIONUM IN EPISTOLAM JACOBI
         APOSTOLI {PER DES ERASMUM
         ROTERODAMUM} FINIS.   19

¶ IN EPISTOLAM PETRI

APOSTOLI PRIOREM, ANNOTATIONES DES. ERASMI
ROTERODAMI. (EX CAP. I)

DVENIS dispersionis ponti.&c.) Nō est Græce προσήλυ-
τοις, quo uerbo significare solent eos, qui ex paganismo sese contulissent ad legem Mosaicam, sed παρεπιδημοις. ut nihil dicat Lyranus, qui putat hæc proselytis potissimum scribi. Etiamsi is Beda uidetur sequutus, qui admonet in commentarijs, aduenas Latine dici qui Græcis dicuntur prosely-
ti, subindicans hāc epistolam illis scribi. Iam dialecton Hebraicam, de qua toties admonui, oportet esse notam lectori,
Aduenis dispersionis, pro aduenis dispersis, siue sparsim in-
colentibus. Videntur enim hæc ad Iudæos proprie scribi,
quod Petrus esset apostolus circumcisionis.

✳ (Cappadociæ, Asiæ.) Videndū cur Asiam ponat inter species, cum sit genus, nisi forte
intelligit Ephesios, quæ proprie dicīt Asia minor. Nam de Asia maiore non uidetur accipi
posse, cum mox subijciat Bithyniam partem Asiæ minoris.

Secundum præscientiam.) ȷετὶ πρόγνωσιν, Iuxta præordinationē, siue præfinitionem. ┃ Præscientia 16-27: Iuxta
Nam & Lyranus fatetur hoc loco præscientiam accipi pro prædestinatione. Neqꝫ Tho- ┃ pro prædestii 16: Lyra
mas inficiatur prædestinationem aliquoties accipi pro præscientia. Verū hac de re copio- ┃ natione 16: præscientia
sius aliquanto dictum est in annotationibus nostris in Paulū. Quin & Latinis scita dicun-
tur decreta, & cognitores iudices. Cæterum hæc particula, iuxta præscientiam, referenda
uidetur ad id quod præcessit electis, ut intelligamus electos non temere neqꝫ fortuito, sed
destinato decreto, consilioqꝫ dei, alioqui non uideo quò pertineat. Mecum sentit Beda nō
aspernandus autor.

In sanctificationem.) ὲν ἁγιασμῷ, id est, in sanctificatione, hoc est, per sanctificationem
spiritus, iuxta proprietatē Hebraici sermonis. Nam quod sequitur, In obedientiam, Grecis ┃ 16-22: aspersionem
alia est præpositio εἰς ὑπακοhν, quod utrum accipiendū sit eos esse electos ad obediendum, ┃ Fides obedien-
an electos per obedientiam, lectori discutiendū relinquo. Mihi prior sensus magis arridet. ┃ tiæ ὑπακοη
Sentit enim illos hoc ipsum debere deo, quod delecti sint ad fidei gratiam, quam hic obedientiam uocat, ut per hanc purgarentur à peccatis aspersione sanguinis Iesu. Porro sanctificationem spiritus opposuit operibus legis Mosaicæ, à quorū fiducia uult eos abducere.

< Deus & pater.) Potest coniunctim legi, potest & diuisim quemadmodū & aliàs indicaui
✳ Per resurrectionem.) δὶ ἀναστάσεως ιησϋ χριστϋ ἐκ νεκρῶν. Hic propemodū uide- (mus.)
tur ambigue accipere ἀναστάσεως, & neutraliter & actiue, quantū ad Christum neutraliter, ┃ ✳ 16: precedes
quantum ad nos actiue. Nam id annotauit Thomas in epistolam ad Romanos. ┃ In sanctificationem.)
In hæreditatē.) hoc referēdū est ad uerbū, regenuit, Regenuit uos cœlesti generatione ┃ aboue
in hæreditatē cœlestem. Nam Iudæi longe aliud regnū expectabant per suum Messiam.

In uobis.) εἰς ὑμᾶς.i. In uos, hoc est, erga uos: ut referatur ad hæreditatē conseruatam.

{ In uirtute.) Satis erat uirtute.

In quo exultatis.) Legi potest, & exultate, imperandi modo ἀγαλλιᾶθε, quemadmodū
inferius. Si placet indicandi modus, uidetur abuti præsenti pro futuro. >

Modicum nunc si oportet.) ὀλίγον ἄρτι. Dilucidius erat, Nunc ad breue tempus afflicti si necesse sit.

Multo preciosior sit auro.) Sit, redundat. Porrò Græca lectio sic habet, πολὺ τιμιώτερον ┃ Multo p.s.a]
χρυσίϛ τϛ ἀπολλυμένου, διὰ πυρὸς δε δοκιμαζομένϛ.i, Multo preciosior auro, quod perditur, siue ┃ Grecis longe
perit, & tamē probatur per ignem, siue perdito, ac pernicioso auro: ut intelligas rem uilem ┃ diuersa sen-
ac pestilentē, igni probari. Quanto magis cōuenit explorari fidem nostrā, num syncera sit. ┃ tentia.

In reuelatione Iesu Christi.) Vitare poterat amphibologiam, si uertisset, Cum reuelabitur Iesus Christus. Quod enim aliâs ἐπιφάνϛαν & πρϛουσίαν, hic ἀποκάλυψιν dixit. Beda
aliquanto secus legit. >

In quem nunc quoꝗ &c.) Græce paulo diuersius est, εἰς ὅν ἄρτι μὴ ὁρῶντες, πιςεύοντες δὲ, id est, In quem nunc non uidentes,credentes tamen,siue,In quo nunc cum non uidetis,& tamen creditis.

Exultabitis.) ἀγαλιᾶδε,id est, Exultatis,uerbo præsentis temporis consentiente codi/ **22** ce Donatiani altero)etiamsi potest esse exultate imperandi modo,quod Græca uox sit an/ ceps{Certe sic adducit Augustinus libro secundo ad Catechumenos,capite sexto:Creden **19** tes in eum, quem non uidetis,gaudete inenarrabili gaudio.}

Qui de futura in uobis gratia.) Futura addidit interpres de suo,nam Græca sic habet, οἱ περὶ τῆς εἰς ὑμᾶς χάριτος προφητεύσαντες . Quod ego sic maluissem exprimere, Qui de uentura in uos gratia uaticinati sunt. <u>Nec est</u> tempus,quod Græci uocant χρόνον, sed καιρὸν, quod articulū uertimus . Est enim certius quiddam quàm tempus, ut & aliàs indicatū est. Consentaneum autē est Petrum significare locum, qui est apud Danielem cap. nono, ubi per mysticas hebdomadas indicat tempus ad quod occidendus esset <u>Christus</u>.

Significaret in eis spiritus.) τὸ ἐν αὐτοῖς πνεῦμα,id est,Spiritus qui erat in ipsis,ut intel/ ligamus spiritum propheticum{quem eundem Christi uocat.}   **19**

Prænuncians.) προμαρτυρόμενον , id est, Prætestificans. Cæterum quod hic παθήματα uertit passiones,ego malim afflictiones.

Et posteriores glorias.) καὶ τὰς μετὰ ταῦτα δόξας, id est,Et quæ illas consecutæ{siue con **19** secutura{sunt glorias . Sentit enim gloriam, quam assecutus est post ignominiam crucis. {Etiamsi Hieronymus uertit alicubi pro glorias,decreta,ut mox indicabo:nisi forte pro de/ **19** creta,scriptum erat decora. Nam is liber excusus est ex exemplari nō satis emendato. Sa/ nè illud constat δόξαν Græcis & gloriam significare & opinionem.Proinde uerisimile est, Hieronymum illic opiniones uertisse in decreta.}

Sermo mire Quibus reuelatum est.) οἷς ἀπεκαλύφθη.Sermo Græcus anceps est,potest enim hic ac/ *ambiguus* cipi sensus,testificans Christi passiones & glorias ijs quibus reuelauit spiritus, nempe pro phetis.Potest & hic,passiones & glorias, per quas Christus fuit mundo reuelatus,qui an/ te fuerat ignotus . Neꝗ quenquam mouere debet articulus Græcus οἷς, cum præcesserit *Sensus qua/* παθήματα.Quanquam prior sensus meo iudicio simplicior est, ut οἷς articulus referatur ad *druplex* Christianos,qui uiderūt id quod de Christo prædixerat spiritus in prophetis.Sentit enim **19** per afflictiones innotuisse mundo Christi gloriam.Potest & hic tertius accipi sensus, Qui bus prophetis reuelatum est &illud, quod hæc quæ prædicebant, uobis pararent non sibi, cum scirent ea non euentura suis temporibus.Potest & quartus hic accipi,Prophetæ præ/ dixerunt & Christi mortem & illustrationem morte partam,utrunꝗ uere, quod notū est, ijs quibus ea sunt exhibita.}

Vobis autem.) Sed uobis, erat & Latinius, & apertius, siue,non sibijpsis, imò uobis, οὐχ ἑαυτοῖς ὑμῖν δέ. Hinc certe liquet,non parum interesse, quo loco quam coniunctionem colloces{Hunc totum Petri locum Hieronymus interpretans Didymi librū de spiritu san/ **19** cto secundum,reddidit hoc pacto,Scrutantes & inquirentes,in quod aut quale tempus si/ gnificabat,is qui in eis erat spiritus Christi,testificans in Christo passiones.Et ea quę post erant sequutura decreta,ijs quibus reuelatum est,quia non sibi, sed nobis ministrabant,ea quæ nunc annunciata sunt uobis, per spiritum sanctum.}

Qui Euangelizauerunt uobis.) Vos,est Græce,non uobis{tametsi id quidem ad sen/ **19** sum nihil attinet.}

Spiritu sancto.) Deest In,ἐν πνεύματι ἁγίῳ,id est,In spiritu sancto,hoc est,Per spiritum sanctum, Hebræorum more.

In quem, In quem desiderant.) εἰς ἅ, id est, In quæ.Nempe ea quæ de Christo sunt prænunciata *pro quæ* per prophetas, ac deinde prædicata per apostolos .{Facilis deprauatio ab εἰς ὅ in εἰς ἅ}Nec **22** enim sentit de spiritu prophetarum,in quem angelos uelle prospicere, nihil mirum est:sed effert maiestatē Euangelij,quā angeli quoꝗ uenerentur{Beda interpretaǐ de Christo glo/ **22** rificato, paulo post indicans etiam de spiritu misso in terras accipi posse{At Irenæus libro **27** contra hæreses quarto,cap.lxvij,sentit de promissis prophetarū, quæ Christus adueniens repræsentauit{Certe εἰς ἅ scriptum comperimus apud Origenem in fragmento quod lati/ **35** nitate donauimus.]

                                                                           Perfecti

19-27: margin:
Amphibologia

*16: Nec est ...
Christus placed at
end of
following
entry at ꝭ

Danielis heb/
domadæ

Perfecti sperate.) τελέως, id est, Perfecte, per aduerbium indicans spem ad finem usq; Deprauatio
22 perseuerantem. Et sic habebat codex Donatiani uetustior. Nec est, In reuelationem, ut le/ in nostris
gunt quidam, sed ἐν ἀποκαλύψει, id est, In reuelatione, siue per reuelatione. Sentit enim de manifesta
19.22 mysterio Euangelij iam diuulgato, per quod Christus innotuit, siue de aduentu Christi.

Quasi filij.) ὡς τέκνα, id est, Vt filij, siue tanquàm filij. Nam quasi tribuimus ijs quæ
cum uideantur, non sunt. Ad hæc filij obedientiæ, dixit iuxta proprietatem sermonis He/
braici, pro filijs obedientibus.

Non configurati.) μὴ συσχηματιζόμενοι. i. Non accomodantes uos pristinis cocupiscen/
tijs. Id enim est συσχηματιζεσθ. Nec est, Ignorantiæ desiderijs, sed ταῖς πρότερον ἐν τῇ ἀγνοίᾳ ὑ/
μῶν ἐπιθυμίαις: quod nos dilucide magis quàm ad uerbu expressimus, hoc modo: ut nõ ac/
comodetis uos pristinis cocupiscentijs, quibus du adhuc ignoraretis Christu agebamini.

Sed secundum eum qui uocauit uos sanctu.) κατὰ τὸν καλέσαντα ὑμᾶς ἅγιον, id est, Quem 16·27: propter
admodum is qui uocauit uos, sanctus est, ita & uos sancti reddamini. 16: &c.

Sancti sitis.) γενήθητε, id est, Efficiamini, siue reddamini. Neq; enim est, γίνεσθε, quod
ambiguum esse poterat.

Et si patrem uocatis.) ἐπικαλεῖσθε, id est, Inuocatis & imploratis, aut cognominatis, nam
Græca uox anceps est. Tu quod hic uertit, Sine acceptione personaru, multo festiuius scri
ptum est à Petro ἀπροσωπολήπτως composita dictione, id est, Citra delectu siue respectu per/ ἀπροσωπο·
22 sonas. Hic uidetur abesse in comentarijs Bedæ & Glossæ ordinariæ, nec Lyra attingit. λήπτως

Paternæ traditionis.) Vnica uox est apud Græcos πατροπαράδοτε. Est q; epitheton co πατροπα/
uersationis, quasi dicas, A patribus traditæ. Atq; ita refert diuus Hieronymus in commen ράδοτε
19 tarijs Esaiæ. & Augustinus in psalmum centesimum quadragesimum sextum.

Quasi agni.) ὡς ἀμνῦ, id est, Velut agni, siue tanquam agni.

Præcogniti quidem.) προεγνωσμένε, id est, Præfiniti siue prædecreti. Nam hoc loco pla
nè uidetur usurpare, pro eo quod isti uocant prædestinationem, & Lyranus interpretatur, 16: Lyra
Præordinatione.

Fideles estis in deo. τοὺς πιστεύοντας εἰς θεὸν. i. Qui credidistis in deu. Verum interpres
abhorruit ab hoc præterito, ne uiderentur iam desijsse credere, qui quondam credidissent.

In obedientia charitatis.) ἐν τῇ ὑπακοῇ τῆς ἀληθείας, id est, In obedientia ueritatis. Et ad Deest in
ditum est hoc loco in Græcis codicibus διὰ πνεύματος, id est, Per spiritum, quæ particula nostris
non est in Latinorum exemplaribus.

In fraternitatis amore simplici ex corde.) εἰς φιλαδελφίαν ἀνυπόκριτον ἐκ καθαρᾶς καρδί/
ας, id est, In fraternum amorem nõ simulatum, ex puro corde. φιλαδελφίαν uocat Christia/
norum inter ipsos mutuum amorem ac beneuolentiam. Cæterum illud, Ex puro corde, ad
19 ea quæ sequuntur referendum est, Vos inuicem diligite ex puro corde.

Attentius.) ἐκτενῶς, id est, Vehementer, siue impense, aut si magis ad uerbum cupias
reddi, Intense.

Omnis gloria eius.) ἀνθρώπε. i. Hominis: exponit enim quid modo dixisset carnem.

Quod Euangelizatum est in uos.) τὸ εὐαγγελισθὲν εἰς ὑμᾶς, id est, Quod per Euange/
lium delatum est ad uos, siue quod prædicatum est apud uos.

19 {EX CAPITE SECVNDO}

 Ationabiles sine dolo lac.) τὸ λογικὸν, ἄδολον γάλα, id est, Rationale, doli ex/ Lac rationabi
pers lac: uocat aute lac logicon, ut à corporeo lacte discernat. Hieronymus le manifesta
in quinquagesimo quinto Esaiæ capite citat hunc locum, ut lac referatur ad deprauatio
rationale, non ad infantes, etiamsi nõ addat ἄδολον. Veru edisserens sexage/ & locus à
simum Esaiæ caput citat ad hunc modum, Quasi modo nati paruuli, ratio/ multis per/
27.19 nabile & absq; dolo lac desiderate, ut palàm sit illud ἄδολον lacti adiungi oportere. Rursum peram ci/
enarrans Zacharie caput decimu. Item Augustinus in epistolam Petri, homilia uigesima, tatus
refert hunc in modum, Deposita ergo omni malicia, & omni dolo, & adulatione, & inui/
dia, & detractione, tanq; modo nati infantes, rationabile & innocens lac concupiscite, ut
22 in illo crescatis in salutem. Quin & Beda legit & interpretatur quemadmodu legunt Græ
ci. Testis erit codex, qui mihi tum inseruiebat hæc scribenti ex bibliotheca Minoritaru An
tuuerpiensium. Suffragabatur nonnihil & alter codex Donatiani in quo scriptu erat, Ra/

tionale sine dolo.) Proinde quæ theologi recentiores in hunc adducũt locum de infantibus rationabilibus, nihil faciunt ad sensum apostoli. Nos & articulum Græcũ exprimere cupientes, uertimus ad hunc modum, Vt modo nati infantes, lac illud non corporis, sed animi, quod dolum nescit, appetite. Siquidem infantia Christi, est alienum esse ab omni uersutia 19 studioꝗ nocendi. Gradus ætatum sunt profectus uirtutum.

Crescatis in salutem.) Hæc duo uerba, In salutem, non reperio in Græcis exemplaribus, nec ad modum quadrant ad propositã metaphoram. Siquidem salui sunt & infantes: uerum adolescunt hoc lacte in uirum perfectum in Christo.

Quoniam dulcis est dominus.) ὅτι χρησὸς ὁ κύριℴ, id est, Quod benignus sit dominus. Aliàs uertit, Bonus. Sonat autem humanum, minimeꝗ austerum aut durum.

Et honorificatum.) Hæc duo uerba redundant. Deinde ἔντιμον est, nulla interueniente præpositione. id est, Preciosum, seu magis in precio habitum: quod interpres, opinor, uertit, Honorificatum.

Domos, pro domus
Domos spirituales.) οἶκℴ πνϵυματικὸς, id est, Domus spiritualis:ut sit nominandi casus per appositionẽ additus. Lyranus offensus solœcismo manifestario, interpretatur, Domos in domos. Atqui in domum legit Augustinus, cum aliàs, tum psalmũ enarrans octo19 gesimum sextum. Idem in libello de præsentia dei ad Dardanum legit, Aedificamini domus spirituales. Atꝗ adeo haud scio, an primũ scriptum fuerit spiritualis, deinde à sciolis deprauata scriptura hanc coniecturam probabiliorẽ reddit, quod alibi uelut enarrans pro 35 domus legit in domum. Beda indicat huius loci triplicem lectionem, Domus spirituales, 22 numero multitudinis, domus spiritualis numero singulari, & In domũ spiritualem, quemadmodum alicubi legit Augustinus.

In sacerdotium.) ἱϵράτϵυμα ἅγιον, id est, Sacerdotium sanctum:nominatiuus est apposĩtiuus, quemadmodum & domus:nam ipsos fideles sacerdotium uocat. Cæterum sacerdotium appellat functionem & administrationem sacrorũ in domo spirituali, hoc est, in templo spiritus sanctiꝗquod sumus ipsĩ. 19

Offerentes.) ἀνϵνέγκαι, id est, Ad offerendum.

< Per Iesum Christum.) Id potest referri ad id quod proximum est, Acceptabiles, aut ad 22 superiora omnia.>

Propter quod continet scriptura.) διὸ ⁊ πϵριέχϵι ἐν τῇ γραφῇ, id est, Quapropter & continet in scriptura:ut sit sensus, hoc argumento lapidem illum esse præcipuum, quod iuxta testimoniũ Esaiæ collocatus sit in angulo, quo utrunꝗ parietem cõplectens & continens,
πϵριέχϵιν
totum ædificium fulciret. Nam id est πϵριέχϵιν, undiꝗ amplecti ac tenere:nisi forte neutra 19 liter usurpauit πϵριέχϵιν. Potest accipi pro excellere:unde & excellit, siue eximius est ille lapis in scriptura:ad quod satis apte congruunt quæ sequuntur, ἀκρογωνιαῖον &c.

Ecce ponam.) ἰδ᾽ο τίθημι, id est, Ecce pono. Locus est apud Esaiam capite uigesimo octauo. Petrus sententiam expressit bona fide, non annumerauit uerba. Cæterum in illo, Qui crediderit in eo, non confundetur, iuxta Septuaginta retulit. Alioqui Hebraica ueritas habet, Qui crediderit, non festinet:uerum de hoc alias diximus. Et rursus Non confundetur, Græcis est, ἀισχυνθῇ, id est, Pudefiet, siue pudefiat. ἐδωκπικῶς. 19

Summũ angulare.) Græcis unica uox est ἀκρογωνιαῖον, quasi dicas, Summangularem.

Lyranus per peram inter pretatur uo bis igitur c. tr.
Vobis igitur credentibus honor.) Nimis quàm pueriliter interpretatur hunc locũ Ly- 35 ranus & Carrensis. Vobis erit honor in cœlestibus, quum Petrus sentiat de lapide prius re 19 iecto à Iudæis, & deinde honorato & in precio habito. Siquidem ante uocauit ἔντιμον, nũc memor illius ait, ὑμῖν οὖν ἡ τιμὴ, id est, Vobis est preciosus, qui in illum credidistis, Iudæis & nõ credentibus uilis est. Beda uerbis nonnihil dissentit a nobis, re consentit. Proinde ne 22 lector simili modo laberetur, nos uertimus, Vobis igitur preciosus est qui creditis. Laurentius mauult honorificum quàm preciosum lapidem. Non enim hic agitur de precio lapidis, sed de æstimatione. Quanquam ut charum dicitur interdum quod magno constat, interdum quod magni sit: sic & preciosum dicitur, quod multi precij est, aut quod habetur in precio. Nam lapis preciosus opponitur hic lapidi reiecto, quemadmodum paulo superius, ab hominibus quidem reprobatum, à deo uero electum & honorificatum: reprobato opponit ἔντιμον uertitꝗ honorificatum.)

Petra

19 {Petra scandali.) Hebraice dixit potius ꝗ Græce,λίθ☺ προσκόμμαῖ☺,ἡ πέτρα σκανδάλ⸗ λ8.Latine uerti poterat,Saxũ in quod impingitur,& lapis ad quem offendunt homines.}

Qui offendunt uerbo.) οἱ προσκόπ]ῆσι τῷ λόγῳ, id eſt, Qui impingunt in uerbum,hoc eſt,Quos offendit Euangelium,& impietatis miniſtrat occaſionem.

In quo.) ἐις ὅ,id eſt,In quod.Nam in hoc erat paratus Iudaiſmus, ut in Chriſtum crede⸗
22 retur, quem lex Moſaica præſignarat.In quod legit Beda, admonens tamen, in nonnulliſ codicibus ſcriptum fuiſſe,In quo.>

19 ✳{Populus acquiſitionis.) λαὸς ἐις περιποίησιν.Et hic loquendi tropus Hebraicus ſit opor⸗ *Tropus Heſ* tet.Sentit enim populum,qui lucro acceſsit,adoptatus & inſitus in populum dei.Ambro⸗ *braicus* ſius enarrans pſalmum,Beati immaculati,ſermone ſexto legit,Populus in adoptionem.}

Qui aliquando non populus dei.) In hac priori parte genitiuus,dei,non eſt addendus, οἱ ποτε ου λαὸς,νῦν δὲ λαὸς ꝷ θεʒ, id eſt, Qui quondam non populus,nunc uero populus dei. Et ad hanc lectionem ſenſus eſt non paulo argutior,qui quondam nõ populus, hoc eſt,po⸗ pulus abiectiſsimus,& pro nihilo habitus,is nunc non ſolum eſt populus,ſed populus dei.
19 {Conſentiunt cum Græcis exemplaribus,noſtrates quoꝗ libri caſtigatiores.}

Conuerſatione ueſtram habentes bonam.) καλὼ, id eſt, Honeſtam,ut pertineat etiam ad decus,quod uirtutem conſequitur iuxta Stoicos. Et aliquanto poſt, detrectant, Græce
19 eſt,καταλαλῶσιν ὑμῶν,id eſt,Quod male loquuntur de uobis:ſiue detrahunt uobis.} *16·22: obloquuntur*

In die uiſitationis.) ἐπισκοπῆς, id eſt, Inſpectionis . Tametſi Græca uox anceps eſt,ut quæ deduci poſsit ab ἐπισκέπͅω. Quanquam ab hoc uſitatius eſt ἐπίσκεψις. Hebræis eſt πקדה quod illis præfecturam & adminiſtrationem quandam ſonat. Viſit enim ſubinde & inſpicit quid agatur,cui negocij commiſſa eſt cura . Sic appellat Petrus tempus illud, quo deus dignatur hominem trahere afflatu ſuo ad meliora.

27 (Subiecti eſtote.) ὑποτάγητε οὖν, id eſt, ſubditi igitur ſitis.Et creaturam κατ᾽ ἐπίταξιν *27: Subditi* uocauit hominem.)

Siue ducibus, tanꝗ ab eo miſsis.) ἡγεμόσι: quod ſæpius iam uertit, Præſidibus. Nec *Duces,pro* enim hic Petrus agit de bello,ſed de his qui agunt in prouincijs Romanorum,quæ à præſi *præſides* dibus Cæſarum nomine adminiſtrantur . Cum hic agat de magiſtratibus Ethnicorum, *16: Gentilium* ſubditum eſſe dixit , pro tolerare quædam quæ uidentur ſuo iure facere,cum exigunt ue⸗ ctigal,quum cenſent:uerum hoc ad illa tempora pertinebat,Nec tamẽ eſt Miſsis,ſed πεμ⸗ πομένοις,id eſt,Qui mittuntur:ut intelligas actionem ſine tempore.

✳ Tanꝗ ab eo.) ὡς δι᾽ αὐτ̃, id eſt,Tanꝗ per eum,nempe regem,ſiue per eũ,uidelicet deũ *✳16: entries*
✳ Laudem uero bonorum.) ἀγαθοποιῶν,id eſt,Benefactorum,ſiue bene facientium.Por⸗ *ἀγαθοποιοί] reversed* ro apud ueteres,id quod Plato præcepit in ſua republica,leges nõ ſolum minabantur pœ⸗ *16·22: veteribus* nam male agentibus,uerum etiam præmijs inuitabant ad officia.Nunc malefacta quidem
27 ſatis acriter puniuntur,cæterũ benemeritis nulla gratia.In priore particula,omiſſa eſt con iunctio μὲν, ad uindictam quidem,ut reſpondeat ſequenti δὲ. Et malefacta Latinis dicun⸗ tur ſcelera commiſſa, malefactor an inueniatur neſcio . Maleficus anceps eſt uocabulum. Nam ferè malefici dicuntur qui utuntur malis artibus,eoꝗ nos uertimus nocentiũ. Nam Græce eſt κακοποιῶν,id eſt,qui malefaciunt.
22 <Obmuteſcere faciatis imprudentiũ hominũ ignorantiam.) Quod de bonis male loque bantur ethnici,partim tribuit amentiæ, partim ignorantiæ,cui uult occurri per obedientiã præſtandã magiſtratibus,ne uideant recte puniri,tanꝗ publicæ diſciplinæ tranſgreſſores.>

Omnes honorate.) πάντας τιμήσατε,id eſt,Quibuslibet deferte honorem,etiam ethni⸗
19 cis dignitate præditis.Cæterum ἀδελφότητα ἀγαπᾶτε: quod ad Chriſtianos pertinet.Ho⸗ norem exigunt illi,ſoluite,charitas debetur Chriſtianis.

In omni timore.) ἐν παντὶ φόβῳ, id eſt, Cum omni reuerentia.Sic enim alicubi uocem hanc interpretatur Hieronymus. Nec eſt, Modeſtis,nec enim ſentit de non arrogantibus, ſed ἐπιεικέσιν, id eſt,Aequis & humanis,neꝗ rigidis admodum.

Sed etiam diſcolis.) ἀλλὰ ꝗ τοῖς σκολιοῖς, id eſt, Sed etiam prauis,ſiue aſperis. Mirum
19 quid uenerit in mentem interpreti,ut Græcam uocem,altera Græca redderet:nam δύσκο⸗ *Dyſcolus* λ☺ Græcis difficilem ſonat. Charrenſis interpretatur Diſcholis,indoctis,ineruditis,quod *quid* non ſint uerſati in ſcholis,At idem tamen admonet in nonnullis exemplaribus pro dyſcho

Rr 3 lis ſcri⸗

✳19- 27: follows Petra scandali.) above

16·27: Sustinetis

[Beda taxatus] lis scriptum fuisse difficilioribus.) At magis mirū est hic pariter hallucinatum esse Bedam, **22**
si tamen hoc illius est commentum, qui putat à schola dictum esse dyscolum, adducens il-
lud è psalmo, Vacate & uidete,ubi pro uacate Græcis sit χολάζετε. Idem mox admonet,
quod S.Fulgentius in opusculis suis sic hunc adducat locum,Seruientes cum timore,non
tantum bonis & modestis,sed etiam difficilioribus.)

Sustinet quis tristitias.) λύπας, id est, Molestias.

Quæ enim est gratia.) ποῖον γὸρ ὑλέΘ,id est,Quæ enim gloria,siue quæ laus.(Suffraga **22**
batur uetustissimum exemplar Donatiani, sed alterum duntaxat.)Suffragabatur & aliud **27**
è bibliotheca academiæ Basiliensis.Consentiebat uterq; Constantiensis.)

*16: bene facientes +
patientes
sustinebitis.*
16·19: maledixit

Si benefacientes,patienter sustinetis.) εἰ ἀγαθοποιοῦῶτες & πάχοντες ὑπομονεῖτε,id est,Si
cum bene faciatis,& tamen affligamini,suffertis.

Pro nobis,uobis.) Vtrunq; Græcis est ἡμῖν,id est,Nobis,primæ personæ:etiamsi non
nulli uariant codices.

Qui cum male diceretur,non maledicebat.) ὃς λοιδορούμΘ οὐκ ἀντελοιδόρει,id est,Qui
cum maledictis incesseretur,non remaledixit,siue regessit maledicta.

Tradebat autem iudicanti se iniuste.) Græca secus habent, παρεδίδε δὲ τῷ κρίνοντι δικαίως,id est,Tradebat autem ei qui iuste iudicat. Significat Christum uindictam tradidisse deo,non sibi usurpasse.(Græcorū lectionem reddit Augustinus in Ioannem, tractatu 21. **35**
Cum iniuriam inquit acciperet, non minabatur , sed commendabat illi, qui iuste iudicat.)
Charrensis haud scio unde nactus,nonnihil somniauit de hac quoq; lectione.

Vt peccatis mortui.) ἀπογνόμevoι, id est,Extincti,quasi iam desierimus esse.(Ambro- **19**
sius uertit,Seperati,libro de sancto spiritu primo,capite octauo.)

Cuius liuore.) τῷ μώλωπι, Vibice.Refert enim quod est apud Esaiam,capite quinqua
gesimo tertio,Et liuore eius sanati.Est enim liuor uestigium plagæ in cute.Id trifariam in-
Charrensis terpretatur Hugo Charrensis, homo copiosus, Liuore, id est, Dilectione immodica, quæ
copiosus illi pallorē contraxerat.iuxta illud Nasonis,Palleat omnis amans,hic est color aptus aman
ti:uel liuore,id est,Carne liuida facta ob colaphos:uel liuore,id est,Inuidia Iudæorum.(At
hoc sanè loco Greca uox non admittit nisi unicam interpretationem,etiamsi Latinis liuor
πολύσημον est.Quin & apud Hebræos est חבורה quæ uox illis tumorem ex plaga concre-
tum significat.In psalmis uertit Cicatricem, Computruerunt cicatrices meæ.(Ambrosius **19**
eo quem modo citauimus loco,legit,Cuius uulnere plagarum sanati sumus.)

Locus obscu-
re redditus
ab interprete
Et episcopum animarum.) ποιμένα & ἐπίσκοπον,Pastorem & curatorem.Nam episcopi dicuntur qui prospiciunt de necessarijs.(Beda legit, Et uisitatorem animarū uestrarum, **22**
adducens illud, Quia uisitauit nos oriens ex alto.)

{EX CAPITE TERTIO}

↓?
19

Er mulierum conuersationem.) διὰ ϑτ τῶν γυναικῶν ἀναστροφῆς.Cur non potius,Per uxorum conuersationem? Et hoc sanè loco ἐν φόβῳ rectius uertisset,cum reuerentia.Tum non est,Sanctam conuersationē,sed ἀγνὼ,id est,
Puram,siue castam.(Castam habebat codex ex Basiliensis academiæ biblio **27**
theca, consentiebat & Constantiensis uterq;.)

Quarum nō sit.Extrinsecus.capillatura aut circundatio auri, aut indumenti uestimento **35**
rum cultus.) Græcus sermo dilucidior est,ὧν ἔσω,οὐχ ὁ ἔξωθεν ἐκπλοκῆς τριχῶν, & περιβέσε-
ως χρυσίων,ἢ ἐνδύσεως ἱματίων κόσμΘ, id est, ut sententiam magis reddamus, quàm uerba,
Quarum sit ornatus,non externus qui situs est in crispatura.siue contextu.capillorum,aut **19**
appositione auri,aut amictu uestium aut palliorum.

{Cordis homo.) Ambrosius lib.epistolarū III.epist.XI. admonet noue expressū, Cor **19**
dis homo,pro Interno & abstruso homine:proinde nos periphrasi rem explicuimus.)

Quieti & modesti.) τῷ πρᾳέΘ,καὶ ἡσυχίω, id est, Mansueti & quieti siue taciti. Non
enim uult mulieres esse feroculas erga uiros.

Locuplex
Locuplex.) πολυτελές.Fustuario dignum est,quod quidam pro locuples,scribunt locu
plex per x,non per s.Quanquàm Græcis est πολυτελὲς, id est,Sumptuosum ac splendidū.
Referri uidetur ad spiritum quietum: est enim neutri generis, quemadmodum & spiritus
16: nempe (apud Græcos.)Aut certe ad totam orationis particulam quæ præcessit, quod nimirum **27**
habere

¶16·22: *Judaeorum*. Hoc nimirum est uti jure quod accipiunt magistri
nostri, cum admittuntur in eum ordinem, suo arbitratu
interpretandi divinas literas. At

22 habere huiufmodi fpiritū, magnificus ac fplendidus ornatus eſt mulieris in oculis dei. Cer
te in codice Donatiani utroq̃, ſcriptum eſt, Quod eſt in conſpectu dei locuples.

Cuius eſtis filiæ.) ᾗς. Cuius apud Græcos neceſſario refert Saram, & non Abraham.
27 (Nam apud nos referri poteſt ad Abraham.)

Pertimentes ullam perturbationem.) μὴ φοβόμεναι μηδεμίαν πτόησιν, id eſt, Non terri⸗   *Locus hacte⸗*
tæ ullo pauore. Scire debes lector, hunc accuſatiuū perturbationem, quem uulgata habet   *nus perperã*
æditio, non eſſe tranſitiuum, ſed reciprocum, iuxta proprietatem Atticorū, qui ſic loquun⸗   *enarrãns*
tur, gaudere gaudium, furere furorem, timere timorem. Nam hic πτόησιν ſignificat fœmi⸗
neum illum pauorem, quo ſolent de nihili rebus examinari, qui debet abeſſe à ſanctis mu⸗
lieribus. Quod ſi intellexiſſent quidam magni nominis interpretes, ſecus, opinor, hunc lo⸗
cum ediſſeruiſſent, quos ego tamen in præſentia honoris cauſa non nomino.

✸ Honorem impartientes.) Honorem interpretatur diuus Hieronymus, non ut flectan⸗   *Honor, pro* **✸16: follows**
tur illis genua, & gemmis auroq̃ onerent, ut primus cedatur locus, quod nunc in pleriſq̃   *abſtinentia* **(Gratiae vitae)**
regionibus ſtultiſſime uidemus fieri, ſed abſtinentiam à coitu: ſic enim honore haberi ua⸗   *coitus* **below**
ſculo muliebri, ſi non inquinetur libidine. Idq̃ indicat quod ſequitur, ut non interrumpan⸗   *Locus inſul⸗*
tur orationes ueſtræ. Rurſum non libet hoc loco referre, quid interpretetur Lyranus & hu   *ſiſſime à qui* **16·19: pudet**
iuſmodi complures interpretes, honorem exponentes, ut eis proſpiciatur de uictu & ueſti   *buſdam enar⸗*
tu, eoq̃ honeſto, ſecundum ſtatum & proprias facultates. Deinde de impediendis oratio⸗   *ratus*
nibus interpretatur, orationes non exaudibiles, niſi uir & mulier ſint bene concordes. ¶   *Lyranus* **¶↓**

19 Tanquam cohæredibus.) ὡς ϗ συγκληρονόμοι, id eſt, Tanquam & cohæredes. Addit
22 enim hoc uelut alterum & efficacius argumentum; unde ne coniunctio quidem eſt ocio⸗
ſa. Porrò uaſculum infirmius appellat ipſam mulierem ob ſexus imbecillitatē. Quorſum
inquies, attinebat hoc admonere, quod nemo neſciebat? Imò hoc quidam ſuo iudicio ual⸗
de ſapiens miris conuicijs agitauit, quod uideret uaſculum muliebre accipere pro mem⸗
bro pudendo, ſeu natura mulieris. Sed tamen ut ingenue dicam, Hieronymi interpretatio
mihi uidet eſſe uiolētior. Magis placet generalis ſentētia, ut mariti deferāt aliqd honoris
uxoribus, nec eas habeāt ut cōcubinas aut ancillas: geminas ēm cauſas adducit, quare ue⸗
lit deferri uxorib⁹: uel ob imbecillitatē ſexus, quēadmodū corporis mēbra minus honeſta,
magis habemus in honore: uel ob dignationē dei, q̃ muliere æquauit uiro, in euāgelij pro⸗
miſſis.)   Gratiæ uitæ.) χάριτ⸒ ζώωης, id eſt, Gratiæ uiuæ: Quanq̃ hoc loco Græca   *Mendum ma⸗*
uariant exemplaria. Quod ſi legas Vitæ, gratiam pro beneficio accipias neceſſe eſt.   *nifeſtum*

In fide autem.) ϗ δ τέλ⸒, id eſt, In ſumma uero. Quantus hic diſputādi campus ape   *apud nos*
ritur neotericis quibuſdā de fide, quot modis accipiatur, cum Petrus nihil huiuſmodi neq̃   **16·22: theologis**
22 ſcripſerit, neq̃ ſenſerit. Iam quod hic uertit, Compatientes, Græce eſt συμπαθεῖς, id eſt, qui
mutuo tangantur affectu. Sunt enim quos aliena ne tantulum quidem moueant. Quanq̃
Beda interpretatur, In fide, iuxta uulgatam Latinorum lectionem.

Fraternitatis amatores.) φιλάδελφοι, id eſt, Fratrū amatores, ſiue fraterne amantes.

Modeſti.) φιλόφρονες: quod magis ſonat affabilem & humanū, & ad uitæ conſuetudi⸗
22 nem facilem cōmodumq̃. Porrò quod in noſtris additur Humiles, opinor adiectum ab eo
qui uolebat interpretari modeſtiam: nec enim addebatur in utroq̃ codice Donatiani.

27 Et labia eius.) ϗ χείλη αὐτῆ, id eſt, Labia ſua. Sic enim mauult Valla, nec uideo quã ob
cauſam. Ipſius magis cōgruebat. Neq̃ ēm hic eſt uera reciprocatio ut in priore particula.

Vt non conturbemini.) μηδὲ ταραχθῆτε, id eſt, Neq̃ conturbemini.
22 Dominum autem Chriſtum.) Deum eſt Græce, non Chriſtū. Et ſanctificate, poſitum
apparet, pro Glorificate. Quod genus eſt illud, Sanctificetur nomen tuum.

Ad ſatisfactionem.) πρὸς ἀπολογίαν, id eſt, Ad excuſationem ſiue defenſionem.

Quæ in uobis eſt, & ſpe & fide.) Græce tantum eſt, περὶ δ̃ ἐν ὑμῖν ἐλπίδ⸒, id eſt, De
ea quæ in uobis eſt ſpe.

✸ Cum modeſtia & timore.) μετὰ πραῦτητος ϗ φόβυ, id eſt, Cum manſuetudine & re⸗   **✸16: precedes**
uerentia. Loquitur enim de his qui placide reſpondent ac reuerenter, interrogati quibusli⸗   **Dominum autem**
bet de fide Chriſti.   **Chriſtum.) above**

Quod detrahūt de uobis.) Grÿci legūt, ἵνα ἐν ᾧ καταλαλῶσιν ὑμῶν ὡς κακοποιῶν .i. Vt in
27 eo quod obtrectant uobis tanq̃ malefactoribus. (de uoce malefactorū ante notauimus.)   **16: obloquuntur**
Rr 4   Calum⸗

¶16·22: **concordes.** Hoc nimirum eſt doctoraliter ac ſcientifice, ut
iſti loquuntur tractare diuinas litteras. Deum immortalem, quem
ſtomachum effunderem in iſtos, niſi me chriſtianus prohiberet
pudor. Sed aliorum omiſſis nugis, noſtrum agamus negocium.
            16: In fide
            19·22: Tanquam

Calumniantur.) οἱ ἐπηρεάζοντες, Qui conuiciantur, siue qui incessunt aut persequūtur.) 11.22

Augustinus (Melius est enim ut benefacientes,si uoluntas dei uelit.) Consentiunt quidē Græci co- 27
diuerse legit dices cum nostra æditione , cæterum mirandum est, quid sequutus Augustinus libro aduersus Faustum 22.cap.20.referat hunc locum his uerbis,Melius est benefacientes , si uelit spiritus dei,pati,q̄ malefacientes.Nisi forte pro θέλημα scriptum habebatur in quibusdam exemplaribus νεῦμα,atq̄ id rursum scriba mutauerit in πνεῦμα.)

Mortif.q.c. Mortificatos quidem carne.) θανατωθεὶς, id est, Mortificatus.Item uiuificatus, non ui- 19
deprauatio in uificatos ζωοποιηθείς.Atq̄ ita citat diuus Hieronymus in Esaiam cap.54.Atq̄ item Augu-
nostris euidēs stinus epistola 99. ad Euodium.Rursus sermone de uerbis apostoli 14. de Christo dictum
est,inquit, Mortificatus quidem carne, uiuificatus autem spiritu,Sic de homine dici potest, Tabefactus carne, uiuificatus spiritu : ut intelligas Christum mortuū,iuxta corporis
imbecillitatem,cæterū resurrexisse uirtute spiritus.Iam uero quorsum attinet hoc loco recensere,quæ somnient in hanc sententiā,qui Grece nesciūt,& id tantū sequuntur, nō quod
Manifestū er- scripsit Petrus,sed quod deprauauit librarius? Possem ad singula cōuiciīs incessere , nimis
ratū interpre- arrogantem istorū imperitiam,qui de ijs quæ citra linguarū peritiā,ne legi quidem emen-
tum recentiū date possunt,uelut ex oraculo pronunciant,quicquid somniarint.Quod si legas **mortifica**
tos & uiuificatos,quomodo cohærebit quod sequitur,In quo Beda legit & interpretatur 22.
Viuificatos,& mortificatos,& adducit Athanasiū aduersus Arianos. At paulo post indicat & hanc lectionem quam habent Greci,Cui cōsentiebat uterq̄ codex Constantiensis, 27
nisi quod in altero deprauator,us uerterat in os , superne clausa litera u. Suffragabatur &
codex ex bibliotheca Academiæ Basiliensis,Atq̄ hic locus caute legendus est,ne quid tale sentiamus , quale nonnulli de anima Christi apud inferos passa,Qua de re nonnihil at- 22.
tingit Beda,sed tacito autoris nomine,Origenem,ni fallor,significans.)

In carcere erant spiritu.) καὶ τοῖς ἐν φυλακῆ πνεύμασιν, id est, Qui in carcere erant spiri-
tibus.Ita legit Hieronymus,eo quem modo citauimus loco,Occisus est carne, uiuificatus
Carrensis spiritu,& prædicauit spiritibus in carcere constitutis.Carrensis admonet in nonnullis pro 19
In carcere,scriptum fuisse,In carne.)Verum hoc ante hunc indicauit Beda,In utroq̄ Con- 22.27
stantiensi scriptum erat, spiritualiter pro spiritu.)

Qui increduli fuerant aliquando.) ἀπειθήσασί ποτε, id est, Aliquando incredulis.

Quando expectabant dei patientiam.) ὅτε ἀπεξεδέχετο ἡ τ̄ θεοῦ μακροθυμία, id est,Cum
16: *longanimitas* expectaretur dei lenitas:etiamsi nōnulli codices habebāt ὅτι,In altero Constantiensi erat, 27
expectabatur dei patientia,quemadmodum legunt Græci,Rursum in plerisq̄ erat, ἅπαξ 19
ἐδέχετο,pro ἀπεξεδέχετο,Suspicor legendum fuisse, ἅπαξ ἐξεδέχετο,Augustinus epistola 22.35
nonagesima nona legit,expectabat.Nam uerbum est medium.)

Cum fabricaretur.) κατασκευαζομένης, id est,Cum appararetur.

Quod & uos nunc similis formæ saluos fecit baptisma.) Græca plus habent lucis ὃ ἀντίτυπον νῦν καὶ ἡμᾶς σώζει βάπτισμα, id est,Cui nunc simile,siue respondens baptisma, nos
16: *Salvat* quoq̄ saluos facit.Est enim σώζει præsentis temporis,seruat.Cæterum ὃ dure respondet,
16-27: *ad dexteram* siue ad aquam referas,siue ad baptisma : fortasse scriptum fuit ᾧ cui.
Deest apud Qui est in dextera dei.) Hoc loco desunt in Græcis codicibus,quæ subscribam,Deglu-
Græcos tiens mortem,ut uitæ æternæ hæredes efficeremur.Sed his prætermissis sequitur πορευθεὶς
16-22: *Ac deinde* εἰς τὸν οὐρανόν, id est, Profectus in cœlum.

EX CAPITE QVARTO

Asso in carne & uos.) παθόντ⟨ος⟩ ὑπὲρ ἡμῶν σαρκί, id est,Passo pro nobis car
ne:uos quoq̄ &c.

Eadem cogitatione armamini.) τὴν αὐτὴν ἔννοιαν ὁπλίσασθε, id est,Indui
te eandem cogitatione, uelut armantes uos, siue Armate uos iuxta eandem
cogitationem,Augustinus epistola 99. pro cogitatione legit scientia.) 35

Voluptas pro Sufficit enim præteritū tēpus ad uoluptatē gentiū cōsummanda.) Greca sunt magis
uoluntas perspicua q̄ Latina,ἀρκετὸς γὺ ἡμῖν ὁ παρεληλυθὼς χρόν⟨ος⟩ τ̄ βίου,τὸ θέλημα τῶν ἐθνῶν κατεργάσα-
σθ,id est,Sufficiens est enim præteritū uitæ tempus, ut uoluntatem gentiū perfecerimus,
hoc est, Satis est hactenus impie uixisse.In hunc sensum adducit Augustinus, homilia in 19
epistolā Petri uigesima , Sufficit enim præteritū tempus uoluntates gentiū cōsummasse.)
In luxu-

22 In luxuriis.) ἐν ἀσελγείαις, id eſt,In laſciuijs.Nam ebrietatibus nõ habetur apud Græ
27 cos,nec in utroq; codice Donatianị cui conſentiebant omnes uetuſti codices. Quid enim
opus erat dicere ebrietatibus,quum mox ſubijciat,comeſſationes & potationes.)

In illicitis idolorũ cultibus.) ἀθεμίτοις,id eſt,Nepharijs,quod atrocius eſt q illicitis.

In quo admirantur.) ἐν ᾧ ξενίζονται,Ad uerbũ ſonat,In quo peregrinant.Porrò Gręcis
ξενίζεσθ dicũtur,quibus aliquid nouũ aut abſurdum uidetur.Pertinet autē ad id quod con
19 ſequitur.Auguſtinus epiſtola 99.locum hunc adducit hiſce uerbis, Sufficit enim præteri/
tum tempus,ad uoluntatem hominũ conſummatam ambulantes in libidinibus , & concu
piſcentijs , & ebrietate, comeſſationibus, potationibus, & illicitis idolorum ſeruitutibus.
In quo ſtupeſcunt non concurrere uos in eam luxuriæ confuſionem blaſphemantes.

Luxuriæ confuſionem.) ἀσωτίας ἀνάχυσιν: quod magis ſonat,refuſionem, ueluti cum
mare æſtuans refundit ſeſe.

Finis appropinquabit.) ἤγγικε, id eſt,Appropinquauit, præteriti temporis . Aut certe
inſtat & imminet.

19 Eſtote itaq; prudentes.) σωφρονήσατε, id eſt,Eſtote temperati , ſiue ſobrij.

19 Et uigilate.) καὶ νήψατε, id eſt,Eſtote ſobrij ſiue uigilate.nam νήφω Græcis utrunq; ſi _Locus uulgo_ 16:quanquam
19 gnificat.Peculiare eſt apoſtolis hæc tria cõiungere,ſobrietatem,uigiliam & orationem, ut _parum intel/_
ſobrietas opponatur luxui & crapulæ,uigilia ſomnolentiæ & inertiæ. Audiui qui in con _lectus_
cionibus ſacris apud populũ,cum ex hoc loco thema propoſuiſſent , multa cõgerebant ex _Notati duo_
22 Ariſtotelis ethicis ſiue magis ex elenchis literarijs de prudentia . Item de charitate quæ ex _conciona/_
nobis oriatur , atq; ita demum dimanat ad alios,uidelicet extra oleas , ut aiunt,currentes. _tores_
Non quod huiuſmodi lapſus conuicijs exagitandos exiſtimem,ſed quod non arbitrer diſ
ſimulandos.Etiamſi,ne quid dicam dolo,fœdum per ſe uidetur, eum qui in frequenti ple/
bis cœtu,eoq; eccleſiaſtico , ſuſceperit docendos omnes , hoc ipſum non intelligere,quod
totius orationis ſuæ baſim ac fundamentum uult uideri. Et tamen ex his aliquot admoni/ _Impudentia_
tionem noſtram contumelioſe lacerant,quid facturi,ſi laceſſantur iniuria,cum huiuſmodi _ingrata_
gratiam referant benemerenti ? Quos ſi quis diuitum aut conuiuio accipiat lautiore , aut
paulo pecuniæ donet,tantum non adorant,homines grati,& eleemoſynam uocant: ſuaq;
benefacta,quibus abundant ſcilicet,uiciſſim impertiunt . At talibus officijs tanto melioribus qui afficit,omni contumeliarum genere proſequuntur.Nam aliquanto poſt, quidam
illius gregis κορυφαῖ⊙, cui credo denarrarat quiſpiam , quod inter amiculos deploraſſem
hoc illis defuiſſe , cum alioqui placuiſſent quæ dicebantur , in publica concione, cum ipſe
adeſſem,duo peccata quæ cõmittuntur in ſpiritum ſanctum,oblique,imò ſatis aperte tor/
ſit in me:præſumptionem,ſic enim illi uocant,quod non ueritus eſſem corrigere Pater no
ſter,ac Magnificat:Item impugnationem cognitæ ueritatis , qui negaſſem ſacros concio/
natores intellexiſſe ſuum thema,quod à ſacris uiris,è ſacris literis depromptum eſſet.Ceu
uero non hoc etiam fœdior eſſet illorum inſcitia,qui quod eſt in illis literis perperam inter
27 pretarentur.Qui uſq; adeo perfricuerunt faciem,nõne merebantur ut nominatim tradu
cerentur.Ego tamen tum nominibus,tum ordini parco.

19 In uobiſmetipſis.) εἰς ἑαυτὸς, id eſt,Erga uoſipſos,ſeu potius erga uos mutuo.Hoc ali/ _In uobiſmet/_
cui fortaſſis leuiculum admonitu uidebitur,& tamen auditus eſt mihi,qui in publica con/ _ipſis,pro in/_
cione ſedulo philoſopharetur ex hoc loco,quo pacto charitas primum à nobis ipſis profi/ _ter uos_
ficiſcatur,& quomodo cordibus infundatur , multa q; id genus , neq; cœlum, neq; terram
attingentia.Et tamen iſti ſunt qui laborem hunc noſtrum ut inanem & infrugiferũ aſper/
nantur,quibus eo maxime foret opus,ſi ſaperent,imò quia non ſapiunt, homines uere in/
utiles,meritiſſimoq; in tertium illud Heſiodi genus reijciendi,qui neq; per ſe ſapiant,neq;
credant recta monenti.

Cõtinuã.) ἐκτενῆ:quod ante uertit,Attēte, hic propēſum ſeu uehemētē poterat dicere.

Quia charitas operit.) καλύψει, id eſt, Operiet ſiue teget, uerbũ futuri temporis,ut ad 16·27: Quoniam
iudicij diem pertineat. Accepit gratiam.) χάρισμα, id eſt, Donum.

Illam adminiſtrantes.) αὐτῷ διακονοῦντες, id eſt,Illa,ſiue per illam,nempe gratiam mi/
niſtrantes.Quanquam in nonnullis Græcorum exemplaribus ſcriptum erat αὐτὸ, ut refe/
ratur ad donum adminiſtrandum . Et in alterutrum , quo uerbo ſæpius impudentiſſime
abutitur

abutitur interpres.Græce eſt, εἰς ἑαυτὸς, id eſt, In uos inuicem : quod idem ualet cum eo
quod modo dixit, εἰς ἀλλήλυς, id eſt, Alius in alium.

Multiformis gratiæ dei.) ποικίλης: quod interpres haud male expreſſit, quum Græca
uox uarium ſignificet, ut intelligamus diuerſas donorum formas.

Quaſi ſermones.) ὡς λόγια, id eſt, Tanquam eloquia.

Ex uirtute.) ἐξ ἰχύΘ.i. Ex ui ſiue robore, ut autoritas ſit penes deũ, nõ penes hominẽ.

Quam adminiſtrat.) ἧς χορηγεῖ, id eſt, Quam ſuppeditat ſiue ſubminiſtrat. Nam admi
niſtrat, qui fungitur adminiſtratione rei commiſſæ . Subminiſtrat , qui præbet ac largitur,
quibus opus eſt(Itacp Petrus ὁ̓ακονεῖν tribuit homini, χορηγεῖν deo.)   27

Honorificetur.) ὁ̓οξάζηται, id eſt, Glorificetur.

Peregrinari
pro admirari Nolite peregrinari.) μὴ ξενίζεδε. Illud peregrinari, Græcis eſt commoueri, perinde ut
re noua & inſolita:nam & paulo poſt ξένη uertit, Nouum(Et Beda admonet in nonnullis 22
codicibus ſcriptum fuiſſe.Nolite mirari)Et hoc loco prudens prætereo quorundã magno/
rum(ut uidẽtur)theologorum abſurdas interpretationes . Quorſum enim attinet aliorum 27
erratis explere uolumina?

In feruore.) τῇ ἐν ὑμῖν πυρώσᾳ, id eſt, Exuſtione, ſiue examinatione per ignem.Rurſus
enim ad aurum reſpexit, quod exploratur igni, Proinde nos uertimus, Ne ceu re noua per
turbemini, dum per ignem exploramini.

Vobis ſit.) Fit, eſt Græce γινομένη.

Cypriani
lectio Sed communicantes.) ἀλλὰ καθ’ ὃ κοινωνεῖτε, id eſt, In hoc quod communicatis, ſiue qua
tenus communicatis(Cyprianus in epiſtola quarti libri ſexta , locum hunc reddit ad hunc 19
modum, Chariſſimi nolite mirari ardorem accidẽtem uobis , qui ad tentationem ueſtram
ſit, ne excidatis, tanquam nouum uobis contingat, ſed quoties communicatis Chriſti paſ/
ſionibus, per omnia gaudete, ut & in reuelatione facta claritatis eius, gaudentes exultetis.
Si improperat uobis in nomine Chriſti, beati eſtis, quia maieſtatis & uirtutis domini no/
men in uobis requieſcit.Hactenus illius uerba recenſuimus. Primũ Peregrinari, recte uer/
tit in Mirari.Cæterum ardorem aptius uerti poterat Incendium . Quanquam hic Græca
perturbatius ille reddidit.Deinde Excidatis, poſuiſſe uidetur pro uch· n· èter admir mini,
ſiue obſtupeſcatis, ceu Græcam exprimens uocem ἐξίσατε, quemadmodũ alibi in Paulo,
Siue excidimus deo.Porrò maieſtatis & uirtutis domini nomen, quid ſibi uelit, neſcio, niſi
forte pro πνεῦμα uertit, numen, aut νόϋμα legit ille, non πνεῦμα. Adducit idem hoc teſti/
monium totidem uerbis in expoſitione ſymboli.)

Beati eritis.) Eritis, apud Græcos non additur, tantum eſt μακάριοι.Rectius autẽ ſub/
audias Eſtis cp eritis.

Duplex
lectio Quod eſt honoris, gloriæ & uirtutis.) Græca ſic habent, τὸ τῆ δόξης, καὶ τὸ τῶ θεῶ πνεῦ
μα, id eſt, Quod eſt gloriæ,& ſpiritus dei . Ita tamen ut ſpiritus accipias nominandi , non
pariendi caſu(Poteſt autem hic locus bifariam accipi,Vno modo, ut τὸ τῆ δόξης, ſepara/
tim legatur pro gloria , quemadmodum fecit noſter interpres . Altero, ut nominatiuus τὸ
πνεῦμα ſpiritus adhæreat ex æquo duobus genitiuis, τὸ πνεῦμα τ̃ δόξης, καὶ τ̃ θεῶ, id eſt,
Spiritus gloriæ & dei, uelut interpretans , quid dixiſſet, ſpiritum gloriæ, adiecerit, Et dei.)

<Virtutis, non eſt in Græcis.>   22

Requieſcet.) ἀναπαύεται, id eſt, Requieſcit, præſentis temporis , ſiue refocillatur.

Deeſt apud
nos Nemo autem ueſtrum pati.) Ante hæc uerba habent Græci, quæ non reperio in Lati/
nis codicibus.Habent autem hæc uerba, ᾗ μὲ αὐτὸς βλασφημεῖται, κατὰ δὲ ὑμᾶς δοξάζεϯὴ,
id eſt, Secundum illos quidem blaſphematur, ſecundum uos autem glorificatur(Quæ ta/ 19
men non abſunt in eo loco quemmodo oſtendimus apud Cyprianum, legit enim , Quod
quidem ſecundum illos blaſphematur, ſecundum uos autẽ honoratur. Vt referantur duo
uerba, ad ſpiritum, ſiue gloriam dei.quæ impiorum hominũ iudicio dehoneſtabatur, ſup/
plicio & afflictione profitentium . At ipſorum opinione, hoc pacto gloria dei reddebatur
illuſtrior)Nec Beda attingit hanc partem in commentarijs(Pro eo quod nos legimus pa/ 22.27
tiatur, παχέτω, in utrocp codice Conſtantienſi habebatur, nemo ſeipſum circumueniat. Id
arbitror librariorum culpa commiſſum)

Nemo autem ueſtrum.) μὴ γάρ τις ὑμῶν. Ne quis enim ueſtrum.

                                               Aut

24 (Aut fur.) Valla mauult, ut fur, ut homicida. ita mox uertit, Si aut ut Chriſtianus. Atqui   24: Quaſi
Chriſtianus uere erat, homicida nō erat. Sed ſermo referendus eſt ad opinionē affligentis
non afflicti.)   Aut maledicus.) ἢ κακοποιός, id eſt, Aut maleficus.

   Alienorū appetitor.) ἀλλοτριοεπίσκοπ⊙, id eſt, Alienorū inſpector, ſiue curator. Com
19 poſita uox, ab alieno & epiſcopo, hoc eſt, inſpectore, quod qui quid appetit, inſpectat{Au
guſtinus in expoſitione epiſtolę ad Romanos inchoata, legit, Aut curas alienas agens.}

24   In iſto nomine.) ἐν τῷ μέρᾳ τότω, id eſt, In parte hac.(Diuidit afflictionem in cruciatum
corporis & cauſam. In cruciatibus non eſt gloriandum, ſed in altera parte gloriandū, quod
ob Chriſtum patimur.)

   Incipiat de domo dei.) ἀπὸ τ̄ οἴκε τ̄ θεϋ, id eſt, A domo dei.

22 < Et ſi iuſtus quidem uix ſaluabitur.) Admonet Beda hoc ſumptum ex prouerbijs iuxta   Iuſtus uix ſal,
ueterem tranſlationem. Alioqui iuxta noſtram haberi: Si iuſtus in terra recipit, quāto ma   uabitur aliter
24 gis impius & peccator}(Quod autem Beda dicit eſſe in ueteri tranſlatione, legitur apud   eſt apud Sep,
Græcos ex interpretatione Septuaginta. εἰ μὲν ὁ δίκαι⊙ μόγις σώζεται, ὁ ἀσεβὴς κ̀αὶ ἁμαρτω,   tuaginta
λὸς πϋ φανεῖται. nec eſt ſaluabitur, ſed σώζεται, ſaluus ſit.)

27   Fideli creatori.) ὡς πιςῷ κτίςῃ, id eſt, Vt fideli(ſiue fido)conditori ſiue poſſeſſori.
   In beneſactis.) ἐν ἀγαθοποιΐᾳ, id eſt, In beneficentia, ſiue in benefaciendo.

19   {EX CAPITE QVINTO}

Eniores ergo.) Ergo, non eſt apud Græcos.

   Conſenior.) Rectius dixiſſet presbyteros cōpresbyter. Et ita uertit Hie,
19 ronymus, ut mox oſtendam {Quanquam hic quoq̃ nonnihil offendit no,
men Græcum additum coniunctioni Latinæ. Et haud ſcio, an quiſquam la,
turus ſit ſympresbyter.}   *16: precedes

* Paſcite.) Græce eſt ποιμάνετε: quod eſt, Paſcite, ſicuti paſcunt paſtores. Idem uerbum   Paſtor Providentes.)
eſt in Pſalmo ſecūdo, Reges eos in uirga, ποιμανεῖς, hoc eſt, Paſtoraliter reges, ut Hilarij uer   below
bis utar. Et Homerus regem ſubinde uocat ποιμήνα λαῶν, id eſt, Paſtorem populorum.   ¶16·27: eum.)

19   Quæ in futuro reuelandą eſt.) Nihil opus erat his uerbis, In futuro, ἡ μελλούσης δόξης   16: verba
27 ἀποκαλύπτεςθ,(Satis erat reuelabitur.)

   Quæ in uobis eſt.) τὸ ἐν ὑμῖν ποίμνιον. Græcus ſermo per ſe quidem eſt anceps. Mihi
tamen uidetur eſſe ſenſus germanior. Paſcite, quantum in uobis eſt gregem Chriſti. Sic
enim habent Græci codices, non Dei. Nam ipſe ſe paſtorem appellat in literis Euāgelicis.
27 (Quod ſi cui non placet hic ſenſus, ſciat in uobis dictum eſſe pro inter uos ſiue apud uos,
ut intelligas unicuiq̃ ſuum gregem eſſe curandum.)

   Prouidentes.) ἐπισκοποῦντες, id eſt, Intendentes, aut epiſcopū agentes. Notat hanc uo
cem diuus Hieronymus in epiſtola quadā ad Euagriū, cuius initiū, Legimus in Eſaia, uer,
titq̃ ἐπισκοπᾶν, Inſpicere, ſed addit Grece ſignificatius dici. Nam Latine inſpicit, qui cupit
diſcere quid ſit, Grecis ἐπισκοπᾶ, qui curā agit & proſpicit de rebus neceſſarijs. Porrò totū
hunc locū in ea quā modo citaui epiſtola, uertit ad hūc modū, Presbyteros in uobis precor
compresbyter, & teſtis paſſionū Chriſti, & futuræ gloriæ, quæ reuelanda eſt particeps, re,
gere gregem Chriſti, & inſpicere, non ex neceſſitate, ſed uoluntarie iuxta deum.

   Spontanee ſecundū deum.) Secundū deum, non additum eſt in codicibus Græcis.   Supereſt in
   Sed uoluntarie.) προθύμως, id eſt, Prompte, ſiue propenſis animis.   noſtris
19 {Non dominantes in cleris.) Grece eſt, μηδ' ὡς κατακυριεύοντες τῶν κλήρων. Neq̃ ueluti
dominiū exercētes aduerſus cleros. Cleros aūt uocat, nō diaconos aut presbyteros, ſed gre   Clerus pro
27 gem, qui cuiq̃ forte cōtigit gubernādus,(ne quis exiſtimet epiſcopis in clericos interdictū   populo
dominiū, in cæteros eſſe permiſſum)Et presbyteros hic epiſcopos uocat. Nondū enim in,
creuerat turba ſacerdotū, ſed quot erāt presbyteri, totidē erant epiſcopi. Preceptū apoſto,
lorum principis, in omnibus omniū epiſcoporū aulis, uel aureis literis oportebat inſcribi:
Paſcite, inquit, gregē, non opprimite, non expilate: idq̃ non coacte, uelut ex officio, ſed ex
ſyncero affectu, tanq̃ patres, neq̃ turpis lucri gratia: quaſi præſentiens eccleſię peſtē bina
oritura. Deniq̃ nō dominantes more regū, ſed exemplo paſcite, benefactis uincite. Nunc
epiſcoporū uulgus nihil audit ab aſſentatoribus doctis, niſi dominia, ditiones, gladios, cla,
ues, poteſtates: atq̃ hinc faſtus quorundā pluſquā regius, ſæuitia pluſquam tyrannica.}   3↓
                                                                  Sed

{ 19: tyrannica. Iam Rhomano pontifici magnis voluminibus adulamur,
potestatem Christo parem tribuentes. Unde sit ut orbis Christianus,
aliquoties huius & Cardinalium dominatum ac strepitum vix ferat,
avariciae vix sufficiat. Scio Leoni nostro decimo haec nec ignorari,
nec placere, sed fertur equis auriga, nec audit currus habenas.
Sed — (citing Virgil Georgics, I, 514).

Sed forma facti.) τύποι γινόμϸνοι,id est,Formæ facti,hoc est,Exēpla↑licet numerus mu **19**
tatus nihil uariet de sensu,(Quanꝗ dubiū non est, quín interpres uerterit formæ numero **27**
multitudinis,quū ea lectio cōstet in uetustiore codice Constantiensi.Nam in altero depra
uator,ex e fecerat a,inducta lineola.Itē extabat in eo quē exhibuit bibliotheca scholæ Ba/
siliensis.) Gregis ex animo.) Ex animo,Græci non addunt.

19 only : margin:
Superest apud
nos

Omnes enim inuicem humilitatem.) Grece est, ἀλλήλοις ὑποτασσόμϸνοι,id est,Inuicem
subiecti,hoc est,Vicissim alius alijs(Nec est enim,sed autem in quibusdam uetustis. Quan **27**
quam interpres uertit in inuicem pro ἀλλήλοις, quam scripturam cōperi in uetustis exem/
plaribus,nisi quod in altero Constantiensi deprauator eraserat in præpositionem.)

Insinuate.) ἐγκομβώσαϑε. Quod perinde sonat,quasi dicas,Innodate.Sentit autem hu
militatem arcte retinendā in animo,ueluti nodis illigatam, ne per ullam occasionem que/
at extundi,quemadmodum solet frequenter usu uenire infirmioribus(Nec est hic ταπϸνό- **27**
της,sed ταπϸνοφροσύνη,quod sonat humilitatem animi seu modestiam potius.)

ταπϸνὸς in
boná partem
Superest
apud nos

Humilibus.) ταπϸνοῖς. Hic certe de animi sensit modestia.

In tempore uisitationis.) Visitationis,redundat,iuxta Græcos codices(Tantum est ϗν **27**
καιρῶ. Nam ϗν καιρῶ perinde sonat ac si dicas ,suo tempore ,siue quum est opportunum.
Neꝗ enim est χρόνϣ quod spatium siue speciem temporis significat,quum καιρὸς significet
opportunitatem.Spatium est,quum dicimus triennium , species quū dicimus hyeme, aut
æstate,quum dicimus,ante diem,sero. Et quoniam quidam ambigunt num hu/
miliare sit Latina uox,uerti poterat,submittite uos sub potētem manum dei.Sic enim ha/
bent Græca, ὑπὸ τὴυ κρατϸρὰυ χεῖρα.)

Quærens quem deuoret.) ζητῶν τινὰ καταπιϸῖ ,id est, Quærens aliquem deuorareﬆn **19**
alijs rursum habebatur,ζητῶν τινα καταπίϸ,quemadmodū legit interpres. Interpres quem
sequitur Augustinus,legisse uidetur ζητῶν τι. Sic enim addducit hunc locum, homilia ex
quinquaginta tricesima quinta , Aduersarius uester diabolus, tanquā leo rugiens,aliquid
deuorare quærens,circuit. Verum haud scio,num id acciderit uitio librariorū : nam eius/
dem operis homilia quadragesima sexta, legit,Aliquem deuorare quærensﬅQuanquā ad **22**
eundem modum adducit Cyprianus in libello de zelo & liuore.Et aliquid deuorare quæ/
rens,ut appareat uariasse codices & Græcos & Latinos.⟩

Resistite fortes.) στϸεοί, id est,Firmi & solidi.

Eandē passiōe.) τὰ αὐτὰ τῶυ παθημάτωυ, id est,Easdē passiōes,seu magis afflictiones.

Fraternitati fieri.) ἐπιτελεῖσϑ, id est,Perfici.

Perficiet,confirmabit,solidabit.) Græce est, αὐτὸς καταρτίσαι ὑμᾶς,σϸρίξϝ, ϑϸνώσϝ,ϑϸμϸ/
λιώσϝ, id est,Ipse perficiat uos,sultura,cōfirmatione,fundatione. Quanꝗ equidē nō igno
ro,hæc tria posse pro uerbis accipi,futuri temporis , fulciet,confirmabit,fundabit.In non/
nullorum Græcorum exemplaribus hæc erant infinita, σϸρίξαι,ϑϸνῶσαι,ϑϸμϸλιῶσαι, id est,
Confirmet,corroboret,fundet.

⟨ Per Syluanum.) Anceps est sermo,utrum Syluanus iussu Petri scripserit, an Syluano **22**
tradiderit perferendam epistolam.⟩

Breuiter scripsi.) δι' ὀλίγωυ ἔγραψα, id est, Paucis scripsi.

Perperam le/
gimus.In Ba/
bylone col/
lecta

In Babylone collecta.) ἡ ϗν βαβυλῶνι συνϸκλϸκτὴ, id est,Que in Babylone est simul ele
cta, hoc est, Consors electionis uestræ ꜟAtꝗ ita fermè adducit Hieronymus in Catalogo **19**
scriptorum illustrium in Marco.Quanquam illic nec Latina Hieronymi , nec Græca So/
phronij carebant omnino mendis,Beda hunc enarrans locum, legit Coelecta,quod scriba **22**
deprauauit in Collecta . In duobus uetustissimis exemplaribus Donatiani, scriptum erat
Conelecta.Sunt qui Babylonem hic interpretētur Romā , quod mihi sanè non usꝗquaꝗ
probatur . Magis arbitror Petrum id temporis uere Babylone uixisseꜟSed Papias citante **35**
Eusebio indicauit Petrum Babylonis nomine designasse Romam.Verum idem Eusebius
Papiæ autoritatem aliâs reijcit,quod quædam uelut ab apostolis audita cōmemoret, non
audet dicere quæ non audierat,sed quæ non intellexerat, malens ingenium illi adimere ꝗ
fidem.Id si quis non credit legat libri tertij caput ultimum,ubi pronunciat ingenue ex Pa/
piæ opusculis quæ conscripsit liquere , ipsum fuisse exigui ingenij uirū,minusꝗ capacis,
cuius imperitia dederit ansam errori Chiliastarum . Neꝗ uero me fugit diuum Hierony/
mum

mum Papiam fequutū in epiſtola quadam Babylonis nomine defignaſſe Romā, ſed ſto╱
macho ſuo ſeruientem,quod illic indignis modis eſſet acceptus. Verum quid potuit eſſe
cauſæ quur Beatus Petrus Babylonem dicere maluerit,ꝗ Romam: An quod Romæ co╱
lerentur idola: Hoc tum temporis nuſquam non fiebat,excepta Iudæorū regione. An no╱
luit ſciri ubi ageret,quum hanc ſcriberet epiſtolam: Nam quum ſcribat Iudæis per omnes
nationes diſperſis,qui poterant illi procul ſemoti diuinare, quod ex urbe Roma ſcriberet
quum legerent Babylonis titulum: Adde quod nihil in hac continetur epiſtola, quod poſ╱
ſit Romanos offendere,niſi forte quod illic fuerint aliqui,qui fidem Euangelicam ample╱
cterentur.At unde hæc tanta timiditas apoſtolorum principi: Simili ratione non oportuit
nominare tot regiones in ſalutatione,in quibus prodit eſſe Chriſtianos. Friuolū uero eſt,
quod quidam cauillantur uacillare principatum Romanæ ſedis,ſi Petrus hanc epiſtolam
ſcripſit Babylone,quaſi fieri non potuerit,ut Petrus hæc ſcribens egerit Babylone, ac po╱
ſtea Romæ ſederit.Neꝗ diſſimile ueri eſt,quod tradit eccleſiaſtica hiſtoria Petrum in his
regionibus prædicaſſe Euangelium,quas in præfatione nominat.Itaꝗ fieri potuit, ut Ba╱
bylone tum agens per epiſtolam confirmarit quos inſtituerat, ad conſolandos autem illos
& illud addens,in Babylone quoꝗ eſſe qui dei uerbum recepiſſent.Neꝗ cōſtat quo tem╱
pore ſcripſerit hanc epiſtolam. Etenim quod ſeniores alloquens ſe conſeniorem appellat,
non arguit Petri ſenectutē.Seniores enim appellat epiſcopos & paſtores, quibus ſeſe pro
ſua modeſtia æquat.In ſecunda uero epiſtola declarat ſe iam eſſe morti uicinum : proinde
nihil uetat,quo minus credamus priorem epiſtolam fuiſſe ſcriptam, antequā ueniret Ro╱
mam.Quod ſi primatus Romanæ ſedis ſumitur à loco, conſtat Petrum prius ſediſſe An╱
tiochiæ,& notum eſt pontificiam ſedem aliquoties ab urbe fuiſſe translatam, uelut à Ioan
ne X X I I I translata eſt Lugdunum,ubi manſit L X X I I I I annis,Huiuſmodi nęnijs non
onerarem lectorem,ni perpelleret calumniatorum improbitas.]

In oſculo ſancto.) ἐν φιλήματι ἀγάπης,   id eſt,In oſculo charitatis.

22 Gratia uobis omnibus.) ἐρήνη ὑμῖν .i. Pax uobis.⟨Attamen Beda Gratiā interpretat̃ ⟩ I ↓

I16: ANNOTATIONES
I16: SECUNDAM

⟨IN⟩ EPISTOLAM PETRI

19
27 APOSTOLI ⟨SECVNDAM ANNOTATIONES DES. ERASMI
ROTERODAMI.⟩ (EX CAPITE PRIMO)

I M O N Petrus.) συμεὼν, id eſt,Symeon, quanquā ea uox
Græcis uarie pronunciatur.

Coæqualem.) ἰσότιμον, id eſt,Parem,æqualē,ſiue eiuſ╱
dem precij nam hinc Greca uox compoſita eſt.

⟨ Dei noſtri & ſaluatoris Ieſu Chriſti.) Si coniunctim le╱
gas, intelligetur Chriſtus & deus & ſeruator dictus Petro,
Sin diuiſim,dei pertinebit ad patrē,ſeruatoris ad Chriſtū.

Et pax impleatur.) Notat hoc Beda, quod in priore epi
ſtola optarit multiplicari pacem,hic optat adimpleri. Græ╱
cis eſt idem uerbum. ⟩

Quomodo omnia &c.) Græca paulo ſecus habent,quàm Latina,ὡς πάντα ἡμῖν τῆ θεί╱
ας δυνάμεως αὐτῆ,τὰ πρὸς ζωίω καὶ εὐσέβθαν δεδωρημένης, id eſt, Vt eius diuina uirtus om╱
nia nobis largita eſt,quæ ad uitam ac pietatem pertinent. Et mox, Per agnitionem aptius
22 erat ꝗ cognitionē ἐπιγνώσεως Porro δεδωρημένης poteſt eſſe genitiuus abſolute poſitus,
27 & poteſt referri ad ἐπιγνώσει(ut hic ſit ſenſus, Per agnitionem dei, & Chriſti Ieſu domini
noſtri,utpote diuina illius poteſtate omnia nobis largita quæ ad ſalute pertinent. Perpe╱
ram quidam initium nouæ ſententiæ faciunt à dictione quemadmodum, quum hæc pen╱
27 deant ex ſuperioribus, Sic impleatur gratia dei,ut ab eo data ſunt omnia) Beda(ſecus di╱
ſtinguit,ſed hoc modo,quemadmodum non habet ad quod reſpondeat.Idem)admonet in
Latinis codicibus duplicem fuiſſe lectionem, In quibuſdam ſcriptū fuiſſe,Quæ ad uitam
& pietatem donata eſt:in alijs,Quæ ad uitam & pietatem donata ſunt.⟩

Propria gloria & uirtute.) διὰ δόξης καὶ ἀρετῆς, id eſt,Per gloriam & uirtutem.Hoc lo-
       S s   co lector

co lector admonendus est,uirtutem non esse δύναμιν,quam frequenter alias legit,sed ἀρε- **27**
τὴν, quæ opponitur uitio.(Hoc admonere uisum est, quod Beda pro uirtute interpretatur
δύναμιν.Id perspicuum est ex illius uerbis.Quin potius infirmos &inglorios cernens sua
nos uirtute recuperauit & gloria.Sentit aūt Petrus quū nos essemus obstricti uitijs,deum
nobis impartisse suam iustitiam:quū essemus abiecti,contulisse nobis suam gloriam.)

Per quem maxima & preciosa.) δι ὧν τὰ τίμια ἡμῖν καὶ μέγιϛα ἐπαγγέλματα, id est, Per
quæ preciosa nobis & maxima promissa.Quanquam sermo Græcus nonnihil habet ambiguitatis,quod articulus ὧν, referri potest ad gloriam & uirtutem,siue quod paulo superius præcessit,Omnia.

Donauit.) δεδώρητ, id est, Donata sunt.

Vt per hoc.) ἵνα διὰ τότων, id est, Vt per hæc.(Consentit uterq; codex Donatiani.)   **22**

Fugientes.) ἀποφυγόντες, id est,Aufugientes(uel potius,Si refugeritis.(Est enim præ- **19·27**
teriti temporis.)

Concupiscentiæ.) ἐν ἐπιθυμία, id est,In concupiscentia.

Vos autem curam omnem.) καὶ αὐτὸ ϒτο δὲ σπουδὴν πᾶσαν παρεισενέγκαντες ἐπιχορηγήσατε, id est,Et in hoc ipsum autem,curam omnem conferentes,ministrate.Cæterum præpositionem additam non expressit interpres,παρεισενέγκαντες, id est,Obiter, siue præterea in-
ferentes,ut nostra cura accedat ad donum de quo dixit.Item ἐπιχορηγήσατε, id est,Insuper
suppeditate:& hoc accessionem quandam sonat.

(In fide uestra uirtutem.) Non est δύναμιν, quod potentiam aut miraculum sonat, sed **27**
ἀρετὴν, quod bonitatem morum quæ fidem comitatur.Annotauit hoc & Beda.)

In scientia abstinentiam.) ἐγκράτειαν, id est,Temperantiam.

[φιλαδελφία   Amorem fraternitatis.) φιλαδελφίαν, id est,Fraternum amorem,quod iam sæpius ad-
ἀγάπη   monui.Porro quod fraternæ charitati subijcit ἀγάπην, hoc est,Dilectionem(aut bis idem **19**
            dixit(aut ueluti generalius ac latius(addidit:ut φιλαδελφίαν referatur ad mutuū amorem
            Christianorū inter se,quandoquidē hos fratres appellāt apostoli(dilectio ad uniuersos,eti- **19**
[φιλία   am ethnicos(aut uehementius quiddā est ἀγάπη ϕ φιλία.aut φιλαδελφίαν ad affectū refer-
            tur,ἀγάπη ad executionē.Sed media sententia mihi magis arridet.(Adsint & superēt, cum **22**
            sit πλεονάζοντα non potest habere locū quod hic ascribit Beda, si aduersus bella uitiorum
            potiore uirtute præualuerin(Neq; enim superare transitiuū est hoc loco,sed neutrū,idem **27**
[Additum   pollens quod abundare.Laurentius offendit ijnelegantia sermonis,si uobiscū adsit . Verū
à scriba si hoc nō interpretis sed scribæ culpa cōmissum est.Hæc enim uobis quū adsint & superent:
           deinde lector parum attentus,repeiens cōiunctim scriptū uobiscum , putans aliquid de-
           esse additu,si. Quū hoc diuinassem, repperi germanā lectionem in utroq; Constantiensi.
           Quod hic dicit adsint,Græce est ὑπάρχοντα, quod sonat suppetentia . Suppetit autē quod
           ad usum satis est.Id uerbū quoniā frugalius uidebatur,corrigens addit πλεονάζοντα,abun-
           dantiæ uocem.Nam mox est πάρεϛι, quod eleganter sanè uertit,præsto sunt.)

Et manu tentans.) μυοπάζων. Certum est dictionem esse compositam. Videtur autem
deducta metaphora à muribus,qui parietē aut tabulā,aut si quid aliud obuiū fuerit,sequi
solent,donec cauū nacti fuerint.(Quanq; legitur μύοψ, & muscæ genus,oculos boum infe- **19**
stans,unde dictū uideri possit uerbū μυοπάζειν.(Adiecit autē hoc apostolus , ut profundam
cæcitatē exprimeret. Nam lusciosi magna corpora uident, ut ductu manuū non sit opus.

Magis satagite.) σπουδάσατε,id est,Date operam,siue studete.Nec est,Satagite magis,
Magis,corri-   sed magis fratres satagite,ut magis sit corrigentis,non augentis:quasi dicas, Potius satagi
gentis   te(potius(quam hæc uobis desint date operam ut assequamini.Et hoc sanè loco malim da- **27**
           te operam aut adnitamini ϕ satagite.)

Vt per bona opera.) Per bona opera, apud Græcos non reperio additum.

Certā uestrā uocationē.) βεβαίαν, id est,Firmā,siue ratā.Melius aūt uestri,ϕ uestram.

Propter quod incipiam.) Longe aliud est Græce, ὐκ ἀμελήσω, id est,Non negligam,(si- **22**
ue non omittam:etiamsi Beda legit & interpretatur,Incipiam(Quid quod ipse sermo præ- **27**
se fert absurditatem.Quis enim dicitur semper incipere,quod assidue facit.Fortassis inter
pres,si tamen hoc uertit,respexit ad μελλήσω, duplicemq; negationem uertit in affirmatio-
nem.Et haud scio an ille legerit ὀ μελλήσω,id est, non contabor.)

                                                                        Equidem

Equidḗ ſcientes.) καί πηϱ, id eſt,Licet,ſiue quanⳍ.Sic enim mitigat admonitionem.

22 < In præſenti ueritate.) Lyranus indicat in nōnullis codicibus hic addi uolo, & omnino ſupplendum eſſe,non animaduertens accuſatiuum caſum pendere à uerbo quod præceſ‑

24 ſit commonefacere)(quum dicimus admonebo te licet memorem.)

Frequenter.) ἑκάϛοτι, id eſt,Semper,hoc eſt, Non deſinam quoad uiuam.

Poſt obitum.) ἔξοδον, id eſt,Exitum,meminerat enim tabernaculi.

22 Vt horum omnium.) Omniū, redundat.⟨Nec addebatur in utroⳍ codice Donatiani.⟩

27 ⟨Cui ſuffragabantur tres uetuſtiſſimi codices, qui mihi aderant in ҽditione quarta⟩Eſt au‑ tem perturbatior aliquanto, & ob id obſcurior huius ſermonis contextus . Sic enim Grҽ‑ ca componi poterant, ασσσλάσω δὲ ϰỳ ἑκάϛοτι,ἔχ̣ιν ὑμᾶς ποιειϑỳ μνήμℓνν τότων μετὰ τℓὶν ἐμℓⅳ ἔξοδον, id eſt,Quinetiam ſemper operam dabo, quo poſſitis horū mentionem facere poſt **Ordo** exitum meum.Nam ἔχ̣ιν hoc loco poſitum eſt pro poſſe,& refertur ad uerbum infinitum

27 ποιϵῖϑ.(Eſt autem idem uerbum quod paulo ſuperius uertit ſatagite.)

19 Non enim indoctas fabulas.) σιϲοφιϲμℓνοις μύϑοις, id eſt , Arte confictas fabulas.⟨Atⳍ haud ſcio,an interpres uerterit,Doctas fabulas,quas Petrus opponit ſimplici ruſticanæⳍ **Sophiſmata** ueritati.Tales erant olim philoſophorū argutҽ magis ⳍ ſalubres diſputationes,& hodie

22-27 nonnullæ theologorū altercationes)(Certe Beda Doctas legit,non indocta.)(In codice Con‑ ſtantienſi uetuſtiore manebat incorrupta ſcriptura,in altero in erat raſum.)

Virtutҽ & prҽſcientiā.) δℓωὰμℓ ϰỳ π̄γϲσίᾳ, id eſt,Virtutҽ,ſiue potentiā & aduentum. **Prҽſciҽtia de** Nam ita frequҽter uertit π̄γϲσίᾳ.Apparet aūt ſcriptū fuiſſe pҽſentiã:nam ſic quoⳍ non‑ **prauatū, pro** nunⳍ uertit π̄γϲσίᾳ,deinde uitio ſcribҽ mutatū fuiſſe,præſcientiā.Et tamen ex illius dor‑ **præſentia. Et** mitantia magni theologi,quorū de numero eſt Lyranus,myſteriū ingens parturiūt . Non **hinc Lyranus** quod illos infecter,qui quod potuerunt præſtiterunt,ſed quod miſerandos exiſtimem,qui **lapſus** coacti ſint tractare ſacras literas,non ſatis inſtructi literis,ſine quibus,ut dignū eſt, illҽ tra‑

22 ctari non queunt.(In codice Donatiani uetuſtiore melioriſⳍ fidei ſcriptū erat,Præſentiam.⟩

27 ⟨Et huic ſuffragabantur exemplaria uetuſta.Nam Petrus idem hoc dicit quod alicubi Pau lus,ſe non prædicaſſe Chriſti aduentum ſapientia uerbi , ſed uirtute ſpiritus.⟩

Illius magnitudinis.) Illius, hic maſculini generis eſt, & refertur ad deum,non ad ma‑ gnitudinem.

27 (In quo mihi complacui.) Quum hic profiteatur ſe fuiſſe unum qui in monte audiere transfigurato domino patris uocem,mirum eſt aliquos dubitaſſe an hæc epiſtola eſſet Pe‑ tri.Neceſſe eſt enim ſi Petri non eſt,Ioannis aut Iacobi eſſe , aut eam uocem aliàs in mon‑ te proditam,aut aliquem ſibi falſo uſurpaſſe titulum Petri,quorum illa non ſunt ueriſimi‑ lia,poſtremum autem etiam uehemҽter abſurdum.Et tamen ueteres,qui de huius epiſto‑ læ autore dubitabant , non ignorabant hoc in hac epiſtola ſcriptum eſſe . Illud conſtat eui‑ **⸢16-22: theologi** dens eſſe ſtili diſcrimen inter hanc & priorem.⟩ **Lyranus tota**

Et habemus firmiorem.) ϰỳ ἔχομℓν βιβαιότιϱον. Hoc loco uehementer ſudant recentio‑ **aberrans uia** 19 res,quomodo explicare poſſint quod Petrus dixit , Prophetarum ſermonem{firmiorem} ⳍ ſuum aut patris. Verum Græcis mos eſt , ſubinde comparatiuū pro poſitiuo uſurpare.

19 ⟨Id ſenſiſſe uidetur Auguſtinus,homilia ex quinquaginta trigeſima ſecunda , locum hunc adducens,nihil oſtenſus comparatiuo certiorem:ſic enim ille legit,pro firmiorem}Deinde non ſimpliciter dixit prophetarum ſermonem firmiorem, ſed iam factum certiorem, atte‑ ſtante dictis illorum uoce patris.Poſtremo pater ipſe quodammodo filij ſui propheta fuit, **Locus ante** ac præco,prædicens palàm omnia ſibi placitura,quæ ille dicturus aut facturus eſſet . Atⳍ **hac nō ſatis** hic ſermo propheticus firmior erat,ſermone prophetarū , quos illi uenerabantur : id quod **intellectus** Petrus non improbat , modo intelligant eas prophetias eſſe ſpiritualiter interpretandas,

35 non more Iudaico . Atⳍ hunc poſtremum ſenſum , ego puto germanum eſſe Petri⟨haud quaⳍ tamen repugnaturus, ſi cui magis arridet Auguſtini comentum,de uerbis domini ſermone 27. annotantis propheticum ſermonem certiorem dictū, non ueriorem aut meli‑ orem,quia poterant calumniatores uocem cœlo delatā,magicis tribuere præſtigijs, quod de ſermone prophetico non poterant,qui tamen ante præceſſerat.]

Propria interpretatione.) ἰδίας ἐπιλύσιως ὁ γίνιται, id eſt,Propriæ interpretationis nō **24** ſit(Græca uox dicta eſt à ſoluendo,quod conuenit rebus intricatis:uel ab adeundo , quod **magis**

magis congruit his quæ ſequuntur . Non enim ipſi ſuapte uoluntate aggreſſi ſunt ædere
prophetias,ſed impulſu ſpiritus ſunt aggreſſi.)

Spiritu ſancto inſpirati.) ὑπὸ πνεύματ۟ ἁγίε φερόμϩνοι,id eſt,A ſpiritu ſancto rapti,ſi-
ue agitati,ſiue impulſi.   {EX CAPITE SECVNDO}   19

T eum qui emit eos,deum negant.) καὶ ⲧⲟⲩ ἀγοράσαντα αὐτὸς δεσπότϩϗ ἀρ-
νόμϩϗοι, id eſt , Et qui ſe mercatus eſt dominum negantes.

Eorū luxurias.) ἀπωλείαις, id eſt,Exitia ſiue perditiones.Interpres legiſſe
uidetur ἀσωτίαις, ſiue ἀσελγείαις. Tametſi Græca exemplaria {quæ ſanè 19
uiderim}conſentiunt.

De uobis negociabuntur.) ὑμᾶς ἐμπορεύσονται. Vos cauponabuntur,& uobis ad quæ
ſtum abutentur,{Vt autem depinxit Petrus , quod hodie uidemus,à pleriſꝗ ſacerdotibus 19
nihil non ad quæſtum trahi.}   Non ceſſat.) ἐκ ἀργεῖ, id eſt,Non tardatꝰd nõ animad 22
uertens Beda interpretatur,non ceſſat,id eſt, non deſiſtit.

Si enim deus angelis peccantibus non pepercit.) Beda putat hic¡ hyperbaton eſſe , ac
tandem reddi illic:Nouit deus pios de tentatione eripere.>

Angelis peccantibus.) ἁμαρτησάντωϛ, id eſt, Qui peccauerant.

Sed rudentibus.) σϛεᾶς .i. Catenis{Rudētes interpres dixit ingentes funes ac nauticis 19
ſimiles.Auguſtinus alicubi pro rudētibus legit,carceribus{Rudētibus,Beda coacte inter-22
pretatur,cū Greca uox ſonet catenas. Addit in nõnullis codicibus haberi pro rudentibus
rugientibus,quod utiꝗ reieciſſet , ſi Grece nouiſſet & conſuluiſſet Grecorū exemplaria.>

Inferni.) ζοφε, id eſt, Caliginis{Quanꝗ ζοφ۟ Grece ſignificat ſpecum tartareum,& 19
caliginem, atꝗ ſolis occaſum.}

In tartarū tradidit.) ταρταρώσας παϛέδωκεϛ,{id eſt , In tartaru detruſos tradidit uinculis.}

Cruciandos in iudicium.) εἰς κρίσιϛ τηρεμϑϛες, id eſt, In iudicium ſeruatos ſiue ſeruan-
dos.Etiamſi nonnulli Græcorum codices habent π τηρεμϑϛες, id eſt, ſeruatos.

Originali mundo.) ἀρχαίϛ κόσμϛ,id eſt,Antiquo mundo{Sentit enim priſcum mūdum 27
ac recens conditum.}

✳22·27: entries reversed

✳{Iuſtitiæ præconem.) Aldina ædítio non κήρυκα habet,ſed κήρυγμα, ut referatur ad hoc 22
quod ſequitur, ὑπόδϛγμα.>

✳ Cuſtodiuit.) ἐφύλαξεϛ, id eſt,ſeruauit.

<A neſandorum iniuria ac luxurioſa côuerſatione.) Grece eſt καταπονούμϩϛοϛ ὑπὸ τῆ ꞏⲧⲏꞏ 22
ἀϑέσμωϛ ϛϛ ἀσελγείᾳ ἀναϛροφῆς, id eſt,Ab ijs qui per laſciuam côuerſationê erant nephariȷ.>

Damnauit exemplū.){Non eſt hic παϛάδϛγμα, ſed ὑπόδϛγμα, ut intelligas exemplum 27
non quod imiteris, ſed quod admoneat quid ſit uitandum.}

↓C Locus hacte-
nus parum
intellectus

Aſpectu enim & auditu.) Græca nõnihil diſſident à Latinis , Βλέμματι γὴρ ϗ ἀκοῦ ὁ δí-
καιος,ἐγκατοικῶϛ ϛϛ αὐτοῖς,ἡμέρας ϛξ ἡμέρας ↓υχλω δικαίαϛ ἀνόμοις ἔργοις ἐβασάνιζεϛ,id eſt,Aſ-
pectu enim & auditu iuſtus inhabitans inter illos{cotidie}anima iuſtā,iniquis operibus ex 19
cruciabat,ſiue explorabat.Significat enim illum cum oculos haberet ſanctos,& aures ſan
ctas abhorrentes ab omni turpitudine , grauiter diſcruciatum fuiſſe, quod uiuens inter illos,cogeretur cotidie uidere & audire quæ nollet{Hunc locum Beda non attingit . Facilis 27
quidem eſt deprauatio inter ἐβασάνιζεϛ & ἐβασάνιζοϛ. Verum ingens eſt Græcorum codicum conſenſus,& ſi legas cruciabant,reclamat grammaticæ ratio,niſi nominatiuas uocces
accipias pro genitiuis abſolute,ὁ δίκαιϛ۟ ἐγκατοικῶϛ,pro τῆ δικαίϛ ἐγκατοικῶντϛ۟.)

Nouit deus.) κύριϛ۟ .i.Dñs. Quanꝗ in his uerbis ſubinde aliud pro alio uſurpāt librarȷȷ.

Seruare cruciandos.) κολαζομϥϛες. Vt intelligas illos ınterim puniri dum ſeruantur. In
terpres legiſſe uidetur κολαϛϛ۟σομϑϛες.Atꝗ ita legiſſe uidetur Origenes{qui putauit impi- 19
os dæmones non ante ſupremū iudicȷȷ diem ſubȷiciendos incendio. Pro Origenis opinione facit,quod in Euangelio clamant dæmones,Veniſti ante tempus cruciare nos. Verum
hic non proprie de dæmonibus,ſed de animabus impiorum agit.}

Magis autem eos.) μάλισα,id eſt,Maxime{niſi forte ſuperlatiuum uſurpatum eſt uice 27
comparatiui, quod crebro ſit in πρῶτϛ۟.)

Dominationēꝗ.) ϗ κυριότητϛ۟{i.Autoritatē,hoc eſt,legitima prēditos poteſtate{κύριος 19·27
enim ſæpe dicitur nõ ſimpliciter dñs , ſed qui pollet autoritate, cuiꝗ ius eſt præſcribendi.)

         Sibi

C 16·22 : exemplum.) Exemplum ad poſteriora refertur, appoſitiue.

                 Aſpectu

Síbi placétes.) αὐθάδης,id eſt,Præfracti,& quod uulgo dicunt,ſui ſenſus,ſuíq; capitis.
Sectas non metuũt.) δόξας ὀ τρέμυσι,id eſt,Opiniones non tremunt. Quanqp hoc loco
tremũt,pro metuunt poſitũ eſt.Mihi ſane uidetur longe alius eſſe ſenſus,qp theologorum
uulgus interpretatur,id quod cum omnium pace dixerim.Agit enim Petrus de prefractis & Locus aliter
& intractabilibus,qui nõ obtemperant prefectis ſuis & epiſcopis:quos αὐθάδης appellat, explanatus,
& τολμητὰς ἠ τ κυριότητος καταφρονῶντας. Nec his cõtenti,non uerentur etiam maledictis Sectas non
inceſſere uiros gloria ac maieſtate preditos.Nam hos,ni fallor,δόξας appellat,quemadmo metuunt
dum paulo ſuperius κυριότητας.Porro participiũ βλασφημῶντες,iuxta proprietatem Græ
canici ſermonis,infiniti uerbi loco poſitum eſt : Non metuunt maledicentes, pro eo quod
erat,non metuunt maledicere . Videtur autem κυριότης minus quiddam eſſe, quàm δόξα.
Nam herus quilibet in ſeruum habet κυριότητα, at non ſtatim δόξαν. Princeps autem,aut
magiſtratus δόξαν habet, unde læſæ maieſtatis accerſi ſolet,qui maieſtatem uiolarit. Vti
tur autem iíſdem uerbis,& in eundem ſenſum Iudas in epiſtola ſua, κυριότητα δὲ ἀθετοῦσιν,
δόξας δὲ βλασφημῦσιν, id eſt,Dominationem uero ſpernunt , glorias autem blaſphemant.

27 (Iam illud uerbum,introducere,ſcias eſſe ſubdititium , quum non ſit nec in Græcis codici
bus,nec in uetuſtis exemplaribus.Nam & in Conſtantienſi & Baſilienſi ſcriptum erat,Se
ctas non metuunt blaſphemantes,nec erat ullum inductionis aut raſuræ ueſtigium . Pro
inde lector offenſus abſurditate ſermonis Latíni,adiecit introducere.)

27 Non portãt.) ὀ φέρυσι, id eſt,Non ferũt(Mirũ quur hic placuerit portandi uerbum.)
Aduerſus ſe.) Poſt hæc uerba addunt Græci,πϱὰ κυρίω, id eſt,Apud dominum. Supereſt in
Execrabile iudicium.) βλάσφημον κρίσιν,id eſt,Blaſphemum iudiciũ,quaſi abominan Græcis
27 dum & mali ominis.(Videtur enim βλάσφημον uſurpaſſe pro δυσφήμου.)

27 Irrationabilia pecora.) ἄλογα ζῶα, id eſt,Muta animãtia,neqp enim de ouibus tantum
loquitur.Certe in epiſtola Iudæ uertit animalia.ἄλογον autem utruncp ſonat , & quod ſer
mone caret,& quod rationis eſt expers.)

27 Naturaliter.) γεγεννημθμα, id eſt,Nata(Quanquã mihi uidetur illud γεγεννημένα apud
Græcos additum loco ſcholij à quopiam qui uoluerit interpretari,quid eſſet φυσικά,Id ali
us in contextum tranſtulit.Sic enim dixit,naturalia ad captionem, quemadmodum dici
mus,natus ad diſcendum,pro eo quod eſt,natura cõpoſitus. Deinde naturalia aliquis uer
tit in naturaliter.Alioqui quæ ſunt animalia non naturalia ? An homo non eſt animal na
turale?Ceterum captio nõ ſonat hic fraudem,ſed ſeruitutem. Nam eſt ἅλωσιν non θήραν,
quod eſt pſalmo centeſimo uigeſimo tertio.Et non dedit nos in captionem. Rurſus trige
ſimo quarto.Et captio quã abſcondit, ἡ θήρα. Porrò quod hic uertit perniciem Græcis eſt
φθορά,quæ uox & exitiũ declarat, & perniciem. Eandẽ uocem mox uertit corruptionem.)

22 Dieí delicias.) τὴν ἐν ἡμέρᾳ τρυφὴν, id eſt, Diurnas delicias.(Admonet Beda quoſdã ita
diſtinguere,Percipientes mercedem iniuſticiæ uoluptatẽ , ut fœda uoluptas ſit illis etiam
ſupplicium,iuxta illud : Tradidit illos in reprobũ ſenſum . At mauult ſequi diſtinctionem
27 quam ait ſe reperiſſe,in opuſculis beati Gregorij papæ.(Atqui ſi prior lectio recipitur,exi
ſtimantes non habet ſuum caſum. Quod autem dixit τὴν ἐν ἡμέρᾳ τρυφὴν,aut ſignificat il
los in diem uiuere ſecuros futuri,aut uult hoc turpiorem uideri luxum illorũ , quod etiam
interdiu comeſſentur,quum iuxta Paulum qui ebrij ſunt,nocte ebrij ſint.Ac de libidinoſo
noctu,mane ſobrio,dicit Prudentius,Caſtumcp nugator ſapit.)

Coínquinationis & maculæ.) σπίλοι καὶ μῶμοι. Vtruncp nominandi caſu legendũ eſt,
nõ paterno.Nã ipſos homines maculas uocat & inquinamẽta,quo ſit oratio uehemẽtior.
22 In cõuiuijs ſuis.) ἐν ταῖς ἀπάταις αὐτῶν,id eſt,In deceptionibus ſuis.(Interpres pro ἀπά
ταις legiſſe uidetur ἀγάπαις.Porrò cum librarius non intelligeret agapen,quod Græce ſo
nat charitatem,aliquoties uſurpari pro conuiuio,ſuſpicans locum eſſe mendoſum , corre
24 xit ἀπάταις. Vſus eſt eadem uoce Iudas in epiſtola ſua,qua de re nõnihil illic dicemus.)

Luxuriantes uobiſcum.) συνευωχούμενοι ὑμῖν, id eſt,Conuiuantes uobiſcum . Quancp
poteſt ex his uerbis alius elici ſenſus,ut datiuus ὑμῖν referatur ad participium ἐντρυφῶντες,
& συνευωχόμενοι ad illud ἐν ἀπάταις,ut hæc ſit ſumma ſententiæ,Inſultantes uobis, ac ma
19 le precantes in erroribus ſuis(dum inter ſe comeſſantur.)

Plenos adulterij.) μεσὸς μοιχαλίδος, id eſt,Plenos adulteræ mulieris,ut intelligas laſci

uos & impudentes.{Cyprianus exponens fymbolum,legit plenos mœchationibus,ſi moꝛ 19
do non fallit ſcriptura.}

Inceſſabiles delicti.) ἀκαταπαύςϛς ἁμαρτίας, id eſt, Qui nō poſſint cohiberi à peccādo.

Pellicientes.) Δελεάζοντϛς, id eſt,Ineſcantes:nam Δέλεαꝛ eſca.

Ex Boſor.) τȣ̑ Βοσόρ, id eſt, Filium Boſor.

16-27: lasciviae — Suæ ueſaniæ.) ἰδίας πϧανομίας, id eſt,Propriæ iniquitatis.{Suſpicor interpretem legiſſe 22
πϧοινίας{Quæ uox ſonat intemperantiam ex immodico potu.)   27

Turbinibus.) ὑπὸ λαίλαπΘ-, id eſt,A turbine,ſiue à procella.

Exagitatæ.) ἐλαυνόμϗναι, id eſt,Quæ feruntur,ſiue aguntur,ſiue impelluntur.

Tenebrarum reſeruatur.) εἰς αἰῶνα τετήρηται,id eſt,In æuum ſeruata eſt.

superbia,pro — Superbia enim uanitatis.) ὑπέρογκα γὸρ ꝗ ματαιότητΘ- φϑεγξάμϗνοι. Arbitror interpre
ſuperba — tem ſcripſiſſe,ſuperba,ut reſpondeat ad ὑπέρογκα,idꝗ librarij uitio mutatum in ſuperbia.
{Atꝗ hanc cōiecturā non eſſe uanā indicat uetuſtior ille codex Donatiani.{Cui ſuffragaba 22.27
tur exemplar Cōſtantienſe.)Verti poterat ad hūc modū:Nam uehemēter faſtuoſa uanita
tis uerba locuti,ineſcāt in cōcupiſcētijs carnis,laſciuijs. Nō abludit ſenſus ab illo Iuuenal.

16: invadunt ⎯
{16: Clunem ⟶ Herculis inuadunt, & de uirtute locuti. {&c.}   19
agitant. — Sed peiores, qui talia uerbis

Pelliciunt in deſiderijs. Δελεάζȣσιν, id eſt, Ineſcant.{Recte tamen uertit interpres.) 27

Luxuriæ.) ἀσελγίαις, id eſt,Laſciuijs.

16-27: fugiunt — Qui paululū effugiunt.) τὸς ὄντως ἀποφυγόντας,id eſt,Qui uere aufugerunt.{Valla ſuꝛ 27
ſpicatur interpretem uertiſſe planè,idꝗ deprauatum in paulum.Mihi probabilius ſit,pro
⎡*Locus perple* — ὄντως interpretis exemplar habuiſſe ὀλίγως, aut certe ὄτως. Nam hoc aduerbiū frequenter
⎢*xus,excuſſus,* — habet uim extenuandi,quod a ueteribus annotatū eſt.Euāgelio Ioannis, Sedebat Ieſus ſic
⎢*Qui paululū* — ſuper puteū.Qui ſic aufugerūt,id eſt,qui utcunꝗ aufugerūt. Cōſtat enim Hieronymum
⎣*fugiunt.* — legiſſe paululū in libris aduerſus Iouiniānū, quū ait, ut qui paululū refugerint à peccatis,
ad ſuū reuertantur errorem.Torquet autē locus hic & alijs ſcrupis. Etenim noſtri codices
16-22: conversati. — hinc incipiunt nouā ſententiā.{Qui in errore conuerſant.{ut accipiamus eos qui pelliciunt 27
↓ C — alios ad luxum, in hoc errare , quod alijs libertatem pollicentur,quū ipſi ſint ſerui turpitu
dinis. Verum hunc ſenſum nullo modo patitur ſermo Græcus,qui ſic habet, Δελεάζȣσιν ἐν
ἐπιϑυμίαις ϲαρκὸς ἀσελγίαις τὸς ὄντως ἀποφυγόντας, τὸς ἐν πλάνῃ ἀναϛρεφομϗ́νȣς. Etenim ſi hic
ſenſus quem nos ſequimur eſſet germanus,legendū erat, ἐν πλάνῃ ἀναϛρεφόμϗνοι , Nunc &
caſus participij , & additus articulus repudiat hanc interpretationē . Verum hoc ſublato,
manet alter ſcrupulus,utrū hæc particula τὸς ἐν πλάνῃ ἀναϛρεφομϗ́νȣς, pertinet ad pellicien
tes an ad pellectos,Si ad pellectos,uidetur deeſſe coniunctio, ꝗ τὸς ἐν πλάνῃ. Verum hoc
erat tolerabile.Ego malim referri ad pellicientes,ut particula τὸς ἐν πλάνῃ, pendeat à parti
cipio ἀποφυγόντας,ſi modo patitur ſibi iungi caſum accuſandi.Itaꝗ ſenſus erit, Pelliciunt
eos ineſcatos uoluptate,qui uel paululū cœperint refugere ab ipſis,in hoc errātibus,quod
ipſi ſerui turpitudinis pollicentur alijs libertatem.Porro quod hic uertit corruptionis,Grꝗ
cis eſt φϑοραϛ,quod ante uerterat perniciem,hic Latinius erat corruptelæ.)

Huius & ſeruus eſt.) τȣ́τω ꝗ δεδȣ́λωτϟ, id eſt,Huic etiam in ſeruitutem addictus eſt.

Facta ſunt eis &c.) τὰ ἔϧατα χείρονα τῶν πρώτωρ,id eſt, Poſtrema deteriora primis.

Non cognoſcere.) μὴ ἐπεγνωκέναι,id eſt,Non cognouiſſe.

In uolutabro luti.) εἰς κύλισμα Βορβόρȣ,id eſt, Ad uolutationem cœni, ut ſubaudias,reꝛ
uerſa.Hieronymus in epiſtola ad Furiam citat,Ad uolutabrū.{Et Ambroſius ad uirginem 27
deuotam,Velut ſus lota iterū in uolutationem . Exemplar Conſtantienſe uetuſtius teneꝛ
bat ueſtigium germanæ lectionis, ſed eraſor ex uolutabrum fecerat uolutabro.)

{EX CAPITE TERTIO}   19

27: pertineat

HAnc ecce.) ταύτlω ἤδη, id eſt,Hanc iam.{Interpres legiſſe uidetur ἰδϟ́.>   22
(In quibus.) ἐν ἇις. Mirum eſt Laurentiū non fuiſſe offenſum hac ſermoꝛ 27
nis forma,epiſtolā in quibus.Beda ſenſit aliquid.Eoꝗ ſcribit, in quibus epiꝛ
ſtolis,ſiue in eis ad quos ſcribit.Atqui hoc poſterius non conſiſtit,quum ἇις
ſit generis fœminini.Ad epiſtolam igitur referēdus articulus . Sed reclamat
numerus . Is ſcrupulus facile diſcutitur . Etenim quum dicit alteram epiſtolam , duarum
meminit

C16-22: conversati.) Conversantur, habet sensus graecus. Huius

meminit.ὃν ἇις igitur ad utranq́ pertinet epiſtolam,priorem ac poſteriorem.)

19   In commonitione.)⸤Nonnulli codices habebant,ἐν ἐπιγνώσει, id eſt,In cognitione.

Quæ prædixi uerborum.) τῶν προειρημλύων ῥημάτων,id eſt,Prædictorum uerborum,ſi/ ue uerborum quæ prædicta ſunt à prophetis.

Veſtrorum præceptorum.) ὑνολῆς, id eſt,Præcepti,numero ſingulari. Poteſt autē du/ plex eſſe ſenſus.Quanq́ alter ab altero minimū deuariat,Præcepti noſtri qui ſumus apo/ ſtoli domini ac ſeruatoris,Ac præcepti domini & ſeruatoris,quod per nos illius apoſtolos, accepiſtis:ut intelligas additū τῶ ἀυρςιὸ, propter autoritatem præcepti.Nam apoſtolus al/
27 teriùs nomine refert quod refert⸤Obteſtor conſcientiam tuam lector,quis ex hac uerſione percepturus erat mentem ſcriptoris: ut memores ſitis eorum quæ prædixi, uerborū à ſan/ ctis prophetis & apoſtolorum ueſtrorum præceptorum domini & ſaluatoris.)

In deceptione.) Apud Græcos non lego.

Ab initio creaturæ.) ἀτίσεως,id eſt,Conditionis ſiue creationis.
27   Latet enim eos⸤uolentes.) Id eſt, uolentes, & ſponte hoc neſciunt⸤hoc eſt ſcire nolunt.)
27   Cœli erant prius.) ἐκπάλαι, id eſt, Olim⸤Hic Beda indicat duplicem lectionem,alte/ ram quam habemus,alteram huiuſmodi.Cœli erant olim de aqua & per aquam conſtitu/ ti,quæ ſanè lectio congruit cum Græcis exemplaribus.)

Ille tunc mundus.) ὁ τότε κόσμΘ-, id eſt,Qui tunc erat mundus,aut illorum temporum mundus.

19   Patienter agit.) μακροθυμᾶ, id eſt, Longanimis eſt⸤ut ad uerbum reddam.⸥
22   Ad pœnitentiam re.) χωρῆσαι, id eſt,Recipere ſiue capere,aut complecti⸤Quanquam χωρᾶν ſonet etiam ire ſiue incedere.⸥
27   Sicut fur.) Hic additum eſt in Græcis codicibus, ἐν νυκτὶ, id eſt,In nocte⸤ex Euangelio

Diſſoluenda ſunt.) λυομλύων,id eſt,Cum diſſoluantur.   (opinor.)

Feſtinantes in aduentum.) σπεύδοντες τὴν παρεσίαν,id eſt,Accelerantes aduentum.
27   Per quem cœli.) Quem, ad diem refertur, non ad dei⸤aut domini, ſiue quod Lyranus indicat ad aduentum,Nam Græce eſt⸥διῆς.

Ignis ardore.) καυσώμλύα,id eſt, Aeſtuantia.Idem uerbum paulo ſuperius uertit,calore, καυσώμλύα λυθήσονται.
27   Tabeſcent.) τήκεται, id eſt, Liqueſcunt, præſentis temporis⸤quum tamen præcedat λυθήσονται,niſi præſentis temporis catachreſis eſt uice futuri.)

Et promiſſa.) ᾗ δ̀ ἐπάγγελμα,id eſt,Iuxta promiſſum.

In quibus iuſticia.) ἐν ὄις. In quibus,referri poteſt uel ad cœlos ac terram, uel ad expe/ ctantes.At mihi quidem aptius referri uidetur ad nos,qui expectamus nouos cœlos ac ter ram nouam,ſi iuſte uiuamus,ut mereamur frui nouitate creaturæ.
27   (Immaculati & inuiolati.) ἄσπιλοι ἡ ἀμώμητοι,id eſt⸤Immaculati & irreprehenſibiles⸤ſi/ ue incontaminati.Miror unde hic inuiolati uocabulum uenerit in mentem interpreti.Niſi quod inuiolata dicitur uirgo incorrupta.)

Deprauant.) σρεβλοῦσι,id eſt,Detorquent.

Cuſtodite.) φυλάσσεσθε, id eſt,Obſeruate ſiue cauete.

Ne inſipientium &c.) τῇ τῶν ἀθέσμων πλάνη συναπαχθέντες, id eſt, Nefariorum erro/
27 re abducti.⸤Miror quid legerit interpres qui uertit inſipientium. Nec eſt ſimpliciter abdu/
19 cti,ſed συναπαχθέντες,hoc eſt ſimul abducti cum alijs⸤Auguſtinus libro de ciuitate dei xx. cap.xviii : totum fermè hoc caput ad hunc adducit modum: Venient in nouiſſimo die rum illuſione illudentes,ſecundum proprias concupiſcentias ſuas euntes,& dicentes,Vbi eſt promiſſum præſentiæ ipſius ꞉ Ex quo enim patres dormierunt, ſic omnia perſeuerant ab initio creaturæ.Latet enim illos hoc uolentes,quia cœli erant olim, & terra de aqua, & per aquam conſtituta dei uerbo, per quem qui tunc erat mundus, aqua inundatus depe/ rijt . Qui autem nunc ſunt cœli & terra, eodem uerbo repoſiti ſunt, igni reſeruandi in die iudicij,& perditionis hominum impiorum. Hoc unum uero non lateat uos fratres chariſ/ ſimi,quia unus dies apud dominum ſicut mille anni,& mille anni ſicut dies unus.Non tar dat dominus promiſſum ſuum, ſicut quidam tardantem exiſtimant,ſed patienter fert pro/ pter uos,nolens aliquem perire , ſed omnes in pœnitentiam conuerti . Veniet autem dies

[Marginal notes:]

Duplex 16: mandati
ſenſus

16: ſaluatoris, ſive

16: accepiſti

16: mandati

¶16·27: hoc

16·22: deum

Petri ſecunda
epiſtola auto/
ris olim in/
certi

domini ut fur,in quo cœli magno impetu tranfcurrent, elementa autem ardentia refoluen
tur,& terra & quæ in ipfa funt opera refoluentur. His ergo omnibus pereuntibus, quales
oportet effe uos in fanctis conuerfationibus, expectantes & properantes ad præfentiam
diei domini,per quam cœli ardentes foluentur,& elementa ignis ardore decoquentur.No
uos uero cœlos,& terram nouam,fecundum promiffa ipfius expectamus,in quibus iufti
cia inhabitat.Hactenus Petri apoftoli uerba retulimus,partim ut ex collatione fenfus effet
dilucidior, partim, ut appareret quantopere Auguftini lectio ab hac noftra difsideat ædi
tione)De hac quoq; fecunda Petri epiftola, cuius effet, controuerfia erat . Id teftatur Hie
ronymus in catalogo fcriptorum illuftrium,his quidem uerbis:Scripfit duas epiftolas,que
canonicæ nominantur, quarū fecunda á plerifq; eius negatur, propter ftili cum priore dif
fonantiam.At idem aliâs uariat,nunc uolens eam effe Petri, & ftili diffonantiam reijciens
in intergretem,quo tum Petrus fit ufus:nunc negans illius effe,quod reclamet ftilus(Eufe 27
bius hb.⁰ tertio capite fecundo,fic teftatur de hac epiftola, Verum Petrus apoftolus præ
dicationis fuæ monimenta nobis perpauca reliquit. Vna enim eius epiftola eft,de qua nul
lus omnino dubitat.Nam de fecunda multis incertum eft,apud plurimos tamen etiam ip
fa legenda fufcipitur . Stili difcrimē tum in uerbis tum in fenfibus clarius eft quàm ut pof
fit difsimulari. Proinde quum hic teftetur fe fuiffe fpectatorem uifionis in monte : deinde
mentionem faciat fuperioris epiftolæ,poftremo Paulum appellet fratrem,mihi non difpli
cet quod adfert Hieronymus de interprete . Nam in Euangelio tradunt Marcum Petri in
terpretem fuiffe.Alioqui fufpicari cogeremur,aliquē has notas ftudiofe infulfiffe, quo Pe
tro apoftolo affereret. Quemadmodum fecit is qui titulo Clementis multa confcripfit.)

IN EPISTOLAM IOAN

NIS (APOSTOLI) PRIMAM {ANNOTATIONES DES.
ERASMI ROTERODAMI.}　　　　　　　27.19

Manus no/
ftræ contre/
ctauerunt, lo/
cus uarie di
ftinctus

V O D fuit.) ὅ ἦν, Id quod erat,(quemadmodum uerterat in 27
Euangelio,In principio erat uerbum.)
　　Contrectauerunt.) ἐψηλάφησαν. Quod diuus Hierony/
mus fermè citat,palpauerūt,idem uerbum uertit,palpate & 27
uidete, Lucæ X X I I I.)¶Poteft autē hic fermo trifariam di 19
ftingui. Vno modo,ut principale comma precedat hanc par
tem, Et manus noftræ contrectauerunt &c. Id quod erat ab
initio, quodq; audiuimus ac uidimus ac perfpeximus de fer
mone uitæ,idem manibus contrectauimus.Altero fic,
ut poft hyperbaton redeat ad id qd'inftituerat dicere.Quod
uidimus,inquam,& audiuimus,annunciamus uobis(Tertio modo ut principale comma 27
fit,poft uidimus,ut hic fit fenfus.Quod erat ab initio uerbum, ficut audiuimus auribus,ui
dimus oculis,nec fimpliciter uidimus,fed multo tempore cum illo uerfati, fpectatores fui
mus , quin & manibus contrectauimus uerbum uitæ, uita enim noftra quæ prius latebat,
expofita fuit fenfibus corporis,itaq; licuit uidere . Quod igitur tot modis compertum ha
bemus,id etiam teftificamur & annunciamus uobis. Deinde more fuo repetit quod dixe
rat,Quod uidimus & audiuimus annunciamus uobis.Contextus orationis fere conuenit
cum Euangelico, Quod erat ab initio,repetit in fine periodi, quæ erat apud patrem . Illud
admonendus lector Græci fermonis ignarus,in primo ac tertio loco,uidimus effe ἑωράκα/
μ̕θν, in medio effe ἐθεασάμεθα, illud eft fimpliciter uidere, hoc fpectare & contemplari, ue/
lut in hoc expofitum.)
　　Et focietas noftra fit.) ἡ ἡ κοινωνία δὲ ἡ ἡμετέρα, id eft,Et focietas uero noftra.Neq; ad
ditur apud Græcos,fit:aptius autem fubaudietur,eft.
　　Vt gaudeatis.) Græce tantum,eft ut gaudium ueftrum fit plenū,fiue impletum(Suf/ 27
fragabatur Græcis uetuftius exemplar Conftantienfe. cui hoc magis habeo fidem, quod
is qui fcripfit indoctior fuit, quàm ut poffet aliquid deprauare.Nec aliter adducit in com/ 22
mentarijs Auguftinus ac Beda.Quanquam ille legit noftrum gaudium non ueftrum, fed
refragantibus

refragantibus Græcis codicibus,quos quidem adhuc uiderim.Alioqui mihi non difplice／
ret pronomen primæ perſonæ.

27 (Et hæc eſt annũciatio quam audiuimus.) Græcis eſt ἐπαγγελία,quod magis ſonat pro／   ἐπαγγέλλω
miſsionem,quanq̃ ἐπαγγέλλω uox anceps eſt.Apud Græcos ſunt quatuor uoces diuerſæ,   καταγγέλλω
quas interpres eodem modo reddidit.Prima eſt καταγγέλλομῳ,ſecunda ἐπαγγέλλομῳ,tertia   ἀναγγέλλω
ἀναγγέλλομῳ,quas uertit annunciamus,quarta ἐπαγγελία, quã uertit annunciationẽ. Mihi
nõ diſplicet promiſsionis uerbũ,niſi quod parũ apte cohærent quæ ſequuntur,quod deus
ux eſt,& tenebræ in eo non ſunt ullæ. Hic non fit mentio promiſsionis,niſi torqueas,Sed
quod filius annunciauit à patre,hoc apoſtolus acceptũ à filio renunciat nobis.Nam id pro
priè ſonat ἀναγγέλλω.Siquidẽ illud quoniã,nõ eſt coiũctio cauſæ,ſed εἰδικὰ. Quid annun／
cias:deum eſſe lucem,Multis præterea locis hoc capite ὅτι reddit per quoniam & quia.)

19   ｛EX CAPITE SECVNDO｝
27   Duocatum habemus.) παράκλητον ἔχωμῳ, id eſt, Patronum habeamus.
       Quanquam hic uariant exemplaria Græcorum(uetuſtius exemplar Con／
       ſtantienſe conſentiebat cum Græca lectione.)
       Qui dicit ſe noſſe deũ.) ὁ λέγων,ἔγνωκα αὐτόν,id eſt,Qui dicit,noui eũ.
27   In Chriſto manere.) Græce eſt,in eo.(Conſentiebat exemplar Conſtan／
35 tienſe,& Auguſtinus.Et mox pro chariſſimi, Græcis eſt ἀδελφοί.)
27   Quod audiſtis.) Addunt Græci,ἀπ᾽ ἀρχῆς,id eſt, Ab initio in poſteriore pàrte.
       Iterũ mandatũ nouum.) πάλιν aptius reddidiſſet rurſus,aut cõtra.Nam Græca uox &
       cõtrarietatẽ declarat & iterationẽ. Hic aũt nõ repetitionis, ſed cõtrarietatis eſt declaratio.)
       Et in ipſo & in uobis.) Prius & redundat.
       Tenebræ tranſierunt.) παράγεη, id eſt, Tranſeunt.   Quod uerum eſt,ὃ ὅτιν ἀληθὲς ἐν
       αὐτῷ κỳ ἐν ὑμῖν,id eſt, Id quod uerum eſt in illo,idem uerum eſt & in uobis.Nec enim apud
       Græcos,quod, referri poteſt ad mandatum.
       Scribo uobis infantes.) παιδία, id eſt,Pueri ſiue filioli,ſed melius pueri.
22   Scribo uobis patres.) Hic Græce eſt ἔγραψα,id eſt,Scripſi.ſac mirum eſt eandem parti／   Scribo uobis
       culam quæ ad patres pertinet,iſdem uerbis repeti cum reliquarũ nulla repetatur.Qua ta／   patres.Locus
27 men in re Latini codices uariant.In uetuſtiſsimo Cõſtantienſi ſic habebatur, Scribo uobis   mire confuſus
       filioli,quoniam remittuntur uobis peccata;propter nomen eius.Scribo uobis patres,quo／   in noſtris
       niam cognouiſtis eum qui ab initio eſt.Scribo uobis adoleſcentes, quoniam uiciſtis mali／
       gnum,Scribo uobis infantes,quoniã cognouiſtis patrẽ,Scribo uobis patres,quia cognoui
       ſtis eum qui ab initio eſt, Scribo uobis adoleſcentes,quia fortes eſtis,& uerbũ dei in uobis
       manet,& uiciſtis malignũ.In hac lectione eadẽ particula bis ponitur,Scribo uobis patres,
       quia cognouiſtis eũ qui ab initio eſt.Conſentiebat exemplar Baſilienſe, niſi quod poſtre／
       mo loco nõ erant adoleſcentes ſed iuuenes.At in altero Conſtantienſi erant hic quoq̃ ado／
       leſcentes,niſi quod raſor ille ex adoleſcentibus fecerat iuuenes.Aberat tamen particula de
       patribus iterata, quæ conſtanter habetur in Græcis codicibus, & recitatur ab Auguſtino,
       qui nõ diſsimulat iterationẽ.Aſcribit enim, Cõmendat & repetit. Hoc admonuiſſe retu／
       lit,quod in pleriſq̃ uulgatis æditionibus,temerarij ſuſtulerũt hanc particulam.Illud anno／
       tandum,Auguſtinus pro adoleſcentes legit iuuenes.Et quanq̃ pleriq̃ Latinorum codices
       priore loco habent adoleſcentes,poſteriore iuuenes,tamen apud Græcos eadem eſt dictio
       νεανίσκοι. Obganniet hic forte moroſulus aliquis, ἅπαγε iſtas minutias.Imò ad has impin／
       gere poſſet etiam oculatus theologus, Græcarũ literarũ ignarus. Quũ enim addit quoniã
       fortes eſtis,ſubindicare uidetur robuſtiorem ætatem quàm ſit adoleſcentum. Ipſe prorſus
       in hoc fuiſſem philoſophatus, niſi Græca lectio doceret nihil eſſe nouæ ſententiæ,ſed prio
       ris inculcationem.Quod autem diminutiuum eſt νεανίσκοι pro νέοι ſiue νεανίαι,abuſus eſt
       uocis.Iam in prima parte filioli,non eſt παιδία, ſed τεκνία.Rurſus quod eſt infantes Græ／
       cus habet παιδία, quum infans Græcis dicatur Βρέφῳ aut νήπιῳ. Tres igitur diſtinguit
       etates,puerorum iuuenum & ſenum,& unamquanq̃ bis ponit,niſi quod in pueris mutat
       uocabulum, in patribus ac iuuenibus nequaquam . Tribuit autem cuiq̃ quod congruit,
       Pueri per inſcitiam labuntur . His igitur condonantur peccata. Iidem aliquando per æta／
       tem nec parentes agnoſcunt ſuos,Ideo gratulatur ijs,quod cognoſcunt patrem cœleſtem.
                                                                                   Senes

>16: Scripsi. 22: variant. Scribo vobis juvenes.) ἔγραψα
ὑμῖν νεανίσκοι, id est scripsi vobis adolescentuli, quod
modo verterat adolescentes. Superbia

Senes meminerunt antiqua priſcaꝗ,Nihil autem patre illo antiquius. Iuuenes ſolido ueſ/
centes cibo,ualent robore. Ideo dicuntur uincere diabolum, & habere uerbum dei in ipſis
manens.ex hoc enim cibo robur eſt iuuentutis Euangelicæ.Iam quod apud Græcos in po
ſtrema particula habetur ἐγράψα,,quum in cæteris habeatur γράφω, puto nihil ad ſenſum
referre.Non præteribitur & illud, in coniunctione ὅτι eſſe nonnihil amphibologiæ quod
hic ſenſus accipi poteſt. Ideo ſcribo uobis quod uobis remittuntur peccata : aut hic,Hoc
ipſum ſcribo uobis,quod uobis remittuntur peccata.

Viciſtis malignum.) τὸν πονηρόν, id eſt, illum malum,nimirum Satanam,Nam mali/
gnus latine loquentibus dicitur inuidus parumꝗ candidus.

[Diſtinctio
Græcorum
Omne quod
in mundo
Omne quod in mundo eſt.) Secus Græci diſtingunt atque nos, quanquam ſenſus eſt
idē,ὅτι πᾶν τὸ ἐν τῷ κόσμῳ, ἥ ἐπιθυμία ⸫ σαρκὸς, ἠ ἐπιθυμία τῶν ὀφθαλμῶν, ἠ ἀλαζονία ⸫ βίε,
ὀυκ ἔϛιν ἐκ τοῦ πατρὸς,id eſt, Quicquid eſt in mundo,uidelicet,concupiſcentia carnis & cō
cupiſcentia oculorum,& ſuperbia uitæ, non eſt ex patre . Interpres conatus eſt dilucidius
reddere & reddidit obſcurius,Quū enim dicat,quæ non eſt ex patre, uidetur ſola uitæ ſu/
perbia non eſſe ex patre. At iuxta diuum Auguſtinum, tria dicit, quæ non ſunt ex patre.
Primum pertinere uidetur ad uoluptates,ſecundum ad oſtentationem imaginum & nobi
litatis, tertium ad dignitates mundanas.)

Superbia uitæ.) ἡ ἀλαζονία ⸫ βίε, id eſt, Faſtus ſiue ſtrepitus uitæ,ſeu facultatum:nam
βίϴ utrunꝗ ſignificat(Neꝗ enim hic eſt ζωὴ quæ uox declarat uitam qua ſpiramus, βίϴ·27
ſignificat uictum & omnes facultates ad uitæ uſum pertinentes, & uitæ genus, & ipſam
uitam,unde μακρόβιοι. & βιωτικὰ Paulus appellat quæ ad corporis ſubſidium pertinent.)¶

Antichriſtus uenit.) Venit,præſentis temporis eſt,ἔρχεται,aut certe futuri.

Nunc Antichriſti.) ℰ νῦν,id eſt,Et nunc ſid eſt,nunc quoꝗ ſunt pro uno multi,Nec eſt 27
ſunt ſed γεγόναση,id eſt,facti ſunt,hoc eſt, cœperunt eſſe.)

* 16·27: entries
reversed

16: novistis
＊ Nouiſſima hora.) Græci horam ponunt aliquando pro tempore.

＊Ex nobis prodierunt.) ἐξῆλθον, id eſt,Exierunt(quum enim ſignificatur defectio à com 27
munione non origo,non apte quadrat prodierunt.Exierunt legit Auguſtinus.)

Quaſi ignorantibus.) ὅτι ὀυκ ὀίδατε, id eſt,Quod non cognouiſtis,

(Et quoniam omne mendacium.) Hoc apud Græcos non eſt ſeparatum, ſed pendet ex 27
ſuperioribus,Scripſi uobis non quaſi neſcientibus ueritatem, ſed ſcientibus eam, & quod
omne mendacium ex ueritate non eſt;id eſt,hoc quoꝗ ſcientibus,nullum mendacium eſ/
ſe ex ueritate.)

16·27: promisit
Qui confitetur, filium & patrem habet.) Hæc non reperio in Græco codiceꝗ in Al/ 22
dina quidem æditione.⟩

Quam ipſe pollicitus eſt nobis.) Rectius erat, Qua promiſit nobis uitam æternam.
Eſt enim idioma Atticum,promiſit promiſſionem.

Sicut unctio eius.) ὡς τὸ αὐτὸ χρίσμα,id eſt,Sicut ipſa unctio⟨Auguſtinus certe legit ma 22
nete in ipſa⟨quanquam hic legit unctio ipſius. 27

Manete in eo.) Auguſtinus legit in ipſa,ut referat ad unctionē. Græci codices habent
μενῆτε,id eſt,manebitis. Cū meis exemplaribus cōſentiebat æditio Hiſpanienſis & aldina.) 22
< Non confundamur ab illo.) Senſus eſſe poteſt,ut illum non pudeat noſtri. > 22

{EX CAPITE TERTIO} 19

Idete qualem.) ἴδετε. Anceps eſt,an ſit uidetis,an uidete,neꝗ magni refert
ad ſententiam.

Nominemur & ſimus.) Et ſimus,apud Græcos non additur(Adiectum 27
uidetur ne quis parum eſſe putaret nominari, quod indicat Auguſtinus ita
ſcribens.Nam qui uocantur & non ſunt quid prodeſt illis nomen ꝰ Verū hic
loquitur de nomine quod à deo tribuitur.Hic non eſt diſcrimen inter dici & eſſe,)

Non nouit nos.) ὑμᾶς, id eſt,Vos,ſecundæ perſonæ.

Sanctificat ſe ſicut.) ἁγνίζει, id eſt, Purificat.

Sicut & ille ſanctus.) ἁγνὸς, id eſt, Purus & caſtus.

(Et iniquitatem facit.) Et pro etiam dictum eſt,ut ſit ſenſus,Quiſquis committit pecca 27
tum,idem committit iniquitatem,)

Non

19-22:
margin:
Nova
lectio
┇16·22: Quae non est ex patre.) Quae, non est in graecis codicibus.
Substantivum aut verbum, est coniugendum, cum omne. Omne
quod est in mundo, puta concupiscentia ꝉꞓ, non est ex patre.

Antichristus

27 (Non uidit eum nec cognouit.) οὐδὲ ἔγνωκεμ, neʒ nouit, Græca uox significat actum in⸗
35 hærentem quasi dicas, cognitũ habere . Nam ut cognoscit qui discit, ita cognoscere desijt,
qui didicit, cognitũ autem habere aut nosse nõ desijt. Sed deterius est quod quidam habet
In hoc ap.) εἰς τῦτο, id est, Ad hoc, siue in hoc, ut sit accusatiui casus.　　(sciuit eum)
Omnis qui nõ est iustus. πᾶς ὁ μὴ ποιῶν τὴν δικαιοσύνην.i. Omnis qui nõ facit iustitiam
Fratris autem eius.) Subaudiendum, opera, τὰ δὲ τῦ ἀδελφῦ.

19　In hoc cognouimus charitatem dei.) Dei, redundat iuxta Græcum codicem, licet ad⸗
datur paulo inferius.

27　(Suadebimus corda nostra.) πείσομεν τὰς καρδίας ἡμῶν, Augustinus legit persuademus
cordi nostro, quasi dicas satisfacimus cordi nostro. Cor enim interpretatur conscientiam.
Græca uox πείθω quũ significat suadendo flectere, nonnunquam habet accusandi casum,
quum obtemperare, dandi tantum. Vsus est hac uoce Paulus similiter ad Galatas primo.
Modo enim homines persuadeo an deum. Quidam uetustus codex pro persuademus ha⸗
bebat custodimus, Consentiebat alter Constantiensis.

Si reprehenderit nos cor nostrum.) ἐὰν καταγινώσκῃ ἡμῶν ἡ καρδία. Potest accipi, si con⸗　16: *id est,*
demnarit nos cor nostrum.

27　(Si cor nostrum non reprehenderit nos.) μὴ καταγινώσκῃ. Mirum quid sequutus Augu
stinus hic legat, Si cor male non senserit, Nam hoc interpretatur etiam.)

27　De spiritu.) ἐκ τῦ πνεύματῶ, id est, Ex spiritu. (Hoc autem ita dictum est, ut quum ita
loquimur, bibo de uino tuo, pro eo quod erat, bibo uinum tuum.

19　{EX CAPITE QVARTO}

27 (　　　　Mni spiritui.) Latinius erat, cuius spiritui, hoc est sine delectu, & si posi⸗
tum est pro, an, siue, num, an ex deo sint.)

In hoc cognoscitur.) γινώσκετε, id est, Cognoscitis, siue cognoscite. Inter⸗　*Græca disso⸗*
pres legisse uidetur γινώσκετα.　　　　　　　　　　　　　　　　　　　　　*nant à nostris*
　　　　　　　　　　　　　　　　　　　　　　　　　　　　　　　　　　　　↓<

22　< Et omnis spiritus qui soluit Iesum ex deo non est.) Hanc particulam nõ　*Et omnis spi⸗*
reperio in Græcis codicibus quos ego sanè uiderim, sed pro eo sic habetur, ἢ πᾶν πνεῦμα　*ritus q.s.locus*
22　ὁ μὴ ὁμολογεῖ τὸν χϱιστὸν ἐν σαϱκὶ ἐληλυθότα ἐκ θεῦ οὐ ϰ ἔϛι. id est, Et omnis spiritus qui non confi　*uarie lectus*
22　tetur Christũ in carne uenisse ex deo non est. Historia tripertita indicat hunc locum ab hæ⸗　*16-19: Jesum*
reticis deprauatũ. Ego magis suspicor hanc particulam additam aduersus hæreticos: quo⸗
rum alij Christo sic tribuebant humanam naturam, ut adimerent diuinam, alij sic tribue⸗
bant diuinam, ut adimerẽt humanam. Alij semihominem esse uolebant, sic tribuentes cor⸗
pus humanum, ut negarent illi fuisse animam humanam . Certe quod Græci legunt, ma⸗
gis congruit cum phrasi Ioannis apostoli, cui peculiare est contrariam sententiam succine
re priori, quo magis insigat animis quod dictum est. Quod genus sunt illa: Qui credit in fi
lium dei, habet testimonium dei in se. Qui uero non credit filio &c. Ac mox, Qui habet fi⸗
lium dei, habet uitam: qui non habet filium dei, uitam nõ habet. Qui confitetur ex deo est,
qui non confitetur ex deo non est. Et huiusmodi figuris totus huius sermo scatet. Cypria⸗
nus libro aduersus Iudæos secundo cap. VII. refert hunc locum iuxta Græcorum lectio⸗
nem: Omnis spiritus qui confitetur Iesum Christum uenisse in carne, de deo est . Qui au⸗
tem negat eum in carne uenisse de deo non est, sed de Antichristi spiritu . Apud Augusti⸗
num in homilijs, quibus enarrat hanc epistolam in contextu qui præfertur commentario,
Io, citatur hic locus quemadmodum legunt Græci & Cyprianus. Et tamen in fine interpre
tatur & hoc: omnis spiritus qui soluit Christum non est ex deo, ut appareat hanc particu⸗
lam fuisse in illius codice tertiam, quasi legerit: Omnis qui confitetur, omnis qui non confi
tetur, omnis qui soluit: aut certe tum temporis uariasse lectionem ecclesiasticam, & Augu
27　stinum neutram uoluisse præterire. (In neutro codice Constantiensi addebatur) Sed hac de
re sit suum cuique liberum iudicium, ego quod in Græcis codicibus reperi trado, nec pro⸗
bans, nec improbans diuersam lectionem.)

Et hic est antichristus. ϰ τῦτο ἐϛὶν τὸ τῦ ἀντιχϱίϛϑ, id est, Et hic est ille Antichristi, ut subau
22　dias spiritus (Mecum facit Cyprianus quem paulo ante citauimus.)

27　(De quo audistis qm uenit.) ὅτι ἔϱχεται, id est, quod uenturus est. Ita legit Augustinus.)

27　Et uicistis eum.) Eos est Græce, αὐτὸς (Græcæ lectioni suffragabatur uterʒ codex Cõ
　　　　　　　　　　　　　　　　　　　　　　　　　　　　　　　　　　　　stantiensis

< 16-19: *Jesum* Graeci sic habent. ὁ μὴ ὁμολογῶν
Ἰησοῦν Χϱιστὸν ἐν σαϱκὶ ἐληλυθότα ex

ſtantienſis,niſi quod in recentiore, ueſtigia deprauatoris teſtabantur ex eos, factum fuiſſe
eum.Auguſtinus legit eum,& interpretatur. Cæterum αὐτοὺς refertur ad duos,Antichri/
ſtum & mundum.)

De mundo loquuntur.) ἐκ τ̃ κόσμϑ λαλϑσι, id eſt,Ex mundo loquuntur.Non enim eſt
ſenſus, eos loqui de mundo, ſed ex affectu mundi cuius ſunt,{Sicut in Euangelijs annota/ 19
tum eſt,Qui de terra eſt,de terra loquitur.}

In hoc cognoſcimus.) ἐκ τότϑ,id eſt, Ex hoc.

Quoniam ipſe prior.) Prior, non eſt in Græco codice.{Cui conſentiebat uetuſtius ex/ 27
emplar Conſtantienſe,niſi quod recentior aliquis in ſpatio aſcripſerat prior,ceu ſcholij ui
ce . Nobiſcum facit & Auguſtinus.}Propitiationem pro peccatis noſtris. Beda admonet, 22
opinor & Auguſtinus in quibuſdam uice huius uocis propiciationem eſſe litatorem . Li/
tat autem qui ſacrificio placat.}Auguſtinus interpretatur ſacrificationem.)   27

Si deus dilexit nos.) εἰ ὄυτως, id eſt,Si ſic deus dilexit nos.

(In hoc cognoſcimus quoniam in eo manemus & ipſe in nobis quoniam.) ὅτι utrobiꝗ 27
eſt ἐι̃κόψ, Per hoc cognoſcimus nos in illo manere, & illum in nobis, quod de ſpiritu ſuo
dedit nobis.)

16-22: Et
De ſpiritu ſancto ſuo.) Sancto redundat.{Conſentiebat utruncꝗ uolumen Conſtanti/ 27
Et credidimus charitati.) Græce eſt,charitatem.   (enſe.)

(Timor pœnam habet.) κόλασιψ, id eſt,pœnam ceu potius punitionem aut cruciatum. 27
Auguſtinus legit tormentum: ubi enim timor,ibi non eſt tranquilla conſcientia.)

Nos ergo diligamus deum.) αὐτόψ, id eſt,Eum,non deum.

Quoniam deus prior.) ὅτι αὐτὸς πρῶτ⊙,id eſt,Quoniam ipſe prior,ſiue primus.

(Quem uidet,deum quem non uidet.) Vtrobique Græcis eſt ἑώρακε, id eſt, uidit. Nec 27
enim neceſſe eſt uidere ut diligas,ſatis eſt uidiſſe,ut cognoſcas. Nihil autē amatur niſi co/
gnitum.}Niſi ſic accipias uerbum Græcum, ut ſignificet actum inhærentem.]   35

Habemus à deo.) ἀπ' αὐτ̃,id eſt, Ab eo.

{EX CAPITE QVINTO}   19

Spiritu,   Vm deum diligamus.) Cum deum dilexerimus, ſiue diligimus.
pro deus   Et mandata eius faciamus.)τηρῶμϑν,id eſt,Seruauerimus,ſiue ſeruemus.
            Quoniam Chriſtus eſt ueritas.) ὅτι τὸ πνῦδμά ὅτιν ἡ ἀλήθεια,id eſt,Quod 19
ſpiritus eſt ipſa ueritas.{Veritas eſt,Hebraice dixit, ꝓ uerax eſt. Caro fallax,
ſpiritus neſcit mētiri.In rebus uiſibilib.fucus eſt,in rebus æternis ueritas eſt.}

[Tres ſ.q.t.d.   Tres ſunt qui teſtimonium dant in cœlo.) In Græco codice tantum hoc reperio de te/
locus uarius   ſtimonio triplici,ὅτι τρεῖς εἰσιψ οἱ μαρτυροῦντες,τὸ πνῦδμα ⊙ τὸ ὖδϙωρ,ꝗ τὸ α̃ιμα, id eſt, Quo/
ac difficilis   niam tres ſunt qui teſtificantur , ſpiritus, & aqua, & ſanguis.}Diuus Hieronymus prælo/ 22
quens in epiſtolas canonicas,ſuſpicatur hunc locum fuiſſe deprauatum à Latinis interpre ✳
tibus,& à nonnullis omiſſum fuiſſe teſtimonium patris, filij,& ſpiritus ſancti. Et tamen iu
xta noſtram æditionem adducit hunc locum Cyrillus in opere, cui titulum fecit de theſau
ro,libro xiiij. capite penultimo: Rurſum,inquit,Ioannes in eadē epiſtola ait:Quis eſt qui
uincit mundū, niſi qui credit quia Ieſus eſt filius dei ꞓ Hic uenit per aquam & ſanguinem
& ſpiritum Ieſus Chriſtus, non in aqua ſolum, ſed in aqua & ſanguine. Et ſpiritus eſt qui
teſtimonium perhibet. Spiritus enim ueritas eſt. Quia tres ſunt qui teſtimoniū perhibent
ſpiritus aqua & ſanguis,& hi tres unum ſunt, Si teſtimonium hominum accipimus,teſti/
monium dei maius eſt &c.Hactenus Cyrillus,uir ni fallor orthodoxus.Atꝗ hic cum dimi
cet aduerſus Arianos, plurimaꝗ in illos congerat è diuinis libris teſtimonia, probabile nō
eſt illum omiſſurum fuiſſe telum, quo maxime confici poterant illi, ſi aut ſciſſet aut credi/
diſſet hoc fuiſſe ſcriptum ab apoſtolo {Colligit autem Cyrillus ſpiritum ſanctū eſſe deum 35
non ex eo quod additur & hi tres unum ſunt,ſed ex eo quod ſequitur,ſi teſtimoniū homi/
num accipimus , teſtimoniū dei maius eſt, quod ad ſpiritū refert cuius ante facta mentio.}
Iam Beda locum hunc diligenter enarrans cum accurate multisꝗ uerbis exponat teſtimo
nium triplex in terra, nullam mentionem fecit teſtimonij in cœlo patris uerbi & ſpiritus.
Nec huic tamen uiro defuit omnino linguarum peritia,nec in obſeruandis antiquis exem
plaribus diligentia.Imò ne hoc quidem addit in terra{duntaxat in codice manu deſcripto,) 27
tantum

✳ long addition to p.771

tantum legit:Tres funt qui teftimonium dant.In codice qui mihi fuppeditatus eft è biblio
theca minoritarum Antuerpienfium, in margine fcholium erat afcriptum de teftimonio
patris uerbi & fpiritus,fed manu recentiore,ut confentaneum fit hoc adiectum ab erudito
35 quopiam, qui noluerit hanc particulam prætermitti,[quandoquidem nec in æditione Ba-
diana ulla fit mentio patris,filij & fpiritus fancti.Beda fequutus eft Auguftinum qui in libris quos fcripfit aduerfus Maximinum Arianum,quum nullum non moueat lapidem ut
ex canonica fcriptura probet fpiritū fanctum effe deum, omnesq3 perfonas effe ὁμουσίους,
hoc tamen teftimonium non adducit,quum locum hunc alias non femel adducat,nomina
tim lib.III.cap.XXII.oftendens per fpiritum, fanguinem & aquam fignificatū patrem
filium & fpiritum fanctum:proponit autem illic & inculcat hanc regulam,nulla dici unū,
nifi quæ funt eiufdem fubftantiæ.Quæ fi tam uera eft,quàm ille uideri uult,hic locus ad-
ferebat certam uictoriam,non filium modo,fed & fpiritum fanctum euincens ὁμούσιον pa-
tri.Satis igitur liquet Auguftinum hanc particulam in fuis codicibus non legiffe, quam fi
legiffet nec adduxiffet,uideri poterat cū aduerfario colludere, quod is nufquam folet]Sed
urgemur autoritate Hieronymi,quam equidem nolim eleuare, quanquam ille fæpenume
ro uiolentus eft,parumq3 pudens,fæpe uarius parumq3 fibi conftans.Tamen non fatis uideo,quid fibi uelit hoc loco Hieronymus.Verba ipfius fubfcribam:Sed,inquit,ficut Euan
geliftas dudum ad ueritatis lineam correximus,ita has proprio ordini deo iuuante reddidi
mus,Eft enim prima earum una Iacobi,duæ Petri,& tres Ioannis,& Iudæ una.Quæ fi ficut ab eis digeftæ funt, ita quoq3 ab interpretibus fideliter in Latinū uerterentur eloquiū,
nec ambiguitatem legentibus facerent,nec fermonum fefe uarietas impugnaret, illo præcipue loco ubi de unitate trinitatis in prima Ioannis epiftola pofitū legimus: in qua etiam
ab infidelibus,translatoribus multum erratum effe à fidei ueritate comperimus,trium tan
tummodo uocabula, hoc eft aquæ fanguinis & fpiritus in ipfa fua æditione ponentibus,
& patris uerbiq3 ac fpiritus teftimonium omittentibus : in quo maxime & fides catholica
roboratur,& patris ac filij & fpiritus fancti, una diuinitatis effentia comprobatur.Hacte-
nus Hieronymi uerba retulimus, ex quibus liquet Hieronymum nihil queri de codicibus
Græcis,fed tantum de ijs, qui Græca Latine uerterunt.At nunc in Græcis codicibus hoc
potifsimum deeft, quod omiffum queritur, & habetur in codicibus Latinis licet non om-
nibus.Sed unde Hieronymus caftigauit errorem interpretum?Nimirum è Græcis exemplaribus. Sed illi aut habebant, quod nos uertimus,aut uariabant. Si uariabant, quemadmodum & Latina, quonam argumento docet utrum fit rectius utrumue fcriptum fit ab
apoftolo:præfertim cum quod reprehendit,tum haberet publicus ufus ecclefiæ? Quod ni
fuiffet, non uideo qui pofsint habere locum quæ fequuntur : Sed tu uirgo Chrifti Eufto-
chium,dum à me impenfius fcripturæ ueritatem inquiris, meam quodammodo fenectu-
tem inuidorum dentibus corrodendam exponis, qui me falfarium corruptoremq3 facrarū
pronunciant fcripturarū.Quis eum clamaffet falfariū,nifi publicam mutaffet lectionem?
Quod fi apud Græcos legit Cyrillus,quod nunc habent Græci codices,fi apud nos Augu
ftinus ac Beda, aut tantum hoc legit,aut utruncq3 legit, non uideo quid adferat argumenti
Hieronymus, quo docet germanam effe lectionem, quam ipfe nobis tradit.Sed dicet aliquis : Erat hoc efficax telum aduerfus Arianos.Primum cum conftet & apud Græcos &
apud Latinos olim uariaffe lectionem, nihil hoc telum aduerfus illos ualebit, qui fine dubio pari iure fibi uindicabant lectionem,quæ pro ipfis facit.Sed finge non effe controuer-
fam lectionem,cū quod dictum eft de teftimonio aquæ, fanguinis & fpiritus, unum funt,
referatur nō ad eandem naturam, fed ad confenfum teftimonij: an putamus Arianos tam
ftupidos futuros, ut nō idem hoc loco interpretentur,de patre,uerbo & fpiritu? præfertim
cum fimili loco uiri fic interpretentur orthodoxi in libris Euangelicis,nec hanc interpretationem reijciat Auguftinus cum Ariano Maximino difputans : imò cum hunc ipfum locum fic interpretur fragmentū gloffæ ordinariæ, in uerfuum interuallo additum : Vnum
funt,inquit,id eft,de re eadem teftantes.Hoc non eft confirmare fidem,fed fufpectam reddere,fi nobis huiufmodi lemmatis blandiamur. Fortaffe præftiterat hoc prijs ftudijs agere,
uti nos idem reddamur cum deo, quàm curiofis ftudijs decertare quomodo differat à patre filius,aut ab utroq3 fpiritus. Certe ego quod negant Ariani, nō uideo poffe doceri,nifi
                                                                Tt   ratiocinatione

ratiocinatione. Poſtremo cum totus hic locus ſit obſcurus, nõ poteſt admodum ualere ad reuincendos hæreticos . Sed hac de re copioſius reſpond.mus calumniatori per apologiã. Illud addam, cum Stunica meus toties iactet Rhodienſem codicem, cui tantum tribuit au/ toritatis, mirum non hic adduxiſſe illius oraculum, præſertim cum ita ferè conſentiat cum noſtris codicibus ut uideri poſsit Lesbia regula. Veruntamen ne quid diſsimulem, reper/ tus eſt apud Anglos Græcus codex unus, in quo habetur quod in uulgatis deeſt. Scriptũ eſt enim hunc ad modum, ὅτι τρεῖς εἰσίν οἱ μαρτυροῶῦντς ϟν τῷ ούρανῷ,πατήρ,λόγ⊙, ἰ πνδῦ/ μα,⊂ ούτοι οἱ τρεῖς ἕν εἰσιν.Καὶ τρεῖς εἰσιν μαρτυροῦντς ϟν τῇ γῇ,πνδῦμα,ὕδωρ,ἰ ἅμα εἰς τὼ μαρ/ τυρίαν τῶν ανθρώπων &c. Quancß haud ſcio an caſu factum ſit, ut hoc loco non repetatur, quod eſt in Græcis noſtris, ἰ οἱ τρεῖς εἰς τὸ ἕν εἰσιν. Ex hoc igitur codice britannico repoſui/ mus, quod in noſtris dicebatur deeſſe:ne cui ſit anſa calumniandi. Tametſi ſuſpicor codi/ cem illum ad noſtros eſſe correctum. Duos cõſului codices miræ uetuſtatis Latinos in bi/ bliotheca quæ Brugis eſt diui Donatiani. Neuter habebat teſtimonium patris uerbi & ſpi ritus. Ac ne illud quidem in altero addebatur, In terra. Tantũ erat, Et tres ſunt qui teſtimo/ nium dant, ſpiritus aqua & ſanguis. In exemplari Conſtantienſi utrocß, poſt teſtimonium, aquæ, ſanguinis & ſpiritus, adiectum erat teſtimonium patris, uerbi, & ſpiritus, his uerbis, Sicut in cœlo tres ſunt, pater, uerbum, & ſpiritus, & tres unum ſunt. Nec erat additum, te/ ſtimonium dant, nec pronomen hi. In codice quẽ exhibuit publica bibliotheca ſcholæ Ba/ ſilienſis, non erat, teſtimonium ſpiritus, aquæ & ſanguinis. Ad hæc Paulus Bombaſius uir doctus & integer, meo rogatu locum hunc ad uerbum deſcripſit ex bibliothecæ uaticanæ codice peruetuſto, in quo non habebatur teſtimonium patris, uerbi, & ſpiritus. Si mouet autoritas uetuſtatis, liber erat antiquiſsimus: ſi Pontificis, ex illius bibliotheca petitum eſt teſtimonium. Cum hac lectione conſentit æditio Aldina. Quid Laurentius legerit non ſa/ tis liquet. Interea perlata eſt ad nos æditio Hiſpanienſis, quæ diſsidebat ab omnibus. Habet enim hunc in modum, ὅτι τρεῖς εἰσιν οἱ μαρτυρῶντς ϟν τῷ ουρανῷ,ὁ πατήρ, ἰ ὁ λόγ⊙,⊂ τὸ ἅγι ον πνδῦμα, ἰ οἱ τρεῖς εἰς τὸ ἕν εἰσι. ἰ τρεῖς εἰσιν οἱ μαρτυρῶντς ἐπὶ τῆς γῆς, τὸ πνδῦμα,⊂ τὸ ὕδωρ ⊂ τὸ ἅμα. Primũ in hoc diſſonat exemplar quod ex eadem ni fallor bibliotheca petitũ ſe/ quutti ſunt Hiſpani, ab exemplari Britannico, quod hic adduntur articuli, ὁ πατήρ, ὁ λόγ⊙, τὸ πνδῦμα, qui non addebantur in Britannico. Deinde quod Britannicum habebat ούτοι οἱ τρεῖς, Hiſpanienſe tantum, ⊂ οἱ τρεῖς, quod idem ſit in ſpiritu, aqua, & ſanguine. Præterea quod Britannicũ habebat ϟν εἰσι, Hiſpanienſe εἰς τὸ ϟν εἰσι: poſtremo quod Britannicũ etiam in terræ teſtimonio adijciebat, ⊂ οἱ τρεῖς εἰς τὸ ϟν εἰσι, quod nõ addebatur hic duntaxat in ædi/ tione Hiſpanienſi. Equidẽ arbitror illud εἰς τὸ ϟν, eſſe ex idiomate ſermonis Hebraici, Ego ero illi in patrem, nõ poteſt aliud ſonare, quàm ero illi pater. Iam Hiſpanienſis æditio ſcho/ lium è decretalibus adiecerat, quod diuo Thomæ tribuitur, Id declarat iuxta codices emẽ datos, in teſtimonio ſpiritus, aquæ, & ſanguinis, non addi, & hi tres unum ſunt, Verum id adiectum uideri ab ijs qui fauebant Ariano dogmati. Nam ſi hic adderetur, non poſſet ex/ poni niſi de conſenſu teſtimonij, quando natura non poſſunt unum dici, ſpiritus, aqua, & ſanguis. Ex hoc conſequeretur, & illud quod præceſsit de patre & filio & ſpiritu ſancto, & hi tres unum ſunt, accipi poſſe de conſenſu charitatis ac teſtimonij. Nunc his uerbis Ioan/ nes aſſeruit eandem eſſentiam patris & filij & ſpiritus ſancti. Principio quod colligunt ue riſsimum eſt, patris & filij & ſpiritus ſancti eandem eſſe naturam ſimpliciſsimam & indi/ uiduam. Id niſi eſſet, non uere naſceretur è patre filius, nec uere ſpiritus ſanctus à patre fi/ lioξ procederet, utiξ deus de ſubſtantia dei. De collectione tantum agimus. Conſtat hic agi de ſide teſtimonij, non de ſubſtantia perſonarum . Quod ſi multis alijs locis hæc uox, unum, conſenſum ſonat non unitatem indiuidui, quid abſurdi ſit, ſi hic ſimiliter interprete mur. Quoties legimus in utrocß teſtamento, cor unũ, ſpiritũ & animam unam, os unum, mentem unam, quum conſenſus ac mutua charitas ſignificatur ꞓ Is enim ſermonis tropus quum tam familiaris ſit diuinis uoluminibus, quid uetat quo minus & hic ſimiliter accipia tur ꞓ Dominus Ioannis decimo dicit: Ego & pater unum ſumus. Hoc teſtimonio quomodo proſternetur Arianus: niſi doceas unũ in literis ſacris non appellari, niſi quæ ſunt eiuſdem ſubſtantiæ . Nunc quum innumera loca ſuppetant, quæ docent intelligi de conſenſu mu/ tuaξ beneuolentia, ad confirmandam opinionem orthodoxi ualebit, ad retundendam hæ/

retici

retici pertinaciam non uideo quantum ualeat. Quod autem Chriſtus ibi loquatur de con∕
cordia quam habet cū patre, probabili coniectura colligitur, quod Chriſtus non reſpondet
ad id quod dixerat ſeſe unum cū patre, ſed quod deū appellabat patrem ſuū, ſeǿ ſingulari
modo uocabat filiū dei. Et apud Ioannē x v 11. Pater ſancte, inquit, ſerua eos in nomine
tuo quos dediſti mihi, ut ſint unum ſicut & nos. Ac rurſus, ut omnes unum ſint ſicut tu pa
ter in me, & ego in te, ut & ipſi in nobis unum ſint. Totus hic locus de conſenſu charitatis
ac teſtimonij tractat, & uelimus nolimus cogimur illud unum aliter interpretari de nobis
quàm de perſonis diuinis. Non igitur conſtringit locus niſi compellat orthodoxorū auto∕
ritas, & eccleſiæ præſcriptio, docens hunc locum aliter exponi nō poſſe. Pium autē eſt no
ſtrum ſenſum ſemper eccleſiæ iudicio ſubmittere, ſimul atǿ claram illius ſententiam audie∕
rimus. Nec interim tamen nefas eſt citra contentionē ſcrutari uerum, ut deus alijs alia pa∕
tefacit. Sed ut ad lectionis negocium redeamus, ex his quæ commemorauimus conſtat, &
Latinorum & Græcorū codices uariare, meaǿ ſententia nullū periculum eſt quamcunǿ
lectionem amplectaris. Nam quod ait Thomas de particula ab hæreticis addita, primum
nō affirmat, ſed ait dicitur, Alioqui eccleſia catholica per orbem terrarum amplecteretur,
quod ab hereticis eſſet adulteratū. Illud torquebit grammaticos, quomodo de ſpiritu, aqua
& ſanguine dicitur, tres ſunt qui, & hi unum ſunt, præſertim quū ſpiritus, aqua & ſanguis.
apud Græcos ſint neutri generis. Verū apoſtolus magis reſpexit ſenſum quàm uerba, pro
tribus teſtibus, quaſi tribus perſonis, ſuppoſuit tres res, ſpiritum, aquam & ſanguinem.
Quod genus ſi dicas, qualis ſis artifex, ipſum ædificium teſtis eſt.)

19   Et hi tres unum ſunt.) Hi, redundat, niſi quod interpres adiecit explicandæ ſententiæ | 16: ſiue in idem.
gratia. Neǿ eſt, unum, ſed in unum εἰς τὸ ἓν in quibuſdam. | 19·22: id eſt in idem,
27   Hoc eſt teſtimoniū dei quod maius eſt.) Quod maius eſt, hoc loco ſupereſt, iuxta Græ | ut verbum verbo
Quia teſtificatus eſt.) ἣν μεμαρτύρηκε, id eſt, Quod teſtificatus eſt.   (cos codices.) | reddam.
27   Habet teſtimonium dei in ſe.) Dei, redundat. Articulus tamen habet emphaſim, ut de
dei teſtimonio accipias.)
Qui non credit filio.) Græce non eſt filio, ſed deo.
Mendacem facit.) Græce eſt, fecit, πεποίηκεν.
Quia non credit.) ὅτι οὐ πεπίσδυκεν, id eſt, Quia non credidit.
Hæc deſcribo.) ταῦτα ἔγραψα, id eſt, Hæc ſcripſi. Hoc loco Græca diſſident à Latinis, | Græca à no∕
ſed uereor ne ſint deprauata, ἔγραψα ὑμῖν τοῖς πιςδύουσιν εἰς τὸ ὄνομα τῶ ὑιῶ τῶ θεȣ̂, ἵνα εἰδῆτε, | ſtris diuerſa
ὅτι ζωὴν αἰώνιον ἔχετε, κỳ ἵνα πιςδύητε εἰς τὸ ὄνομα τῶ ὑιȣ̂ τȣ̂ θεȣ̂, id eſt, Scripſi uobis, qui creditis
in nomine filij dei, ut ſciatis quod uitam æternam habetis, & ut credatis in nomine filij
27 dei. Certe Græcorum exemplaria conſentiunt.)
Quas poſtulamus.) ἃ ᾐτήκαμεν, id eſt, Quæ poſtulauimus, præterito tempore.
Qui ſcit fratrem.) ἐάν τις ἴδη, id eſt, Si quis ſciat.
Petat & dabitur ei uita peccanti non ad mortem.) αἰτήσει ⳇ δώσει αὐτῷ ζωὼ, τοῖς ἁμαρ∕
27 τάνȣσι μὴ πρὸς θάνατον, id eſt, Petet & dabit ei uitam, his qui peccant non ad mortem. Meri∕
to torquet grammaticos, quomodo poſt ei, ſequatur peccantibus. Tametſi Beda legit pec
canti, conſentiens cum noſtra æditione. Verum hic numerus mutatus non mutat ſenſum,
quoniam pronomen ei generaliter poſitum eſt: quemadmodum ſi dicas, difficilius eſt cer∕
tare cum uiro, quàm cum fœmina, idem pollet, quaſi dicas, certare cū uiris quàm cum fœ∕
minis. Subeſt & alius ſcrupulus, quid referatur ad uerbum dabit, deus an qui petit. Nam
& qui impetrat alteri, quodammodo dat.)

19   Non pro illo.) οὐ περὶ ἐκείνης. Illo, referendum eſt ad peccatū, non ad hominem. Locus | Peccatum ad
hic in ſpeciem, adimere uidetur ſpem ueniæ, relapſis in culpam grauem. Neque me clàm | mortem quid
eſt, quibus rationibus ſeſe hinc explicent theologi. Sed mihi uidetur & alius exitus aperiri
poſſe. Venialia delicta, ſine quibus non uiuitur, cotidiana precatione delentur, remitte no∕ | Locus diffici∕
bis debita noſtra, quemadmodum interpretatur & Auguſtinus. Cæterum atrocia flagitia, | lis, noua ratio
non ſanantur eodem modo, ſed olim eijciebantur è contubernio eccleſiæ, tradebanturǿ ſa | ne explicatus
27 tanæ, nec recipiebantur, niſi ieiunio, lachrymis, multiſǿ remedijs duris deleta culpa. Beda
putat omnino peccatum aliquod eſſe, cui non ſit petenda uenia, eo quod fruſtra peteretur,
uidelicet ſequutus Auguſtinū qui hoc ſenſit in libris de ſermone domini habito in monte,

T t 2   quæ

quæ fuit Origenis Theognofti & Athanafij opinio. Verum huius fententiæ canit palino
diam in libro retractat.priore,addens hoc effe uerum fi in peruerfo affectu perfeuerauerit
ufcp ad mortem.Et hanc fententian attingit Beda,fed priorem iudicat potiorè, quod cum
hac parum congruant quæ fequuntur,Omnis iniquitas peccatum eft &c. Sufpicor autè
Auguftini cõmentarium mutilum truncata parte quæ offendebat lectorem, quam tamen
Beda legiffe uidetur.Id arguit imitatio,qualis eft in cæteris.)

⟨ Omnis iniquitas eft peccatum,& eft peccatum ad mortem.) Græci legunt nõ ad mor **22**
tem.Et in hanc fententiam exponit gloffa ordinaria,⟨Quanquam & alias fermo habet am **27**
phibologiam.poteft enim hic accipi fenfus,Omnis iniquitas eft peccatum, & quidem ad
mortem,ut peccati uocabulum fit generalius,iniquitatis fpecialius:Poteft & alius, omnis
iniquitas eft peccatum, & eft aliquod peccati genus quod fuperat omnem iniquitatem,
eoq nec remittitur.)

Sed generatio dei.) ἀλλ' ὁ γεννηθεὶς ἐκ τ̃ θεᾶ τηρᾶ ἑαυτὸν, id eft,Sed genitus ex deo feruat
feipfum⟨Confentiunt Græcorum exemplaria,nec minus conftanter difcrepant Latina.Si **24**
pro ἑαυτὸν fcriptum effet αὐτὸν,ὁ γεννηθεὶς referri poffet ad filiũ dei,qui conferuat filios dei.)

Non tanget.) οὐχ ἅπ̃ετ̃, id eft,Non tangit tempore præfenti.   **19**
Dedit nobis fenfum.) διάνοιαν, id eft,Mentem,fiue cogitationem.

Et fumus in
uero,Locus
uarius

Deum uerum.) Deum,apud Græcos nõ eft,fed τὸν ἀληθινὸν,id eft,Eum qui uerus eft.
⟨Ac iuxta Græcorum lectionem citat hunc locum diuus Hilarius lib.de trinitate fexto, Vt **27**
intelligamus uerum, & fimus in uero in filio eius Iefu Chrifto, Hic eft uerus deus & uita
æterna ⟨Item Auguftinus libro de trinitate primo capite fexto iuxta uetuftiffimum codi **35**
cem.Rurfus Hieronymus enarrans caput Efaiæ **65**. Venit inquit filius dei, & dedit nobis
mentem, ut agnofcamus uerũ, & fimus in uero filio eius Iefu Chrifto . Ifte eft uerus deus
& uita ęterna⟨Poteft enim hic effe fenfus,ut cognofcamus uerum deum & fimus in uero.
Plus enim effe in deo quàm noffe deum. In filio, fonare poteft per filium,ut cognof
camus patrem per filium.Deinde particula quæ fequitur,Hic eft uerus deus,referri poteft
ad deum uerum patrem,qui præcefsit,Hic quem nouimus in quo fumus per filium,uerus
eft deus. Tametfi non fum ignarus hoc ab interpretibus referri ad filium,qui & ipfe uerus
fit deus . Exemplaria quæ uidi confentiunt cum ędicione Aldina,quædam tamen confen
tiunt cum noftra lectione,Vt cognofcamus uerum deum . Quidam affirmat idem haberi
in quodam Rhodienfi. Verum id ad fenfum minimum habet momenti, quum conftet de
patre fieri mentionem in prima particula: de poftrema dubium effe poteft , utrum repetat
fuo more quod prius dixerat, an idem tribuat filio quod patri. Certe fumus eft Græcis nõ
fimus ἐσμὲ̃ν.Non enim monet ut fint,fed gratulatur quod funt in uero.)

In uero filio eius.) ἐν τῷ ἀληθινῷ,ἐν τῷ ὑῷ αὐτ̃, id eft,In eo qui uerus eft,nimirum in filio **27**
eius(aut per filium eius.)   **I**   **27**

IN EPISTOLAM IOAN

NIS SECVNDAM ⟨ANNOTATIONES DES.   **19**
ERASMI ROTERODAMI.⟩

T natis.) τοῖς τέκνοις.Cur nõ potius filijs: fequitur enim,οὓς,
id eft, Quos,mafculino genere,cũ τέκνα fit neutri generis.Pote
rat uertere,liberis,potius cp natis,quæ uox poetarũ magis eft.

In eo ambuletis.) ἵνα ἐν αὐτῇ περιπατῆτ̃,id eft, Vt in eo am
buletis,fed ut eo,referat mandatum,nõ deum⟨Nam Græcis eft **27**
fœminini generis,ut ad deum referri non pofsit.)

Exierunt.) εἰσῆλθον, id eft,Introierunt.

⟨Qui non confitetur Iefum Chriftum ueniffe in carne, hic eft **22**
feductor & antichriftus.) Græci fecus diftingunt,fenfu nõ ad
modum diuerfo,Multi feductores introierunt in mundum,qui
non confitentur Iefum Chriftũ uenturũ in carne.Deinde fubijciunt. Hic eft feductor ⟨ὅτι **27**
πολλοὶ πλάνοι εἰσῆλθον εἰς τὸν κόσμον, οἱ μὴ ὁμολογοῦντες ἰησῦν χ̃ρισὸν ἐρχόμενον ἐν σαρκὶ, οὗτος
ἐὴ

C 22: eſt. Tametſi Stunica indicat eſſe in codice quodam Rhodienſi:
cui ego hoc minus habeo fidei, quod tam conſentit cum noſtris.
In vero

I 22-27: ANNOTATIONUM IN EPISTOLAM JOANNIS PRIMAM,
⟨ PER DES. ERASMUM ROTERODAMUM.⟩ FINIS.   *22 only*

ὅδιμ ὁ πλάν⊙. Verum huic lectioni nonnihil reclamat articulus οἱ μὴ ὁμολογṓμⱅνοι, qui ſi ab/
eſſet, ſine controuerſia referendum eſſet ad ſuperiora. Nec eſt quod nos offendat mutatus
numerus, quum Antichriſtum dicit omnes intelligit qui Chriſto repugnant. Hac figura
gallum dicimus pro gallis, militem pro militibus.) Cæterum ἐρχόμⱅνου poteſt accipi, ut ſit
præteriti imperfecti temporis, qui ueniebat: & poteſt accipi, ut ſit futuri, ut intelligamus
de iudicio ſupremo.) Mercedem plenam accipiatis.) ἀπλάⱪωμⱅν, id eſt, Accipiamus.

27   Qui recedit.) ὁ παραβαίνων, id eſt, Qui præterit(ſiue tranſgreditur, & quod hic bis eſt
permanet, Græcis eſt manet, μⱴίων. Interpres affectauit ẁανтιώσιν exprimere, in recedit &
manet, uetuſti codices habebant præcedit, non recedit. Noſtri & uerbum mutarunt & nu/
merum, præcedit enim dixit pro præterit.

Nec aue ei dixeritis.) χαίρεıν αὐτῷ μὴ λέγηπ, id eſt, ne dixeritis illi ſalutem, aut ne iuſſe   Deeſt græce
ritis illum ſaluere.) Ecce prædixi uobis, ut in die domini non confundamini.) Hæc
uerba non inuenio in Græco codice.

27   (Spero me futurum ad uos.) Si Græcis eſſet γίνⱅⱨ uideri poterat eam formam ſequu/
tus: nunc quũ ſit ἐλθ�ⱅῖν, id eſt, Venire, demiror quur illi placuerit futurũ, præſertim quũ ſe/
quatur ad uos. Quod durius etiam ſit, quoniam addit, & os ad os loqui, ore ad os erat Lati
nius, Nam in Græcis eſt ſynecdoche, & ſubauditur ῥᵭl, Nos expreſsimus, præſentem præ
ſentibus loquuturum. Simili ſermonis genere claudit & ſequentem epiſtolam.)

{IN EPISTOLAM IOAN

NIS TERTIAM, ANNOTATIONES DES.

ERASMI ROTERODAMI.}

RATIONEM facio.) ϵⱴχομαι, id eſt, Opto.
(Proſpere te ingredi.) ⱴⱺοⱷⱳⱨϛ, id eſt, proſperari ſiue pro/
ſpere agere, quod mox ita uertit, proſpere agit anima tua ⱴⱷ_
οⱷⱳῦται. Quorſum obſecro cõducit iſta uarietatis affectatio?)
Maiorem horum gratiam.) μαιⱬοτⱅῤαν τṓτων οὐκ ἔχω χα-   16-22: his
ῤάν, id eſt, Maius horum non habeo gaudium: quidam pro
τṓτων habebat ταύτης.
{Fideliter facis.) πıϛóⱨ ποıⱅῖς ὅ ἐὰν ἐργάση.Poteſt & hic ſen
ſus accipi, tutum reddis, ſiue in tuto collocas ƷAut hic, rem
Chriſtianam facis.)

Et hoc in peregrinos.) Hoc, redundat, iuxta Græcorũ co/
Cooperatores ſimus ueritatis.) τῇ ἀληθⱅίᾳ, id eſt, Veritati.   (dices.
Scripſiſſem forſitan.) Græce ἔγραψα, id eſt, Scripſi. Nec additum eſt, forſitan. Suſpicor
aliquem caſtigatorem addidiſſe in margine, ſcripſiſſem, pro ſcripſi, & adieciſſe, forſitan,
ne uideretur arrogantior, deinde per imperitũ librarium, utruncꝗ tranſlatum fuiſſe in con/
22 textum ƷNon male uertit interpres, ſiquidem legit ἔγραψⱷ αⱴ. Quin alter ſenſus conſtat,
Scripſi eccleſiæ, ſed fruſtra, quando quidem obſtat Diotrephes.Ƿ
Et quaſi nõ ei iſta ſufficiant.) ϐ μὴ ἀρκόμⱅν⊙ ἐπὶ τṓτοıς, id eſt, Et non contentus his.
27 Et eos qui ſuſcipiunt.) κⱥὶ τοὺς βⱴλομⱴνⱷς, id eſt, Eos qui uolunt(ut ſubaudias recipere.)
Teſtimonium redditur.) μεμαρτύρηπ, id eſt, Teſtimonium perhibitum eſt. Conſtat in/   De autore
ter autores, primam Ioannis epiſtolam, eius eſſe Ioannis, quem Ieſus dilexit plurimum.   epiſtolarum
Cæterũ duas poſteriores, Ioannes presbyter ſcripſit, non Ioannes apoſtolus. Qua quidem
de re prodidit Hieronymus in Catalogo ſcriptorum illuſtrium, his quidem uerbis: Scripſit
autem & unam epiſtolam, cuius exordiũ eſt, Quod fuit ab initio &c. quæ ab uniuerſis ec/
cleſiaſticis & eruditis uiris probatur. Reliquæ autem duæ, quarum principium eſt, Senior
electæ dominæ. Et, ſenior Caio chariſsimo, Ioannis presbyteri aſſeruntur, cuius & hodie
alterum ſepulchrũ apud Epheſum oſtenditur. Idem in Papia, demonſtrat Ioannem ſenio/
rem fuiſſe diuerſum ab Ioanne apoſtolo & Euangeliſta. ac ſeniori, nõ apoſtolo aſcribi du
27 as poſteriores epiſtolas(uide Euſebium lib. tertio cap. xcix.)

¶   Tt 3   IN   ¶↓

N deo patre dilectis.) ἡγιασμένοις, id est, Sanctificatis. Inter‑
pres legisse uidetur ἠγαπημένοις.

Et uocatis.) Et, copula redundat. Rursum uocatis, hic no‑
men est, non participium.

Adimpleatur.) πληθυνθείη, id est, Multiplicetur(Interpres le‑ 27
gisse uidetur πληρωθείη.)

Sensus duplex

Omnem sollicitudinem.) πᾶσαν σπουδὴν ποιούμενος γράφειν
ὑμῖν περὶ τῆς κοινῆς σωτηρίας,ἀνάγκην ἔσχον γράψαι ὑμῖν.Bifariam
hic locus potest accipi . Prior sensus hic erat , Non solum mihi
fuit summum studium scribendi ad uos de communi salute,ue
rum etiam necesitas scribendi fuit,propter inimicos Christi. Alter hic,Cum esset mihi mi
rum studium scribendi uobis de communi salute,non potui non scribere, hoc est, non po‑
tui non obsequi desiderio animi mei.

**Deprecans f.
locus uariæ
lectionis**

Deprecans supercertare semel traditæ fidei.) παρακαλῶν ἐπαγωνίζεσθ, τῇ ἅπαξ παραδο‑
θείσῃ πίστει τοῖς ἁγίοις.Quæ,si quis sententiam uelit,ita uerti poterant, Adhortans,ut in fide
quæ semel tradita est,adlaboretis sanctis.(Quidam codices Latini,pro sanctis habebat san‑ 27
ctæ sed mendose : Alij rursus habebant traditæ sanctis fidei:nec hanc lectionem patiuntur
uerba Græca,iuxta quorundam exemplaria,in quibus habebatur τῇ ἅπαξ παραδοθείσῃ πί‑
στει τοῖς ἁγίοις. Certe in ordine consentit prima æditio uoluminis quod habet glossam ordi‑
nariam . Sic enim legit, Semel traditæ fidei sanctæ . Vt scriptura mutaretur fuit in causa,
quod lector non sensit datiuū τοῖς ἁγίοις referri ad uerbum ἐπαγωνίζεσθαι, quemadmodum
dicimus,adlaborat illi, sed adiunxit propiori dictioni δοθείσῃ. Non enim est traditæ sed da‑
tæ.Itaq; sensus erit, ut per fidem semel datam auxilio sitis sanctis, quo magis proficiant in
fide . Verum quoniam alteram lectionem cum nostra congruentem reperimus in æditio‑
ne Hispaniensi & Aldina,hanc sequuti sumus,sicut & antea fueramus.)

C 16: nostrum

Dominatorem & dominum.) δεσπότην θεὸν καὶ κύριον ἡμῶν, id est,Herum deum,& do‑
minum (Si quid interest, δεσπότης priuati iuris nomen est, κύριος honoris & autoritatis. 27
Nam & matresfamilias οἰκοδεσποτεῖν iubentur,non κυριεύειν.)

Scientes semel omnia.) Non est Græce omnia,sed τοῦτο, id est,Hoc.

Quoniam Iesus.) ὅτι ὁ κύριος, id est,Quod dominus.

Saluans,secundo eos &c. σώσας, τὸ δεύτερον,id est,Cum seruasset,postea perdidit.

Suum principatum.) τὴν ἑαυτῶν ἀρχὴν,id est,Suam originem.Significat autē primam
illam in qua conditi fuerant naturam.

**Dei pro diei
depravate**

16-22: epistola

In iudicium magni dei.) μεγάλης ἡμέρας,id est, Magni diei.Atq; ita citatur ab Hierony
mo in epistolam aduersus Ioannem episcopum Hierosolymitanum, attestantibus perue‑
tustis exemplaribus.(Nec repugnat ullius interpretatio,tametsi deprauatio iam in multos 27
codices irrepserat.)

Facti sunt exemplum.) πρόκεινται δεῖγμα, id est, Propositi sunt exemplum.

16: hii

Et hi qui carnem.) καὶ οὗτοι ἐνυπνιαζόμενοι.Græci non simpliciter habent,hi,sed addunt
somniantes,siue in somnijs delusi(Consentiunt Greci codices, sed constanter dissentiunt La 27
tini.Quid autē sibi uelit ἐνυπνιαζόμενοι nō satis coniecto,nisi forte sentit de obscœnis som‑
nijs intemperanter uiuentiū.aut quia omnis libido ueluti p somniū peragit sopita ratione)

**δόξας homi‑
nes autorita‑
te pollentes**

Maiestatem autem.) δόξας δὲ, id est, Glorias autem[Id]quod[idem uocat κυριότητα]Hie 35
ronymus aduersus Iouinianū uertit dominationes(quum κυριότης sonet autoritatem[Por‑ 35.19
rò dominatione,uocat ipsos dominos[quibus ius est in subiectos]& glorias,principes pu‑ 35
blica præditos potestate:sicut admonuimus & ante in epistola Petri(Sic enim δόξας uocat 27
homines publicitus in precio habitos, quemadmodū Suetonius in Claudio Cæsare uocat
eos potestates qui magistratu fungerentur , Per prouincias potestatibus demandauit.)

Michael archangelus.) ὁ δὲ μιχαὴλ,id est,Michael autem,siue at Michael. ¶

Imperet

¶16-22: Cum diabolo disputans.) Videtur deesse alterum,
cum, adverbium temporis, ut Graeci sermonis sententia
reddatur.

Imperet tibi deus.) ἐπιτιμήσαί σοι κύρι^Q, id eſt,Increpet te dominus. Hieronymus ad/   *Imperet,pro*
uerſus Ruffinum legit,increpet tibi dominus, Græcum imitatus ſermonem. Similis locus   *increpet*
eſt apud Zachariam prophetam,capite tertio,Increpet in te dominus ſatan, & increpet in
te dominus,qui elegit Hieruſalem. Poſtrò locus quem hic citat Iudas, ſumptus eſt ex apo/
19 cryphis Hebræorum,& ut diuus Hieronymus indicat in commentarijs in epiſtolam ad Ti   *Citatur locus*
27 tum,ex libro qui illis inſcribitur Enoch, unde & ipſa epiſtola non caruit ſuſpitione,(quod *ex apo/*
quibuſdam uideatur parum apoſtolicū quicquam citare ex apocryphis. Quanquam Ori/ *cryphis*
genes περὶ ἀρχῶν tertio,citans locum ex eo libello,ſubindicat fuiſſe conſcriptum de aſcen/
ſione Moſi,titulo uero Enoch: ipſe citat libro quarto.)   *Michael*
    Qui in uia.) ὅτι,id eſt,Quia,ſiue quoniam.   *archangelus*

27 (In uiam Cain abierunt.) τῇ ὁδῷ τ̃ξ Καΐν ἐπορεύθησαν, id eſt,Via Cain ingreſſi ſunt.Itidē
uertit in pſalmo,qui non abijt in conſilio . Sentit enim illos ingredi per uiam Cain.)
    Mercede effuſi ſunt.) μισθῷ ἐξεχύθησαν. Senſus obſcurior eſt, ὅ τῇ πλάνῃ τ̃ξ Βαλαάμ μισθῦ
ἐξεχύθησαν. Cæterum ordo Græci ſermonis ſic habet, καὶ ἐξεχύθησαν τῇ πλάνη,τῦ μιδθῦ Βαλα
άμ, id eſt, Effuſi ſunt deceptione mercedis Balaam . Effuſos uocat in omne facinus abdu/
ctos ac prolapſos,cum iam non temperant ſibi,nec abſtinent ab ullo ſcelere. Deinde dece/
ptionem mercedis,uocat corruptelam,qua data mercede, Balaam conductus fuit,ut male
diceret populo Iſraëlitico.

22   In epulis ſuis.) ἐν ἀγάπαις ὑμῶν, id eſt,In dilectionibus ueſtris,Siue inter charitates ue/ *ἀγάπαι*
ſtras, Quemadmodum enim εὐλογίαι Chriſtianis dici cœperunt munuſcula ex charitatis *conuiuia*
affectu miſſa,ita conuiuia quæ pauperibus refocillandis exhibebantur ἀγάπαι ſunt dictæ.
27 (Talia ſuſpicor fuiſſe Corinthiorū,de quibus Paulus multa queritur ad illos ſcribens.)Vti/
tur in hunc ſenſum hoc uerbo Fauſtus libro x x . cap. ı ı ı ı . uir nequaquam orthodoxus,
ſed tamen nō inelegans in dicendo. Reperitur & in decretis locis aliquot.Quod ſi hic ſen/
ſit Iudas de huiuſmodi conuiuijs,& recipimus quod legūt Græci, ſenſus erit,hoc inſignio
rem eſſe fœditatem luxus illorum, quod inter honeſta charitatis ac frugalitatis exempla,
crapulæ libidiniꝗ turpiter indulgerent.Cæterum parum quadrat,quod noſtri codices ha/
bent,In epulis ſuis,niſi forte Græcis omne conuiuiū ad quod complures adhibentur ami/
ci, ἀγάπη dicitur . Siquidem is mos apud nonnullos & hodie durat, ut amici ſeſe uiciſſim
inuitent,ne deſuetudine pereat amicitiæ uigor. Tertullianus in libro quem ſcripſit aduer/
ſus gentes, ſentire uidetur hanc uocem fuiſſe peculiarem Chriſtianorum conuiuijs : Cœ/
na,inquit, noſtra de nomine rationem ſuam oſtendit,uocatur ἀγάπη, id quod dilectio per
nes Græcos eſt.)
    Sine timore.) Sine timore aduerbium eſt Græcis, ἀφόβως, id eſt,Intrepide, ſiue ſecure,
& refertur ad participium paſcentes.
    Paſcentes.) ποιμαίνοντες,id eſt,Paſcetes,hoc eſt,paſtorū in modū ſeipſos agentes ac du
centes,& ſibijpſis paſtores.Sentit eī illos nullius parère imperio, ſed ſuo arbitratu uiuere.
    Arbores autumnales.) δένδρα φθινοπωρινά.Quod ferme ſonat,quaſi dicas,arbores au/ *16: autem malas*
tumno marceſcentes, ſiue fructibus marcidis, aut quod interpres ſecutus uidetur, arbores
extremi autumni . Solent enim nonnullæ extremo autumno præter temporis rationem,
florere,idꝗ agricolis indicat eas mox emorituras.
    Fluctus feri maris.) Feri epitheton eſt fluctus,nō maris,κύματα ἄγρια θαλάσσης.
    Quibus procella.) οἷς ὁ ζόφ^Q τ̃ξ σκότϛς,Caligo tenebrarum,ſiue ſpecus tenebrarum.
    Enoch dicens.) Id ex apocryphis adductum eſt,ut & illud de Michaële.   *Apocrypha*
    Ecce ueniet.) ἰδοὺ ἦλθε κύρι^Q,id eſt,Venit,præteriti temporis.   *rurſum*
19   Quibus impie.) ὧν ἠσέβηζαν.Quæ impie patrarunt.✝?   *916·22: De*
27   Contra deū.) κατ᾽ αὐτ̃ξ, id eſt, Contra eum. Suffragantibus & uetuſtis exemplaribus. *omnibus duris.)*
    Et os.) τὰ σόματα, id eſt, Ora. Quanquam hic exempla uariant Græcorum.   *σκληρῶν*
27   Superbiam.) ὑπέρογκα, id eſt,Superba.(Vnus uetuſtus codex habebat ſuperbia,in alte
ro ſimilis erat ſcriptura,ſed quidam puncto ſubſcripto,notarat ı literam. Tertius habebat,
ſuperbe. Varietas arguit deprauationem,quum apud Græcos nihil uariet.)
    Quæſtus cauſa.) ὠφελείας χάριν, id eſt, Vtilitatis gratia.
    Qui dicebat.) ὅτι ἔλεγον,id eſt, Quia dixit.
                               Tt 4   Etim

---

only: (16-19: veſtris. Mirum eſt autem, unde vox epularum invaſerit, quae nihil
habet affine cum ἀγάπαις (niſi forte + hoc ſignificat Graecis ἀγάπη
geniale convivium). Porro ἀγάπας, ni fallor, vocat illorum benefacta
quae Chriſtiana charitate non deſinebant in omnes exhibere. At illi hoc
erant foediores, + inſignius mali, quod inter honeſta pietatis exempla,
dedecoroſam agerent vitam, unde + maculas vocat. Sine

Et impietatibus.) τῶν ἀσεβῶν, id eſt, Impietatum. Et copula & redundat.

Segregant ſemetipſos.) Græce tantum eſt, qui ſegregant, ἀποδιορίζοντες.

Noſtræ fidei.) ὑμῶν πίσει, id eſt, Veſtræ fidei.

Et hos quidem arguite.) ἐλεᾶτε, id eſt, Commiſeramini.

Iudicatos.) διακρινόμενοι, id eſt, Dijudicantes {ſiue cum dijudicamini} Græcis enim am‑ **19, 27**
bigua uox eſt.)

Saluate de igne.) ἐν φόβω σώζετε, id eſt, In timore ſeruate {ſiue per timorem.}   **19**

Locus uariæ
lectionis
De igne
rapient
De igne rapiant.) ἐκ πυρός, id eſt, Ex incendio. Totus hic locus nonnihil diuerſus eſt à
Græcis exemplaribus. Ea ſic habent, ⓐ οὓς μὲν ἐλεᾶτε, διακρινόμενοι, οὓς δὲ ἐν φόβω σώζετε, ἐκ
πυρὸς ἁρπάζοντες, μισοῦντες ⓐ &c. id eſt, Et hòs quidem commiſeramini dijudicantes, ſiue
cũ dijudicamini: illos uero in timore ſeruate, ex incendio rapientes, odio habentes etiã &c.
Porrò ſenſus alioqui ſubobſcurus hic eſt, Vt alios manſuetudine trahant ad Chriſtum, ha
bita ratione perſonarum, alios metu deterreant à peccando, & oderint non ipſos homines,
sed turpeis affectus, quos hic ueſtem carnis maculatam uocat. Niſi mauis in hũc interpre‑
tari ſenſum, odio habentes, nõ ſolum ipſa turpia facta carnis, uerum etiam ueſtem à carne
contaminatam, hoc eſt, quicquid ullo modo ad turpitudinem pertinet . Ad hanc interpre‑
tationem facit Græca coniunctio, ⓐ, tamẽ prior magis quadrat cum his quæ mox ſequun
tur, Ei uero qui poteſt. Habete odio uitia non homines, & gloriam ne uobis uſurpetis, ſed
deo tribuatis, qui poteſt illos ex malis reddere bonos.

Quæ carnalis eſt.) τὸν ἀπὸ σαρκὸς ἐσπιλωμένον χιτῶνα, id eſt, A carne ſordidatã tunicam.

Immaculatos.) ἀμώμους, id eſt, Irreprehenſibiles.

In aduentu domini noſtri Ieſu Chriſti.) Hæc non leguntur in Græcis codicibus. {Nec **27**
erat in uetuſtiore codice Conſtantienſi.}

Rurſus addi‑
tum ſapienti,
& coronis eſt
Soli deo.) μόνω σοφῷ θεῷ, id eſt, Soli ſapienti deo.

Per Ieſum Chriſtum dominum noſtrum.) Nec iſta leguntur in Græcis codicibus.

Ante omnia ſecula.) Abſunt à Græcis libris hæc quoqp.

I

IN LIBRVM APOCALY

PSEOS {IOANNIS ANNOTATIONES DES. **19**

ERASMI ROTERODAMI }

CAPVT I.

Apocalypſis
noua uox
POCALYPSIS.) Demiratur Valla, cur hic interpres Græ‑
cam uocem reliquerit, cum antehac ſæpe uerterit. Nam Greca
uox eſt Apocalypſis, quã Latine poſsis dicere reuelatiõe. In‑
dicauimus alias ex autoritate diui Hieronymi, dictiõe hanc
nouam à Septuaginta fuiſſe repertam, quo ſermonis Hebraici
proprietatem exprimerent. Siquidem illi גלה uocant, quoties
res abdita prius, aperitur. Hebrẹorum more librum auſpicatus
eſt, quiſquis fuit huius operis autor, nempe à titulo.

Palàm facere.) δεῖξαι, id eſt, Vt oſtenderet, ſiue demonſtra
ret, & refertur ad ſequentia. ut oſtenderet per hanc reuelatio‑
Valæ opinio nem Ieſu, ſeruis illius, quid mox futurũ ſit {Vala ſuſpicatur fuiſſe ſcriptum ab interprete, **27**
planum facere, pro explanare, quod conuenit rebus obſcuris. Nam ut palàm facere pro e‑
uulgare ſit Latinus ſermo, certe non caret amphibologia . Siquidem palàm facit, qui facit
aliquid in publico.)

Mittens per angelum.) ἀποσείλας διὰ τὸ ἀγγέλε, id eſt, Miſſo mandato. Alioqui cum an
gelum miſerit, quid erat quod mittebat per angelum {Siue mandans per angelum.) **27**

Qui teſtimonium perhibuit uerbo dei, & teſtimonium Ieſu Chriſti.) ὃς ἐμαρτύρησε τὸν
λόγον τ̃ θεῦ, καὶ τὴν μαρτυρίαν ἰησῦ χιςῦ, id eſt, Qui teſtificatus eſt uerbum dei, & teſtimo‑
nium Ieſu Chriſti . Nam Græcis uerbum & teſtimonium eiuſdem caſus ſunt . {Teſtificari **27**
dixit pro publice prædicare.)

Quæcunque uidit.) Interpres addere debuit, Et quæcunque uidit ὅσα τε εἶδε, ut hic ſit
tertius

I 19‑22: **ANNOTATIONUM IN EPISTOLAM JUDAE PER DES. ERASMUM
ROTERODAMUM, FINIS.**

tertius accusatiuus,pendens à uerbo testificatus est.Quin hoc loco quiddã additum com/ *In Græcis*
perio in Græcis codicibus,quod in Latinis penitus non inuenitur,κỳ ἅ τινά εἰσι,κỳ ἅ τινα χỳ *superest*
γενέαϑ μετὰ ταῦτα,hoc est,Et quæcunợ sunt,& quæcunợ oportet fieri post hæc.

Beatus qui legit & qui audit.) Græce diuersus est numerus,μακάρι☉ ὁ ἀναγινώσκωμ ⲕỳ
οἱ ἀκόοντες,id est,Beatus qui legerit,& qui audierint uerba prophetiæ.Nam huius addidit **16: audierit**
nescio quis de suo,uolens opinor exprimere,uim articuli Græci.

Ab eo qui est,qui erat,& qui uenturus est.) Ingenue fatendum est, Grēcũ sermonem Solœcismus⌉ **19: only**
nihil omnino significare quomodocũợ legas,ἀπ τὸ ὁ ὥν,κỳ ὁ ἦν,κỳ ὁ ἐρχόμεν☉,Nam singẹ manifestus⌋ **margin:**
poni uerba ipsa,uelut absoluta,tolerabile est ὁ ἐρχόμενος,sed quid tandẹ significat ὁ ἦν?Ad **Græca**
plane soloeca
uerbũ ita sonat⸱ợi tamen exprimí potest⸱ab ens, ab id quod erat, & ab is qui uenturus est. **16-22: siue**
Valla putat hac nouitate sermonis significatam immutabilem in deo proprietatem, præ/ **ὁ ὤν?**
sertim cum in spiritibus inflexerit casum, κỳ ἀπ ἆν ἑ̓πᷓα πνϑύματων. Cæterum illud ἐρχό/
μενος,participium est uerbi , quod ad utrunợ tempus anceps est . At hoc sanè loco magis
conueniébat futurum , cum præcessissent duo tempora (In æditione Hispaniensi omissus
erat articulus ἀπ τ͂, casu ne an studio nescio.)

Qui dilexit nos.) τῷ ἀγαπήσανᴅι ἡμᾶς, id est,Ei qui dilexit nos, ut referatur ad patrem,
sitợ sensus,Christum fuisse testem fidelem patri,qui dilexit nos,& lauit à peccatis per san **16: εϲ**
guinem eius.Nam suo,uertendũ erat,aut ipsius⸱ợonⲕius,si pertinebat ad Christũ.Quan/ **16: ut pertineat**
quam mox necesse est mutare personam : Et fecit nos reges & sacerdotes . Sic enim est in
Græcis exemplaribus,βασιλεῖς χỳ ἱερεῖς, id est,Reges & sacerdotes(Etiamsi Hispaniense
exemplar habebat βασιλείαν,id est,regnum, pro βασιλεῖς.)

[Et uidebit eum omnis oculus.) Glossa ordinaria indicat ab hac nonnihil diuersam le/
ⲥtionem, Et uidebit omnís terra talem.]

Etiam amen.) ναὶ ἀμλώ.Etiam,non est coniunctio, sed aduerbium confirmandi, ut sit
gemina confirmatio,altera Græca,altera Hebraica.

Ego sum alpha & ω.) τὸ α τὸ ω. Qui primus est in re quapiam,etiam prouerbio Grẹ *Alpha & ω*
cis dicitur Alpha,ut apud Martialem,alpha penulatorum,& ω μέγα extrema est in ordine
literarum.Qua de re copiosius aliquantò díximus in Chiliadibus nostris(Cæterum prin/
cipium & finis non erat in Hispaniensi)Et rursum,Qui, qui erat,& qui uenturus est,to
tidem syllabis Græce scriptum est hic,ut paulo ante.

Vestitum podere.) Podḗre penultima producta pronunciandum est.Est enim Græca
uox ποδήρης,quæ significat uestem ad pedes usợ demissam,à pos, inquit Lyranus, quod *Lyranus*
est pes,& hæreo hæres,quod adhæreat talis.Imo⸱potius⸱ab ἀρῶ,quod est adapto , quod ad
pedes usợ congruat . Quorsum enim attinebat eandem uocem,ex Græco Latinoợ con/
flares(Etiamsi non desunt,qui malint sic dici ποδήρης,quemadmodum τρώηρης)

Pedes eius similes aurichalco.) Græce est,χαλκολιβάνω.Dictio cõposita ex ære & thu/ *χαλκολί*
re.Suidas indicat esse genus electri preciosius auro:id conflari dicit, ex uitro & lapide,te/ *βανου*
stans eius temperaturæ fuisse mensam sanctam magnæ, ut ipse uocat,ecclesiæ⸱Plinius in **16-22: temperatura**
historia mundi libro XXXIIII cap. II testatur esse genus æris,quod è terræ uenis effo/
ditur,olim habitum in precio.⟩

Sicut in camino ardenti.) Non erat nobis par exemplarium copia in hoc opere: quod *Græci ægre*⌉
Apocalypsis uix reperiatur addita in ullis Græcorum uoluminibus. In his sanè quos uide *receperunt*
rim codicibus scriptum erat, ὡς ὲν καμίνῳ πεπυρωμᷲοι, id est,Velut in fornace ardentes, si *Apocalypsin*⌋
ue igniti,ut ad pedes pertineat participium.   Et facies eius.) ⲕỳ ὄⲗις, id est,Aspectus.

19
27 ⟨EX CAPITE SECVNDO⟩

T inuenisti eos mendaces.) Hoc loco additum repperí⸱in uetustissimo codi
ce)☉ ἐβάπῄσας, id est, Et baptizasti, sed mendose, ni fallor,quandoquidem
in commentariolis Græcanicis nihil erat quod ad baptismũ pertineret (Post **C↓**
ex aliis exemplaribus comperi legendum ἐβάϲαϭες, id est,tulisti,siue tolera/
sti⸱Quanquam in Latinis codicibus⸱ordo inuersus est, patientiã habes præ/ ⟩**22: nihil est**
cedit, tulisti sequitur.) **quod huic**
respondeat.
Sin aũt.)ἐ̓ δὲ μή,Sin minus.Id paulo post trãstulit,si quo minus(uertere poterat,alioqui.)
Angelo Smyrnæ ecclesiæ.) Smyrnensium est Grēce σμυρναίων. Et item paulo post, Et

C **16·19: pertineret.** Suspicor scriptum fuisse ἀπέπεμψας
id est abiecisti siue ablegasti. **Sin**
22: pertineret. Suspicor scriptum fuisse ἐβάϲτασας
i. tulisti, siue tolerasti. **Quanquam**

angelo Pergami ecclesiæ,Græce est,Pergamensis ecclesiæ, ∂ỉ ẻν πϱγάμῳ {ut paulo superi⸝ 19
us,τῆς ἐφεσίνης ἐκκλησίας }

Doctrinam Balam qui docebat in Balac.) Recte admonet Valla,paulo ante illic dictū
pro istic.Nam Græci carent hac pronominum differentia.Cęterum historiam de Balac re

16: 25. ge,& Balaam propheta,habes Numerorum capite 22,23,& 24.

Calculum candidum.) ⸝ῆφον λϱυκίω. Olim calculis ferebant suffragia . Vnde albo la⸝
pillo notari dicuntur quæ probantur,atro quę damnantur.Et in suffragijs comitiorum,no
men eius,cui fauebatur,calculo inscribebant.

Thyatiræ ecclesiæ.) θυατέϱῳ,id est, Thyatirensium.

Pedes eius similes aurichalco.) Rursus est,χαλκολιβάνῳ, de quo modo diximus.

Et manducare de idoloticis.) De Idolothytis legendū est,hoc est,simulacro immolatis.

Vt ageret pœnitentiam.) ἵνα μετανόησῃ, id est, Vt resipisceret, quod tamen ad hūc mo
dum ferè uertit.{Verum de hoc iam crebro admonuimus.)   27

Tanquam uas figuli.) ὡς τὰ σκεύη τὰ κεϱαμικὰ, id est, Tanquam uasa fictilia.

{EX CAPITE TERTIO}   19

T angelo ecclesiæ Sardis.) τῆς ẻν σάϱδεσιν, id est,Ecclesiæ Sardensis . Et
item aliquanto inferius,Angelo Philadelphię, τῆς ẻν φιλαδελφία,id est,
Philadelphiensis ecclesiæ.

Qui aperit & nemo claudit.) Laurentius legit,claudet & aperiet,fu⸝
turo tempore.Et addit, κλείσᾳ αὐτὴν εἰμὴ ὁ ἀνοίγων, id est,Claudet eum,ni
si qui aperit. Verum nostrum exemplar consentiebat cum æditione no⸝
stra{Cum Vallæ lectione consentiebat Hispaniense . Ne quis autem contemnat nostrum, 27
tantæ uetustatis erat,ut apostolorum ætate scriptum uideri posset.)

Angelo Laodiceæ ecclesiæ.) τῆς ἐκκλησίας λαοδικέων, id est, Ecclesiæ Laodicensium.

Neqȝ frigidus es,neqȝ calidus.) ὅτε ζεϱὸς, id est,Neqȝ feruidus,à ζέω ferueo.

Incipiam te euomere.) μέλλω σε ἐμέσαι, id est, Euomam te. Quod tamen interpres ad
hunc modum {aliquoties} gaudet uertere.   19

Coniunctio   Dicis quod diues sum.) Ex his uerbis nullus alius sensus percipi potest, nisi quod ille
perperam   dicat,Christum esse diuitem.Proinde omittenda erat coniunctio quod,quæ hoc loco Lati
addita   ne loquentibus nullum habet usum.

Aurum ignitum probatum.) Græca secus habent, πεπυϱωμένου ẻκ πυϱός, id est,Igni⸝
tum ex igni.Ad eum fermè modum interpretantur & Græcanica scholia . Fortassis inter⸝
pres legit,πεπυϱωμένον, unde addiderit probatum.

Confusio nuditatis.) ἀϛχύνη, id est,Turpitudo siue probrum aut pudor.{Mirum unde 27
confusionis uocabulum irrepserit in consuetudinem Christianorum.)

Collurium   Collyrio inunge oculos.) κολλύϱιον. Collurion,quam uocem dictam putant ab ijs,quæ
truncatam habent caudam. est hoc loco pharmaci genus.

Ego quos amo.) ὅσϒς ẻὰν φιλῶ,id est,Quoscunqȝ amo.

{EX CAPITE QVARTO}   19

Imilis erat aspectui lapidis iaspidis.) ὅμοι⊙ ὁϱάσει,λίθῳ ἰασπίδι, id est,Similis
aspectu,lapidi iaspidi {ut prior datiuus sit modi,alter relationis.)   27

Similis uisioni smaragdinæ.) Id est,Similis aspectu smaragdino , ut sub⸝
audias lapidi.Nam ita modo dixit σαϱδίνῳ, id est,Sardensi lapidi.

(Viginti quatuor seniores.) Quū apud Græcos seniores sedentes sint ac⸝ 27
cusatiui casus, male cohæret amicti,sed in nonnullis codicibus non additur εἴϐου uidi , sed
subauditur erant.itaqȝ interpres legisse uidetur καθημένοι.)

Et requiem non habebant.) ẻκ ἔχϒσιν, id est, Non habent: ac mire subito mutauit ge⸝
nus, cum dixisset animantia,subiecit λέγοντες dicentes.

Sanctus sanctus sanctus.) In Laurentianis codicibus,ut ipse indicat,sanctus nouies re
petitur.At in meis ter duntaxat positum erat . ac nusquam maior uarietas ꝗͫ in hoc uolu⸝
mine,quod Græcis hic liber propemodum inter apocrypha habebatur {Cum Laurentia⸝ 27
na lectione consentiebat exemplar Hispaniense.)

Qui erat & qui est.) Eadem sunt uerba,de quibus ante iam dictum est.

                                                        Et quum

24 (Et quum darent illa animalia.) In Grǫcis codicibus eſt,δώσουσιν,id eſt, dabunt,niſi for‑
te ſcriptum erat δώσωσιν,& πιϑ͂νται eſt,id eſt,procidunt.

Dignus es domine accipere.) Exemplar Hiſpanienſe pluſculum hic habet uerborum,
ἄξιΘ· εἶ ὁ κύριΘ· κὴ θεὸς ἡμῶν ὁ ἄγιΘ·, id eſt, dignus es dñe ac deus noſter ſanctè accipere.)

Propter uoluntatem tuam erant.) Grǫce eſt,εἰσί ſunt, non erant.
19   {EX CAPITE QVINTO}

Ntus & foris.) ἔσωθεν κὴ ὄπιϑεν, id eſt, Intus & in tergo,hoc eſt, utraque
parte membranǣ.

Leo de tribu Iuda.) ὁ λέων ὁ ὢν ἐκ ἢ φυλῆς ἰούδα, id eſt , Leo ille qui eſt è
tribu Iuda.

Et cantabant canticum.) κὴ ἄδουσιν, id eſt,Canunt.

Et feciſtis nos.) ἡμᾶς. Laurentius legit αὐτὸς,id eſt,Eos. Deinde non eſt,regnum, ſed   16·19: feciſti
βασιλᾶς,reges,ut ſuperius indicauimus.

Et erat numerus eorum milia milium.) Laurentius legit, μυριάδες μυριάδων,χιλιάδες
χιλιάδων. Myrias ſignificat decem milia,Chilias mille. Noſtrum exemplar magis conſen
27 tiebat cũ uulgata Latinorũ ǣditione ,(Hiſpanienſis ǣditio cum eo quod legit Laurentius.)
19   {EX CAPITE SEXTO}

T audiui unũ de quatuor animalibus tanꝗ uocem tonitrui.) Valla legit,ὡς
φωνὴ. Noſtri codices habebant φωνῆς.Alioqui dicens, erat dicendum non di
35 centem,(quod Valla legiſſe uidetur. Quanquam huius adnotatio quid hoc
loco ſibi uelit neſcio. Aut mendoſa eſt,aut perplexa.]

Bilibris tritici.) Grǣce eſt,Chœnix,id eſt,mẽſura tritici,aut leguminis,
22 quǣ ſatis ſit in cibum diurnum,(Budǣus noſter libro de aſſe quinto putat chœnicem pen‑
dere libras quatuor,Pollux tres duntaxat)Et denario tantum eſt,nec additur uno.

Equus pallidus.) Grǣce eſt,χλωρός,(Id ſonat etiã uiridis,atꝗ ita uertit ipſe paulo poſt:
22 Et omne fœnum uiride.)

27 (Animas interfectorum.) Hiſpanienſis ǣditio addit, τῶ ἀνθρώπων τῶ ἐσφραγισμένων,id
eſt, hominum ſignatorum.)

22 Sicut ficus mittit groſſos.) βάλλει, id eſt,Abijcit.Et groſſos eſt ὀλώνϑυς,(Id ſonat ficus
immaturas.)

Sicut liber inuolutus.) ὡς βιβλίον ἑλισόμενον, id eſt, Vt liber qui uoluitur,ſiue conuol‑   Liber inuo‑
uitur.Eadem uox eſt in pſalmis de cœlis immutatis.   lutus
19   {EX CAPITE SEPTIMO}

Vodecim milia ſignati.) Grǣcis ſignati,non repetitur,niſi in initio & fine.
Nec additur ad ſingulas tribus,ut admonet Valla,quanquam in noſtris ex‑
emplaribus addebatur. Et ſignati,eſt participium à uerbo ſigillo, ac ſi dicas
ſigillati,& ſigillo obſignati.

Salus deo noſtro qui ſedet.) σωτηρία. Quod magis ſonat ſaluationem.   16·27: εἰ
Alioqui quid opus erat precari ſalutem Chriſto?

Et lauerunt ſtolas ſuas.) κὴ ἐπλάτυναν τὰς ςολὰς αὐ τῶ,id eſt, Dilatauerunt ſtolas ſuas.
27 Interpres legiſſe uidetur,ἐπλυναν(Nec me fefellit mea diuinatio. Sic enim comperi in ǣdi   16: Et deducere
tione Hiſpanienſi.)   19·27: Et deducat

Reget.) ποιμανεῖ, id eſt,Paſcet,ſiue reget more paſtorum.

27 Ad uitǣ fontes.) ἐπὶ ζώςας πηγὰς, id eſt,Ad uiuos fontes(Quanquã Hiſpanienſis ǣdi‑
tio habebat ζωῆς,, id eſt,uitǣ.)

EX CAPITE OCTAVO

Abens thuribulum.) λιβανωτόν. Quod alias thus ſignificat.
27 (Et tertia pars terrǫ.) In nonnullis habebatur,tertia pars arborum,quum
in Latinis habeatur utruncꝗ, tertia pars terrǣ,& tertia pars arborum.)

Dicitur abſinthium.) ἄψινϑΘ·,id eſt,Apſinthus.Alluſit ad etymologiam
Grǣcǣ dictionis,quǣ inde dicta eſt,quod bibi non poſſit, quaſi dicas apin‑
thon.Agit enim de aquis uerſis in amaritudinem.

Vǣ uǣ.)Laurentianus codex addidit,τρὶς,id eſt, Ter:meus habebat τοῖς,& bis tantum
habebat uǣ.   E X

EX CAPITE NONO

Thabebant loricas.) θώρακας, id eſt, Thoraces,an idem ualeat lorica neſcio.↲22

16·22: Nomen illi
16·27: perditor

Cui nomen Hebraice Abaddon.) ἀββαδλὼν, Hebrɛis אבד perdere eſt, inde אבדון quaſi dicas proditor, aut perdens.

Latine nomen habet exterminans.) Hoc interpres adiecit de ſuo. Quãdo quidem Ioannes, aut quiſquis fuit alius, Græce ſcripſit, contentus ab ijs intel/ ligi, qui Græce ſcirent. Nec tamen eſt, cur tantopere ſtomachetur Valla, ſi interpres uo/ luit & Latinos ſcire, quid ſit apollyon.

Excuſatus in/
terpres

Vicies milies dena milia.) δύο μυριάδλες μυριάδλων, id eſt, Duæ myriades myriadum, {hoc eſt, uicies mille myriades}Myrias, ut modo diximus, decem milia complectitur.   19

Loricas igneas.) θώρακας, id eſt, Thoraces(Pars eſt corporis infra collum uſȼ ad ſtoma 27 chi locum, ſcapulas cæteraȼ à tergo & à fronte complectens: unde & ueſtis aut armatura eam tegens partem thorax dicitur.)

EX CAPITE DECIMO

Edes eius ut columna ignis.) ὡς ϛύλοι, id eſt, Vt columnæ.

(Habebat in manu ſua libellũ.) Quidam habebãt βιβλαϱίδιον, alij βιβλυ- 27 δριον, alij rurſum βιβλιδλάϱιον.)

16·27: habeant

Quemadmodum leo cum rugit.) Græce eſt, μυκᾶται, id eſt, mugit, for/ taſſe quod Græci non ſeruent eam differentiam(inter ὠρύεϑαι & μυκᾶϑαι)22 quam Latini(inter rugire & mugire. ↲   22

Signa quæ locuta ſunt ſeptem ton.) σφϱάγισον, id eſt, obſigna uelut occultanda.

(Per ſeruos ſuos prophetas.) Quidam Græci codices habebant ὡς ἐυγγελίσατο τοὺς δ'ŝ 27 λους ἀυτῦ τοὺς πϱοφήτας. Aliquis offenſus accuſandi caſu, addito uerbo Euangelizandi, aſcripſit prepoſitionem, per.)

EX CAPITE VNDECIMO

Imilis uirgæ, & dictum eſt mihi.) λέγων, dicens, quaſi calamus loqueretur. Niſi nominatiuus poſitus eſt abſolute loco genitiui(In Hiſpanienſi erat alia 27 ſcriptura, ϗ ἑιϛήκ ὁ ἄγγελ@ λέγων, id eſt, ſtabat angelus dicens.

16·22: virga

¶27: Et

¶ Atrium autem quod eſt foris templum eijce foras.) Meus codex habe/ bat, ἔσωϑɛυ, id eſt, Intus, Hiſpanienſis æditio ἔξωϑɛυ, id eſt, foris, conſentiens cum noſtra lectione, quæ lectio mihi magis probatur, & tamen neutra eſt abſurda.)

Et accepiſti uirtutem tuam magnam & regnaſti.) ἐβασίλɛυσας. Aptius hic uertiſſet, & regnum adeptus es {Regnauit enim Latinis qui regnare deſijt, ſicut uixerunt, qui uiuere 19 deſierunt. Apud Græcos ſecus in his duntaxat uerbis.}

EX CAPITE DVODECIMO

T clamabat parturiens.) κράζει, id eſt, Clamat. Id arguit quod mox ſequitur, & cruciatur ut pariat. Iam quàm apte hæc conuenia..t in diuam Ieſu matrem Mariam uiderint ipſi, qui quod de eccleſia dictum eſt, ad illam detorquent. Imò quod de ſapientia dictũ eſt, hoc eſt, de Chriſto, ad Mariam detorquent, præter ueterum omnium interpretationem {Atȼ hic atroces excitamus tra/ 19 gœdias, quaſi gratum ſit illi, ſua cauſa committi inter ſe Chriſtianos, pro quibus conciliã/ dis, mortuus eſt ſilius.}

Multa coacte
detorqueri
ad Chriſti
matrem

Vt eam faceret trahi à flumine.) ἵνα ποταμοφόϱητον ποιήση, id eſt, Vt efficeret, ut illam auferret flumen, ſiue ut raperetur flumine. Græce iucundius dixit uoce compoſita.

EX CAPITE DECIMOTERTIO

T admirata eſt uniuerſa terra poſt beſtiam.) ϗ ἐϑαυμάϑη ἐν ὅλη τῆ γῆ ὁπίσω τῦ ϑηϱίϛ, id eſt, Admiratio fuit in tota terra poſt beſtiam.

Qui in captiuitatem duxerat.) ɛἴ τις ἀιχμαλωσίαν σιυάγει, ɛἰς ἀιχμαλωσίαν ὑπάγει, id eſt, Qui captiuitatem contrahit, in captiuitatem abit. Laurentius ſecus legit.

Characterem in dextera.) χάϱαγμα, id eſt, Notam impreſſam, ſiue inſculptam.

E X

EX CAPITE DECIMOQVARTO

Vod mixtum eſt mero.) Ἐκ κεκρασμένε ἀκράτυ, ut mero ſit ablatiui caſus, & referatur ad uino. Nam Græcis κεράννυϑ᷉ dicitur, quod infunditur in caliᵉ cem bibituro,etiam ſi non diluatur aqua,aut alio potus genere.

Amodo iam dicit ſpiritus.) Græci ſic diſtinguunt, ut amodo ſit finis ſen tentiæ,ut ſit ſenſus,poſt hac fore beatos,qui in domino fuerint mortui. Deᵒ inde ſequitur,ναὶ λέγℓ ἀ πνεῦμα,etiam dicit ſpiritus.Et hic etiam, confirmantis eſt.

In lacum iræ dei.) εἰς λωνόν.Qui eſt lacus,in quem exprimitur uuarum liquor.   *Lacus uinaᵉ rius*

EX CAPITE DECIMOQVINTO

27   Via ſolus pius es.) ὅσιΘ·. Laurentius(& Hiſpanienſis æditio)legit ἅγιΘ·, id eſt, Sanctus.

Veſtiti lapide mundo & candido.) Græce eſt, λίνον, id eſt,Lino mundo.In terpres legiſſe uidetur,λίϑον.Prior dictio una duntaxat literula differt à lapide.   *16 : quæ*
Et ſplendido magis eſt ꝗ candido,λαμπρόν

EX CAPITE DECIMOSEXTO

Vlnus ſæuum ac peſſimum.) κακὸν κỳ πονηρόν, id eſt, Malum ac malum, Græce enim bis idem dixit.Niſi mauis miſerum ac malum.

Qui es,& qui eras.) Quanquam interpres mutauit perſonam,tamen to tidem ſyllabis dictū eſt, quibus ſuperius, Qui eſt,qui erat,qui uenturus eſt, ὁ ὢν,ὁ ἦν, ὁ ἐρχόμϑνΘ·.

Etiam domine.) ναὶ κύριε. Etiam confirmantis eſt.

Grando magna ſicut talentum.) ὡς ταλανταία, id eſt, Talentaris, & magnitudine taᵉ   *ταλαντιαῖον*
27   lenti . Talentum magnum antiquis dicebatur, unde quicquid ingens eſſet,id ταλαντιαῖον uocabant(ſicut ἀμαξιαῖον.)

EX CAPITE DECIMOSEPTIMO

19   Vper beſtiã coccineam.) κόκκινον, id eſt,Coccinam,purpurā regum indicans.
22   Et hic eſt ſenſus.) ὥςτε ὁ νᾶς, id eſt,Hic eſt mens,ſiue intellectus〈Nam hic ad uerbium eſt〈non pronomen〉

EX CAPITE DECIMOOCTAVO

T in delitijs fuit.) κỳ ἐσρωνίασε. Idem uerbum quo compoſito uſus eſt Pau   *16-19 : Corinthios*
lus in epiſtola ad Timotheum priore capite quinto . Cum autem luxuriatæ   *σρωνιάω*
fuerint in Chriſto,uolūt nubere.De quo pluribus ſuo dicto eſt loco . Item
paulo poſt,κỳ σρωνιάσαντες, id eſt,& laſciuierunt.
9.27   Lignum tinium.) θύινον, 〈Thyinon ab arbore Thyo.〉〈Cuius fit mentio tertio Regum capite decimo.〉
22   Et ſimilæ.) κỳ σεμίδαλιν.〈Quidam interpretantur Siliginem.〉
Lapidem molarem magnum.) λίθον ὡς μύλον, id eſt, Lapidem tanquam molam.
Hoc impetu mittetur.) ὅτως ὡρμήμαϡ,id eſt,ſic impetu mittetur.

EX CAPITE DECIMONONO

Vaſi uocem magnam tubarum multarum.) ἤκυϡ φωνὴν ὄχλυ πολλᾶ, id eſt,   *Tubæ pro*
Audiui uocem turbæ multæ . Proinde conſentaneum eſt,interpretem ſcripᵉ   *turbæ*
ſiſſe turbarum non tubarum.

Alleluia.) Quod Hebræis ſonat,laudate dominum.Siquidem הַלְלוּ lau-
date eſt יָהּ dominus.Ea uox crebra eſt in pſalmis,Laudate dominum.
Vide ne feceris.) ὅρα μή, id eſt, Vide ne.Feceris addidit interpres, quo magis explanaᵉ
22   ret ſententiam〈Similiter capite uigeſimo ſecundo ὅρα μή.〉
Et calcat torcular uini.) λωνόν, Quod ante uertit lacum.
22

〈EX CAPITE VIGESIMO〉

Og & Magog.) Accuſatiui caſus eſt utruncꝗ, & generis maſculini,quod articulus
Græcus declarat,τὸν γὰν κỳ τὸν μαγὼν,ſiue pro hominibus accipiēda ſunt, ſiue pro
gente.Nec eſt congregabit,ſed συναγαγεῖν,id eſt,Ad congregandū, aut ut congreget eos.
Porrò eos,non refertur ad angulos,aut gentes,ſed ad Gog,& Magog.

EX

[EX CAPITE VIGESIMOPRIMO]   35

¶19-27: EX CAPITE XXI + XXII

Go sum alpha & ω.) γέγονα τὸ ἄλφα, κỳ τὸ ω. Noster codex consentiebat cum uulgata horum temporum æditione. ¶

Iaspidi sicut crystallum.) κρυσαλλίζοντι, id est, Crystallizanti, ut referatur ad lapidem.

[EX CAPITE. VIGESIMOSECVNDO]   35

Vi nocet noceat.) ὁ ἀδικῶν, id est, Qui male agit, siue qui iniustus est, Et adhuc 19 positum est pro amplius.

Beati qui lauant stolas suas.) Longe aliud Græci, μακάριοι οἱ ποιοῦντες τὰς ἐν τολὰς αὐτ, id est, Beati qui faciunt mandata eius. Interpres legisse uidetur, οἱ πλύωντες τὰς σολὰς. Sed unde quod sequitur, in sanguine agni? Nam id quidem apud Græcos prorsus nõ legitur.

Etiam uenio cito.) ναί ἔρχομαι ταχύ. Næ, est confirmantis. At idem aduerbium mox re/ petitur Græcis, ναί ἔρχο κύρις ἰησῦ, id est, Etiam ueni domine Iesu, Testatur diuus Hierony/ De Apocaly/ psi ueterum iudicium mus Apocalypsim, ne sua quidem ætate fuisse receptam à Græcis. Ad hæc quosdam eru/ ditissimos uiros, totum hoc argumentũ, ceu fictum multis conuitijs infectatos fuisse, qua/ si nihil haberet apostolicæ grauitatis, sed uulgatam tantum rerum historiã, figurarum in/ uolucris adumbratam, Deinde nec in sententijs esse quod apostolica maiestate dignum ui 19 deatur, Vt de his interim nihil dicam, me nonnihil mouerent cum aliæ coniecturæ, tum illæ, quod reuelationes scribens, tam sollicite suum inculcat nomen, Ego Ioannes, ego Io/ annes. Perinde quasi syngrapham scriberet non librum. Idꝗ non solum præter morem aliorum apostolorum, uerum multo magis præter suum morem, qui in Euangelio mode/ stiora narrans, non exprimit tamen usquam suum uocabulũ, sed notulis indicat, Discipu/ 19 lus ille, quem diligebat Iesus, Et Paulus coactus referre de uisionibus suis, rem sub alterius exponit persona. At hic tam arcana cum angelis colloquia describens, quot locis inculcat, ego Ioannes. Ad hæc in Græcis, quos ego uiderim, codicibus, nõ erat titulus Ioãnis Euan/ gelistæ, sed Ioannis theologi, ut ne cõmemorem stilum non parum dissonantem ab eo qui est in Euangelio & epistola. Nam de locis, quos quidam calumniati sunt, uelut hæretico/ rum quorundam dogmata redolentes, non magni negocij sit diluere. Hæc inquã, me non/ nihil mouerent, quo minus crederem esse Ioannis Euangelistæ, nisi me consensus oſbis aliò uocaret, præcipue uero autoritas ecclesiæ, si tamen hoc opus, hoc animo comprobat ecclesia, ut Ioannis Euangelistæ uelit haberi, & pari esse pondere, cum cæteris canonicis li Dorotheus bris. Iam Dorotheus Tyri episcopus ac martyr in compendio uitarum, prodidit Ioannem Euangelium suum scripsisse in insula Patmo, Etiamsi Eusebius tradit Ephesi scriptũ, Cæ/ 23 terum de Apocalypsi, nullam omnino facit mentionem. Ne Anastasius quidem, Græcus, 19 16: Nec in suo catalogo audet affirmare, opus hoc illius esse, tantum ait receptũ à quibusdam, tan/ quam illius opus, Dionysius Alexandrinus episcopus qui candidissime sensisse uidetur de 22 hoc opere, dissentit quidem ab his qui censebant esse Cerinthi hæretici, cuius erat dogma, in terris futurum aliquando regnum Christi, ac tum quicquid uoluptatum pro Christo contemptum fuerat, ubere cum fœnore rediturum, redituras opes, redituras uictimas ac festos dies legis Mosaicæ. Atꝗ hoc consilio operi alieno Ioannis apostoli titulum præfi/ xisse, ut suos errores huic libro admixtos apostolici nominis fuco commendaret simplici/ bus: tamen suspicatur librum ab alio quopiam Ioanne uiro sancto conscriptum, & in hac sententia fuisse complures Christianos, quorum iudicio commotus, non ausus sit librum aspernari. Porrò cur suspicetur opus non esse Ioannis apostoli, qui filius fuit Zebedæi, fra/ ter Iacobi, non aliam causam adducit, nisi quam & nos recensuimus, uidelicet, quod iden/ tidem nomen suum inculcet. Hæc atꝗ alia nõnulla super hoc libro recenset Eusebius Cæ/ sariensis Ecclesiasticæ historiæ libro septimo. Idem libro tertio mentionem faciens huius operis: In reuelatione, inquit, quæ dicitur Ioannis. Rursus aliquanto post, Inter noui testa/ menti libros de quibus fuerit aliquando dubitatum recenset reuelationem Ioannis: Episto/ lam Iacobi & Iudæ, & Petri secundam, Ioannis secundam ac tertiã. Rursus aliquanto post eodem in libro citat Caium quendam autorem orthodoxum, qui nihil dubitat hoc opus tribuere Cerintho hæretico, multis uerbis ostendens quæ uenena suæ hæreseos huic libro admiscuerit

¶16: <u>Iesu</u>. Quanquam in calce huius libri, nonnulla uerba reperi apud nostros, quæ aberant in Græcis exemplaribus, ea tamen ex latinis adiecimus. <u>Testatur</u>

∢16 19: <u>opus</u>. Equidem uideo ueteres theologos magis ornandæ rei gratia, hinc adducere testimonia quam ut rem seriam euincant. Quandoquidem <u>inter gemmas</u> p.783, l.20.

22: places this sentence on p. 783, l.1. at ∢.

27 admifcuerit,abutens interim apoftolici nominis autoritate. Equidem quum ad hæretico/
rum maliciofas artes refpicio,facile poffum adduci ut credam Cerinthum, qui uixit ætate
Ioannis,& illi opinor fuperuixit, hoc commento uoluiffe fuum uirus in orbem fpargere.
At rurfum mihi non poteft perfuaderi deum paffurum fuiffe,ut diaboli techna, tot feculis
impune deluderet populum Chriftianum.Nam opus hoc conftat antiquiffimũ effe, quip
pe quod uetuftiffimus Irenæus,& hoc uetuftior Iuftinus martyr commentarijs fuis digna
ti funt.Quanquam Irenæus apud Eufebium libro tertio , præter apoftolos quibus adiun/
git Ioannem Euangeliftam, commemorat Ariftionem quendã & Ioannem presbyterum,
cuius Eufebius fufpicatur effe apocalypfim.Nam eidem Hieronymus teftatur afcribi du
as pofteriores epiftolas.Idem in epiftola ad Dardanum teftatur ætate fua epiftolã ad He/
bræos in difputationibus reijci folere à Latinis,fimiliter & Apocalypfim à Gręcis,ueteres
tamen ex utroqʒ fumere teftimonia.Aliâsqʒ non in uno loco commendat hoc opus aduer
fus Græcorum reiectionem.Idem rurfus exponens Ezechielis caput trigefimum fextum,
fatetur Irenæum non omnino fuiffe alienum ab opinione Chiliaftarum, quemadmodum
nec Tertullianum,Lactantium & Victorinũ, & Apollinarium. Cerinthus enim docebat
Chriftum nondum refurrexiffe,fed refurrecturum, ac poft mille annos cum fuis regnatu/
rum in terris incredibili rerum omnium felicitate.Sanè Chiliadis crebro fit hic mentio, ue
lut capite duodecimo & uigefimo.Ad euincendum hic liber non perinde ualet,quum to/
tus conftet allegorijs,ad cognofcenda ecclefiæ primordia conducit plurimum.)

Inter gemmas etiam nonnihil eft difcriminis, & aurum eft auro
puriusʌc probatius.In facris quoqʒ rebus,aliud eft
alio facratius. Qui fpiritualis eft,ut in/
quit Paulus,omnia dijudi/
cat, & à nemine di/
iudicatur.
✳

ANNOTATIONVM ERASMI ROTERODAMI IN TOTVM
27   Teftamentum nouum,iam quintum æditarum,finis.)

BASILEAE IN OFFICINA FROBENIANA, PER HIERONY/
MVM FROBENIVM, ET NICOLAVM EPISCOPIVM

ANNO   M.   D.   X X X V
MENSE   MARTIO.]

✳ 27: In contextu evangelii secundum Iohannem Pagina ccxxiij.
versu à fine duodecimo.

Cyrillus hoc modo legit & interpretatur.)
ἐνιαυτοῦ ἐκείνου. ἀπέστειλαν δὲ αὐτὸν δεδεμένον
πρὸς Καϊάφαν τὸν Ἀρχιερέα, ἦ δὲ Καϊάφας ὁ
συμβουλεύσας ἕc.

Nam quod multo post sequitur ἀπέστειλεν ὁ ἄννας ἕc

non est novae narrationis exordium, sed reditus ad explendum quod coeperat
de negatione Petri. Haec lectio redigit Evangelistas in Concordiam.

C 16-22: Testamentum ab eodem recognitum, idque ad Graecorum
codicum fidem, deinde ad vetustissima & emendata
linguae exemplaria, postremo ad probatorum autorem
citationes, & interpretationes, finis. Basileae, Anno
19 salutis humanae M.D.XVI. Kalendis Martii {M.D.XVIIIX Calend.
22 Septmb. <XXII Mense Februario> Τῷ Χριστῷ χάρις }

C 27: Basileae apud IO FROBENIUM ANNO A CHRISTO NATO
MDXXVII MENSE FEBRUARIO.
FACES LIVOR, FRUATUR CANDOR.

> 22:
insertion from
p. 781. famous P.

✳↓

19-22: LOCUPLETATARUM
16-22: NOVUM
27: quartum C↓

C↓

19: denuo
22: tertio
16-22:
utriusque

Appendix A gives the text of the 1516 edition of the _Annotationes_, showing the variants of 1519, 1522 and 1527. There are no variants for 1535, since Erasmus excised the passage before the 1535 edition.

Edited from _Moecenates_..to _Sed dum_..
(p. 650, line 46) only.

(Photographs by courtesy of the Warden and Fellows of All Souls College, Oxford.)

addat animum,qui tueatur aduerfus excetram inuidiæ,quæ non aliter q̃ umbra corpus
fequitur eruditionis gloriam. Deniq̃ ad cuius iudicium fuas exigant uires, cui fuas
confecrent uigilias. Vidit hoc opinor prudens antiquitas, quæ mufis uirginibus
fuum præfecit Apollinem. Proinde ficuti uere dictum eft græcorum prouerbio, an‐
num fructificare non aruum, quod cœli clementia plus adferat momenti ad fege‐
tis prouentum, q̃ foli bonitas. Ita principũ benignitas eft,quæ facit ingeniofos. Nul
la regio tam barbara,tam procul a folis equis,ut ait? Maro, deuergens, quæ non habeat
dexterrima ingenia,quæ uel in media græcia nata uideri poffint,fi non defint Mœcena
tes. Apud Italos extitere cõplures doctrinæ proceres , Quãobrê? Nẽpe quod apud
hos plurimus honos literis fit habitus,Et ut prifcos fileam,noftra memoria multos eue
xit Nicolaus Quintus Pontifex Rhomanus, nonnullos Pius, complures Beffario,
plurimos Medicenfium familia,ceu nata prouehendis bonis literis, cui nũc debemus
LEONEM,cui° aufpicijs hic meus defudat labor.Apud Gallos ubi cæperũt effe Mœ
cenates,mox ingens ingeniorũ prouẽtus effloruit.Etẽ ut de cæteris taceam? Nonne
Iacobus Faber Stapulenfis, ante annos aliquot ueluti reuixit bonis literis , idq̃ fouente
doctiffimo fimul & integerrimo uiro Gulielmo Briconeto præfule Lodouenfi ? An nõ
Gulielmus Copus inftaurãdæ rei medicæ reuiguit,fimul atq̃ Lodouici regis huius no‐
minis undecimi,affulfit aura? Tametfi huic uiro fuæ iam literæ rem familiarẽ fatis am‐
plam pepererant.Cõperio nullam effe Germaniæ partẽ,nam eo nomine cenfentur ho
die , qui Germanice loquuntur, quæ non fertilis fit ingeniorũ ,&huiufmodi ingenio‐
rum , quorum haud pudeat Italiam . Verum quoniam huius regionis principes ad
rem bellicam propenfiores funt , q̃ ad rem literariam, fit ut plures illic fint infignes
caballi, q̃ infignite docti, utq̃ politiora fint arma q̃ carmina.Alioqui quiduel Athe
nis nafci potuit, acutius aut feftiuius ingenio Iacobi Sturmi Argentoraci? At deum
immortalem quam non fpem de fe præbet,admodum etiam adolefcens,ac pene puer,
Philippus ille Melanchthõ utraq̃ literatura pene ex æquo fufpicied°? Quod inuetiõis
acumẽ?quæ fermonis puritas ?quãta recõditaʐ reʐ memoria?q̃ uaria lectio? q̃ uerecũ
da regiæq̃ prfus indolis feftiuitas? Iã Heluetia nobilior armis q̃ literis pter AMOR‐
BACHIOS fratres bonis literis natos, ut cæteros interim filea , nõneHENRICVM
GLAREANVM nobis ædidit,prorfus ætate iuuenẽ, fed in difciplinis omnibus quas
mathematicas uocãt,reliqua in philofophia, in græcis,ac latinis literis, nihil eẽ dica de
poetica,qua laureã etiã meruit,idq̃ donãteCæfare MAXIMILIANO,Deniq̃ in omї
literarũ genere eo progreffũ,ut plæriq̃ fenes inuidere citius poffint q̃ affequi. Quod
fi huiufmodi ingenijs honos etiam accefferit,unicus artium altor, profpicio futurum
ut Heluetia clarior fit literis q̃ bellis,plufq̃ debeat Mufis q̃ Marti.At in alijs quidẽ fæ‐
penumero uidemus magna uitia,uel ætati condonari, uel eruditioni . In his omnibus
quos recenfui uitæ morumq̃ probitas,cum eruditione,ex æquo certat. Sed penĕ exci‐
derat unicum illud mufarum delitium Vdalricus Huttenus adolefcens, & imaginibus
clarus . Quefo quid Attica poffit gignere hoc uno uel argutius uel elegantius? Quid ali
ud ille,q̃ meras ueneres , q̃ meros lepores loquitur? Quãq̃ hunc nuper cõplecti cœ
pit,uir immortalitate dignus, Albertus Archiepifcopus Maguntinenfis . Quẽ utinam
cæteri quoq̃ principes certẽt æmulari. Quod fi fieret,uiderem° nimirũ nõ fine caufa di
ctũ effe a ueteris comœdiæ fcriptoribus οὔτε π̓ ὁ μιϑὸς, οὐδὲν ἐστ̓ οὐϐ̓ ἡ τέχνη. Neq̃ uero male
cõftat ratio dati & accepti,inter egregios principes & bonis pditos literis. Nã fi cupiũt
æternã apud pofteros famam,quod olim pulcherrimum erat affectare,hãc folæ docto
rum hominum literæ præftare poffunt,certius ac uerius q̃ ullæ ceræ,q̃ ullæ pyramides,
q̃ ullæ ftatuæ,q̃ ulli tituli aut coloffi.Si non cupiunt,hoc magis debetur ea laus, quod
non cupiant. An Mœcenati periffe credis agellum fabinum, cuius ufufructum do‐
nauit Horatio? Nõ poterat pluris uendere quantũlibet diligẽs negotiator. Quod innu

A a   meri reges

---

meri reges immensa pecunia,quam in colossos,& pyramides insumebant,consequi nõ
potuerunt,hoc iste breui agello mercatus est,nullis unqz seculis intermoriturum famæ
decus. Atqz utinã omniũ benignissimo Mœcenati saltem aliquam huius gratiæ portio-
nem queam rependere.Non quod ille quicqz huius rei uel postulet uel expectet.Egre-
gia uirtus abunde seipso contenta est,quæ quidem quo maior est & absolutior,hoc magis fugitat gloriam. At uera gloria sequitur fugientem. Pulchrius est meruisse famam,
qz obtinuisse. Non refert illius cui d˜betur.At nostra refert,ne parum grati parũqz memores uideamur. Refert omnino ut egregiæ uirtutis exempla posteritati cõsecrentur,
quo plures inflãment ad honesti studium. Verum quod ingenioli nostri tenuitas nõ po
test assequi,quod nostra nõ ualet præstare infantia,id alij præstaturi sunt,uel hoc nomi
ne feliciores,quod gratiores esse licet.Nos tamen adnitemur,si modo uita comes erit,
quã uel in hoc ipsum annos aliquot proferri cupiam,ut liqueat certe conatos fuisse,si mi
nus assecutos. Sed dum harum reqz cogitatione teneor,haud scio quo modo pene ope
ris instituti immemor,diutius qz par est,immoror digressiõi.Proinde ad id quod agitur
recurrendum.

Desyderantes uos cupide.) ὅυτως ἱμειρόμ̣ενοι ὑμῶμ.conatus est explicare ἔμφασιν uerbi
Significat enim alicuius desyderio mutuocz teneri affectu,sicuti parentis,aut amici.

Volebamus.) ἐυδοκοῦμεν,& hoc uerbum affectum habet,quasi dicas, gestijt animus.]
Quonia charissimi.) διότι ἀγαπητοί.i.propterea quod dilecti &c̄.   Memores eı̄ facti estis.) μνημονεύετε γ˜.i.meministis enim.Atqz ita legit Ambrosius.

Labores nostri.) κόπου ᷁ μόχ᷑ου,duobus uerbis idem significauit, nisi quod μόχ᷑᷑-
labor est cum difficultate coniunctus,quasi dicas,conatum aut molitionem,& ideo uerterunt,fatigationes.   Nocte & die.) νυκτὸς γδ ᷑ κὴ ἡμέρας.i.Nocte enim & die.

Et sine querela.) ἀμέμπτως,i.ita ut nemo de nobis quæri potuerit, hoc est, inculpate.]
Affuimus.) ἐγενήθημον,i.fuimus.   Qualiter unumquecz uestrum.) Hic nisi subaudia
as uerbum,complexi fuerimus, aut aliud simile, sermo erit imperfectus . Verum id in
Paulo iam nouum esse non oportet.

Et testificati sumus.) κὴ μαρτυρόμονοι.i.testificántes,aut potius obtestantes.
Accepistis nõ ut uerbũ ho.) Vt,nõ inuenio in qbusdam exẽplaribus græcis,᷀ου λόγὸμ
ἀνθρώωμ.i.nõ sermonẽ hominũ.Etiamsi hic nõnihil uariant exemplaria. Et apparet ex
Græcorz scholijs ὡς aduerbiũ nõ esse additũ in priori parte,sed,suscepistis uerbum dei.
Quod efficacius est,qz ut uerbũ dei.Quãqz prior illa uox dei,ad supiora ptinet,cũ acce
pissetis a nobis uerbum auditus dei,hoc est,uerbum quod uobis p nos loquebatur dei.
At ego malim, cũ acciperetis,qz cũ accepissetis.Alioqui quõ accipiebãt,qd iã acceparit.

Quam sancte.) ὡς ὁσίως.i.ut siue qz.Quãqz & interpres recte uertit.
Qui operat̄.)Qui,apud Græcos referri potest uel ad uerbũ,uel ad deũ,sed magis ad
uerbũ,& ita Ambrosius,quod & operat̄,addita etiã copula,& in hoc cũ Græcis concor-
dans.Nam Paulus sentit eũ diuini uerbi ueluti semẽ agere in Thessalonicensibus.

Vobis q credidistis) πιστεύουσιμ.i.q creditis.Et ita legit Ambrosi⁹,aut certe q credebatis
ppter uerbũ pteritĩ tpis cui adhæret.   Cõtribulib⁹ uestris.) Græce est,pprijs cõtribuli
b⁹,ἰδίωμ συμφυλετῶ.i .a pprijs cõtribulib⁹.Quãqz magis significat eiusde gentis qz trib⁹.

Sicut & ipsi) subaudi nos.   Et pphetas)Græce est,& pprios pphetas,ἰδίους προφήτας
Peruenit aũt in illos ira dei.) Dei apud Græcos hoc loco nõ addit̄.ἔφθασε δὲ ἐπαυτους ἡ
ὀργὴ.i.puenit aũt in illos ira.Porro εἰς τέλ᷁ dixit,p eo quod est extrema,siue ad extre-
mũ,hoc est,implacabilis ira dei.   Desolati.) ἀπορφανισθέντες.i.uelut orphani facti & orbati uobis ceu filijs.   Ad tẽpus horæ.) πρὸς καιρὸμ ὥρας.Cur nõ potius,ad oportunitatẽ,
siue occasiõe,aut certe articulũ tẽporis.Quãdoqz hora tẽpus est Græcis,καιρὸς ῆ
ue tẽpus.   Aspectu,nõ corde.) προσώπω,᷀ου καρδία.i.facie,nõ corde.Atqz ita legit Ambrosius. Abundãtius festinauimus.) ἐσπουδάσαμομ,quod significat & studuimus & cura-
uimus.

7 seipsa

Appendix B

From p. 743, line 38, following Non restitit.)
   ?16 only: Patientes igitur.) μακροθυμήσατε,
id est longanimes estote.
Patienter ferens.) μακροθυμῶν ἐπ' αὐτὸν
id est longanimis in illum; Quidam
habent ἐπ' αὐτῷ
Temporaneum & serotinum.) ὑετὸν πρώϊμον
καὶ μακροθυμήσατε, id est donec accipiat
pluviam matutinam & vespertinam.
Patientes igitur estote.) μακροθυμήσατε,
quod iam piget admonere toties.
                                    Estote vos

Vperioribus aliquot æditionibus aduerſus quorundã improbos clamores, ad̲ ieceramus elenchos, quibus indicabamus uel ab interprete parum commode reddita, uel à librarijs deprauata, uel ab expoſitoribus perperam intellecta. Ve̲ rum illa quidem excetra, quam exaſperabat nouitatis inuidia, tandem cõticuit: aut ſi quid etiam obſtrepit, certe mitius ſibilat. Sunt alij quidã impendio miſericordes ſu̲ pracp modum ciuiles, quibus crudele & plusquam Scythicũ facinus uidetur, interpretem per quoſdam in arte latina doctos (ſic illi loquuntur) indicibus & annotationibus fuiſſe traductum, perinde quaſi conſtet quis fuerit interpres, aut quaſi hunc unum habuerit ec̲ cleſia, quum ipſa res doceat tot pene fuiſſe interpretes quot erant ciuitates, imò quot ſcri̲ ptores: aut quaſi protinus infamis ſit, qui in tractandis ſcripturis ſolœciſmum admiſerit, quum idem reperiatur in ſcriptis apoſtolorum. Vt his igitur poſthac pacatioribus utamur elenchos illos inciuiles prætermiſimus. Vale.]

❧ INDEX RERVM AC
VOCABVLORVM IN ANNOTATIONES NOVI
teſtamenti, ſecundum Literarum ordinem compoſitus.

Catalogus

Sensus

Vescens

FINIS

FRO   BEN꞉

Studies in the History of Christian Thought

EDITED BY HEIKO A. OBERMAN

50. HOENEN, M. J. F. M. *Marsilius of Inghen.* Divine Knowledge in Late Medieval Thought. 1993
51. O'MALLEY, J. W., IZBICKI, T. M. and CHRISTIANSON, G. (eds.) *Humanity and Divinity in Renaissance and Reformation.* Essays in Honor of Charles Trinkaus. 1993
52. REEVE, A. (ed.) and SCREECH, M. A. (introd.) *Erasmus' Annotations on the New Testament.* Galatians to the Apocalypse. 1993

Prospectus available on request

E. J. BRILL — P.O.B. 9000 — 2300 PA LEIDEN — THE NETHERLANDS